上

Guangxi Development Report 2015

广西发展报告

2015

广西壮族自治区人民政府发展研究中心 编著

知识产权出版社
全国百佳图书出版单位

图书在版编目（CIP）数据

广西发展报告. 2015/广西壮族自治区人民政府发展研究中心编著. —北京：知识产权出版社，2017. 8

ISBN 978 – 7 – 5130 – 4998 – 6

Ⅰ. ①广… Ⅱ. ①广… Ⅲ. ①区域经济发展—研究报告—广西—2015②社会发展—研究报告—广西—2015 Ⅳ. ①F127. 67

中国版本图书馆 CIP 数据核字（2017）第 159861 号

内容提要

本书主要涵盖了广西经济社会发展中产业发展、区域合作、对外开放、深化改革、民生改善等领域中若干重大问题的研究成果，内容十分丰富。这些研究成果具有较强的战略性、前瞻性和针对性，对于推动广西经济社会持续健康发展具有较高的参考价值。不仅适合相关研究人员作为研究资料，也适合对广西经济社会发展感兴趣的读者作为文献阅读。

责任编辑：李　潇　　**责任校对：**潘凤越

封面设计：李志伟　　**责任出版：**刘译文

广西发展报告 2015（上）

广西壮族自治区人民政府发展研究中心　编著

出版发行：知识产权出版社有限责任公司　　**网　　址：**http：//www. ipph. cn

社　　址：北京市海淀区气象路 50 号院　　**邮　　编：**100081

责编电话：010-82000860 转 8133　　**责编邮箱：**elixiao@ sina. com

发行电话：010-82000860 转 8101/8102　　**发行传真：**010-82000893/82005070/82000270

印　　刷：北京科信印刷有限公司　　**经　　销：**各大网上书店、新华书店及相关专业书店

开　　本：787mm × 1092mm　1/16　　**总 印 张：**39. 75

版　　次：2017 年 8 月第 1 版　　**印　　次：**2017 年 8 月第 1 次印刷

字　　数：816 千字　　**定　　价：**168. 00 元（上、下册）

ISBN 978 - 7 - 5130 - 4998 - 6

目　录

上　册

下　册

广西“十三五”发展若干重大问题研究

【引言】“十二五”以来，广西经济社会发展取得了显著成就，经济综合实力跃上新台阶，人民生活水平得到新提升，国际影响力和区域竞争力进一步提高，向全面建成小康社会目标迈出了坚实步伐。特别是“十二五”后半期，自治区党委、政府针对新常态新要求，在打造西南中南地区开放发展新的战略支点、提质增效、产业转型升级、现代服务业发展、创新驱动、基础设施水平提升、“双核驱动、三区统筹”区域协调发展、补民生社会事业短板、生态经济、精准扶贫等方面都作出了新的重大战略部署，为“十三五”发展搭建了具体的框架，勾画了初步的蓝图。在“十二五”全面收官、全区上下集中力量谋划“十三五”发展之年，迫切需要深入研究并进一步理清广西发展的总体思路和战略定位，确定奋斗目标。根据自治区党委、政府主要领导的指示要求，本课题重点就这三大问题进行梳理分析，提出一些不成熟的建议。

一、总体思路

“十三五”时期是实现全面建成小康社会的五年，也是全面深化改革、全面推进依法治国取得决定性成果的五年，是为实现第二个“一百年”目标和中华民族伟大复兴的中国梦开启里程碑式的新起点。回顾“一五”到“十二五”的经济社会发展取向，总结历史的得失，对于把准“十三五”的阶段性特征、理清发展思路有所借鉴。

（一）“一五”到“十二五”广西发展思路及目标回顾

我国自1953年开始研究编制第一个五年计划，迄今为止，已编制实施了十二个五年计划（规划）。在国家总体规划的引领下，广西从区情出发，积极探索符合本地实际的发展战略，并且根据国内外形势的变化和经济社会发展不同阶段的具体情况，不断调整自己的发展战略（见表1）。60多年来，五年规划的战略思路大致可以分为两大阶段。

表1 “一五”到“十二五”广西发展战略及发展速度

时期	年份	发展战略	发展速度
“一五”	1953～1957	以互助合作为中心的农业生产运动为中心环节，对手工业和资本主义工商业的社会主义改造	10.78%
“二五”	1958～1962	前三年（1958～1960）：“县县办工业，乡乡有工业”。后两年（1961～1962）：调整农业、恢复农业为中心，工业要退，降低工业发展速度	1.2%
“三五”	1966～1970	1966～1968年：以“阶级斗争为纲，以备战为动力”，加强“小三线”建设。1969年：将出版毛泽东著作放在首位。1970年：“工业学大庆”“农业学大寨”	5.1%
“四五”	1971～1975	“鼓足干劲，力争上游，多快好省地建设社会主义”的总路线、“以农业为基础、工业为主导”，建立“小而全”的工业体系	9.6%
“五五”	1976～1980	农业“以粮为纲”、工业“以钢为纲”	6.2%
“六五”	1981～1985	在调整中保持一定经济增长速度，为“七五”时期发展打好基础，为实现长远目标创造条件	8.3%
“七五”	1986～1990	大力发展社会主义商品经济，把提高经济效益特别是提高产品质量放到十分突出的位置上，使广西经济发展速度略高于广西“六五”的速度和略高于全国“七五”的计划速度	6.1%
“八五”	1991～1995	坚持把农业放在首位，大力发展城镇集体工业和乡镇工业	15.1%

续表

时期	年份	发展战略	发展速度
“九五”	1996～2000	推动经济体制从计划经济体制向社会主义市场经济体制转变、经济增长方式从粗放型向集约型转变，继续使经济增速高于全国平均水平，为全面实现第二步战略目标而奋斗。能快就不要慢，力争实现比1980年翻三番	8.5%
“十五”	2001～2005	全面实施“三大战略、六大突破”决策，国民经济增长速度高于全国平均水平，经济增长质量和效益明显提高	10.8%
“十一五”	2006～2010	全力推进以“富裕广西、文化广西、生态广西、平安广西”为中心内容的和谐广西建设。到2020年与全国同步实现全面建设小康社会目标，到21世纪中叶新中国成立一百周年时，基本实现社会主义现代化	13.9%
“十二五”	2011～2015	围绕实现“富民强桂”新跨越，保持经济长期平稳较快发展和社会和谐稳定，加快建设区域性现代商贸物流基地、先进制造业基地、特色农业基地和信息交流中心，构筑国际区域经济合作新高地，打造我国沿海经济发展新一极，为全面建成小康社会打下具有决定性意义的基础	—

（资料及数据来源：广西发改委网站及广西统计年鉴）

第一阶段：1953年至改革开放前期，即“一五”至“五五”（1953～1980），主要思路是“以粮为纲”“以钢为纲”。1953年，全国进入“一五”时期，广西提出“和全国一道，过渡到社会主义”的目标，有计划地启动了社会主义进程。“二五”期间，在全国“鼓足干劲，力争上游，多快好省地建设社会主义”总路线下，广西把实现农业“跨纲要”和工业总产值超过农业总产值的时间由6年提前到5年。“三五”至“五五”时期，广西主要执行“以粮为纲”和“以钢为纲”的方针，由于受“大跃进”和“文化大革命”的严重破坏，国民和社会事业都受到了极大的损失，并没有得到应有的发展。

第二阶段：1981年至今，即“六五”开始，以“赶超跨越”为奋斗目标。“六五”规划中，广西提出了“保持一定的经济增长速度”。从“七五”规划开始，广西明确提出了要使经济发展速度略高于全国平均增长速度。“九五”规划提出增长速度定为10%以上，人均GDP达到全国平均水平，继续强调“两高一低”。“十五”规划提出实现“富民兴桂新跨越”战略，要求国民经济增长速度高于全国平均水平。“十一五”规划提出全力推进以“富裕广西、文化广西、生态广西、平安广西”为中心内容的“四个广西”建设战略，生产总值年均增长10%左右，2010年人均生产总值比2000年翻一番以上，经济增长速度高于全国水平。“十二五”规划纲要提出实现“富民强桂新跨越”战略，生产总值年均增长10%，力争实现地区生产总值翻一番。

纵观广西过去几十年来的战略演变，尤其是改革开放以来，总的取向就是

“赶超跨越”，把提高速度、扩大总量放在中心位置，追求GDP的高增长率，以高于全国平均的增长速度作为追求的具体指标，这一理念从来没有动摇过。在十二个五年规划中，有七个五年规划明确提出“高于”或“略高于”全国平均增长速度的目标。从实施效果来看，在前十一个五年中，有5次实现了高于全国平均的增长速度，预计“十二五”也超过全国平均增速。

（二）“一五”到“十二五”的得与失

总体来看，从“六五”开始历经二十多年“赶超跨越”型的发展战略，在促使广西发展取得了许多历史性辉煌的同时，也带来一定的隐患。

1. 赶超型战略为经济社会的稳定发展奠定了“五大基础”

经过二十多年的努力追赶，广西在短短几十年的时间里取得了令世人称道的发展成就，用比发达国家和地区更短的时间，完成了农业主导向工业主导的转变，进入工业化中期。

一是经济总量的快速扩张为结构调整和战略转型奠定了基础。2014年，广西生产总值达到15 672.97亿元，约为1953年的1100倍；全社会固定资产投资达到13 843.21亿元，约为1953年的1400倍；人均GDP 33 212.48元，约为1953年的450倍。经济总量的扩大为结构调整提供了回旋空间。

二是工业体系的构建为产业提质增效和创新驱动奠定了基础。新中国成立初期，广西只有700多家小工业企业和数万家工业个体户，仅涉及十余个行业、百余种产品，属于传统小手工业生产体系。目前，广西工业生产门类有39个大类，170多个中类，300多个小类，共有工业企业近3万家，工业个体户近25万家，有34个行业拥有大中型工业企业，工业总产值超过2万亿元，重工业比重由新中国成立之初的8.3%上升到70%以上，工业化率达到2.45，是1953年的10倍左右，拥有了10个千亿元产业、4个千亿元园区，制糖、机械、有色金属等支柱产业在全国占据重要地位，高技术行业增加值占规模以上工业增加值的比重为7.4%，工业实力大大增强，初步实现了传统工业体系向现代工业体系的转变，具备了向自主创新要效益的条件。

三是基础设施的完善为经济要素的高效流动和利用奠定了基础。到2014年年末，广西公路通车里程超过11万公里，是1953年的20倍，其中高速公路从无到有，通车里程超过3722公里；铁路营业里程达4711公里，成为全国首个开通高铁的自治区，高铁运营里程占全国十分之一强；西江亿吨黄金水道初步建成，北部湾港加快崛起，全区港口货物吞吐量3.1亿吨，约为1958年的100倍；民航运输条件改善，航线达235条，民航旅客运输量从1953年的仅300多人次增长到1803万人次，其中南宁机场现已开通国际航线23条，可通航国外17个城市，地区航线5条，与东盟国家13个城市通航，在全国仅次于广州、上海、北京、昆明，排名第5位。交通运输体系的不断完善，推动广西要素流动进入了

“快时代”。基础设施建设所取得的成就，使得广西有更大的能力不断扩大经济活动规模，破解发展瓶颈，降低发展的经济成本，提高要素的利用效率和经济的运行效益。

四是开放合作的扩大为在更大范围内使用国内国外资源奠定了基础。广西已经从穷乡僻壤变成了开放的前沿，全方位、宽领域、深层次的开放格局基本形成。与广东的经济社会联系日益密切，开始向一体化方向发展。与港澳的经贸合作不断深化，香港地区已成为广西最大外资来源地和重要贸易伙伴。与台湾地区的经贸文化合作交流走在全国各省区前列。成为中国对东盟开放合作的前沿和窗口，连续成功承办了 12 届中国—东盟博览会和商务与投资峰会，开创了中马“两国双园”合作新模式，互联互通加快推进，“南宁渠道”的作用不断拓展。与欧、美、日、韩等其他国家和地区的合作也不断取得新的进展。2014 年，全区外贸进出口总值 405.53 亿美元，其中出口 243.30 亿美元，分别比 1958 年增长 600 多倍和 300 多倍。开放合作的扩大和深化，为广西利用外部资源提供了更多的选择。

五是公共财力的积累为更高质量的民生改善奠定了基础。2014 年，广西财政收入 2162.4 亿元，是 1953 年的 360 多倍，财政收入占 GDP 的比重由“八五”时的 9.7% 提高到 14%，公共财政用于民生支出占比提高到 77.1%，“捉襟见肘”的困境大为缓解。正因为财力不断增强，近年来广西得以建设了一大批关乎全局、关乎民生的重大项目，得以向“三农”、教育、就业、文化、医疗卫生、社会保障等社会事业倾斜，加大投入力度，建立起比较完整的国民教育体系，全面建立城乡最低生活保障制度，不断扩大社会保险覆盖面、提高保障水平，大大改善了各族人民的生产生活条件，保持了和谐稳定的发展环境。

2. 赶超型战略在经济新常态下遇到的“五大瓶颈问题”

广西在追赶发展过程中，扩大了经济总量，提升了发展水平，加快了经济发展方式转变的步伐，但由于产业基础差、经济底子薄、贫困面很大，在关注 GDP 增速的同时忽视了经济质量和无形资产、软实力方面的差距，产业缺乏有效的市场竞争，经济增长的内生机制和创新能力并没有真正形成，陷入了对传统发展路径的严重依赖，并带来了资源、环境、民生等方面的紧绷状态。

一是经济增长质量低制约着综合竞争力的提高。与过去相比，广西经济增长质量有所提高，但是与全国其他省份进行比较，总体情况不容乐观，突出体现在生产率不高、财政收入占 GDP 比重较低、投资效率低下等。2000 年以来，广西财政收入占 GDP 的比重均低于全国水平，并且占全国的比重逐年下降，由 2000 年的 78.5% 降为 2006 年的 62.8%，6 年间下降了 15.7 个百分点，平均每年下降 2.6 个百分点。2000 年广西财政收入占 GDP 比重为 10.6%，全国（13.5%）排名第 13 位；2014 年，广西财政收入占 GDP 的比重为 13.8%，全国排名第 26 位。全区非税收入规模呈现逐年扩大的趋势，由 2004 年的 240.17 亿元扩大到 2012 年的 444.26 亿元，增长了约 1 倍，占一般公共预算收入（1422.05 亿元）比重达31.2%。投资效益较低。2004年以来，广西的投资效益系数一路下滑，2009年开始低于全国平均水平，2011年广西投资效益系数为21.1%，已远低于东部发达地区的广东（39.9%）、浙江（31.3%）。2005~2010年广西基本建设与更新改造固定资产交付使用率大部分为40%~60%，明显低于合理水平90%。2014年社科院、科技部等发布的我国相关区域竞争力蓝皮书报告显示，广西综合经济竞争力排29位，产业竞争力排27位，人才竞争力排24位，创新能力排22位，都低于GDP排位。这些情况表明，广西的经济增长仍然是资源主导、粗放型的。

二是产业整体层次偏低制约着经济发展动力的转换和接续。广西数量型经济增长方式更多关注经济增长速度和数量的趋势，虽然也考虑对产业结构的调整，但总体上看，广西产业结构层次仍然较低，核心问题是产业技术水平不高。2014年，第一、第二、第三产业增加值占地区生产总值的比重分别为15.4%、46.8%和37.8%，对经济增长的贡献率分别为6.4%、60.2%和33.4%。

第一产业比重仍然偏大，发展相对落后。农业比重从2003年的23.0%下降到2014年的15.4%，但这一比例比全国仍高出6个百分点。这说明广西的农业发展相当滞后，技术含量低，现代农业进展缓慢，农业基础十分脆弱。第二产业技术水平较低，资源能源消耗严重，竞争力不强。全国已进入工业化发展中后期阶段，而广西刚迈入工业化中期前半阶段。工业内部结构变化不大，新中国成立初期就已开始重点发展的以制糖为主的食品加工业，以铝、锡、锌为主的有色金属工业，以水泥为主的建材工业，以水电为主的能源工业，今天成为广西的支柱产业，但是这些产业经济效益仍不理想，科技含量较低，附加值也低。高耗能行业仍然是工业经济发展的主要推动力，石油加工、化学原料及化学制品制造、非金属矿物制品、黑色金属冶炼及压延加工、有色金属冶炼及压延加工和电力生产供应业（主要指火电生产）等6个高耗能行业比重仍高达40%左右。地区产业结构特色不明显，优势不突出，竞争力相互削弱，资源严重浪费。在14个地市中，把建材工业作为支柱产业的有14个，将机械制造、有色金属和食品加工业列为支柱产业的有11个，而将电子、机电一体化等高新技术产业和新兴产业作为支柱产业的地市却非常少。第三产业发展滞缓，尤其是一些提高经济效益的现代服务业发展缓慢，金融、保险、中介、技术服务等部门总量偏小，服务方式和手段落后。全国的经济结构正由工业主导向服务业主导转型，而广西的“三产”仍未能发力，远远落后于全国平均水平。

三是“资源陷阱”矛盾制约着经济的可持续增长。广西在改革开放初期开始走资源开发的发展战略，这一方面有利于发挥资源优势，有利于迅速发展壮大经济总量，但是由于过分注重开发矿产资源，有矿就采，有煤就挖，“有水快流”，而忽视（或轻视）开发人力、技术资源。回顾广西的经济增长，很大程度上依赖于资源消耗，能源消费总量逐年增长，消耗量大，污染排放量高。1985~2008年，随着广西GDP由180.97亿元迅速增加到7171.58亿元（当年价），全社会的能源消费总量也由1008万吨标准煤增加到6646万吨标准煤。2008年广西工业占GDP的比重为36.6%，低于全国6.3个百分点，但工业中有色金属、冶金、化工、建材、造纸等资源型高耗能行业比重过高，规模以上工业万元增加值能耗比全国高出6.7%。尤其在2000~2010年这10年间全区能源消费总量增长了三倍多，年均增长率接近20%。在工业增加值增长达到14%以上的12年中，农副食品加工业、造纸及纸制品业、化学原料及化学制品制造业、非金属矿物制品业、黑色金属冶炼及压延加工业、有色金属冶炼及压延加工业、电力、热力的生产和供应业等七大高耗能行业能耗占规模以上工业能源消费的90%，而总产值仅占57%左右。重化工业产能的快速扩张和对能源的粗放利用，引发资源破坏、环境污染等问题凸现，不仅影响了产业安全，固化在产业分工体系中高耗能、低附加值的地位，更是制约了经济的可持续增长。

四是创新驱动能力不强制约着内生动力的激发。自1978年改革开放以来，广西经济持续高增长的主要动力来自于资本和劳动要素投入的增加，两者合计贡献率高达71.2%，技术进步在推动经济增长过程中的作用较弱。1978~2004年技术进步对经济增长的贡献率为28.8%，这一数值低于全国1980~2004年的35.7%，离集约化增长与粗放型增长的分界线40%也还有一定的差距。我国技术水平位居前列的上海，2002年技术进步对经济增长的贡献率已达到53.08%，广东科技进步对经济增长的贡献率2004年也达到了48%。2008年，广西高新技术产业总产值占工业总产值比重为3.8%，比全国低7.6个百分点，比广东低21.9个百分点。国际、全国知名品牌少，目前广西有中国名牌产品20个，仅占全国的1%。与发达省市相比，广西创新驱动能力不强，技术进步对经济发展处于低支撑和弱引领阶段。

五是民生欠账较多，制约着全面小康进程。改革开放30多年来经济持续高速增长，GDP与政府财力增长均超过几百倍，但民生社会事业的发展却相对滞后，公共服务供给不仅总量有限，而且在城乡之间、群体之间的差距依然极大。一方面，公共服务和产品总量不足，用于教育、文化、体育、社保和就业、医疗卫生等公共服务的支出占财政总支出的比重仅30%左右，远低于发达国家60%~70%的水平，上学难、住房难、看病难还没有远去；另一方面，基本公共服务供给不均等，各种公共服务在城乡之间、地区之间、群体之间的非均等化现象十分严重，农村远低于城市水平，进城务工人员远低于城市居民水平，人均财政支出最高的市比人均财政支出最低的市高出20多倍，基尼系数已超过国际警戒线。基本公共服务的非均等化加剧了社会矛盾的累积，对经济社会有序运行构成了潜在威胁。

此外，开放程度总体上比较低、解放思想不够、面临“中等收入陷阱”等也对广西的发展形成不小的制约。从总结“一五”到“十二五”发展战略取向及历史得失中我们可以看到，“赶超型”战略是作为后发地区的广西打牢物质基础、提升要素禀赋、积累发展资本的一种合理化内生选择，也符合整个历史阶段国家的宏观战略方向。但是经过20多年的高速追赶，经济增长的供求条件和增长机制都在发生着重大变革，原有的发展模式和道路已面临着重重困难，矛盾频发。进入新的历史起点，必须要改变思维方式，认清新时期的阶段性新特征。

（三）“十三五”时期广西发展的阶段性特征

除了面临新常态、“三期叠加”的全国共性特征，广西“十三五”的发展还将面临“七期叠加”的机遇与挑战，即全面建成小康社会决战期、经济结构转型升级关键期、生态与经济发展相生共融期、基本公共服务均等化实现期、扶贫攻坚拔寨冲刺期、开放合作全方位拓展期、综合改革全面推进期。

全面建成小康社会决战期。“十三五”时期是实现全面建成小康社会目标之前的最后一个五年规划，新一届中央领导集体把全面建成小康社会作为奋斗目标，这既是对过去几十年社会主义建设成果的充分自信，同时也是对民族复兴大业的勇敢担当，这既是责任又是动力。它要求我们要在未来五年以“时不我待”的勇气和魄力尽快完成发展方式转变，为实现“两个一百年”的宏伟目标提供坚实的物质和制度保证。没有中西部地区的全面小康，国家将无法实现全面小康目标，如果在未来的五年时间，广西不能全面建成小康社会，就可能拖延全国全面建成小康社会的宏大目标。

经济结构转型升级关键期。从发达国家的历程来看，赶超经济一般要经历“规模扩大、效率提升、自主创新”三个阶段。历经十多年两位数的高速增长，支撑经济以数量扩张为主的、粗放增长模式的一系列条件已经发生了变化，广西经济正在告别追赶型增长过程中的“规模扩张”阶段，进入质量提升型的“提质增效”阶段，这个阶段最大的特征就是传统的超高速经济增长模式亟待转型，面临动力转换和结构调整双重任务，因此，必须加快技术创新和进步，加快从要素驱动向创新驱动发展转变，推动经济结构战略性调整，推进工业主导逐步向服务业主导转化，确保经济实现有效率和高质量的增长。错过这宝贵的“十三五”，广西产业发展就有可能重蹈东北老工业基地的覆辙，难以翻身。

生态与经济发展相生共融期。生态是广西最大的优势，生态经济是广西发展最大的潜力所在。但是长期以来的赶超型工业化战略，不仅没能让广西的生态优势转化为经济优势，生态危机问题也接踵而来，碧水蓝天成为昔日景象，城市生态环境质量下降，水土流失、气候变迁、物种多样性的减少和生活品质的下降，粗放发展与资源环境约束矛盾已达到了“临界点”，摒弃传统发展模式已成为全社会的共识。党的“十八大”报告将生态文明摆上了战略高度，未来从纯工业经济到生态经济转型将成为发展的主导趋势，必须遵循“生态至上”的发展规律，树立“生态立区”的理念，把生态经济建设上升为经济转型的战略目标来对待，找准发展路径，努力实现加快发展与保护生态互动双赢。

基本公共服务均等化实现期。基本公共服务的非均等化，实质上是财富分配失衡、利益不能共享的结果；推进基本公共服务均等化，则是促使社会财富得到合理分配和实现全体国民共享发展成果的必要且重要的途径。“十三五”广西的人均 GDP 将突破 5000 美元，跨入中等收入行列，公平正义共享成为主流价值取向，民生诉求在发展中全面升级。如果不能推进基本公共服务均等化，则很有可能无法跨过“中等收入陷阱”，社会发展的根基也会随之动摇。在这样的时代背景下，推进城乡基本公共服务均等化不仅是市场经济的内在要求和社会公平的基本标志，而且日益成为经济可持续发展和整个社会走向和谐的必要条件，也是在“十三五”必须完成的一项重大任务。

扶贫攻坚拔寨冲刺期。确保贫困人口到 2020 年如期脱贫，是我们党向全国立下的扶贫攻坚决战决胜的军令状。由于贫困面广、贫困程度深、贫困发生率高，广西扶贫攻坚任务仍然艰巨，目前广西还有 538 万贫困人口，是全国 6 个贫困人口超 500 万的省区之一，这意味着到 2020 年每年必须减贫 90 万人以上。要按既定的时间表拿下这场功在当代、惠泽千秋的攻坚战，困难不小，压力巨大。必须按照总书记指示要求，突出“精准”二字，综合施策、多措并举，立下愚公志，打好攻坚战，坚决啃下这块“硬骨头”，确保贫困群众脱贫致富。

开放合作全方位拓展期。从 1984 年北海成为全国进一步开放的 14 个沿海港口城市之一开始，历经 1992 年构建西南出海大通道，再到 2008 年广西北部湾经济区上升为国家战略，广西的对外开放战略思想基本上都是以“沿海”为龙头，带动全区经济发展。随着国家“一带一路”战略、《珠江—西江经济带发展规划》及《左右江革命老区振兴规划》的实施，“十三五”时期，广西的对外开放将进入全方位开放合作时期，形成海陆互动、江海联动、边海协动的新格局，也将会使广西在与西南中南、粤港澳和东盟联动发展中的地位和作用更加突出，更好地服务国家沿边开放战略和周边外交战略大局。

综合改革全面推进期。在新常态下要全面建成小康社会，加快转变经济发展方式，让人民群众过上更好的生活，依然要靠改革开放。如果改革的红利完全释放出来，将可以带动经济增长 2 ~ 3 个百分点，改革将成为经济稳定增长的“胜负手”。30 多年来，改革开放由浅入深、由易到难、逐步深化，破解了许多影响和制约发展的难题。到目前为止，仍然有一系列重大问题没有突破，如现代产权制度、信用制度和社会保障制度比较薄弱；许多长期没有得到解决的难题，如要素价格改革、产权制度改革、国有企业改革、金融改革、收入分配制度改革等，这些深层次问题和矛盾的解决已经到了刻不容缓的地步。如果不能真正建立起适应发展阶段变化、有利于实现增长方式转变的体制和政策环境，那么不仅中高速的增长潜力不会变为现实，经济也有可能很快滑落至低速徘徊，甚至可能陷入“中等收入陷阱”。“十三五”必须要坚定不移推进“五位一体”的改革，用改革红利调结构、惠民生、稳增长。

综合以上分析，从发展的阶段性特征和国际国内总体发展环境出发，建议广西“十三五”的总体思路为：全面贯彻党的“十八大”和十八届三中、四中全会精神，以邓小平理论、“三个代表”重要思想、科学发展观及习近平总书记系列讲话精神为指导，全力推进“四个全面”战略部署，坚持“五化同步”，以开放为引领，以“提质增效”为中心，深入实施“双核驱动、三区统筹”战略，加快生态立区、产业强区、富民安区，全面深化改革，强化创新驱动，消除绝对贫困，努力全面建成小康社会，全面建成面向东盟的国际大通道、西南中南地区开放发展新的战略支点、21 世纪海上丝绸之路与丝绸之路经济带有机衔接的重要门户。根据总体思路，“十三五”应突破八大重点任务：大力发展生态经济，加快产业结构转型升级，建立现代化基础设施体系，提升公共服务均等化水平，全力实施精准扶贫，全面深化改革，全方位扩大开放，全面推进依法治桂。

二、战略定位

2015 年“两会”期间，习近平总书记在参加广西代表团讨论时，代表中央赋予了广西“国际大通道”“战略支点”“重要门户”的三大战略定位，这是在经济发展新常态和我国全面对外开放的新格局下，最高决策者从全局战略高度对广西最全面、最准确的定位，是广西当前及今后相当长的一个时期内发展的根本遵循。要把这三大定位落到实处，必须深刻理解其内涵，准确把握其要求，明确需要重点抓好的任务。

我们理解，所谓通道，不仅仅是西南出海大通道基础设施的“升级版”，还包括经贸合作、人文交流、信息、金融、旅游等多方面的通道，其中交通总是首要，现代社会中还离不开电子网络；所谓支点，是杠杆发生作用时起支撑作用固定不动的一点，必须具备足够实力，能承受得起施力方和受力方双重的压力，否则撑不起、撬不动；所谓门户，是指出入口或必经之地，现多用于互联网的门户网站和企业应用系统的门户系统，将各种应用系统、数据资源和互联网资源集成到一个信息管理平台之上，并以统一的用户界面提供给用户。这三大定位是有机统一的，国际通道是基础，战略支点是核心，重要门户是龙头，贯穿三者的灵魂是开放合作。

（一）关于打造国际通道

必须真正建成承东启西、北上南下的“一枢纽一中心六通道五张网”，即将南宁建成“一带一路”互联互通综合枢纽，建设北部湾区域性国际航运中心，构建黔川渝方向、云南方向、中南方向、粤港澳方向、出边和出海大通道，形成联通广西与东盟国家快捷高效的铁路网、高速公路网、海运网、航空网和通信网。围绕这个架构，需要在软硬件方面都争取实现重大突破。

一是突破硬件瓶颈，首推通广东、通北部湾港。围绕“西南出海大通道”，广西经过 20 多年的建设，已经打下了良好的基础，但是距离真正意义的大通道还有不小的差距，有通道但还未成网，运得了但还运不好，如通湖南、云南的高速公路都只有 1 条，通广东的只有 4 条，而苏州一个市通上海的高速公路就有 3 条。目前，广西的陆路区位优势面临“云南—缅甸—孟加拉湾”这条西线的激烈竞争，水路方面，四川、重庆、湖南、江西等地选择上海或广东出海者也不差于北部湾港，广西区位优势还没能发挥成通道优势，最短的路还不是最快的路，很重要的原因是基础设施方面的差距。下一步，要抓住通广东和通北部湾港这两个重点突破口，加快提高交通设施能力和水平。要坚决全面贯通广东，主动对接粤港澳辐射。粤港澳是国际通道的最大出发地和目的地，广东道不畅，其他道就发挥不出最大效用。过去 20 多年来，西南和中南地区其他省拼命地向广东靠拢，想方设法打通往广东的通道，而广西对近邻广东这个中国最大、“国际范”最足的经济辐射源却一直持欲迎还拒的态度，迟迟不修通连接广东的通道，沾不到多少广东改革开放的光。相比之下，江苏十多年前就认为上海比南京更能带动苏南地区的发展，不先修南京到苏州的高速公路，而是先修苏州到上海的，现在苏州成了世界高科技电子工业中心，苏南地区的发展成就了江苏的繁荣。因此，国际通道建设应当以通广东为第一要务。要坚决推进北部湾港对接铁路公路，主动强化港航引领作用。北部湾港是国际通道“出海的最后一公里”，这里不通畅，整个出海通道就会“塞车”。目前，北部湾港与高速公路、铁路、西江黄金水道的衔接状况很不理想，铁路运力趋于饱和，西江经济带的货物和腹地高值、时效性强的货物都不愿走北部湾港，留下的多是傻大笨粗的矿产、粮食、建材等原料类货物。因此，要加快大港口建设，完善通往北部湾港的铁路、公路干线，密切西江黄金水道与北部湾港的有效衔接，大力建设集疏运设施，形成以港口为枢纽、辐射内陆的综合集疏运体系，推动北部湾港向物流时代转变。

二是突破软件短板，完善港航、物流、通关三大服务。目前虽然广西“12310”高铁圈已经初步成型，但其运行速度明显偏慢；广西口岸通关、物流服务等方面的效率很低，令人诟病；虽然北部湾港离西南中南地区的运距相对比广州港、深圳港短，但北部湾港服务差、绝对运输时间更长、综合运输成本更高，导致很多西南中南地区的货源舍近求远走广东，就连很多广西的货源都不走广西港。要破此困局，必须在港航、物流、通关三大服务上有新突破，以质量取胜、以服务取胜。现代港航方面，大力发展江海并进水陆衔接、传统服务转型升级、新兴业态功能齐备、服务优质高效便捷的港航服务，形成以防城港、钦州港为中心的现代航运服务业集聚区（服务中心）。现代物流方面，以保税物流为核心，推进标准化、信息化、智能化、集约化，使物流成本有效降低，大小物流企业共同发展，物流综合能力在西部领先。贸易通关方面，整体通关效率和贸易便利化水平不低于沿海其他省份，货物在“七关四区”自由流转，与西南中南省份达成跨关区取消货物转关和快速通关，实现与越南边境口岸“合作查验、一次放行”。实现软、硬件的两大突破，才能真正带动形成物流、人流、资金流、信息流等在广西自由、顺畅、快速流动的局面。

（二）关于打造战略支点

必须构建起现代综合交通运输体系、现代产业体系、现代金融服务体系、现代开放合作体系、新型城镇体系、绿色生态安全体系六大支撑体系。作为西南中南地区开放发展新的战略支点，广西将要承受西南中南地区和粤港澳、东盟的多重重量，经济体量上是广西的十多倍。目前广西经济总量、产业规模等都还不具备充当支点的实力，要着力把六大体系打造得更加过硬。

交通方面，要建成面向东盟的国际大通道。产业方面，要打造先进制造业基地、现代特色农业基地、中国—东盟（北部湾）海洋经济合作试验区、现代商贸物流集散中心、区域性国际旅游目的地和集散地。金融方面，要打造南宁区域性金融中心、面向东盟的大宗商品交易中心、沿边金融综合改革试验区和中国—东盟跨境电商平台。开放方面，要北部湾经济区、南宁—新加坡经济走廊、西江经济带“一湾一廊一带”三路并进，把中国—东盟博览会系列打造成同时服务“10＋1”和“10＋6”的品牌平台，建好中马“两国双园”、中越跨境经济合作区、北部湾自由贸易港区、中国—东盟信息交流中心、中国—东盟技术转移中心等合作载体。城镇方面，要打造北部湾国家级重点城市群，培育壮大西江城镇带、桂北城镇群、沿边城镇带，深化与珠三角城市群的合作协同发展。生态方面，要打造珠江—西江千里绿色走廊、北部湾生态安全屏障、南岭山地水源涵养重要生态功能区、桂西南石灰岩地区生物多样性保护重要生态功能区，大力推进节能环保和污染防治，巩固和提升循环经济发展水平。

（三）关于打造重要门户

必须完善通道、平台、洼地、立交、前沿、中心六个意义上的功能：一是建成连接中南西南、沟通东盟的立体化交通枢纽及国际大通道，完善互联互通功能；二是构建更高层次的经济和现代产业发展的新型合作平台，完善平台支撑功能；三是建成资本、技术、人才、商品等各类发展要素集聚的洼地，完善要素集聚功能；四是建成服务国家周边外交战略、与东盟人文充分交流的人文立交，完善人文融合功能；五是建成以自由贸易为导向、面向东盟的开放前沿，完善开放前沿功能；六是建成更加高效便捷的现代综合服务中心，完善综合服务功能。

为此，需要破解基础设施互联互通不足、服务效率不高、通关便利化水平不高三个瓶颈，强化与“一带一路”沿线国家和地区的产业合作平台、展会展销平台、人文交流平台三个平台，实现“八大突破”：在交通互联互通建设上实现新突破，在通关便利化建设上实现新突破，在中国东盟金融平台建设上实现新突破，在区域商贸物流中心建设上实现新突破，在对外合作交流平台建设上实现新突破，在与海上丝绸之路沿线国家产业合作上实现新突破，在与海上丝绸之路沿线国家文化交流上实现新突破，在区域性企业总部基地建设上实现新突破。

综上所述，为落实三大定位，建议广西要打造以承东启西、北上南下的“一枢纽一中心六通道五张网”和现代港航、综合物流、便捷通关三大服务为支撑的国际通道，以现代综合交通运输、现代产业、现代金融服务、现代开放合作、新型城镇、绿色生态安全六大体系为支撑的战略支点，以互联互通、要素聚散、平台支撑、人文融合、开放前沿、综合服务六大功能为支撑的重要门户，从而构建面向国内国际的开放合作新格局。

三、奋斗目标

“十三五”是我国全面建成小康社会的冲刺期，广西首先必须围绕这个核心，从全面建成小康社会要求、发展环境、政策导向、潜在增长水平等方面综合考虑，提出经济社会发展预期目标。目前广西小康进程总体实现程度明显低于全国，同时在西部省区也不乐观。2013 年，按全国标准，广西全面小康实现程度为 76.8%，低于国家 10.5 个百分点，列全国 24 位，进程落后 3 年左右；按西部标准，广西全面小康实现程度为 80.1%，低于西部平均水平。2012 年，广西小康实现程度在西部 12 个省（区、市）中居第 5 位，且与后几位省份差距很小，保位不易（见表 2）。但“十二五”前三年，按全国标准和西部标准，广西全面小康实现程度年均分别提高了 4.1 个和 4.2 个百分点，分别比“十一五”快 1.9 个和 1.8 个百分点，全面小康进程呈现加快态势。客观来说，到 2020 年全部小康指标达到全国平均水平，对广西来说是难以实现的，这也不是国家对广西的要求。因此，要全面契合广西区情科学设置“十三五”目标体系，抓住四个关键要求。

表 2　2012 年西部地区全面小康实现程度对比

单位:%

地区	实现程度	广西差距
西部平均	77.8	-1.1
重　庆	85.5	-8.8
四　川	83.9	-7.2
陕　西	83.8	-7.1
内蒙古	77	-0.3
广　西	76.7	—
云　南	75.4	1.3
宁　夏	74.5	2.2
青　海	73	3.7
新　疆	71.5	5.2
贵　州	69.2	7.5
甘　肃	69	7.7
西　藏	67.1	9.6

（一）GDP 和城乡居民收入“两个翻番”

这是全面建成小康社会的两个量化硬指标。2015～2020 年，广西 GDP 年均增速只需达到6%左右，就能实现 GDP 总量和人均 GDP 都比 2010 年翻一番，但城乡居民收入年均实际增长要分别达到 7.5% 和 5.5% 才能完成。根据 1978～2014 年广西城乡居民收入增速与 GDP 增速的格兰杰因果关系模型分析，要支撑城镇居民收入翻一番，GDP 增速至少保持 8.5% 以上；要支撑农村居民收入翻一番，GDP 增速至少保持7%以上（见表3）。

表3 “两个翻番”对 2015～2020 年年均增速的要求

目标	年均增速	对 GDP 增速要求
GDP 翻番	5.9%	—
人均 GDP 翻番	—	6.1%
城镇居民收入翻番	7.5%	8.5%
农村居民收入翻番	5.5%	7%

（二）与全国的差距持续缩小

最重要的指标是人均 GDP。2013 年广西人均 GDP 为 30 588 元，相当于全国水平的 76.8%。按照常住人口 8.5‰增速测算，“十三五”期间广西 GDP 年均增速要保持 11.7% 以上才能使人均 GDP 在 2020 年达到全国水平，在新常态下要达到这个速度基本不可能，但我们应该努力争取达到全国水平的 85% 左右，相应要求的 GDP 增速为 8.35%。从近十几年的情况看，广西 GDP 增速保持高于全国 2 个百分点左右，与全国人均 GDP 水平的差距呈持续缩小态势，这个态势绝对不能出现逆转。按国家“十三五”期间 GDP 预期增速 6.5% 测算，临界增速是 8.2%，低于这个速度，广西人均 GDP 与全国的差距就会扩大。根据 GDP 自回归移动平均模型以及 GDP 与相关指标的协整模型预测，2015～2020 年广西的潜在发展速度区间为 8.72%～10.09%。从经验规律角度和数理规律角度判断，再加上中央对广西赋予了新的全面战略定位，将给广西这片投资热土增添新的热度，高于国家 2 个百分点左右、达到 8.5% 左右的增速，广西经过努力是可以达到的。

（三）“短板”有效补长

从小康进程监测的具体指标实现程度分析，横向看，广西仅有 10 项指标实现程度高于或等于全国水平，其余 25 项指标均低于全国，其中差距最大的是经济发展和文化建设，分别低于全国 19.1 个、17.7 个百分点；与西部省区比，广西人均 GDP 和第三产业增加值占 GDP 比重等指标明显落后，分别排第 7 位和第 9 位。纵向看，按西部标准，35 项监测指标里，有 11 项指标实现程度达到 90% 以上，其中居民消费支出占 GDP 比重、工业劳动生产率、失业率、恩格尔系数、农村卫生厕所普及率、城市生活垃圾无害化处理率 6 项指标已达小康标准，需要继续巩固；有6项指标低于60%，难度大，需付出艰巨努力，分别是：主要污染物排放强度指数、文化及相关产业增加值占GDP比重、单位GDP水耗、每万人口拥有律师数、R&D经费支出占GDP比重、每万人口发明专利拥有量，特别是每万人口发明专利拥有量、每万人口拥有律师数等指标不是短期内通过主观努力就一定可以一蹴而就的，要实事求是、按缩小差距的原则科学确定。

总体看，薄弱指标主要在科技创新、节能减排、文化建设、人民生活四个方面（见表4），其中人民生活的14个指标实现程度都高于60%，最低的城乡居民人均收入指数也达到66.5%，经过努力是可以全部达到西部小康标准的，应作为"十三五"目标体系中的重头戏。这些薄弱指标既是全面小康建设的"短板"和难点，也是广西转型发展的突破口和关键，必须沉下心来扎扎实实进行弥补，而这需要经济保持相对高一些的增速才能支撑。

表4　按西部标准2013年广西的小康"短板"指标

指标	单位	数值	目标值	实现程度
每万人口发明专利拥有量	件	0.8	≥3.0	26.1
R&D经费支出占GDP比重	%	0.7	≥2.2	34
每万人口拥有律师数	人	1.1	≥2.3	49
单位GDP水耗（2010年不变价）	立方米/万元	233	≤115	49.4
文化及相关产业增加值占GDP比重	%	2.8	≥5	55.2
主要污染物排放强度指数	%	56.2	=100	56.2
城乡居民人均收入指数	2010年=100	133	≥200	66.5
GDP指数	2010年=100	137.7	≥200	68.9
人均公共文化财政支出	元	105.6	≥150	70.4
城乡居民文化娱乐服务支出占家庭消费支出比重	%	3	≥4.2	71.3
有线广播电视入户率	%	45.8	≥60	76.4
农业劳动生产率	万元/人	1.6	≥2	79.3
每千人口拥有执业医师数	人	1.6	≥1.95	79.5
第三产业增加值占GDP比重	%	36	≥45	79.9

（四）530多万贫困人口脱贫

习近平总书记对广西扶贫工作提出了明确要求：把扶贫攻坚抓紧抓准抓到位，坚持精准扶贫，倒排工期，算好明细账，决不让一个少数民族、一个地区掉队，坚决阻止贫困现象代际传递。广西的贫困人口还有530多万，他们不脱贫致富，就谈不上全面建成小康社会。2011～2014年，广西贫困人口四年减少了474万，我们要树立信心，认真贯彻总书记的重要指示，全力啃下扶贫这块"硬骨头"，确保贫困人口脱贫致富。

基于以上考虑，建议广西"十三五"时期经济社会发展目标为：经过五年的努力，建成全面小康社会，建成面向东盟的国际大通道、西南中南地区开放发展新的战略支点、“一带一路”有机衔接的重要门户；全区小康实现程度按全国标准和西部标准分别达到90%以上和95%以上，高于西部平均水平；人均地区生产总值达到全国水平85%左右；结构调整取得战略性成效，富有特色的现代产业体系、比较完善的现代化基础设施体系、和谐友好的生态文明体系总体架构基本形成，生态经济发展领先于中西部地区；扶贫攻坚取得决定性成果，消除绝对贫困现象；确立基本均等的公共服务体系，公共服务水平和人民生活类的小康指标实现程度居西部前列；在面向东盟的区域竞争中赢得主动，成为西部经济强区、民族文化强区、社会和谐稳定模范区、生态文明示范区、民族团结进步模范区。

地区生产总值和居民收入实现“翻番”。全区生产总值年均增长8.5%，到2020年达到3万亿元（现价）以上，比2010年翻1.3番。城乡居民人均可支配收入年均实际分别增长7.5%和5.5%，2020年分别突破44 000元（现价）和13 500元（现价），均比2010年翻一番以上。

产业转型升级取得突破性进展。产业规模进一步扩大，总体水平迈向中高端，力争2020年三产增加值占GDP的比重与二产相当，文化及相关产业增加值占GDP的比重达到5%，先进制造业和战略性新兴产业、新业态支柱作用明显增强，高新技术产业产值占全部工业的比重达到25%，战略性新兴产业增加值占GDP比重达到15%。

生态保护和利用水平大幅提升。生态经济发展壮大，占GDP比重大幅度提高，建成一批重大生态经济工程，生态产业化与产业生态化的有机融合打开新局面，资源环境约束性目标任务全面完成，生态环境质量位居全国前列，基本形成人与自然相对和谐、产业结构优化、生态环境良好、城乡统筹协调的发展新格局。

民生社会事业全面进步。到2020年，人均公共文化财政支出以及文化基础设施普及程度全部达到西部小康标准，居民平均受教育年限达到10.5年以上，R&D经费支出占GDP比重不低于西部平均水平、力争达到2.2%，确保人人享有基本养老保障，确保人人享有基本医疗卫生保障，确保困难群众居有所住，确保社会和谐稳定。

改革开放全面跨步。重点领域和关键环节改革取得突破性进展，市场决定性作用得到有效发挥，符合新常态下科学发展要求的经济体制、行政体制、文化体制、社会体制等基本健全。与粤港澳经济的融合发展进一步增强，外贸转型升级加快，国际化营商环境更加优化，跨区域合作深入推进，形成面向国内国际的开放合作新格局。

法治建设成效显著。形成完备的地方法规体系、高效的法治实施体系、严密的法治监督体系、有力的法治保障体系，基本建成合法行政、合理行政、程序正当、高效便民、诚实守信、权责统一的法治政府，全社会普遍形成尊法、崇法、守法的法治思维、法治理念和法治意识。

指　导：黄　洲

执　笔：黄志岳　邓杨素　贤海华　周　艳

广西建设“一带一路”有机衔接重要门户的对策研究

【引言】《推动共建丝绸之路经济带和21世纪海上丝绸之路的愿景与行动》（以下简称《愿景与行动》）提出，要发挥广西与东盟国家陆海相邻的独特优势，加快北部湾经济区和珠江—西江经济带开放发展，构建面向东盟的国际通道，打造西南、中南地区开放发展新的战略支点，形成21世纪海上丝绸之路与丝绸之路经济带有机衔接的重要门户。加快建设“一带一路”有机衔接重要门户，不仅是广西全面落实国家战略的重要举措，更是推进广西跨越发展的现实要求，对我区可持续发展具有重要的现实意义。

一、准确把握“一带一路”规划的广西定位

“一带一路”是一个开放型国际区域经济合作网络，主要涉及64个沿线国家、18个省（区、市），包括广西。在国家规划中，提出广西要形成21世纪海上丝绸之路与丝绸之路经济带有机衔接的重要门户。从词义本身来看，有机指事物构成的各部分互相关联，具有不可分的统一性。门户是指正门、房屋的出入口，又比喻为出入口或必经之地，事物的关键。

广西要形成“一带一路”有机衔接的重要门户，就是要在国家“一带一路”战略实施过程中，立足于与东盟国家陆海相邻的独特优势，通过科学发展、改革创新和开放合作，加强与粤港澳、中南西南联动对接发展，构建面向东盟区域的国际通道、西南中南地区开放发展新的战略支点，盘活广西发展大局，推动广西成为国家实现新丝绸之路经济带与21世纪海上丝绸之路相互促进、有机统一的桥梁和纽带。

结合我区国际通道、战略支点等定位，我区建设“一带一路”有机衔接的重要门户，至少应涵盖六大功能，即枢纽通道功能、合作平台功能、要素集散功能、人文交流功能、开放前沿示范功能和服务功能。在外延上，建设“一带一路”有机衔接的重要门户就是要形成连接西南中南、沟通东盟的立体化交通枢纽及国际大通道，更高层次的经济和现代产业发展的新型合作平台，资本、技术、人才、商品等各类发展要素的集散地，服务国家周边外交战略、与东盟人文充分交流的人文立交，以自由贸易为导向、面向东盟的开放前沿和提供更加高效便捷服务的现代综合服务中心。

二、广西建设“一带一路”有机衔接重要门户的形势与基础

（一）广西建设“一带一路”有机衔接重要门户的形势

1. 与沿线国家的贸易合作

因地缘人文等因素，我区与沿线国家的经贸合作高度倚重东南亚板块，东盟是广西最大的贸易伙伴和最大的出口市场，贸易增速高于全国。2014年以来，在国家加快推进“一带一路”战略的背景下，广西在巩固东盟传统市场的同时，加大对沿线其他国家和地区市场的拓展力度，南亚、中东市场贸易额增长强劲，表现抢眼（见表1）。

表1　2015 年 1～6 月广西与部分国家和地区的进出口情况

主要国家和地区	进出口额/亿元	同比增长
总额	1270. 5	10. 3%
东盟	658. 9	18. 1%
泰国	44. 3	2. 4 倍
马来西亚	21. 9	41. 6%
菲律宾	17. 5	1. 5 倍
缅甸	4. 3	3. 1 倍
沙特阿拉伯	40. 7	10. 5 倍
阿联酋	13. 4	2. 7 倍
我国香港地区	81. 8	19. 4%
我国台湾地区	49. 9	1. 7 倍
欧盟	39. 6	2. 3%
美国	77. 5	2. 9%

注：数据来源于南宁海关。

分区域看，沿线国家中，东盟十国是广西最大的贸易伙伴，其中越南是广西在东盟的主要贸易伙伴；西亚和中东位居其次。根据南宁海关 2014 年广西对外贸易统计，东盟十国贸易额占广西总外贸额的 49%，非洲 54 国占 5. 15%，欧洲 43 国（除俄罗斯）占 4. 28%，大洋洲等国占 3. 76%，俄罗斯占 0. 48%，中亚 5 国占 0. 07%，我国香港、澳门、台湾地区和韩国、日本等占 14. 7%，北美、拉美及其他国家和地区占 22. 55%（见图 1）。

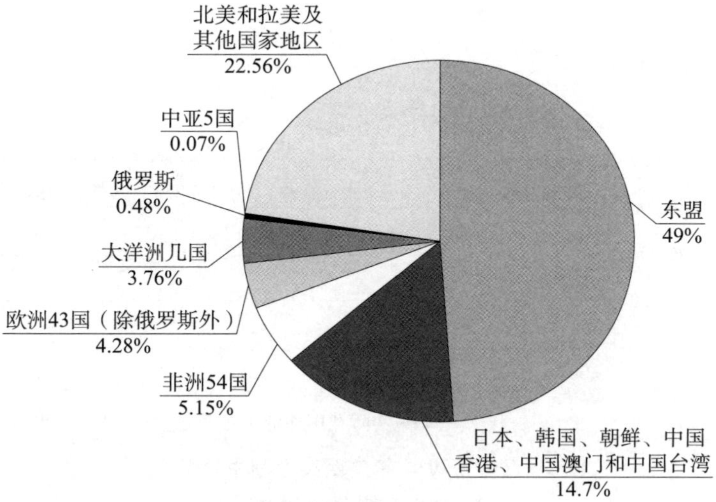

图 1　2014 年广西对外贸易各主要板块贸易额占比情况

从进出口的商品结构看，根据中国海关 2014 年统计，广西对沿线国家的出口以能源、金属制品、机械制造为主，进口以金属及其制品、矿物为主。其中与东盟国家的进出口贸易中，纺织原料及纺织制品为第一大类出口商品，占广西对东盟出口商品总额的43.6%（见表2）。

表2　2013年广西对东盟进出口主要商品结构

排名	广西与东盟进出口		广西对东盟出口		广西对东盟进口	
	主要商品	占比	主要商品	主要国别	主要商品	主要国别
1	纺织原料及纺织制品	34.5%	纺织原料及纺织制品（占出口的43.6%）	越南（占99.8%）	矿产品（占进口的56.2%）	印度尼西亚（占41.2%）
2	机电产品	27.5%	机电产品（占出口的33.4%）	越南（占92%）	农产品（占进口的17.3%）	越南、泰国、印度尼西亚、马来西亚
3	矿产品	13.2%	…	…	…	…
4	农产品	8.6%	…	…	…	…

注：资料来源于南宁海关。

2. 与沿线国家的投资合作情况

我国香港地区、瑞典、英属维尔京群岛等国家和地区对广西投资最多，其中中国香港投资占当年实际利用外资总额的50%～58%；对广西实际投资的“一带一路”沿线国家主要集中在东盟，2010～2014年东盟实际投资占当年广西实际利用外资总额分别为13.61%、22.61%、18.71%、6.04%、4.16%，其中主要来自于印度尼西亚、马来西亚、新加坡、越南、泰国等国（见图2～图4）。近年由于受国际金融危机的持续发酵影响，伴随世界经济的大调整，东盟国家对广西的实际投资涨跌不一。

图2　2007～2014年广西实际利用外资情况

注：数据来源于广西商务厅。

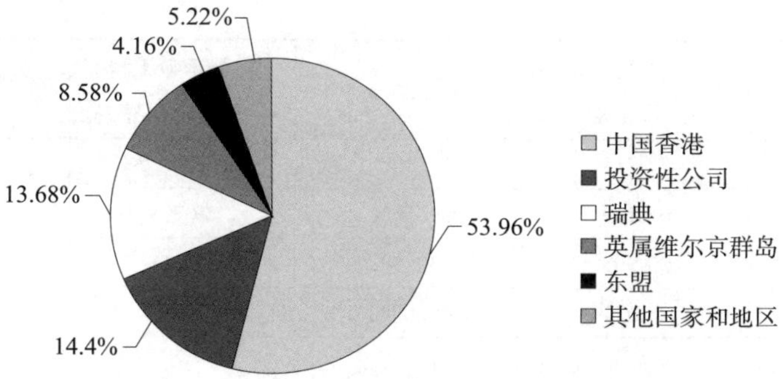

图3　广西 2014 年实际利用外资结构情况

从行业看，外商对广西的直接投资主要集中在制造业、房地产业、采矿业、服务业①和农林牧渔业（见图4）。随着国家“一带一路”战略推进及广西有机衔接重要门户加快建设，双方投资合作空间巨大。

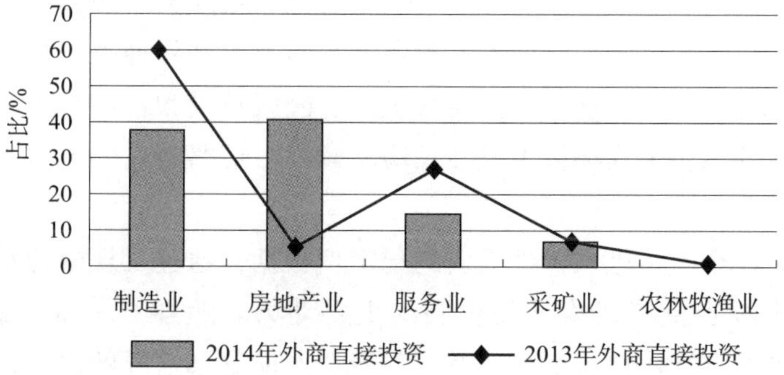

图4　2013～2014 年广西各行业直接利用外资情况

我区对沿线国家的投资，由于经济实力、人文区位等因素，主要集中在东盟和个别南亚国家（印度、巴基斯坦）。2013 年以来，在“一带一路”战略的带动下，广西与全国市场一样，企业对外直接投资保持快速增长态势。2014 年实现协议金额和实际投资金额两个翻番（见表3）。

表3　2010～2015 年广西对外经济合作情况

单位：万美元

年份	中方协议投资金额	同比增长	对外承包工程新签合同额	同比增长
2015	93 900	58. 20%	32 700	870. 96%
2014	212 056	172. 86%	86 372. 85	169. 85%

① 这里的服务业是指在广西直接利用外资分行业表中，除农林牧渔业、采矿业、制造业、建筑业、房地产业之外的服务行业。

续表

年份	中方协议投资金额	同比增长	对外承包工程新签合同额	同比增长
2013	77 715	15.70%	32 007.8	7.80%
2012	67 179	69.10%	29 703	-46.10%
2011	39 907	30.54	55 061	-9.80%
2010	30 571	66.69%	61 019	—

注：1. 2015 年为 1 ~6 月数据。同比增长根据相关数据计算而得。

2. 资料来源于广西商务厅。

从地区看，广西对沿线国家的投资主要集中在东盟国家，个别在印度、巴基斯坦。中国—东盟自由贸易区建成以来，广西对东盟的投资呈现加快发展的态势。我区对东盟投资覆盖全部东盟 10 个国家，主要集中在越南、柬埔寨、印度尼西亚、马来西亚、老挝等国；对外承包工程已覆盖除文莱和新加坡以外的 8 个东盟国家。从行业看，对东盟国家的投资主要涉及农产品种植与加工、矿产资源开采与加工、化工产品制造、通信器材生产、园区建设和日用品生产、运输和机械制造等。对外承包工程项目主要涉及房屋建设、道路建设、电力安装、工业制造、通信等行业。

可以预见，全国将进入对外投资的稳定增长期，通过大规模的对外投资创造外部需求和市场容量将成为外贸发展的主要动力。随着“一带一路”的推进、新常态下我区经济结构调整加速以及一些行业产能富余情况的出现，政府将进一步深化对外投资体制改革，企业“走出去”投资的动力将更加强烈，对外投资规模将保持较快的增长态势。

（二）广西建设“一带一路”有机衔接重要门户的条件

1. 取得的工作成效

2013 年以来，广西全面贯彻国家“一带一路”战略部署，围绕“政策沟通、设施联通、贸易畅通、资金融通、民心相通”，积极推进以东盟为重点、拓展至“一带一路”沿线国家的全方位开放合作，取得了积极成效。一是“海、陆、江、空、信”并进，基础设施建设得到加强。中国—东盟海上通道、中国—中南半岛陆路通道建设取得重要进展，珠江—西江黄金水道加快建成，中国—东盟航空枢纽、中国—东盟信息港建设加快推进。二是推进产业合作和贸易畅通，与东盟经贸合作不断深化。国际合作园区加快建设，口岸通关和扩大开放不断推进，广西与东盟经贸合作不断深入。三是积极推进金融改革，资金融通顺利推进。四是完善机制平台，沟通互信不断增进。主题展会论坛每年成功开展，高层互访增多，各类政策交流渠道不断拓宽。五是深化人文交流，人文纽带日益紧密。文化旅游合作、教育合作、科技合作、医疗卫生合作不断深化。

2. 广西的独特优势

主要体现在以下五方面：一是独特的区位优势，二是丰富的合作机制和平台优势，三是日益深化的经贸合作优势，四是一系列国家战略布局优势，五是人文纽带先行优势。

3. 存在的瓶颈障碍

主要体现在以下五方面：一是产业基础薄弱，二是通道建设有待加强，三是外向型经济发展水平有待进一步提高，四是开放平台的支撑作用需要进一步提升，五是落实大战略的具体实施办法不足。

（三）服务周边省（区、市）的需求

在国家实施“一带一路”战略的大背景下，周边各省（区、市）对广西的服务需求十分多样。一是规划方面，有创建平台加强沟通协调的愿望；二是投资方面，有共建园区加强跨区合作的愿望；三是物流方面，有设施相连实现陆海联动的愿望；四是贸易方面，有互通有无提升贸易水平的愿望；五是人文方面，有扩大交流加强人文相通的愿望。

三、国内相关省区“一带一路”建设的举措和启示

（一）相关省区的主要举措

1. 福建参与“一带一路”建设的主要举措

福建定位为“21 世纪海上丝绸之路核心区”，主要举措有：第一，以港口为支点打造基础设施的互联互通。一是加强港口建设；二是加强通道建设；三是大力建设临港园区；四是积极拓展港口腹地；五是大力发展港口航运业。第二，以平台为依托推进国内国外的务实合作。一是推动建立一系列海外基地，支持企业走出去；二是组织举办一系列推介会，拉动外资走进来；三是精心搭建一系列合作平台，加快双边贸易发展。第三，以文化为助力深化人文精神的融合交流。一是开展海上丝绸之路文艺作品展演交流；二是开展海上丝绸之路文化产品交流；三是开展教育人才交流合作；四是建立外国官员研修班；五是在国外举办“中国福建周”活动。

2. 广东参与“一带一路”建设的主要举措

广东提出将广东打造成为“一带一路”的战略枢纽、经贸合作中心和重要引擎，主要举措如下：一是促进重要基础设施互联互通；二是提升对外贸易合作水平；三是加快产业投资步伐；四是推进海洋领域合作；五是推动能源合作发展；六是拓展金融业务合作；七是提高旅游合作水平；八是密切人文交流合作；九是健全外事交流机制。

3. 山东参与“一带一路”建设的主要举措

山东充分利用长达 3000 多公里的海岸线、良好的深水港以及沟通亚欧大陆

的交通要道，依托产业基础优势，担当起促进区域经济社会发展和支撑扩大对外开放的重任。一是以投资贸易合作为主导，二是以人文交流合作为基础，三是以节点城市建设为重点，四是以区域合作共赢为关键。

4. 新疆参与“一带一路”建设的主要举措

新疆被定位为“丝绸之路经济带核心区”。新疆参与“一带一路”建设的总体思路是以“三通道”（北、中、南三条通道）为主线，以“三基地”（国家大型油气生产加工基地、大型煤炭煤电煤化工基地、大型风电基地）为支撑，以“五大中心”（区域性交通枢纽中心、商贸物流中心、金融中心、文化科教中心、医疗服务中心）为重点，以“十大进出口产业集聚区”为载体，通过3~5年的近期、5~10年的中期以及到21世纪中叶的远期建设，积极创新与周边国家的合作模式，做好国内省区向西开放的服务工作，充分发挥丝绸之路经济带桥头堡、排头兵、主力军的作用。

（二）对广西的启示

福建和新疆是“一带一路”的核心区，广东、山东是我国“一带一路”重要省份中沿海和内陆省份的典型，他们融入国家“一带一路”战略的思路、做法带给我们许多启示，值得我们深入学习。启示如下：第一，物流通道建设是盘活大局最关键的一步棋。第二，区域合作平台是实现开放发展的重要助力。第三，构建开放型经济体系是融入国家“一带一路”战略的核心措施。第四，人文交流是促进与“一带一路”沿线有机合作的润滑剂。第五，完善的工作体制机制是更好融入国家战略的重要保障。

四、广西建设“一带一路”有机衔接重要门户的战略构想

（一）总体思路

深入贯彻落实党的“十八大”和十八届三中全会、十八届四中全会、十八届五中全会精神，紧紧把握国家实施“一带一路”战略的重大机遇，按照国家对“一带一路”战略的总体部署，充分发挥广西独特优势，依托广西现有基础，坚持海陆统筹，分层分类，先重后轻，循序渐进，以开放合作为主动力，以创新和完善合作机制为保障，依托沿海港口、沿边口岸、西江水道，以试验区和园区为平台，以“一路”为主、“一带”为辅，产业、贸易、投资、人文、平台建设并重，以东南亚板块和粤港澳台闽、云川黔渝湘为首要重点方向，破解三个瓶颈（基础设施互联互通不足、服务效率不高、通关便利化水平不高三个瓶颈）、强化三个平台（丰富和发展广西与“一带一路”沿线国家和地区的产业合作平台、展会展销平台、人文交流平台），力争在交通互联互通建设、通关便利化建设、中国—东盟金融平台建设、对外合作交流平台建设、区域商贸物流中心建设、企业总部基地建设、产业合作、文化交流八个方面实现新突破，全方位推进与周边

区域和沿线国家的务实合作，着力构建国际区域经济合作新高地、面向东盟的海上丝绸之路建设先行区。

（二）战略目标

围绕将广西建设成为21世纪海上丝绸之路与丝绸之路经济带有机衔接的重要门户的总体目标，提出近中期和远期两个阶段性目标。

近中期：2015～2020年，努力实现以下四个目标。

第一，打通基础设施通道。依托与东盟陆海相邻的有利条件，以建设中国—东盟海上通道、中国—中南半岛陆路通道、中国—东盟航空中转枢纽、中国—东盟信息港为重点，海陆空齐头并进，实现互联互通。北部湾港口吞吐能力达到5亿吨，集装箱吞吐量达到1000万标准箱，北部湾区域性国际航运中心基本建成；内河港口吞吐能力达到2.5亿吨，集装箱吞吐量达到300万标箱，西江黄金水道作用充分发挥；铁路营运里程达到7000公里，公路总里程超过12万公里，高速公路总里程8000公里；民航机场吞吐能力超过4000万人次，面向东盟的航空枢纽初步建成。

第二，打通经贸合作通道。紧紧抓住中国—东盟自贸区升级谈判和区域全面经济伙伴关系协定（RCEP）谈判积极推进的机遇，打造中国—东盟博览会升级版，使东博会在服务中国—东盟“10＋1”合作的同时，拓展RCEP①“10＋6”合作，在园区合作、产业合作、资源开发、通关便利、投资贸易等方面搭建中国和东盟以及区域外国家之间交流合作的重要平台和重要渠道。到2020年，广西对东盟的进出口总额要达到1000亿元以上，双向实际投资额要达到100亿美元以上。

第三，打通人文交流通道。充分发挥广西与东盟国家人文相亲、习俗相近的独特优势，与东盟国家的文化体育、教育科技、医疗卫生、旅游等民间交流进一步提升。到2020年，广西与东盟的双向跨境过夜旅游人次要达到200万人次以上。

第四，开放门户作用充分发挥。推动中国—东盟开放合作战略平台基本建成，国际国内区域合作深化拓展，多区域合作体制机制创新和平台建设取得新突破，广西与东盟全方位各领域合作取得新突破，服务中南西南开放发展取得明显成效，广西成为国际区域经济合作新高地，形成沿海沿边沿江全方位对外开放新格局。

远期：2020年以后，“一带一路”有机衔接的重要门户功能充分发挥，基础设施、经贸合作、人文交流“三头并进”，面向东盟的国际大通道全面形成，对“一带一路”沿线国家的开放水平全面提升，经济合作全面深化，人文交流全面

① RCEP，即区域全面经济伙伴关系（英文：Regional Comprehensive Economic Partnership，简称RCEP）。

扩大，海上丝绸之路与丝绸之路经济带有机衔接的重要门户正式形成。

（三）战略重点

为体现以上六大内涵，广西在建设“一带一路”有机衔接的重要门户中应完善六大基本功能：一是建成连接中南西南、沟通东盟的立体化交通枢纽及国际大通道，完善互联互通功能。二是构建更高层次的经济和现代产业发展的新型合作平台，完善公共平台功能。三是建成资本、技术、人才、商品等各类发展要素集散的洼地，完善要素集散功能。四是建成服务国家周边外交战略、与东盟人文充分交流的人文立交，完善人文融合功能。五是建成以自由贸易为导向、面向东盟的开放前沿，完善开放前沿功能。六是建成更加高效便捷的现代综合服务中心，完善综合服务功能。

五、广西加快“一带一路”有机衔接重要门户的对策和措施

（一）提升互联互通水平

1. 加强关键通道的建设

海陆空齐头并进，做强干道，做通枢纽。打通通边、通周边省区的关键通道，陆上以南宁为节点，向南加快建设南宁—凭祥—河内—沙湾拿吉（老挝）—金边的铁路公路，为南新专列开通奠定基础；向北建设兰海（兰州—北海）通道，形成贯通我国西部地区和中国—中南半岛、有机衔接的南北国际大通道。加快通边的“两高两铁三桥”建设（凭祥—谅山—河内高速公路、东兴—芒街—下龙湾高速公路、凭祥—河内铁路扩能、防城港—东兴—下龙—海防铁路新建、北仑河二桥、水口河大桥、横模大桥）；海上依托与新加坡港务集团的合作，开通“一带一路”客货运“穿梭巴士”，培育集装箱、件杂货、散货等班轮航线，加密与东盟的航线，对接粤港江浙等港口；将南宁打造成为区域性枢纽机场，加密到东盟国家的航线，加大航空货运拓展；加快中国—东盟信息港建设，推进南宁区域性国际通信业务入口建设，发展大数据产业，打造面向东盟、服务中南西南的区域性国际通信网络体系和信息服务枢纽，提升通达水平。

2. 打通国际物流通道

陆路通道，打造以凭祥为中心的公铁跨境国际物流通道。依托凭祥综保区，通过南宁震洋物流等公司与相关公司的运营、合作，分东、中、西三个方向接驳相关专列。巩固拓展越南经广西接驳苏满欧公铁跨境运输线路，同时建议增开泰国—越南—广西—浙江（义乌）运输线路，接驳义新欧，通过新疆阿拉山口到西班牙马德里；西南方向，开通泰国—越南—广西—重庆/四川线路，接驳渝新欧、蓉新欧专列，通过阿拉山口，到德国；中部方向开通泰国—越南—广西—湖南—湖北（武汉）/河南（郑州）专列，接驳郑新欧列车，通过阿拉山口到德国汉堡、波兰线路。海上通道，打造以北部湾港为中心连接中南西南无水港

直通东盟的国际海铁联运、公水联运物流通道。依托北部湾港、钦州保税港区，通过与周边省市无水港的对接合作，加大拓展四川、湖南、贵州、湖北、云南等省的海铁联运，提供更加便捷的多式联运接驳、转换，畅通海上物流通道，同时加快海运、船舶经纪登记租赁、船务、航运金融保险、物流等航运要素培育与引进。

3. 实现运输便利化

与中越公路运输方面，积极沟通边检安防部门，协调贯彻落实中越汽车运输两议定书，提高东兴、凭祥等出边口岸与跨境通道的通畅性；争取国家支持，推进建立与泰国、老挝等国及与国内相关省市的运输协调机制，促进国际通关、换装、多式联运有机衔接，实现运输便利化。

（二）提升产业合作发展水平

1. 促进广西外贸综合服务企业发展

外贸综合服务企业“一站式”为进出口企业提供通关、物流、外汇、退税、金融等外贸服务，形成从“找外贸”到“做外贸”的服务链条。针对广西外贸综合服务企业欠缺问题，下一步继续发挥报关协会中介机构作用，支持服务广西加大外贸综合服务企业培育力度，支持企业开展集中代理报关、纳税。

2. 促进现代港口集装箱业规模做大

目前，北部湾港集装箱业务发展还存在航线少、枢纽作用发挥不明显、集装箱业务现代化水平不高等问题。特别是在引进国内外大公司参与合作经营方面，从深圳港等港口集装箱业务发展实践看，引入香港和黄集团、马士基等大公司参与是其集装箱业务快速发展的关键。同时，要以广西打造北部湾超千万标箱为契机，继续建设适应船舶大型化的深水码头，促进港口货物集装箱化率的提高，最大限度地发挥港口岸线资源，全面提升北部湾港集装箱港国际竞争力。

3. 支持建立广西出口商品采购基地

申请移植义乌“市场采购”贸易方式，探索建立广西出口商品采购基地的政策制度，支持和服务自治区选择一处或两处条件较好的地区做好试点工作，形成经验和成套制度后，逐步扩大范围。

4. 推动加工贸易转型升级

大力推动加快研究制定广西加工贸易发展中远期规划，合理规划产业布局，推动完善加快发展整套政策体系，引导各地市有序承接加工贸易梯度转移、错位发展、多轮驱动；“抓龙头、扶配套”，积极推动建立重大项目领导联系制度，加大招商引资力度，引进“世界500强”等大型企业和项目落户广西，构建“高端入区、周边配套、辐射带动、集聚发展”新格局。

（三）提升完善重大开放合作平台

1. 着力拓展“南宁渠道”

坚持高层引领，务实推进“一路”，有机衔接“一带”，双路并进服务中国—东盟合作，拓展与“一带一路”沿线国家的合作，建成“一带一路”的重要平台和窗口，着力打造中国—东盟博览会、中国—东盟商务与投资峰会、泛北部湾经济合作论坛升级版，赋予“一带一路”研讨、宣介的功能，加强顶层设计和战略谋划，促进政治互信，达成合作新共识。积极争取更多涉及“一带一路”的东盟国家、泛北合作的交流合作机制平台落户南宁，与沿线国家、东盟各国创新开展多层次、多领域的合作对话，形成各有侧重、主题鲜明、特色突出的高层对话平台以及专业合作平台，建立更紧密的联系，务实深入推进各领域交流合作。

2. 打造区域合作基地

一是申请设立北部湾自由贸易港区。学习借鉴中国（上海）自由贸易试验区及天津、广州申报自由贸易园区的成功经验，全力支持广西以中马（钦州）产业园区、钦州保税港区和钦州港国家经济技术开发区为主体，向国家申请设立北部湾自由贸易港区，打造中国—东盟自由贸易区升级版，构建中国与东盟开放型经济新体制。二是加快中越跨境经济合作区建设。在加大对东兴国家重点开发开放试验区和凭祥综合保税区开发建设支持力度的基础上，支持配合中越跨境经济合作区（东兴园区和凭祥园区）规划建设，有效实施兴边富民战略。三是全力推进粤桂合作试验区建设。落实珠江—西江经济带发展规划实施意见，推动粤桂合作试验区在适当时间以适当方式申请设立海关特殊监管区域，促进粤桂合作试验区大力承接加工贸易产业转移。四是进一步优化整合海关特殊监管区域。加大复制推广上海自贸试验区海关监管创新制度力度，推动钦州保税港区、凭祥综合保税区、北海出口加工区加快整合优化，支持南宁保税物流中心升格为南宁综合保税区，全力创造海关特殊监管区域发展新优势。

3. 促进优化广西口岸建设

创新口岸开放模式，推动广西形成全方位口岸开放格局，促进广西由“口岸大省”向“口岸强省”升级。推动广西加大电子口岸规划建设力度，依托广西电子口岸平台探索建立区域电子口岸中心，促进口岸科技化、信息化和网络化建设。积极推动广西建立跨部门、跨企业的信息管理平台，强化信息共享，实现综合监管，为进出口企业提供“单一窗口”服务，同时重点培植广西区内的大型物流企业，提高物流效能和效益。

（四）建立完善重大要素平台

1. 推进中国—东盟信息港建设

以广西电子口岸为抓手，依托广西电子口岸建设中国—东盟跨境电子商务综合服务平台，全力支持广西参与国家层面的中国—东盟信息港建设，形成全区、全国的电子商务企业、物流业集聚地，推动中国—东盟跨境电子商务快速发展，最终实现“电商广西、电商东盟”的目标，为“构建21世纪海上丝绸之路网络经济带”奠定基础。

2. 推动外向型物流发展

有效整合北部湾沿海港口和西江—珠江黄金水道资源，重点解决交通设施建设，提升铁路疏港能力，加快构建沿海现代物流体系和以西江—珠江黄金水道为依托的沟通珠三角的沿江现代物流体系建设，充分发挥北部湾港出海大通道和西江—珠江黄金水道的龙头作用，降低物流成本；积极推动广西建立跨部门、跨企业的信息管理平台，强化信息共享，同时加大广西口岸形象宣传和推介，重点培植广西区内的大型物流企业，提高物流效能和效益，增强对西南、中南地区企业的吸引力。

3. 推进与东盟国家的合作

借助中国—东盟博览会和商务与投资峰会平台，以推动落实《中国—东盟贸易便利化南宁倡议》为契机，构建中国—东盟商品交易中心和中国—东盟技术转移中心，争取国家在广西布局股权交易中心、大宗商品交易所、亚投行广西分支机构等，在协调口岸通关、优化通关手续、加快物流速度、降低贸易成本等方面提出务实举措，扎实推进广西与东盟各国贸易便利化进程。

（五）构建现代综合服务中心

1. 创新沿边金融服务

优化广西金融生态环境，加强金融基础设施建设，完善市场组织体系，培育发展金融市场，改善融资结构，提高金融规模和交易效率，深化对外交流与合作，加大金融服务边境地区的力度。以实施金融综合改革试验区为契机，大胆先行先试，积极探索金融改革创新，加强金融基础设施建设的跨境合作，全面提升跨境金融服务水平，推动资本市场对外开放，培育发展多层次资本市场，推动跨境人民币业务创新，扩大人民币跨境使用范围，逐步增强人民币在东盟和南亚国家的竞争力、影响力和辐射力，促进贸易投资便利化。

2. 构建区域性企业总部基地

以南宁建设区域性国际城市为契机，全面推进与东南亚以及东亚国家和地区的合作与对外开放，加快特色产业以及金融、物流、软件、中介、商贸、服务产业聚集，增强总部经济发展的集群支持。把大力发展总部经济纳入长期工作思路和规划，坚持把引进企业总部和国内外知名企业办事机构作为招商重点。充分发挥自身特色产业优势，有针对性地吸引有相关配套需求的企业总部。进一步提高楼宇招商、以商引商等市场化招商的作用和成效，完善重点企业联系制度，加强和总部企业的联系沟通，对企业经营过程中出现的各种困难和问题，按照“一事一议”的原则，争取以最有效的方式和最快的速度给予解决。对总部经济发展所需的各种高端人才、特殊人才的引进，协调相关部门，在落户安置等方面给予特殊政策，畅通人才交流渠道。此外，要进一步加强宣传推介，不断提升园区形象，提高知名度和吸引力。

3. 构建物流融通标准体系

建立统一的物流内部管理制度、操作规程、服务规范，并实现车辆标识标志、经营场所服务规范、经营网点标示标牌等的多项统一；建立企业、行业、地方、国家及国际多层级、多层次的物流标准化体系，重点优化与升级城市共同化物流配送系统标准化体系，建立与完善电子商务平台（B2B、B2C、O2O 等电商交易模式）的商贸物流标准化体系；建立以大数据链为基础的物流信息标准化平台与统一认证标准，进一步规范与强化物流标准化人才的培养。

4. 推动政务服务国际化

在坚持依法行政的基础上，通过开通“一站式”绿色服务通道，实行首问负责制、责任追究制、限时办结制、否定汇报制、跟踪服务制等制度，积极开展上门服务、跟踪服务、延时服务、预约服务，设置绿色通道，有效提高工作效率。大力发展电子政务、电子商务和教育信息化，逐步实现网上咨询、网上审批和网上投诉，完善企业与政府交流、沟通的平台，构建多层面信息体系，为企业提供方便、快捷、全面的资讯服务，着重解决企业在法律、规则、管理等层面建设上与国际接轨的问题，推进大企业、大项目快速审批、快速落地、快速建设、快速投产，努力形成规范化、高效化的国际营商环境；充分运用现代信息网络技术加强网上审批平台建设，积极推进政务服务事项“外网受理、内网办理、外网反馈、全程监察”，让企业足不出户，轻点鼠标就可以在线享受各类政务服务，构建“虚实结合”的政府公共服务平台，积极推进服务型政府国际化建设。

（六）建立面向东盟的人文交流中心

积极构建 21 世纪海上丝绸之路的人文交流圈，共建友好城市群，打造跨国旅游圈，加强减贫领域交流合作等，大力推进教育、文化、旅游、科技等领域与东盟的合作，逐步形成广西国际友好城市交流大会、中越青年大联欢、广西民间组织国际交流促进会、中国—东盟技术转移中心、中国—东盟教育培训中心、中国—东盟妇女培训中心、中国—东盟青少年培养基地等一系列交流机制与平台。加强人才双向交流，加快建设中国—东盟联合大学，吸引沿线国家政治精英、青年领袖、社会活动家、著名学者、媒体人士、骨干教师等到广西研修培训，合力打造人力资源区域性国际培训基地。打造泛北部湾旅游圈，加强泛北部湾区域沿海城市和港口合作，推动泛北部湾地区旅游一体化发展，推进桂林国际旅游胜地、北部湾国际旅游度假区、巴马长寿养生国际旅游区建设，加快形成面向东盟、辐射西南中南的国际旅游集散地。发挥海外侨胞的桥梁作用，深化青年、智库、非政府组织、社会团体等友好合作，引导民间开展丰富多彩的交流。扩大与沿线国家在教育卫生、文化体育、广播影视、新闻出版等方面的交流合作，互办文化年、艺术节等活动，弘扬和传承丝路精神。加强与沿线国家在历史文化旅游资源保护开发、海洋资源开发利用、生态环境保护、海洋环境监测、应对气候变化等方面的合作，共建绿色丝绸之路。

（七）构建“一带一路”有机衔接合作机制

1. 完善与东盟国家的合作机制

落实习近平总书记在APEC会议提出的打造全方位互联互通格局的要求，大力推动“信息互换、执法互助、监管互认”延伸至东盟国家。一是推动实现中越、中马“两国一检”通关模式。积极与越方海关会谈，选择一个条件相对成熟的沿边口岸作为试点，推动两国口岸尝试实施“同地点办公、同地点检查”的通关作业模式，推进双方海关简化本国对进出口货物的检查程序，力求率先实现“一地两检”和“一站式”服务。以“两国双园”为重要平台，以重点资源商品为切入点，以重要项目和产业为关键，研究实施中马海关合作，逐步推进中马钦州产业园区、马中关丹产业园区实现“三互”合作。此外，借助中国—东盟博览会和投资峰会这一平台，务实推进“信息互享、监管互认、执法互助”的“三互”工作，逐步推进与东盟国家海关的合作。二是全力参与打造自贸区升级版。借助已有的泛北经济合作、大湄公河次区域合作、中国（南宁）—新加坡经济走廊合作、中越两廊一圈合作等次区域合作机制，丰富合作领域和内容，为东盟自贸区升级版提供强大的机制支持和合作基础。三是助推广西参与中国—东盟信息港建设。以广西电子口岸为抓手，以依托广西电子口岸建设中国—东盟跨境电子商务综合服务平台为切入点，全力支持广西参与国家层面的中国—东盟信息港建设。

2. 构建国内“一带一路”有关省区合作机制

认真落实《北部湾经济区口岸通关一体化工作方案》，在加快实现广西区内海关通关一体化的基础上，积极推进广西口岸多部门通关一体化，并着手推动两广和西南中南地区乃至更大范围的通关一体化。在关检合作“三个一”的基础上，进一步建立完善与检验检疫、边检、海事等部门的合作机制，在建设“单一窗口”的基础上，推动北部湾“四市六关”通关一体化合作机制建设。进一步推动与湛江“两关四港”合作，推动泛北部湾经济区通关合作，加强与广东、泛珠三角、长江经济带等区域通关一体化合作力度，积极促进西南中南地区开放发展新的战略支点建设。

3. 建立通关一体化合作机制

一方面，建立完善口岸相关单位的联系配合制度。建议在自治区政府的统一协调下，建立跨部门的执法协调配合机制，理顺关系，明确权责，建设执法联动平台，共享交流信息数据，统一协调各口岸管理部门的执法行为。另一方面，加大口岸基础设施建设管理。充分利用中国—东盟自由贸易区建成、广西北部湾经济区上升为国家战略和广西建设成为辐射带动西南中南地区发展战略支点等系列重大机遇叠加效应，争取国家各个层面的支持，加强口岸基础设施建设和口岸规划整合。

4. 建立完善行业合作机制

一是建立中国—东盟行业对话机制，将行业合作纳入中国—东盟经贸合作之中，对行业间合作的重点项目，在核准备案、融资、通关等方面予以支持；在条件成熟时，分行业建立行业商会合作委员会，积极筹建有关行业对接基地，重视和扶持中小企业合作。二是根据国内外经济形势变化、自贸区大市场的成熟程度，通过制定行业合作的近中长期规划，建立和完善行业合作机制，有重点、有步骤、有计划地加快行业合作。三是积极实施新的国际营销和新的投资合作，了解自贸区各国有关经济政策和产业规划，了解市场开放的时间表，掌握新市场营销的特点，努力建立更多的标准化机制，优化双方贸易结构，利用好关税优惠政策，推动行业良性竞争合作。四是深入推进广西与东盟各国多层次的金融合作，重点引进越南等东盟国家在广西设立代表处和分行，促进广西各有关商业银行分别与东盟各大银行建立战略合作和代理行关系，在授信额度、业务委托等领域实现深度合作，尤其要加强与越南边贸结算合作水平。

六、争取国家支持建议

（1）请求支持加快打通出边大通道。加快推进直通越南的“三高两铁三桥”（凭祥—谅山—河内、东兴—下龙—河内、龙邦—高平—河内、平孟—河广—河内高速公路，凭祥—河内铁路扩能、防城港—东兴—下龙—海防铁路新建，北仑河二桥、水口河大桥、横模大桥）建设，优先推进南宁—凭祥—河内—沙湾拿吉（老挝）—金边的铁路、公路建设。支持贵州兴义富宁—广西百色平孟、隆安—硕龙—水口、沿边（富宁—那坡—靖西—东兴）高等级公路建设，并将这些项目纳入“十三五”开工建设项目。

（2）请求支持将广西更多项目纳入国家“一带一路”建设重大项目储备库。将以南宁为节点的南北国际大通道、中马两国双园、中国—东盟联合大学、南海国际邮轮母港及航线、中越跨境经济合作区、中国—东盟海洋合作试验区、中国—东盟信息港、北部湾区域性国际航运中心、文莱—广西经济走廊、广西国家级海洋研究所、面向东盟的国际黄金投资交易中心、检验检测认证高技术服务集聚区、减贫中心等广西重大项目、平台机制纳入国家“十三五”规划、“一带一路”重大项目库、重大工程投资包，争取国家丝路基金、中国—东盟海上合作基金、亚投行等加大资金支持。

（3）请求支持将亚洲基础设施投资银行面向东盟的分支机构设在广西。2014年10月10日，张高丽同志在陕西主持召开的“一带一路”建设工作会议上，表示可以考虑将亚洲基础设施投资银行的分支机构设在广西。当前，东盟对基础设施建设资金需求量大，建议加大协调力度，争取在南宁设立亚洲基础设施投资银行东盟分行（分支机构）。

（4）请求支持“一带一路”面向东盟的重大合作平台放在广西。支持泛北合作往海丝次区域合作平台发展，支持广西设立中国（北部湾）自由贸易试验区，支持建设中国—东盟医疗保健合作、传统医药交流合作、公共卫生人才培养与交流、食品药品安全检验检测等中心和基地建设，支持成立中国—东盟企业家联合会。

（5）请求加大对广西口岸的建设及通关便利化的支持力度。随着“一带一路”战略推进，广西口岸的开放程度已经越来越不能适应开放合作的发展。建议国家在广西口岸的开放和升格方面给予大力支持，加快“十二五”期间广西上报的8个口岸项目审批进度，并将“十三五”上报的20个口岸项目纳入国家“十三五”口岸发展规划，在口岸基础设施及配套设施建设方面给予支持；支持广西与东盟国家合作开展“两国一检”通过模式试点与创新。

（6）请求国家加大外交力度，重点突破越南关系，推动与广西边境有关的开放合作项目。鉴于近年中越关系的反复，导致广西与越南边境合作的项目如出边通道、跨境经济合作区建设等进展缓慢，请求国家通过外交等多种手段积极推进与越南的关系，同时将中越跨境经济合作纳入国家重点推进项目，建立国家和地方两级协调工作机制，督促越南同步跟进规划与建设。

（7）请求加大对广西边境建设与管理的支持力度。边境通则丝路通、边境安则丝路安。在建设完善边境开放平台方面，尽快出台东兴国家重点开发开放试验区支持政策，尽快批复设立凭祥国家重点开发开放试验区，在加快中越界河整治、建设国家边境新型村镇示范带、支持边境体制机制的创新如对边民建设互助合作社给予资金支持、在加工业基础较好的地方给予试点使用境外劳工等方面给予支持。

（8）请求指导和支持广西发挥重要门户作用。特别是在重要规划编制、重大项目建设、重要政策制定、区域合作、重要机制平台建设、财政资金支持等方面，请求国家相关部委继续给予广西更多的指导和支持。

广西壮族自治区人民政府发展研究中心“广西建设
‘一带一路’有机衔接重要门户的对策研究”课题组

广西精准扶贫机制创新研究

【引言】“十三五”时期是全面建成小康社会的决战期，确保广西538万贫困人口2020年如期脱贫、与全国同步全面建成小康社会，时间紧、任务重、责任大。自2013年年底中央下发《关于创新机制扎实推进农村扶贫开发工作的意见》以来，广西把精准扶贫作为一号工程来抓，成效显著，并在实践中形成了若干亮点和经验，但同时也存在一些影响精准脱贫效果的突出问题，需要通过找出广西贫困原因，对精准脱贫目标导向进行识别与分析，才能做到精准施策、精准帮扶，而精准扶贫体制机制创新又是广西“攻坚五年、圆梦小康”，打赢“十三五”脱贫攻坚战的关键。

一、精准扶贫的背景与精准扶贫机制的内涵

（一）精准扶贫的背景

我们党一贯高度重视扶贫开发工作。新中国成立以来，我国经历了五个阶段的扶贫：小规模的救济式扶贫（1949～1978 年）；以体制改革为主导的农村扶贫（1978～1985 年）；以“输血”为主的农村扶贫（1986～1993 年）；以“造血”为主的农村扶贫（1994～2000 年）；以综合性为主的农村扶贫开发（2001～2012 年）。

目前，已进入精准扶贫攻坚拔寨期。党的“十八大”以来，以习近平同志为总书记的党中央，站在实现中华民族伟大复兴中国梦的战略高度，把扶贫开发摆在事关全面建成小康社会、事关增进人民福祉、事关巩固党的执政基础、事关国家长治久安的战略位置，提出了一系列精准扶贫精准脱贫的新理念、新思路、新举措。十八届五中全会作出了实施脱贫攻坚工程的战略部署，明确了到 2020 年现行标准下贫困人口全部脱贫、贫困县全部摘帽、解决区域性贫困的目标要求。中共中央政治局 2015 年 11 月 23 日召开会议，审议通过了《关于打赢脱贫攻坚战的决定》，要求各级党委和政府必须把扶贫开发工作作为重大政治任务来抓，强调举全党全社会之力，坚决打赢脱贫攻坚战。同年 11 月 27～28 日，在中央召开的扶贫开发工作会议上，习主席强调，消除贫困、改善民生、逐步实现共同富裕，是社会主义的本质要求，是我们党的重要使命。全面建成小康社会，是对全国人民的庄严承诺。要立下愚公移山志，咬定目标、苦干实干，坚决打赢脱贫攻坚战，确保到 2020 年所有贫困地区和贫困人口一道迈入全面小康社会。至此，脱贫攻坚战的冲锋号已经吹响。精准扶贫精准脱贫成为我国扶贫开发的基本方略，标志着我国开发式扶贫治理体系开始从以贫困县、贫困村瞄准为重点向贫困户、贫困人口、贫困村精准瞄准的体系转变。

（二）精准扶贫机制的内涵

1. 精准扶贫的内涵

2015 年 6 月，在贵州省扶贫座谈会以及 2015 年世界扶贫日“减贫与发展高层论坛”上，习总书记提出了“四个切实”“六个精准”“五个一批”，明确了精准扶贫的指导思想、主要内容和方式方法。指导思想就是“四个切实”，即切实落实领导责任、切实做到精准扶贫、切实强化社会合力、切实加强基层组织；主要内容就是“六个精准”，即扶持对象精准、项目安排精准、资金使用精准、措

施到户精准、因村派人精准、脱贫成效精准，确保各项政策好处落到扶贫对象身上，概括起来就是两个要求，即精准扶贫、精准脱贫，要扶到点上、根上，让贫困群众真正得到实惠；方式方法就是“五个一批”，即通过扶持生产和就业发展一批、通过易地搬迁安置一批、通过生态保护脱贫一批、通过教育扶贫脱贫一批、通过低保政策兜底一批。习总书记提出的“四个切实”“六个精准”“五个一批”涵盖了精准扶贫的主要内涵（见图1）。

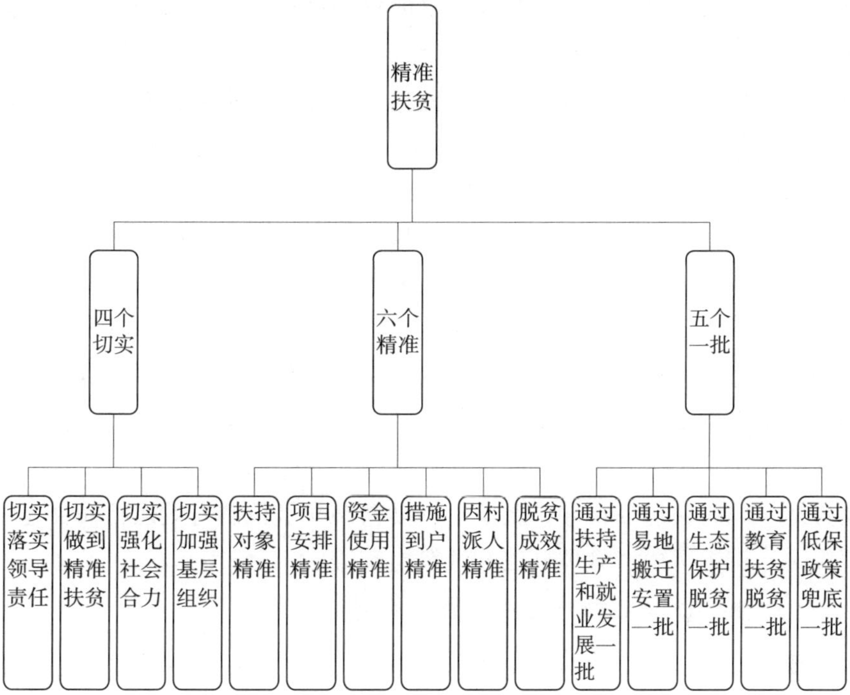

图1

具体而言，精准扶贫就是指扶贫要具有靶向性，做到以精准识别、精准帮扶、精准管理、精准考核“四位一体”为核心的精准扶贫。

一是精准识别。精准识别是精准扶贫的基础，是指通过申请评议、公示公告、抽检核查、信息录入等步骤，将贫困户和贫困村有效识别出来并建档立卡。就广西而言就是全面采集5000个贫困村及其所有自然村（屯）以及部分非贫困村自然村（屯）的基本情况和发展需求信息。二是精准帮扶。精准帮扶是消除致贫的关键因素，是指对识别出来的贫困户和贫困村，深入分析致贫原因，落实帮扶责任人，落实项目、资金、帮扶规划，逐村逐户制订计划，集中力量予以扶持。三是精准管理。精准管理包括扶贫组织机构管理、有进有出的动态管理扶贫信息化管理、财政专项扶贫资金管理和金融支持扶贫开发的管理，为扶贫提供决策支持。四是精准考核。精准考核是自上而下，自下而上对各级党政实施精准扶贫的效果进行考核，对贫困户、贫困人口和贫困村识别、帮扶、管理的成效，以及对贫困县开展扶贫工作情况的量化考核，奖优罚劣，保证各项扶贫政策落到实处，是精准扶贫的检验机制。

2. 精准扶贫机制的内涵

“机制”一词来源于希腊文，意指机器制动的原理及机器内部各机件互为因果或相互作用的关系，并通过机器的运转实现一定的功能。机制引申到经济学领域，泛指一个工作系统的组织或部分之间相互作用的过程和方式，如市场机制、竞争机制。精准扶贫机制存在于精准扶贫的整个过程中，是精准扶贫的实际体现者和作用者。精准扶贫机制大体研究四个部分：一是研究精准识别工作机制，即建立识别贫困目标群体的机制；二是研究精准帮扶工作机制，对识别出来的扶贫目标群体（建档立卡的贫困户、贫困人口、贫困村），制定规划，采取措施，建立机制，确定相关投入主体（政府投入、社会资本投入）和帮扶主体；三是研究精准管理机制，对扶贫信息化建设设立科学有效的管理机制，建立大数据管理平台，对投入主体进行有效的管理，建立项目、资金管理机制，对整个扶贫过程由投入主体向目标群体转移资源和承接资源的管理；四是研究考核监督机制，对整个精准扶贫过程进行评价，建立精准扶贫考核机制和第三方评估机制。

精准扶贫机制实际上研究精准识别、精准帮扶、精准管理、精准考核各自在精准扶贫过程中的定位及功能，以及它们之间相互作用、相互联系、相互制约的关系及方式，同时还包括指导、调节、推动精准扶贫机制有效运行而伴生的一系列制度设计、调控手段、管理办法和政策措施等。

（三）广西迫切需要建立健全精准扶贫机制

广西历届党委、政府高度重视扶贫开发工作，采取了一系列行之有效的措施，扶贫开发取得了阶段性成效。至 2014 年年底，全区农村贫困人口由 2010 年的 1012 万人减至 538 万人，为下一步打赢脱贫攻坚战积累了宝贵经验。但是广西农村贫困面大、贫困人口多、贫困程度深的状况尚未根本改变，贫困人口生产生活仍然十分困难。全面建成小康社会，最艰巨最繁重的任务在农村，特别是在贫困地区。54 个扶贫开发工作重点县超过全区县（市、区）总数的一半，5000 个贫困村占全区行政村的三分之一以上，是全国贫困人口超 500 万的 6 个省区之一。这是广西全面建成小康社会进程中绕不开、躲不过的严峻现实。能否打赢这场脱贫攻坚战，不仅关系广西“两个建成”目标的实现，还将影响全国全面建成小康社会的大局。

目前离 2020 年实现全面建成小康社会目标只剩下 5 年时间，脱贫攻坚进入决战期。全区平均每年需帮助 90 万左右贫困群众脱贫，时间十分紧迫，任务相当艰巨，责任重于泰山。针对长期以来“年年扶贫年年贫”，农村贫困群众底数不清、情况不明、扶贫资金和项目指向不准的问题，区域精准和个体精准有机统一的精准扶贫体制机制被提上重要日程，广西迫切需要建立健全精准扶贫体制机制。创新体制机制，加快推进扶贫攻坚是贯彻落实十五届五中全会和中央扶贫工作会议的根本要求。要确保贫困农民持续增收、最终实现脱贫致富的目标，就必须从精准扶贫的体制机制创新这个根本性问题入手，通过建立以精准识别、精准帮扶、精准管理、精准考核“四位一体”为核心的体制机制，以严的要求、实的作风，为全力打赢脱贫攻坚战提供强有力的保障。

二、精准识别为广西创新精准扶贫机制夯实了基础

精准识别是精准扶贫精准脱贫最基础性的工作。2014 年起，广西开展了扶贫对象建档立卡工作，识别了贫困户、贫困人口、贫困村，并对致贫原因进行了深入分析，为广西创新精准识别工作机制夯实了基础。

（一）精准识别建档立卡情况

2014 年，全区共识别 54 个扶贫开发工作重点县（含“天窗县”和享受待遇县），5000 个建档立卡贫困村，贫困户 172 万户，贫困人口 634 万人。2014 年脱贫 96 万人后，目前还有 538 万贫困人口，贫困规模大，在全国排第 4 位。贫困人口主要分布在 14 个市、106 个县（市、区）（以下简称县）、1122 个乡镇、14 586个行政村（社区）（见表 1、表 2、图 2、图 3）。

表 1　2014 年广西贫困分布情况

单位：人（户/个）/%

地区	贫困人口		贫困农户				贫困村		
	人数/人	占比/%	户数/户	占比/%	所在村/个	所在乡镇/个	个数/个	占比/%	所在乡镇/个
合计	6 340 020	—	1 723 605	—	14 586	1 122	5 000	35	1 105
南宁市	622 341	9. 82	170 180	9. 87	1 240	103	421	8. 42	100
柳州市	431 697	6. 81	121 906	7. 07	900	87	313	6. 26	81
桂林市	420 479	6. 63	120 240	6. 98	1 633	131	499	9. 98	130
梧州市	336 440	5. 31	88 465	5. 13	889	59	265	5. 3	55
北海市	55 544	0. 88	15 796	0. 92	295	24	79	1. 58	21
防城港市	59 099	0. 93	18 690	1. 08	284	27	81	1. 62	27
钦州市	206 251	3. 25	52 536	3. 05	942	58	301	6. 02	56
贵港市	386 157	6. 09	109 537	6. 36	1 093	73	383	7. 66	72
玉林市	552 530	8. 72	143 021	8. 30	1 400	106	442	8. 84	105
百色市	1 024 404	16. 16	264 888	15. 37	1 818	135	754	15. 08	128
贺州市	420 292	6. 63	105 860	6. 14	704	58	267	5. 34	57
河池市	1 002 473	15. 81	273 788	15. 88	1 603	138	684	13. 68	130
来宾市	366 746	5. 78	104 410	6. 06	737	66	247	4. 94	66
崇左市	455 567	7. 19	134 288	7. 79	821	78	287	5. 74	77

注：数据来源于广西扶贫信息中心。

表 2　2014 年广西贫困人口识别情况

地　区	贫困人口	
	人数/人	占比/%
合计	6 340 020	—
南宁市	622 341	9. 82
柳州市	431 697	6. 81
桂林市	420 479	6. 63
梧州市	336 440	5. 31
北海市	55 544	0. 88
防城港市	59 099	0. 93
钦州市	206 251	3. 25
贵港市	386 157	6. 09
玉林市	552 530	8. 72
百色市	1 024 404	16. 16
贺州市	420 292	6. 63
河池市	1 002 473	15. 81
来宾市	366 746	5. 78
崇左市	455 567	7. 19

注：数据来源于广西扶贫信息中心。

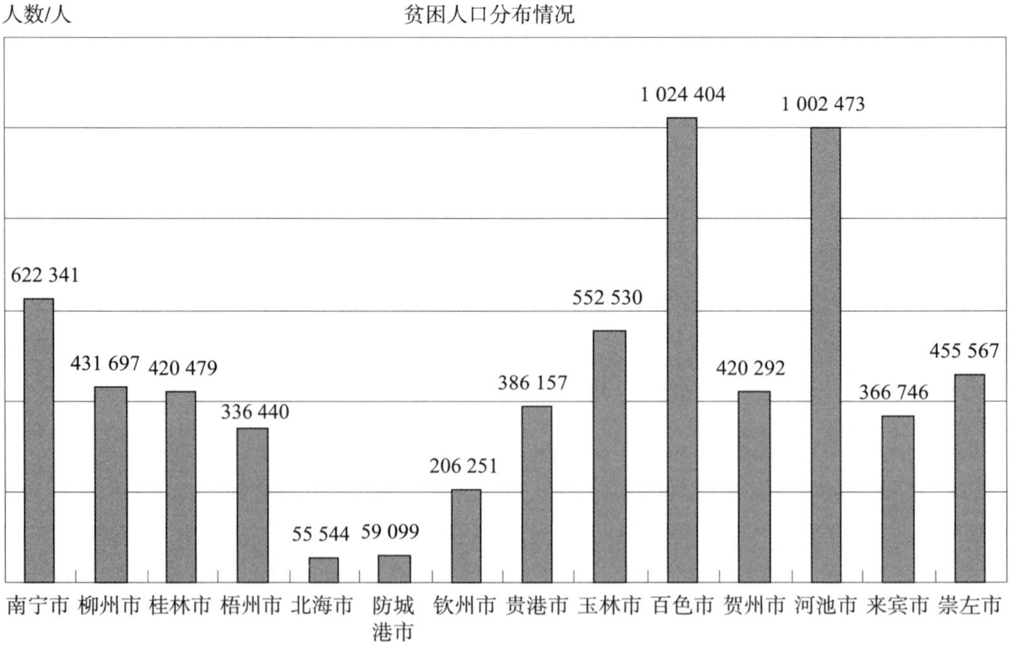

图 2　广西贫困人口分布情况

注：数据来源于广西扶贫信息中心。

（二）广西贫困特征

1. 全区均有分布，贫困相对集中

贫困人口分布在14 586个行政村（社区）。其中5000个建档立卡贫困村分布于14市、106县、1105乡（镇），有贫困户94.80万户，贫困人口355.77万人，占全区贫困人口总数的56.11%（见图3）。

（1）35个滇桂黔石漠化片区规划县有贫困村2153个，占贫困村总数的43.06%；贫困户86.05万户，占贫困户总数的49.93%；贫困人口321.83万人，占贫困人口总数的50.76%。

（2）28个国家扶贫开发工作重点县有贫困村1844个，占贫困村总数的36.88%；贫困户74.98万户，占贫困户总数的43.59%；贫困人口283.73万人，占贫困人口总数的44.75%。

（3）21个自治区扶贫开发工作重点县有贫困村1280个，占贫困村总数的25.6%；贫困户43.5万户，占贫困户总数的25.29%；贫困人口161.11万人，占贫困人口总数的25.41%。

（4）54个贫困县中有贫困村1876个，占贫困村总数的37.52%；贫困户53.88万户，占贫困户总数的31.33%；贫困人口189.16万人，占贫困人口总数的29.84%。

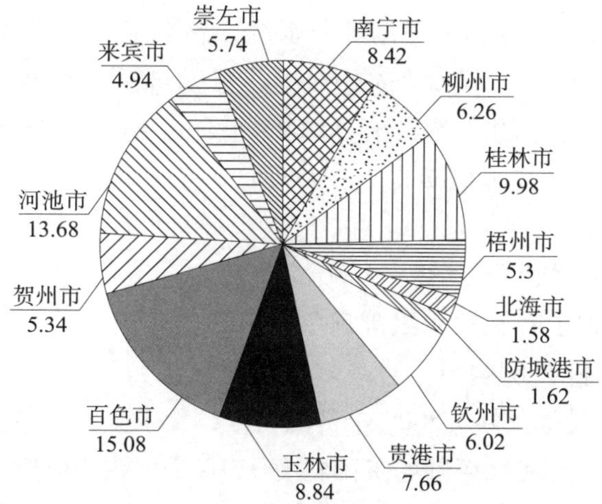

图3　全区5000个贫困村分布及占比情况

注：数据来源于广西扶贫信息中心。

2. 经济发展滞后，制约因素较多

绝大部分贫困村乡镇企业和村办产业近于空白，几乎没有集体收入，从事乡村旅游（含农家乐）户数不到0.2%，参加特色产业合作社户数只有3.03%左右，经济基础非常薄弱。

（1）劳动力素质不高。贫困人口中有劳动力373.72万人，占43.35%。

18～60 岁的贫困人口中，普通劳动力有 228.55 万人，占 88.63%；技能劳动力 1.74 万人，占 0.67%；丧失劳动能力或无劳动能力的 25.58 万人，占 10.7%。在识别出的贫困人口中，初中以下文化程度占 88.39%，高中以上文化程度占 11.6%。其中，文盲或半文盲占 8.16%，小学文化程度占 38.40%，初中文化程度占 41.84%，高中文化程度占 7.74%，大专以上占 3.87%。

（2）土地资源匮乏。全区贫困农户多生活在禁止开发的生态功能区，受生态环境、退耕还林等政策导向，贫困村人均耕地面积比全区低 0.35 亩。“三无”（无耕地、无林果、无水域）的贫困农户 5.88 万户，占 3.42%；有耕地但无有效灌溉条件的 43.81 万户，占 25.47%，有超过 1/4 的农户还要“靠天吃饭”。无林果、户耕地面积小于 1.5 亩的有 48.69 万户，占 28.25%。

（3）缺少集体经济。全区 5000 个贫困村的村级集体经济收入共计 1228 万元，平均每个贫困村 0.25 万元。其中，无集体经济收入的贫困村 4432 个，占贫困村总数的 88.64%；有收入但在 0～2 万元（含 2 万元）的贫困村有 500 个，占 10%；村集体经济收入在 2 万元以上的贫困村有 68 个，占贫困村总数的 1.36%，经济基础非常薄弱，发展严重滞后。

（4）基础设施落后，扶贫任务艰巨。

一是道路建设尚未完善。5000 个贫困村中，有 3195 个到乡镇已通沥青（水泥）道路，占 63.90%；有 1805 个行政村到乡镇未通沥青（水泥）道路，占 36.10%。其中行政村到乡镇未通沥青（水泥）路大于 3 公里的村有 1431 个，大于 5 公里的村有 1140 个。5000 个贫困村中共有 74 869 个自然村，其中到行政村未通沥青（水泥）道路的自然村有 30 696 个，占 41%，合计约 74 442 公里。5000 个贫困村中，通客运班车的有 1951 个，占 39.02%；未通客运班车的有 3049 个，占 60.98%。

二是水、电通达状况不理想。5000 个贫困村中尚有近一半没有完全解决安全饮水问题，1/3 以上存在饮水困难现象，未通生活用电的自然村有 816 个，未通生产用电的自然村有 6344 个。

三是医疗卫生设施欠缺。5000 个贫困村中，无卫生室的贫困村有 544 个，占 10.88%；无执业（助理）医师的贫困村有 1710 个，占 34.20%；无公共卫生厕所的贫困村 3632 个，占 72.64%；无生产生活垃圾集中堆放点的贫困村 1244 个，占 24.88%。

四是文体设施不全。5000 个贫困村中，无文化（图书）室的有 1153 个，占 23.06%；已经通电自然村（20 户以上）中通宽带的有 26 008 个，占自然村的 34.73%。

五是贫困户基本生活条件较差。住房是危房农户 35.20 万户，占贫困户总数的 20.46%；未通广播电视 23.39 万户，占贫困户总数的 13.59%；未通生活用电农户 2.53 万户，占贫困户总数的 1.46%；无卫生厕所农户 80.74 万户，占贫困户总数的46.84%。

（三）广西贫困人口结构特点

1. 贫困人口收入情况分析

广西不少贫困户种养规模不增、良种良法不增、劳务收入不增。收入方面，2013年比上年增783元（全国增979元），2014年广西比上年增774元（全国增996元）。广西贫困农户收入来源主要包括工资性收入、家庭经营收入和各类补贴收入。工资性收入、家庭经营、各类补贴收入构成比例为47%、24%、29%。从贫困农户工资性收入分析，贫困农户年工资性户均收入3191元；从贫困农户家庭经营收入分析，贫困农户年户均收入2978元，与全区农民家庭经营收入5743.29元相比，仅为全区平均水平的一半。其中，收入低于2000元的贫困户为64.91万户，占贫困户总数的37.74%；收入为2000～2500元的贫困户为70.34万户，占贫困户总数的40.81%，收入为2500～2736元的贫困户为36.50万户，占贫困户总数的21.18%。

2. 贫困人口生活条件情况分析

在识别的贫困农户中，住房是危房农户35.20万户，占贫困户总数的20.46%；未通广播电视23.39万户，占贫困户总数的13.59%；未通生活用电农户2.53万户，占贫困户总数的1.46%；无卫生厕所农户80.74万户，占贫困户总数的46.84%。

3. 贫困人口社会保障情况分析

全区贫困人口新农合参保人数615.15万人，参合率为97.03%。新型农村社会养老保险参保人数292.92万人，参保率为93.03%，养老保险待遇发放率为99%。根据低保户和扶贫低保户的低保收入数据测算，2013年度人均领取低保金1954元，与2013年度全区农村最低生活保障标准2016元（根据2013年广西民政厅数据）基本持平。

4. 贫困人口年龄构成及身体状况分析

广西贫困地区18～60岁贫困人口有419.97万人，占贫困总人口的66.24%；18岁以下的有98.36万人，占15.51%；60岁以上的有115.68万人，占18.24%。其中存在身体健康问题的有81.32万人，占12.83%。患有长期慢性病的58.24万人，占9.19%；患有大病的17.98万人，占2.84%；身患残疾的5万人，占0.79%。

（四）精准识别结论

综合上述各项指标分析得出，广西贫困户致贫原因呈现多样性，大体上分为缺资金、因学、因病、缺技术、缺劳力、自然条件差、因灾返贫等原因，还有一大部分农村家庭贫困为复合性贫困（见图4）。

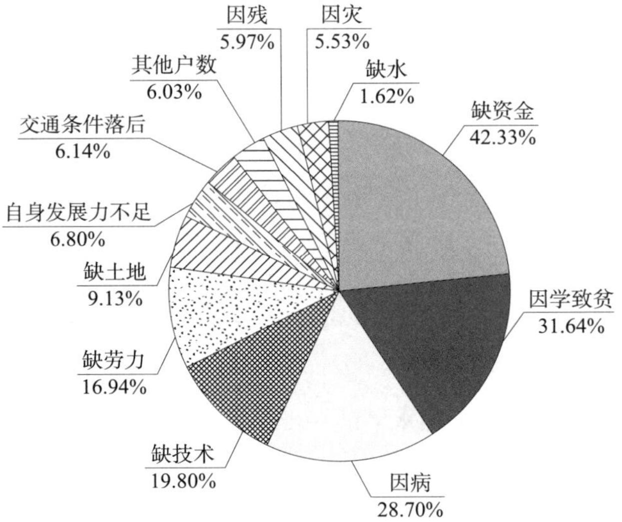

图4　贫困农户主要致贫原因比例

注：数据来源于广西扶贫信息中心。

由此可见，下一阶段的精准扶贫精准脱贫工作应运用好识别成果，建立精准扶贫大数据管理平台，对识别出来的贫困户、贫困人口、贫困村（屯），逐户逐村建档立卡，精准到村到屯、到户到人，在精准施策上出实招，在精准推进上下实功，在精准落地上见实效。因此，要着重解决“四大问题”，做到“八大发力”。

1. 解决“四大问题”

一是解决扶谁的问题。扶建档立卡的172万贫困户、538万贫困人口、5000个贫困村，以及建档立卡的贫困自然屯，实施“一对一”“多对一”结对帮扶，确保把真正的贫困人口弄清楚，把贫困人口、贫困程度、致贫原因等搞清楚。

二是解决谁扶的问题。由各级领导、定点帮扶单位及干部、驻村第一书记及工作队员、乡村干部、骨干能人帮扶，以及引导社会力量（如企业、爱心人士等）帮扶。

三是扶什么的问题。扶生产、扶就业、扶移民搬迁、扶生态、扶低保兜底、扶医疗救助、扶教扶智、扶边贸等，资金、项目要围绕这些内容精准实施。

四是怎么扶的问题。以全区5000个贫困村和建档立卡的贫困自然屯为切入点，按人均耕地、人均纯收入、贫困人口结构、贫困发生率、贫困特点、致贫原因、贫困程度等制定帮扶规划，制定落实差异化、精细化、接地气、服水土的措施，选派力量结对帮扶。

2. 做到“八大发力”

一是通过产业扶贫发力。贫困户中因为缺少产业、资金、项目而导致贫困的有72.9617万户，占全区贫困户的42.33%。这类贫困户要么长期从事低附加值的劳动，要么延续着传统耕作模式，导致其生产力低下，抗灾害抗风险能力差。他们有能力生产和创业，但是苦于找不到合适的项目，缺乏创业资金，经济状况往往处在脱贫的临界线上，只要精准配置资金和项目到户，通过土地流转、承包经营等方式发展规模化种植，通过旅游、农产品加工等特色产业帮贫，或通过企业驻村工业帮扶，一般都能脱贫，是重点扶持对象。

二是通过教育扶贫发力。相对于产业扶贫，教育帮扶周期更长，如果贫困户小孩刚入小学，读到大学毕业需要帮扶16年，如读到中职毕业需12年。贫困户中因学致贫54.5345万户，占全区贫困户的31.64%。2014年，广西九年义务教育巩固率为90.3%、高中阶段毛入学率为82%，分别比全国平均水平低2.3个和4.5个百分点。全区"大通铺"人数达72.64万人，占11.69%。因此，要结合贫困村实际，解决寄宿问题，建好清洁食堂，引进电教设施，改善学生营养。积极争取教育部门、行业部门、帮扶单位、社会团体、民营企业等多方面的扶持。

三是通过医疗卫生扶贫发力。贫困户中因病致贫49.4603万户，占全区贫困户的28.70%。该类贫困户因为意外受伤、急慢性疾病产生巨额医疗费用无法偿还导致贫困，贫困户的贫穷具有紧迫性，属于扶贫难度较大的群体。一方面，这类贫困户只要能够得到及时、低费用的救治就可以恢复劳动力，实现脱贫；另一方面，如果贫困户负担不起高昂的医疗费用而耽误治疗，最后形成严重的后遗症或残疾而导致终身贫困。此类贫困户的扶贫需求最关键的是实行大病兜底保障，以及提高医疗保障补助，实行先诊疗后付费等措施实现脱贫。

四是通过社会保障扶贫发力。由于缺少劳动力致贫的有39.4882万户，占全区贫困户的22.9%（含因残致贫）。这类贫困户的情况比较复杂，往往具有多种致贫原因。一是家中有长期患病病人，不仅对家庭没有收入的贡献，反而增大家庭支出，导致全家长期陷入贫困之中，难以脱贫；二是孤寡老人或是家中年轻劳动力长期外出并且无力照顾家中老人；三是家中青壮年为残疾人等。贫困户很难通过自己的努力脱贫，就是脱了贫也容易返贫。该类贫困户的扶贫需求重点就是政策兜底帮扶，政府掏钱保证房子不漏雨、不漏风，房前走路不粘泥，生活和就医不为难。实现扶贫线和低保线"两线合一"，同时通过建立农村养老中心、完善残疾人公共设施、建立健全农村留守儿童和妇女、老人关爱服务体系，满足他们的最低生活需求的同时能够幸福地生活。

五是通过劳动力就业扶贫发力。缺乏劳动技能、劳动力价值低致贫的34.1194万户，占全区贫困户的19.80%。这类贫困户劳动力文化素质低，缺乏必要的劳动技能，外出务工收入有限，甚至由于信息闭塞、语言不通等问题无法外出务工而导致贫困。这部分贫困户是有劳动能力的，在经过培训和给予一定的就业、创业条件后，往往不单能脱贫，还能致富，甚至可以带动周边群众共同脱贫，属于比较容易脱贫的类型。这些贫困户的扶贫需求一是提供劳动技能的培训，其中包括职业培训和创业培训，提供劳动岗位以及提供创业条件。广西有1100多万农民工，是贫困地区的主体劳动力，其工资性收入占全区农民人均收入的四成左右，是就业创业培训的重点对象。

六是通过移民搬迁扶贫发力。对全区生存条件恶劣，“一方水土养不起一方人”建档立卡的90万贫困人口实施扶贫搬迁。要规划先行，重农民群众意愿，区分轻重缓急，精准实施搬迁，搬迁一户，脱贫一户。与推进城镇化和农业现代化紧密结合，可以在移民新村、小城镇、乡村旅游区等集中安置，也可以采取插花等方式分散安置，还可以通过进城务工、投亲靠友等自行安置。用好用足中央给予广西600万元移民搬迁资金，坚持搬迁和发展“两手抓”，妥善解决搬迁群众的居住、看病、上学等问题，统筹谋划安置区产业发展与群众就业创业，确保他们生活有改善、发展有前景，实现“搬得出、稳得住、能发展、可致富”。

七是通过基础设施建设精准发力。基础设施不足致贫的有13.3814万户，占全区贫困户的7.76%（包含交通不便和缺水）。新一轮精准扶贫攻坚战修路的重点是屯级路，贫困村20户以上自然屯全部通路。目前全区有37 587个自然村（屯）未通路，需修建公路64 542公里。河池市31 605个屯有7961个未通路，占25.2%，按现在的资金量，需36年才能全部解决。因此，要加大投入力度，加快构建贫困地区外通内联的交通运输体系，打通乡镇与村、村与村之间的断头路、瓶颈路；实施农村饮水安全巩固提升工程，解决贫困人口饮水安全问题；实施贫困地区农网改造升级工程，加强贫困村信息网络基础设施建设；做好贫困户危旧房改造。如果完善基础设施成本过高或者难以实施则采取移民搬迁的方式实现脱贫。

八是通过边贸政策扶助精准发力。对于边境地区的贫困群众给予金融方面的支持，如免抵押、免担保的小额信贷支持。积极争取国家支持，提高边境地区互市贸易免税额度，对进入距离陆地边境线0～20公里范围内的新设加工型企业，给予所得税方面的优惠政策。

此外，广西由于其他原因致贫的有19.9173万户，占全区贫困户的11.56%（含因灾致贫）。因灾致贫的贫困户家庭经济状况本来就离贫困线不远，若遇天灾人祸，如自然灾害、种植业减产减收、养殖业遇瘟疫等，很可能造成贫困或返贫，如果能帮助其渡过难关，这类贫困户可以脱贫。该类贫困户的扶贫需求具有多样性，应根据其不同的特点进行分类帮扶或者复合帮扶。

3. 总结

解决“四大问题”，做到“八大发力”，关键是要找准路子、构建好的体制机制，而削除阻碍施策精准的体制机制障碍，创新建立精准扶贫新机制才是实现脱贫的王道。

三、广西精准扶贫机制建立的基本情况及存在的问题

近些年，广西在以精准识别、精准帮扶、精准管理、精准考核“四位一体”为核心的机制上进行了探索，取得了一定成效，同时也在进一步建立和完善中。

（一）基本情况

1. 在精准识别方面

自2014年年底广西完成第一轮精准识别工作后，2015年10月起，自治区自下而上集中再一次开展精准识别工作，印发了《精准识别贫困户贫困村工作方案》，进一步明确识别工作的对象范围和方法步骤。加强精准识别工作队力量，实行自治区、市、县、乡、村、屯六级联动机制，把全区538万贫困人口精准识别到村、到户、到人，其中100万扶贫移民搬迁人口精准识别到屯、到户，全面采集5000个贫困村及其所有自然村（屯）以及部分非贫困村自然村（屯）的基本情况和发展需求信息，为贫困户建档立卡。自治区先后开展7次模拟试点，对3000多户农户开展试调查、试评分，做好自治区层面的顶层设计，为重新开展精准识别、对建档立卡进行“回头看”做好准备。精准扶贫目标群体进一步明确，精准识别工作机制进一步夯实。

2. 在精准帮扶方面

一是制定帮扶政策。自治区出台了《“美丽广西”乡村建设（扶贫）工作队及工作队员管理暂行办法》《贫困村党组织第一书记管理暂行办法》《贫困村党组织第一书记工作目标管理考核评分细则》等文件。二是落实帮扶主体。建立领导、干部定点帮扶、驻村帮扶工作机制和自治区四大班子领导的扶贫联系点。自治区党委组织部组建了贫困村第一书记和工作队管理办公室，通过定期交流、定期考核、定期巡视等方式加强管理。自治区在“十二五”选派3000个贫困村第一书记的基础上，新增3500名贫困村第一书记，两批第一书记总数达6500名。整合了“美丽广西”乡村建设（扶贫）工作队，实现5000个贫困村选派第一书记全覆盖。三是建立特色帮扶行动机制。举办“情系广西、圆梦小康”世界扶贫日全民扶贫大行动，组建广西扶贫创业产业发展联盟，启动民营企业联合扶贫新模式。四是建立区内外对口帮扶和“村企共建”工作机制。深化广东广西扶贫协作，加强经贸、园区共建、职业教育、扶贫、基础设施建设和干部选派培训等方面的合作。五是积极探索金融支持扶贫开发的政策措施。出台《关于加强金融支持扶贫开发的实施意见》，对加快建立完善扶贫信贷体系、贫困地区信用和支付体系、信贷抵押担保体系以及创新金融支持扶贫开发模式等作了积极探索。加快土地承包经营权、林权、房屋产权等确权登记颁证工作，加快建立县、乡（镇）两级专业性农村产权评估机构和综合交易平台，对有效开展农村各类产权的评估、质押抵押登记、贷款等业务作了有效探索。通过精准帮扶工作机制的建

立，各项扶贫政策基本落到实处，扶贫目标群体得到了实惠。

3. 在精准管理方面

一是建立了精准扶贫动态管理机制。2014 年 7 月，广西扶贫信息中心正式成立，广西成为全国第一个完成建档立卡工作任务、第一个上交基础数据质量承诺函的省区，进行了市、县、乡、村扶贫信息员队伍建设，出台了《关于进一步加强扶贫对象精准识别和动态管理的实施方案》和《广西贫困对象动态管理办法》。二是加强脱贫攻坚的组织领导。自治区党委彭清华书记、陈武主席亲自担任扶贫领导小组组长，成员单位由原来的 48 个增加到 65 个，领导小组办公室增设综合协调、资金政策、基础设施、产业开发、移民搬迁、公共服务、组织保障 7 个专责小组，抽调人员集中办公。三是改革财政专项扶贫资金管理机制。出台《关于加强金融支持扶贫开发的实施意见》，从 2014 年开始，自治区财政专项扶贫资金按照因素法测算分配下达到县，由县级根据本县扶贫开发规划自主安排和整合使用。建立了违规使用扶贫资金终身追责制度和扶贫项目管理使用终身负责制度。

4. 在精准考核方面

2015 年，自治区出台了《贫困县党政领导班子和领导干部经济社会发展实绩考核办法》，突出考核 33 个贫困县扶贫成效等实绩，取消 8 个贫困县的 GDP 考核，同时降低其余 25 个县的 GDP 考核权重，并组织了扶贫考核培训。把考核结果与各贫困县领导干部年度考核、组织任免、项目分配等直接挂钩，从而让贫困县领导干部放下顾虑、减少束缚，集中精力，专攻扶贫。对绩效考评优秀或获得脱贫奖励、进步奖励的县党政主要负责人、分管领导和相关部门负责人，在同等条件下优先提拔使用。对连续两年考核结果为不合格的贫困县，由所在市党委、政府督促整改，整改不力的，按干部管理权限对党政主要领导、分管领导进行组织调整，同时限制这些县的财政资金使用，促进其建立以“扶贫”为导向的政绩观，建立了科学的激励机制。

（二）存在的问题

1. 精准识别方面存在的机制问题

精准识别工作机制尚未健全，识别队伍建设有待加强。一些贫困村第一书记履职还不够到位，贫困村两委干部带头作用没发挥好，一些干部不作为，出现同一户人家，不同的干部去调查，调查的结果不一样的现象；有极少数村委只组织自然村队长开会部署，队长未经群众大会推荐就直接确定贫困对象，群众的知情权和参与权没有得到有效落实；有的村干部填报数据不够细致，敷衍了事，以致数据不准确。马山县违规认定 3119 名扶贫对象，暴露了作风上不严实的问题，对扶贫工作不精不准；对贫困村精准扶贫和精准脱贫的宣传发动不够积极努力，贫困农户“等、靠、要”思想和懒惰状况突出；精准识别指标体系不够科学合理，缺乏核对和实际的追责机制，逐级分解规模任务不够科学合理。干部和群众反映最大的问题是，一部分真正属于贫困户的在建档立卡中并没有识别出来，还有一部分脱贫户不愿退出贫困队伍。

2. 精准帮扶方面存在的机制问题

一是领导定点帮扶工作机制有待完善。近几年，全国各地都实施领导挂点、干部挂村扶贫模式，被挂点村全体村民受益大，脱了贫，过上了好日子。从对外省以及对区内调查了解的情况看，一些扶贫村示范效应未达到预期效果。只要是领导挂点的自然村，除了扶贫资金投入外，各级各部门都"跟着领导走"，或多或少地拆分部分资金投到这个村，造成了挂点村人口不多，而投入资金非常多的现象。有的挂点村前后投入的资金近1亿元之多，基本用于村容村貌及设施改造，对产业的扶持并不多，整个村庄从瓦房变成高档别墅群，公园式村庄雏形成型，过度建设导致表面很繁荣，长效增收并不理想，没有达到"真扶贫"效果，而且使得该村居民"等、靠、要"思想陡增，懒惰思想蔓延，同时变得漂亮的挂点扶贫新村与破旧的邻村和其他村庄形成了鲜明对比，不仅没有起到示范带动作用，反而增加了这些村民对政府的不满情绪，导致新的社会矛盾产生。

二是干部驻村帮扶工作机制有待完善。虽然广西在整合干部驻村帮扶方面做得有声有色，但对第一书记、干部驻村选派的工作机制没有完善，有的派驻单位为了完成任务，因人手不足而随便派人应付了事；有的干部入村不入心，两头不到岸，单位和村不知其去向；有的干部没有引领贫困群众脱贫致富的能力，而得过且过；有的干部有能力，但由于单位人手紧不愿放手而得不到实际锻炼；对第一书记和驻村干部的考核和激励机制还需进一步完善。

三是社会组织参与扶贫管理机制有待完善。目前广西的社会帮扶大部分还是由政府各级机关发起，而作为社会组织效率最高、比重最大的企业明显参与力度不足。所以，如何调动企业等非政府组织参与扶贫的积极性，建立健全社会参与扶贫机制，提高扶贫效率，是摆在我们面前的一大课题。

3. 精准管理方面存在的机制问题

（1）信息化管理机制问题。广西扶贫信息化管理机制尚未形成，表现在：

一是广西扶贫信息化程度还很低，建档立卡识别的动态管理机制不完善。2015年广西扶贫信息化管理平台才启动研发，国家建档立卡系统尚不成熟，仍在调整之中，影响了扶贫信息查询、综合分析、过程监控、动态管理、进退机制等工作，无法满足扶贫资金使用监管、业务协同和信息公开等需要。部分县（区）没有汇总贫困户的项目需求，项目资金安排缺乏针对性，对帮扶促进作用不大。如都安县实施"有土安置"移民搬迁，先后有贫困山区近10万人搬迁到环江、合浦、钦州等外县（市），但过后又有部分群众返回都安生活，这些人的户口已外迁，返回时没及时把户口转回来，也没有上报，因此两头都没有识别进贫困户，也有的搬迁户兼顾两地收益，两边都被识别为贫困户，出现重报现象。

目前扶贫部门与各行业部门信息沟通不够顺畅，尚未建成扶贫信息共享机制。

二是脱贫管理指标体系不科学。2014 年年底脱贫的标准是按照国家规定的农民人均纯收入 2800 元，而广西识别标准有的提法是根据贫困村 2014 年的农民人均纯收入 5000 元，脱贫标准与识别标准脱节。脱贫标准的设置和认定、脱贫标准与识别标准难以有效结合等。如果按照农民人均纯收入 2800 元标准，广西目前基本脱贫，但如果根据 5 年来的物价、贫困村实际的识别标准，应该按农民人均纯收入超过 5000 元为准。因此，脱贫的各项指标应尽量细化。

三是返贫认定管理体系不够清晰。广西因病返贫现象占绝大多数。扶贫对象进退机制尚需进一步完善，包括返贫对象模糊，仅指原脱贫农户的返贫，而不包括原非贫困人口的返贫，不够科学。对因病因学因灾等返贫的农村居民应当及时认定为扶贫对象。对识别出来的有劳动能力的扶贫对象应及时纳入帮扶范围，落实帮扶责任人，并按规定享受扶贫政策；属于民政救济范围的应及时给予救助。对脱贫的扶贫对象应及时取消享受的扶贫政策待遇。返贫界定工作量很大，而且要求建立基层信息共享平台，及时登记跟踪，掌握每一个返贫对象的信息。在实际操作中，远未达到这些要求。

（2）资金管理机制问题。

一是扶贫资金投入机制问题。中央扶贫资金支持广西不够，本级财力投入不足，县级财政配套能力有限，资金缺口大。2014 年年底广西贫困人口总量在全国排第 4 位，贫困发生率在全国排第 6 位，但是广西纳入国家集中连片扶贫攻坚的区县仅占 26.36%，而云南占 65.4%，贵州占 73.9%，湖南 40 个片区县也多于广西 35 个片区县。如恭城、平乐、全州、灌阳 4 县和贺州市的富川、昭平、钟山、八步 4 县（区）所处的岭南山区农民人均纯收入、人均 GDP、人均财政一般预算收入三项指标均低于西部平均值，应当被列入集中连片扶贫开发片区，但只有富川县和钟山县被列为国家级贫困县。由于广西片区县少，得到中央财政扶贫资金也比其他省份少许多。同时，地方各级财政扶贫资金投入存在严重不足，扶贫资金投入稳定增长的机制在实践中也没有得到很好的落实，整村推进贫困村投资缺口平均在 60% 左右。地方政府特别是许多县在以工代赈、易地扶贫搬迁工程配套资金方面都存在困难，影响了全区对国家易地扶贫搬迁专项资金的争取和易地扶贫搬迁项目的实施。

二是扶贫资金分配机制问题。目前扶贫资金按因素法采取定向财力转移支付方式分配到县。由于贫困人口和贫困发生率的不精准问题，依附于此的扶贫资金分配机制也就产生不够公平合理的情况。在调研中，地方反映比较大的问题是扶贫绩效在扶贫资金分配中的权重没有充分考虑，扶贫资金分配没有与扶贫成效的大小、扶贫责任落实的程度、扶贫资金使用的好坏挂钩，扶贫工作做得好、贫困人口减少得多的，得到的资金反而少，不利于奖优罚劣、鼓励先进，影响地方脱贫的积极性，加大了扶贫政策措施的“逆导向”作用，导致谁也不愿摘穷帽。

三是扶贫资金使用机制问题。扶贫专项资金切块分配到县（市、区）后，70%用于支持贫困村道路、水利、文化、卫生等基础设施和公共设施建设，支持贫困村发展特色产业、能有效增加贫困户收入的生产性资金安排较少，用于贫困地区造血功能的资金比重偏低。另外，专项扶贫资金与各地安排的涉农项目资金、民生工程资金也存在重复投入现象，特别是各种涉农补贴结构不合理、使用分散、效率不高，“点多、面广、量小”问题突出，有些补贴每户只能拿到十多块钱，贫困户去领这些钱还要翻山越岭，很不划算；资金瞄准度不高，扶贫资金漏出的问题比较普遍，造成实践中的“扶富不扶贫”，除贫困村互助资金、贫困户小额贷款贴息、“雨露计划”培训等项目外，真正能让贫困农户直接受益的资金较少。之所以出现这种现象，除了一部分地方政府懒政怠政以外，扶贫资金使用和监管机制不合理是最主要的原因。扶贫资金要投入项目，必须经过立项、审批、招投标、实施、验收等多个环节，时间跨度过长，特别是以工代赈、易地搬移和少数民族发展资金等资金审批权还掌握在自治区一级，需要的时间更长。许多扶贫资金拨付到具体项目上，时间一般在当年的八九月，最晚还有当年年底的，留给基层实施项目的时间很紧，导致上级下达的当年扶贫资金被迫结转下年度使用，造成年度扶贫资金结转数额大，扶贫项目推进困难，严重影响扶贫资金使用效率和项目实施效果。

四是扶贫资金整合机制问题。一是同一类项目的扶贫资金分散于各部门单位，不够精准。在整合资金的过程中常常遇到同一类项目的扶贫资金由多个部门掌握，如道路建设项目，交通、发改、扶贫、财政、移民、民宗、林业、住建等部门掌控着这类项目，虽然各部门修建的道路等级不同，但多个没有这项职能的部门也在做道路建设项目，导致交通部门的整体规划设计受到干扰，“断头路”、低等级公路等现象时有发生。又如培训项目，农业、扶贫、人社、职教、移民等部门均有这一类项目，各部门不相隶属，各自为战，造成资金浪费大，培训效果差。还有村屯绿化、亮化、美化项目，能源项目，教育扶贫项目等，都出现同样的问题。二是不同部门的同一类项目实施验收标准不一，不能整合。由于部门间的利益驱动，影响了工作的合作和交流，每个部门只根据各自上级部门的要求来分类汇总属于自己掌握的那块扶贫资源的使用情况，且很少向其他部门提供本部到县情况，各地对新的扶贫机制体制还在学习领会过程中，持探索观望态度。特别是对项目实施完后的评估审计工作尤为担心，怕承担责任，不敢率先创新整合扶贫项目资金。

（3）扶贫组织机构管理机制问题。实施精准扶贫，扶贫部门承担的工作越来越多，任务越来越重，工作力量薄弱问题越来越突出。全区扶贫机构设置不够规范，人员结构不够合理。14 个市级扶贫办中，只有 5 个是政府组成部门，1 个是直属机构，7 个为挂靠单位，1 个降为副处级单位，市级扶贫办领导与非领导职务人员占 55. 6%。县一级有 53. 2% 的扶贫办为挂靠单位，县级扶贫部门领导与非领导职务人员占67.9%，领导比例高，具体工作人员少，一些市、县单位成为安置老、弱、病、残的单位，导致扶贫队伍弱化。全区1126个乡镇中，仅有149个乡镇设有专门扶贫机构，占乡镇总数的13.2%，专职从事扶贫工作的人员只有361人，平均一个乡镇仅有0.3人。这些问题导致在精准识别工作过程中组织、协调、管理、指挥力量弱，能力明显不足。

（4）扶贫政策措施执行管理问题。近几年无论国家还是自治区都相继出台了一些扶贫政策性文件，如国家层面上的文件有《中国农村扶贫开发纲要（2011～2020年）》《关于创新机制扎实推进农村扶贫开发工作的意见》《改进贫困县党政领导班子和领导干部经济社会发展实绩考核工作的意见》，自治区层面上的文件有《关于创新和加强扶贫开发工作的若干意见》和《关于创新和加强农民工工作的若干意见》（“1+4”文件）。这些文件都对抓好扶贫工作作了具体的指导和部署，文件的政策措施很好，但真正执行起来有难度，不给力，原因之一在于相关单位首先执行本部门的规则制度，满足审计需要，难以执行变通。此外，自治区还没有形成学政策抓落实的机制。

4. 精准考核方面存在的机制问题

目前广西已经出台《广西壮族自治区贫困县党政领导班子和领导干部经济社会发展实绩考核办法（试行）》，对于贫困县党政领导和干部起到了制约和激励作用，但方案中激励措施仍需进一步明确。在实际工作中，贫困地区领导干部对上大项目大工程的积极性很高，而对精准识别扶贫对象，分析致贫原因，摸清帮扶需求等具体的工作则没有足够重视，包括措施不够有力和明确等，这种“抓大放小”的问题在很多贫困县十分常见。新出台的考核办法没有发挥应有的作用。考核激励办法规定各级政府要将扶贫对象年度帮扶任务分解落实到各相关部门和单位，自治区扶贫开发领导小组及各相关部门对扶贫对象进行严格考核和奖惩，但没有制定考核操作细则，在实际操作过程中弹性很大，政策难以落到实处而形同虚设。

四、区内外建立扶贫开发机制的经验与启示

近年来，区内外都在不断地实践和探索中寻找更有效的扶贫形式和办法，都总结出了很多有助于提高精准扶贫、精准脱贫机制运行效率的经验和方法，一些经验值得总结、学习和借鉴。

（一）建立精准识别工作机制是打赢脱贫攻坚战的基础

经验：广西凌云县在精准识别工作上采取了巩固识别成果，形成识别工作长效机制的措施。该县四家班子干部按照“一看二听三传四定”开展普访试点行动，有效解决了“扶谁的贫”“脱谁的贫”的问题。普访试点5个乡（镇）10个村，分两轮进行：2015年7月完成第一轮普访试点村贫困户、农村留守儿童和

空巢老人，进行“拉网式”排查，重点排查义务教育阶段辍学、家庭生活困难、监护人缺失、残疾等留守儿童，以及生活难以自理和家庭基本生活困难、经济状况差的空巢老人；计划2015年12月~2016年1月，完成第二轮回访，主要看变化，找差距，了解脱贫进展状况，完善帮扶措施，形成长效帮扶机制，此后的回访工作主要是强基础、固成果。在乡（镇）设立普访办公室，设有信息网络展示平台（电脑），由专人管理。行政村配备一名扶贫信息员，一个信息展示平台（电脑），给贫困户发放普访登记表、扶贫手册，配一名帮扶干部。通过建立干部普访识别机制，该县对贫困户的识别更加精准，帮扶更加有效。

贵州省通过“四看”法精准识别贫困户，即“一看房、二看粮、三看劳动能力强不强、四看家中有没有读书郎”，逐户入户摸底调查评估，弄清基本情况和致贫原因，确定贫困户名单。“四看”法有16类内容63项指标，每项指标设置分值，60分以下为贫困户，60~80分为易返贫户，80分以上为稳定脱贫户。贫困村按照“一高一低一无”，即贫困发生率高于全县贫困发生率2倍、农民人均纯收入在全省平均数60%以下、当年集体经济收入为0的村为贫困村标准精准识别。出台《领导干部遍访贫困村贫困户试行办法》，开展“遍访贫困村贫困户”活动，省、市、县、乡四级领导干部进村入户访谈和问卷调查，全面摸清搞准贫困村贫困户基本情况，准确掌握贫困村贫困户的困难和需求。

启示：凌云县和贵州省的“普访”“遍访”经验值得学习，要在首轮精准识别工作的基础上，建立巩固精准识别工作的长效机制，加强识别工作队伍的力量，在精准识别方式方法上要超前而精准，在工作措施上要采用“回头看”手段，进一步夯实精准识别基础性工作。

（二）创新精准帮扶体制机制是打赢脱贫攻坚战的有效措施

经验：2009年，广东省就开始实施扶贫开发“规划到户、责任到人”的“双到”帮扶工作机制。一是在贫困户的认定上，乡镇、村和驻村扶贫工作队三方共同把握贫困标准，逐级上报统计形成全省贫困人口规模。每一户都制定有针对性的帮扶措施，每村都有三年规划和年度计划。二是落实扶贫责任，将全省贫困村、贫困户分配落实到省直、珠三角和当地市县机关事业单位，以及有能力、有意愿的企业和个人，开展定单位、定人、定点、定责帮扶，明确帮扶单位一把手为第一责任人，实现一村一村解困、一户一户脱贫。采取“飞行检查”的方法，直接深入贫困村贫困户进行随机抽查。

2010年，陕西省开启了“千企千村扶助行动”计划，组织2620家规模以上企业结对帮扶3000个低收入村。坚持“就地就近、综合平衡、全省统筹”的原则，按照中小型企业结对帮扶一个低收入村，大型、特大型企业结对帮扶多个低收入村的原则，采取由下而上的办法完成村企结对。对参扶企业在政策范围内给予大力支持。在税收方面按照国家规定，对企业在扶持行动中用于公益事业的捐赠支出，在年度利润总额 12% 以内的部分，可在计算应纳税所得额时扣除，享受国家促进中小企业发展税收政策，从事农、林、牧、渔项目所得可依法免征、减征企业所得税，对作出突出贡献的企业在各类评优活动中予以优先考虑。陕西省通过建立“千企千村扶助行动”帮扶机制，三年内使帮扶村的农民人均纯收入在自然增长的基础上再增收 1000 元。

广西田阳县委、县政府非常注重移民搬迁与助农增收的长效机制建设。一是选好安置点。结合该县特色产业和城镇建设，选择在河谷乡镇、产业园区附近和中心城镇建设移民搬迁点。落实 300 亩土地建设计划，安置约 2 万名扶贫生态移民。一期工程已于 2014 年 12 月 31 日开工建设，安置扶贫生态移民 5000 人。二是注重产业发展与就地就业的有机结合。落实了 3000 亩土地规划建设“农民工创业园”和“老乡家园”，引进劳动密集型企业进驻园区，让移民有事可做、有业可为、有钱可赚。该县策划组织搬迁一部分群众参与芒果、蔬菜种植、采摘、分捡等工作，另一部分到产业园区就业。三是用足用活政策。通过中央生态公益林补偿基金政策，对迁出地的生态环境进行有效保护，实现生态保护与农民增收“两不误”。四是把廉租房纳入全县扶贫生态移民搬迁工程建设，让长期在县城务工的农民工也可以申请入住廉租房，解决搬迁后的住房问题。五是做好移民搬迁与公共服务的有效对接。该县引进广西中医药大学瑞康医院建设一所三甲医院；在县城新建 1 所中学、2 所小学、2 所幼儿园，改扩建 2 所中学、2 所小学、3 所幼儿园。田阳县做到未搬迁先规划，实行科学决策，得到了三雷村搬迁移民群众的拥护。

富川县在金融支持扶贫开发机制方面也做了大量工作。富川县建立了以金融机构为主导、信用合作社为主力的农村金融扶贫体系。采用多户联保、“公司 + 农户”、自然人担保、林权抵押、房地产抵押等担保方式，创新贷款担保模式。如实行了“温氏集团 + 共青团组织 + 农信社”的贷款模式，对与温氏集团签订了养殖合同的创业青年，不要求任何担保或联保。养猪专业户在结清银行贷款本息后，可到乡镇财政申请贷款贴息。工行富川支行在发放小额贷款中，对借款个人采取由公务员提供担保或房屋抵押担保的方式，对中小企业采取由广西中小企业信用担保公司、贺州广泰担保有限公司等担保公司担保的方式。在开展农村妇女创业就业小额贴息贷款工作中，采用抵押担保、个人保证担保、多户联保和“公司 + 农户”等运作模式。富川县通过一系列金融支持扶贫开发机制建设，形成了“放得出、有效益、能致富、收得回”的良好局面。

启示：上述各地都采取了精准帮扶措施，建立精准帮扶工作机制，真正解决了“扶真贫”“真扶贫”的问题。我区在下一步的帮扶中应根据精准扶贫的目标导向，坚持分类施策，因人因地施策，因贫困原因施策，因贫困类型施策，做到扶持对象精准、项目安排精准、资金使用精准、措施到户精准、因村派人精准、脱贫成效精准，确保各项政策好处落到扶贫对象身上。

（三）创新精准扶贫管理机制是打赢扶贫攻坚战的重要支撑

经验：近年来，甘肃省把扶贫信息化建设作为扶贫攻坚的技术支撑，积累了不少经验，走出了一条运用大数据推动精准扶贫信息化的路子。该省扶贫攻坚行动协调推进领导小组组长直接领导和推动精准扶贫大数据管理平台建设，成立了扶贫信息中心，由省扶贫办组织管理，相关部门及各市县互通互联。各市县也建立了数据库，各乡镇村配备有信息员。甘肃省通过精准扶贫大数据管理平台建设，为推进精准扶贫、精准脱贫提供了科学决策依据。广西百色市在加强精准扶贫组织机构管理上也下了很大功夫，充实了扶贫攻坚指挥部，下设10个组，抽27名干部脱产集中办公，配备专职扶贫副县长、扶贫副乡镇长，贫困村扶贫专干，增设市、县扶贫办信息管理中心（3～6名编制）。河池市扶贫办主任兼任市政府副秘书长，下辖县扶贫办主任兼任县政府办副主任，增设市、县外资扶贫中心（3～10名编制）。一些市、县（市、区）也相应安排编制，增设扶贫培训中心或扶贫信息中心，设立乡镇扶贫工作站等。

启示：甘肃省重视大数据管理平台建设，强化数据采集、数据分析以及数据同步，其信息化建设为精准扶贫、精准脱贫提供了强有力的技术支撑。这些经验值得广西学习和借鉴。

（四）建立健全精准扶贫考核机制是打赢扶贫攻坚战的政策保障

经验：甘肃实行了党政一把手扶贫责任制，省市县逐级签订扶贫目标责任书，市（州）、县（市、区）党政主要领导为扶贫开发第一责任人。全省通过推进精准扶贫、精准脱贫的一揽子政策，让贫困地区党委、政府和领导干部把主要精力放在群众脱贫增收上。而对完不成扶贫攻坚任务的地方，将实行“一票否决”，党政主要领导干部和分管扶贫的领导干部将被降职或改任非领导职务。为鼓励更多优秀干部到贫困地区建功立业，省委出台干部“逢提必下”政策。拟提拔干部必须先到基层锻炼，已提拔的缺乏基层工作经验的干部要“补课”。

启示：广西应进一步完善精准扶贫考核机制，认真梳理已出台的考核办法并加以修订和完善。在政策执行力度上要采取行动，使政策得以有效落实。

五、广西创新精准扶贫机制的工作重点

广西要实现到2020年全区54个扶贫开发工作重点县、5000个贫困村“摘帽”，538万农村贫困人口脱贫，必须在解决“四大问题”、做到“八大发力”的基础上，积极构建精准识别、精准帮扶、精准管理、精准考核“四位一体”的新机制。

（一）创新精准扶贫识别工作机制

各级各部门要抓住“十三五”脱贫攻坚契机，规范贫困人口识别的程序、

管理、结果运用等行为，从根本上解决“重扶贫开发轻对象识别”的问题。各相关部门要进一步完善识别工作的方式和方法，围绕国家制定的年人均纯收入2300 元的贫困线标准（物价变动价为 2730 元），采用量化指标与定性指标确定识别贫困的标准，设计科学的量化指标模型。在贫困户的重新认定上，要公正公平公开认定贫困户，按照“一看二听三传四定”对贫困户开展普访和回访工作。建立财产检索工作机制，公安（交警）、工商、农机、国土、林业、银行等有关部门，在政府统筹协调和法律的框架下，对有关财产进行检索，避免“富人戴帽”现象。自治区扶贫办制定评分指标解释，出台指标的统一解释，或解释的原则性框架，细化评分标准，对共性问题进行解答，相对统一评分标准，对个性问题的评分标准明确原则性的要求。对最后识别出来的数据，要加以分析和科学论证，逐级上报统计形成全区贫困人口规模，然后对贫困村、贫困户实行建档立卡。

建立第三方精准识别工作监督和责任追究机制。接受社会各方面监督，确保精准识别工作全程公开透明、公平公正。自治区、市、县、乡纪检监察部门等第三方监督机构要全程介入精准扶贫识别过程，对宣传不到位、程序不规范、操作不透明等造成恶劣影响的，要严格追究相关部门和人员的责任。

（二）创新精准扶贫帮扶机制

1. 健全领导挂点、干部驻村帮扶机制

一要健全工作制度。建立健全自治区、市、县、乡四级领导、干部整体联动帮扶机制，增强贫困地区发展的内生动力，实现领导挂点、干部驻村帮扶长期化、规范化、制度化。做好领导挂点工作，注重领导挂点正面引导示范作用，从整村推进到全面覆盖。第一书记、驻村干部要做好“五大员”的工作，即党建指导员、政策宣传员、信息联络员、发展咨询员、扶贫组织员，建立驻村帮扶责任人数据库。强化整合“美丽广西”乡村建设（扶贫）工作队的力量，提高工作队服务于地方扶贫的能力。

二要做好干部选派工作。自治区、市、县要充分动员选派有较高政治素质、能力较强、特别是有培养前途的中青年干部，根据各贫困村的具体需求有针对性地选派干部驻村，采取选派党政干部到难村、政法干部到乱村、经济干部到穷村、专业干部到产业村的“四类”干部到“四类”村的任职方式，探索按级别实施带资、带项目承包式扶贫。

三要健全干部驻村保障机制。各级组织部门要建立健全驻村干部的选拔、培训、管理、考核、激励等保障制度，干部的帮扶成效要与个人及其单位的年度绩效挂钩。正确处理好帮扶干部与其所属工作单位之间的关系，单位不仅要给予帮扶干部充分的时间保障，还要保证其驻村期间的生活补助。对工作成效显著的要提拔或破格提拔重用，鼓励在帮扶区域提拔。对工作成效差的要实行退出和

问责。

2. 创新精准扶贫社会参与机制

（1）健全政府、市场、社会相互支撑的精准扶贫体制机制，加强扶贫专业机构、专业组织和专业队伍建设。培育和壮大多元化社会扶贫主体，建立政府向专业扶贫机构购买服务的新型扶贫方式。对专业扶贫机构要在注册登记、税费减免、金融信贷、人才培训等方面给予政策支持，有序引导专业扶贫机构良性竞争，形成社会化、专业化、市场化的扶贫工作格局，促进扶贫资源配置科学化、效用最大化。动员驻桂部队、各民主党派、工商联、各界人士参与扶贫。每年定期组织教育、科技、文化、法律等行业人员和志愿者到5000个贫困村服务。开展健康扶贫行动，自治区内三级医院定点帮扶贫困县人民医院。建立广西扶贫大数据管理平台，让爱心人士通过慈善信息互联网平台和微信客户端平台，与贫困农户点对点、面对面对接。鼓励爱心人士在贫困村建立爱心商店。

（2）搭建企业扶贫平台。一要制定企业扶贫发展规划。自治区开展工业扶贫行动计划，制定优惠政策，吸引企业走进贫困村，有针对性地引导超过100户规模以上企业落户贫困地区，推动新增1000户以上中小企业到贫困村帮扶，在每个贫困县培育若干个扶贫主导产业。每个贫困县建立一个农民工创业园，贫困村周边有企业。二要提高“工业反哺农业”扶贫思路的认识。各级工商联和光彩会要组织开展“千企帮千村”行动，做好指导服务。各市、县要想方设法吸引辖区内企业到贫困地区开展结对帮扶或从事生产经营活动。贫困县、贫困村要主动做好推介、对接、吸纳工作，为企业开展扶贫提供精准情况和项目需求。国有、国有控股企业要把对口帮扶作为履行社会责任的重要任务。鼓励民营企业、驻桂中外合资企业、外商独资企业、港澳台企业参与工业扶贫。三要建立企业与贫困群众利益联结机制。建立“公司+贫困户”“公司+基地+贫困户+市场”“中介组织+贫困户”“公司+经济能人+合作社+贫困户”“公司+基地+农户+电商平台”等扶贫模式。就近就地吸纳贫困地区就业人群，鼓励参扶企业和帮扶村通过投资入股、合作经营等方式共同开发当地优势资源，实现互利共赢。

（3）创新“两广”扶贫协作工作机制。促进协作双方共同研究制定长期规划和年度计划，编制“两广”对口帮扶和经济合作“十三五”规划，扩大对口帮扶合作范围。将对口帮扶工作纳入经济社会发展规划和政府工作目标考核内容，完善“两广”联席会议制度，不断拓宽人才、教育、卫生、旅游、党建等合作领域，提升合作层次，深化合作内涵。市县层层结对、行业部门对对帮扶。推动“两广”资源、产业、要素的优化配置，实现优势互补、互利共赢。加强企业协作，争取更多广东企业到广西贫困地区投资兴业，开拓市场，带动贫困群众增收致富，提高自我发展能力。摸清自然条件极为恶劣的贫困村劳动情况，搭建转移到广东企业就业平台。推进广东省等区外三级医院对口支援贫困地区医院。加强人才支持，推动“两广”党政干部、专业技术人才双向挂职交流，引导广东人才向贫困边远地区流动。充分发挥广东职教优势，通过合作办学、订单培训等多种形式，开展劳动力转移培训。

3. 创新精准扶贫创业服务机制

加大统筹城乡、工农发展力度，认真做好小城镇发展规划，逐步完善创业园区、产品流通、专业市场等公共基础设施建设，培育壮大县域经济，为农村富余劳动力就业创业创造条件、搭建平台，强化小城镇促进就业的“孵化功能”，吸纳农村剩余劳动力就近就业和转移沉淀，促进农村转移人口市民化。完善返乡务工人员贷款管理模式和服务方式，对农民工创办的企业，按规定享受国家和自治区相关税收优惠政策。对农民工初次创办的企业，免除属于自治区、市、县收入的各项行政事业性收费。对首次领取营业执照并正常经营 1 年以上的农民工小微企业，以及吸纳农民工就业并与其签订 1 年以上期限劳动合同的，可按照自治区有关规定分别给予补贴。各地要加大对农民工创业的扶持力度。扩大自治区担保基金规模，将小额担保基金由 2 亿元提高到 5 亿元，保障符合贷款条件的农民工创业贷款需求，增加农民工受益人数。

4. 完善金融支持扶贫服务机制

贯彻落实好《广西壮族自治区人民政府关于加强金融支持扶贫开发的实施意见》和《关于印发广西金融扶贫“百千万工程”实施方案的通知》等文件精神，改革创新金融服务扶贫产业机制，加快贫困农户增收致富步伐。对入围“百千万工程”的扶贫龙头企业、农民专业合作社和到户增收项目充分利用财政专项扶贫资金引导金融机构重点支持。做到“融资”“融智”“融商”结合，发挥政策性金融导向作用，增加贫困地区信贷投放。贫困地区银行业金融机构存款主要用于当地信贷投放，确保贫困县每年各项贷款规模高于上年。用好两大扶贫特惠金融产品，即按照每个贫困户 3 万到 5 万元标准，实行免抵押担保、基准利率放贷、扶贫资金贴息、县建风险补偿的信贷政策，以及国家农业发展银行移民搬迁发债和贷款政策。全面推进农村商业银行、村镇银行、电话银行“三个全覆盖”工程，推动金融机构网点向贫困乡镇和农村社区延伸。加快信用户、信用村、信用乡（镇）建设，扩大小额信用贷款规模。探索建立小额贷款担保新机制，推广农民土地承包经营权及其预期收益、宅基地使用权、住房等抵押贷款业务，开展利用扶贫资金建立担保基金的试点。实行基层组织、基层信贷机构优势对接，扩大“双基双赢”合作贷款服务模式试点。完善扶贫贴息政策和办法，增加财政扶贫贴息资金投入，扩大扶贫贴息项目贷款和到户贷款规模。继续推进农村青年创业小额贷款和妇女小额担保贷款工作。扩大贫困村生产互助金覆盖面，规范管理行为，提高服务水平。加大对农业产业化龙头企业、家庭农场、农民合作社、农村残疾人扶贫基地等经营组织的金融支持力度。积极发展贫困地区农村保险业。

5. 构建资产性扶贫机制

一是探索资产收益和投资收益扶贫模式，引导贫困村将集体资产、贫困户将承包土地和个人财产入股，采取委托经营、合作经营等方式，确保贫困村和贫困户多渠道增收。采取优先股的方式量化到贫困户，实行贫困户收益保底、按股分红。对无劳动能力的贫困人口，可实行理财收益扶贫模式，将无指定用途的扶贫捐资或安排到户的扶贫资金，采取委托经营方式，帮助其获得理财收益、分红收入。二是盘活农村的“三资”资源。鼓励贫困村通过收购、置换等方式，对集体经济闲置资产进行盘活，将贫困户地区水电、风能、太阳能和矿产等资源开发纳入资产收益扶贫项目，赋予土地被占用的村集体股权，让贫困户分享资源开发收益。三是引导贫困户利用“三权”抵押贷款增加资本金。探索出台贫困村资金互助实施办法，由政府、慈善机构、企业和个人共同出资，在每一个贫困村建立村级资金互助合作社。稳步有序推动贫困村农民资产金融化、证券化，激活农村“沉睡”的资本，增加贫困农民的财产性收入。

6. 加强电商扶贫体系建设

推动电子商务扶贫，创新扶贫开发工作机制，把电子商务纳入扶贫开发工作体系，提升贫困人口利用电商创业就业能力，促进贫困地区特色农副产品、旅游产品销售。鼓励电商、物流、商贸、金融、邮政、快递等各类资本参与农村电子商务发展，培育农村电商服务企业，加强农村宽带、公路等设施建设，完善电信普遍服务补偿机制，推动宽带网络提速降费。依托供销合作社、邮政和流通企业建设完善的农村电子商务配送和综合服务网络。通过“平台＋园区＋培训”等方式，整合贫困地区优势产品对接市场，加强农村信息员、致富带头人电商知识培训，帮助贫困户对接电商平台。实施五大工程：共青团牵头“农村青年电商培育工程”；邮政局牵头“快递向西、向下服务拓展工程”；扶贫办牵头“电商扶贫工程”；妇联牵头“巾帼电商创业行动”；财政厅、商务厅牵头“电子商务进农村综合示范工程”。

（三）建立健全精准管理机制

1. 建立精准扶贫大数据管理平台

将精准扶贫大数据管理平台建设纳入广西“十三五”规划。建立各级政府卫生计生、民政、扶贫、公安、人力社保等部门和企事业单位、社会帮扶力量等部门、机构精准扶贫信息交换共享、互联互通机制，明确自治区扶贫办为广西脱贫攻坚大数据平台产权单位，全面负责平台的建设、管理、维护。加快实施建立自治区、市、县、乡、村五级联动的管理体系。在扶贫相关部门数据共享、交换的基础上，加快建设脱贫攻坚大数据管理平台应用四大模块，即精准识别模块、精准帮扶模块、精准管理模块、精准考核模块。各级中心应配备相应管理工作人员和软硬件设备。开展大数据平台建设业务人员的学习与培训，提高业务能力。

电信、移动、联通等通信运营单位要加强农村地区的宽带网络和通信设施的部署与升级改造，加快贫困地区宽带及通信信号的覆盖，为大数据管理平台网络覆盖贫困地区提供强有力的通道支撑。

2. 建立精准扶贫动态管理机制

建立进退有据、管理有序的科学的贫困人口动态管理体制，提升识别结果运用效率，制定《扶贫对象的考核、退出等动态管理办法》。延长贫困户在档周期，实行三年一调整，因天灾人祸、病残新致贫的贫困户通过“现场识别、一步审定”方式进行登记；贫困户按照重点、一般、脱贫进行分类管理，脱贫贫困户在档时间满3年后，自动退出贫困人口登记系统。打破“一顶帽子戴到底”的终身制，根据扶贫对象获得的扶持和增收情况，及时对贫困户进行调整，使稳定脱贫的农户及时退出，新出现的贫困人口及时纳入扶贫对象给予帮扶，实现扶贫对象有进有出。要实行严格评估，按照“摘帽”标准验收。要实行逐户销号，做到脱贫到人，脱没脱贫要同群众一起算账，要群众认账。

建立贫困人口识别结果管理巡查制度。加大贫困户抽查力度和密度。按照一定比例，县及以上的扶贫主管部门每年必须开展贫困人口管理巡查。不听汇报，直接到村到户进行抽查，发现问题及时整改查处。

3. 改革财政专项扶贫项目管理机制

（1）下放项目审批备案权限。完善县（市）审批、市备案、自治区级备查的项目管理程序。除中央有明确规定需要省级组织实施的竞争性项目外，所有项目审批权限一律下放到县（市），由县级政府或同级扶贫开发领导小组负责审批；所有项目备案权限一律下放到市，由市级扶贫部门审核备案。项目审批备案权限下放后，自治区、市要组织制定重点县、贫困村脱贫规划和产业发展规划，并将主要精力放在完善项目制度设计、建立监督问责机制和实施监管上。各县（市）党委、政府要采取措施，帮扶到村到户到人，切实提高财政专项扶贫项目到户率和精准度，确保安排到县（市）的扶贫资金80%以上用于贫困村、贫困户特色优势产业发展和能力建设。

（2）建立贫困户项目申报制。尊重贫困地区群众在脱贫致富中的主体地位，尊重贫困人口在社区发展、村民自治、项目建设等方面的知情权、参与权和监督权。完善农村社区扶贫项目的决策和实施机制，充分考虑贫困人口的需要和诉求。凡是到户的产业开发、小额信贷、能力建设、农村公共服务等，都必须为贫困人口提供共建共享、公平发展机会。将各类扶持项目、优惠政策制作成“政策项目菜单”，直接提供给纳入当年扶持范围的贫困农户，由其在基层和帮扶干部指导下自主选择申报发展项目，有关部门和帮扶责任人进行跟踪服务。

（3）改革扶贫项目管理办法。完善整村推进、“雨露计划”、扶贫搬迁、扶贫贴息贷款、小额贷款扶贫贴息等扶贫开发项目管理办法。创新整村推进工作方式，完善贫困村认定纳入机制，合理确定年度扶持规模，落实整村推进扶贫责任。继续推进“雨露计划”实施方式改革，取消省定计划，取消推荐基地，完善信息化申报手段，简化补贴对象认定程序，努力实现应补尽补。稳妥推进扶贫搬迁直补到户改革，锁定搬迁对象，明确建房标准，放开补助标准，确保贫困户搬得起、稳得住、能致富。积极推进扶贫贷款贴息项目改革，完善企业落实扶贫帮带责任评估体系，打破行业地域限制，由县（市）自主确定扶贫贷款企业和贴息额度；创新小额贷款担保联保机制，探索小额贷款贴息资金与互助资金整合使用办法，降低贫困农户贷款门槛。改进老区和“插花”贫困地区项目管理方式。

（4）拓展项目扶贫到户途径。对现有扶贫到户项目，坚持直接到户，暂不能直接到户的，减少中间环节，确保贫困人口优先覆盖、优先受益。拓展专项扶贫到户项目，凡是有利于扶贫对象提高能力、增加收入的项目，都应享受扶贫政策支持。鼓励各地整合扶贫和涉农资源，设置扶贫到户项目，集中解决一些涉及面广的贫困问题。鼓励各重点县探索符合本地实际、体现贫困群体愿望、有效发挥政策资金扶持效应的新方法、新途径。创新市场主体、社会组织扶贫到户形式，探索委托包干脱贫模式。开展人才支持综合扶贫试点，鼓励各类人才到贫困地区服务，分类探索建立贫困农户子女培养资助办法，创造人才成长公平机会。

（5）加强财政专项扶贫资金监管。一是落实扶贫资金管理工作责任制。自治区、市、县、乡镇按照分级负责，“一把手”对扶贫资金管理工作负总责，分管负责人为扶贫资金管理的具体责任人。二是从源头上加强规范专项扶贫资金管理，提高资金使用效益。各级主管部门在做好充分的情况摸底调查和项目可行性评估的同时，加大资金整合力度，将各类涉农资金捆绑集中使用，突出重点监管，突显监管效果。三是强化财政专项扶贫资金的相关管理监督制度。从财政专项扶贫资金实行项目资金报账制、公告公示制、绩效评价制、定期或不定期检查制、定期审计等方面加强监管，并明确各级各部门的监管职责，树立“高压线”，构筑“防火墙”，切实把扶贫项目资金置于“阳光下”运行，确保扶贫资金效益最大化。

（四）建立健全精准扶贫考核机制

一要充分发挥考核的指挥棒作用。把扶贫开发任务、责任、权力统一起来。根据《广西壮族自治区贫困县党政领导班子和领导干部经济社会发展实绩考核办法（试行）》，全区33个国家扶贫开发工作重点县和滇桂黔石漠化片区县党政领导班子和主要领导为考核对象。按照精准管理、精准考核的要求，强化扶贫开发工作领导责任制，加强对贫困县党政领导班子和领导干部的社会发展实绩考核，构建“市级统筹、县区负责、镇村落实、扶持到户”的工作格局，实现“政府主导、社会参与、精准到户、扶贫到人”的工作机制，把党政一把手负总责的扶贫开发工作责任制真正落到实处。

二要建立脱贫考察机制。加强年度脱贫攻坚报告和督察制度建设，加强督察问责。要把脱贫攻坚实绩作为选拔任用干部的重要依据，在脱贫攻坚第一线考察识别干部，激励各级干部到脱贫攻坚战场上大显身手。把夯实农村基层党组织同脱贫攻坚有机结合起来，选好一把手，配强领导班子。

三要建立脱贫攻坚评价主体。评价主体应由第三方机构组建，避开“运动员和裁判员”模式，确保公开公平公正地对精准扶贫精准脱贫各项工作的考核与资金使用效益进行评价。采取政府购买服务的方式，公开选定多家评价主体，实行委托评价，确保评估真实有效。评估主体也必须接受监督，确保自身廉洁自律。

四要设计好评价指标体系。如扶贫资金效益评估分事前事后进行，根据扶贫资金使用方向不同，效益评估指标应适时调整。评估机构在因素分析的基础上客观公正地写好评估报告，为党委政府决策提供依据。

五做好评价结果的运用。有关部门依据评估结果，对扶贫工作及有关人员进行考核，落实奖惩制度，对开展脱贫攻坚的经验做法予以推广，相关人员给予表彰奖励，提拔重用；对工作较差的相关人员，坚决予以查处。

六、创新广西精准扶贫机制的保障措施

精准扶贫机制建设是一项系统工程，需要凝聚共识，形成合力，强化组织保障和人财物保障。

（一）强化组织保障

强化自治区扶贫开发领导小组对脱贫攻坚的领导，充分发挥领导小组下设7个专责小组的组织协调作用。各级各部门要加强脱贫攻坚的组织领导，按照习总书记“四个切实”“六个精准”“五个一批”的要求，“把脱贫职责扛在肩上，把脱贫任务抓在手上”，坚定信心、勇于担当，攻坚克难、乘势前进，为脱贫攻坚提供坚强的政治保障。建立自治区负总责、市与县抓落实的工作机制，各县（市、区）根据攻坚任务实际，相应设立攻坚指挥部。各级领导干部要保持顽强的工作作风和拼劲，满腔热情做好脱贫攻坚工作。脱贫攻坚任务重的地区党委和政府要把脱贫攻坚作为“十三五”期间头等大事和第一民生工程来抓，坚持以脱贫攻坚统揽经济社会发展全局。要层层签订脱贫攻坚责任书、立下军令状。落实主体责任，进一步完善自治区省级领导实行联系贫困县联系贫困村制度，对所联系的贫困县扶贫开发工作负总责。县级作为精准扶贫工作主体，要全面落实责任、权力、资金、任务“四到县”制度，切实做好扶贫力量组织协调、项目资金运行管理。县乡党政主要领导是脱贫攻坚的第一责任人，贫困村党组织第一书记和村两委主要领导是贫困村脱贫攻坚的第一责任人。各级扶贫开发领导小组要做好巡视、督促、检查、考核等工作，坚持把“三严三实”

贯穿脱贫攻坚全过程，贯彻落实十八届五中全会精神和中央扶贫工作会议精神，团结动员一切力量，坚决打赢广西“攻坚五年·圆梦小康”和“十三五”脱贫攻坚战。

（二）强化资金保障

一是持续增加财政扶贫资金。在争取中央专项资金的同时，进一步增加自治区、各市及县区财政扶贫资金投入力度。扶贫开发投入力度要同打赢脱贫攻坚战的要求相匹配。自治区财政每年安排的专项扶贫资金按不低于中央财政投入自治区专项扶持资金的30%予以配套。贫困地区新增财力重点用于扶贫投入，优化支出结构，提高扶贫支出占地方公共财政预算支出的比重。充分发挥财政资金杠杆作用，撬动金融机构加大扶贫信贷投入，确保每年扶贫贴息贷款稳定增长，确保贫困县每年贷款规模高于上年。积极争取国家农业发展银行移民发债和贷款政策。扩大农村产权抵押资规模，满足贫困户多层次的金融需求。积极争取中央定点帮扶单位和集中连片特困地区牵头部委逐年增加帮扶资金投入。提高对贫困地区的转移支付和民生改善投入水平，逐步降低扶贫对象在教育、医疗和社会保障等方面的负担。

二是吸引更多社会资金投入。进一步创新扶贫机制及社会参与模式，创造良好的服务环境，通过政府引导、政府担保、金融改革、税收优惠等措施吸引更多社会资本投入到脱贫攻坚大潮中，大力发展政府与社会资本合作模式，引导社会资本投向贫困地区。建立国家开发银行与自治区、市、县三级扶贫攻坚合作机制，开展自治区级扶贫投融资主体统贷业务，充分利用专项债券和专项贷款政策，重点就规划编制、易地扶贫搬迁、基础设施建设、特色产业发展和教育培训等方面加强合作。大力推广政府和社会资本合作（PPP）模式，探索发行地方政府债券，引导社会资本投向贫困地区。开展农村产权抵押融资试点，支持农村发展资金互助合作。城乡建设用地增减挂钩周转指标优先向贫困县倾斜。

三是加强扶贫资金整合力度。实施扶贫目标、任务、资金、权责“四到县”改革，全面实行项目审批到县、扶贫资金切块下达到县、目标任务分解到县。大力推进涉农项目资金整合，对同一区域集中投入、整合使用、成片整体推进。强化县级对到县项目整合使用平台的作用，支持县级规划统筹实施。通过将财政支农资金投入到设施农业、龙头企业、乡村旅游等项目形成的资产，将财政支农资金投入到村或农民专业合作组织的资产划出一部分等方式，折股量化给贫困户，实行贫困户按股分红、收益保底。自治区、市、县都要安排专项工作经费，用于开展扶贫开发建档立卡工作必需的宣传培训、材料印制、数据录入及信息化建设等方面的支出，并提供必要的工作条件，工作经费不足部分由市和县级政府统筹解决。坚持和完善扶贫项目资金使用公告公示制度，加强人大监督、审计监督、群众监督和社会监督，严惩任何形式的挤占挪用、虚假冒领等违纪违法行为。

（三）强化人员保障

一是加强贫困地区政府扶贫组织机构建设，提升扶贫机构级别和职权，配强县乡扶贫副书记、扶贫副县长、扶贫副乡（镇）长等分管领导，加强扶贫业务部门力量，配备充足专业人员，为全力推进精准扶贫工作提供人员组织保障。二是进一步落实帮扶工作队，确保5000个贫困村都有县乡联系干部，都选派党组织第一书记和工作队员，都配有贫困村扶贫专干或扶贫信息员，根据攻坚艰难程度调配充实力量，最艰巨的地方配最强的力量。三是强化帮扶单位选人用人责任，要因村择优选派第一书记和工作队员，关心支持他们开展工作，单位与乡（镇）党委及村两委建立驻村干部管理联系制度，不能随意抽调或要求第一书记提前返回单位，不准安排第一书记其他工作任务。四是加强扶贫工作队员的培训，增强扶贫工作队伍能力建设。五是吸引社会公益组织及爱心人士参与扶贫工作，在加大宣传力度的同时建立服务社会公益组织及爱心人士的平台，发布扶贫需求信息，发挥好桥梁中介作用。

（四）强化政策保障

加强精准扶贫理论和政策研究，组建以政府智库为主体的精准扶贫智库建设和第三方评估队伍，面向全区高校遴选相关研究机构和团队，每年对精准扶贫实践进行系统总结和评估，逐步完善具有广西特色的扶贫理论和政策体系。从国家层面通过扶贫法治化途径，制定全国贫困人口识别办法。自治区层面修订出台《广西壮族自治区扶贫开发条例》，保证各项政策文件的兼容性，确保扶贫政策落实到位，使之成为符合广西实际、具有针对性和可操作性的一部地方法规，使扶贫开发工作全面进入法治化、规范化时代，为县级扶贫实施主体有效开展精准扶贫工作提供方向与政策保障。把精准扶贫、精准脱贫纳入基本国情教育范畴，作为各级领导干部和公务员教育培训的重要内容、学校教育的参考资料。坚持正确的舆论导向，学好用好政策，大力弘扬中华民族扶贫济困、乐善好施的传统美德。传导全党全社会、各地区各部门对扶贫工作的高度重视。创新宣传形式，充分利用传统媒体与新兴媒体，广泛宣传实施精准扶贫攻坚的重大意义、方针政策。对在脱贫攻坚战中捐赠数额较大、贡献突出的企业和个人给予立功表扬，在全社会形成关注扶贫工作、关爱贫困群众、参与扶贫攻坚的强大合力。

（五）强化贫困群体保障

充分尊重贫困群众在“攻坚五年·圆梦小康”脱贫攻坚战的主体地位和意愿，保障其知情权、参与权和监督权。加强对贫困群众的思想引导，推进观念转变，增强改变贫困状况、过上美好生活的积极性和主动性，不等不靠、投资投劳、共建美好家园。结合“美丽广西·乡村建设”完善乡村治理机制，认真落实村民自治、一事一议等制度和以工代赈、以奖代补等政策，强化群众监督、群众评议、群众参与，充分发挥贫困群众全程参与脱贫攻坚的主体作用和创造精神。激发贫困群众的创业创新活力，鼓励有条件的贫困地区推进建设一批低成本、便利化、全要素、开放式的农户众创空间和贫困户创新创业社区。建立贫困户创业联盟，帮助贫困户结成创业组织，抱团发展，抵抗风险，鼓励发展众创、众筹、众扶、众包的新模式。

参考文献

[1]《中共中央关于制定国民经济和社会发展第十三个五年规划的建议》

[2]《中国农村扶贫开发纲要（2011～2020年）》

[3]《关于创新机制扎实推进农村扶贫开发工作的意见》（中办发〔2013〕25号）

[4]《建立精准扶贫工作机制实施方案》（国开办发〔2014〕30号）

[5]《关于改进贫困县党政领导班子和领导干部经济社会发展实绩考核工作的意见》（组通字体〔2014〕43号）

[6]《关于创新和加强扶贫开发工作的若干意见》（桂发〔2014〕12号）

[7]《关于加强金融支持扶贫开发的实施意见》（桂政发〔2014〕33号）

[8]《关于改革财政扶贫资金管理机制的实施意见》（桂政发〔2014〕34号）

[9]《广西市县党政领导班子和党政正职政绩考核评价实施办法（试行）》（桂组发〔2015〕2号）

[10]《关于进一步加强扶贫对象精准识别和动态管理的实施方案》

[11] 甘肃省、贵州省、四川省精准扶贫文件

课题总指导：黄　洲　蒋家柏

课 题 指 导：钟文干　成伟光

课题组组长：彭忠平　杨国艺　黄宗海

课题副组长：蓝标河　任晓勤　那　鹏　林忠伟

课题组成员：周　青　龚　冰　刘东燕　朱厚岩　刘训瀚

冯　敏　钟　燕　韦凯芳　黄镜初　陈思兰

邬　拉　黄大宁　韦树英　谢珊春　韦月红

广西构建西南中南开放发展新的战略支点若干重大问题研究

【引言】2015 年 3 月，习近平总书记在参加全国“两会”广西代表团审议时指出：发挥广西与东盟国家陆海相邻的独特优势，加快北部湾经济区和珠江—西江经济带开放发展，构建面向东盟的国际大通道，打造西南、中南地区开放发展新的战略支点，形成 21 世纪海上丝绸之路与丝绸之路经济带有机衔接的重要门户。2013 年李克强总理在广西考察时也指出，广西要成为我国西南和中南地区开放发展新的战略支点，更有力地辐射、带动腹地发展，促进结构优化，提高增长的质量和效益。把广西建设成为我国西南、中南地区开放发展新的战略支点，是中央领导同志从国家战略高度对新时期广西科学发展的新定位，是对广西开放发展寄予的殷切期望和历史重托，这是我区开放发展新的重大历史性机遇，也是新的重大目标任务。

一、对战略支点深刻内涵的认识与把握

“战略支点”实际是一个形象的说法，基本涵义就是对周边地区或是经济腹地的崛起能够起到顶托、龙头带动和辐射作用的经济区域，核心要义是发展成为某一特定区域的经济增长极。把我区建设成为西南中南开放发展新的战略支点，就是要使我区在经济发展、开放合作、改革创新等方面走在西南中南地区前列，将我区打造成为带动西南中南地区发展、扩大与东盟合作交流的枢纽，成为我国实施开放战略和贯彻周边外交方针的新的支撑点，成为沿海地区乃至东南亚地区经济社会发展的新一极。构建西南中南地区开放发展新的战略支点，要充分发挥广西作为西南中南地区出海通道和连接中国—东盟国际大通道、交流大桥梁、合作大平台的战略作用，以广西北部湾经济区为战略核心，以西江—珠江经济带为战略依托，以国际大通道为战略主轴，以西南中南地区为战略腹地，以面向东盟开放合作为战略重点，实施以开放为主导的跨越式发展战略，最终实现东靠西联，南下北拓，“双核”驱动，“三南”联动，“四沿”互动。

二、2013 年以来我区推进战略支点建设的情况回顾

自 2013 年李克强总理提出广西要成为我国西南中南地区开放发展新的战略支点以来，我区围绕战略支点建设努力推动几项重点工作，取得了可喜的成绩。一是全面实施“双核驱动”战略，推进北部湾经济区、西江经济带、左右江革命老区统筹发展。二是构建海陆联通枢纽，打通连接海上东盟、陆上东盟和西南中南地区的三大通道和高速公路网、铁路网、海运网、航空网、通信网“五网”。三是打造开放合作新平台，大力推动跨省经济合作，打造高铁经济带、珠江西江经济带，深化与港澳台以及东盟的合作。四是加快电子口岸建设和中国—东盟跨境电子商务平台建设，实施通关“一体化”改革，努力提高贸易便利化水平，不断扩大口岸开放水平。

三、广西构建新的战略支点面临的挑战分析

构建战略支点是一项复杂的系统工程，需要坚持把发展作为第一要务，加快形成我国沿海经济发展新一极，努力在开放发展方面快于、好于、优于辐射地区，从而撬动相关区域经济快速发展。近年来我区经济社会建设取得了巨大成就，为构建战略支点奠定了坚实基础，但也面临辐射带动能力相对不足、相邻省

份发展战略趋同的严峻挑战。

（一）辐射带动能力方面

近年来我区经济社会发展迅速，但与沿海发达地区、部分内陆省份相比，目前我区经济总量仍然不高，辐射带动作用有限。从图1可以看出，在西南中南各省（区、市）中，广东省GDP遥遥领先，四川、湖北、湖南三省即将迈入3万亿行列，广西、重庆、云南、贵州四省区市则在1万亿左右。广西GDP总量处于西南中南地区中等水平，与广东、四川等省差距较大。从人均GDP来看，“十二五”期间，我区人均GDP在西南中南地区排第7位，仅高于云南和贵州（见表1）；从人均GDP年均增速看，贵州为19.1%，云南为14.7%，我区仅为13.1%，排名第6位。

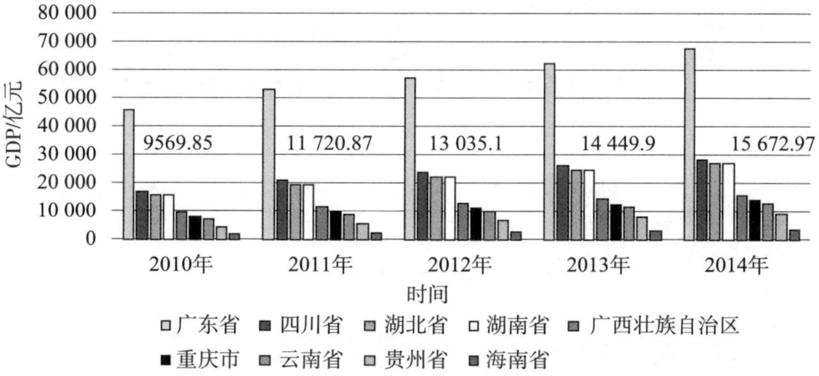

图1　2010～2015年西南中南地区各省区市GDP

表1　西南中南地区各省（区、市）人均地区生产总值

单位：元/人

地区	2014年	2013年	2012年	2011年	2010年
广东省	63 452	58 833	54 095	50 807	44 736
重庆市	47 859	43 223	38 914	34 500	27 596
湖北省	47 124	42 826	38 572	34 197	27 906
湖南省	40 287	36 943	33 480	29 880	24 719
海南省	38 924	35 663	32 377	28 898	23 831
四川省	35 128	32 617	29 608	26 133	21 182
广西壮族自治区	33 090	30 741	27 952	25 326	20 219
云南省	27 264	25 322	22 195	19 265	15 752
贵州省	26 393	23 151	19 710	16 413	13 119

注：数据来源于国家统计局。

与东盟贸易方面。目前，我区与东盟贸易额占全区对外贸易额的1/2，东盟成为我区第一贸易伙伴。但与广东、福建等省份比较，我区与东盟贸易额较少，且严重依赖于越南。如图 2 所示，广西对越南贸易占广西对东盟贸易比重从 2000 年的 66.35% 上升到 2014 年的 90%。由于东盟各国经济发展水平普遍不高，多数东盟国家所处的发展阶段也较为相似，中国—东盟自贸区仍属于“南南竞争”型。受近年来发生南海主权争端纷争等不确定风险因素的影响，扩大与东盟各国的开放合作仍然面临着难以预估的变数与风险。这些都给我区发挥独特的区位优势作用、建成面向东盟的西南中南地区开放发展新的战略支点带来不少挑战。

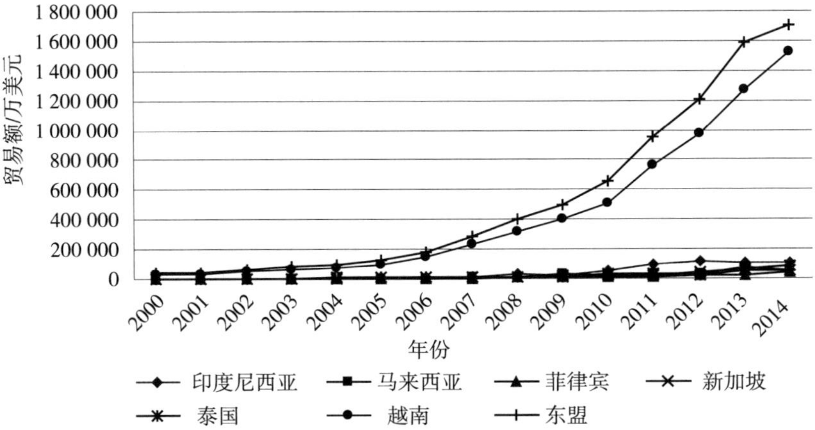

图 2　2000～2014 年我区与东盟贸易状况

（二）区域发展形势方面

当前，西南中南地区各省市均计划抢占开放合作制高点，我区面临着区域竞争日趋激烈、相邻省份发展战略趋同的严峻挑战。

（1）重庆方面。重庆是内陆 12 省市中唯一同时拥有航空、水运、铁路三种口岸形态的城市。为落实国家“一带一路”战略和建设长江经济带，重庆提出着力建设长江经济带西部中心枢纽、内陆开放高地、新兴产业高地、国家中心城市，打造连接“一带一路”和长江经济带的战略支点。近年来重庆市深化内陆沿海沿边通关协作，大力发展保税物流和长江黄金水道多式联运，其作为长江上游综合交通枢纽、内陆开放高地的战略支点集聚辐射功能逐步增强。

（2）四川方面。四川是丝绸之路经济带和长江经济带战略交汇点。近年来，四川省抓住国家向西向南开放的战略机遇，实施一系列对外通道和开放口岸建设，实现经济总量迈上万亿级，其省会城市成都作为区域性中心城市的重要地位进一步确立，四川日益显现出中国向西向南开放的战略支点效应。

（3）湖北方面。湖北省位于中部地区，在区位上承东启西、连南接北，历史上是“九省通衢”，当下是长江经济带的“龙腰”。为加快发展，湖北省近年提出打造长江经济带发展的战略支点的口号，势头十分强劲。

（4）云南方面。云南省与我区相邻，目前正大力推动大湄公河次区域合作，积极建设连接东南亚、南亚的国际大通道，推进中新经济走廊、孟中印缅经济走廊建设，加速构建向西南中南开放的重要桥头堡；同时积极参与长江经济带建设，力争将云南建设成为面向西南中南周边国家开放的试验区和西部省区“走出去”的先行区。

从这些省份的发展态势来看，西南中南地区开放发展可走的方向选择较多，可依赖的支点也较多，不少省份争相建成战略支点，随着国家规划建设长江经济带，西南中南地区谋划向长江经济带靠拢的势头也不断显现。这些新的竞争态势对我区构建新的战略支点形成了较为严峻的挑战。

四、构建战略支点有关重点问题分析

（一）关于主要的战略腹地

战略腹地是战略支点覆盖的地域范围，是与之有密切经济联系的地区。构建战略支点，必须拥有一定的战略腹地，对战略腹地的发展具有引领、辐射和集散功能。我区提出构建西南中南地区开放发展新的战略支点，西南中南地区即为支点作用所要覆盖的战略腹地。

按照行政区域划分，中南应为河南、湖北、湖南、广东、广西、海南、深圳7个省区，西南应为重庆、四川、贵州、云南、西藏5个省区市。我区属后发展地区，经济实力比起中南西南部分省（区、市）如广东、湖南还略有距离，以目前的经济实力和发展水平，我区还不足以对上述所有地区形成支撑带动作用，将上述地区全部纳入战略支点的腹地是不现实的。鉴于此，我们认为，应优先把云南、四川、重庆、贵州等中西部内陆省区作为战略支点优先考虑的战略腹地。一是云南、四川、重庆、贵州等省市一直以来是我区沿海港口的货源腹地。近几年，西南中南各省市借道广西出海的货物吞吐量占我区沿海港口吞吐量的四成左右，仅云南省每年就有上千万吨货物通过北部湾港口群吞吐，云桂川黔渝五省（区、市）间的货物往来也十分频繁、密集，相互循环的铁路货运量占该地区铁路总运量的30%。二是云南、四川、重庆、贵州等省市发展潜力巨大、机遇来临。近年来内陆西部地区对外开放力度不断扩大，中央对这些地区基础设施建设的支持力度也不断加大，上述地区贸易和物流有望迎来巨大增长，这是我区物流港口发展的主要潜力和重要机遇所在，是战略支点建设的必然选择。三是与云南、四川、重庆、贵州、湖南等省市开放合作的需要相吻合。贵州省希望进一步加强与我区合作，通过我区战略支点的开放功能和通道效应，主动对接融入“一带一路”战略；重庆市提出建设内陆开放高地，也指出要进入南海、印度洋，打通南向的国际贸易大通道，加强与南亚和东南亚国家的合作，融入中南半岛经济走廊；湖南提出争取开通长沙—广西—越南的国际货运班列，积极融入21世纪海上丝绸之路和丝绸之路经济带建设。上述地区扩大开放合作都有借助我区实现出海通边的需要，我区推进战略支点建设与西南中南地区扩大开放合作互有需求、互为机遇。

（二）关于进一步突显广西的支点功能

在当今国际经济发展日趋全球化、国与国之间合作交流日益紧密的背景和趋势下，打造能够支撑和服务于西南中南地区开放发展新的战略支点，必须紧扣西南中南地区开放发展的需求，立足于我区的现实基础和现有优势，努力在港口通道等事关全局的关键性问题上取得重大突破。

1. **港口通道功能要强大**

构建出海大通道、建设国际大港口，这是构建新的战略支点的重要内容，也是彰显战略支点作用的必然要求。近年来，我区举全区之力坚持交通优先发展，加大完善基础设施，一批沿海高铁、高速公路、机场正在迅速形成综合交通能力，一批港口、航道、泊位、免税区正在迅速形成物流集运功能，实现了由交通末梢向连接中国与东盟国际大通道枢纽的历史性转变。但对照战略支点的总体要求，仍然存在不足：一是港口。北部湾港规模仍偏小，组合港的规模效益仍不明显，港口的集疏运能力也存在制约，综合竞争力不高，辐射带动能力较弱，枢纽港的地位尚未确立。目前，北部湾港吸纳西南中南地区的出海货源远远少于广东，单个港口的吞吐量仍然无法与湛江港相比。二是内河航运。西江黄金水道千吨级以上航道仅占通航总里程的 15% 左右，西江黄金水道的优势还没有得到充分发挥。三是道路交通。我区与周边地区高速公路互联互通还未得到根本解决，与周边省份的交通连接还存在不少“空白点”甚至“断头路”，特别是通向珠三角地区的交通设施建设相对落后。这使我区物流成本较高，特别是北部湾港出海通关的成本较高，阻碍了我区发挥出海大通道作用。继续加强国际大通道和国际大港口建设是推进战略支点建设的重中之重。

2. **开放合作的平台功能要突出**

平台是发挥战略支点作用的主要载体。我区的平台作用主要体现在为西南中南地区与东盟国家的合作交流提供便利。中国—东盟自由贸易区建成以来，我国与东盟各国的贸易、投资等领域开放合作水平有了很大提高，给双边经济社会发展以及企业和人民带来了实惠。但目前来看，我区已有的开放平台功能还比较单一，金融、产业投资、服务贸易、现代物流等领域的平台建设不足；贸易和投资便利化水平还不高，难以满足西南中南地区人员、商品、资本进一步“走出去”的需要。构建西南中南地区开放发展新的战略支点，必须提升中国—东盟自贸区建设水平，进一步提高贸易和投资自由化、便利化。

（三）关于提升金融服务

金融是现代经济的血液，也是经济发展的助推剂。打造战略支点，离不开金融杠杆的功能作用。当前，我区金融产品和服务仍显传统单一，金融聚集和对外辐射力有限，高级专业金融人才匮乏，金融机构核心竞争力较弱，与构建战略支点、推动开放合作的要求还有较大差距。根据深圳综合开发研究院 2015 年 9 月 23 日发布的中国金融中心指数（第 7 期），我区南宁市的排位远远落后于广州、成都、重庆、长沙、昆明等西南中南地区省会城市。构建西南中南地区开放发展新的战略支点，必须着力打造金融业发展新高地，努力扩大双边本币互换规模和使用范围，扩大中国—东盟跨境贸易本币结算试点，补齐金融服务功能这块短板。

（四）关于提升信息化水平

信息交流功能是开放发展的重要支撑。中国—东盟现有经贸关系仍然以传统货物贸易为主。根据中国海关 2014 年统计，纺织原料及纺织制品为我区出口东盟的第一大类出口商品，占我区对东盟出口商品总额的 43.6%；其次是机电产品，占我区对东盟出口商品总额的33.4%。进口方面，我区从东盟进口的第一大类商品是矿产品，第二大类商品是农产品。服务贸易尤其是基于互联网的服务贸易比例小，发展潜力巨大。

随着互联网等现代信息技术的不断发展，国家大力实施“互联网 +”计划，推进中国—东盟互联互通，特别是近年来与东盟十国达成了共建“中国—东盟信息港”的共识，我区构建沟通西南中南地区与东盟国家的信息大通道迎来了难得的发展契机。必须牢牢抓住这一机遇，强化信息交流功能，充分发挥我国在信息技术产业方面的比较优势，发展面向东盟的互联网经济，满足东盟国家迅速增长的信息技术服务需求，带动中国—东盟货物贸易和其他服务贸易快速增长，形成中国—东盟合作新的战略增长点。必须加快建设区域性国际通信枢纽、数据处理中心、国际呼叫中心、信息交流综合服务平台和信息服务产业集群，建设信息基础设施先进完备、信息资源丰富、信息交流广泛、开放度高、辐射力强的重要国际区域信息交流与服务中心，促进我国特别是西南中南地区与东盟的信息交流与共享。

五、进一步推进新的战略支点建设的若干措施建议

（一）推动北部湾经济区率先崛起，打造区域经济发展新高地

1. 进一步加强北部湾经济区重大基础设施建设

继续加大投入和政策支持力度，按照建设大能力的泊位和高密度的铁路网、高速公路网、航空网的要求，加快推进一批重要航道、泊位、物流设施和铁路、公路、机场建设，加快打造江海联动、水路并进、空港衔接、铁海联运四位一体的现代化立体交通格局，促进经济区更好地融入与西南中南区域的合作，加强与东盟国家的互联互通，进一步发挥经济区连接内地与沿海、中西部与东部的纽带作用。

2. 深化推进北部湾经济区开放改革

进一步解放思想，抓住中央和自治区简政放权机遇，用足用好国家和自治区支持北部湾经济区发展的政策措施，在政策允许范围内加大先行先试力度，统筹区域协调管理，推进资源整合，打破地域分割，在推进产业发展、基础设施建设、南北钦防同城化、北部湾城市群建设等方面加大改革攻坚力度，实现以改革促开放、以开放倒逼改革。进一步推动政府职能转变，提升政府服务能力，树立各级各部门在对外开放、招商引资等方面的积极形象。在招商引资、人才引进、技术创新等方面出台更加优惠的政策，加强服务体系建设，增强北部湾经济区开放发展的动力和活力。

3. 加快珠江—西江经济带建设

主动与珠三角地区的先进思想观念、先进管理方式、先进生产力、高效工作机制对接，做足做好利用珠三角地区资金、项目、技术和人才的文章，在合作中推动优势产业集群化发展。

（二）加快国际大通道建设，升级互联互通水平

1. 建设南宁区域性国际综合交通枢纽

按照打造战略支点的要求，继续提高南宁在区域交通综合网络中的枢纽地位，强化与周边省会城市和东盟重要城市的便捷连接，高标准建设南宁连通国际高速铁路网的高速铁路。启动建设贵阳至南宁、南宁至凭祥等高铁主干线及柳州至南宁第二条高速公路、贵港至隆安等高速公路，建设南宁吴圩机场第二跑道、西津二线船闸等一批重大交通基础设施，将南宁建设成为面向东盟、服务西南中南和粤港澳的区域性国际综合交通枢纽。

2. 强化出海出省出边综合运输通道建设

重点打造衔接“一带一路”的南北大通道，即以南宁为重要节点，从南宁向南到新加坡连接东盟的南新通道以及经我区沿海向北经贵阳、重庆、成都至兰州、西安与丝绸之路经济带衔接的兰海通道，形成连接欧亚大陆和海上丝绸之路、南北向的国际大通道；加快建设通往云南联通孟中印缅经济走廊、通往广东联通粤港澳、通往湖南联通中南地区的出海通道。

（三）加快建设北部湾区域性国际航运中心，促进港航业联动发展

1. 加强规划引导

加快编制《广西北部湾区域性国际航运中心发展规划》，构成定位清晰、功能互补、相互支撑、统一衔接的规划体系，做到在空间配置上相互协调，在建设时序上科学合理，提高规划的管理水平和实施成效。

2. 优化现代航运集疏运体系

把建设区域性国际航运中心的口岸功能延伸至西南中南内陆地区，增加和完善内陆干港，为西南中南腹地进出口创造更加便捷高效的通关环境。进一步优化

陆路运输，降低运输成本，规划研究形成连通西南中南腹地的公路集装箱运输专用通道，统筹协调铁路、公路场站建设，促进海铁联运，加快南宁航空枢纽港建设，重点加强海铁、海公、公铁联运，加快双层集装箱运输系统的改造，加开集装箱、食品、粮食、矿石、汽车、钢铁等铁路直达班列。

3. 提高国际航运信息化水平

依托电子口岸平台和港航电子数据交换中心整合优势，推进广西北部湾区域性国际航运中心信息平台建设，推动跨部门、跨行业的综合信息共享平台建设，建立广西北部湾区域性国际航运中心门户网站以及口岸监管、口岸物流、集疏运、航运服务信息系统等应用平台，有效整合政府、口岸、港口、船舶信息，实现资源共享。积极运用现代科技手段，简化特殊监管区域进出境监管手续，实现保税物流便捷移动，促进查验环节联动协作，提高电子支付水平。加速集装箱电子标签技术的推广运用，建立第三方信息服务机构。启动建设广西北部湾区域性国际航运信息中心，开发和建立“中国（广西）—东盟船舶交易信息平台”“中国（广西）—东盟航运数据库”。

4. 打造特色港口物流

充分发挥“三位一体”的港口管理体制优势，坚持差异化和错位发展战略，以建设区域性国际航运中心为目标，以增强港口综合竞争力为宗旨，以不断优化港口结构和提高港航物流综合服务水平为突破口，全面推动北部湾港向沿海集装箱干线港、西南中南地区干散货、油气化工品集散中心转型发展。积极培育第三方、第四方物流，建立集装箱和油气化工品、大宗干散货为主要货种，以铁路、水路、公路、管道等多种运输方式并存，以物流基地、物流中心、配送中心为载体的现代区域物流体系，拓宽港口物流服务功能，大力发展国际中转、国际配送、国际采购、转口贸易、出口加工业务，推进港口规模化、集约化、专业化和现代化进程。

5. 探索建立北部湾航运交易所

积极推进多家国内外航运公司在北部湾设立总部或区域总部，并聚集航运同业组织，形成航运总部经济；引进航运公司、船代、货代、理货、港口物流等航运市场主体和金融、保险、海事仲裁、行业协会等社会服务机构，开展金融结算、信用评估、担保等航运货物交易综合服务；建设航运信息系统，发布航运信息，集中发布港口信息、集装箱班轮和邮轮船期公告，发布船舶舱位及运力等信息，发布北部湾通往东盟各港口典型航线的货种运价指数，如集装箱、散货和邮轮等运价指数，发布水文、航道、气象、西江流域船闸等通航信息，将其打造成为北部湾区域性国际航运中心的重要支撑和金融中心的重要要素市场，形成中国—东盟航运市场示范性的交易和信息发布平台。

（四）深化通关改革，全面提升对外贸易便利化水平

1. 推行“单一窗口、一站式服务”通关模式

实行集海关、检验检疫、海事、边检、报关企业、货代、船代企业于一体的“一门式服务、一站式联检”，实现“一次查验、一次报关、一次放行”的“三个一”模式。把串联运行、独立操作的联检通关作业模式改为并联运行、同步操作。全面推进通关作业无纸化、分类通关和“属地申报、口岸验放”“属地申报、属地放行”等通关改革，健全完善通关事务应急处置机制，在中越跨境经济合作区、东兴国家重点开发开放试验区探索通关新模式。

2. 夯实通关基础能力

优先在北部湾港推行电子口岸，重点建设口岸电子政务平台、区域通关数据平台、北部湾港航公共信息服务平台三大平台，完善相关网络基础设施和硬件设施，覆盖北部湾经济区内主要海港、空港、陆路口岸和海关特殊监管区，尽快实现企业一次通关只递交一次申报数据。积极争取海关总署支持，尽快设立北部湾海关化验中心。积极采取物联网等高科技手段，实行海关在途监管新模式，努力实现跨关区“一卡通”，大幅提高通关效率。

3. 推进北部湾通关一体化

打破四市关区查验部门的管理边界，打通关区代码，实施行政管理、通关作业、信息技术、口岸协调一体化。加快建立北部湾物流联运监控系统和口岸综合指挥中心。推进三港之间以及沿海与沿边、内陆的通关协作，逐步实现信息互换、监管互认和执法互助。推行“多点报关、集中审单、实时监控、电子抽单、统一派单、属地验放”业务区域一体化管理模式。推动与西南中南地区海关通关协作配合，实现口岸管理部门信息互换、监管互认、执法互助。

4. 切实加强口岸建设

积极争取国家支持，多渠道筹集资金，继续加强口岸基础设施建设。优先安排和重点抓好“一站式”通关检查项目、一类口岸联检大楼、快速查验设施等项目建设。进一步加强规划引导，做好口岸规划布局，逐步形成布局合理、设施完善、通过能力强大、具有较强辐射作用的口岸发展格局。加大对电子口岸建设的扶持和投入，加强与周边省份电子口岸的建设合作，积极开展相关技术和业务交流活动。

5. 加强对跨境电子商务的交流合作

进一步打造好南宁中国—东盟电子商务园区，积极引进国内知名龙头电商企业，不断扩大与东盟各国的跨境电子商务领域的贸易合作。借鉴杭州等地的先进经验，申报设立中国—东盟跨境电子商务综合实验区，加快推进与东盟国家在海关、检验检疫等领域的信息共享和标准对接，消减非关税壁垒，为跨境电商企业提供通关、退税、金融、物流、信用评价、数据分析一站式服务。

（五）完善提升开放平台，不断扩大开放合作效应

1. 完善现有开放合作平台

在巩固中国—东盟博览会在商品贸易、投资合作良好成效的基础上，推动博览会向服务贸易拓展，向区域、次区域重点合作领域、海上合作、互联互通、产业园区以及打造产业链等方面拓展，培育形成多领域合作的亮点。进一步拓展办会理念，完善博览会商情联系、项目配对等功能，以多元化、专业化会展群丰富与东盟开放合作的内涵，打造中国—东盟博览会升级版，务实推进泛北合作。

2. 大力推进重点园区建设

进一步拓展中马钦州产业园和马中关丹产业园的"两国双园"模式，推进中泰、中印、中越等合作产业园以及跨境经济合作区建设，提升南宁保税物流中心、钦州保税港区、北海出口加工区和凭祥综合保税区的功能。积极推进东兴、凭祥重点开放开发试验区建设，在跨境金融、跨境旅游、跨境劳务合作等方面先行先试，打造沿边合作新高地。

3. 建设好面向东盟的区域性国际商品市场

重点支持和推动中国—东盟水果、水产品、橡胶、家具、医药等特色专业市场，向集商品展示、交易、仓储、货运、金融结算等为一体的大型专业市场转型。

（六）加快建设以南宁为中心的区域性国际金融中心和信息交流中心

1. 加快建设南宁区域性国际金融中心

一是充分运用《云南、广西建设沿边金融综合改革试验区总体方案》的相关金融政策，吸引东盟区域人民币，建立用于基础设施建设、产业转型升级、科技研发和创新能力建设等的中国—东盟合作重大项目专项基金。二是继续加大引进外资银行的力度，着力引进东盟国家银行，优先支持东盟国家金融机构在南宁设立分支机构。三是争取设立南宁金融资产交易所以及面向东盟的人民币跨境清算中心。积极参与推进中国与东盟国家支付清算一体化建设。四是争取把南宁作为中国—东盟金融发展与合作（领袖）论坛的永久举办地，加强与东盟国家金融机构和城市的金融交流与合作，通过和东盟各国的金融监管机构签订相关协议，在区域金融业务创新等方面开辟新的制度平台。五是抓住亚洲基础设施投资银行成立、投资区域范围涵盖西南中南相关省（区、市）的机遇，积极争取该基础设施的项目库和交易平台设于南宁。六是紧紧围绕中国与东盟合作的重点产业，多渠道、多方式、多层次做好金融服务，不断促进金融和产业深度融合，形成产业和金融良性互动、和谐发展、互利共赢的良好局面。着力找准创新亮点，重点加大组织创新、产品创新、服务创新力度。同时，高度关注金融业发展的最新动态，重视发展网络金融等金融新业态。

2. 积极推进与东盟各国信息交流合作

加快规划建设中国—东盟信息港南宁基地，形成中国东盟互联网经济和信息

产业对接合作的集聚区。积极推进信息基础设施互联互通，进一步升级海陆光缆等国际通信的基础设施，建设 IDC 数据中心、离岸数据中心、呼叫中心等，在东盟国家兴建 POP 点，打造面向东盟的网络通信体系，提升与东盟国家的信息互联互通的能力，促进我国特别是西南中南地区与东盟的信息交流与共享。

积极开展信息技术和产业合作，依托中国和东盟国家的重点产业园区、海关特殊监管区等，联合高校科研机构和创新型企业，推动移动互联网、物联网、网络搜索、云计算、大数据、智慧城市等领域的技术研发创新和产业合作，与东盟国家探索建立联合实验室，推动信息技术交流、创新和转让。

（七）强化以西南中南腹地省市为重点的省际战略合作

一是建立健全政府间合作机制。重点在政策法规衔接、重大事项支持、战略资源配置等方面与西南中南省市加强沟通和协调，妥善处理好我区与腹地竞争合作的关系。通过体制设计和法规、契约制定等，固化与西南中南省市合作的机制和内容，构建省际间更紧密合作的制度安排，组成友好合作、互利共赢的利益共同体。

二是加强对西南中南地区、东盟地区合作机制的研究。积极吸引西南中南地区及东盟地区的企业家等各界人士到广西来，寻找利益的共振点、合作的对接点，建立互信、互助、互惠的新型区域合作关系。

广西壮族自治区政府发展研究中心“广西构建西南中南开放发展新的战略支点若干重大问题研究”课题组

推进依法行政 构建法治政府研究

——广西推进政府依法决策对策建议

【引言】推进政府依法决策，是推进政府治理能力现代化的必然要求，是加快建设法治政府的迫切需要，是提高决策质量的重要保障。党的十八届四中全会提出了健全依法决策机制的重大战略部署，主要围绕重大行政决策提出了三项任务，即把公众参与、专家论证、风险评估、合法性审查、集体讨论决定五大环节确定为重大行政决策法定程序，建立行政机关内部重大决策合法性审查机制，建立重大决策终身责任追究制度及责任倒查机制。提出程序建设的法定原则，凸显合法性审查的地位，强调责任追究时效的长期性，这些依法决策的新内容新要求，强调了法无授权不可为的公权力运行边界，彰显政府决策的法治化特征。本课题就是在这种背景下，就广西推进政府依法行政决策工作进行深入研究。

一、政府依法决策的界定

（一）行政决策

1. 行政决策的主体

从行政决策主体看，只有具有行政权的组织和个人，才能成为行政决策的主体。具体到广西壮族自治区（以下简称“我区”），行政主体包括以下几类：一是各级人民政府，主要是自治区人民政府、14 个地级市人民政府、各县（市、区）人民政府、各乡镇人民政府；二是县级以上人民政府的组成部门，如发改委、审计局等；三是县级以上人民政府的直属机构和特设机构，如工商局、国税局等；四是各级人民政府的派出机构，如街道办事处、钦州保税港区管理委员会；五是被授权单位，包括行政机关、授权行政机关的内设机构或派出机构。在以上行政主体中，行政决策的主体分为两个层次：第一个层次是领导集体，比如自治区人民政府领导班子，第二个层次是主要领导人，比如自治区人民政府主席。

2. 行政决策的客体

从决策客体看，行政决策的是法定的行政管辖区域和部门所要解决的有关国家社会公共事务。我国《宪法》和《地方组织法》规定，我国地方人民政府中，县级和县级以上地方各级人民政府的职权共有 10 项，乡、镇级人民政府的职权共有 7 项。具体到我区，主要有以下几类：一是执行，主要执行本级人民代表大会及其常务委员会的决议、上级国家行政机关的决定和命令、国民经济和社会发展计划和预算。二是发布规章、命令，自治区人民政府和南宁市的人民政府可以制定规章（其他 13 个设区市的地方立法权正在推进中，没有纳入），其他各级人民政府可以规定行政措施、发布决定和命令。三是对行政工作的领导和管理，是现阶段政府工作的重点，比如管理本行政区域内的经济、科学、文化、城乡建设事业和司法行政等工作；依照法律的规定任免、培训、考核和奖惩国家行政机关工作人员；保护各种经济组织的合法权益等。四是监督，主要是改变或者撤销所属各工作部门的不适当的命令、指示和下级人民政府不适当的决定、命令。五是办理上级国家行政机关或上级人民政府交办的其他事项。

（二）重大行政决策

《中共中央关于全面推进依法治国若干重大问题的决定》（以下简称《决定》）在“健全依法决策机制”一节中提出了“重大行政决策”的命题。目前，重大行政决策的定性存在难度。范围过于宽泛，政府的自由裁量空间就会增大，体现不出重大行政决策区别于一般行政决策的价值；界定标准过于狭窄，就会遗漏部分决策事项，不利于经济社会发展和法治政府的建设。一般认为，重大行政决策涉及重大公共利益等全局性、长期性、综合性的问题；投入成本高，需要花费大量的政府财力和人力；时效性差，不像一般行政决策事项那样迅速快捷地作出；具有地域和级别的差异性，比如在自治区一级的一般决策事项可能是地级市一级的重大决策事项；具体的重大行政决策事项处于动态发展中，都是当前经济社会发展中急需解决的问题，过了这个时段，有可能变成一般决策事项。对于政府而言，重大行政决策存在于行政审批、行政执法、人事任免、资金分配等方面，存在于资金管理、资产处置、资源配置和工程项目等领域。

（三）行政决策与人大决定、党委决策的关系

1. 行政决策和人大决定的关系

人大具有国家和社会事务重大问题的决定权，这种决定是人大主动作出的，具有方向性、原则性。政府是人大决定的执行机关，在执行过程中，政府也需要作出具体行政决策，但这种决策有明确目标，具有措施性和方案性。人大的重大决定事项通过常委会或者人民代表大会做出，必须坚持少数服从多数的原则；而政府在决策过程中，出现意见不一致时，行政首长具有最后裁决权。比如，五年一次的国民经济和社会发展规划由各级人民代表大会审议通过，由本级人民政府负责实施，而对于“五年规划”里的具体领域的具体事项，政府具有决策权。

2. 行政决策和党委决策的关系

地方党委是领导核心，主要通过对政府党组的领导来发挥核心作用，还包括通过法定程序把党委的意见转化为法规政策，再由政府付诸实施。党委决策的事项是党内事务，政府决策的是本区域内的具体行政事项，但必须服从同级党委的领导，重大问题向党委请示报告。

（四）依法决策

1. 依法决策的含义

依法决策的“法”不仅是指法律法规，还包括各种政策规定以及党内法规。依法决策是指在决策过程中，要遵循一定的要求和规则，包括由谁决策、决策什么、怎样决策、谁来负责等方面，这些都要形成相应的制度并严格执行。

2. 依法决策的三项任务

《决定》对依法决策提出了三点建设内容：一是把公众参与、专家论证、风险评估、合法性审查、集体讨论决定确定为重大行政决策法定程序；二是建立行政机关内部重大决策合法性审查机制；三是建立重大决策终身责任追究制度及责任倒查机制。这三项任务，从三个阶段编织起政府依法决策的制度笼子。“法定程序”中新增加的“法定”，就在源头上将公众参与、专家论证等提高到法律的

层面，获得法律的权威和效能，为依法决策前提供了法律支撑。合法性审查机制作为一项制度单独提出，突出了法律在政府决策过程中的把关作用，是决策事项能否提交讨论和决定的前置性与刚性约束条件，同时作为一项行政机关的内部管理制定固定下来，适用于所有行政决策事项，解决了合法性审查在决策中可有可无的尴尬地位。终身责任追究机制和责任倒查机制，是在依法决策之后，从监督的角度审视行政决策主体是否履行法定程序和合法性审查机制，为依法决策提供了终极保障。

小结：坚持党的领导和执行人大决定，是依法决策的前提；各级行政主体制定重大行政决策，是考量依法决策的重点；围绕《决定》提出的三项任务来研究我区的依法决策机制是本文的研究方向。

二、广西重大行政决策工作的现状

（一）重大行政决策的制度建设进一步完善

近年来，我区各级政府及其部门相继出台了一系列文件。重大行政决策程序、合法性审查和决策责任追究的制度体系进一步完善。其中，重大行政决策程序是制度建设的重点。

1. 自治区层面

（1）重大行政决策程序的制度建设。2007 年出台了《广西壮族自治区行政机关重大决策程序暂行规定》（以下简称《暂行规定》），适用对象为全区行政机关，列举式加兜底条款规定了十二类重大行政决策，明确重大决策的一般应当程序有决策调研、征求意见、咨询论证、合法性审查、会议决定和公布结果。

2013 年通过了《广西壮族自治区重大行政决策程序规定》（以下简称《规定》），该规定适用对象跨出行政机关的范围，扩大至各级人民政府及其部门，表述更为准确。重大行政决策范围部分，去掉了“政府工作报告”事项；合并了“编制国民经济和社会发展规划”项和“制定或调整产业发展规划”项，统一为“制定或调整各类总体规划、重要的区域规划和专项规划”；增加了制定资源开发、防灾减灾等涉及群众切身利益的重大决策事项以及制定和调整重要行政事业性收费等事项，更加符合发展的实际。一般应当程序部分，省去征求意见环节，增加了公众参与和风险评估环节，将会议决定更改为集体讨论决定，程序更为严谨；指出行政机关应当完善决策信息和智力支持系统，提出了建设政府智库的任务。

上面两部规范性文件是我区依法决策的主要文件。在这两部文件之外，自治区还通过其他方面的文件规范行政决策行为，最有代表性的是《广西壮族自治区规范性文件监督管理办法》。该文件针对法律、法规、规章和上级规范性文件对某一方面的行政工作尚未做出明确规定，或者虽有明确规定但规定不具体、不便操作的决策事项，从规范性文件的制定程序上加以规定。明确县级以上人民政府制定的规范性文件，应当经政府常务会议审议决定，其他制定机关制定的规范性文件，应当经单位负责人集体讨论决定。提出了规范性文件的审查备案规则，明确了行政处分的四种情形。

（2）合法性审查机制建设。合法性审查是我区依法决策工作中起步最早、做得最扎实的工作。2010 年自治区法制办印发了《政府法制部门规范性文件合法性审查指导意见》。2014 年自治区政府法制办制定了统一的规范化文件合法性审查文书样式，规范了文件制定主体、内容和程序，统一了段落编排、表述和格式。我区合法性审查机制建设工作有三大突出特点：一是建设标准高，不仅作为政府内部一项管理制度，而且作为法定程序逐步建设。二是涉及范围广泛，决策不仅审查一般规范性文件，而且审查政府的重大行政决策。三是强调结果运用，明确要求未经合法性审查或者经审查不合法的，不应作出决策。

（3）责任追究机制建设。《暂行规定》建立了决策纠错机制，提出追究决策过错责任。《规定》在责任追究部分明确了追究行政过错责任的具体情形，规定更为全面具体。

2. 地级市层面

2007 年自治区颁布《暂行规定》以后，南宁市、玉林市、防城港市、来宾市、贺州市、南宁市江南区、贵港市、桂平市、桂林市、恭城瑶族自治县出台了有关重大决策程序的规定。政策评估也受到部分地级市重视，制定了专项规定。

（1）部分地市重大行政决策程序操作性比较突出。这两个《规定》是在《广西壮族自治区重大行政决策程序规定》的基础上完成的。在重大行政决策范围方面，结合各市实际增加了具体事项，比如防城港增加了制定征地拆迁、国有土地上房屋征收事项等，同时用排异条款，没有将突发性或者应急性的重大行政决策、内部事务管理措施及人事任免等事项列入重大行政决策程序管理。更为重要的是，文件规定了重大行政决策程序的启动程序、承办单位及其他责任单位的确定和职责、行政机关之间对重大行政决策有原则性分歧意见时的处理原则等内容。这些制度设计都是自治区程序规定所欠缺的。

（2）政策评估在部分地市开展。从 2010 年到 2015 年 8 月底，为加强对市政府重大行政决策执行情况的跟踪、调查与反馈，及时调整和完善有关决策，南宁市、玉林市、来宾市就政策评估出台了规范性文件。这三个市的文件针对的是政策后评估，对评估的组织开展进行了规定，明确了后评估启动时间及后评估组织单位、实施单位和政策制定单位之间的协作分工。后评估除了关注决策与法律、法规、规章以及国家有关政策规定是否一致及程序是否正当以外，还关注政策在公众之间的认知程度和接受程度，关注决策是否有针对性地解决社会问题，关注决策实施带来的近期效益和长远影响。这样的制度安排，搭建起了政策后评估的框架，确保了后评估工作得以运转。

3. 政府职能部门层面

目前为止，自治区国土资源厅、贵港市安全生产监督管理局制定了本部门的重大决策程序规定。这些重大行政决策更加具体，比如自治区国土厅列举了全区土地利用总体规划、矿产资源总体规划的修编等六项重大事项；对责任追究对象更加全面，比如贵港市安全生产监督管理局除规定了对本部门人员的追究，还明确了受委托专家和专业服务机构或组织追究责任的情形。

（二）重大行政决策程序的实践运用已经起步

《规定》是指导全区重大行政决策的纲领性文件，该文件出台以后全区的重大行政决策呈现了新特点。

一是决策前更加注重政策执行者和行政相对人的意见。首先，在决策之前，决策者一般亲自到基层一线实地调研，邀请重大事项的相关方召开座谈会，广听言路，最后汇集意见，吸收到文件中去。这种“从群众中来到群众中去”的决策方法，使得文件接地气、有看头，提高了接受度。其次，对于涉及公众切身利益的重大行政事项，各级政府及其工作部门越来越多地举行听证会。目前为止，我区举行的多是关于行政收费的听证会。2012 年，自治区物价局就全区居民生活用电阶梯电价举行听证会；2014 年，自治区物价局就 2008 年 1 月 1 日及之后建成通车的高速公路，将一类车收费标准由现行的 0.4 元/车公里调至 0.5 元/车公里的高速路收费举行听证会；2015 年，南宁市物价局就重新制定青秀山风景区观光游览车客运价格举行网上听证会。这些听证会架起了政府与公众沟通的桥梁，提供了一条倾听公众声音的渠道。

二是决策中更加凸显集体讨论决定。重大决策作出前进行集体讨论，已成为我区大多数行政机关的普遍做法。重大行政决策由各级政府常务会议、全体会议或者部门领导班子会议讨论决定，会议过程发扬民主，一定程度上减少了决策随意性，减轻了政府和行政首长的决策压力。

三是更加注重政策的评估。从关注政策的效益成本和公众的接受度出发，各级政府及其部门越来越重视政策评估工作，主要是决策前的政策评估及决策后的评估。除了南宁、玉林、来宾等市，其他市有些部门和单位也在政策评估上做了一些探索。

四是对重大行政决策的监督更加严格。各级人民政府拥有重大行政决策权，各级职能部门也有行政决策权。不按法定程序决策、越权决策，一般都会与党政纪政责任或职务犯罪紧密相关。党的“十八大”以来，我区加强了对滥用行政决策权的监督执纪问责力度，一些县级主要领导或政府副职接连落马。比如，钟山县原县长谭玉和在任职期间，对原钟山滤清器厂土地出让及钟山县新世纪广场涉税事务等问题的处理，没有经过集体决定，个人擅自降低土地出让价格、减免有关税费，造成国有土地出让金损失 238.79 万元，最终被检察机关以滥用职权罪提起公诉，并被判处十一年有期徒刑。其次是对职能部门“一把手”的责任追究。这两年，水利系统的水利工程、供销社系统的新网工程、人防办的人防工程的查处力度越来越大。查出的案件窝案特点明显，决策程序形同虚设。自治区纪检监察部门查办这些典型案件，对违反决策程序等职务犯罪起到了敲山震虎的作用，彰显了我区维护依法决策的决心。

三、广西重大行政事项依法决策执行效果的初步分析

自治区出台了指导全区的重大行政决策程序文件，在某些市县还有政策评估的专项制度，这些重大行政决策程序文件的执行效果如何？行政相对人的回应最能说明问题。相对于公权力作出的行政决策，一般情况下，公民通过行政诉讼或行政复议来处理与公权力即政府之间的矛盾或纠纷。课题组通过分析 2008～2014 年我区行政应诉和行政复议相关数据来说明我区 2008 年出台的重大行政决策的实施效果和特点（见表 1、表 2）。

表 1　2008～2014 年我区行政应诉、行政复议部分统计数据

单位：件

	行政复议							行政应诉						
年度 分类	2008 年	2009 年	2010 年	2011 年	2012 年	2013 年	2014 年	2008 年	2009 年	2010 年	2011 年	2012 年	2013 年	2014 年
年度总数	2845	2485	2370	2331	2186	2624	3143	2334	1814	1794	1671	1226	1652	2039
土地	1199	1130	918	929	767	933	900	1076	928	891	682	580	669	745
林业	576	469	614	550	462	788	806	375	343	333	442	233	437	528
城建	190	163	163（不包含拆迁数）	160	165	185	536	216	222	172	147	94	200	312
公安	259	327	237	197	175	143	248	193	124	80	83	44	56	102
劳动社保	149	216	152	230	161	135	184	58	79	93	142	109	122	124
工商	56	40	73	127	40	115	96	43	—	44	53	32	32	32
计划生育	28	23	9	10	17	13	17	6	8	6	7	6	6	8

注：（1）年度总数不包括上期结转数。

（2）行政复议年度总数为受理案件数。

（3）另外还有其他类别的案件没有计算在内。

表 2　2008～2014 年我区行政应诉级别、行政复议被申请人级别统计数据

单位：件

年度 / 分类	行政复议被申请人							行政应诉（被告和第三人）						
	2008 年	2009 年	2010 年	2011 年	2011 年	2013 年	2014 年	2008 年	2009 年	2010 年	2011 年	2012 年	2013 年	2014 年
总数	3212	2831	2602	2500	2389	2788	3416	2334	1814	1794	1671	1226	1652	2039
乡镇	702	492	—	400	442	637	462	114	90	112	132	83	182	113
县级政府	1101	1014	—	1048	961	889	1160	1071	838	956	906	609	683	1101
县级职能部门	581	654	—	465	326	519	724	496	390	353	348	277	278	361
市级政府	62	55	—	106	76	62	130	178	172	150	96	70	103	148
市级职能部门	630	445	—	378	473	465	642	279	275	196	177	151	307	258
自治区政府	10	7	—	13	17	39	63	11	4	1	3	7	10	7
自治区职能部门	30	15	—	21	49	91	33	16	15	21	6	22	63	23

注：（1）年度总数不包括上期结转数。

（2）行政复议总数是收到行政复议申请的总数。

（3）另外还有其他情形的案件没有计算在内。

表 1 中，土地主要包括土地纠纷和地矿纠纷，城建主要包括规划、房屋拆迁和房屋登记三部分。从表 1 和表 2 可以看出，我区的行政复议和行政诉讼呈现以下特点：

一是总体上看高位运行。行政复议和行政诉讼案件数量在 2012 年有所下降后，近两年都有了明显的上升。行政复议的案件数量一直多于行政诉讼。

二是问题集中。从 2008 年到 2014 年，土地类、城建类、林业、公安、劳动和社会保障这几类一直是诉讼或复议的主要事由。无论是 2007 年的《暂时规定》还是 2013 年的《规定》，都将制定或者调整城市总体规划、土地利用总体规划、自然资源开发利用总体规划和涉及民生的事项列为重大行政决策事项。作为重大行政决策的事项，有着一套决策程序，但是这几类问题的高发态势一直没有得到抑制。

三是市县两级是问题集中区域。2008～2014 年，行政诉讼的被告多集中在市县两级，行政复议的被申请人多集中在市县两级。因此，相对于自治区一级的重大行政决策程序建设，市县两级的建设更为重要和紧迫。

四是未依法行政的环节相对集中。以扶贫领域为例，违纪违法问题多发生在资金发放、物资采购、项目补助等环节，主要表现为巧立名目收取好处费、伪造完备的档案套取资金、截留挪用、索取回扣、优亲厚友，违法违纪类型以贪污贿赂为主，失职渎职次之。

五是不依法行政案件多呈窝案特征。在非法利益的相关链条中，违法行政行为往往是涉案人员上下串通、内外勾结，合伙作案，集体违纪违法。以上率下，不良行为层层传导，在一个单位、一个系统，甚至在一个领域扩散开来，形成破窗效应。

四、广西重大行政决策工作存在的主要问题

我区重大行政决策有制度有规范，但执行效果不佳，其中既有国家顶层设计上的问题，也有我区自身的原因。自身的原因主要体现在制度设计和执行方法上。

（一）缺乏国家顶层设计的引领

在国家立法层面，我国至今尚未制定“行政程序法”，《宪法》《国务院组织法》和《地方人民代表大会和地方人民政府组织法》只是规定了政府机关的职权范围。《立法法》虽然就行政法规的制订程序有原则性规定，但并不涉及行政决策程序问题。《行政许可法》《行政处罚法》等相关法律虽然对一些具体行政决定程序有所规定，但这些规定亦未系统涉及整个行政决策程序体系。

具体到专项制度，也缺乏相应的顶层设计。以风险评估为例，2012 年国务院下发了《关于建立健全重大决策社会稳定风险评估机制的指导意见（试行）的通知》，明确了针对社会稳定风险的评估。最近国务院下发的《关于法治政府建设的意见》也强调完善重大行政决策风险评估制度。但是目前国务院尚未制订正式的风险评估规范，评估主体、评估范围、评估方式、评估程序等尚无顶层设计。

以上是我区面临的宏观上的行政决策的理论困境。

（二）制度设计上的局限

我区虽然出台了一些文件，建立了一些制度，使得重大行政决策程序得以建立，但是在制度的某些关键环节方面还不完善。

1. 全区对重大事项的界定标准不统一

自治区一级与自治区级以下人民政府、自治区级职能部门与其下级职能部门的重大决策事项虽然在大项上基本一致，但在具体项目上，建设规模或投资总额不一样，或者因为对具体问题的认识不一样，纳入重大行政决策的具体事项也不同。

2. 专项程序机制有待完善

《广西壮族自治区重大行政决策程序规定》将决策调研、咨询论证、公众参与、风险评估、合法性审查、集体讨论决定、公布结果作为重大行政决策的一般应当程序。决策调研、合法性审查、集体讨论决定是所有类型重大事项的必经程序。咨询论证、公众参与、风险评估针对特定的事项类型，具有专门的适用情形。但目前，自治区层面没有咨询论证、公众参与、风险评估的配套制度，有配套制度的合法性审查的关键环节也不健全。

（1）风险评估为代表的专项程序存在着系统风险，影响整体运转效果。首先，《规定》虽明确了评估的简单适用情形、评估程序、评估报告等评估结果的运用，但没有涉及具体评估事项的确定、评估程序的启动、评估机构的确定等关键问题。其次，南宁、来宾等市的重大行政决策评估工作虽然制度已经建立，但实际开展的效果并不理想。据了解，两市的政策评估工作因为评估程序性的制度问题常常搁浅，主要表现为三大问题：

一是受委托机构的独立性问题。来宾市的后评估是在该市各级机关、企事业单位及街道、社区设置行政决策效果监测点，指定相关人员收集整理行政决策效果信息。这实质上是一种自我评估，也就是第一方评估。这种评估方式，政策制定者既当运动员也当裁判员，评估过程缺乏独立性，评估结果的可信性降低。

二是受委托机构及人员的资格认定问题。南宁市后评估工作受委托机构主要是高等院校、科研机构、社会团体、咨询机构。这些机构既不是政策的制定者，也不是政策的执行者，独立于政府之外，保障了评估结果的可信度。南宁市同时要求受委托评估机构应当具备开展评估工作的必要设备、设施，其指定参与评估的人员应当具备熟悉相关法律及政策、行政事务和掌握评估方法技术的专业素质。这里面存在资格认定的问题。截至目前，我区有 36 家本科院校，22 家科研院所，1100 余家社会团体及咨询机构，这些机构参与人员的专业素质怎么认定、由谁认定，文件本身并没有明确，而且我区也没有相应的机构开展这项认定工作。

三是评估结果的运用问题。走过一系列评估程序，最终目的是评估报告的运用。南宁市明确将评估报告作为修改、废止或者停止执行重大行政决策、完善配套制度和改进行政执法、行政管理工作的重要依据。玉林市要求将评估报告报市政府常务会议或市政府全体（扩大）会议研究审定，形成对决策延续、调整或终结的最终决定。这两个市都没有明确修改、废止或停止执行的不同情形或应坚持的原则，操作性不高。

（2）合法性审查机制某些环节不健全。红头文件中除了针对政府自身、规定政府内部管理事项类之外，绝大部分都是针对公民、法人和其他组织的。它们或限制公民、法人和其他组织的权利，或增设公民、法人和其他组织的义务。这些文件称为行政规范性文件。通过这些文件，地方政府设立了大量的非行政许可，增设了许多地方执法权和收费罚没权，是权力清单工作的重点清理领域。

我区高度重视行政规范性文件的管理工作，2010年就颁布了《广西壮族自治区规范性文件监督管理办法》（自治区人民政府令第58号）。按照58号政府令的规定，行政规范性文件由本级人民政府办公厅（室）转送法制部门进行合法性审查，由制定机关备案。办公室人员流动性很大，很容易在人为疏忽中没有转送，一些文件没有经过合法性审查也就成为常态，政府法制部门也就无法掌握一个时期的行政规范性文件的数量。同时，由于没有统一登记、统一编号，政府法制部门在进行完合法性审查之后，也无法掌握该文件是否发文、何时发文等基本信息。最后，政府对行政审批的底数不清，行政权力的边界不明。

3. 责任追究制度缺乏救济途径

在我区的重大行政决策的相关文件中，都有责任追究的条款，但是没有责任追究的异议机制。没有异议机制，责任追究就不具有完整性。

（三）实践中执行制度有偏差

我区虽然有重大行政决策程序的相关规定，但执行上有偏差。决策程序基本上按照“领导小组 + 内部座谈 + 文字报告”模式进行，尤其是基层政府部门在“必经程序”的步骤环节中走变通路径。专家论证往往注重职务级别，对专家的专业能力和资质要求不高，对其诚信重视不够。政府法制机构审查把关不严，很多情况下只能“开路条”，不让“设关卡”。行政首长和其他会议组成人员的意见、会议讨论情况和决定记录不完整、不真实时有发生。

（四）民众参与意识不强

我们有好的制度，由于缺乏与群众的沟通，在执行中缺乏群众的参与和支持，得不到行政相对人的回应，主要体现在征求公众意见和听证会程序上。比如，河池市为规范国有土地上房屋征收与补偿活动，保障被征收房屋所有权人的合法权益，通过政府网站和《河池日报》公布了《河池市中心城区国有土地上房屋征收与补偿暂行办法（草案）》，面向社会公开征求意见。但是到截止日期，没有收到一份反馈意见。民众参与度低，程序就形同虚设。

（五）责任监督的力度还不够

对行政决策失误的发现渠道主要有以下几个：一是政府的政策评估，二是行政复议和行政诉讼，三是信访部门的收信和接访（各级政府及其部门收到的信件也会转送至信访部门，由信访部门统一处理分送），四是检察机关的控诉申告，五是纪检监察渠道。总体上来看，对通过这些渠道收集到的违规违法决策的线索，真正启动调查予以立案的不超过十分之一。

行政决策失误的确认渠道主要有以下几个：一是通过行政复议确认违法、撤销和变更，特殊情况下会承担行政赔偿；二是纪检监察部门追究的党内违纪责任和行政责任；三是司法机关追究的法律责任。同样，通过这些渠道确认决策失误承担行政或法律责任的不足十分之一。

也就是说，绝大部分违法违规的行政决策案件游离于责任追究范围之外。因此，责任追究的力度与目前行政应诉和行政复议案件高位运行、信访案件多发等现实不符，力度不够。

五、区外推进政府依法决策的经验借鉴

（一）湖南：依法决策的制度建设在全国树立标杆

第一，湖南是全国第一个进行行政程序法建设的省份。2008 年湖南省颁布《湖南省行政程序规定》。该条例全面规定了重大行政决策的程序、行政执法的程序、一系列特别程序及听证程序。虽然已经过去多年，但对今天的行政决策程序建设仍具有借鉴意义，主要表现在以下几点：第一，重大行政决策事项坚持两条腿走路，即省一级统一制定原则，赋予地市级、县级人民政府重大事项范围的制定权。具体做法是，对重大行政决策事项首先进行定性，然后以列举加兜底条款的方式列举九项重大事项，最后明确重大行政决策的具体事项和量化标准由县级以上人民政府在规定的范围内依法确定，并向社会公布。省一级定规则，地级市和县级人民政府结合当地实际确定本地的重大决策事项，既维护了重大决策事项的统一，又发挥了地方的主动性。

第二，建立了政府常务会议或者政府全体会议的笔录制度，全面记录重大行政决策方案的讨论情况及决定，载明不同意见。这种记录全面客观，高于常规工作的会议纪要，为还原会议现场提供第一手资料。

第三，规定了涉及重大行政决策的提出和启动。除了本级政府提出的重点决策事项，政府分管负责人、政府工作部门和下一级人民政府提出的重大行政决策事项的建议，由政府行政首长确定是否进入决策程序。

第四，重视政府决策的智库建设。要求县级以上人民政府应当建立健全行政决策咨询机制，完善行政决策的智力和信息支持系统。早在 2008 年就提出的机制建设，印证了政府智库从始至终的重要性。

2014 年 12 月，湖南省针对《中共中央关于全面推进依法治国若干重大问题的决定》，出台了实施方案，将制定实施《湖南省重大行政决策责任追究办法》，建立重大决策终身责任追究制及责任倒查机制，进一步完善决策过错认定标准和责任追究启动机制。

（二）安徽：出台文件规范政府系统重大事项决策行为

为严格规范行政权力特别是腐败易发领域行政权力的运行，着力提升政府决策的科学化、民主化、法治化水平，2014 年，安徽省出台了《安徽省人民政府关于进一步规范政府系统重大事项决策行为的意见》（以下简称《意见》），分别围绕依法依规、集体决策、公开透明、终身负责四个方面，对规范重大决策行为

提出 14 项具体措施。

一是围绕依法依规，推进依法全面履行职责。《意见》从增强依法依规意识、健全权力运行制度、强化制度的约束力三个方面对依法依规履行职责提出要求。

二是围绕集体决策，推进依法科学民主决策。集体决策是重大决策依法科学民主的重要保证。《意见》对坚持重大事项集体决策作出明确而具体的规定，要求把公众参与、专家论证、风险评估、合法性审查和集体讨论作为重大决策的必经程序。要把好这个关，关键要严格执行重大决策合法性审查制度。凡是提请省政府常务会审议的事项，凡是以省政府、省政府办公厅名义或者报经省政府同意制发的规范性文件，必须经省法制办进行合法性审查。

三是围绕公开透明，推进权力规范阳光运行。《意见》从落实公开制度、突出公开的重点、拓展公开渠道三个方面对权力公开透明运行提出要求。凡是与群众切身利益密切相关的事项，凡是依法需要公开的事项，都要公开。

四是围绕终身负责，推进决策责任全面落实。无论是主要领导、分管领导还是一般工作人员，都要对参与的决策事项承担相应责任。严格执行责任到人、记录在案、问题倒查的决策事项终身负责制。

（三）山西：注重流程的良性循环

一是拓宽入口、严把出口，实现决策的良性循环。按照制度设定边界、程序管控运行、流程清晰规范、监督制约有效的思路，该省在十八届四中全会决定要求的“公众参与、专家论证、风险评估、合法性审查、集体讨论决定”五项程序之外添加了决策动议与执行、后评估。这样，一方面对社会不同层次的意见建议进行调整和规范，确保更多科学、合理的建议进入决策环节；另一方面还可以对决策实施情况进行有效权衡和评估，及时调整或废止重大行政决策，严把行政决策的出口，最终实现决策的良性循环。

二是重大行政决策终身责任追究制度及责任倒查的机制建设注重可操作性。该机制建设将在明确过错认定标准、责任追究启动机制方面进行研究，同时建立完善行政决策绩效评估。

（四）浙江：集体讨论时“挑刺者”或可免责

2015 年 10 月 1 日起浙江省施行《浙江省重大行政决策程序规定》。该规定特别指出，由政府决策的事项，应当由政府常务会议或者全体会议讨论决定；由部门决策的事项，应当由部门负责人集体讨论决定，明确决策方案是否通过，由行政首长在集体讨论基础上作出决定。参加会议人员的意见、会议讨论情况和决定应当如实予以记录、存档。其中，在集体讨论决定决策事项时，有关人员对严重失误决策明确持不赞成态度或者保留意见的，应当免除或者减轻责任。

六、广西推进政府依法决策的对策建议

推进我区政府依法决策的关键在制度建设，要尽快制定重大行政决策程序法律法规，完善政府依法决策机制，严格规范重大决策行为，并对决策违法违规问题依法处理，严肃追责，把重大行政决策纳入法治化轨道。

（一）起草《广西壮族自治区重大行政决策程序条例》

为提升我区各级政府和职能部门对依法决策的重视，增强依法决策的能动性，将依法决策常态化，建议在我区地方立法权限范围内出台依法决策的法规条例。具体步骤是，首先于近期细化完善《广西壮族自治区重大行政决策程序规定》，并配套出台专家论证、公众参与、风险评估、合法性审查、集体讨论决定的专项规定。在总结前期工作经验的基础上，按照分工合理、程序科学、责任明确的原则，进行《广西壮族自治区重大行政决策程序条例》的前期起草工作，争取按照国家的节奏，出台符合广西实际的有关重大行政决策的条例，提升我区“重大行政决策程序规定”的法律地位，为我区制定重大行政决策程序、追究重大行政决策责任提供法律依据。

（二）统一重大行政决策事项的标准

鉴于重大行政决策的时空性，对于不同级别和不同部门的重大行政决策的认定，建议更多围绕现行的重大改革举措、重要规划、重大民生项目及大额资金安排使用等方面进行。同时，借鉴湖南省对重大行政决策事项的界定方法，即在列举重大事项之后，赋予地方根据当地实际对重大决策事项进行定量的权力，以便保持上下级之间重大事项的统一，推进重大事项管理和监督工作的平稳开展和有序衔接。

（三）规范集体讨论决定程序的档案制度

首先，建立重大行政决策事项年度目录制度，明确重大行政决策事项范围。其次，建立决策案卷管理制度，政府有关部门应当对重大行政决策事项相关材料统一登记备案，分类整理，及时归档，定期检查，指定专人制作档案。确定决策案卷记录和保管的程序，做到对重大决策责任的倒查和认定有迹可循、有案可查。

（四）拓展公众与政府的沟通渠道

一是以物价听证会作为公众参与意识培养和公众参与机制建设的突破点。重大行政决策的公众参与机制是一个系统工程，需要信息收集系统和公示系统的完善，需要民众参与意识的提高，其建设具有长期性。物价与群众生活息息相关，容易引起群众的注意和共鸣，激发其参与意识。同时，与城市规划、工程建设相比，因专业性较弱，物价听证会对民众参与的资格和能力要求不高。因此，按照

先易后难的原则，以物价方面的重大行政决策的听证制度为突破点进行公众参与机制的建设。我区在这方面已经有了一些实践，积累了一些经验。在现有基础上继续完善，并以此为撬点，探索全面建立公众参与机制。

二是建立公众参与双向机制。在政府积极主动向公众发出重大行政决策信息的同时，公众个体也要向政府积极主动提出公开重大行政决策事项的申请。只有政府和公众互动，公众参与的机制才能真正建立。因此，一方面我区要拓展政府重大行政决策事项的公开公示渠道，治理政府“僵尸”网站，规范政府信息公开，提高政府信息公开的时效性和全面性，确保公民的知情权；另一方面，培育公众参与社会治理的组织载体，即在居委会、工会、妇联、工商联等行政化组织之外，培养普适性的非政府性第三方组织。

三是推进基层政务公开，强化社会监督。充分利用县乡广播电视媒体、手机短信媒体、互联网络媒体、乡村宣传专栏等载体，推进基层党务公开和村务公开。公开基层群众关注的扶贫资金等涉及面广的民生事项，使群众应知尽知，让行政决策接受社会监督。

（五）积极开展第三方评估

把风险评估作为决策的法定程序，是防范决策风险、减少决策失误的重要举措。风险评估程序上升为法定程序，将意味着风险评估不再作为政府权限范围内的一种裁量程序，而是可以经由行政复议或行政诉讼接受完整合法性检测的一套程序。政府行政决策面向公众，影响面大。第三方评估机构独立性强，相对于第一方评估和第二方评估，其评估过程和结果更具有说服力。当前，重点应抓好以下工作：一是加快第三方评估制度建设。结合自治区党委全面深化改革领导小组办公室出台的《广西全面深化改革第三方评估办法》，自治区政府有关部门要尽快起草“政府重大决策第三方评估指导意见”，明确规定具体评估事项的确定、评估程序的启动、评估机构的确定等关键问题，真正发挥第三方评估在政府科学、民主、依法决策中的作用。重大决策事项要重点评估社会稳定、环境、经济等风险，以及决策实施可能造成的不利影响，决策方案的合理性、可行性和可控性，并把风险评估结论作为决策的重要依据。二是开展第三方评估工作试点。在目前民间评估机构数量少、专业性不足的情况下，建议选取独立性较强的专业研究机构先期开展第三方评估的探索。自治区政府发展研究中心、广西区委党校、广西社会科学院等部门拥有熟悉政府工作、专业性强、立场中立的专家团队，由其开展第三方评估工作，可以为我区的第三方评估工作摸索出路径，为完善风险评估制度提供经验。三是培育社会第三方评估机构。建议民政部门重点扶持3~5家专业水平突出的民间评估机构，从制度层面加强评估人才的培养和对民间咨询机构的扶助，不断提高评估能力，发挥民间智库在重大决策中的作用。

（六）完善专家论证机制

对于专业性、技术性较强的重大行政决策事项，在提请本级政府审议之前应当组织专家进行咨询论证。

一是建立专家数据库。结合广西智库建设，建议由自治区政府发展研究中心负责建立和管理全区的政府行政决策咨询论证专家库。加强对入库专家的管理，落实入库专家签订协议环节，建立咨询论证报酬或费用标准，明确专家论证的纪律要求和回避情形，明确专家提交咨询论证报告的基本内容，明确部门负有为专家开展工作提供便利的义务。

二是细化论证程序。明确专家组或专家小组的组成方式、组成人数、论证事项相关材料送达的时间要求、咨询论证的时限、提交咨询论证书面报告等具体细节。

三是进一步明确专家咨询论证意见的具体运用。建议有关部门针对咨询论证报告提出的意见，做出是否采纳的决定并说明理由。不予采纳的，实时反馈专家组成员；拟作出的重大行政决策事项提交审议时，应当一并提交咨询论证报告。不采纳专家咨询论证意见的，应当在提请审议时书面说明情况。

四是明确专家咨询论证组织工作。按照谁主管、谁负责的原则，政府相关部门具体承担重大行政决策事项的专家咨询论证工作。但对于特别重大、疑难复杂的行政决策事项或涉及多部门的决策事项，建议交由政府发展研究中心牵头组织专家咨询论证工作。

（七）推行“三统一”的合法性审查机制

实行行政规范性文件的“三统一”管理模式，即统一登记、统一编号、统一公布。对拟提请政府、政府办发布的规范性文件，起草部门必须将文件草案先送同级政府法制部门进行合法性审查；审查通过的，法制部门统一编制登记号，出具登记通知书；起草部门将送审稿和登记通知书一起报政府或政府办审议；政府或政府办审议后，经政府主要负责人签署，政府办按照公文处理要求编制文号，同时凭合法性审查时的登记号交由政府法制部门统一编号，再交付印发，最后通过政府公报或政府网站予以公布。对政府部门本身制发的规范性文件，经部门集体审议决定和主要负责人签署后，径送法制部门；法制部门备案审查，审查通过的，统一登记，编制登记号，出具登记通知书；起草部门将文件正式文本和登记通知书交政府办，通过政府公报和政府网站统一对外发布。

（八）推行政府法律顾问制度

积极发挥政府法制机构和法律顾问在重大决策中的参谋和顾问作用。进一步加强政府法制机构建设，健全机构设置，明确工作职责，增强法制队伍力量，提高法制机构的专业服务能力。建议由政府法制机构组织专家学者、专业律师等法律顾问提供更加专业的法律咨询论证服务。

（九）建立重大决策责任追究制度及责任倒查机制

坚持谁决策谁负责、谁主管谁负责，明确责任主体，细化责任事项。主要领导、分管领导、具体承办人员要根据各自在决策中的地位和作用，落实具体责任。健全终身责任追究制度。坚持权责统一，主要领导、分管领导、具体承办人员要对参与的决策事项承担相应责任，不论事发时责任人是在岗在任，还是已经升迁、调转或者离退休，都要一查到底、严格追究。建立决策案卷制度，准确识别责任归属，实行责任到人、记录在案、问题倒查的决策事项终身负责制。加大责任追究力度，负主要责任的领导人员和直接责任人员在决策过程中造成严重不良影响、重大财产损失的，要依法依规严肃查处。

总指导：黄　洲
指　导：钟文干
组　长：卢　婕
副组长：苏　彦
成　员：冯其卫　许绍才　周汉平
曹全来　黄　聪　柏树义
张振佳

广西生态经济发展内涵与重点研究

【引言】当前，生态文明建设已上升为重大国家战略。党的“十八大”报告指出：“建设生态文明，是关系人民福祉、关乎民族未来的长远大计”。2015 年 4 月，中共中央、国务院印发《关于加快推进生态文明建设的意见》，提出了当前和今后一个时期我国生态文明建设的任务、目标和具体措施。发展生态经济是广西落实国家生态文明建设战略的重要举措，是新常态下广西经济社会发展的必然选择。自治区党委、政府高度重视并着力推进生态经济发展。2011 年自治区第十次党代会提出了“生态立区、绿色崛起”的发展新思路。2014 年 12 月召开的全区经济工作会议明确提出了“大力发展生态经济”的要求。2015 年 7 月，召开生态经济工作会议，对广西生态经济发展进行全面部署。本课题深入挖掘广西生态经济发展的内涵，分析广西生态经济发展的现状和存在的主要问题，提出广西生态经济发展的若干重点和重要举措，为自治区党委、政府提供决策参考。

一、广西生态经济发展的内涵

生态经济是指以生态文明为价值取向，以生态科技为支撑，以绿色产业为龙头，通过政策引导、市场调节、定向开发、机制创新和法治建设，用生态链条把工业和农业、生产和消费、城镇与农村有机结合起来，赋予新型工业化、城镇化、信息化和农业现代化以生态内涵，最大程度降低能源资源消耗，最大限度减少自然环境损害，形成经济与生态共发展、人与环境相和谐、自然与社会同进步的经济形态，使产业发展、经济活动绿色化，让环境保护、生态建设产生经济效益，努力实现经济效益、生态效益和社会效益有机统一、相互促进、良性循环的目标。

（一）基础是发挥绿色优势，将生态优势转化为经济优势

良好的生态、优美的环境，是广西经济社会发展最大的资本、最好的财富、最亮的品牌、最强的潜力。

1. 广西有丰富洁净的水质

广西拥江抱海、水源充裕，全区流域集雨面积在50平方公里以上的河流937条，占全国水资源总量的7.12%，居全国第5位。广西北部湾海域面积近4万平方公里。其中，95%以上的地表水监测断面达到Ⅲ类水质标准，珠江流域广西重点河流断面整体水质达标率保持100%，近岸海域海水环境功能区达标率为88.6%。如表1所示，广西城市集中式饮用水水源地水质达标率分别高于浙江、福建、贵州13.4个、13.9个和3.4个百分点；纳入监测河流断面Ⅲ类以上水质仅低于福建1.6个百分点，分别高于浙江、云南、贵州29.3个、13.9个、11.9个百分点。

2. 广西有得天独厚的生态

广西物种丰富，植被茂盛，处处绿树成荫，终年绿意盎然。全区森林面积达1458万公顷，居全国第6位。全区森林覆盖率62%，居全国第3位、西部地区第一位，仅低于全国第一位的福建省3.95个百分点，分别高于浙江、云南、贵州0.5、7.36和14个百分点。人工林、速丰林、经济林面积均列全国第一，森林生态服务功能总价值居全国第三位。野生动植物种类数量居全国第三位，作物遗传资源总库存量、水稻品种数、野生稻种质资源均居全国之首。拥有77个自然保护区、20个长寿之乡。

3. 广西有清新宜人的空气

广西环境宜人、空气清新。2014年全区14个设区市环境空气质量达标天数

比例为95.6%，达标城市比例连续三年达到100%。桂林山水、巴马长寿养生等生态品牌享誉中外。广西发展生态经济，就是要充分利用和放大生态环境资源的绿色优势，并使之转化为经济优势、竞争优势和发展优势，将绿水青山变成“金山银山”，让全区各族群众充分享受“绿色福利”。

表1　2014年广西、浙江、福建、云南、贵州部分生态经济指标比较

生态环境指标 省份	森林覆盖率/%	人均水资源占有量/（立方米/人）	城市集中式生活饮用水水源地水质达标率/%	纳入监测河流断面Ⅲ类以上水质/%
广西	62.00	3852.9	98.4	93.1
浙江	61.50	2608.7	85.0	63.8
福建	65.95	4491.7	84.5	94.7
云南	54.64	3642.0	100.0	79.2
贵州	48.00	2726.8	95.0	81.2

注：资料来源于综合2014年各省环境质量状况公报等。

（二）核心是发展生态产业，培育新的经济增长点

生态产业是使物质、能量多次利用、高效产出，无废弃物或废弃物控制在生态系统自净能力之内的产业体系，包括生态农业、生态工业和生态服务业。生态农业是围绕农业资源高效、持续利用，农业综合生产力的提高和农产品、食品安全等环节进行规划、设计、生产的产业体系。生态工业是将生态理念、生态规律贯彻于工业生产领域，从而使得物质和能量得到充分利用的产业体系。生态服务业是生态经济理念在非物质生产部门第三产业的体现，是服务业生产方式、服务方式、服务过程等体现生态化的本质要求。

广西发展生态经济，就是要把发展生态产业、培育新的经济增长点和竞争优势作为重要抓手与核心任务，形成集约型、内涵式经济增长方式。广西未来经济新的增长点将主要集中在生态产业上，如节能环保产业、新能源汽车、新能源和可再生能源开发利用、新型建材、生态农业、生态旅游等。发展生态产业，必须推行以减量化、再利用、资源化为主要特征的循环经济，重点是以资源循环利用和延长产业链为抓手，运用先进生态技术、装备和手段改造提升铝、有色金属、糖、石化、冶金、水泥、火电、造纸与木材加工、纺织皮革等传统优势产业；发展以信息生产、文化创意、健康消费为主要内容的新兴产业，如电子设备、信息处理、网络软件、生物医药、健康养生等。

（三）路径是产业生态化与生态产业化协同并进

生态建设与产业发展紧密相关、相互影响、互为条件。没有自然生态、资源环境作为依托，产业发展就成为无本之木、无源之水，不可能持久和延续下去；没有产业发展作为支撑和带动，生态建设和环境保护也就失去了动力与活力。因

此，生态建设要兼顾经济效益，产业建设要重视生态效益。广西发展生态经济，路径是产业生态化与生态产业化协同并进，推动经济与生态的有机融合、协同发展。一方面，要促进产业发展生态化。加强科技创新，大力发展低碳经济、循环经济、知识经济等，抢占新兴产业发展制高点。重视运用先进生态技术、装备和手段，改造提升传统优势产业，淘汰落后产能，促进产业结构、产业体系、产业模式的生态化，让经济发展过程绿色化，实现生产方式、生活方式的生态化转型，形成附加值高、资源消耗低、环境污染少的生态产业格局。另一方面，要推动生态建设产业化。以能源资源、生态环境承载为基础，用产业化理念、市场化机制、竞争性方式推进生态建设和环境保护事业发展。对生态环境按照资源资产进行管理，以产业发展的模式进行运作，注重引进民间资本“打理山水”，以考核经济的手段和办法来考核生态建设，用市场经济的办法来做生态项目、生态产业等，把生态环境优势转化为经济发展优势，使环境保护、生态建设产生经济效益。努力实现经济增长、资源节约、环境保护、生态改善相适应与协同发展。

（四）动力是促进绿色转型，形成新的经济增长模式

广西发展生态经济，关键是要加快转变经济发展方式，改变掠夺自然、损害环境、蹂躏生态、透支未来的粗放型发展方式，铸就绿色经济形态，培育和壮大新的经济增长点，形成新的经济增长动力和增长模式，以绿色转型推动绿色增长，促进经济与生态协调发展。因此，发展生态经济，就是要坚持深化改革，以制度建设为抓手，突破常规，大胆探索，敢为人先，坚决破除各种思想藩篱，突破各类制度障碍，加快形成有利于生态经济发展的体制机制、考核办法和评价体系；就是要坚持创新驱动引领，围绕产业升级、结构转型、技术研发、平台建设等重点，加快建立以市场为导向、以企业为主体的创新体系，形成主要依靠科技进步、产品创新和工艺提升催生经济发展的新动力；就是要坚持开放合作，推进大通道、大通关、大平台建设，加快构建面向东盟的国际大通道，打造西南中南地区开放发展新的战略支点，形成21世纪海上丝绸之路和丝绸之路经济带有机衔接的重要门户，通过借助外力、巧用外力，强化生产要素的集聚效应和杠杆效应，形成以开放倒逼改革、助推创新的动能；就是要坚持人才支撑，完善人才激励机制和政策体系，创新人才培养和智力开发模式，大力引进高端人才、领军人物和创业创新团队，激发人才创业创新活力和经济发展动力。

（五）目的是建设绿色广西，实现绿色崛起

当前，广西发展面临着两大主要矛盾：一是落后生产力、欠发达经济与如期实现“两个建成”目标的矛盾；二是经济社会发展与资源环境、自然生态压力加剧的矛盾。解决好这两个矛盾，必须正确处理好经济发展与保护生态的关系。如果只顾发展而忽视保护，必然是吃祖宗饭、断子孙路；而如果一味强调保护而不求发展，只能是望着青山绿水受穷、抱着“金饭碗”受苦，最终也不利于生

态保护。

广西属于后发展、欠发达地区，经济总量小，人均水平低，发展质量不高。加快发展、实现崛起，是广西各族人民的美好憧憬和追求的目标。发展生态经济，壮大生态产业，是经济发展新常态下广西加快转变经济发展方式，打造产业转型升级的战略举措，是既能保住绿水青山，又能拥有“金山银山”的双赢发展模式。发展生态经济，目的是要使绿色理念成共识、绿色产业成主体、绿色生产占主导、绿色生活成风尚，走一条“生态立区、生态强区、生态富区、生态美区”的发展之路，最终实现绿色崛起。但是发展生态经济是一项长期的战略任务和复杂的系统工程，需要明确思路、把握方向、抓住重点，分步骤、分阶段有序推进，努力实现“一年开好局，三年见成效，六年大进展”。

一年开好局：就是要在 2015 年制定出台推动生态经济发展的意见、规划，明确工作思路和重点，成立领导小组和组织协调机构，健全工作机制，落实分解任务，启动重点先行工程。

三年见成效：就是到 2017 年，生态经济建设基础设施初步完善，生态环境质量继续位居全国前列，排位有所前移，传统产业生态改造取得明显成效，生态产业体系初步形成，生态经济比重上升。

六年大进展：就是到 2020 年，生态产业体系全面建成，绿色生产生活方式普遍推行，生态经济发展取得大进展、占全区经济 90% 以上，实现广西绿色崛起。

二、广西生态经济发展现状分析

（一）经济与生态协调发展成效明显

1. 生态产业发展初见成效

（1）生态农业初具规模。广西在农业技术理论探索实践、模式技术集成推广以及推动农业节能减排增效等方面均取得了明显成效。截至 2013 年，广西发展无公害农产品 2288 万亩，绿色农产品 434.6 万亩，有机农产品 4.8 万亩；全区已规划和建成现代特色农业核心示范区 110 个。

（2）生态工业初显成效。近 5 年来，全区工业经济平稳较快增长（见图 1）。2013 年广西工业增加值 5749.65 亿元，比 2012 年增长 11.4%，工业对经济增长的贡献率超过 50%。在稳住经济大局的同时，广西也在加快产业转型升级的步伐，汽车、机械制造、生物工程与制药、电子信息等新兴产业加快发展，战略性新兴产业增加值增长 20% 左右，工业企业新产品产值增长 15% 左右，高技术产业增加值增长 16% 左右。

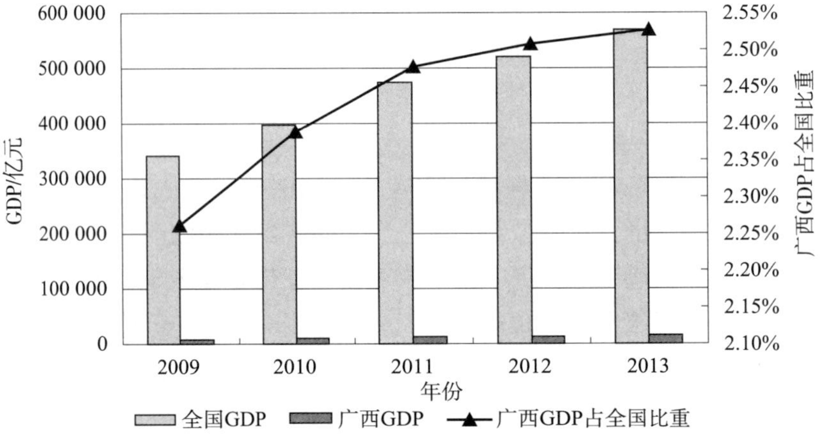

图 1　2009～2013 年广西 GDP 总量及增速

（3）生态林业发展迅速。2014 年，全区林业产业总产值 3850 亿元，比上年增长 27.5%，跃居全国第 4 位，比上年提升 2 位。林下经济产值达 614 亿元，同比增长 31%。森林旅游实现产值 179 亿元，成为第三产业最大的增长点。

（4）生态服务业发展势头良好。物流、金融、信息、健康养老等现代服务业加快发展。长寿健康产业已成为广西千亿元产业之一，广西的“中国长寿之乡”数量为 20 个，占全国 64 个长寿之乡的 31%，稳居全国首位。

2. *资源能源结构初步转型*

（1）循环经济发展初见成效。广西对制糖、铝、水泥等传统产业的升级改造取得显著成绩，已发展了一批具有循环经济特征的产业园、产业基地。广西甘蔗制糖循环经济模式被列为全国糖业循环经济综合利用的示范样板，糖业综合利用率为 41%，稳居全国第一。已初步形成桑蚕资源多级循环利用的新型产业链。广西铝业的“三废”处理及利用系统技术在全国处于领先水平，电解锰“三废”污染治理及综合利用技术被环保部推广作为全国电解锰行业整治示范。

（2）能源结构初步优化。2014 年全社会用电量 1307.5 亿千瓦时，全区能源装机中水电占 50.2%、火电占 49.3%、风电占 0.4%、光伏占 0.1%，能源结构逐步由传统水、火电结构向水、火、风、光伏等多种结构转变。全区水电装机容量从 2000 年的 416 万千瓦提升到 2014 年的 1624.18 万千瓦，增长 3.9 倍。并网运行生物质发电项目 3 个，装机容量 90 兆瓦；核准在建项目 8 个，装机容量 260 兆瓦。已投产分布式光伏电站装机容量 5.36 兆瓦，地面光伏电站 103.5 兆瓦。累计核准建设风电项目总装机 205 万千瓦，其中累计并网运行风电项目总装机容量 12.45 万千瓦，在建 192.55 万千瓦。

（3）能源资源节约集约利用有所突破。2014 年，石油、化工、建材、冶金、有色金属、电力等六大高耗能行业占规模以上工业增加值比重为 38.6%，比 2013 年下降 0.8 个百分点。高技术产业增加值增长 17.4%，战略性新兴产业占经济总量比重超过6%。用水总量为290.9亿立方米，低于年度控制目标（297亿立方米）；万元工业增加值用水量为64.3立方米，比2010年同比下降55.0%；农田灌溉水有效利用系数0.446，高于年度控制目标0.443。

（4）能源消耗有所下降。近年来，广西着力推进制糖、淀粉、酒精、造纸、火电、有色冶炼、冶金等重点行业减排工程，推广和采用新型节能设备、技术，节能成效明显。在GDP高速增长的情况下，能耗稳步降低（见图2）。2013年，广西万元地区生产总值能源消耗比上年下降3.16%，规模以上万元工业增加值综合能源消耗比上年下降3.76%。广西节能产业年产值约120亿元，占全区规模以上工业总产值约3%。

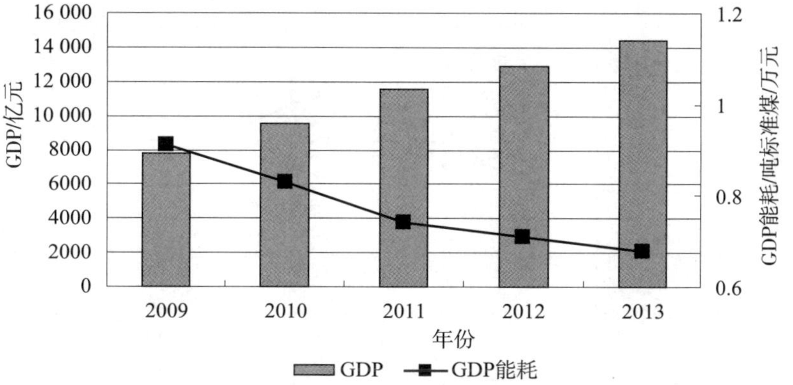

图2　2009～2013年广西GDP与单位GDP能耗变化趋势

3. 环境保护与治理效果良好

大力推动经济发展方式转变和产业结构调整，注重重点工程建设，狠抓污染减排，加强环境综合整治，强化环境监管和执法检查，全区环境质量总体稳定，“山清水秀生态美”成为广西一大品牌。

（1）生态环境质量稳步提升。广西森林资源不断丰富，自然保护区建设稳步推进，生物多样性保护明显增强，生态环境质量稳步提升。2014年，全区森林覆盖率达62%，超过“十二五”规划目标2个百分点。已建立各类自然保护区77个，自然保护区总面积为138万公顷。广西石漠化治理成效全国第一，2013年广西石漠化面积比2005年减少679万亩，净减19%，石漠化趋势已得到有效遏制。积极开展重点流域水土保持治理，水土流失的发展趋势得到有效遏制。

（2）主要污染物减排取得成效。随着节能减排的实施，广西化学需氧量、二氧化硫、氨氮排放量逐年减少（见图3、图4）。2014年广西化学需氧量、氨氮、氮氧化物和二氧化硫排放量分别比上年下降2.03%、2.12%、12.28%和1.13%，完成2014年度污染减排目标任务。氮氧化物削减幅度位居全国前列。

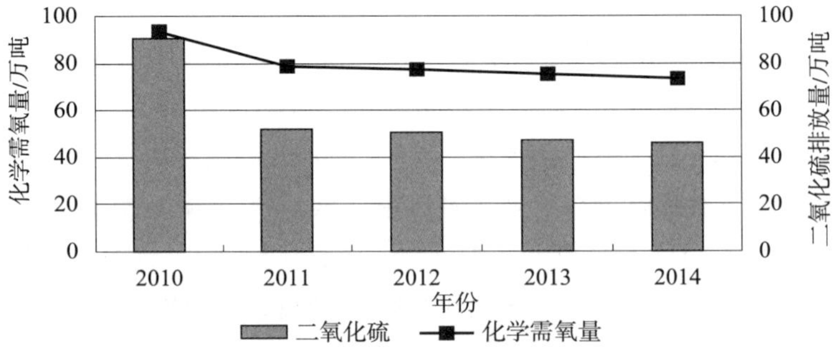

图3　2010～2014年化学需氧量、二氧化硫排放量变化趋势

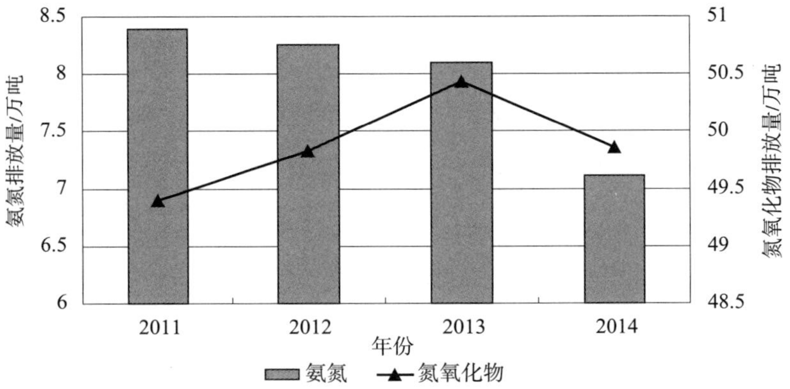

图4　2011～2014年氨氮、氮氧化物排放量变化趋势

（3）环境质量保持稳定。2014年，广西环境质量总体良好。环境空气质量达标天数比例为95.6%；39条主要河流72个断面水质达标率为93.1%，城市集中式饮用水水源地水质达标率为98.4%；近岸海域水质达标率为81.9%，环境功能区达标率为84.1%；生态环境质量状况保持稳定，10个设区市及89个县域生态环境质量为优。各监测断面的5项重点重金属指标（铅、汞、镉、铬和类金属砷）达标率均为100%。3个重点防控区（南丹县、环江县、金城江区）环境空气中三项重金属指标（铅、镉、类金属砷）达标。

（二）生态与经济发展的矛盾比较突出

生态经济强调经济与生态的协调，从生态经济发展的视角审视，广西生态与经济发展之间矛盾也很突出。

1. 产业结构存在不合理

广西第一、二、三产业产值均逐年递增。但第一产业增加值占GDP的比重逐渐降低，由2000年的26.8%降低到2013年的16.3%，第二产业增加值占GDP比重逐渐上升，由2000年的35.0%上升为2013年的47.7%；第三产业比重略有降低，2013年为36.0%（见图5）。

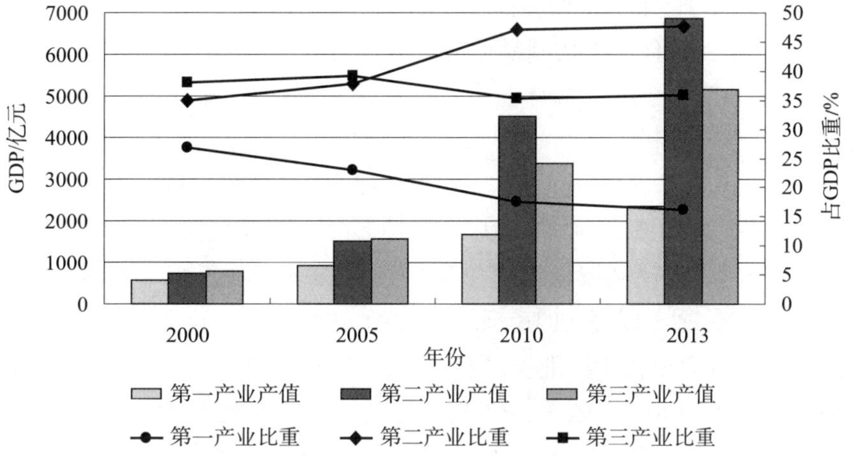

图 5　广西三产业产值及占 GDP 比重变化趋势

广西产业结构亟待调整，主要存在如下问题：

（1）产业结构总体层次低。第一产业比重偏高，农业基础脆弱，且内部结构不合理，以传统种植业和畜牧业为主，生产率水平低，基本是粗放型的增长模式。第二产业发展滞后，总量不足，质量不高，工业结构低层次。2013 年广西第二产业增加值只占全国 GDP 的 2.53%，占西部地区的 9.01%，仅比西部地区高 2.2 个百分点。这表明广西工业总量仅略高于我国西部地区平均水平，但与其他先进省份相比，总体发展相对滞后，尚处于工业化的中期前端。第三产业总量不足，对经济增长贡献率不高，新兴服务业落后于传统行业。广西第三产业贡献率为 34.4%，比全国第三产业贡献率（46.8%）低 12.4 个百分点。

（2）产业同质化现象严重。受利益驱动，部分地市竞相盲目发展投资少、短期回报快的行业，出现地区间重复投资、重复建设、产业同质化现象，加剧了能源、原材料的短缺与部分加工业生产能力过剩的矛盾。如 14 个地市中，有 14 个将建材工业作为支柱产业，有 11 个将机械制造、有色金属和食品加工业列为支柱产业，而将电子、机电一体化等高新技术产业和新兴产业作为支柱产业的地市却非常少。各地区之间没有形成促进和互补关系，协调效应较差，产业结构难以形成特色和优势。

（3）投资项目规模小、经济效益低。2013 年，年营业收入 2000 万以上的企业单位总数 5495 家，工业总产值 183.62 亿元，平均每家工业产值 0.03 亿元。广西企业规模小而分散，生产集中度和专业化水平低，企业成本高，经营管理水平低，经济效益较差。

2. *传统产业比重过高*

（1）传统产业仍占主体地位。目前，广西的制糖、机械、有色金属、建材、电力等传统产业在国民经济中占主体地位，且在今后相当长的历史时期内仍然起很重要的作用。2013 年，排列居前 6 位的黑色金属冶炼及加工业、农副食品加工业、汽车制造业、非金属矿物制品业、电力热力的生产和供应业、有色金属冶炼及压延加工业的工业总产值合计值占广西行业工业总产值的 44.58%，6 个行业利润总额占广西行业利润总额的 33.39%。

（2）"两高一剩"项目比重大。2012 年以来，"两高一剩"项目投资额在自治区层面统筹推进的千亿元产业类重大项目中的占比已连续 3 年突破 70%。2011～2014 年列入自治区层面统筹推进的产业类重大项目中"两高一剩"项目分别为 26 项、16 项、21 项和 16 项（主要分布在电力、冶金、有色、石化、造纸等行业），占重大项目中产业类项目总数的 22%、29.1%、34.4% 和 32%，对应投资额分别达到 1262.8 亿元、1739.9 亿元、1296.6 亿元和 974.4 亿元（见图 6），分别占自治区层面统筹推进的重大项目中产业类项目投资总额的 40.8%、72.6%、76.4% 和 74.8%。

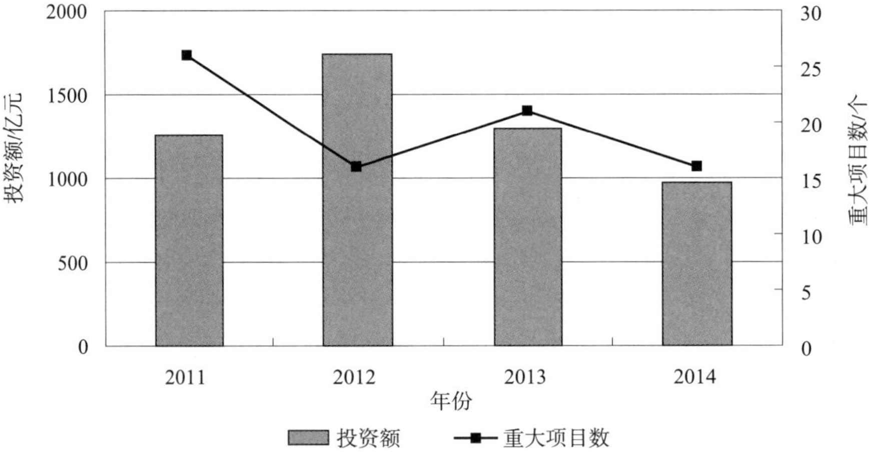

图 6　2011～2014 年广西重大项目中"两高一剩"项目情况

从投资情况看，"两高一剩"项目对环境的压力仍在加速增大。据统计数据，2014 年电力、钢铁、非金属矿物制品业、有色、化工和石化六大高耗能行业投资同比增长 22.1%，高于投资增速 7.3 个百分点，达到工业投资的 33.9%，同比提高 0.4 个百分点，经济转型迫在眉睫。

3. 生态产业发展缓慢

广西高消耗、高排放的传统粗放发展模式特征仍然明显，先进制造业、高新技术产业比重偏低，战略性新兴产业发展明显滞后，新型生态产业和新型业态发展缓慢。资源型产业比重高达 70%，但其工业增加值不足 50%，结构调整任务十分艰巨。

（1）工业经济生态转型难度大。从工业总产值结构比例看，重工业所占比重由 2000 年的 52.0% 上升到 2013 年的 70.0%，重工业比重仍然较高，并呈现上升趋势，很难形成产业集聚和规模经济，企业竞争力难以增强，对环境的压力过大。从行业看，广西重工业主要以采矿、冶金和机械加工为主，产品多为初级产品和半成品，产品附加值很低，分层次、多样化的工业体系尚未形成。

（2）生态农业发展未取得突破。首先，市场机制发挥不充分。目前政府的环境保护政策仍然是发展循环经济的主导推动力，尚未能充分发挥市场机制的推动作用。其次，农业财政投入不足。目前，广西人均 GDP 较低，仍有为数较多的国家级贫困县（28 个县）要靠国家补贴“过日子”，发展生态农业的资金远远不能满足需要，致使循环农业在技术攻关、科技创新、基础设施建设与改善、技术推广应用等方面受到很大影响。再次，生态农业规模化不够，产业化不强。广西农业生产仍以农户分散经营为主，一定程度上还是“小打小闹，不成规模”，规模化、集约化、标准化程度低，增加了循环农业发展的成本。最后，科技薄弱、人才不足、中介服务欠缺。循环农业经济的产业链条具有较强的延伸性和连带性，对相应的配套服务要求较高，目前农业科技薄弱、高端人才缺乏，能提供服务的中介组织还不健全。

（3）现代服务业发展迟缓。广西服务业发展存在比重不高、实力不强、规模不大的情况，且多为传统服务业。2013 年，广西第三产业占 GDP 的比重为 36.0%，比 2000 年低 2 个百分点（见图 5）。

4. *经济发展与生态保护矛盾突出*

（1）产业布局与生态保护矛盾突出。广西双核驱动发展战略和产业布局的重点区域在沿海沿江，因历史原因北部湾“两高一资”项目大量重复布局，西江经济带流域原有的落后产能短期内不可能全部完成转型升级，同时西江经济带新的布局马上开始，对资源的压力和环境容量需求不会降低，导致河流水质和近岸海域环境质量呈现下降趋势。

（2）工业化城镇化进程与环境容量矛盾加剧。广西尚在工业化中期，仍是“二三一”产业结构，工业化积累性污染尚未消化，城镇化发展的新增性污染呈井喷趋势，特别是 2012 年以来，广西“两高一剩”项目投资额占千亿元产业项目投资总额的比例连续 3 年突破 70%，2014 年高达 74.8%，这些项目陆续投产，污染物排放呈加剧态势。制糖、淀粉、酒精、有色金属等传统产业污染物排放量较大，结构性污染突出（见表 2、图 7、图 8）。2014 年，虽然广西圆满完成年度污染减排目标任务，但随着污染物减排工作的深入和企业清洁生产水平的提高，具备污染物减排潜力的领域逐步收窄，减排工作难度将越来越大，不可能支撑大量“两高一剩”项目对污染物总量指标的需要。若不加快产业转型，势必造成其他附加值高、污染小的项目因无污染物总量指标而无法获得审批，进而影响广西今后一段时间经济的持续、健康发展。

表 2　2005 ~ 2014 年广西 GDP 增长及主要环境指标

指标 年份	GDP /亿元	万元 GDP 能耗 /吨标准煤	河流断面水质 达标率/%	海水环境功能 区达标率/%	空气综合 污染指数 （API）	环境空气质量 达二级标准的 设区市比例/%
2005	3984. 10	1. 22	91. 3	86. 6	1. 70	78. 6
2006	4746. 16	1. 14	92. 2	73. 9	1. 76	71. 4
2007	5823. 41	1. 03	91. 9	85. 4	1. 69	78. 6
2008	7021. 00	0. 93	95. 2	85. 4	1. 60	78. 6
2009	7759. 16	0. 91	96. 8	91. 7	1. 45	85. 7
2010	9569. 85	0. 83	96. 9	89. 6	1. 40	92. 9
2011	11720. 87	0. 73	95. 9	88. 6	1. 46	92. 9
2012	13035. 10	0. 70	97. 2	90. 9	1. 24	100
2013	14378. 00	0. 68	95. 8	88. 6	1. 36	100
2014	15672. 97	0. 65	93. 1	84. 1	1. 34	100

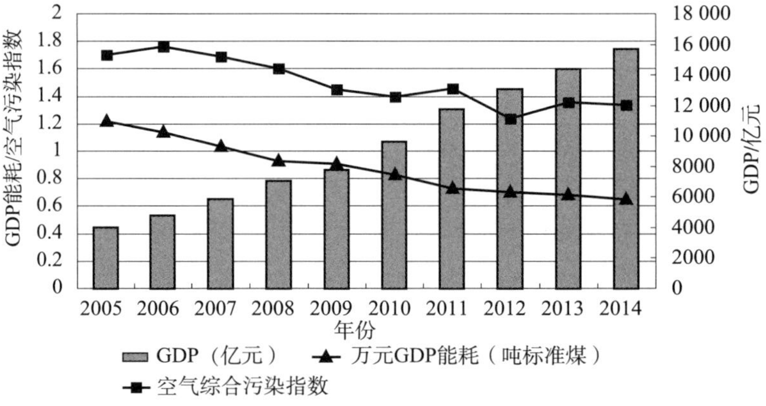

图 7　2005 ~ 2014 年广西 GDP 与能耗、空气综合污染指数的变化趋势

注：根据《广西统计年鉴》及《广西环境质量状况公报》。

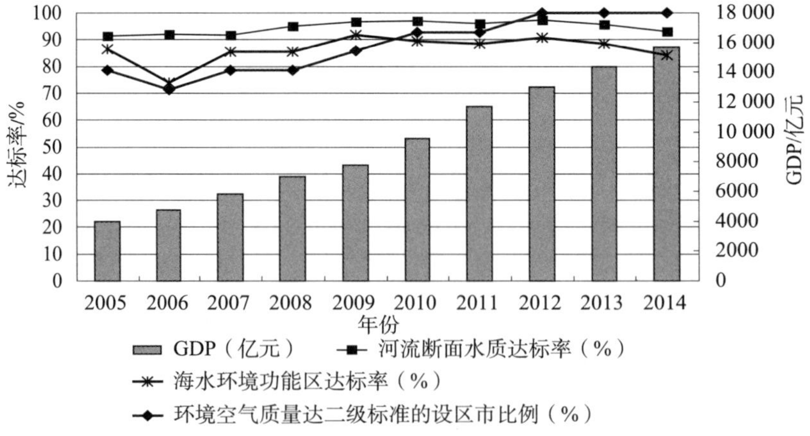

图 8　2005 ~ 2014 年广西 GDP 与河流水质、海水、环境空气质量指标变化趋势

注：根据《广西统计年鉴》及《广西环境质量状况公报》。

从图 7 可以看出，2005 ~ 2014 年，广西 GDP 逐年增长，尤其是 2009 年以来增长速度较快，相比“十一五”时期，万元 GDP 能耗和空气综合污染指数均下降较明显，万元 GDP 能耗从 2005 年的 1.22 吨标准煤下降到 0.65 吨标准煤，空气综合污染指数（API）从 2005 年的 1.70 下降到 2014 年的 1.34。

从图 8 看出，2005 ~ 2014 年，广西 GDP 逐年增长，但河流断面水质达标率变化不大，均在 90% 以上，变化范围为 91.3% ~ 97.2%；海水环境功能区达标率波动，2009 年呈现最高值，为 91.7%，2007 年最低，为 73.9%；环境空气质量达二级标准的设区市比例逐年升高。“十二五”期间，广西 GDP 逐年增长，河流断面水质达标率和海水环境功能区达标率、空气综合污染指数均整体呈现下降趋势，而环境空气质量达二级标准的设区市比例呈上升趋势，且近 3 年稳定为 100%。其实，空气质量达标率高主要原因是评价标准采用《环境空气质量标准》（GB 3095—1996），如果按照《环境空气质量标准》（GB 3095—2012）进行评价，2014 年南宁、柳州、桂林和北海 4 个环保重点城市环境空气质量均未达标。到 2015 年所有设区市均必须按照 GB 3095—2012 标准评价，空气质量达标率将可能偏低。此外，空气综合污染指数只是常规监测的二氧化硫、二氧化氮、可吸入颗粒物的单项指数的加和，并没有考虑细颗粒物（PM2.5）。因此，空气综合污染指数体现空气质量“良好”，但却出现能见度不高的雾霾天气。

5. 环境保护压力越来越大

广西水污染和主要城市大气污染防治形势严峻，重金属污染历史遗留问题突出，环境风险压力仍然很大。

（1）全区环境质量呈现下降趋势。2014 年，广西主要环境质量指标有所下降（见图 9）。14 个设区市环境空气质量优良天数比例为 95.6%，比 2013 年下降 0.2 个百分点。按《环境空气质量标准》（GB 3095—2012）进行评价，南宁、

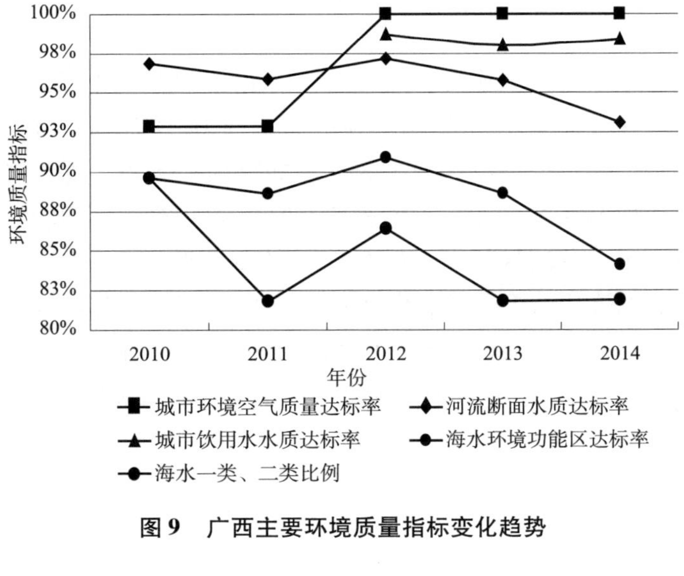

图 9　广西主要环境质量指标变化趋势

柳州、桂林和北海 4 个环保重点城市环境空气质量均未达标，其优良天数比例分别为 80%、65.8%、68.5%和 89.9%。城市环境空气质量下降，灰霾天气的出现率越来越高。2014 年城市酸雨污染平均水平略高于 2013 年。设区城市的酸雨频率为 21.6%，比 2013 年（17.9%）上升 3.7 个百分点。39 条主要河流水质达标率为 93.1%，比 2012 年下降 3.8 个百分点；城市集中式饮用水水源地水质平均达标率为 98.4%，比 2012 年下降 0.4 个百分点。

北部湾近岸海域海水环境功能区达标率为 84.1%，比 2010 年下降了 5.5 个百分点；海水一类、二类水质比例为 81.9%，比 2010 年下降了 7.7 个百分点，北部湾近岸海域海水质量下降趋势明显，发生赤潮的风险在加大。

（2）重金属污染防控压力仍然较大。广西是有色金属资源大省，是国家 14 个重金属污染防治重点省份之一，河池市的金城江区、南丹县、环江县被列入全国 128 个重点防控县。重金属污染物产生和排放量位居全国前列。2013 年广西上报排放废水中重金属污染物新增量企业（生产线）280 个，废气中重金属污染物新增量企业（生产线）298 个。矿山采选及冶炼企业是重金属污染防治的重点，重金属历史遗留问题突出，一大批被关闭的小砒霜厂废弃厂址砷、镉、铅严重超标，仅河池市砒霜旧址就有 22 处。许多尾矿库存在风险，河池 100 多个尾矿库选址不合理、建设不规范，污染严重。重金属土壤污染问题突出，全区受到采矿、冶炼污染影响的土壤面积近 600 平方公里，其中急需修复的面积有 20 平方公里，仍有很多受污染耕地有待调查确认。部分流域仍存在重金属超标现象。

（3）环境污染事件风险仍然较高。比如，2008 年的砷污染饮用水造成数百人中毒事件，2011 年南丹车河镇群众血铅异常事件，2012 年龙江镉污染，2013 年贺江镉、铊污染事件。2014 年，广西共发生突发环境事件 8 起，均为一般突发环境事件，相比 2013 年 16 起（其中重大 1 起，较大 1 起），2014 年突发环境事件数量和级别均明显降低，但仍存在环境监管、监测能力不足等问题，污染事故风险仍然高。

（4）生态环境承受巨大压力。广西现有石漠化面积 833 万公顷，水土流失面积为 505.36 万公顷，分别占土地总面积的 35.1%和 21.35%，退化生态系统的治理任务仍然艰巨。广西自然保护区数量增加但面积萎缩，保护区总数从 1998 年的 62 个增至 2013 年的 77 个，但面积从 161 万公顷减少至 138 万公顷，生物多样性保护力度不足，自然保护区外仍有 76%的重点保护野生植物，生物多样性仍面临威胁。石油炼化、重金属冶炼等重化工产业在北部湾沿岸快速扩张，近岸海域环境受到陆域排污及围填海等开发建设活动的影响，目前围填海确权面积已达 60 平方公里，近岸海域红树林、珊瑚礁、海草、滨海湿地等典型生态系统受到严重威胁。

6. 能源资源利用粗放

广西能源资源利用效率不高，建设用地集约效率低，水资源开发利用方式粗放。掠夺式的开放和低层次的利用使大量的有效资源浪费，未来发展面临严重的能源瓶颈约束，产业结构和发展模式亟待改变。

一是重轻工业综合能耗高。2014 年，全区规模以上工业增加值 5770.7 亿元（当年价），综合能源消费量 6116.2 万吨标准煤，规模以上万元工业增加值能耗为 1.06 吨标准煤。其中，重工业工业增加值 4024.2 亿元，能源消费量 5211.5 万吨标准煤，分别占规模以上工业增加值的 69.74%、能源消费量的 85.21%。轻工业工业增加值 1746.5 亿元、能源消费量 904.7 万吨标准煤，分别占规模以上工业增加值的 30.26%、能源消费量的 14.79%。

二是高耗能产业比重偏大。广西工业结构具有典型的高能耗特征。2014 年，全区规模以上六大高耗能行业（建材、有色、石油化工、化工、冶金、电力）增加值 2226.9 亿元，占规模以上工业增加值的 38.59%，但六大高耗能行业综合能源消费量 5086.7 万吨标准煤，占规模以上工业综合能源消费量的 83.17%。

三是单位产品能耗高。虽然 2011～2014 年全区万元生产总值能耗同比分别下降 3.36%、4.2%、3.16%、3.71%，但全区能源总体利用方式较为粗放，能源利用效率普遍不高，全区只有 50% 的工业主要单位产品能耗达到全国平均水平，导致工业对经济增长的贡献与其能源消费量不相匹配。

四是资源节约集约利用总体上粗放。尽管广西做了很多工作推进节约集约用地用矿用水，也取得了一定的成效，但结构性矛盾和粗放型发展方式尚未根本改变，通过资源节约集约利用促进经济发展方式转变的任务还很艰巨。土地供需矛盾突出与粗放利用现象并存。广西人均耕地仅为 1.31 亩，低于全国 1.36 亩的平均水平，但全区农村居民点用地严重超出控制标准，建设用地产出效益普遍较低。水资源开发利用方式粗放，用水效率相对较低。2013 年，广西万元地区生产总值用水量 185.6 立方米，高于全国平均水平（112 立方米）；广西农田灌溉水有效利用系数为 0.446，与全国平均水平（0.53）相比仍旧存在不少差距。

7. 科技支撑明显不足

生态经济的快速发展离不开科技支撑作用。广西的环保产业规模较小，产业结构不合理，技术装备水平低，科技创新能力不强，尤其是智能制造、新能源汽车、节能环保、资源综合利用等关键领域技术水平不高，产业化程度低，科技投入不足，人才匮乏，主要体现在：

一是环保企业规模普遍偏小，竞争能力不强。在广西具有核心竞争力的环保高新技术企业甚少，绝大部分是小型企业，技术装备成套化、系列化、标准化、国产化水平较低，规模效益差，市场竞争力不强。二是缺乏生态产业领域高层次研发人才，特别是科研领军人物、学科带头人和高层次科技人才紧缺，开展高端环保产品技术和产品研发的能力较弱。三是自主创新能力不强。现有技术多为引进消化集成，对区外现成技术依赖度较高。四是科技成果转化渠道不畅，技术成果产业化脱节，缺乏专业的转化推广机构和平台，新技术转化成为产品障碍较多，产生效益速度慢。五是环保科研经费投入不足。现有投入激发社会投入的催化剂作用并未完全显现，尤其企业对底层技术的创新研发重视及依赖度不够，普遍以有限资金投入现有产品改良。

（三）新兴生态产业发展制约因素较多

1. 节能环保产业发展的制约因素

一是发展规划及政策滞后，导致环保产业发展动力不足，对产业现状、定位、任务等内容没有进行深入的研究，环保产业发展的顶层设计仍需完善。二是产业规模偏小，集约化、规模化程度不高，导致市场竞争力弱，缺乏具有领军作用的领头企业，研发力量较为薄弱，科技成果转化滞后。三是体制机制不健全，内生动力不足，投融资机制尚未建立，融资渠道不畅，难以引入社会资金，投入不足，存在职责不明、多头领导等问题。

2. 新能源产业发展的制约因素

一是对新能源重点产业认识不足。如沿海核电项目虽已启动多年，但建设进度还是较慢，又如有些市在“十二五”期间提出发展核电，相关企业也来考察洽谈，但是由于对核电发展认识不足，思想保守，没有继续推进。二是新能源生产方式、管理体制和消费方式创新不足。国家在政策上提出“推动能源供应方式变革，大力发展分布式能源”，但是广西在建立分布式能源的新型生产和消费模式上创新不够，重视不足。三是发展新能源技术研究不足。如在太阳能、风能发电方面，没有很好地结合广西实际，从日照和风能资源局限和发挥环境温度优势出发考虑技术路线，而是照搬已经产能过剩的光伏产业和大型风电场模式，这两个产业对于广西的发展非常不利。

3. 新能源汽车产业发展的制约因素

一是一些企业对新能源汽车发展积极性不够高。如课题组了解到，广西一些汽车企业新能源汽车研发力量不足，企业所持态度是“继续做好传统汽车，积极跟踪新能源汽车”，虽然已开发出一些样车，但未继续向产业化推进，新能源汽车产业化和高端化更是很少，新能源汽车产业发展推进缓慢。二是政策创新不足。如课题组了解到，如柳州延龙电动车因为交通、道路等方面的政策法规限制，电动车无法上牌上路；南宁的油改气出租车必须将改装部分拆除才能年检，过检后再装回。这些事例说明，广西在政策层面创新力度不够，没有很好地研究电动车推广应用变通措施。三是新能源汽车产业技术路线不够明确。目前，广西新能源汽车产业的技术路线图缺乏前瞻性和全局性，导致政府管理部门和企业对发展前景思路不清晰，主要还是依靠模仿，缺少原创独创技术。

（四）产业园区生态化建设问题不少

1. 对园区生态化建设认识不足

在调研中，我们感受最深的是一些市县和职能部门及企业对园区生态化转型的迫切性和重要性认识不到位，对建设规律认识不清晰、建设目标不明确，导致建设目标与实践内容脱节，园区生态化建设效果欠佳。部分市县领导对园区生态化转型问题，说起来都非常重要，在问及有什么举措推进时却说不出所以然。一些职能部门对产业生态化、发展循环经济等研究不深，园区生态化建设与改造工作还没有真正纳入重要议事日程。各职能部门对园区生态化转型发展的认识不一，多头管理，还没有形成合力。从广西目前推进园区生态建设和改造看，工信部门负责园区建设和管理，发改部门负责园区循环化建设工作，环保部门负责园区节能减排工作，部门工作各有侧重，存在条块分割现象，工作协调不够，力量分散。如各职能部门向上争取资金，但这些资金下来以后分散使用，没有集中投入到园区生态化建设或改造中，存在资金使用效率、效益低现象。如 2001 年 8 月获得国家正式批准设立的贵港国家生态工业示范园区，由于园区甘蔗种植面积萎缩、园区没有得到配套政策扶持、龙头企业对园区发展和项目建设缺乏积极性等原因，园区规划建设步履艰难。示范园区工程建设计划“十五”期间总投资约为 36 亿元，有 12 个建设项目。时至今日，园区建设已经长达十多年，项目投入不到 6 亿多元，12 个项目中也仅有生活用纸扩建、绿色制浆技改工程等项目基本建成，诸如 50 万吨生活用纸基地、能源酒精、有机糖、低聚果糖、酵母精等一些技术含量高、高投入、附加值高的项目和产品没有进展。

2. 企业内生动力不足

企业是园区的主体，企业是否具有足够的内生动力是园区生态化转型的关键。当前，园区生态化转型重点是推进园区企业对现有生产模式和生产工艺进行升级改造，而成本过高抑制了企业积极性。由于园区生态化改造增加企业生产成本，在市场经济下，企业推进生态化改造很难找到成本与利润之间的平衡点，导致内生动力不足。我们了解到，由于节能减排成本高，部分技术应用不成熟，盈利模式不清晰，部分资源原材料与资源综合利用产品价格差异不大，推高成本，存在生态化改造“不经济”的尴尬现象。如贺州市环保局反映，循环型林业产业体系中造纸产生的废水，目前排污费每吨仅 1.4 元，但回收处理再利用的成本高达每吨 15 元，导致造纸企业宁可交纳排污费，把废水排出去，也不愿回收再利用。2014 年，自治区组织全区 13 个园区开展循环化改造工作，一些园区在推进循环化改造方面的积极性不够，不愿改造的思想严重，甚至有园区表示不需要改造。

3. 规划设计不足

广西园区建设起步于 1990 年，近几年规划建设的园区虽然有循环、低碳等生态化规划内容，但是在实际建设过程中，很多园区并没有完全按规划进行建设。全区 110 多个工业产业园区中，真正按照生态化规划建设的不多。产业园区的规划未按照循环经济理念进行编制，大部分入园企业循环利用耦合程度普遍不高，重新修订规划或对入园企业重新布局困难。各地在园区建设上不按原有的生态规划实施的情况普遍存在，招商引资上几乎没有“门槛”，致使园区内企业关联度不高，投资项目各不相同，园区企业之间的分工与协作不够，产业链缺乏分工，无法形成产业集聚所带来的效应。如贺州市旺高工业区，园内食品、医药、化工、冶金等产业项目在布局上存在冲突，难以整合形成循环经济产业链。“园区只有企业没有产业”的类似问题在其他地市县园区普遍存在。

4. 技术支撑和政策支持不足

技术支撑是园区生态改造成功与否的关键因素。目前，广西多数园区多数产业层次仍较低，大部分园区资源型、初加工型产业占主导地位，专业化、技术化程度较低，盈利能力不强，园区高能耗项目投资比重仍比较大，这种产业结构对广西园区生态化改造压力很大。一些地市缺乏研发实力雄厚的科研机构，不能为园区生态化发展提供足够的科技支撑。据贺州市工信委反映，贺州市共有 88 家碳酸钙粉体加工企业，绝大部分企业都停留在模仿式的简单再生产，只有几家龙头企业坚持自主研发，但仍存在只注重产品研发的技术投入，而不注重节能环保、清洁生产的研发投入，技术力量投入不足制约园区生态化改造。与此同时，政府在税收减免、贷款贴息、拨款扶持以及环保运行费用补贴等方面给予的优惠政策支持力度不大，使得企业在实施循环经济过程中更加顾虑重重，在资金不太宽裕的情况下，更不愿投入大量资金和人力进行园区生态化转型。

（五）保障生态经济发展的体制机制有待完善

广西的生态经济建设虽然起步较早，但在机制体制建设方面仍存在顶层设计不足、执行力不强、配套措施缺乏等问题，促进生态经济发展的体制机制有待完善。

1. 生态补偿机制不完善

目前仍未建立系统的水资源和水土保持生态补偿机制，生态补偿多元化投融资机制尚未形成。一是主要依靠政府的转移支付和专项基金两种方式，社会资本参与生态环保投资的积极性不高。转移支付中以纵向为主，即中央对地方的转移支付，跨行政区域的横向转移支付尚未建立起来。二是由于生态产权界定不清，存在环境贡献者与环境受益者的利益“非对称性”，导致跨区域生态补偿困难，生态补偿领域过窄、标准偏低。2013 年中央将集体和个人的公益林补助标准提高到 15 元/亩，但广西商品林的林地租金平均每亩达到 50 元。三是以“项目工程”为主的补偿方式缺乏稳定性，补偿方式设计不科学，政策缺乏长期性和稳定性。四是国家尚未建立森林生态效益补偿标准动态增长机制、下游对上游流域的生态补偿机制等制度。

2. 排污权、碳排放权交易等制度有待建立

广西目前还没有建立起完善的排污权、碳排放权、水权等交易制度，未能发挥市场的资源配置作用，在实践中存在如下问题：一是总量控制指标难以确定。

二是指标的原始分配难以做到公平。三是排污权交易信息平台和交易市场不完善，排污权交易市场需要有成熟的买卖双方和中介机构。

3. 尚未开征专门的环境税、生态税

虽然我国税收中已经包含了与环境资源相关的税种，涉及交通燃油、供暖及加工燃料、机动车辆、自然资源、废弃物管理和污染排放等领域，但由于这些税种在制定之初并不是以环境保护为目的，各种税收之间缺乏协调性，未充分发挥促进污染减排的作用。

4. 有利于资源节约、环境保护的价格体系尚未形成

首先，资源性产品价格形成机制不顺，主要包括：从资源无偿划拨到有偿使用的改革不到位，资源产权市场化程度低，运营不规范；资源行业行政性垄断与自然性垄断并存，对垄断行业的成本监管缺乏科学手段和制度性规定；资源税费和环保税费整体偏低，资源性产品价格没有体现资源的全部价值。其次，从价格体系看，再生资源价格高于初始资源价格，导致企业缺乏进行资源再生、循环利用的动力，而是选择利用初始资源；废弃物处理成本高于排放成本，使许多企业宁愿缴纳排污费也不愿意治理污染物。最后，污染物排放约束激励机制未建立，未能实行差别价格和收费政策，导致生态产业发展驱动力不足。

5. 投融资机制和政策扶持机制不健全

部分领域体制障碍依然严重，如风能、太阳能等可再生能源发电上网困难，新能源汽车推广体系不完善，生态经济创新动力不足，缺乏政策扶持和激励措施，金融服务支撑力度不够，财税引导亟待加强，市场保障机制还有待完善等。政府在信贷、税收、价格、土地、技术创新、市场培育等方面未出台对生态经济、环保产业的鼓励扶持政策，对节能、节水、节材等技术、设备和产品落实财税优惠政策不够。多元投入不足，未设立生态产业发展专项基金，也缺乏鼓励外资和民间资本向生态经济、环保产业投资的可操作性政策措施。

6. 现行政绩考核体系不健全

在广西的政绩考核中虽然有来宾市等进行了差别化考核，但其他市的政绩考核体系中大多未能将资源消耗、环境损害、生态效益等生态经济评价指标纳入各地经济发展评价考核体系。不少地方为抓“政绩”，片面追求 GDP 增长率，忽视生态环境保护。这种重经济发展轻环境保护的发展观已经严重阻碍了资源节约、环境友好和生态建设工作的开展。在进行差别化考核的地区，其考核体系依然不完善，亟待进一步完善和推广。

7. 人才保障与科技创新机制不健全

促进生态经济发展的科技保障和创新机制尚未形成，生态环保设施建设运营创新机制未建立，人才培养机制和技术支撑体制机制创新不足，鼓励和激励人才创业和技术创新的政策不完善，人才、技术交流与合作机制不健全。

三、广西生态经济发展的若干重点

（一）强化主体功能区建设

实施主体功能区战略、推进主体功能区建设是党中央、国务院的重大战略决策。深入实施广西主体功能区规划，完善广西主体功能区制度，是加快广西生态经济发展的重要内容。

1. 严格按照主体功能区定位发展

引导生产要素向北部湾经济区和西江经济带集聚，集中力量引导这两个区域人口集中分布、产业集中布局、经济集约发展；左右江革命老区则增强生态产品生产能力和特色农业生产能力。各市县区的项目布局及开发建设必须按主体功能区规划“路线图”谋划实施，统筹考虑生态保护、经济和人口分布，优化生态产业布局，开展空间规划试点，科学划定生态红线，构建科学合理的城市化格局、农业发展格局、生态安全格局。

2. 抓好规划编制的衔接与协调

做好“十三五”相关规划与《全国主体功能区规划》的衔接与协调，推动经济社会发展、城乡、土地利用、生态环境保护等规划“多规合一”，形成一个市县一本规划、一张蓝图。

3. 落实差别化配套政策和考核机制

加快制定和落实有针对性的土地、人口、环境、产业、投资、财政等政策。加快建立更有侧重的、符合主体功能区要求的差别化绩效评价体系，充分激发各区域加快发展特色经济的积极性和能动性，加快形成符合主体功能定位的利益导向机制。

4. 向国家争取全区纳入生态文明先行示范区试点

2014 年 6 月，国务院批建 55 个生态文明先行示范区，江西、贵州、云南、青海四省全省已列入，广西只有玉林市、富川县列入。广西应该加大申报工作力度，争取全区或更多市县纳入国家生态文明先行示范区建设试点，争取成为实施主体功能区规划的示范和典型。

（二）推进传统产业生态化改造

传统产业生态化改造是广西生态经济发展的重点和难点。实现传统产业向生态产业转变，需要按照“减量化、再利用、资源化”原则，对现有铝、有色金属、糖、石化、冶金、水泥、火电等重点传统产业进行优化设计和安排，推行循环经济发展模式，推进资源能源消耗减量化、工业固体废物资源化利用、热电联产及能源多梯次利用等。支持企业建立循环经济联合体，促进产业集群化发展。

1. 重点抓好铝产业生态化建设

铝产业是广西重要传统优势产业，产业发展已形成一定的基础，应作为重点推进该产业生态化建设。严格按国家生态铝产业实施方案要求，加大科研创新，加快建设进度，抓好百色生态铝基地建设，加紧建平果、德保、靖西三个生态铝产业基地和田东等地的铝配套基地。按生态化要求布局产业，做好来宾银海铝业改造提升，拉长产业链。加快落实铝电结合，深入开展发电企业与铝企业电力直接交易试点，推动云南水电、贵州煤电等合作建设跨省铝工业合作园区，打造生态铝产业示范基地。

2. 重点抓好糖业循环化提升建设

推进制糖企业强强联合，推动优势资源战略重组，促进广西糖业由大变强。重点支持贵糖、南糖、凤糖等几个有一定经济规模、集约化程度较高、技术领先和有品牌优势的企业搞好甘蔗渣、糖蜜、滤泥的综合利用和蔗糖的深加工，促进甘蔗糖业向生物化工领域和相关产业延伸。

3. 重点抓好与生态环境关联度高、产业规模大的传统行业生态化改造

目前，应以资源型企业为重点，探索提升生态化生产的路径，特别是对能源、冶金、有色、化工、建材、林浆纸等与生态环境关联度最高、产业规模最大的传统行业，要对整个产业链进行产业生态学的考察，提出全产业链生态化生产的创新性和突破性解决方案，为传统产业生态化改造提供科学可行的技术路线和基础性、骨干性的样本。

（三）发展壮大节能环保产业

节能环保产业是国家加快培育和发展的 7 个战略性新兴产业之一。2015 年，中共中央、国务院颁布《关于加快推进生态文明建设的意见》提出，大力发展节能环保产业，加快培育新的经济增长点，形成新的支柱产业。节能环保产业链条长，市场需求大，对拉动投资和消费的带动作用强，有巨大的生态潜力。

1. 重点抓好节能环保产业规划的制定和政策的落实

节能环保产业是一项有经济效益、环境效益、社会效益的特殊产业，是一个跨产业、跨领域、跨地域的综合性新兴产业，既要依据市场规律发展，同时也需要政府给予特殊的扶持政策，需要多部门联合推动。2013 年国务院出台了《关于加快发展节能环保产业的意见》。目前，广西在这方面的配套政策还没完善，需要加快推进，尽快出台相关实施细则、具体措施，明确部门分工，形成合力，强化政策落实，抓好技术创新，加快推进广西环保产业发展。

2. 重点积极培育发展节能环保装备

以传统优势产业对节能环保技术装备的需求为基本依托，以战略性新兴产业为突破重点，研究开发节约能源、清洁能源和污染防治等技术和装备。创新开发环保技术和环保成套装备，重点发展种养业废弃物处理与资源化利用成套设备、城市污水与垃圾资源化利用、城市沼气与发电等相关成套设备。

3. 重点创新废弃物的环保处理技术

创新建立生物废弃物无害化和资源化处理制度及其环境卫生标准以及工作机

制，强制规定上规模的养殖业集中区配套建设标准化废弃物处理设施。推进废旧物资的回收和集中加工处理，重点发展再生资源回收、拆解、加工及深加工。

4. 重点建设一批节能环保项目和基地

重点推进煤气发生炉余热回收利用、烟气回收利用和生化法污水处理装置、沼气回收利用、大功率 LED 显示屏和 LED 照明产品等一批节能环保项目建设。通过优势资源整合，培育一批有实力、竞争力强的环保企业和集团，扶持一批形成龙头型产业群体。按照产业链集群方式，重点建设南宁、柳州、桂林和沿海节能环保产业基地，提高环保产业集中度和规模效益。

（四）大力发展新能源产业

当前，能源严重短缺、环境约束压力倒逼以及民生领域对清洁能源的巨大需求为新能源产业发展提供巨大空间和强大动力，新能源产业孕育着新的经济增长点。广西应大力发展多元化的新能源产业，加快建设能源互联网，着力创新能源生产方式和消费方式，推动形成拉动多产业协同配套的新能源产业大发展。

核电方面，国家层面非常重视核电发展，国内核电项目重启后，必将迎来大发展时期，广西应抓住这个难得的机会，加快谋划发展核电产业，积极争取国家在广西布局更多的核电项目。风能方面，要着力破解风电上网难、业主融资难等因素影响，加快推进风电项目建设。生物质能方面，要科学合理、有序有度地开发非粮木薯、农作物秸秆、木材废弃物等生物质能资源，把广西的丰富生物资源红利充分释放、永续利用。光伏发电方面，大力推进广西开展多领域多种方式的分布式光伏发电应用，推进广西光伏产业加快发展，在光照资源条件较好的城市先行先试，实施分布式光伏发电示范工程。

创新新能源产业政策支持。贯彻落实国家关于新能源发展的有关政策。特别是尽快研究制定光伏发电应用的系列扶持政策，引导社会资金投入，鼓励企业、居民推广使用光伏发电能源。创新新能源生产方式和消费方式，加快建设能源互联网，制定广西光伏发电应用产品质量标准，尽快着手研究分布式光伏发电资质监管方式和实施办法，出台光伏发电并网实施细则、操作标准和技术规范，培育发展光伏发电应用市场。

（五）大力发展新能源汽车产业

一是加快编制新能源汽车发展规划和技术路线。重点从国家政策引导方向、市场需求和实用角度，做好产业发展规划，确定技术路线，选择发展重点。二是整合新能源汽车企业资源。加强公共服务平台建设，鼓励引导建立新能源汽车产业联盟，共同投资建设公共研发技术平台，实现优势互补，集中攻克设计多领域的核心技术难关，共享研究成果，提升现有新能源汽车企业创新能力，争取在“十三五”期间有若干车型进入工信部新能源汽车公告目录，形成产业化生产能力。三是完善新能源汽车产业的扶持政策。设立产业化专项扶持资金，补贴全产业链多家企业，推动关键零配件企业充分竞争，不断优化产品技术，营造产业链健康有序发展的环境。实行新能源汽车用电价格优惠政策及免征车辆购置税政策，对本地新能源汽车企业给予一定税收减免优惠。四是建立奖惩机制。先行先试征收机动车排污费，建立使用新能源及传统汽车的环境影响奖惩机制，建立充电设施投资运营回报机制。发挥对市场的引导作用，吸引更多社会资本推动新能源汽车产业的发展。同时，通过公共服务领域新能源汽车的示范效应，提高公众对新能源汽车的认知和接受程度。

（六）大力发展生态农林业

广西光热资源、水资源丰富，具备发展生态农林业的生态优势。全区年日照时数1396小时，年平均气温21.1℃；年均降雨量1835毫米；全区现有耕地面积约4000万亩，占土地面积的11%，人均耕地0.82亩；森林面积1.93亿亩，森林覆盖率60.5%，活立木储蓄量达6.2亿立方米，是中国最大的木材战略核心储备区和生产基地之一。广西应该深挖生态潜力，做足文章，推进发展循环生态农林养殖业，让生态优势转化为经济发展优势。

1. 重点发展一批有机生态循环农业产业

运用现代科技和管理技术改造提升传统农业，推动绿色植保技术向深度广度升级与普及应用，运用生物技术提高农业的科技含量，鼓励使用农家肥和有机化肥，在种植业实行生态化布局，推行循环经济模式，形成产业循环。开展现代生态循环农业示范区试点县建设。在有条件的市、县（区），打造全境域推进、全领域覆盖的生态循环农业示范县，构筑县域大循环；结合打造现代农业园区建设，建成现代生态循环农业示范区，形成园区中循环；积极培育生态循环示范主体，形成一批生态农业主体小循环样板。

2. 重点发展一批绿色养殖产业

在规模养殖区，推广养殖+沼气+种植的循环经济模式，对规模养殖户和养殖企业进行集中养殖，园区化管理，发展一批生态循环养殖产业园。在山区积极推广“山区复合型生态农林牧业”模式，在山地果园林中饲养牛羊鸡等禽畜，发展一批绿色健康肉制品产业。在保护海洋生态系统的前提下，发展绿色海水养殖，利用科学技术开发、使用低毒无害的饲料添加剂及药物，减少养殖区海水污染，打造一批绿色无公害海水养殖产业。

3. 重点发展一批生态林业产业

因地制宜推广林果、林草、林菌、林药、林禽、林畜、林菜、林蜂等多种模式，发展立体林业、循环林业、集约林业，加快建设一批林下经济发展典型示范区；实施一批公益林、经济林和林业新兴产业等生态林业提升工程；建设一批涵盖乡土珍贵树种、森林资源保护与利用、野生动植物利用等领域独具广西特色的现代林业示范区。

（七）大力发展生态服务业

生态服务业内涵很丰富，范围很广，形态表现千姿百态，它作为广西生态经济发展的重要组成部分，应立足广西特色生态，围绕以下两个方面重点发展。

1. 重点发展一批生态旅游产业

广西拥有得天独厚的旅游资源，但其发展潜力远未发挥出来，丰富的旅游资源尚未形成大产业，应发展壮大广西特色生态旅游产业。一是抓好生态旅游基础设施建设，重点建设一批生态公园、湿地公园、森林公园、国家公园。二是优化多元主题的生态旅游产品体系。突破单一的山水主题，围绕山、水、滨海、森林和农业，结合民族风情，重点打造一批森林生态旅游产品、滨海生态旅游产品、农业生态旅游产品、民俗风情旅游产品等，使生态旅游产品品牌立体化，形成特色生态旅游体系格局。三是优化多元空间的生态旅游产品体系。重点打造以桂林为中心的山水生态旅游区、以南宁为中心的现代会展商务生态旅游区、以百色为中心的红色生态旅游区，建立以河池为中心的生态养生旅游区、北海涠洲岛滨海旅游区、中越国际旅游合作区、桂台（贺州）客家文化旅游合作示范区。

2. 打造一批生态健康产业集聚区

生态健康产业是21世纪的朝阳产业，以生物技术和生命科学为先导，已经成为主要发达国家竞相发展的经济主导性产业，生态健康产业极具发展前景。2013年，国务院出台了《关于促进健康服务业发展的若干意见》，目前，我国健康服务业仍处于发展的初级阶段，随着国家各项举措的逐步完善和推进，健康产业将释放出巨大红利，广西应该抓住这个有利时机，充分发挥环境良好的生态优势，结合广西特色民族医药，把生态健康产业打造成支柱产业。一是推进生态健康产业与三次产业融合发展。以健康管理服务、休闲养生养老、健康产品制造研发为主体，推动生态健康产业与三次产业融合发展，推进生态健康产业与文化、旅游等产业融合发展，积极培育生态健康产业融合性新业态。二是打造一批生态健康产业聚集区。充分利用广西优质的温泉、森林氧吧等生态资源优势，以"生态广西、长寿广西"为品牌，瞄准国际国内中高端人群健康养生度假需求，加快完善支持产业发展的软硬条件，推动国内外优势资源向广西聚集。着力引进一批国内外一流的健康服务企业，开发建设一批国家级精品生态健康度假区；培育一批新型生态健康食品基地；发展一批特色壮瑶医药种植基地；打响一批生态休闲度假旅游和养生养老文化品牌，形成具有强大要素集聚效应、辐射带动作用和核心竞争力的生态健康产业集群。三是打造全国生态健康产业交流与合作平台。为全国生态健康产业的发展提供成果博览展示、市场交易平台、技术推广、教育培训、咨询服务，使广西成为全国生态健康产业创新中心、信息交流中心。

（八）加快生态产业园区建设

1. 科学编制园区生态化建设与改造规划

通过规划，从空间布局优化、产业结构调整、企业清洁生产、公共基础设施建设、环境保护、组织管理创新等方面，分类推进园区进行生态化建设和改造。政府层面要合理调整区域产业结构，科学规划园区产业布局，对园区进行正确分类和定位；职能部门要严格把关，按规划进行组织建设。各园区要根据产业特点和区域资源分布特征，按照绿色、低碳、循环发展的理念，设计和优化生态产业模式，尽量做到空间布局合理化、产业结构最优化、产业链接循环化、运行管理规范化、污染治理集中化、基础设施绿色化、资源利用高效化。园区生态化建设可从“点—线—面”三个层面协同推进。“点”就是首先在园区重点企业或项目层面推广清洁生产技术，做足园内微观企业层面的功夫，为产业链层面的生态化改造和转型奠定基础。“线”就是整条产业链的生态化改造与转型，通过产业链层面的转型升级使上下游企业的副产品和废弃物交换系统得到构建和完善。“面”就是园区内多条生态产业链的形成和发展，构建多行业复合共生的产业体系，促进区域资源环境与经济协调发展。

2. 强化“三园”共建

全新规划型、改造型及虚拟型是园区生态化建设三种模式，应重点优先推进全新规划型生态园建设，协同推进改造型生态园及虚拟型生态园建设。全新规划型生态园是基于某一富含特定资源的区域，划定一个范围，全新规划设计，引进核心企业，形成共生网络系统。可根据区域环境承载力、资源能源禀赋、产业基础、市场空间、物流运输等条件和主体功能区定位，选择在经济开发区、高新技术工业区、资源枯竭地区及老工业区采用“一区多园”的形式，建设新能源汽车、节能环保产业等一批新型生态产业园。改造型生态园主要是对现有企业“高能耗、高污染、资源型”的一种改造。广西应重点通过采用先进适用的清洁生产技术、能源资源梯级利用技术、可再生能源技术和资源综合利用技术，延伸产业链和重构生产组织模式，加快铝工业、有色金属、石化工业等园区传统产业循环化改造。虚拟生态园不局限于相关企业，在一个特定封闭的区域，只要企业之间能够把生产的产出物与投入材料之间形成循环利用，就可形成生态园区。

四、广西生态经济发展的重要举措

（一）加快建立生态补偿机制

（1）加大财政对生态补偿的支持力度。在保持各类生态保护专项资金存量不变的同时，成立生态保护财力转移支付资金，用于各重点生态功能区生态环境保护的补助和奖励，大力支持符合生态经济要求的区域和产业发展。积极向国家争取提高国家级公益林的生态补偿标准，同时参照外地做法，安排自治区财政给予自治区级以上公益林一定金额的补助，并逐步建立公益林生态补偿标准的动态调整机制。

（2）积极开展自治区级生态补偿机制县域试点。结合河池凤山县、桂林资源县等县域生态保护红线划定试点工作，组织开展自治区级生态补偿机制县域试点，对试点县域从重点生态功能区转移支付、产业扶持、税收减免、税收分成等方面给予政策扶持。

（3）建立西江流域跨省横向生态补偿机制。积极向国家争取由中央财政和广西、广东两省区共同设立西江流域水环境补偿基金，由珠江下游地区每年给予处于珠江中上游的广西一定金额的生态补偿资金，为珠江下游地区打造重要的生态安全屏障。

（二）积极推行市场化机制

（1）开展碳排放权、排污权等市场交易试点。在南宁市、柳州市等市组织开展碳排放权、排污权交易试点，逐步建立和完善环保市场，打开生态经济发展的市场空间。南宁可设立面向东盟的区域性碳交易中心，在碳排放权交易市场建设方面先行先试。鼓励各市县积极探索排污权交易市场建设，为有效减少主要污染物排放总量创造市场条件。

（2）积极培育环境服务业市场。以综合环境服务、运营服务为重点，积极推进污染物减排重点领域和区域环境服务业的持续发展。加快环境公用设施投资运营市场化，推动环境公用设施管理向自主经营、独立核算的企业化模式转变。

（3）鼓励社会资本投资生态经济。将政府和社会资本合作模式（PPP 模式）引入生态经济，尤其是对于需求长期稳定、投资规模大、市场化程度较高、价格调整机制灵活的生态基础设施及公共服务类项目，鼓励采用 PPP 模式。

（三）夯实科技支撑体系

1. 集中力量解决共性关键技术

瞄准国际前沿技术，围绕高效节能、水污染防治、大气污染防治、固体废弃物处理、生态保护与恢复、环境监测、环境应急、资源综合利用等重点领域，提高生态科技与装备水平。鼓励企业建立研发机构、重点实验室、工程技术中心和中试基地，搭建生态经济发展的公共服务平台。

2. 推进生态产业技术创新战略联盟建设

依托生态产业龙头企业，联合高校、科研院所和生态企业，建立生态产业技术创新战略联盟，促进“产、学、研”结合，破解协同创新瓶颈。发挥联盟在环保咨询、环保技术、环保设备、环保工程、环保服务、环保项目投资等方面的整合联动作用，围绕生态产业链构建生态技术创新链，不断提高产业集中度，提升生态产业整体实力，形成一批实力雄厚、各具特色的生态产业集群。

（四）实施有效监管制度

（1）完善生态经济发展的规划先导机制。制定和完善生态经济发展专项规划，使之与国家生态文明发展规划、广西“十三五”经济社会发展规划，以及各类空间布局规划、园区发展规划、产业发展规划相衔接，并有效地落实下去。

（2）建立健全环境保护监管联动机制。切实加强各监管主体的联动互动，形成部门协同共治体系和区域联防联控联治机制，建立健全先进的环境监测预警体系、高效的环境信息化支撑体系、完备的环境执法监督体系、科学的地方政府环境质量考核体系，努力提高环境监管能力和水平。建立和完善公众参与机制，夯实环境保护的群众基础，形成环境保护监管的强大合力。

（3）加强环境监管执法。坚持有法必依、执法必严，排查各类环境违法行为，杜绝环境安全隐患，对环境违法行为依法严厉查处、绝不姑息，对存在的违法问题要逐一明确具体的整改措施和整改时限，确保彻底整改到位。

（五）建立健全分类考核制度

建议综合考虑功能定位、资源禀赋、环境承载力、区域特色、经济发展程度等因素，把全区 111 个县市区划分为城市核心区、生态经济区、生态保护区三类，在设置共性指标的基础上，增设不同的指标及权重分值，实行差异化分类考核，释放分类考核、差异评价的制度红利。城市核心区注重城市建设、城乡统筹、经济社会协调发展的考核，考核指标为万元 GDP 能耗、投资排污强度、服务业占比、高新技术产业占比等。生态经济区注重生态保护与生态经济发展并重的考核，考核指标为生态工业、生态农业、生态服务业等。生态保护区注重生态保护优先的考核，取消 GDP 和工业增加值考核，考核指标为水源水质、森林覆盖率、空气质量优良率等。

（六）完善责任追究制度

在划出生态底线、标出环境黄线、定好发展绿线的基础上，探索建立领导干部任期绿色发展、生态保护责任制，完善诫勉谈话、通报批评、纪律处分、引咎辞职等问责机制。对领导干部实行自然资源资产、生态保护责任离任审计，建立生态环境损害终身负责、终身追究制度。对盲目决策、盲目招商、盲目经营，造成严重浪费资源、严重损害生态、发生重特大环境污染事件、造成严重不良社会影响的，要严格追责有关人员的政治责任、生态责任；对生态建设、绿色发展、环境保护履职不力、监管不严、失职渎职的，要依纪依法追究有关人员的监管责任、法律责任。总之，就是要通过完善责任追究制度，让生态建设和绿色发展的刚性约束立起来、严起来，形成改善环境质量、推动绿色发展、增进生态福祉的倒逼机制。

总指导：黄　洲
指　导：李芳源
钟文干
组　长：李世泽
副组长：程文豪
成　员：甘日栋　陈　婷　李　楠

珠江—西江经济带发展重点突破研究

【引言】珠江—西江经济带上接云贵、下达港澳、横贯两广，一头连着经济发达的珠三角地区，一头连着资源丰富的西南地区，流域人口众多，经济发展潜力巨大，是珠江三角洲地区转型发展的战略腹地，在全国区域协调发展和面向东盟开放合作中具有重要的战略地位。为推动经济带开放开发，促进两广经济发展一体化，探索我国跨省区流域经济合作发展新模式，2014 年 7 月，国务院正式批复同意《珠江—西江经济带发展规划》（以下简称《规划》）。《规划》范围包括广东的广州、佛山、肇庆、云浮 4 市和广西的南宁、柳州、梧州、贵港、百色、来宾、崇左 7 市。同时，根据流域特点，将广西的桂林、玉林、贺州、河池等市以及西江上游的贵州沿江部分地区作为规划延伸区。在当前经济下行压力依然较大的形势下，依托西江黄金水道打造经济发展支撑带和开放合作新平台，成为广西加快发展的战略选择。本课题总结规划实施一年多以来的成效及其存在的问题，提出西江经济带发展重点突破的对策建议，供自治区党委、政府决策参考。

一、进展与成效：《珠江—西江经济带发展规划》顺利实施

（一）高等级航道体系基本形成

《规划》提出，要加大西江干线航道扩能改造，提高航道等级，构建干支通达顺畅的高等级航道网络。为此，自治区以实施《规划》为契机，全面启动西江“亿吨黄金水道”建设，着力改善西江航运条件，提升西江出海通航能力。

1. 西江干线和主要支流基本渠化，通过能力大幅提高

广西西江航道西接云贵、东连粤港澳，由“一干七支”构成，即西江航运干线（南宁—梧州）、柳江—融江—都柳江、黔江—红水河、右江、左江、桂江、绣江、贺江。右江鱼梁航运枢纽等项目相继建成，通过渠化和工程整治，西江航道等级进一步提升，水运主通道上的西津、贵港、桂平、长洲、红花、那吉、鱼梁、金鸡、老口 9 座船闸均为 1000 吨级以上船闸，西江通过能力大幅提高。2014 年底高等级航道里程占内河总通航里程的 22.4%。2015 年内将开通左、右江 1000 吨级航道。

2. 港口设施布局不断完善

西江沿江分布着南宁港、贵港港、梧州港 3 个全国内河主要港口以及柳州港、百色港、来宾港、崇左港等地区性重要港口（见图 1）。从 2009 年起已陆续

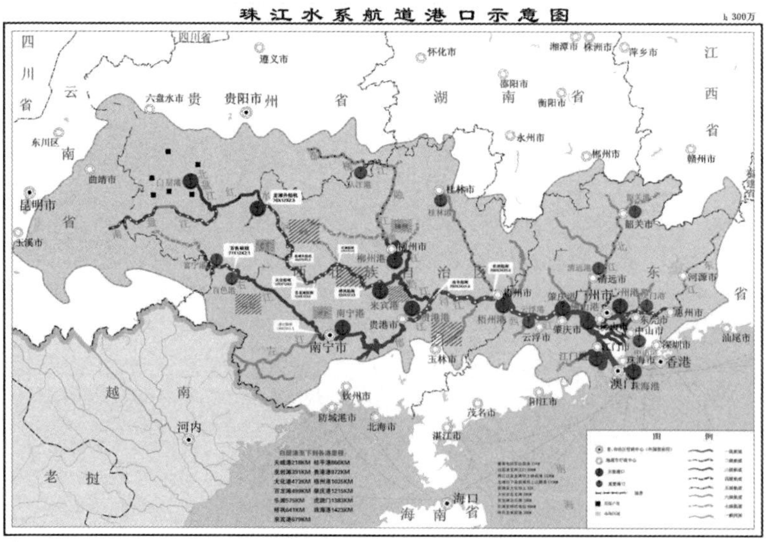

图 1　珠江水系航道港口示意图

开工建设南宁港一期工程、柳州港官塘作业区一期工程、梧州港赤水作业区码头工程、来宾港宾港作业区二期工程、贵港港猫儿山作业区二期工程等47个项目，其中有23个项目建成投产。到2014年底，广西内河港口生产性泊位达到486个，港口最大靠泊能力达到3000吨级，2014年港口货物吞吐量达1.09亿吨。

3. 集疏运体系加快建设，港区与园区良性互动格局初步形成

着力解决公水、铁水联运通道衔接、港区与园区互动问题，集疏运体系建设加快推进，开工建设了梧州赤水圩作业区、贵港港罗泊湾作业区、来宾港等主要港口的进港高等级公路。目前正在推进来宾莆田路二期工程、南宁港牛湾作业区疏港大道、贵港中转港铁路专用线改扩建等项目，确保港口码头项目建成后能够依托完善的综合联运实现运营效益。

4. 运输服务能力显著提升

船舶标准化、专业化、大型化水平明显提高，船舶运力结构优化，有效提高航道和船闸等通航设施利用率，提升内河航运的比较优势。目前西江航运干线的主力船型在1000~2000吨级。2014年全区内河货运量达1.79亿吨，比2008年增长114%。

（二）重大项目建设如火如荼

2014年7月，自治区组织开展西江经济带基础设施建设大会战，统筹推进重大航运过船设施及航道、重大航运泊位、重点港口集疏运体系等十二大工程，共166个项目，总投资6330亿元。目前，大会战项目取得积极进展。据统计，截至2015年7月，大会战项目完成投资167.4亿元，完成年度计划的44.8%；实现开工80项，占总项目数的48.2%，项目累计完成投资301.6亿元，占80个已开工项目总投资的16.6%。已有来宾市河南工业园河西污水处理厂实现竣工投产，崇左港扶绥港区将军岭作业区一期、河池大任产业园入园二级公路等项目实现竣工投产，西津二线船闸、红花枢纽二线船闸、百色水利枢纽和龙滩水电站通航设施等制约西江黄金水道畅通的瓶颈项目已签订了建设合作协议，取得了实质性进展。

（三）工业园区建设加快推进

《规划》指出，要构建开放合作支撑平台，鼓励粤桂毗邻的肇庆、云浮、梧州、贺州、玉林开展跨区域产业合作，探索共建产业园区新模式，鼓励西南中南省份、港澳与沿江地区合作共建产业园区。为此，西江经济带各市规划建设了一批产业园区，为加快产业的集聚发展提供良好发展平台和充足的发展空间。目前，西江经济带共有工业园区59个，包括高新技术开发区、经济技术开发区、工业区、产业园、保税区、物流园区等类型，主要布局在沿江（港）、沿路等交通、物流便利的区域，以及传统、重点的产业聚集区、产业资源富集区等产业发展条件和基础较好的地带。2015年，自治区安排西江经济带11个市重点工业园

区和产城互动试点园区的专项发展资金3.79亿元，带动工业项目投资近1400亿元，园区基础设施投资近200亿元。粤桂合作特别试验区、桂东承接产业转移示范区等合作平台加快建设，柳来河、梧玉、桂贺等区域一体化加快推进。贺州—肇庆粤桂产业合作示范区和百色—文山跨省经济合作区规划已编制完成并通过专家评审；粤桂黔高铁经济带合作试验区（柳州园区）正组织编制园区发展规划。园区投资环境逐步改善，项目承载能力增强，一批附加值高、带动能力强、经济效益好的大项目和特色产业快速发展，为西江经济带跨越式发展注入强劲的活力。

（四）推进协调机制不断完善

《规划》提出，要“创新合作协调机制，建立由省区人民政府主要负责人牵头的联席会议制度，协调解决规划实施过程中的重大问题”。目前，我区联合广东方面已建立两广推进经济带规划实施联席会议制度，由两广行政首长做总召集人，成员单位有两省区主要的省级部门和经济带主体范围的广东4市和我区7市人民政府，联席会议下设秘书处。截至目前，两省区有关部门及有关市深入贯彻落实联席会议议定事项并取得积极成效。从实际工作看，该联席会议具有自治区层面定期协商的功能，遇事可由广西方总召集人召集我区有关市和部门研究，协作机制比较顺畅。区内方面，整合西江黄金水道办职能，在自治区发改委设立专门机构，统筹协调西江经济带基础设施建设、产业发展、生态保护、船闸协同运行等事务。

二、问题与困难：西江经济带发展面临诸多挑战

（一）西江黄金水道建设面临突出问题

1. 在西江水资源综合开发利用上忽视航运功能定位

国家有关主管部门核准长洲水利枢纽等水利枢纽定位为发电为主、兼顾航运，企业为多发电，容易牺牲通航利益。部分枢纽调峰发电未能合理兼顾航运，容易造成枢纽下泄流量不满足设计通航水位要求的问题。在审批水利水电枢纽项目设计时，未能充分征求及采纳交通运输部门意见，较少同步建设过船设施。

2. 船闸碍航问题比较严重

百色、龙滩枢纽未同步建设过船设施，造成断航；西津、红花等枢纽船闸通过能力不足，已成为航运瓶颈；红水河岩滩250吨级升船机与规划航道等级不匹配。南宁港总吞吐能力达1700万吨，而下游西津船闸年过闸量仅650万吨，仅为1000吨级船闸，南宁港无法正常利用。柳州下游25公里处的柳江红花电站船闸年设计过闸量仅490万吨，枯水期下游只能通行500吨级船舶，难以满足柳州水运发展需要，以致柳州80%的货物只得放弃廉价的水运，大大增加了运输成本。西江水道上的40座主要枢纽闸坝中，有12座存在阻航碍航问题。

3. 支流航道建设相对滞后

西江“干支结合”明显不足，航运干线以及左江、右江、红水河、柳黔江等较高等级航道均已建成或在实施当中，但桂江、融江等地区性支流航道建设滞后，绣江、贺江仍断航，通道整体优势无法发挥。绣江从 20 世纪 70 年代起断航，玉林市每年 1000 万吨货物、20 多万标准箱外贸集装箱只好绕道贵港、平南、梧州、深圳走水运，大大增加了运输和物流费用。

4. 港口集疏运条件不配套

大多数港口还处于低级的第二代港口发展阶段，以单一运输方式为主，与港口配套的铁路、公路、航空等其他运输方式之间衔接不畅、效率低，大部分港口无铁路接入，多式联运通道衔接不畅，物流商贸联系不紧密，以港口为龙头、以后方物流和产业园为支撑、铁公水无缝衔接、多式对接的商贸物流综合体，综合运输枢纽功能较弱，距专业化、标准化港口的要求相差较大。港口集疏运通道建设的事权、财权均在地方，各地政府财力不同，集疏运通道建设和规划情况参差不齐。

5. 配套政策不完善

西江航运是一个自身经济效益低，拉动当地经济社会效益明显的行业，需要对航运、港口、物流等实行优惠的税率政策，在财税、土地、贴息等方面制定针对性强的扶持措施。但自治区层面至今仍未参照北部湾经济区的做法，出台完整的、针对性强的西江黄金水道扶持政策体系。如西江经济带国际集装箱运输车辆通过高速公路仍然是全额收取过路费，而北部湾经济区减半收费，以致西江经济带国际集装箱舍近求远，通过北部湾经济区进出。

（二）产业结构和布局不尽合理

1. 产业结构处于中低端水平

西江经济带属于后发展、欠发达地区，农业比重过大、产业化水平低，工业发展主要以原材料开发、重化工等传统资源型产业为主导，主要工业产品多为矿石、水泥、化工、冶金、造纸、钢材等。工业发展方式粗放、科技含量低、工艺装备落后，高新技术和高端装备制造产业比重低。这些传统行业处于产业链和价值链的最低端位置，整体效益低，产品结构和产业发展难以适应市场需求。首先，这些产业链条短、技术水平低、产品层次低，高附加值产品极少，产业链的延伸和拓展相当有限，如水泥、造纸等。其次，这些产业受市场价格波动影响大，大起大落，市场抗风险能力差，如钢材、成品糖等。最后，这些产业对土地、能源、水资源的需求和消耗过多，资源综合利用水平低，对环境的影响也较大，如化工、冶金等。此外，生产性服务业不完整、配套能力弱，服务业缺少大企业、大集团和知名品牌带动，竞争性行业集中度偏低，大多数产业仍然处于中低端水平。

此外，我区拥有国家级企业技术中心和重点工程实验室的企业数量甚少，大中型企业研究与开发经费内部支出仅占主营业务收入的0.7%左右。2013年，全区投入研究与试验发展（R&D）经费107.7亿元，仅占全国的0.91%，排全国22位；投入强度为0.75%，仅为全国平均水平的1/3左右，排全国24位。西江经济带城市中，除了南宁、柳州R&D经费投入高于全区平均水平以外，其余城市R&D经费投入严重不足（见表1）。其中，梧州市仅为全国平均水平的15.8%，不到全区平均水平的一半。贵港、百色更是不足全国水平的1/10。企业研究开发经费投入和科技支撑不足，导致产业装备技术和层次水平偏低，产品和产业发展缓慢、滞后，产业转型升级步履维艰，这是西江经济带产业发展面临的突出问题。

表1 2013年西江经济带城市R&D经费投入情况一览表

城市	R&D经费内部支出/万元	R&D经费投入强度/%	城市	R&D经费内部支出/万元	R&D经费投入强度/%
南宁	277 840.5	0.99	柳州	323 199.9	1.61
梧州	33 205.5	0.33	贵港	12 817.3	0.17
百色	10 559.9	0.13	来宾	29 403.8	0.57
崇左	23 385.6	0.40			

2. *产业同构性同质化问题突出*

尽管西江经济带上下游城市之间在产业发展方面具有较强的互补性，但在现行管理体制和财税体制下，各市对经济发展尤其是产业发展有着强烈的内在动力，使经济带一直没有建立起有效的产业分工机制与协作配套网络，企业、行业和产业之间的关联性较弱，产业配套与融合程度低，产业一体化进程不尽如人意。区域发展规划分割，产业定位趋同，缺乏合理的分工布局，导致产业结构自成体系、自我封闭和产业同构性、同质化问题突出，产业链条重叠。从西江经济带7市“十二五”工业发展的情况看，它们所确定和选择的产业方向基本趋同，产业定位雷同、结构同质化问题比较突出。其中，选择建材作为主导产业的城市有6个，同质化率达85%；把电子信息或信息技术、新材料、造纸、化工作为主导产业的城市有5个，同质化率达71%；把新能源、节能环保、生物医药作为主导产业的城市有4个，同质化率为57%。

从目前各市主要工业产品结构可以看出（见表2），西江经济带主要工业产品多为矿石、能源、建材等初级产品，深加工产品和高新技术产品不多，并且许多工业产品雷同，例如成品糖、水泥、钢材、水泥熟料、机制纸及纸板等。雷同的工业产品和工业结构，造成流域产业链条不合理，各市之间抢项目、抢投资、争市场、争资源等恶性竞争加剧，难以形成科学合理、协调高效的区域产业分工体系。

表 2　西江经济带城市 2014 年雷同工业产品一览表

城市	雷同工业产品
南宁	成品糖、人造板、机制纸及纸板、纸浆、水泥、商品混凝土
柳州	成品糖、水泥、生铁、粗钢、钢材、商品混凝土
梧州	人造板、水泥、商品混凝土、钢材、中小型型钢、胶合板、纤维板、铁矿石原矿
贵港	成品糖、人造板、机制纸及纸板、水泥、水泥熟料、生铁、粗钢、钢材等
百色	成品糖、机制纸及纸板、水泥、硅酸盐水泥熟料、铁矿石原矿、商品混凝土等
来宾	成品糖、机制纸及纸板、水泥、纸浆等
崇左	水泥、机制纸及纸板、精制糖等

注：资料来源于各市 2014 年国民经济和社会发展统计公报。

从各市“十三五”发展规划思路和重点的情况来看，仍然存在产业同质化的突出问题。例如，南宁、梧州、贵港、来宾、崇左等市同时选择新能源、新材料作为重点发展产业，南宁、柳州、贵港等市同时选择新能源汽车作为重点发展产业，南宁、梧州、来宾等市同时选择生物制药作为重点发展产业。当然，并不是不能有相同的产业项目，但产业发展与项目选择是否符合发展规划，是否具有比较优势，是否能与区域内其他城市的产业相配套、相互补和相协同，这是需要认真思考和统筹谋划的重大问题。否则，不仅难以形成规模经济和聚集效应，而且难以避免产业结构同质化的现象。

3. 产业布局与主体功能定位相左

产业布局是推进工业化、城镇化的主要支撑，产业核心区和产业轴线的发展对于工业化、城镇化发展具有重要作用。但是目前西江经济带存在部分产业规划起点低，园区产业定位不清，产业布局混杂，招商引资缺乏主攻方向和规划支撑，产业布局与主体功能定位相左的情况。

4. 产业集群分工协作水平较差

企业联合、产能整合和产业集群是现代经济发展的重要趋势。但是由于市场制度不完善和信用环境较差，目前西江经济带不仅存在产业同质化竞争问题，而且存在产业分工和协作水平低的问题。为了争夺市场、揽取货源，一些行业内部存在低层次竞争和无序竞争问题。例如，西江船舶运输行业竞相压价竞争，效益急剧下滑。目前贵港—平南段船舶运输费低至 10 元/吨（见表 3）。一艘 1900 吨级货船，1 航次船舶费用 8682.2 元，每月人工费用 25 000 元，以每月完成 4 航次算，其总收益为 10 元/吨 ×1850 吨 ×4 航次 =74 000 元，成本为 8682.2 元 ×4 航次 +25 000 元 =59 728.8 元，每月利润仅为 14 271.2 元，年利润为 171 254.4 元。而该船型造价高达 245 万元，需 14 年方可收回成本。而鉴于目前船闸增加、航道渠化、船型更新换代快，应五年内收回成本才符合船舶运输的行规。

表 3　1900 吨级船型运输成本费用收益明细

航段	项目部分	成本项目	成本计算	产生价格
贵港—平南	船舶费用	港务费	净吨 604 ×0.35 元/吨 =211.4 元×2 趟（出入港）	422.8 元
		过闸费	净吨 604 ×0.6 元/吨	362.4 元
		港建费	1850 吨 ×1 元/吨	1850 元
		代办费	1850 吨 ×0.5 元/吨	925 元
		税金	1850 吨 ×0.6 元/吨	1110 元
		油	上航 15 小时 ×23 升 =345 升 下航 16.5 小时 ×25 升 =412 升 总耗油 757 升 ×5.3 元/升	4012.1 元
		船舶 1 航次所产生成本费用		8682.2 元
		按每月计算 8682.2 元 ×4 航次		34 728.8 元
	人工	船长	每月计算	6000 元
		驾驶员	每月计算	5500 元
		轮机	每月计算	4000 元
		跟班	每月计算	4000 元
		水手	每月计算	3000 元
		伙食	5 人 ×500 元/人	2000 元
		船舶 1 航次所产生人工费用		25 000 元
合计	34 728.8 元 +25 000 元 =59 728.8 元			

无序竞争不仅会引发西江航运市场秩序混乱，而且会大大降低西江航运的经济效益与行业竞争力，进而减少企业对技术研发、装备提升、环保设施、优化服务等方面的投入，更为严重的是影响投资者对行业发展的信心，损害行业的长远利益，严重阻碍西江航运市场的健康运行和发展壮大。

（三）资源环境条件约束压力加大

1. 污染防治形势严峻

近年来，西江经济带污染防治方面面临的形势严峻，环境保护压力增大。一是产业布局、产业结构带来的污染增多，防治难度大。经济带农业、养殖业发展而导致的污染面增大，第二产业仍然以石化、冶金、制浆造纸等传统产业为主，传统产业污染物排放量较大，结构性污染突出。二是一些指标约束增大。目前西江经济带每万元工业增加值能耗、水耗和化学需氧量等远高于全国平均水平，“十三五”规划对经济带等资源环境指标要求越来越高，给经济带带来更大压力。西江经济带环境容量有限，绿色发展理念要求西江经济带能承载的排放不增反减。三是粗放式矿产资源开发带来的环境保护压力大。百色、崇左、来宾等矿产资源富集地区分布着大量矿产企业，采选矿工艺粗放，环保设施简陋，高强度、粗放的矿产资源开发极易对脆弱的生态系统造成影响，生物多样性受到严重威胁。四是局部环境污染问题突出，主要污染物排放浓度总体偏高，水污染和主要城市大气污染防治形势严峻，重金属污染历史遗留问题突出，存在严重安全隐患。

2. 西江流域水资源保护难度加大

目前，从西江流域的49个断面监测结果的综合评价来看，西江流域水质整体上保持良好。但随着《珠江—西江经济带发展规划》深入实施，工业化、城镇化加快推进，西江流域特别是中下游地区，排入西江的生活污水、工业污水未做处理直接排放的现象增多，西江流域水质日趋恶化的形势严峻。一是西江流域沿岸城镇污水处理能力不足，沿江市城区污水管网建设滞后，沿岸大部分乡镇无污水处理厂。二是流域内大部分工业园区没有建设集中污水处理厂，水污染事故风险较高。沿江7市有81个工业园区，建成污水处理设施的工业园区仅有17个。三是畜禽养殖污水成为西江流域主要污染源之一。近年，西江流域水污染问题频发，跨界流域污染刺痛民生，损害党政形象。西江流域河多、面广，出现水污染问题的重要原因之一是跨界水污染监管弱。

3. 跨区域环境治理难题增多

西江流域面积广，涉及城市多，跨区域环境治理存在诸多矛盾。一是横向管理体制不健全，区域流域合作缺乏，下游地区对上游地区没有制约，一些合作只是停留在纸面上，大大增加了下游地区的环境保护压力。二是上下游经济发展水平以及生态现状的不同决定了对生态环保重视程度的不同，一些发展中市县依然是“重经济，轻保护”，导致上下游城市在环境治理问题上很难做到真正的行动一致。三是现行政绩考核体系中生态环保指标权重依然较低，许多部门和地方政府唯GDP至上的政绩考核现状尚未根本改变。四是环境行政执法难以准确到位，监督惩治力度不严，企业积极性不强，导致“外部性”特征明显。

4. 建设用地指标不足

目前，经济带建设推进受到建设用地指标不足的严重束缚。一个时期以来，广西的土地指标向北部湾经济区、自治区重大项目、重大工程倾斜，经济带发展上升国家后能争取到的国家级项目和工程少，加上之前项目储备不够，经济带能列入自治区级的重点项目比例仍然没有北部湾经济区的多，对经济带的支持没有对北部湾经济区的明显和强烈。同时，经济带粗放型发展模式与节约用地的要求形成巨大冲突。2014年自治区国土资源厅出台《广西壮族自治区建设用地年度计划指标管理办法（试行）》，以更加严厉的举措推进节约用地战略，对近五年平均供地率小于60%的市、县，将暂停安排新增建设用地计划指标，这将对经济带土地利用效率偏低的市县带来更大的影响。

（四）合作体制与协同发展机制供给不足

1. 重大问题沟通渠道不畅

经济带区域间协调机制虽然已初步建立，但是没有组建形成综合性、全局性的区域协调机制，导致区域内沿江省区之间、各市之间各自规划、各自建设、各自架构，部分产业趋同，发展目标交叉重复，容易形成政策利益地方化和政策分散化，导致许多政策得不到实施，难以取得实质性进展。同时，存在地方政府为了维护地方利益，不愿意承担区域政策中规定的责任和义务。例如，在“西电东送”“补淡压咸”、水质维护等重大事项方面，广西付出了较大的经济、社会和生态代价，但是相应的生态协调与利益补偿机制尚未建立，对上游地区的利益补偿和反馈力度还十分弱，不利于整个珠江—西江流域的协调发展。由于缺乏有效的评价体系，不能实时监督政策推进的进度情况，衡量评估政策实施的效果，难以对实施的政策效果进行评价，难以发现存在的问题。长远的规划以及顶层设计依然缺乏沟通协调，当前仍然只重投资条件、重优惠政策，缺乏真正的长远合作、健康协调发展。

2. 产业协作机制没有建立

目前经济带产业协作机制尚没有建立，导致产业发展滞后，产业协作水平和配套能力较低。一是经济带沿江行政区经济特征明显，产业分工协作程度较低，存在地方保护、要素流动不畅、招商引资各自为战等问题，区域产业协作发展缓慢。二是广西目前尚未出台专门扶持经济带产业发展的相关配套政策措施，无法形成系统的配套政策支持体系，导致经济带各市之间的合作组织形式较为松散无序，跨区域的收益分配和公共性、协调性政策及执法标准尚未统一。三是现有的行政体制下，各地区经济行为受自身利益左右，存在单干、利己、短视的狭隘思想，区域合作共赢意识不强，难以整合利用资源推进经济一体化，各地区的发展自成体系，重复建设和产业结构同构问题突出，区域间没有形成合理的分工合作，无法实现错位发展和互补提升。

三、对策与建议：推动西江经济带发展重点突破的举措

（一）加快航道全面高效贯通，提升西江航运能力

提升西江航运能力，是西江经济带发展重点突破的重要前提和先决条件。必须积极破解制约西江航运发展的瓶颈问题，让西江黄金水道能真正“流金淌银”。

1. 统筹谋划“十三五”时期西江航运发展

加大西江干线航道扩能改造，推动红水河、柳黔江、右江、桂江等重要支流航道开发建设，加快绣江、贺江复航，打造“三主四辅”现代化港口群，形成上游通、中游畅、下游优的内河水运网络。实现西江全线通航，南宁以下3000吨级、柳州来宾以下2000吨级、百色崇左以下1000吨级船舶直通粤港澳，千吨级以上高等级航道1500公里，内河港口综合吞吐能力达到1.5亿吨。在西江水资源综合开发利用上，统筹谋划发电和航运功能，建立自治区政府与国家水利部、交通运输部的会商制度，确保船闸等基础设施能与水利枢纽同步规划建设。

2. 加快破解西江船闸碍航枢纽瓶颈

对西江“一干七支”航运状况和船闸建设需求进行深入调研，提出西江船

闸建设的数量和等级，争取用5～10年时间解决船闸碍航问题，满足西江经济带发展对西江水运高效畅通的要求。加快推进贵港航运枢纽二线船闸、邕宁水利枢纽船闸、大藤峡水利枢纽船闸、西津枢纽二线船闸、红花枢纽二线船闸、龙滩水利枢纽升船机、百色水利枢纽升船机、岩滩水利枢纽升船机改造等项目建设。近期重点推动西津和红花二线船闸尽快开工，打通西江航运主动脉；加快大藤峡船闸和龙滩水利枢纽升船机建设，确保如期建成通航；推进百色水利枢纽升船机项目，争取尽快开工。

3. 完善船闸建设管理体制

在船闸建设模式上，初始建设由枢纽电站业主承担，改扩建优先选择电站企业为业主，其次选择区内国有企业承担，积极引进PPP模式。探索整体收购模式，即鼓励支流上较大的水利枢纽企业整体收购支流上的全部电站，整体开发各个船闸。自治区政府补助建设成本50%，所在地政府负责征地拆迁及其费用。设立西江航电发展基金，采用股权投资方式，优先支持船闸建设。制定和完善船闸收费政策。建立政府、交通、水调、电调以及枢纽管理单位共同参加的水利设施综合利用协调机构，统一协调平衡调水、发电、航运要求。建立海事、航道、港航和地方执法部门参与的通航设施综合治理协调机制，联合执法，上下联动，维护船闸通航秩序，确保航道畅通。

4. 加快完善港口集疏运通道体系

推进港口码头进港铁路、公路、水路、航空建设，重点把港口作业区与重大产业园区和自治区规划的综合交通运输通道之间的联络线建设好，加强港口与产业园区以及城市发展的衔接，提高港口的集疏运能力。同时，科学规划，合理布局物流园区、物流中心、配送中心等物流运作设施，完善中转联运设施，充分发挥港口的综合服务能力。充分利用重点港口进港铁路、进港公路作业，促进铁水联运、公水联运，积极探索广西乃至西南地区的货物经过广西港口中转的新途径、新路子。

5. 出台促进西江经济带集装箱业务发展的政策措施

参照北部湾经济区的国际集装箱运输车减半收费政策，对进出西江经济带的国际集装箱运输车辆通过高速公路实行减半收取过路费，20英尺（1英尺＝0.3048米，下同）和40英尺单箱总重不超出国家限载30.48吨重的，原则上允许集装箱双拖运行。研究制定奖励对象、奖励条件、奖励标准和考核结算办法，重点支持西江航道集装箱班轮航线发展。在自治区年度财政预算中安排促进西江经济带集装箱业务发展专项资金5亿元，实行专款专用管理。规范内河集装箱班轮优先过闸管理，提升内河集装箱班轮运输的效率。

（二）注重产业互补联动，促进特色发展错位发展

产业发展是西江经济带发展的重点和关键所在。必须坚持错位发展和特色发

展，在产业发展规划、技术创新、招商引资等方面加强合作，共同促进经济带产业集群和产业链向“微笑曲线”两端延伸。

1. 强化西江产业发展统一规划

在发展战略层面，建议在“十三五”发展规划制定和实施中，按照《珠江—西江经济带发展规划》确定的“产业承接区、转型发展区、开放门户区”布局，以西江黄金水道为轴线，以沿江产业园区为载体，制定“沿江布局、跨江拓展、垂江延伸”的发展规划，引导西江经济带各城市根据各自的资源禀赋、产业基础和比较优势，科学合理地确定主导产业，推进七市支柱产业、主导产业与差异化转型发展战略相融合，深入推进沿江突破。进一步精准七市产业发展定位，注重产业分工和配套，促进规划衔接、政策连接、市场对接，科学引导产业布局和生产要素聚集。各市在主导产业选择上，不应求多、求全，而应突出“优、新、精、专、高、特”的产业导向，更加注重产业分工、产业联系、产业配套和产业集群，尽量避免主导产业定位冲突、产业结构雷同，促进经济带产业协调发展、协同发展、联动发展。

2. 加快出台经济带产业发展指导目录

建议按照相关规划和政策，进一步细化区域分工和产业布局，制定出台西江经济带产业发展指导目录，作为各级各部门制定实施财税、金融、土地、信贷等政策的基本依据。指导目录应明确不同功能区和区域板块的鼓励类、限制类、允许类与禁止类投资项目，并设定相应的投资强度、产值能耗、高新技术占比和污染物排放等约束性指标，积极引导投资方向和重点。

3. 突出创新驱动发展

从矿产开采、资源消耗向创新驱动转型，是促进西江经济带产业结构优化、经济质量提升的关键所在。西江流域产业布局要发挥后发展优势，坚持“与沿海同步发展”，而不是简单地承接转移产业。一是建立企业技术联盟。围绕市场需求，引导企业通过共建、合作、参股等多种形式，构建产业技术研发平台，实现设备共用、资源共享和协同服务。对产业发展的重点领域、核心技术和关键环节进行联合攻关，推动产业转型升级和工艺技术创新。二是组建产业链创新联盟。加快研究制定促进战略性新兴产业链和优势产业集群形成与发展的产业政策和区域政策，以沿江产业园区特别是高新技术园区为依托，围绕产业链，促进企业、高校和科研机构等在战略和现实层面有效结合，加大研究与试验发展（R&D）经费投入，建设一批科技创新平台和科技成果转化基地、科技企业孵化基地，吸引、聚集创新要素、创新企业、创新企业，引导上下游企业建立创新链，形成产学研紧密结合的信用机制、责任机制和利益机制，促进产业结构优化升级，加快提升新兴产业和高端装备制造业的比重。三是聚集创业创新资源。运用市场化的手段和机制，吸引珠三角地区的研发势能和创新资源，大力引进珠三角和国内外知名研发机构、科技中介、资产评估、风险投资、创业咨询和产业发展基金等，激发“鲶鱼效应”，倒逼本地企业创新和转型升级并向高端发展，走专业化、规范化和集团化发展的道路。建立西江创业孵化器和人才创业园，完善区域产业技术服务体系，集聚创新创业资源，促进西江经济带高新技术产业的发展。

4. 组建招商协作联盟

第一，围绕产业布局招商。根据《珠江—西江经济带发展规划》确定的功能分区和产业布局，引导沿江各市围绕特色优势产业、战略性新兴产业和珠三角整体转移产业，大力引进知名企业、领导品牌和重大项目，形成整体合力与集聚效应。第二，开展联合协同招商。以“招大引强”为目标，聚焦大公司、大集团和大平台，瞄准重点企业、行业和产业，共同举办两广一体化协作论坛、经贸合作洽谈和招商引资推介会，探索以“西江经济带”名义共同组团参与国内外大型经贸活动，共同推出招商“项目包”，促进信息开放共享，推进资源整合、企业联合、产业对接、产能配套、链条延伸。第三，搭建招商引资平台。建立西江经济带招商信息网，及时发布各市招商引资项目、政策等信息，形成“互联网+招商”的机制。充分利用商会、协会和联谊会等机构与平台的优势，依托在国外有常驻机构的优秀会员企业，打造全方位招商引资平台，构建以情招商、以商招商、以资引资、以企引企的招商模式，搭建出企业、产业之间的国际合作桥梁，提高招商引资的效率、质量和层次。

5. 组建行业协会联盟

一方面，面对日益增多的国际和区域贸易纠纷，行业协会能以行业代言人的身份，参与国际和区域生产与贸易标准的制（修）订、技术性贸易措施体系建设，灵活运用国际贸易规则合理介入贸易争端，协商解决经济纠纷和市场问题。另一方面，通过发挥行业协会的作用，可以动员全行业的力量进行有组织、有重点、有计划的技术攻关和标准推广。为此，要加快构建西江行业协会联盟，重点促进七市的主导产业行业、贸易商和企业群之间形成战略联盟，积极支持成立各类行业协会、民间商会和中介咨询机构等行业组织，超越地方性行业协会的局限性，形成一些市场协调机构，例如西江航运协会、港口协作联盟等，将沿江企业按行业组织、整合起来，形成有市场力量的利益共同体，在市场开拓、技术指导、标准制定、管理创新等方面为企业提供服务，推动西江经济带产业集聚区域、产业链、物流、金融企业之间的充分合作，实现多方共赢，促进信息共享、良性竞争和抱团发展，从而提升行业经济效益和整体竞争力。

（三）深化区域合作，扩大对外开放水平

实现西江经济带发展重点突破，必须在对外开放合作上有所作为，在辐射影响力、深化粤桂合作、开拓东盟市场、金融合作以及信息平台建设方面有所突破，在“一带一路”建设中找准位置、率先突破。

1. 增强流域辐射带动功能

（1）在互联互通上做好衔接，发挥好大通道作用。加快珠江—西江黄金水道、桂粤铁路和高速公路等的建设，形成西南、中南地区经广西通往港澳、北部湾的水上通道，实现江海联动，并促进粤港澳地区借道广西走向中南半岛，有力推进我区以南宁为枢纽、贯通我国西部地区与中南半岛、衔接“一带一路”的西部南北陆路新通道建设；向南，加快打通南宁—新加坡通道，成为中国—中南半岛经济走廊的主通道；向北，加快打通西部通道即兰州经南宁，东至海口、南下中南半岛的通道，形成连接新亚欧大陆和海上丝绸之路的南北纵向大通道，很好地实现对中南西南地区开放发展的支持作用。

（2）加大物流服务体系建设，构建高效流通的大动脉。打造成熟便捷、畅通高效的现代物流体系，不仅是产业发展的“助推器”，而且是促进西江经济带协同发展的先决条件。为此，必须加快建立西江经济带商贸流通联盟，通过大通道建设，加强与东盟港口的物流合作，大力发展现代仓储、冷链冷藏、多式联运物流体系，构建中南西南地区人流、物流、信息流通达高效的流通大动脉。一是组建西江物流企业联盟。以降低物流成本和提高质量效益为目的，支持商贸、物流企业以注资、相互参股等多种形式强化物流供应链合作，引导港口、码头、运输、装卸、仓储等物流行业建立区域性企业联盟或行业协会，形成市场化的行业协调机制，促进信息、资源和利益共享，推动建立高效便捷的现代物流体系。二是建立物流标准联盟。统一物流行业标准和技术规范，促进设施设备互联、流通规范互认和诚信体系互通，形成区域一体化、对接珠三角、面向东南亚的物流标准化体系，促进江、陆、空等多种运输方式有效衔接。三是建立西江物流信息服务平台。充分运用大数据等信息化手段，加快物流信息技术和物流电子交易平台推广应用，推进珠江—西江大通关工程建设，提高通关速度和效率，促进物流业的健康有序发展。四是大力发展专业化物流企业。出台扶持政策，鼓励物流中心、配送中心和物流专业公司发展，打通物流供应链通道，构建以重点商贸物流园区、公共配送中心和末端共同配送点等物流节点为支撑的城市物流配送网络体系，使用好国际国内“两个市场”“两种资源”，为西江经济加快发展提供动力。

（3）推进沿江产业梯度转移，优化流域产业布局。利用产业梯度促进产业链发展是西江经济带加快发展的重要举措。为此，西江经济带各市应主动承接珠三角地区产业转移，不断优化西江经济带产业结构布局。

“整体搬家”——补链。针对珠三角地区一些大型工业、装备制造和劳动密集型企业，因当地产业结构升级、生产成本上升等因素影响，向外地搬迁集聚的趋势更加明显。西江经济带各城市应抓住机遇，充分利用良好的港口、便捷的交通等优势，主动与迁出地政府和企业积极协商沟通，争取珠三角外迁企业、产业“整体搬家”。同时，认真制定承接产业发展规划，做好资源利用和环境承载力评价，引导和支持珠三角企业到合作园区投资，补长产业链条短板，推动西江经济带产业集聚发展。

“借智创新”——强链。西江经济带一头连着经济发达、市场巨大的珠三角，一头接着腹地广阔、资源富集的大西南。贵广、南广高铁开通后，我区梧州、贺州等东部地区已经融入了广州、深圳等珠三角发达地区的“两小时工作圈”“一小时生活圈”。在交通改善和市场机制作用下，人流、物流、信息流、技术流、资金流的聚集向度和速度都将发生重大变化。桂林、梧州、贺州等高铁沿线城市，应利用珠三角地区落户门槛高、生活成本高、人才相对饱和和产业向外围转移的基本趋势，针对“城际族”“钟摆族”“高薪族”等特定人群，量身制定个性化的人才引进政策，以高铁带来的“同城化效益”为契机，凸显我区环境、生活、政策等比较优势，吸引集聚大量高端、优秀人才到我区来居家和创业，“不求所有，但求所用”“不求所用，但求所在”。以人才的聚集带动资金流、技术流和物流的集聚，并通过项目合作、技术攻关等方式，推动两广高新技术产业合作，进而提升广西的整体科技创新能力、产业层次。

“借船出海”——延链。广州、深圳等珠三角城市已经成为全球具有影响力的城市，是中国与世界交流的门户和窗口。但是由于西江经济带国际化程度低，企业尚不具备直接参与国际竞争的实力，应发挥毗邻珠三角的优势，借助珠三角人才、技术、管理等优势，进一步密切相关行业和产业合作，积极参与全球产业分工与营销。目前，梧州市与广州市签订了战略合作协议，粤桂合作特别试验区与广东南沙自贸区携手推进航运、信息、科技、金融、贸易、物流等领域合作。梧州港与广州港开设定期班轮和穿梭巴士，进行协作联运，其中穿梭巴士已试航成功。因此，要鼓励两地企业、行业依托西江黄金水道，拓展产业合作领域和相关业务，支持珠三角地区有实力的企业积极参与西江经济带建设，使西江经济带产业能够借助珠三角地区吸收资源，向海外销售本地产品，积极融入全球分工体系，成为国家新的经济增长带。

2. 联手共同开拓东盟市场

（1）加大市场开拓力度。把握“一带一路”战略以及打造中国—东盟自贸区升级版的重大机遇，加大市场考察、产品推销等活动，加强与东盟国家在资源开发、基础设施建设、旅游、装备制造等领域的合作，深度拓展东盟市场，不断提高经济带在东盟的市场份额。

（2）加快发展外向型优势特色产业。加快培育和发展外向型优势特色产业，不断扩大钢铁、机电、纺织服装、农产品等传统产品出口，增加汽车及零部件、电子设备、生物医药等具有自主知识产权、自主品牌的机电和高新技术产品出口，重点培育一批具有较强国际竞争力的大型龙头企业，支持更多中小企业参与国际贸易。抓好外贸基地建设，积极探索新形势下外贸的有效形式，以贸易带动投资，以投资促贸易，积极发展服务贸易、跨境电子商务，加快形成服务贸易与货物贸易协调发展的新格局。

（3）大力实施“走出去”战略。鼓励本地有实力、讲信誉的企业瞄准东盟“走出去”，加快培育壮大“走出去”主体，重点推经济带汽车、机械、轻工、制糖等竞争力较强的行业骨干企业加快“走出去”。鼓励工程承包企业与广东企业合作，以联合体等方式共同开拓“大业主、大工程、大项目”等高端工程承包市场。

3. 拓展金融合作渠道

（1）大力推进“引金入桂”“引银入桂”战略。充分利用沿边金融综合改革试验区的有关支持政策，争取更多的境内外金融机构落户经济带。发挥经济带作为中国对东盟开放的前沿城市的区位优势，深入推进经济带的金融合作，强化经济带上广州、南宁的资金枢纽、资金集散以及金融创新的功能，争取中国—东盟股权交易中心和互联互通投融资平台落户南宁，增强区域聚合力、辐射力和服务功能，将南宁建设成为区域性现代金融中心。

（2）加快培育壮大金融主体。鼓励并支持经济带各城市具备条件的民间资本发起设立中小银行、区域性银行、社区银行、村镇银行、小额贷款公司等金融机构；推进民间资本参与商业银行增资扩股或城乡信用合作社改制，支持成立混合经济成分融资性担保公司，完善担保体系，支持优质企业上市和上市公司再融资，加大金融支持实体经济力度。

（3）推动金融业务创新。扩大同城清算范围，提高资金使用效率。促进同业拆借市场加快发展。鼓励商业银行开展人民币兑换东盟国家货币挂牌交易。进一步完善西江经济带各市的银行布局，发展壮大广西西江投资开发集团，利用好西江经济带产业投资基金，为经济带建设提供强大的资金支持。

4. 打造开放合作信息枢纽

充分利用经济带的区位优势、特色产业优势以及合作平台优势，结合中国—东盟信息港建设，围绕“互联网+”，打造各种开放合作信息枢纽平台。

（1）做好信息平台统筹规划。在经济带不同地区规划部署不同的信息平台建设，重点推进南宁中国—东盟信息港建设，柳州互联网+制造业平台建设，桂林互联网+旅游服务业平台建设，梧州互联网+循环产业平台等建设，提升经济带信息化水平。

（2）加快建设中国—东盟信息港。实施中国—东盟国际互联光缆工程，积极推进CA认证体系、公共数据资源交换平台等建设，规划建设国际标准数据处理中心（IDC）、区域性计算中心，加强信息安全建设，加快建设面向东盟、服务西南中南的区域性国际通信网络体系和信息服务枢纽。发展电子信息产业，支持国家级信息服务企业入驻广西，大力推广电子商务、应用云计算、物联网等新一代信息技术，培育壮大信息服务产业集群。

（3）培育发展新一代信息技术产业。大力支持西江流域核心城市创建国家电子商务示范城市和信息惠民试点城市，积极推动北斗导航、物联网、云计算等技术研发和产业化，依托西江港口打造西江航运信息中心，加快推进西江黄金水道云计算智能信息平台建设。

（4）大力发展网络信息平台。加大中国—东盟虚拟中心广西分中心建设，推进中国—东盟博览会网络平台发展，把中国—东盟博览会、中国—东盟商务与投资峰会；充分开拓经济带的会展平台，推进电子商务、跨境电子商务的发展，做好企业“走出去”的各类政策性信息、专项资金、项目所在国法律政策、投资环境、产业导向等信息咨询服务。

（四）共建生态走廊，实现绿色转型、绿色发展

突破资源环境约束，是西江经济带发展重点突破的难点所在。必须强化生态建设和环境保护合作，共同建设珠江—西江千里生态廊道，合力推动绿色发展，确保“一江清水向东流”。

1. 完善保护联防联控制度

一方面，要建立珠江—西江流域生态环境保护联席会议制度，制定联防联控管理办法，完善应急处置预案和水资源共享机制，研究生态扶持政策和环境保护合作措施，解决跨区域生态环境保护与地区经济发展之间的矛盾。另一方面，要建立珠江—西江流域水质预警与应急联动协调机制，加强沿江工农业和城镇排污口监管，实现跨区域生态信息水质状况信息通报和数据共享，共同应对跨区域环境突发事件和生态风险。

2. 扩大生态环保合作领域

（1）开辟生态环境公益性岗位。对生态脆弱区、禁止开发区和水源涵养区等重点地区，通过设立生态环保发展基金，开辟植树造林、荒漠治理、环境维护等生态公益性岗位，为当地居民提供就业渠道，既稳定增加当地居民收入，又能有效保护生态环境。

（2）大力发展环境交易市场。加快研究制定水资源和碳汇发展政策及计量标准，探索在珠江—西江流域建立环境交易制度，利用两广之间环境容量和碳汇拥有量的差异，利用市场机制建立合理的水权和排污权交易价格。支持粤桂合作特别实验区环境交易所建设，积极推进以碳金融为主的碳交易，使生态保护和生态服务从无偿走向有偿，让广西的绿水青山变为金山银山。

（3）探索建立异地开发生态补偿机制。根据珠江—西江空间布局和功能定位，在资源环境综合承载力较强的地区划出一定区域，建立“异地开发建设试验区”，由生态脆弱区或禁止开发区进行招商引资和开发经营，探索建立“一对一”的异地开发生态补偿机制，开发建设和经营所得利税用于生态脆弱区或禁止开发区生态建设、民生改善和其他社会事业发展。

3. 建立水质考核与生态补偿机制

（1）创新西江水环境监测和管制。在西江沿江各行政区交界处、所有河段交界处实施随时水环境断面监测，核算相关水区段水环境容量，比较上下流断面相关数据，作为考核与奖励的依据。

（2）建立跨界断面水质目标绩效评价体系。在建立和完善流域水环境保护规划目标考核体系基础上，确立跨界断面水质目标绩效评价体系。根据西江上下游出境断面的水质达标状况、水污染治理成本、水生态价值和发展机会收益，强化流域水质目标考核行政和经济“双重”约束机制，建立水质超标“罚款赔偿”和水质达标“奖励补偿”机制，引导上下游共同保护流域水生态环境和质量。

（3）强化跨界断面水质目标绩效评价结果正导向运用。跨界断面水质目标绩效评价作为对各市、县（市）政府领导班子和领导干部综合考核评价的重要依据，与经济奖励和处罚挂钩，作为年度转移支付、项目审批、资金补助、政策落实等方面的重要依据。

4. 推进跨区域生态工程建设

西江流域生态环境建设具有投资大、成本高、周期长和难度大等特点，跨区域生态工程建设面临诸多难题。建议联合上下游省区、城市，尽快编制“珠江—西江生态廊道建设”专项规划，整合生态环保资源，共同争取国家层面的支持，设立珠江生态建设与环境保护基金，按照生态效率最大化的原则进行配置，共同推进跨区域重大水利工程、流域治理、环境保护等生态工程建设。在石油、矿产等资源开发中，收取植被恢复和生态治理费，整合环境保护和生态建设资金，用于跨区域生态工程建设。

（五）建立协同发展机制，形成内引外联强大动力

协同发展机制是西江经济带发展重点突破的重要保障。必须打破经济带行政区划的体制性障碍，建立务实高效的区域协调发展机制，推进区域市场一体化，使要素和资源在更加自由、顺畅、有效的流动中实现优化配置。

1. 完善重大问题协商机制

借鉴长江经济带等沿江经济带的做法经验，建议在珠西办的基础上，建立推动西江经济带协同发展的组织架构及运行机制。举办西江经济带发展论坛及市长联席会议，就沿江发展规划、产业协作、开放合作、环境治理等重大问题进行协商，制定共同遵守的西江经济带发展公约和战略合作框架，形成共同但有区别的“游戏规则”。同时，各功能板块区域间及内部也要建立跨区域协商机制与信息沟通平台，形成定期会晤机制，促进协同决策、深度合作与共同发展，减少区域摩擦、冲突和阻力。成立西江经济带市长联席会议办公室，与珠江—西江经济带规划建设管理办公室合署办公，实行“一套人马，两块牌子”，负责牵头制定合作措施、竞争规则、协调机制，推动落实市长联席会议确定的事项和行动计划，就涉及沿江双方或多方的利益与分歧问题开展协商、进行协调，督促、推进相关工作。

2. 建立健全市场一体化体系

（1）抓紧研究制定统一的行业标准、产业政策、准入条件、经贸规则，清

理妨碍市场公平的规定及优惠政策，加快建立区域市场规则体系，打破行政壁垒、市场分割和地区封锁，联手打造一体化的商品、产权、服务、资本和人才市场。

（2）尽快制定接轨珠三角的市场运行机制和办事规则，统一市场准入和退出机制，营造公平竞争、优胜劣汰的市场环境。

（3）大力发展相应规模的专业市场、产品批发市场，共同开拓旅游市场，培育和完善西江流域的要素和商品市场体系，促进产品和要素自由流动，实现更大范围、更宽领域的资源优化配置。

（4）建立市场信息协作网和协同监管平台，推进沿江电子口岸平台互联互通和信息共享，发布企业信用“红黑榜”，促进信息互通、资质互认、证件互联、监管互动。

3. 加强政策互通与联手创新

加强区域战略、发展规划、产业政策、行业标准等的会商和对接，推进区域通关一体化，实现投资和贸易便利化，联手将经济带打造成为国内外客商投资置业最便捷的地区之一。加大政策扶持与引导力度，在承接产业转移方面联合在财政支持、税收优惠、产业布局、投融资、投资比例、项目支持、过船收费、高速公路收费等方面，制定出台一系列政策工具，研究出台切实有效的政策措施，以互通、对等的优惠政策、优质的营商环境促进经济带发展重点突破。积极推行市场准入负面清单制度，优化经济带投资环境。围绕产业链和创新链，积极引导经济带各市联手合作，共同建立各类创业孵化器、服务机构。加快成立西江航运交易所、西江航运信息服务中心，联合构建沿江高新技术研发中心、产业合作平台、投融资服务平台等，构筑对内对外开放合作的“高地”。

总指导：黄　洲
指　导：李芳源
组　长：李世泽
副组长：甘日栋
成　员：程文豪　邓　霓　洪忠诚

“美丽广西”生态乡村建设长效机制研究

【引言】广西要美，农村必须美。“美丽广西·清洁乡村”活动自2013年开展以来，农村环境综合整治成效显著，乡村面貌改观较大，取得了明显的阶段性成果。为适应生态文明建设新常态，顺应广大农民群众对美好生活新期盼，推进乡村建设上台阶上水平，2014年11月自治区召开“美丽广西·生态乡村”活动电视动员大会，强调重点实施“村屯绿化”“饮水净化”“道路硬化”三个专项活动。生态乡村活动是乡村建设重大活动承前启后的重要阶段，是清洁乡村活动的“升级版”，既要深化拓展、巩固提升，又要丰富内涵、提档升级。当然，生态乡村的改变不是一朝一夕之事，生态乡村建设工作也不可能毕其功于一役。因此，迫切需要建立生态乡村建设长效机制。

本课题立足于保护生态，促进农村经济社会发展，着眼于发挥生态优势，提升竞争实力，以生态乡村建设形成农村经济社会发展新的增长点为目标，研究建立科学合理、效果明显、切实可行的“美丽广西”生态乡村建设长效机制，为自治区党委、自治区人民政府提供决策服务。

一、开展生态乡村建设是生态文明建设新常态的新要求

资源环境已经成为我国实现全面建成小康社会目标最紧的约束、最短的“短板”，生态文明建设刻不容缓。2015 年 5 月中共中央、国务院印发《关于加快推进生态文明建设的意见》，标志着我国进入生态文明建设新常态。生态文明建设新常态对广西生态乡村建设长效开展提出了新要求。

（一）生态乡村建设是践行绿色发展理念的广西行动

绿色发展理念是党的十八届五中全会提出的新时期五大发展理念之一，具有鲜明的时代特色和针对性。优良的生态环境是广西的金字招牌，也是最重要的本钱。生态乡村建设高度契合绿色发展理念，是践行绿色发展理念的广西行动，有利于保护好我区优良的生态环境，提升整体竞争力。一方面要严禁以牺牲生态环境为代价搞开发建设，另一方面要利用经济新常态下调结构促转型的契机，切实推动产业发展生态化和生态发展产业化，走出一条“绿水青山就是金山银山”的新路子来，让生态真正成为我区最大的财富和最具竞争力的优势，让绿色、生态、有机成为我区农产品的公认品牌，让环境整洁、生态优美成为我区乡村的鲜明形象，让绿水青山成为全区广大农民群众脱贫致富的“金山银山”。

（二）生态乡村建设是“建设美丽中国”的广西实践

党的十八大提出的“建设美丽中国”战略是广西生态乡村建设的基本遵循，生态乡村建设是“建设美丽中国”的广西实践。中国要美，农村必须美。广西要美，首先要美在乡村。广西生态乡村建设，必须坚持节约资源和保护环境的基本国策，坚持节约优先、保护优先、自然恢复为主的方针，着力推进绿色发展、循环发展、低碳发展，形成节约资源和保护环境的空间格局、产业结构、生产方式、生活方式，为全区广大农民群众创造良好的生产生活环境，为国家生态安全作出贡献。

（三）生态乡村建设是响应全国改善农村人居环境的广西经验

第二次全国改善农村人居环境工作会议在广西恭城县召开，是对两年来广西改善农村人居环境工作的肯定，是对广西探索走出一条后发展欠发达地区改善农村人居环境新路子的认可。我区改善农村人居环境最大特色和亮点的工作经验是在全区部署开展“美丽广西”乡村建设活动，以此为总载体、总抓手，统筹推进乡村建设和改善农村人居环境工作，在较短时间里使农村面貌发生了明显改观。当前“美丽广西”乡村建设活动已进入生态乡村活动阶段。生态乡村活动

与改善农村人居环境工作是密切相关、内在统一的，生态乡村活动的深入开展，在极大改善农村生态环境的同时，也极大改善了农村人居环境。我们要认真贯彻第二次全国改善农村人居环境工作会议精神，进一步坚定推进生态乡村建设的信心和决心。

（四）生态乡村建设是全面建成小康社会的广西部署

广西作为全国最大的少数民族地区，作为曾对中国革命作出重大贡献的革命老区，必须与全国同步全面建成小康社会。但作为后发展欠发达地区，如何破解发展难题，闯出赶超跨越科学发展的新路子，是摆在我们面前的一个重大课题。开展生态乡村活动、持续长效推进生态乡村建设，正是自治区党委、政府从全面建成小康社会的全局出发，着力破解人民群众反映强烈的突出问题，不断改善农村生产生活条件和生存生态环境，加快推动广大农村地区与全区同步全面建成小康社会而作出的全区性战略部署。生态乡村建设是促进我区农村经济社会发展的重要手段，要最大限度地把“三化”专项活动融入精准扶贫工作中，使生态乡村建设与精准扶贫工作相互借势、相得益彰。必须同步部署、同步实施、同步推进生态乡村建设工作与精准扶贫工作，为农业发展提速，为农村转型助力，为农民致富加油，推动我区农村经济社会跨越式科学发展，补齐广西发展的农村“短板”，确保实现与全国同步全面建成小康社会的目标。

二、开展“美丽广西”生态乡村活动的主要做法和初步成效

生态乡村活动开展以来，我区从实际出发，务实推进，着力调动群众参与积极性，始终坚持生态与生产生活融合发展，生态乡村建设取得了初步成效，各地呈现不少具有规律性、普遍性的好做法、好经验，为建立生态乡村建设长效机制提供了鲜活的实践样本和丰富的理论题材。

（一）主要做法

1. 从实际出发、务实推进

我区是后发展、欠发达、多民族的壮族自治区，各地基础设施条件不同、地形地貌复杂，村屯发展不平衡、区位差异大，需要从客观实际出发，充分考虑到区情、地情、村情方面的影响，扎实推进生态乡村建设长效开展（见图1）。

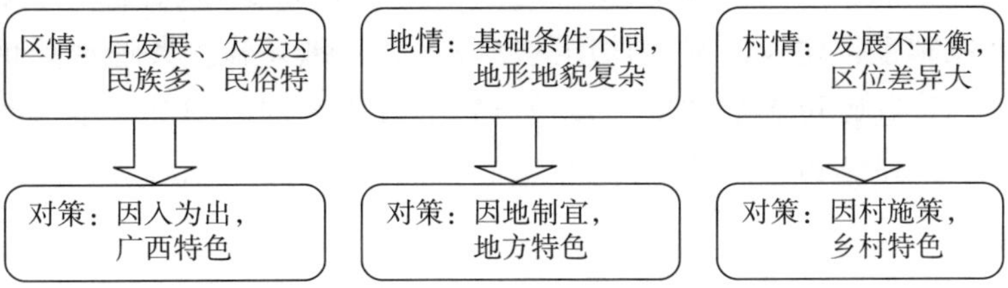

图1 从实际出发推进生态乡村建设示意图

（1）从后发展欠发达、民族多民俗特的区情出发。我区经济总量处在全国中等偏后，人均水平处于全国后列。全区财力相当有限，财政收入规模小，人均收入低，县乡财政对城镇特别是农村公用事业发展的保障能力较弱，由此决定了开展生态乡村建设不可能有太多的财力支持，必须注重节约成本，避免不切实际的目标，始终依靠现有的条件和群众的努力，把能办的事情先办起来，力争少花钱多办事、不花钱也能办事。村屯绿化，要多种经济林木、果树等乡土树木，尽量少种景观树，基本不种草；饮水净化，不强调搞集中供水，山泉水、井水，只要达到安全指标，也是好水，老百姓更喜欢喝、更用得起；道路硬化，不强求都搞水泥路，进村道路主干线可以铺水泥，屯内路可以铺石块、砖头。同时，要善于引导群众主动筹资投劳开展村屯绿化、饮水净化、道路硬化专项活动，以此降低成本、提升效果。“生态乡村”活动开展以来，全区在投入不多的情况下建设了大量乡村垃圾处理、村屯道路、人饮工程、生态保护、石漠化治理、生态退化区域的修复和重建等方面的乡村基础设施，农村生态和人居环境有了显著改善。我区境内有汉族、壮族、侗族、水族、毛南族、仫佬族、仡佬族、苗族、瑶族、彝族、回族、京族共12个世居民族，多民族大杂居小聚居，不同民族民俗文化相互影响，在语言、文化、心理、饮食、居住、礼俗等方面各不相同、各具特色，这就决定了必须尊重各民族之间的差异性才能把活动开展好，建设民族特色鲜明、风格各异的乡村。我区把民族元素作为乡土文化的根和魂贯穿于生态乡村建设之中，注重挖掘整合当地的民族资源和民族风情，让悠久灿烂的民族历史文脉得以有效传承，多彩的民族风情与神奇的自然风光有机结合、交相辉映。有些地方对高速铁路和高速公路沿线、旅游景区周边的村屯采取统一规划、统一建设和统一配套的方式，以乡土特色、民族风格为主基调进行生态化改造，建设具有地方风格和当地民族特色的民居，打造出了一道道路网沿线独特的风景线，让游客在广西留下了美好的印象。

（2）从基础设施参差不齐和地形地貌复杂的各地情况出发。在全区各地，不同地方基础设施建设完善程度以及所在地形地貌有所不同，需要因地制宜地开展有地方特色的生态乡村建设。经济和交通条件较好的地区，乡村基础设施保障条件到位一些，需要进一步建设完善，特别是那些经济实力相对雄厚、人口较为集中地区的乡村，还要考虑适当超前建设。经济和交通条件较差的地方，特别是桂西北山区、少数民族聚居地区多是连片贫困地区，乡村设施设备保障严重滞后，需要因地制宜，建设简易、适用的乡村生态基础设施。各地地形地貌和生态环境状况不同，基础设施的选择、建设方式又有所区别。因此，推进基础设施建设时，还要考虑设施设备与乡村民居、生态环境等要素的融合，力求融为一体、相得益彰。

（3）从各地村屯发展不平衡、区位差异大的村情出发。村屯按不同的标准来划分，可分为不同的种类，如城中村、郊区村，近郊村、远郊村、边远村，示范村、重点村、普通村、难点村、落后村，贫困村与非贫困村，民族村与非民族村，等等。特别是我区山区面积大，村屯小而分散，一村多屯较为普遍。总的来看，我区各地村屯基础设施非常薄弱，建设现状各不相同，全区村屯普遍缺乏生活垃圾收运处理设备和生活污水处理设施，大部分村屯道路还是泥路，农户无排水系统，村内没有公共排水沟等，村屯垃圾和污水处理难度较大。有的村屯现有设施能力有限，垃圾处理设施的负荷能力不能满足垃圾处理需求。边远山区和贫困地区村屯，垃圾堆放场所规划简陋，没有垃圾中转站和集中填埋场，缺乏垃圾转运及处理设备，仅有少数自然村设置有垃圾集中收集点，大多数自然村屯没有配备垃圾清运车。这些现实基础条件决定了生态乡村建设既不能搞一个模式千村一面，又不能超越客观条件，需要因村施策，抓好村庄基础建设规划，加快推进完善村屯道路硬化、村屯垃圾池、村内排污、安全饮水、农田水利等基础设施建设。

2. 着力调动群众参与的积极性

生态乡村建设是一项群众性活动，群众既是良好环境的享有者、受惠者，也是建设的实践者、创造者。生态乡村活动启动以来，我区充分尊重群众意愿，搭建群众参与平台，拓宽群众参与渠道，创新激励机制，提高群众参与活动的积极性，不断增强群众自我服务、自我管理、自我监督、自我发展的能力，让群众真正成为活动开展的主体（见图2）。

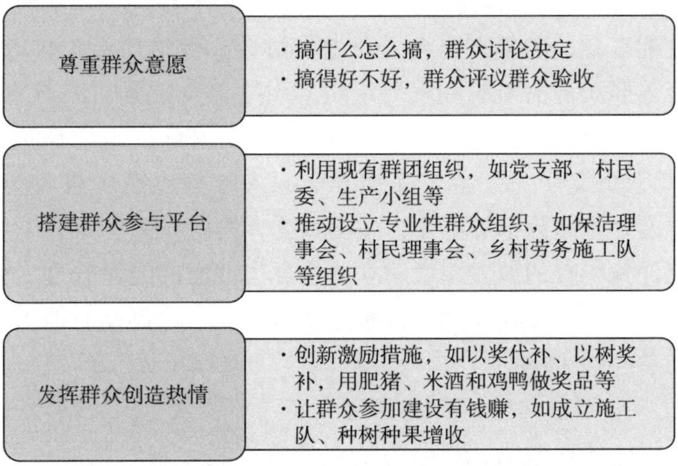

图2　调动群众参与积极性做法示意图

（1）充分尊重群众意愿。在推动开展生态乡村建设过程中，以党的群众路线为统领，充分尊重群众意愿，切实把握群众需求，认真回应群众期盼，结合当地经济基础条件，在村屯怎样绿化、饮水如何净化、道路怎么硬化上与群众一起想办法、做决定，群众认可就坚持搞下去，群众不认可就把工作暂时缓一缓，把充分发挥群众主体作用贯穿建设的始终。不仅在活动设计时充分考虑群众需求，更在活动的具体操作上体现群众意愿，在活动的监督评价上把话语权交给群众。活动怎么开展、主要目标任务有哪些、由谁开展、怎么开展、在哪里开展等问题，都由群众自己讨论方案，自己推动建设，自己做好运营管护，让群众切实参与到乡村规划、建设、管理等环节中来。凡是活动中涉及的政策制定、规划编制、建设选点等重要事项，都充分地听取当地群众意见，需要什么政策和项目扶持，村屯如何建设发展，项目在哪里选点建设等，都要开会讨论，由群众充分表达诉求，提出看法和建议，再经民主协商决定。就是对建设活动的监督评价，也都是由群众做主，由群众说了算，活动怎么开展、开展到什么程度、开展得好不好，都由群众说了算。群众认为搞得不好，就按照他们的建议去整改；群众认为搞得好，就继续总结经验加快推进。各级各部门组织干部下乡，要求到位不越位，指导不领导，重在引导发动，重在指导组织，重在帮助支持，不搞强迫命令，不搞大包大揽，防止“替”农民做主、“代”农民决策，切实杜绝违背农民意愿搞强迫命令的现象。

（2）搭建群众参与平台。当前我区农村的组织化程度不高，农民群众真正参与乡村公共事务比较难。我区从加强和提高群众的组织化程度入手，搭建多样化、专业性的建设活动平台，让群众充分参与到生态乡村建设中来。首先，充分利用现有的村民组织。主要是发挥党支部、村民委及各村民小组的作用，由这些现有群团发动和组织村民参加建设活动，切实让群众行动起来积极参加建设。其次，根据建设活动开展的需要搭建新的专业性参与平台。主要是动员和引导群众成立乡村建设理事会、老年人协会、老党员协会、保洁协会、村屯劳务合作队、种养殖理事会等群众自治组织和发展组织，引导群众加强自我教育、自我管理、自我服务、自我监督。各专业性的群团组织还根据分工定期评选“生态庭院”“美丽大嫂”“十星文明户”等，激励群众深入参与生态乡村活动，你争我赶、共同把活动开展好，做到不等不靠，主动做为，筹资投劳完成村屯绿化、饮水净化和道路硬化任务。有的地方探索建立群众合作性质的经营管理实体，包括成立乡村劳务合作队等，直接参与到乡村基建项目建设，让群众有能力、有基础、有动力成为活动参与的主体。

（3）激发群众创造热情。各地通过完善干部分片包干、村民骨干带头、村民民主议事、村屯评比激励、社会力量支持等机制，有效调动各方面的积极性。一些地方完善“以奖代补”“以工代赈”“一事一议”等政策措施，让群众投工投劳有回报、出资出智有收益，充分激发群众参与热情。乡村基础设施建设投入非常大，为提高群众筹资投劳的积极性，一些地方探索了“谁受益，谁投资”的原则，政府实施适当的奖补政策，如财政出资 70%、群众自筹 30%，或以工代筹推进整村工作等，筹资落实到位的村优先安排项目，有效地推进了道路硬化活动。不少地方积极创新激发群众热情的活动方法，开展“美丽村屯”“生态村屯”等评比表彰工作时，用当地所产的肥猪、米酒和鸡鸭作为奖品，适当发放一定数额的奖金，群众非常喜欢。有些地方因势利导，结合当地群众的风俗习惯推进工作，在村民结婚时，利用传统风俗组织新婚夫妇上山种植“爱情树”，新婚夫妇很喜欢，种成了成片的“爱情林”。乡村道路建成后往往缺乏后续维护保养资金，一些地方把此类道路沿线两侧的空地划出来，交给群众种树植果，老百姓“谁种谁有，谁种谁管，谁种谁收”，树是集体的，果是自己的，种树种果让老百姓增加收入，激励他们不仅搞好公路两侧绿化美化，还自发维护和保养好乡村道路，做到一举多得。这些创新的方式方法接地气、有生气，符合当地实际，融入群众生活，能够充分激发群众的积极性、主动性和创造性，形成可持续、可操作的群众参与机制，把群众内在的动力充分激发出来，能坚持且管长远，可复制可推广。抽查显示，全区群众对活动的知晓率达 100%，参与率达 95% 以上，满意度达 98.7%，逐步形成生态乡村建设活动群众肯干、愿干、能干的良好局面。

3. 坚持生态与生产生活融合发展

生态乡村活动按照生产发展、生活富裕、生态良好的建设思路，把生态理念融入包括生产生活在内的乡村建设全过程，发动群众在日常生产中广泛使用生态手段和方法，在日常生活中融入生态价值，传承好、发扬好生态文明，努力把我区良好的生态优势转变为现实的发展优势（见图 3）。

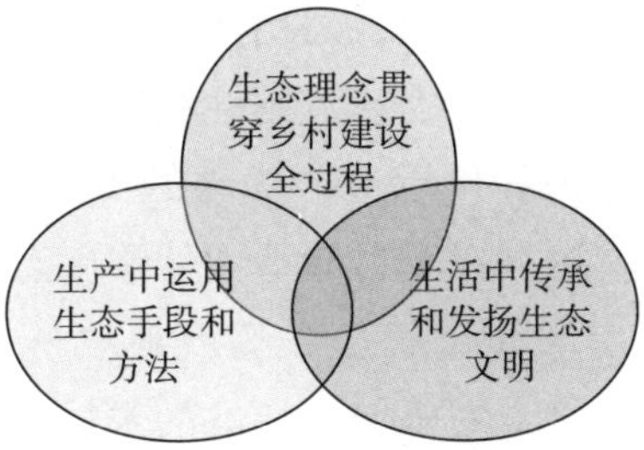

图 3　生态与生产生活融合发展示意图

（1）将生态理念贯穿到生态乡村建设全过程。坚持用生态思维去考量、用生态效益去检验，把生态理念贯通融入到生态乡村建设的每一个环节、每一项工作，以尽可能少的资源消耗和环境代价实现最大的经济社会效益。在融入生产方面，乡村污水处理采取无动力、微动力的净化设施设备，垃圾堆肥利用、发电和水泥窑协同处理等，完全达到资源化利用的目标，产生了良好的生态、经济和社会效益。在融入生活方面，推动改造那些对生态环境不利的生活习惯，从根本上减轻对生态环境的影响和破坏。总的来说，把生态理念贯穿到活动开展的全过程，坚持将生态环境保护与产业竞争力和环境竞争力一起提升、经济效益与环境效益一起考核、物质文明与生态文明一起发展，着力在生态产业上开发推进，在生态环境上优化提高，在生态文化上培育创新，使活动与乡村建设的各方面全面融合、深度融合，把群众的积极性调动起来，把老百姓的心拢起来，让保护生态环境成为群众的自觉行动，身体力行推动资源节约型、环境友好型乡村建设，推动人与自然和谐相处和发展。

（2）在生产中运用生态手段和方法。生态乡村活动紧扣农村发展，在农村生产的各个方面广泛运用生态的手段和方法，推动生态产业化和产业生态化，努力把我区的生态优势转化为产业和经济实力。发动群众开展生态化生产，在种植业中普及使用有机肥，逐年减少化肥农药的使用量；鼓励农民积极探索生态养殖，建设完善切合实际的生态养殖基础设施，确保生产出来的产品是生态的，生产过程是生态的，生产环境也是生态的。建设完善生态化的乡村生产基础设施，用生态化的办法推进农田水利、清洁生产、生态保护与修复等基础设施建设，例如节能节水的滴灌管道网络、与生态环境融为一体的防洪堤坝等，为生态产业发展提供有力支撑，特别是为观光农业、有机农业、清洁能源、农家乐等新兴业态加快发展创造良好条件。生态化的生产方式和手段已经成功打造了一批标准化生态农业示范区、循环农业发展基地以及以农产品生产和加工为代表的循环农业产业链，推进农业产业化、生态化、规模化和品牌化发展，涌现出一批种植型、养殖型、加工型、综合型专业村屯和特色村屯，促进了农业生产由“传统低效型”向“生态科技型”转变。

（3）在生活中传承和发扬传统生态文明。我区各族群众在长期世居生活中形成了独特的生态生活传统。他们敬畏山川河流、崇拜村前屋后的老树古木，懂得从自然界中有限索取、保护性开发、节制性利用，造就了全区各地树茂水丰的生态环境。我区始终注重保护和传承这些优秀的乡土生态文明，坚持科学规划、合理吸收，结合实际传承发扬。在乡村改造中使用生态手段，让乡村回归传统乡土韵味，村屯道路硬化、房屋建设等更多靠就地取材，大量减少无机材料的使用；饮水净化，推动保护好符合安全卫生标准的农村泉水、溪水和井水作为人饮水源等做法，让群众的生活处处展现和发扬生态文明。总之，无论桂北还是桂南，无论山区还是沿海，改造后的村庄都力求保护和传承既符合我区各族群众生产生活规律、又具有我区地域特色和多民族风情的传统生态文明，推动传统乡风在吐故纳新中向现代文明乡风转变。

（二）初步成效

1. 清洁乡村成效在巩固中进一步提升

（1）村容村貌基本形成清洁常态。清洁乡村建设永远在路上。在清洁乡村活动取得明显阶段性成效的基础上，我区决定在“美丽广西”生态乡村活动阶段中集中用两年时间开展农村生活垃圾专项治理行动，强力整治乡村环境“脏乱差”死角，力争乡村环境面貌在点、线、面上得到全面提升。据不完全统计，“美丽广西”乡村建设活动开展以来全区共组织各类环境整治行动近 80 万次，收运处理农村垃圾近 600 万吨，清理池塘沟渠淤泥 20 余万处，清捡田园面积近 4000 万亩，完成禽畜养殖污染处理设施改扩建养殖场 3500 多个。全区主要河流水质达标率保持在95%左右，农业清洁生产技术推广面达80%以上。田林县以“统一行动常态化”“投入机制常态化”“垃圾处理常态化”“督查工作常态化”“评比活动常态化”的“五个常态化”促进清洁乡村活动成果巩固提升，扎实推进生态乡村建设。靖西县为防止清洁乡村成效出现反弹，采取“每月现场量化考评”方式，较好地促进了“三清洁”活动长效化、常态化。靖西县每个月从群众参与率、长效机制、卫生清洁和示范点建设四个方面，随机抽取全县10%的村屯进行不定期暗访考评。根据考评量化分值，对排名前5位的乡镇分别给予3000～10 000元不等的工作经费补助；对月排名后3位、连续两月排名后3位和连续三个月排名后3位的乡镇，分别给予主要领导致函提醒、诫勉谈话直至组织调整的处理。

（2）农村环卫基础设施明显改善。基本实现了“一家一个垃圾桶，一屯一个垃圾池、一村一部垃圾车”，实现了以县城为中心的农村垃圾“村收镇运县处理”20公里范围内全覆盖，其他区域垃圾清运处理基本全覆盖；建成投运一批村庄生活污水收集处理设施，使垃圾围堵河塘、禽畜粪污乱排放和病死禽畜尸体随意丢弃状况得到了明显改变，极大改善了农村环境卫生清洁基础设施，农村人居环境明显提升。武宣县积极探索推行村屯保洁员、绿化管护员、人饮管理员、道路管养员“四员合一”管理机制，提升乡村基础设施管理维护效果的做法值得肯定。贵港市覃塘区严把项目关，通过科学项目选址、加大项目投入、优化项目选择、群众参与项目管理等，在城郊、水源保护区和中心村等重点区域强力推进农村污水治理，有效破解农村污水治理瓶颈。平南县积极探索农资废弃物回收新途径：一是推行链式管理，形成“政府引导，农户清捡，经销点回收，乡镇监督转运，县无害化处理”的链式管理体系，实现农资废弃物有偿回收。二是推行协议管理，与广西福星化肥有限公司、广西禾泰农药有限责任公司、邮政农资配送中心等企业签订协议，堵住农资废弃物污染漏洞。三是推行统防统治，组建统防统治服务队，实行统一测报、统一配药（肥）、统一施药（肥）、统一收费、统一验收，从源头上减少农资废弃物污染源。

（3）清洁乡村长效机制建设迈出坚实步伐。自治区层面启动了《广西壮族自治区乡村清洁条例》立法工作，出台了《建立“美丽广西”乡村建设资金投入长效机制的指导意见》和《关于建立完善清洁乡村村规民约意见》等系列文件规定，印发了《关于开展农村垃圾处理技术攻关工作的实施方案》《广西壮族自治区废弃农资及包装物回收处理方案（试行）》等技术方案。以上文件规定和技术方案等长效机制安排促进了全区各地清洁乡村建设逐步走向大众化、规范化、常态化。一是群众参与渐成大众化。普遍建立村规民约，成立村民理事会，基本实现村民自主管理、自主监督。横县建立健全一套村屯层级管理制度、一个村屯卫生理事会、一个群众性监督机构、一套村民自我监管制度、一套环保治污设施管理制度、一套考评办法、一套村屯保洁员管理办法的“七个一”群众自我管理机制，让广大农民群众真正成为清洁乡村建设的实际参与者和成果共享者。武鸣县马头镇四明村渌昌屯21位老人自发组成“老年人义务清洁队”，主动承担起清洁的任务，为子孙树立好榜样。西林县西平乡者车村实行村民挂牌轮流值日制度，每天由一农户值班，各户把责任区的垃圾自觉放到指定的清洁车上，傍晚由值日户拉到垃圾池焚烧，形成了人人都是监督员、人人都是保洁员的良好氛围。二是管理渐成制度化。各地坚持督促检查与考核评比相结合，及时发现问题，督促整改落实，逐步实现督查常态化、考核规范化。宾阳县古辣镇联泉村委新百吉村实施清洁乡村“建一抓五管十”层级化管理方式，即建立一个清洁乡村理事会，推选出一名理事长和五户诚信中心户长，由理事长抓五户户长，五户户长管理和带动十户群众参与清洁乡村工作。梧州市龙圩区龙圩镇每月上旬把本月需完成的清洁乡村活动任务以表格形式交办到各村（社区），由镇包村领导及村（社区）支书、主任签字确认，并于次月月初由镇纪委组织考核组到各村（社区）进行考核、评比，对发现的问题督促责任单位整改落实。三是清洁绿色生产渐成常态化。全区各地因地制宜，将清洁乡村建设与日常生产生活和产业发展相结合，既丰富了内涵，又增强了内生动力。武宣县种畜场、种猪场以“养猪—沼气—发电—种蔗”的生态模式实施“清洁养殖”。东兰县坚持“生态立县”，发展壮大板栗、核桃、油茶、林下经济等绿色特色经济，并依托“红色旅游胜地、世界铜鼓之乡、国际养生天堂”三大特色旅游资源和红水河山水文化精华旅游资源大力发展旅游产业，实现保护、利用生态资源产业化。

2. “三化”专项活动务实扎实开展

（1）“村屯绿化”示范点建设覆盖宽、进展快。截至2015年7月底，自治区级绿化示范村屯已竣工4207个，竣工率达84.1%；一般村屯已竣工4.8万个，竣工率达86.5%。全区村屯新种植果树及绿化苗木1108万株，新增绿化面积9.1万多亩。各市各部门积极推进项目建设顺利进行，基本实现了“时间过半任务过半”的目标。不少地方注重用生态的办法绿化村屯，留住传统，记住乡愁。阳朔县骥马村通过村屯绿化重展“苔痕上阶绿，草色入帘青”的古村魅力，村民在房前屋后种上本地果树和包括本地野草在内的植物，把小花园、小菜园和小果园搞起来，形成了一户是一个生态子系统、一村是一个生态大系统的协调整体。临桂县村屯绿化的做法机制也很好，国家给果树苗，谁种谁管谁有，很受老百姓欢迎。柳江县制定了“以树代奖”奖励办法，奖出了新庭院。对开展乡村建设活动积极性高、成效较好的村屯实行“以树代奖”分类激励，对“拆掉祖宗屋，奉献公共绿”的群众按照拆除面积给予一定的苗木奖励，使“绿色建村”理念家喻户晓，为清洁乡村向生态乡村转型升级奠定了坚实的基础。南宁市江南区因地制宜，创新机制，强调设计与采购同步、进度与质量齐抓、美观与实用相融、绿化与管护并举的工作方法，确保村屯绿化活动健康持续推进。

（2）“饮水净化”项目实施步伐稳、效果好。截至2015年7月底，全区

"饮水净化"专项活动累计到位资金216 786.3万元，占计划的91.5%；中央资金和自治区本级补助资金已100%到位；市县投资到位33 662.3万元，占计划的62.5%。全区已开工建设项目5714个，开工率99.9%；完成项目投资16.7亿元，占总投资的70.6%；全区建成农村饮水安全工程585处，解决了23.7万农村饮水不安全人口的安全饮水问题。保障饮水安全，必须从源头到龙头、从理念到行动全方位动起来。柳江县在饮水净化上实施严管，守好西江和红河两大水系，综合治理对饮水净化构成重要威胁的工业污染源和养殖污染源，管好柳江县最大饮用水源，强化水源至管网末梢的水质检验和监测工作，创新性形成有效的农村安全饮水管理体制和运行机制，注重在饮水净化上打"组合拳"，从源头管到龙头，把保护生态环境的理念落实到具体的工程项目上，成效明显。崇左市以实施农村饮水安全工程和沟渠清淤联通工程、建立健全农村饮水安全工程保障机制为重点，在饮水净化上突出"安全"，全面解决贫困、边远地区农村饮水困难问题。马山县以解决群众最"盼"、最"难"、最"怨"、最"忧"的问题为抓手，采取个体启动、家庭带动、村屯互动、市场拉动、社会联动、政府推动的"六动"措施开展饮水净化活动，切实解决农村百姓饮水困难问题。

（3）"道路硬化"招数实、受益广。村级道路建设方面，通建制村沥青（水泥）路项目已完成投资14.3亿元，已开工项目620个，开工率71%；已完工项目238个，完工率27.3%；完成建设里程2055.6公里，占年度任务的27.4%。已修通到建制村沥青（水泥）路的建制村284个，占年度任务的28.40%；通农林场硬化道路项目累计完成投资2161万元，已开工39个，开工率11.68%；已完工31个，完工率9.3%；自本年初累计完成64.1公里，完成里程占自治区任务的12.8%。考虑到道路硬化建设项目的主要建设期在下半年，因此全年道路硬化工作还是按计划在稳步推进的。道路硬化说到底就是要修生态路、修发展路，严守生态底线，发展生态产业。天等县的做法很好。天等县是国家扶贫开发重点县，是重要的生态保护功能区，也是生态脆弱区，石山遍布，交通不便，群众增收难度较大。他们树立了"要想富，先修路，修路要修生态路"的理念，在开展道路硬化时，坚持修生态路、修产业路、修致富路，走出了交通建设与生态保护、产业发展、群众增收良性互动的新路子。向都镇、驮堪乡等乡镇的通村及村屯道路硬化，尽量依山就势、减少填挖，避免破坏山体、古树及河道，建设行车安全、运输便利、路景相融的生态路。天等人民不等天，道路修建到哪里，生态就保护到哪里，产业就发展到哪里，群众就增收到哪里。

3. 重点领域形成总体布局推进

开展生态乡村活动，需要抓准切入点。根据搞清洁乡村活动的成功经验，这个切入点就是要以流域沿线、路网沿线、连片区块为重点区域整体推进，形成各具特色的片区、条带。

（1）流域沿线方面。主要是以沿海岸线和各市内主要江河向周边拓展，实施流域综合治理，综合开发、利用和保护，充分发挥流域的各项功能，最大限度地适应自然经济规律，力争流域综合效益的最大化，实现流域社会经济和环境全面协调可持续发展。

阳朔县打造生态乡村遇龙河示范区就是其中的典型，其做法突出了三个亮点：一是受益广，惠及44个村屯群众。示范区建设涉及白沙、阳朔、高田3个乡镇7个行政村44个自然村5万多人口，年游客量400多万人次。通过分期分批对观景步道、田园景观、村屯改造、码头改造和“三化”等五项建设，实现两岸村屯的饮水净化率、道路硬化率、村庄绿化率、村屯亮化率、房屋整治率和污水处理率六个100%。二是理念新，还原乡村古朴本色。村道修建做到因地制宜，不要求全部使用水泥混凝土，在无通车需求的路段，提倡使用青石、砖片、鹅卵石等乡土材质硬化路面。民居村落体现传统元素，立面改造统一使用小青瓦、白粉墙、坡屋面、花格窗等。村屯废弃房屋全部“拆弃植绿”，动员群众在空地和庭院发展果蔬农家园，辅以竹篱笆小木栏，营造乡土气息。对旧县、遇龙、矮山门等村的古民居进行保护性修复，“修旧如旧”开发了“秘密花园”“格格树酒店”等涉外农家乐。三是进展快，倒排工期扎实推进。根据建设施工的内容进行规划，确定每项工程所需的时间，采取倒排工期方式进行施工，各项工作取得了明显成效，建成连片2000亩四季观赏花园，绿化村庄4万平方米，硬化村道4万平方米，硬化沟渠1.2万平方米，修建观景步道5.6公里，联网公路6.5公里，改造立面1487户，拆除危旧房419户，文化广场、码头、生态停车场等工程全面开工建设。

（2）路网沿线方面。主要是以市内公路和铁路为主轴，向公路和铁路沿线两侧拓展，覆盖市内所有省道、国道、高速公路和铁路，在沿线开展环境卫生整治和绿化美化，结合沿线产业基础，打造产业示范条带。

北海市在全区率先对钦北高铁北海段沿线环境进行全面清理整顿，拆除违法违章建筑23万平方米，拆除养猪场300多处，迁移处置生猪4万多头，解决100多名拆迁户子女就近上学问题。钦州市“公路果化”600多公里彰显特色。生态乡村活动开展以来，钦州市因地制宜，大胆探索，大力推进“公路果化”活动，在辖区公路两旁种果树增绿，全市“公路果化”里程达617.1公里。

（3）片区条带方面。主要是选择市郊名村名镇、旅游景区、特色村镇等多点布局，选择的名村名镇、旅游景区、特色村镇能够与周边村镇连成一片，体现区域特点、产业发展特色。

西乡塘区美丽南方生态综合示范区重点突出生态休闲主题，特色明显。示范区涵盖8个行政村，占石埠街道办事处行政村（社区）总数的62%，涉及近100个生产队，总面积51.1平方公里，人口近3万人。示范区创建以来先后获得了“广西首批现代农业示范区”“广西科技农业示范区”“广西五星级乡村休闲旅游景区”“中国最美休闲村屯”等多个荣誉称号，成为广西一张亮丽的“名片”。

示范区遵循生态、自然、环保、休闲的发展定位，以环境美、村庄美、生态美、产业美、风情美、乡风美为创建标准要求，按照“产中有村、村中有产、产村互动”“一产带三产、三产促一产、农旅融合”的思路，打造成为集休闲农业、旅游观光、新农村建设及农业科技示范等功能于一体的“美丽的南方”，形成可复制、可推广的生态乡村建设“西乡塘模式”。值得强调的是，示范区十分注重挖掘地方乡土文化内涵。微电影《美丽的南方》展现了“美丽南方”多彩的田园风光、日新月异的农村景象及其独特深厚的人文历史，其主题曲《美丽的南方》旋律轻快地将“晨露如你，美丽如初”的美丽南方景区诗意展现。

三、制约“美丽广西”生态乡村建设持续长效开展的突出问题

“美丽广西”生态乡村活动启动及开展以来，取得的成绩是重要的，但出现的问题也应引起重视，总体表现在当前我区各地生态乡村活动进展不平衡，影响和制约生态乡村活动的突出问题不少，这些问题既有机制制约造成的，也有责任不落实造成的，还有目前条件暂时不具备难以解决的。因而，只有认真查找机制制约造成的突出问题，才能对症下药，增强建立机制的针对性和有效性，提出解决问题的办法。

（一）农村环境卫生状况容易出现反弹

为确保生态乡村活动扎实、有序、高效开展，2015 年 3 ~ 9 月，自治区多次组织开展了乡村建设活动专题检查，采用明察、暗访等方式，深入市县、乡镇、村屯进行全覆盖、全方位的督查，重点了解“清洁家园”“清洁水源”“清洁田园”成效巩固提升、“村屯绿化”“饮水净化”“道路硬化”部署落实和有效推进、群众所反映的突出问题整改落实等情况。督查发现被检查到的县域均存在不同程度、不同类型的环境卫生问题，有的是日常垃圾无人及时清扫，有的是建筑垃圾乱倒乱放，有的是污水淤积发臭、随意排放等（见表 1）。

表 1　2015 年开展三次集中督促检查情况汇总

专题检查	检查覆盖面	检查处理情况
大检查（3 ~ 4 月）	67 个县（市、区）283 个乡镇的 359 个点	下发 32 份问题整改通知书，对问题特别突出的 6 个地方在媒体上曝光
“回头看”督查（5 月）	83 个县（市、区）175 个乡镇的 310 个点	下发 38 份整改通知书
“美丽广西”乡村建设活动督查（6 ~ 9 月）	全区 111 个县（市、区）330 个乡镇的 558 个点	下发 55 份问题整改通知书，提出 170 项口头警告和对应整改意见

乡村建设督促检查工作充分暴露了我区农村环境卫生状况出现反弹严重的现象，究其原因，主要有以下几个方面：一是部分领导干部认识不到位。一些地方的领导干部对农村环境卫生整治工作的重要性认识不足，没有真正把农村环境整

治提高到“美丽广西”乡村建设的目标要求上来，“农村环境就这个样”在少数基层干部的脑海中根深蒂固，临时应对的思想比较严重，基础设施投入、农村污染控制等问题未得到足够的重视。农村环境卫生整治存在“上边热、下边凉”的现象，市、县两级重视程度高一些，工作力度大一些，但有的镇、村干部积极性不高，工作敷衍塞责，走过场，为应付检查考核而突击整治仍是部分镇村的主要做法。二是部分农民群众思想认识需要提升。一些农民群众对整治活动的意义认识不足，参与意识不强；对落后的生产生活习惯的弊端认识不足，改变缺乏主动性；对健康文明的生活方式认识不足，环境卫生意识淡薄。部分农民长期形成的卫生习惯和生活方式与清洁乡村建设的要求反差较大，保护农村环境卫生的意识还跟不上经济社会发展步伐，支持和参与的热情不高，珍惜和爱护生活环境的意识不强，少数人治理、多数人污染的现象依然存在，彻底解决乡村脏乱差问题困难较大。三是全区各地方整治工作进展不平衡。总体上看，经济发达镇乡村好于欠发达镇乡村；示范镇乡村好于一般的镇乡村；公路沿线镇乡村好于相对偏僻的镇乡村。虽然经过2年清洁乡村活动的集中整治，农村环境卫生有很大改观，但清洁乡村工作仍不可掉以轻心。“清洁家园”方面，农村环境卫生面貌还没有得到彻底改变；“清洁水源”方面，污水排放处理问题还没有得到根本解决；“清洁田园”方面，一些受污染的耕地还没有得到有效治理，部分地方甚至有恶化趋势。四是长效管理机制有待健全。目前全区各地建立了不少有关农村环境卫生保洁机制，但有些机制还没有很好地发挥作用。从调研的情况来看，大部分村屯都制订有村规民约，但在执行中落实不到位；机构不完善，保洁员配备不足，相关的激励和监督制度落实不到位。

（二）部分地方生态乡村建设推进工作抓得不严不实

一是一些地方领导重视程度不够。一些地方领导力量和投入精力不足；一些地方领导没有处理好乡村建设工作与其他工作的关系，没有突出重点、整体推进；一些地方领导对“乡村办”工作不重视，工作人员配置不得力，个别县“乡村办”主任甚至只挂名不管事。二是对生态乡村活动理解简单化。不少干部认为，村屯绿化就是种树，饮水净化就是通水，道路硬化就是修路。理解简单化必然导致将“三化”活动视同为相关部门常规工作的错误认识，与自治区党委政府把“三化”集中统筹推进的本意相悖，关心、支持和参与生态乡村活动都不够。三是对清洁乡村活动的理解片面化。不少同志认为，到了生态乡村活动阶段，清洁乡村建设工作就可以松一把劲了，思想麻痹，行动松懈。四是一些工作队员驻村工作虚浮化。一些地方驻村工作队员原本在派出单位就已是“钉子户”或闲杂人员，下点后无所事事、无所能事，做一天和尚撞一天钟，甚至对驻村工作的基本情况都不了解；一些地方的驻村工作队员存在到岗不到位、角色没摆正和工作不投入问题；一些地方工作队员驻村时间没有达到规定要求，下村少，甚至存在“两头不到岸”现象；一些贫困村党支部第一书记抱怨，乡村建设活动耗费了他们大量的时间和精力，使其无暇顾及扶贫工作，或是顾此失彼，等等。

（三）生态乡村建设所需人财物投入严重不足

生态乡村活动阶段的工作涵盖“三化”专项活动推进工作和清洁乡村成效巩固提升工作，任务艰巨、工作量大、技术性强，需要众多部门单位人员的支持、协调，需要大量资金和物资的整合、协同。就人力而言，仅以2015年选派工作队和工作队员为例，全区共选派111支工作队、5万多名干部进村入户。就财力而言，2015年自治区财政对生态乡村建设资金安排达72.735亿元（见表2）。根据《“美丽广西·生态乡村”活动指导意见》及配套活动开展指南，对容易测算资金投入的道路硬化专项活动所需资金进行初步测算，两年期内要集中建设通建制村、自然屯和林场的道路8000公里，所需资金已近百亿元。生态乡村活动同样需要大量物资投入，绿化苗木、饮水管网、硬化物料等需要做大量的前期准备工作。可见，持续、大量的人财物投入对我区基础差、底子薄、起点低的区情是一个严峻考验。

表2　2015年自治区财政对生态乡村活动的资金安排

投入资金	资金来源
72.735亿元	自治区本级财政安排专项资金。自治区本级财力安排和预算内基本建设投资安排5.5亿元用作生态乡村专项资金
	自治区财政通过调整和优化支出结构，整合各项涉农资金67.235亿元

（四）全社会力量参与生态乡村建设的积极性不够高

2013年清洁乡村活动启动时，全社会力量参与活动的积极性相当高涨。一副对联真切地描绘了这一情景：“千家万户齐参与清洁乡村，万众一心共建造美丽广西。”各地各级干部迅速行动，奔赴一线，抓村包点，社会各界如外出务工人员、志愿者、外地客商和学生，特别是农村从3岁的小孩到80岁的老人，以不同方式支持活动开展。全区上下、各行各业有钱出钱，有力出力，有物出物，汇聚了一股积极参与活动的正能量，形成了群策群力描绘美丽广西、同心同德创建清洁乡村的良好氛围。相较于清洁乡村活动的启动，生态乡村活动启动以来全社会力量参与积极性有所下降，特别是部分地方农民主体作用发挥不尽如人意。与清洁乡村活动阶段全村屯覆盖的情况不同，生态乡村活动阶段采用的是村屯分类重点推进，主要资源集中倾斜向数量占比很小的示范村屯和贫困村屯，大部分普通村屯受益有限。如果不能处理好示范村屯、贫困村屯与普通村屯之间的关系，就有可能造成普通村屯的部分农民对当地党委、政府和干部有看法，当他们从不同渠道了解到示范村屯和贫困村屯在开展生态乡村活动中获得的政策支持力度大、安排的资金和项目比自己村屯多时，难免埋怨本村屯干部争取不到政策、资金、项目，他们参与生态乡村活动的积极性由此大为受挫。

（五）生态优势转化为产业优势的途径不够多

“绿水青山就是金山银山”。我区山清水秀生态美，丰富的生态资源已成为我区的金字招牌，要牢固树立生态立区战略，大力发展生态经济，深入推进生态文明建设，努力把生态优势转变为产业优势和发展优势，走出一条具有广西特色的产业强、百姓富、生态美的绿色转型、绿色崛起之路。在“美丽广西”乡村建设活动取得阶段性成绩、凸显我区生态优势的同时，应该清楚地看到，我区生态环境仍然十分脆弱，将生态优势转化为产业优势的途径还比较艰辛。我区素有“八山一水一分田”之称，山地和丘陵占了全区总面积的74.8%，自然资源分布不均匀，开发利用的难度较大。桂西北与云南、贵州相邻的地区为喀斯特地貌，植被覆盖率低，人畜饮水困难。我区气象灾害相当频繁，经常受到干旱、洪涝、低温冷害、霜冻、大风、冰雹、雷暴和热带气旋的危害，其中以旱涝最突出。在相对发达的广西北部湾经济区，生态环境建设也不容乐观：工业废水、废渣和有害物大量排入海洋，使沿海水质遭到不同程度的污染，海洋水生物环境遭到破坏；北部湾地区主要环保设施不完善，城乡生活垃圾填埋处理过于简单，造成处理场周围的环境污染，尤其是地下水质污染严重等。可见，把我区生态优势转变为产业优势还有许多需要努力之处。

（六）营造生态乡村活动浓厚声势氛围的难度加大

生态乡村活动是群众性的活动，宣传发动工作很重要。活动从2014年11月启动至今，已有1年的时间，但与清洁乡村启动时的情况相比，舆论氛围和社会关注度相对差一些，甚至可以说差很多，该有的声势还没有；阶段性成效不突出，该有的效果没见到。有些地方的宣传专栏连一句相关标语都没有，收看当地电视、收听当地广播、查阅当地报纸，有关生态乡村活动的宣传内容也很少。老百姓说不清“三化”是什么，不了解活动由谁来搞和怎么搞，甚至一些县的主要领导也答不全、说不准“三化”的核心内容。较大规模的“三化”活动开展场面少见，不少地方冷火秋烟，连活动计划安排都没有。与此同时，有关清洁乡村建设的宣传工作在生态乡村活动阶段被淡化了，甚至销声匿迹了。从客观上讲，营造生态乡村活动浓厚的声势氛围困难与生态乡村活动本身的特点有关，不像清洁乡村那样容易搞“人海战术”，可以铺天盖地搞大扫除。但从主观上讲，我们对生态乡村活动阶段宣传工作的特殊性认识不够，没有找到这一阶段宣传工作的规律，不少地方领导干部重视程度下降、活动热情减少、工作方式陈旧、推进力度不够。这要求我们在工作认识、态度、方法等方面要有新突破，把宣传动员工作做到位，确保生态乡村建设活动力度不减、热度不降、成效更明显。

四、建立“美丽广西”生态乡村建设长效机制的经验、借鉴及启示

我区在开展“美丽广西·清洁乡村”活动阶段，总结出不少好的经验，外

地在推进乡村建设过程中值得借鉴的好做法也很多。推动我区生态乡村建设长期长效开展，要认真汲取我区在清洁乡村活动阶段的好经验，借鉴外地乡村建设的好做法，因势利导、因地制宜，大胆探索机制创新方式方法，走出符合形势要求、有广西特色的生态乡村建设新路子。

（一）开展“美丽广西·清洁乡村”活动的经验

1. “清洁家园”活动推动农村垃圾处理体系逐步完善

全区各地在开展“清洁家园”专项活动中，推进农村垃圾综合处理示范村屯建设，完善农村生活垃圾处理技术，基本建立起“村收—镇运—县处理”的垃圾处理体系，专项活动取得了阶段性成果。

（1）统筹规划，逐步推进全区农村垃圾综合处理示范村屯建设。全区各县（市、区）编制县域垃圾处理专项规划，明确县域生活垃圾设施建设的范围、布局、标准和要求，逐步完善环卫设施，建立长效机制和管理体系，整体提高农村生活垃圾的减量化、资源化和无害化处理水平。组织开展“清洁家园”农村垃圾综合处理示范村屯建设，2014 年底全区按计划完成了 2000 个农村垃圾处理综合示范村屯建设。

（2）技术引领，不断完善全区农村生活垃圾处理技术。先后印发《广西农村生活垃圾处理技术指引（试行）》《关于进一步完善我区农村垃圾处理技术攻关工作实施方案》《关于推进广西农村生活垃圾分类收运处理工作实施方案》等文件，为全区各地选择符合本地实际的处理技术和方案、正确开展垃圾处理工作提供科学参考。各地组织专家服务队或技术小分队，深入基层开展技术服务。在经过各考察调研组推荐及专家认真负责评审的基础上，初步推荐两类 13 种较为适合我区农村实际的垃圾处理技术方案，经审定后供各地参考借鉴和推广使用。组织专家深入研究水泥窑、沼气池、太阳能等方式协同处理垃圾的新技术、新政策，为进一步提升农村垃圾处理的科学技术水平积累经验。

（3）完善设施，基本建立全区“村收—镇运—县处理”的垃圾处理体系。全区各地在开展“清洁家园”活动中，边清理边建设，边治理边完善，统筹各方力量，不断加大基础设施建设的投入，农村环卫处理设施得到不断的充实和完善。在全区 75 个县开展的“村收—镇运—县处理”试点项目建设于 2013 年底如期完成，基本实现了以县城为中心的农村垃圾“村收—镇运—县处理”集运处理 20 公里范围内的全覆盖。

2. “清洁水源”活动推进水环境大为改观

“清洁水源”专项活动的开展，使全区“垃圾围村堵河塞塘、污水直排沟渠”现象得到有效遏制，乡村水环境卫生面貌明显改观。

（1）相关技术为活动开展提供有力支撑。由技术专家组成的技术调研服务队，深入基层开展实地大调研和指导服务活动，结合“清洁水源”任务，针对各村屯社会经济情况，介绍“三级化粪池 + 小型人工湿地”“厌氧水解 + 稳定塘（氧化塘）+ 生态景观”一体化处理等污水处理工艺，指导不同村屯因地制宜地选择处理技术。编制《广西农村环保工作手册》《“美丽广西·清洁乡村”——“清洁水源”专项活动技术指南（试行）》《广西农村生活污水处理技术指南（试行）》等，组织开展“清洁水源”（净化池塘）技术攻关，为“清洁水源”专项活动提供有力的技术支撑。

（2）乡村水体垃圾得到全面清理。截至 2014 年底，全区共开展清洁水源专项整治活动 17 多万次，出动近 600 万人次集中对小溪流、河流、湖库、池塘、沟渠水体开展清洁行动，打捞堆积和水面漂浮的生活垃圾和畜禽尸体 20 多万吨，清理湖泊、河流、池塘近 23 万处（条），清理水源地周边畜禽粪堆近 2 万处，建成和运行的村屯集中式污水处理设施约 1600 处，落实污水处理设施运行维护经费约 650 万元。

（3）农村环境连片整治工作扎实推进。通过举办农村环境连片整治示范工作培训班，提升基层工作队伍服务“清洁水源”专项活动的能力。在漓江流域、桂东南西江流域、桂中红水河流域、北部湾沿海地区四个重点区域内，选择 22 个示范县 564 个建制村开展农村环境连片整治示范，总投资多达 5.5 亿元，建设 569 座集中式污水处理设施、31 座垃圾中转站和 9 座垃圾热解焚烧炉。

（4）全区农村水环境监测、监察得到全面加强。要求每个县在辖区内选择典型村屯开展农村饮用水水源地水质监测，在农村环境连片整治示范村选择 20% 村屯生活污水处理设施开展生活污水处理效率和纳污水体水质监测。以农村饮用水水源地周边工业、生活、畜禽养殖等污染源排查整治为重点，开展农村饮用水水源地污染源排查和农村突出环境问题专项执法检查，积极解决影响群众健康的突出环境问题。

（5）全区水污染事故发生率大幅降低。以 2013 年“环境安全年”为主题，始终保持环境监管的高压态势，先后开展五次“环境安全年行动”和环境安全隐患大清查大整治行动。2013 年全区发生突发环境事件总数下降 25%，发生较大以上环境事件总数下降 50%。扎实开展九洲江流域综合治理，广东、广西两省区共筹资 6 亿元，重点治理工业污水、生活污水和养殖污水，有效防止了九洲江流域污染事故发生。

3. “清洁田园”活动有效改善农业生态环境

全区各地在开展“清洁田园”专项活动中以实现产地安全、产品安全、产业安全“三大安全”为目标，扎实推进“十大工程”“十大技术”，全面开展“田间地头顺手捡行动”，合力打造绿色生态田园，全区农业生态环境明显改善。

（1）突出内涵式清洁理念，创新实施“十大工程”“十大技术”。活动形式从田间地表清洁向田园生态洁净推进，活动内容从发动清捡垃圾向推动清洁生产拓展，活动时效从两年集中整治向长期持续推进延伸，始终将农产品质量安全贯穿于农业生产和“清洁田园”的全过程。整合投入项目资金5000万元实施清洁田园“十大工程”和“十大技术”，构建活动长效开展的科技支撑。

（2）全民动员开展“田间地头顺手捡”活动。干群互动，上下联动，广泛组织基层干部、农业生产经营者和广大农民群众，集中清捡整治田间地头的农药、化肥包装物及废弃农用塑料薄膜、秧盘等农业生产废弃物，提倡人人动手、天天清捡、村村推动，日积月累、潜移默化，使农民群众逐渐改变落后的生产方式和迂腐的生态理念。

（3）建设高标准示范田园，加快发展生态农业、循环农业。整合万元村屯示范建设、“三品一标”标准化生产示范建设、农作物病虫害综合防治、农作物水肥一体化技术示范、生态循环农业等项目资源，重点部署建设305个自治区级“清洁田园”示范片，做到选精取优，打造标杆，以点带面，有效发挥示范带动效应。全区共建立高标准“清洁田园”示范片（点）3205个，有力推动了现代农业发展。

（4）建立可追溯安全体系，不断增强农产品安全保障能力。把农产品质量安全监管工作融入“清洁田园”活动。全面推广农业清洁生产实用技术，实现农业化学品减量增效，从生产源头上减少农业废弃物的产生量，减轻农业面源污染，把好“源头关”；做好农田土壤及农产品重金属污染普查和监测工作，抓好农业种植规划，制定落实各项防控措施，为农产品质量安全提供良好的环境条件，把好“基础关”；推进农产品质量安全体系建设，强化农业化学品管理，实行产前、产中、产后全程质量跟踪，把好“监管关”，努力实现产地环境、农产品、农业产业“三大安全”。

（5）创新常态化清洁机制，推进“田园清洁”活动持续有效开展。建立活动挂点联系和督查指导工作制度，指导全区各地科学制定“清洁田园”活动村规民约和农业清洁生产行为规范，引导广大农民群众和农业生产经营者养成良好的生产习惯、转变农业发展方式。探索建立村级清洁田园监督员队伍，发挥基层监督作用。及时制定、下发废弃农资及包装物回收处理方案，逐步实现用制度推进活动持续、有效开展。

（二）东中西部地区代表省份开展美丽乡村建设的做法借鉴

全国各地开展美丽乡村建设值得我区学习借鉴的省份很多，本研究有针对性地选择我国东中西部地区有代表性的省份，东部地区以浙江省为例，中部地区以湖北省为例，西部地区以贵州省为例，认真梳理这些地区的好做法，以供借鉴。

1. 浙江省“千村示范万村整治”工程

为改善农村生产生活条件和农村面貌，推进城乡统筹发展，2003～2007年浙江省实施了“千村示范万村整治”工程，集中用5年的时间，以1000个示范村为引领，以一带十，对1万个村进行环境整治，揭开了浙江美丽乡村建设的宏伟篇章。2013 年习近平总书记作出重要指示，强调要认真总结浙江省开展“千村示范万村整治”工程的经验并加以推广。浙江省“千村示范万村整治”工程成效显著（见表 3），其值得借鉴的做法有：

（1）从重点突破自然村落向连片整治演进。浙江各地充分发挥之前培育村庄整治建设典型的示范带动作用，从点到线，从线到面，全面铺开了整乡整镇的村庄整治建设行动。

（2）从着力改善村容村貌向整体治理区域环境演进。浙江各地在继续开展垃圾收集、沟池河清理、露天粪坑清除、道路修筑、村庄绿化等改善村容村貌工作的同时，着重建设垃圾集中收集处理体系和沼气池、污水净化池等污染物、污水处理系统。

（3）从率先整治人居环境向配套发展社区服务演进。浙江各地在继续推进村内道路、村庄环境、住房外观、休憩场所等人居环境建设的同时，适应农民群众全面提高生活质量的要求，着力推动城市公共服务和商业服务网络向农村社区延伸，加快农村社区公共服务体系建设和社区服务业发展。浙江省许多地方的农村都建有老年公寓、幼儿园、农民夜校等服务设施。

（4）从就地改造自然村落开始向集聚优化村庄布局演进。浙江各地在县域村庄布局规划的指导下，一方面继续对符合布局规划的村庄进行就地整治建设，另一方面注重对不符合布局规划的行政村和自然村进行拆并，推动中心村建设和农村人口集中居住。

（5）从单纯建设村庄环境开始向联动开发特色产业演进。浙江各地在推进村庄整治建设中，顺应城乡居民休闲旅游需求的兴起，大力发展以“农家乐”为代表的乡村休闲旅游业。这种态势开辟了农民增加收入的新门路，展现了生态经济的勃勃生机和美好前景。同时，浙江经济发达地区的一些城郊村、园边村在推进中心村建设时，利用“集体留用地政策”，通过投资建设标准厂房、民工公寓等物业项目，发展物业经营，增加了集体经济收入，扩大了农民就业。

表 3　浙江省“千村示范万村整治”工程演变进程

工程起始状态	⟶	工程终结状态
自然村落重点突破	⟶	连片整治
村容村貌改善	⟶	区域环境整体治理
人居环境整治	⟶	社区服务配套发展
自然村落就地改造	⟶	村庄布局集聚优化
村庄环境单纯建设	⟶	特色产业联动开发

2. 湖北省“三万”活动

从 2011 年起，湖北省以推动干部下基层常态化、机制化为重点，一年一个主题，先后开展了“万名干部进万村入万户”“万名干部进万村挖万塘”“万名干部进万村洁万家”“万名干部进万村惠万民”活动，在全国产生了广泛影响，成为湖北省群众工作、党建工作和农村工作的响亮品牌。其值得借鉴的做法有：

（1）强化组织领导。湖北省始终把“三万”活动作为“一把手工程”来抓，各级党政主要领导亲自挂帅，率先垂范，为活动开展提供了强大的组织保障。

（2）抓好资金筹措。湖北省用“六个一点”有效破解资金筹措难题：一是财政以奖代补筹措一点，二是涉农项目资金整合一点，三是受益农民出资一点，四是企业、社会捐助一点，五是各级工作组帮扶一点，六是通过产权制度改革筹集一点。

（3）找准切入点。湖北省每一轮“三万”活动都紧紧围绕加快农村发展、为民务实的要求，目标清晰，任务具体，标准适度，工作方案操作性强，整个活动发动有声势，推进有节奏，问责有对象，验收有标准。

（4）发挥群众主体作用。湖北省在开展活动中最重要、最根本的一条经验就是广泛发动群众。通过干部引导，宣传政策，走访农户，帮助群众解决实际问题，充分调动农民群众积极性，使群众成为活动的主体，形成上下联动、群策群力的工作局面。

（5）形成长效机制。湖北省开展“三万”活动非常重视长效机制建设，每年一个主题，相应地形成了一个稳定的长效机制。通过“入万户”活动形成帮扶困难群众的长效机制，通过“挖万塘”活动形成小型水利设施建设管理的长效机制，通过“洁万家”活动形成保持清洁的长效机制，通过“惠万民”活动形成增进与农民群众感情的长效机制（见表4）。

表4　湖北省“三万”活动主题与长效机制建立

主题名称	长效机制建立
“入万户”活动	形成帮扶困难群众的长效机制
“挖万塘”活动	形成小型水利设施建设管理的长效机制
“洁万家”活动	形成保持清洁的长效机制
“惠万民”活动	形成增进与农民群众感情的长效机制

3. 贵州省“四在农家·美丽乡村”创建活动

2013年以来，贵州省以“富在农家、学在农家、乐在农家、美在农家”为目标，实施“小康路、小康水、小康房、小康电、小康讯、小康寨”六项行动计划的美丽乡村创建活动，着力改善农村人居环境，极大地推动了扶贫攻坚、同步小康进程。2015年6月，习近平总书记到贵州省调研，对“四在农家·美丽乡村”建设给予肯定，在遵义花茂村考察时感慨“在这里找到乡愁了”。其值得借鉴的做法有：

（1）解决突出问题补短板，保障农民基本生活条件。贵州省以农民最急需、农村最薄弱的“路、水、房、电、讯、寨”为切入点，大力实施“六项行动计划”，全面解决农村“行路难、用水难、住房难、用电难、通讯难、环境改善难”等“老大难”问题（见表5）。

表5　贵州省“四在农家·美丽乡村”创建活动的成效

问题	行路难	用水难	住房难	用电难	通讯难	环境改善难
办法	小康路	小康水	小康房	小康电	小康讯	小康寨
目标	富在农家、学在农家、乐在农家、美在农家					

（2）举优势打造乡村美丽，努力改善农村人居环境。一是发挥生态优势，打造“景村相融”的贵州村落。编制《村庄风貌规划设计技术导则》，以“显山、露水、留白”的手法建设滨水型、伴山型、田园型、依山傍水型四类村落，打造6000多个与山水风光相依相伴、与民族文化相生相融、“各美其美、美美与共”的“贵州村落”。二是发挥传统文化优势，传承“多彩贵州”的文化记忆。起草制定全国首个《传统村落保护发展条例（草案）》，做到全省426个中国传统村落村村有保护规划、有实施方案、有专家驻村指导。挖掘代表贵州文化“脸谱”的建筑元素，提升农村民居风貌。例如，指导建设“小青瓦、坡屋顶、转角楼、三合院、雕花窗、白粉墙、穿斗枋”的黔北民居，“合院式、石墙石屋盖、三房一照壁”的屯堡建筑，“吊脚楼、垂花柱、美人靠、雕花窗”的苗族建筑等。

（3）健全机制抓责任落实，确保创建活动扎实开展。贵州省按照定路线图、定工作量、定时间表、定责任人，不断探索、大力推进“四在农家·美丽乡村”创建工作。一是以“四个纳入”落实责任。创建活动纳入经济社会发展总体规划，纳入市县党政班子工作实绩考核评价体系，纳入党委政府年度重点工作目标考核体系，纳入全面建成小康社会评价体系。二是探索“1+*N*”模式推动镇村联动发展。通过推广“1+*N*”模式，实现100个示范小城镇带动周边200多个美丽乡村联动发展。三是推动财政投入“放大”使用。组建省级新型城镇化投融资平台，统筹部门投入，承接国开行、农发行为贵州提供的1500亿元城乡统筹基金、1800亿元改善农村人居环境信贷资金落地，放大资金投入效应。

（三）若干启示

昔可今鉴，他山石可攻玉。学习经验借鉴用之于我区必须立足自身实际，立足解决关键问题，立足赶超跨越。

1. 坚持节约资源和保护环境相结合

生态乡村建设事业功在当代、利在千秋。节约资源和保护环境是我国的基本国策，是建立“美丽广西”生态乡村建设长效机制的基本遵循。坚持节约资源和保护环境相结合，就是以节约优先、保护优先、自然恢复优先为方针，着力树立生态观念、完善生态制度、维护生态安全、优化生态环境，形成节约资源和保护环境的空间格局、产业结构、生产方式、生活方式。节约资源是生态乡村建设的根本之策，要大力节约、集约利用资源，推动资源利用方式根本转变，大幅降低能源、水、土地消耗强度，大力发展循环经济，促进农业生产、流通、消费过程的减量化、资源化和再利用；要以解决损害群众健康的突出环境问题为重点，坚持预防为主、综合治理，强化水、土壤污染防治。保护环境是生态乡村建设的目标指向，要清醒认识保护生态环境、治理环境污染的紧迫性和艰巨性，清醒认识加强生态文明建设的重要性和必要性，以对农民群众、对子孙后代高度负责的态度和责任，真正下决心把环境污染治理好、把生态环境建设好，努力走向社会主义新农村、生态文明新时代，为农民群众创造良好的生产生活环境。

2. 坚持顶层设计和基层创新相结合

生态乡村建设需要自上而下的顶层设计与自下而上的基层创新相结合，顶层设计为基层创新提供方向和保证，确保基层创新不走样；基层创新为顶层设计提供实践和依据，确保顶层设计“接地气”。顶层设计必须牢固树立习近平总书记提出的“绿水青山就是金山银山”的重要思想，以《美丽乡村建设指南》国家标准为我区开展生态乡村建设的框架性、方向性技术指导，在生态保护全景下构建更加完善的生态乡村建设政策推进体系，根据地理环境、自然风貌、人文景观等特点高起点编制镇村布局、生产力布局、水资源、土地利用、农民集中居住区、生态保护区等专项规划，明确不同区位、不同类型镇村在生态乡村建设的重点和时序。基层创新要坚持从基层实际出发，充分尊重地方、基层和群众在生态乡村建设中的首创精神，鼓励、支持大胆探索和创新，使基层创新在思想认识、政府决策、科技攻关、社会行动方面为顶层设计提供脚本、积累经验，防止顶层设计成为“空中楼阁”。

3. 坚持改善农村人居环境与保留乡土乡愁韵味相结合

改善农村人居环境事关生态乡村建设长远发展，事关我区如期全面建成小康社会。改善我区农村人居环境要坚定走一条后发展欠发达地区的新路子，要把生态乡村建设和改善农村人居环境工作作为一项长期任务来抓，作为一项统筹城乡发展的系统工程、民生工程来抓，打好攻坚战和持久战。要紧扣严重影响农村人居环境、脏乱差等突出问题，巩固提升清洁乡村活动成效，让农民群众看到实实在在的改变。开展生态乡村建设要深入挖掘农村生活内涵、乡愁记忆和乡土文化，使农村更像农村。要充分尊重农村生产生活实际，统筹考虑农村山、水、田、林、路，科学布局村屯生产空间、生活空间、公共休闲活动空间，不搞千村一面。要塑造民居建筑特色，根据山区、丘陵、平原和沿海、沿江、沿边等不同地区的历史传承、地域特色、民俗风格，推进农房乡土化修建改造，形成多姿多彩、风格各异的民居建筑特色。要营造农村风情环境，鼓励采用生态化、乡土化、本土化的办法，整治村屯道路、院墙、水系、院落、绿廊等环境要素。

4. 坚持干部引领和农民参与相结合

农民能不能发动起来，关键看干部。干部是党委政府连接农民群众的桥梁和纽带，要善于建立以农民需求为导向的引导机制，增强政府对农民创造性需求的回应，激发农民参与生态乡村建设的动机与内在潜能。要善于把大量分散的个体农民组织起来，引导其参与改变他们自身生产生活环境的乡村建设。各级党委政府和村级党组织要发挥模范带头作用，身体力行投身生态乡村建设的“主战场”，要有会做新时期农民工作的能力，学会尊重农民、倾听农民、发动农民、组织农民，善于借用民间组织的力量，共同打造生态乡村建设的合力。农民参与的关键是要充分发挥村民理事会的自治组织作用，突出自我规划、自我筹措、自我修建、自我管理、自我监督，干部不替农民做主，不代农民决策，把具体活动的操作程序和实践程度交由组织起来的农民群众自己决定，对活动的评价检验也交由农村群众自查自纠，农民群众才会真正把生态乡村建设转变为自觉行动。

5. 示范带动与因地制宜相结合

坚持以点带面，按照“抓点、带线、促面”的要求，在基础条件好、群众积极性高、富有代表性的村屯采取领导抓点的办法，以县为单位整合资源，集中力量培育打造一批村屯绿化、饮水净化、道路硬化、农村建设管理等生态乡村建设的微观样板，借助示范村、示范项目、示范点的辐射作用，力求形成集群效应，实现全面推进生态乡村建设的格局，确保广大群众普遍受益。充分尊重乡村客观实际，以群众满意为标准，立足基础，发挥优势，突出特色，不照搬城市建设模式，不搞人为整齐划一。根据地理区位、人口规模、发展水平、资源禀赋、民俗文化等基础条件，科学确定不同的目标任务、方法路径。生态产业发展、生态家园建设不能照搬照套，搞成一个模式、一种做法，区别对待种植型、养殖型、旅游型、保护型等各类村屯，差别化指导推进。

6. 坚持立行立改与久久为功相结合

在生态乡村建设过程中，只有坚持立行立改与久久为功相结合，才能有效设定近期目标和远期目标并付诸行动。近期目标要坚持立行立改的做法，在重点领域、重点区域中显现出成效来，否则群众看不见、感受不到成效，群众参与的积极性就会降低。要以问题为导向，运用好网格责任、考评表彰、问责问效等手段，发现问题及时采取行动解决。同时，要做好建章立制工作，注重政策执行的实效，结合基层实践经验，对我区近年出台的相关制度措施逐一“过筛子”，适用的继续抓好贯彻执行，有缺陷的根据形势变化做好修订完善，过时的及时予以废止，由此建立起一套适合生态乡村建设长期稳定的机制，并产生普及与持久的效应。远期目标要摸索长效机制，借助全面深化改革的强大动力，充分发挥市场机制的决定性作用，更好地发挥政府职能作用，结合新阶段的任务和目标，创新动力机制，创新活动载体，找到活动新抓手。生态乡村建设不能是一阵风、走过场，必须坚持抓常、抓细、抓长，在运行机制、创新机制、完善机制等环节持续发力。同时，要有过硬的作风。没有过硬的作风保证，没有真抓实干的担当精神，很容易松懈疲沓，很可能事倍功半。必须拿出持续努力、久久为功的干劲和韧劲，确保生态乡村建设有重点、有声势、有成效。

五、“美丽广西”生态乡村建设长效机制的重点内容和运行措施保障

好的机制是推动工作落实的法宝。长期保证生态乡村建设正常运行并发挥预期效果，需要系列制度化方法系统或制度体系的机制创新及保障。生态乡村建设长效机制涉及方方面面的内容，就人、财、物而言，重点突出目标责任机制、自我管理机制、资金保障机制、市场运作与激励机制、技术支撑机制和宣传教育机制。其中，目标责任机制和自我管理机制主要是针对人的责任担当和主体作用发挥而言的；资金保障机制和市场运作与激励机制主要是针对资金在政府和市场发挥作用大小的份额配置；技术支撑机制和宣传教育机制主要是针对实现生态乡村建设预期目标所必要的物资保障而言的。以上六个机制各有侧重、相互关联、融为一体（见图4）。随着生态乡村建设持续深入开展，碰到的可以预见和不可预见的机制制约问题就越多，越需要更多运用长效机制创新的办法来解决建设中碰到的问题，结合实际探索一套适合自身特点、农民群众普遍拥护、行之有效和能管长远、可复制、易推广的制度化方法系统或制度体系，确保生态乡村建设推进顺利、成效明显、作用持久。

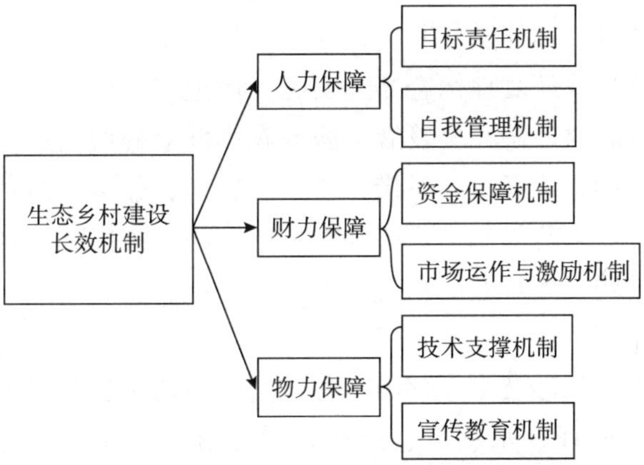

图4　生态乡村建设长效机制的重点内容

（一）目标责任机制

探索建立行之有效的目标责任机制，是长期长效推进生态乡村建设的组织保障。

1. 强化高位推进分片包干

各级党委、政府要把生态乡村建设摆在突出位置，坚持高位推进，主要领导亲自抓、负总责，分管领导具体抓、负全责，一级抓一级，层层抓落实。要把生态乡村建设作为推进生态文明建设的重要载体和主要抓手，纳入广西国民经济和社会发展“十三五”规划。各级乡村建设领导小组要加强协调，周密部署，统

筹整合各种资源和力量，整体推进。强化从自治区到市县乡村五级主要领导亲自抓生态乡村建设工作，分片包干，分级负责，明确责任。自治区、市、县、乡选派干部组成工作组，进村入户，紧紧依靠村“两委”，广泛动员组织群众参与生态乡村建设，形成干部引导、群众参与、上下联动的良好氛围。

2. 提高干部一线工作能力

村屯一线是生态乡村建设的主战场，干部是生态乡村建设的组织者、推动者。各级干部要带头走出机关、走向一线，做到干部在一线指挥、工作在一线推动、措施在一线落实、问题在一线解决。一是提高各级乡村办干部的牵引力。乡村办干部要当好方案的设计者、计划的推动者、动态的跟踪者、知识的传播者、行为的示范者，树立一个好导向，形成一种好风气，带出一片好现象。二是提高乡镇干部的执行力。乡镇干部是党和政府在基层的代言人，在生态乡村建设方面发挥着不可替代的作用。乡镇干部要牢固树立宗旨意识、责任意识、落实意识，工作严谨细致，有布置、有检查、有督促，一抓到底，真正使生态乡村建设工作体现在农村经济发展、农村社会稳定、农民生活富裕上。三是提高村“两委”干部的战斗力。村“两委”干部是村屯的领导者、带头人，直接推动、贯彻、实施生态乡村建设工作。村“两委”干部要有思想、有志气、有办法，要善于用务实管用的办法解决生态乡村建设过程中遇到的突出问题。四是提高工作队员的胜任力。工作队员必须能胜任其责，才能做好“美丽广西”乡村建设（扶贫）各项工作。工作队员要认真地结合当地实际，增进与当地群众的感情，找准生态乡村建设工作服务农村经济社会发展、服务农民群众的切入点，积极探索开展环境保护和生态建设的新途径、新举措，科学、有序、务实、高效地推进工作。工作队员要注意发挥好自身的知识优势和派出单位的资源优势，真正从为驻村办实事、做好事、破难题、解难题的角度出发开展工作。

3. 加强部门协作

生态乡村建设工作涉及多个部门，各部门必须切实履职尽责，齐抓共管，密切协作。自治区林业厅、水利厅、交通运输厅作为“村屯绿化”“饮水净化”“道路硬化”三个专项活动的牵头部门，要切实担负起牵头职责，抓好组织协调指导工作，召集相关部门研究制定好总的工作计划、任务细化表及时间进度表，协调相关部门解决存在问题，确保按质如期完成任务。各成员单位要密切配合，相互支持，形成合力，除了按照生态乡村活动自治区单位任务分工表抓好任务落实之外，还要结合自身职能优势和行业特点，创造性地开展一些富有特色的活动，努力把“规定动作”做到位、“自选动作”做出彩，要在政策制定、工作部署、财力投放、干部配备等方面切实向乡村建设倾斜，把生态乡村建设引向深入。

4. 严格督查问责

把督查问责作为推动生态乡村建设的重要手段，建立健全检查、曝光、跟进、处理的督查问责制度，抓住重点内容定期不定期开展明察暗访，始终保持督查工作的高压态势，增强督查的导向性、针对性、实效性。探索建立健全督查检查常态化的工作措施，可采用政府购买第三方服务的形式，聘请第三方进行实地督查，以体现公正、公开、公平，反复查、查反复，把经常性督查作为倒逼生态乡村建设长效机制建立的重要举措，确保生态乡村建设各项工作任务不折不扣地落实。严格督查要求，创新督查方式，营造督查氛围，传导工作压力，对因主观原因导致任务完成不力、政策执行偏差较大、问题较突出、群众意见较多的地方和部门要严格追究责任。推介督查发现的先进典型，持续营造以督查促工作、以整改促落实的良好局面。南宁市的“电视问政”节目值得借鉴，自治区可适时推出“美丽广西”精准扶贫暨生态乡村建设电视问责栏目。

5. 加大考核评价成果运用

围绕生态乡村活动“三化”专项任务，按照统一规划、集中投入、分步实施的思路，合理确定各地生态乡村建设考核重点和考核内容。考核评价指标要因地制宜、分类设置，体现目标任务考核的针对性、导向性和实效性。科学运用考核结果，将考核纳入各级党政领导班子和干部综合考核、自治区对各市目标管理绩效考核，把考核结果作为评价市、县党政领导班子政绩和干部选拔任用的重要依据。

6. 鼓励地方积极探索开拓创新

一是鼓励地方探索设立“美丽广西”乡村建设常设机构。地方探索建立固定的常设机构，有利于通过组织的常态化铸就乡村建设的常态化。目前区外一些兄弟省份已在市县级设立有固定的工作机构。我区一些县份也尝试设立了固定的工作机构，定级、定编、定责开展工作，应认真研究，予以先行先试。二是党的十八届五中全会提出实行省以下环保机构监测监察执法垂直管理制度，是对我国环保管理体制的一项重大改革。广西要加快开拓这项改革的地方试点，以利于增强环境执法的统一性、权威性、有效性。三是鼓励县环卫站向乡村延伸的创新。2014 年 4 月甘肃省敦煌市肃州镇成立了农村环卫站，15 名保洁员和 3 名管理员分村包段、专人专岗承担全镇的保洁任务；2015 年 7 月福建省莆田市灵川镇环卫站挂牌成立，工作站配备 108 名保洁员和 5 名管理员。目前我区已建立有稳定的村屯保洁员队伍，如何创新村屯保洁员管理的方式方法，外地的好做法可资借鉴。

（二）自我管理机制

村民是乡村的主人，是生态乡村建设的直接受益者。村民只有自己管好自己的家园，变“要我建”为“我要建”，才能确保生态乡村建设长期长效开展。

1. 坚持走法制保障与村民自我管理相结合的建设道路

改革开放以来，我国环境保护方面的立法逐步健全，颁布了诸多法律法规，但尚缺乏针对农村环境保护的专门立法，使得广大农村地区特别是西部民族农村地区还存在不少农民不知法、不懂法甚至有法不依的现象。2013 年“美丽广西”乡村建设重大活动开展以来，清洁乡村工作取得了显著成效，为凸显清洁乡村成效、巩固提升作为“美丽广西”乡村建设重大活动的基础性地位，将清洁乡村活动总结的经验、取得的成果纳入法制化轨道，尽快出台《广西壮族自治区乡村清洁条例》。为贯彻落实习近平总书记关于“绿水青山就是金山银山”的重要思想，保障广西生态乡村建设的长期长效开展，自治区政府应充分吸收《广西壮族自治区乡村清洁条例》起草、审查和立法的经验，及早着手《广西壮族自治区乡村生态条例》的立法计划。与此同时，切实发挥村规民约、行政村清洁乡村管理制度、村屯理事会制度等村民自我管理的“民间法”性质的作用，促进村民履行遵守村屯绿化、饮水净化、道路硬化等生态乡村建设的责任和义务。

2. 村规民约要务实、自主、接地气

村规民约真正发挥村民自我约束的作用，必须去行政化。一是要符合村屯实际。制定村规民约，既不能照搬城市的卫生管理制度，也不能照抄其他村屯的模板，更不能像法律文本一样复杂深奥。二是要体现村民意愿。村规民约必须在村民充分讨论的基础上自己商定，只有村民自己认可的村规民约，才有执行力和生命力，才能有监督约束作用。三是要通俗易懂。要将绿色生态理念通俗化、大众化地融进村规民约，让村民看得清、听得懂，才实用，才管用。

3. 充分发挥外出农民工建设家乡的积极性和能动性

广大农民群众是生态乡村建设的主体，外出农民工则是主体中的主体。必须充分发挥外出农民工的积极性和能动性，确保生态乡村建设更为长久、长效、常态。从生产力代表来看，我区外出农民工数量大、年轻力壮，与留守农民相比接受的教育程度较高，在外出务工的过程中开阔了眼界、开发了技能、开放了思想，他们相对于没有打工经历的村民而言，见识更多，语言表达更顺畅，对国家大政方针的理解更透彻，是农村生产力的先进代表。从扮演的角色来看，外出农民工由于普遍接受过现代城市文明的熏陶，大多改变了原来居住在农村的生活习惯，成为建设、发展家乡绿色生活的支持者、倡导者和示范者。从归属感来看，外出农民工面对城市交通的阻塞、噪声的喧嚣、混凝土的窒息、玻璃窗的隔绝，无不缅怀家乡的绿水青山以及农家的幽静和乡亲的和睦，他们对家乡的牵挂、眷恋和归属之感极大地激发他们积极投身到家乡生态建设当中。从资金捐助来看，外出农民工通过打工获得的工资性收入往往已构成农村家庭收入的主要来源，他们比留守的农民具有明显的财力优势，只要充分发挥他们的作用，他们是愿意而且能够捐款出资来建设生态家园的。总之，外出农民工虽然大部分时间在外打工，但是他们有财力、有主见、有眷恋、有期盼，只要做好引导和服务，为他们提供方便可行的支持家乡改善生态环境的途径，他们将会通过多种方式、多种渠道在开展生态乡村建设中迸发巨大的能量、发挥巨大的作用。

4. 鼓励农民参与生态乡村项目建设获得收入

生态乡村建设多以基础设施建设项目为载体，但中标公司多是外地公司，施工人员也是外地人员，本土村屯农民根本无法参与其中从事力所能及的基建劳动，致使他们参加、支持生态乡村建设的积极性大打折扣，甚至抵触和不配合，项目建设难以顺利开展。因此，必须创新招投标机制，在具体操作层面对村民组织参加基建活动给予一定的倾斜和支持，让他们能够在家门口务工获取收入，才会把农民的积极性极大激发出来，增强其自我管理的主动性。

5. 提高农民参与生态乡村建设的组织化程度

农民个体由于受知识、能力、眼界和个性等限制，缺乏沟通、理解、融入和合作等能力，哪怕想参加但却很难参加到生态乡村建设中去，解决这一问题的根本出路在于提高农民的组织化程度。探索建立农民合作性质的劳务派遣公司、工程承包施工队等经营组织以及各种专业性的种养殖经纪和中介组织，根据农民各自的特长做好组织内部分工协作，有意识地提升农民参与建设的组织能力、沟通能力和谈判能力，使之有能力有条件有优势全面和深入参与到生态乡村建设中去。

6. 支持建立专属农民的生态乡村开发建设平台

农民是万众创业之源，支持鼓励建立专属于农民的、具有经营性质的生态乡村开发建设平台。政府除了在用地、税收、贷款等方面支持生态乡村开发建设平台，使其在政府采购服务上获得“第一桶金”，还要创设条件让生态乡村开发建设平台参与农村基础设施、生态产业开发等项目建设。生态乡村开发建设平台自主经营多样化发展，兼具生态乡村公共建设的公益性职能职责，着力挖掘生态乡村建设与产业发展的增值空间，开展土地流转、旅游经营等盈利性项目，壮大自身经济实力，通过政策引导在自身努力的条件下，更多投入生态乡村公共建设，让农民切实享受到生态乡村建设的成果，不断提高农民自我建设、自我管理和自我发展的能力。

（三）资金保障机制

资金不足是生态乡村建设的突出短板，建立“财政专项资金引导、部门资金整合帮扶、社会资金支持、农民积极参与”的稳定投入机制，是长效开展生态乡村建设的关键。

1. 财政专项资金引导

发挥财政主渠道作用，继续加大各级财政投入力度，把生态乡村建设相关项目资金纳入各级财政预算，明确各级政府逐年以等于或略高于财政收入增速的标准不断提升生态乡村建设财政投入预算，满足生态乡村建设基本的、必要的投入。根据城乡基本公共服务均等化的要求，应该建立城市财政补偿农村环境的固定渠道，用生态补偿来体现社会公平。争取财政支出保基数覆盖到全区保洁员，切实提高保洁员队伍的稳定性和开展保洁工作的积极性。

2. 部门资金整合帮扶

聚合部门资金，统一规划，整体推进，力争生态乡村建设综合效益最大化。积极协调整合包括住建、环保、农业、林业、水利、扶贫、国土、交通、卫生等相关部门的涉农资金，每年安排专项资金，通过实施村屯绿化、饮水净化、道路硬化和卫生改厕、沼气民用等项目，共同提升农村的生态环境，形成“各炒一盘菜，共办一桌席”的局面。支持增强县级统筹资金分配使用能力，切实提高资金集中使用效益。

3. 社会资金支持

充分发挥财政资金的“撬动”功能，广泛吸引产业资本、专业技术等社会各方参与生态乡村建设，拓宽资金渠道，壮大投资规模。积极引导企业和社会组织围绕生态乡村建设，采取投资、捐款捐物、人才和技术支持、结对帮扶等方式，兴办医疗卫生、教育培训、社会福利、社会服务、文化旅游体育等各项事业。鼓励支持企业以多种投资方式建设农村生产生活基础设施。积极探索政府花钱购买服务和物业化管理等多种方式，支持建立农村公共基础设施管护机制。鼓励民间资本参与农家乐、休闲观光农业、特色农产品的开发经营。依法保障社会投资者合法利益、依法给予社会投资者公平待遇，使其在生态乡村建设中有投入、有收益。

4. 农民积极参与

充分调动农民群众投工投劳投资，积极参与生态乡村项目建设和管护，发扬民主，尊重农民意愿，大力推行项目公示制，接受群众监督，提高农业基础设施项目建设的透明度。要在相关建设主体平等协商的基础上，以村民民主决策、自愿筹资投劳为前提，签订项目实施合同，明确项目建设权利、责任和义务，强化农民群众自主管理，严格按照合同实施，积极探索建立村级公共设施村民自选自建自管自用和政府监管相结合的办法。

（四）市场运作与激励机制

生态乡村建设所需资金巨大，光靠财政投入既兜不起也铺不开。更好地发挥市场机制在资源配置中的决定性作用，把市场“无形之手”引入生态乡村建设领域，通过市场运作与激励机制，延伸政府“有形之手”，很有必要。

1. 建立生态乡村建设与开发的政银企村四方合作

推进政府担保和贴息补助、银行放贷、企业借款、乡村参与的生态乡村建设与开发的政银企村四方合作，让企业和乡村在生态乡村建设中真正成为主角，形成稳固的乡村基建投资模式、银行贷款风险控制机制、企业盈利空间、乡村建设发展路径等。根据我区农村实际，除了企业可以作为借款建设的主体外，把具备条件的乡村经济组织、经纪人组织甚至中介机构组织纳入借款主体的范畴，在支持乡村基础设施建设的同时促进乡村经济发展。

2. 发挥财政政策强力刺激市场的作用

健全市场在资源配置中起决定性作用和更好地发挥政府作用的制度体系，坚持凡是可以交给市场解决的都要想办法交给市场的原则，市场不能解决或者看似没有市场的要尝试以强力的财政刺激方式推动市场解决或者形成新的解决问题的市场。政府可以土地要素、贷款贴息、财政补贴、减免税收等方式支持企业进入生态乡村建设领域。对于市场难以作为的纯公共基础建设领域，则要使用大尺度的非常规手段，大幅度提升财政直接补贴的比例，用来补贴企业性质的实际建设实体，以强力刺激的方式推动形成市场。对于可以盈利的乡村基建领域，则采取贴息、减税等方式进行一般刺激，让企业在开发可盈利资源的同时同步建设乡村公共基础设施。

3. 创建乡村对接市场的平台

乡村由于缺信息、缺渠道，不知道怎么沟通和运作，难以从市场获得资金，因而创建乡村对接市场的平台很有必要。一是因势利导创建村企联谊与帮扶的对接平台。相关部门专门组织企业和村屯结对，定期和不定期参加有关培训、联谊、交流和帮扶活动，以此增进企业主和村屯互相了解，加强信息沟通，共同商讨和交流生态乡村发展事宜，争取企业支持生态乡村建设，在此过程中获得参加生态乡村建设与开发的机会，达到互利共赢的目的。二是创建乡村和企业投资合作的项目对接平台。从自治区到县乡组织定期和不定期召开不同层次的乡村项目招商引资对接会、展览会和洽谈会。每个乡村可规划设计一些可盈利项目，或者把可盈利项目和公共基础项目捆绑在一起，组织设计一批污水处理、道路硬化、垃圾回收利用、传统村落保护、生态产品开发等方面的乡村建设与开发项目，与会进行展示交流，引导市场资金进入生态乡村建设与开发领域，切实解决生态乡村建设的资金难题。

（五）技术支撑机制

强化技术支撑，建立技术攻关创新、技术支撑标准化、专家指导和技术惠民培训体系，是生态乡村建设的重要内容。

1. 加强技术攻关创新

围绕开展生态乡村建设的总体要求，在生态产业推广、循环经济促进、环境和土壤环境治理、受损生态环境修复等领域开展技术攻关，大力提高技术创新的支撑引领作用，推动相关技术成果的基层转化与应用示范。

2. 推行技术支撑标准化

建立适合不同乡村条件、低成本、易维护、管长远的生态环保适用技术体系和模式，开发农民易于接受的标准化“傻瓜”技术。

3. 重视专家指导

成立生态乡村建设专家指导委员会，聚集规划设计、景观建设和农业生产等方面的领导和专家，为生态乡村建设提供技术支撑以及咨询、论证、建议等服务。

4. 完善技术惠民培训

以民生需求为导向，将生态环境保护和节能减排技术纳入新型农民培训内容，推进生态环境、生态文明建设等领域的技术成果走进村屯，提高农民应用生态农业技术的能力和水平，惠及农民生活。

（六）宣传教育机制

习近平总书记强调："加强宣传教育，树立尊重自然、顺应自然、保护自然的理念。"推进生态乡村建设，必须宣传先导教育先行。建立健全宣传教育机制，事关生态乡村建设全局。要进一步强化政治意识、大局意识、责任意识、创新意识，全面做好宣传教育各项工作，努力开创我区生态乡村宣传教育新局面。

1. 构建生态乡村宣传教育新格局

建立由"政府主导、部门合作、企业明责、社团助力、公众参与"的宣传教育新格局，整合各方面力量，形成共建共享的宣教组织体系。政府部门要切实承担起主要职责、核心任务，做好生态乡村宣传教育的内容设计、规划制定和导向把握。尽快启动制定广西生态文明宣传教育纲要，将生态乡村建设纳入宣传教育纲要，统一规划、统一部署、统一实施。社会力量要积极参与其中，准确把握职责，发挥自身优势，丰富宣传教育的多样性，提高社会化和特色化水平。

2. 创建生态乡村宣传教育新方式

制定更为灵活的扶持政策，为开展生态乡村宣传教育的主体创造公平、同等、宽松的政策环境，激发他们长期投入生态乡村宣教事业的热情，真心宣教、安心宣教、舒心宣教。建立更为合理的投入保障，设立专项资金，确保生态乡村宣传教育的基础研究、基础设施、基地工程、重大项目等方面的经费需要。鼓励社会民间资本投向生态乡村宣传教育，发展面向农村的宣传教育产业。搭建更为科学的人才培养平台，组建各级专家库、智囊团，培育一批精英人才和领军人物，吸引和鼓励更多的优秀人才投身农村、投身校园、投身社区开展宣传教育。健全更为精准的媒体宣传教育方法，充分利用电视、广播、报纸杂志、网络等不同媒体平台，大力宣传生态乡村建设相关工作、政策、措施、进展和成效的情况，营造浓厚持久的宣传教育声势。

3. 形成生态乡村宣传教育新常态

以农民为主体，强化对广大农村群众普及环保法律法规，普及环境知识、绿色消费理念及生态文明教育，让生态文明理念逐步在广大农民的日常生产生活中建立起来。积极宣传推广生态乡村建设实用技术，推动建立符合本地特点、高效实用、低成本的生态乡村建设技术支撑体系，让农民在积极参与生态乡村建设过程中提高生态文明素质和科学管理水平。以全区中小学校为阵地，将生态乡村教育作为基础工程融入学校教育的各要素之中。组织编写《“美丽广西”乡村建设读本》，大力普及和提升生态文明理念及水平，强化生态文明教育能力，并列入广西地方乡土教材，作为中小学生区情教育的地方教材，推动生态文明进课堂、进教材。

组　长：曹　平
副组长：覃　合
成　员：彭书华　黄　燕　曹　峰　王瑞甫
王有凯　钟智全　钟文干　彭忠平
那　鹏　张　森　黄宗海　任晓勤
执　笔：彭书华　黄　燕　曹　峰　王瑞甫
王有凯　钟智全

广西重点培育战略性新兴产业研究

【引言】战略性新兴产业是引导未来经济社会发展的重要力量，重点培育战略性新兴产业是转变经济发展方式、推动产业转型升级、抢占未来发展制高点、实现可持续发展的根本途径。当前，发展战略性新兴产业已成为世界主要国家抢占新一轮经济和科技发展制高点的重大战略。我国陆续出台《国务院关于加快培育和发展战略性新兴产业的决定》（国发〔2010〕32 号）、《中国制造 2025》等系列文件，为战略性新兴产业的发展指明了方向。其中《中国制造 2025》是我国实施制造强国战略的第一个十年行动纲领，瞄准了新一代信息技术、高端装备、新材料、生物医药等十大战略重点，引导社会各类资源集聚，推动先进制造业和新兴产业快速发展。

近年来，广西高度重视战略性新兴产业发展，出台了《广西壮族自治区人民政府关于加快培育发展战略性新兴产业的意见》（桂政发〔2011〕17 号）等文件，颁布战略性新兴产业发展“十二五”规划，明确了培育发展新材料、新能源、节能环保、海洋产业、生物医药、新一代信息技术、新能源汽车、生物农业、先进装备制造、养生长寿健康产业十大战略性新兴产业。经过近几年的发展，广西战略性新兴产业发展已取得一些显著成效，但在新兴产业重点培育和发展过程中也遇到了不少问题和困难，目前这些战略性新兴产业发展相对落后、辐射带动力不强等问题在很大程度上影响着广西经济持续健康发展。本课题组采取实地调研、座谈等调查方式，在掌握第一手资料的基础上，对广西战略性新兴产业的发展情况进行分析，总结战略性新兴产业发展的经验教训，提出广西战略性新兴产业未来发展的重点、产业布局的思路，并针对发展过程中出现的问题提出相关对策建议，为自治区党委、政府下一步重点培育战略性新兴产业提供决策参考。

一、广西战略性新兴产业发展现状分析

为进一步加快培育发展广西战略性新兴产业，推进广西产业结构调整及转型升级，促进经济可持续发展，自治区人民政府于2011年3月下发了《广西壮族自治区人民政府关于加快培育发展战略性新兴产业的意见》（桂政发〔2011〕17号）等文件（下文简称《意见》），决定在广西重点培育发展生物医药、新材料、新能源、节能环保、新一代信息技术、新能源汽车、生物农业、先进装备制造、海洋产业、养生长寿健康产业十大战略性新兴产业。广西各地市根据《意见》精神，纷纷积极结合本地区情况在十大新兴产业中确定了各自重点培育发展的战略性新兴产业（见表1）。

表1　广西各地市战略性新兴产业选择情况

地区	战略性新兴产业选择
南宁	新一代信息技术、生物医药、新能源、新材料、节能环保、先进装备制造、新能源汽车
柳州	先进装备制造、新能源汽车、新一代信息技术、新能源、新材料、生物医药
桂林	生物医药、新能源、新材料、节能环保、生物农业、先进装备制造、新一代信息技术、养生长寿健康、新能源汽车
梧州	节能环保、电子信息、健康养生、生物医药、新材料、新能源、高端装备制造、生物农业
北海	新一代信息技术、海洋产业、养生长寿健康、新材料、新能源
防城港	新材料、新能源、海洋产业、养生长寿健康、先进装备制造、节能环保、生物农业
钦州	新一代信息技术、生物医药、新材料、节能环保、先进装备制造、生物农业
贵港	节能环保、新材料、生物医药、生物农业、新能源
玉林	先进装备制造、生物医药、节能环保、新材料、新能源、新能源汽车、新一代信息技术
百色	生物医药、新材料、节能环保、生物农业、新一代信息技术、养生长寿健康
贺州	新材料、养生长寿健康、生物农业、生物医药、新一代信息技术、新能源
河池	新材料、节能环保、新能源汽车、生物医药、生物农业、养生长寿健康
来宾	新材料、新能源、节能环保、生物农业、新一代信息技术
崇左	新材料、新能源、节能环保、生物农业、生物医药、养生长寿健康

注：表中内容根据自治区政府及各地方政府部门培育和发展战略性新兴产业的相关文件整理。

（一）战略性新兴产业发展取得的成效

1. 战略性新兴产业发展势头良好

进入“十二五”以来，广西战略性新兴产业连续保持快速增长的发展势头，

产业增加值年增速保持在16%以上，高于同期工业增速。产业的快速发展推动规模不断扩大，截至2014年，全区战略性新兴产业企业达700家，比2011年多出420家；战略性新兴产业规模以上企业增加值预测达750亿元左右，比2011年增长326%，占同期GDP的4.79%，对优化全区产业结构和促进转型升级的作用更加明显。

根据自治区工信委的统计数据，2014年广西新材料产业、先进装备制造产业、节能与新能源汽车产业、新一代信息技术产业、生物医药产业和节能环保产业这六大战略性新兴产业，规模以上工业企业的主营业务收入达2400亿元，较上一年增长23.2%；同期全区规模以上工业企业的主营业务收入为18 455.1亿元，增长10.1%。相比较可以看到，六大战略性新兴产业主营业务的增长速度远高于全区平均水平，在全区规上工业企业主营业务收入的占比约为13%。

从部分地市的汇总数据来看，南宁、柳州、桂林、防城港、钦州、河池、来宾7个地区2014年战略新性兴产业规模以上企业的总产值约为2445.03亿元，同期7个地区的规模以上工业企业总产值约为12 619.82亿元，战略新兴产业总产值在工业总产值中的占比约为17.79%。从部分地区战略性新兴产业的相关数据来看，2014年南宁战略性新兴产业的增加值为227.07亿，约占当年地区生产总值的7.2%；防城港战略性新兴产业的增加值为145.91亿元，约占当年地区生产总值的24.77%；桂林战略性新兴产业规模总产值约511亿元，占当年规模工业总产值的比重达24.1%。

2. 已逐步形成一批战略性新兴产业集聚区

近年来园区数量不断增多，现拥有国家级高新技术产业园区4个，自治区级高新技术产业园区3个；全区工业园区有31个列入高新产业园区，占全区工业园区总数的27%。产业集群的形成，进一步壮大了广西战略性新兴产业实力，战略性新兴产业以南宁、桂林、柳州、玉林、北海等市为重要聚集地，逐步打造形成一批颇具特色的战略性新兴产业基地。柳州、玉林的装备制造基地已初步成型，在大型、智能、节能工程机械方面拥有一批国内技术领先的拳头产品。中国—东盟医疗保健养生基地在桂林、巴马等地启动建设，大力地推动了有机农业、长寿食品加工业、休闲旅游业、养老保健服务业等高起点、快速发展，不断推出一系列绿色、生态的特色产品。紧抓长三角、珠三角等东部地区产业转移的机遇，加快电子信息制造业发展，吸引三诺电子、朗科科技、中电长城电脑、景光电子等多家企业相继进驻，形成了北海为龙头，南宁、桂林齐头并进的发展格局。以柳州欧维姆、上汽通用五菱为龙头的柳州先进装备制造业产业集群、新能源汽车产业集群初显成效。同时，柳州新材料产业基地建设取得突破，已初步形成“电解二氧化锰—锰酸钾—动力电池”产业集群，具备了成为全国最大锂电池正极材料生产基地的潜力。

3. 战略性新兴产业创新基础不断夯实

近年来，广西创新平台建设成效显著，经过不断努力，建成了西南濒危药材资源开发国家工程实验室、玉柴高效节能环保内燃机国家工程实验室，亚热带农业生物资源保护与利用国家重点实验室、甘蔗育种与栽培技术国家地方联合工程研究中心、国家土方机械工程技术研究中心等一批国家级创新平台。截至目前，建成以工程实验室（工程研究中心）、重点实验室、企业技术中心、科技企业孵化器、生产力促进中心和技术转移机构等为代表的创新平台 467 家，其中国家级 35 家、自治区级 432 家。这些创新平台为广西战略性新兴产业发展提供了强有力的公共服务和产业技术支撑。此外，南宁市成为国家创新型试点城市，广西玉柴和桂林三金等 7 家企业成为国家创新型试点企业，83 家企业成为自治区创新型试点企业，国家高新技术产业化基地达 5 家，国家国际科技合作基地 9 个。

创新基础的不断夯实推动了技术成果不断涌现。截至 2014 年，全区专利申请共计 32 294 件，授权 9664 件，每万人专利拥有量增长率全国第一，全区的自然科学、生命科学等科技前沿领域的科技成果和发展能力显著提升。广西皇氏甲天下乳业股份有限公司基于物联网技术的乳品行业智慧物流服务系统的研制与应用示范、桂林优利特医疗电子有限公司应用于社区医疗及健康服务的全科诊断信息集成系统的研制及应用示范、广西瀚特信息产业股份有限公司智慧社区综合平台研制和应用示范等项目获得国家物联网专项支持。发泡陶瓷保温板、新型节能陶瓷薄板等新材料引领建筑墙体材料革命，高速列车用铝合金大规格铸锭、航天用超大规格铝合金锻坯、第四代核反应堆用高温熔盐泵、3D 打印机等研发成功。

4. 各地重点培育发展新兴产业已初见成效

虽然各地区在 2011 年后根据各自情况在十大战略性新兴产业范围内选择了各地区重点培育发展的多个战略性新兴产业（见表 1），但是经过几年的培育发展，各地区各战略性新兴产业发展出现了分异，某些战略性新兴产业相对发展较快，在产值和规模上较其他产业有明显优势，而其他战略性新兴产业发展则相对较为迟缓（见表 2）。

表 2　广西各地市重点发展战略性新兴产业情况

地区	发展较好的战略性新兴产业	一般性发展的战略性新兴产业
南宁	先进装备制造、新一代信息技术、节能环保、新材料、生物医药、新能源汽车	新能源
柳州	先进装备制造、新一代信息技术、节能环保和新能源汽车、生物医药、新材料	新能源
桂林	生物医药、生物农业、养生长寿健康、节能环保、先进装备制造、新一代信息技术	新能源、新材料、新能源汽车
梧州	养生长寿健康、节能环保、生物农业、新一代信息技术、先进装备制造	生物医药、新材料、新能源

续表

地区	发展较好的战略性新兴产业	一般性发展的战略性新兴产业
北海	新一代信息技术、海洋产业、养生长寿健康、新能源	新材料
防城港	新材料、海洋产业、养生长寿健康、新能源	新能源
钦州	生物医药、生物农业、节能环保、新一代信息技术	新材料、先进装备制造
贵港	生物农业、新能源	节能环保、新材料、生物医药
玉林	生物医药、节能环保、新能源、先进装备制造、新材料	新能源汽车、新一代信息技术
百色	生物医药、新材料、节能环保、生物农业、新一代信息技术、养生长寿健康	
贺州	新材料、养生长寿健康、生物农业、新一代信息技术	生物医药、新能源
河池	养生长寿健康、生物农业、新材料、生物医药	节能环保、新能源汽车
来宾	新材料、生物农业	新能源、节能环保、新一代信息技术
崇左	新材料、新能源、节能环保、生物农业	生物医药、养生健康长寿

注：表中内容根据实地调研及有关地方政府新闻报道资料整理。

从新兴产业产值的绝对数量和相对占比上看，目前发展较好的是南宁、柳州、桂林、北海、梧州、防城港和钦州等市。

（二）战略性新兴产业发展存在的主要问题

1. 各地战略性新兴产业选择趋同化严重，产业区域布局需要进一步优化

战略性新兴产业布局缺少整体规划，各地产业结构重合率高，发展重点不鲜明，这是广西战略性新兴产业发展布局中存在的主要问题，在全国很多地区也不同程度地存在。表3是对广西各地选择发展的战略性新兴产业的一个频数统计，从统计数据可以看到：广西各地选择发展和培育的战略性新兴产业重复率很高，这样易导致资金、人才、政策等资源的恶性竞争，不利于产业的健康可持续发展。

表3 广西各地区选择培育发展的战略性新兴产业频数统计

产业名称	选择频数	百分比	产业名称	选择频数	百分比
新材料产业	14	100%	新一代信息技术产业	10	71.4%
生物医药产业	11	78.6%	养生长寿健康产业	8	57.1%
新能源产业	11	78.6%	先进装备制造业	7	50%
节能环保产业	11	78.6%	新能源汽车	5	35.7%
生物农业	10	71.4%	海洋产业	2	14.3%

注：表中数据根据表1统计汇总。

表4是根据2014年的相关数据资料判断各地实际获得发展的战略性新兴产业，产业重复率已明显降低（见图1），这也说明当初各地政府在进行发展和培育各地的战略性新兴产业时存在一定的盲目性。但是从广西总体发展和培育战略性新兴产业的高度来看，目前各地区的产业发展选择还有进一步优化的必要。只有根据各地区具体的资源、区位、发展环境、已有基础等因素的绝对和相对优势进行综合评判和重新定位，才有可能保障广西战略性新兴产业的竞争优势。

表4 广西各地区实际发展的战略性新兴产业频数统计

产业名称	发展频数	百分比	产业名称	发展频数	百分比
新材料产业	9	64%	养生长寿健康产业	7	50%
节能环保产业	8	57.1%	新能源	5	35.7%
生物农业	8	57.1%	先进装备制造业	5	35.7%
新一代信息技术产业	8	57.1%	新能源汽车	2	14.3%
生物医药	7	50%	海洋产业	2	14.3%

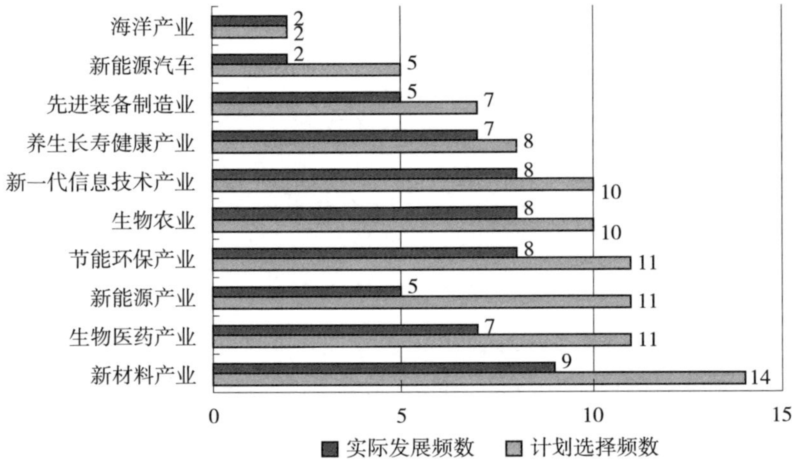

图1 广西各地选择发展和实际发展战略性新兴产业对比

注：图中数据根据表2统计汇总。

2. 科技研发投入不足，产业创新能力不强

战略性新兴产业培育和发展离不开科技创新的推动，科技创新需要科技研发投入支持。当前广西还存在明显的科技研发投入不足的问题，制约了战略性新兴产业的进一步发展。2013年，广西研究与试验发展（R&D）经费投入为107.679亿元（见表5），占当年GDP的比重仅为0.749%（较上一年提高0.004个百分点），而同期全国的平均水平为2.08%（较上一年提高1个百分点，见图2），在全国31个省、直辖市、自治区中排在第23位，距离国际上提出5%的水平还有很大差距，这也导致广西的新兴产业总体上竞争力不高，绝大多数企业处于产业链的低端。

表 5　2013 年广西各地 R&D 强度数据

地区	R&D 投入/亿元	GDP/亿元	R&D 强度（=R&D/GDP）
全区	107.679	14 378	0.749%
柳州市	32.319 99	2016.9	1.602%
桂林市	16.415 13	1600	1.026%
防城港市	5.312 02	520	1.022%
南宁市	27.784 05	2803.54	0.991%
钦州市	6.779 77	750	0.904%
来宾市	2.940 38	540	0.545%
崇左市	2.338 56	580	0.403%
北海市	2.779 24	734.66	0.378%
梧州市	3.320 55	970	0.342%
玉林市	3.424 86	1198.46	0.286%
河池市	1.276 81	528.62	0.242%
贵港市	1.281 73	742.01	0.173%
贺州市	0.649 87	421	0.154%
百色市	1.055 99	828	0.128%

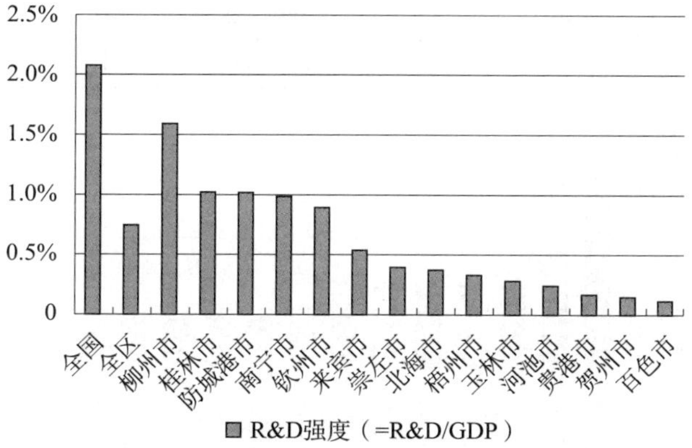

图 2　广西各地 R&D 强度与全国和全区平均水平比较

注：数据来源于《2013 年广西科技统计数据》（广西科技厅）；《2013 年广西统计年鉴》（广西统计局）；《2013 年全国科技经费投入统计公报》（科技部）。

另外，各地政府对科技发展的资金支持力度也还不够，从广西各地 2013 年的科技拨款占财政收入比重的数据可以直观地看到这一问题（见表 6）。2013 年广西自治区本级科技拨款占财政支出的比重为 2.999%，而同期国家科学技术支出占财政收入的比重为 4.41%，广西各地也远低于这一水平。在广西 14 个地级市中，北海市政府科技拨款占财政支出的比重达到 2.448%；柳州市、桂林市、南宁市、梧州市占比均在 1.4% 以上；玉林市、贺州市、百色市、来宾市则在

1.1%左右；而钦州市、崇左市、河池市、防城港市、贵港市均在 1.0% 以下（见图3）。

表 6　2013 年广西各地科技拨款占财政支出的比重

地区	科学技术拨款（A）/万元	地方财政支出（B）/万元	科技拨款占财政支出的比重（A/B）
省本级	211 390	7 049 024	2.999%
北海市	24 391	996 343	2.448%
柳州市	37 962	2 361 156	1.608%
桂林市	42 727	2 863 947	1.492%
南宁市	55 203	3 778 000	1.461%
梧州市	23 085	1 640 165	1.407%
玉林市	21 767	1 849 253	1.177%
贺州市	11 836	1 069 933	1.106%
百色市	25 773	2 332 180	1.105%
来宾市	15 697	1 440 098	1.090%
钦州市	13 366	1 424 290	0.938%
崇左市	13 055	1 409 118	0.926%
河池市	17 202	1 980 371	0.869%
防城港市	6 545	901 728	0.726%
贵港市	10 052	1 404 000	0.716%

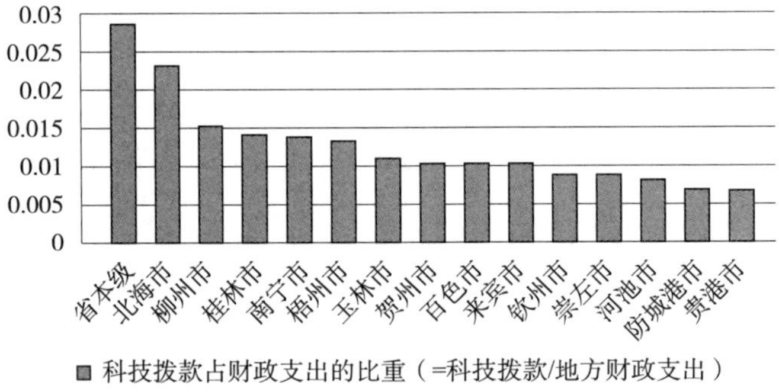

图 3　广西各地科技拨款占财政支出的比重

注：数据来源于《2013 年广西科技统计数据》（广西科技厅）。

3. *各地区战略性新兴产业发展极不均衡*

广西各地区由于产业发展基础不同，在战略性新兴产业发展上也表现出明显的不均衡。从近几年的发展情况来看，南宁、柳州、桂林这三个地区战略性新兴产业发展明显优于其他地区；除了这三个传统强市以外，北海、防城港、梧州、钦州战略性新兴产业也有较快发展，北海的电子产业和防城港的新材料产业发展速度较快；其他地区战略性新兴产业发展缓慢。考虑到战略性新兴产业的发展需要科技创新来推动的因素，由表5和表6的数据可以验证：研究与试验发展经费投入强度高、科技拨款占地方财政比重高的地区战略性新兴产业发展会更好。科技投入的保障，使得柳州、南宁、桂林、北海、防城港、梧州、钦州成为目前广西战略性新兴产业发展势头较好的地区。

4. 产业指导目录、产品和服务目录还不健全，统计口径缺乏

通过调研发现，广西十大战略性新兴产业发展分属不同的政府部门负责：新材料、先进装备制造、节能与新能源汽车、新一代信息技术产业、生物医药、节能环保六个产业主要由工信委负责；新能源主要由能源局负责；生物农业主要由农业厅负责；海洋产业主要由海洋局负责；养生长寿健康产业主要由民政厅等部门负责；由发改委进行统筹协调。由于管理部门多，到目前广西战略性新兴产业的产业指导目录尚不健全，各地在确认相关企业归属于哪一类产业时遇到困难，导致有些数据重复统计。另外，由于缺乏准确的统计口径，战略性新兴产业的相关数据统计困难，各主管部门及统计部门都无法提供比较完整的数据。统计数据的缺乏使得对广西战略性新兴产业的发展评估造成障碍，不利于今后产业发展政策的制定。

5. 支持战略性新兴产业发展的投融资体系尚不健全

战略性新兴产业主要是知识技术密集型和资本密集型的产业，前期需要大量的资金投入，具有较高的风险和不稳定性，需要投融资机构的介入。一方面是目前广西的投融资体系尚不健全，创投、担保、小贷、租赁、股权交易等多种金融工具和金融产品发展尚不完善，同时政府科技资金的引导效应和使用效益有限，难以为新兴产业的技术研发、转化、产权交易等提供全程金融支持，阻碍了产业的快速发展。尤其在当前经济下行压力加大的背景下，银行惜贷现象愈发明显。战略性新兴产业创业投资引导基金作为新生事物，尚未被企业普遍认知和接受。融资难使得战略性新兴企业的发展受到约束。另一方面是融资贵。据桂林市调查统计，当前桂林市企业平均融资成本占到融资金额的15%左右，而全市大部分企业的利润率不到10%，明显难以承受如此高昂的融资成本。其他地区也存在同样的问题。

6. 各产业的专项发展规划还不完整

根据调查，目前十大战略性新兴产业中生物农业和养生长寿健康产业还没有专项发展规划出台，这两个产业从全国范围来看，属于广西的优势产业，但是由于缺乏专项发展规划，产业发展明显落后于其他大多数产业。已经出台的其他8个产业的发展专项规划中，除了新能源、节能与新能源汽车、生物医药、先进装备制造和新一代信息技术这五大产业有“十二五”专项发展规划外，海洋产业、节能环保产业和新材料产业也出台了至2020年的中长期发展规划。基于全球乃至我国经济环境发生的重大变化，急需新出台或修订各战略性新兴产业发展的专项发展规划，推动广西战略性新兴产业的可持续发展。

除了以上主要问题外，还存在如下问题：产业规模总体偏小，对地方经济带动有限；产业链条短，很多企业处于产业链低端；产学研一体化进展缓慢，自主创新能力不强；高端人才引进困难，同时面临人才流失严重的局面；产业园区配套设施建设滞后等。以上问题如不能及时解决，将会严重制约广西战略性新兴产业的进一步发展，进而影响广西经济发展的战略升级。

（三）战略性新兴产业发展的基本评价

通过前面对广西战略性新兴产业发展取得的成效和存在问题的分析，可以对广西战略性新兴产业近几年的发展做出一些基本评价。

1. 战略性新兴产业发展促进了广西产业结构调整

从 2011 年广西确定发展和培育十大战略性新兴产业以来，广西三次产业结构的比重发生了较明显的变化，趋势向好。2011 年，广西三次产业结构比重为 17.5∶49∶33.5，2014 年这一比重调整为 15.4∶46.8∶37.8，三次产业结构渐趋合理。战略性新兴产业的发展不仅优化了工业内部结构，提升工业发展优势和竞争力，而且带动了服务业和农业的发展，提高了第一产业和第三产业的发展质量。

2. 十大战略性新兴产业发展水平差异明显

从自治区工信委的统计数据来看，2014 年由工信委主导的六大战略性新兴产业主营业务总产值分别为：新材料产业 797 亿元，先进装备制造产业 570 亿元，节能与新能源汽车产业 39 亿元，新一代信息技术产业 371 亿元，生物医药产业 348 亿元，节能环保产业 275 亿元。由此可以看到，新材料、先进装备制造、新一代信息技术产业、生物医药、节能环保这五大产业发展相对较好，新能源汽车产业发展较慢。从地区发展情况来看，南宁、柳州、防城港、钦州、河池、来宾六个地区 2014 年各战略性新兴产业总产值超百亿元的产业有：先进装备制造业 611.52 亿元，新材料产业 524.3 亿元，生物医药产业 210.64 亿元，节能环保产业 170.36 亿元。

综合广西战略性新兴产业的统计数据和各地区实际发展的新兴产业情况，对目前各战略性新兴产业的发展可以做出基本判断：2011 年以来，广西确定发展和培育的十大战略性新兴产业中，发展较好的产业有新材料产业、先进装备制造业、生物医药产业、新一代信息技术产业和节能环保产业，发展迟缓的产业有新能源汽车产业、新能源、生物农业、养生健康长寿产业和海洋产业。

3. 战略性新兴产业发展较好的地区与其产业发展基础和区位优势密不可分

从区域发展情况来看，目前战略性新兴产业发展相对较好的有南宁、柳州、桂林、北海、防城港、梧州、钦州这 7 个地区。这些地区战略性新兴产业发展走在前列，其具有一个共同的特点，即产业基础较好，区位优势比较明显。如南宁是广西首府，产业基础和区位优势明显，同时与北海、钦州、防城港构成北部湾经济区，政策优势也很明显；柳州是广西传统的工业基地，有先天的发展优势；

桂林和梧州同属于珠江—西江经济带，桂林也是广西在国内外知名度最高的城市。

4. 战略性新兴产业发展重点不突出影响产业发展质量

国家在战略性新兴产业发展中选择了节能环保、新一代信息技术、生物、高端装备制造、新能源、新材料、新能源汽车七大战略性新兴产业作为重点培育产业，而广西在战略性新兴产业发展中虽然明确了发展十大战略性新兴产业，但是没有突出重点，没有结合广西的实际制定十大战略性新兴产业发展的步骤，“眉毛胡子一把抓”，一方面导致产业同构现象严重（全区有 14 个市选择新材料产业），另一方面使得产业发展没有亮点、缺乏特点，战略性新兴产业发展依然比较粗放、低端，产业发展质量不高，难以形成具有竞争力的核心产业来带动全区产业发展。

（四）战略性新兴产业发展的经验和教训

1. 主要经验

结合广西发展较好的五大战略性新兴产业，产业发展的经验有：

（1）政策规划引导战略性新兴产业的发展。从发展较好的新材料产业、先进装备制造业、生物医药产业、新一代信息技术产业和节能环保产业五大产业的发展经验中可以看出，广西近年出台了一系列发展战略性新兴产业的引导文件和配套措施，在这些政策文件中向五大产业倾斜的较多，五大产业获得的政府财政资金等扶持也多于其他产业，这为产业的发展提供了良好的基础。

（2）充分利用资源的先天优势发展战略性新兴产业。在近年来发展较好的五大产业中，广西的新材料、生物医药等产业具有先天的自然资源优势，为这些产业的发展提供了良好的基础。

（3）产业集聚程度的不断提高促进战略性新兴产业发展。先进装备制造业的产业群主要集中于柳州、南宁、玉林和桂林，生物医药产业群主要集中于桂林、南宁和柳州，新一代信息技术产业群主要集中于北海和南宁，这些产业的集聚促进了该地区战略性新兴产业的发展。

（4）积极推进产学研结合、加大研发投入有利于战略性新兴产业的发展。根据对近几年广西科技数据的分析以及对一些新兴产业企业的实地调研，发现发展较好的五大产业企业大多积极开展产学研活动，而发展缓慢的五大产业在产学研结合方面发展比较滞后。

2. 主要教训

结合广西战略性新兴产业发展存在的问题和发展缓慢的五个战略性新兴产业情况，总结产业发展的教训如下：

（1）缺少专项规划引导，产业发展较盲目。一方面是自治区层面对生物农业和养生健康长寿这两个在广西有资源环境优势的产业没有给出专项发展规划，产业发展较盲目；另一方面是仅有少数地市给出本地区战略性新兴产业发展培育的规划。

（2）产业发展重点不突出导致产业布局不合理。在战略性新兴产业选择中，有 14 个市选择了新材料产业，即全区各市都将新材料产业作为战略性新兴产业来发展，然而从新材料产业发展的基础条件来看，并非全区 14 个市都适合发展该产业。

（3）投融资体系不健全使得产业发展缺乏资金支持。新能源、新能源汽车、海洋等产业都是需要大量资金投入的产业，战略性新兴产业属于知识技术密集型和资金密集型产业，产品研发、产业化、市场推广等都需要金融支持，单靠政府资金支持，只是杯水车薪。逐步健全投融资体系，提升金融支持能力，才能为战略性新兴产业发展提供更多动力。

（4）产业分管部门的专业差异影响产业均衡发展。目前，广西确定的十大战略性新兴产业分别归属发改委、工信委、能源局、农业厅和海洋局等职能部门，管理部门较多，管理职能不一，专业化管理程度差异较大，使得对产业发展的指导和管理力度、强度不一样，导致产业发展参差不齐。此外，各部门对产业发展指标的统计口径不一，造成战略性新兴产业相关数据统计困难，难以比较、评估各大产业的发展情况，不利于今后产业发展政策的制定。

（5）科技投入总体不足制约新兴产业发展。前文已经提到广西的科技投入远低于全国平均水平。对比国内战略性新兴产业发展较好的江苏、陕西等地区，其科技投入均高于全国平均水平。

二、国内部分省区重点培育战略性新兴产业的经验启示

战略性新兴产业是引导未来经济社会发展的重要力量，重点培育战略性新兴产业已成为世界主要国家抢占新一轮经济和科技发展制高点的重大战略。在重点培育战略性新兴产业过程中，国家明确了战略性新兴产业的发展方向，广东、江苏、湖北等省的发展取得了良好的成效，这为广西重点培育战略性新兴产业提供了参考借鉴。

（一）国家重点培育战略性新兴产业的发展方向

2012 年 7 月，国务院印发《“十二五”国家战略性新兴产业发展规划》（国发〔2012〕28 号），明确将重点培育和发展节能环保、新一代信息技术、生物、高端装备制造、新能源、新材料及新能源汽车七大战略性新兴产业。2015 年 5 月，国务院印发《中国制造 2025》（国发〔2015〕28 号），把加快培育和发展战略性新兴产业放在推进产业结构升级和经济发展方式转变的突出位置，提出要把节能环保、新一代信息技术、生物、高端装备制造打造成为国民经济的支柱产业，把新能源、新材料、新能源汽车打造成为国民经济的先导产业。

从当前国家重点培育战略性新兴产业发展的方向来看，主要内容有：

（1）从我国国情和科技、产业基础出发，现阶段选择节能环保、新一代信息技术、生物、高端装备制造、新能源、新材料和新能源汽车七个产业，在重点领域集中力量，加快推进。

（2）强化科技创新，提升产业核心竞争力。加强产业关键核心技术和前沿技术研究，强化企业技术创新能力建设，加强高技能人才队伍建设和知识产权的创造、运用、保护、管理，实施重大产业创新发展工程，建设产业创新支撑体系，推进重大科技成果产业化和产业集聚发展。

（3）积极培育市场，营造良好的市场环境。组织实施重大应用示范工程，支持市场拓展和商业模式创新，建立行业标准和重要产品技术标准体系，完善市场准入制度。

（4）深化国际合作，提高国际化发展水平。多层次、多渠道、多方式推进国际科技合作与交流。引导外资投向战略性新兴产业，支持有条件的企业开展境外投资，提高国际投融资合作的质量和水平。积极支持战略性新兴产业领域的重点产品、技术和服务开拓国际市场。

（5）加大财税金融等政策扶持力度，引导和鼓励社会资金投入。设立战略性新兴产业发展专项资金，建立稳定的财政投入增长机制。制定完善促进战略性新兴产业发展的税收支持政策。鼓励金融机构加大信贷支持，发挥多层次资本市场的融资功能，大力发展创业投资和股权投资基金。

（6）推进体制机制创新，加强组织领导。深化重点领域改革。建立健全创新药物、新能源、资源性产品价格形成机制和税费调节机制。加强宏观规划引导。组织编制国家战略性新兴产业发展规划和相关专项规划，制定战略性新兴产业发展指导目录，开展战略性新兴产业统计监测调查，加强与相关规划和政策的衔接。加强组织协调。成立由发展改革委员会牵头的战略性新兴产业发展部际协调机制，形成合力，统筹推进。

（7）加快国家高新区的培育和发展力度，加快科技企业孵化器、大学科技园等创新创业载体建设，着力汇聚创新创业人才，积极构建公共技术平台，努力推进技术转移，促进高新技术制造业与现代服务业融合发展，加快高新技术产业与传统产业转型升级联动发展，促进区内产业与区外产业协同发展，坚持自主创新、科学发展，培育产业的辐射带动作用。

（二）国内部分省区重点培育战略性新兴产业的实践

国内各地立足自身发展情况，突出自身优势，编制本地战略性新兴产业发展规划，重点培育战略性新兴产业，在实践中提出了一系列政策措施，值得我区学习借鉴。

1. 广东重点培育战略性新兴产业的实践

近年来，广东战略性新兴产业发展载体不断壮大，已形成一批颇有影响力的战略性新兴产业集聚区，珠三角地区已形成新型平板显示、软生物医药、新材料、新一代通信和LED六个年产值超千亿元的新兴产业集群，以珠三角为核心的广东战略性新兴产业集聚发展格局已初步形成。

（1）注重突出重点，充分发挥重点产业对整体产业发展的示范作用。

广东省根据近年来全球产业发展趋势和广东产业发展现状，将生物产业列为广东战略性新兴产业近期重点突破的产业之一，按重点突破高端新型电子信息、新能源汽车和半导体照明三大产业的模式，设立产业发展专项资金，围绕技术开发、工程化、标准制定、市场应用等环节，以广州和深圳国家生物产业基地为载体，通过加快广州国际生物岛等重大项目建设，支持发展新型生物技术服务业。目前，广东已确定近期重点突破高端新型电子信息、新能源汽车和半导体照明三个产业，其中高端新型电子信息产业总规模占八大战略性新兴产业的四成多，是实力最强的产业。

（2）注重项目建设，充分发挥重大项目对产业发展的带动作用。

广东省以战略性新兴产业100强项目为基础，继续推进建设一批产业特色明显、产业链比较完善、辐射带动作用强的战略性新兴产业基地和高技术产业基地，培育一批拥有关键核心技术、创新能力强、具有国际竞争力的骨干企业，集聚一批可形成产业链或产业集群的配套项目。进一步加大对广东战略性新兴产业基地建设的支持力度，以骨干企业、重大项目及创新平台和公共服务平台为载体，通过规划引导、财政金融支持、市场培育、产业组织、公共服务平台建设等手段加大优化整合力度，积极吸引大型央企、知名企业和世界500强企业在广东投资建设战略性新兴产业项目。

（3）注重市场培育，充分发挥市场对产业发展的拉动作用。

当前广东省委、省政府逐步重视培育一些能够引领现代产业体系建设、支撑经济长远发展的新兴产业，将政策支持重点从生产制造环节向市场需求环节转变，从重供给、轻需求向更加注重培育和扩大国内市场转变，从主要补贴生产向拉动消费转变，努力培育市场需求，增强产业发展的市场机制。如在新能源汽车领域，在继续组织实施新能源汽车产业在单个城市推广应用的基础上，探索珠三角区域试点的可行性，有效扩大推广应用范围。

2. 江苏重点培育战略性新兴产业的实践

近年来，江苏省重点发展新能源、新材料、生物技术和新医药、节能环保、新一代信息技术和软件、物联网和云计算、高端装备制造、新能源汽车、智能电网和海洋工程装备十大战略性新兴产业，并着力将其建设成为引领江苏省国民经济发展的先导产业和支柱产业。

（1）完善功能互补的区域产业发展布局。

苏南地区充分发挥产业科技资源优势，以加快推进苏南自主创新示范区建设为契机，注重原始创新，突出高端化发展，集聚全球高端创新人才和产业资源，着力形成一批自主知识产权和核心技术，形成全球知名的战略性新兴产业高地、全国重要的战略性新兴产业引领发展区。苏中地区结合产业基础优势，注重开放式创新，突出国际化发展，突破部分领域的关键环节，发展高附加值产业链，建设一批战略性新兴产业集聚区，形成战略性新兴产业的新增长点，在更大区域、更大范围内形成全国战略性新兴产业带动发展区。苏北地区充分发挥特色资源优势，注重引进消化吸收再创新，突出引进合作发展，着力引进高端人才和创新创业团队，探索合作发展新模式，培育战略性新兴产业发展的新亮点，成为有影响力的战略性新兴产业成长区。

（2）重点支持区域标志性高端产业发展。

江苏省按照“突出优势、差别竞争、错位发展”的原则，选择创新能力强、竞争优势明显、增长潜力大的城市和地区，培育一批能够成为全国标志性和在全球有影响力的高端产业。在生物技术和新医药领域，形成以泰州为重点，南京、无锡、苏州和连云港等相互促进的发展格局；在太阳能光伏领域，形成以无锡为重点，徐州、常州、南京、苏州、扬州等相互支撑的发展格局；在平板显示领域，形成以苏州、南京、昆山等为重点的发展格局；在新能源汽车领域，形成以盐城、扬州等为重点的发展格局；在节能环保领域，形成以盐城、宜兴等为重点的发展格局；在高性能材料和碳纤维领域，形成以镇江、连云港、淮安、宿迁等为重点的发展格局。同时，各地还结合自身发展本地有特色的战略性新兴产业，形成更丰富的战略性新兴产业体系。

（3）培育龙头企业，集聚产业优势。

江苏省依托现有专业园区、科技园区、工业集中区培育发展一批新兴产业特色产业基地，着力促进各类要素向新兴产业优势企业集中，对年销售规模在10亿元以上、年增长率达25%以上、建有省级以上创新平台、综合竞争力处于国内同行前三位的重点企业全力扶持和培育。同时，支持中小企业向专、精、特方向发展，着力提高产品技术水平，为龙头骨干企业提供协作配套，形成集群优势。此外，统筹布局建设产业基地、科技基础设施和创新创业载体，引导各地产业错位发展，区域标志性高端产业成为地方经济发展新的支柱和亮点。

3. 湖北重点培育战略性新兴产业的实践

湖北省着力将促进新一代信息技术、高端装备制造、新材料等优势产业规模发展，推动生物、节能环保等特色产业规模发展，加快新能源、新能源汽车等潜力产业跨越发展作为培育战略性新兴产业的重点领域和发展方向。其主要做法有：

（1）完善投融资体系。

湖北省积极营造良好的金融生态环境，吸引鼓励境内外金融机构来本省设立分行、办事机构等，通过发展和创新小额担保、知识产权质押、投贷结合等新型金融工具和方式，加大对湖北战略性新兴产业的信贷支持；扩大创业投资引导基金规模，运用市场机制，大力发展创业投资、天使投资、联合投资等新型投融资方式，引导社会资本投向湖北战略性新兴产业中处于早中期的创新创业企业；鼓励有条件的企业和地区发行中小企业集合债和企业债券；加快利用湖北现有的资本市场助推新兴产业发展，支持符合条件的科技型企业上市融资，通过多层次资本市场和股权交易市场建设，不断拓宽多元化直接融资渠道，满足各类创新创业企业的需求。

（2）切实加大财政投入力度。

湖北省不断积极争取重大关键技术研发、重大产业创新发展工程、重大创新成果产业化、重大应用示范工程、创新能力建设等国家专项资金支持。整合现有湖北省级财政支持企业发展的相关资金，设立湖北省战略性新兴产业发展专项资金，并随财力增长逐年增加。进一步创新支持方式，完善管理办法，充分发挥湖北省政府资金的导向和杠杆作用，引领和带动社会资本投资战略性新兴产业。

（3）加快关键环节体制机制创新。

完善相关市场开放机制，加强与央企、中科院、跨国公司等对接，深化民间投资准入改革，优化政务服务环境，鼓励各类企业来湖北省投资战略性新兴产业。鼓励有条件的市（县）、重点开发区（高新区）针对战略性新兴产业的细分领域，规划发展专业园区，打造区域特色产业集群。支持以骨干企业为龙头，以高校、科研院所为智力支撑，联合产业链上下游的中小企业，探索产学研深度结合的有效模式和长效机制，建立一批新兴产业技术创新战略联盟，形成产业技术创新链。加强人才政策与产业政策的对接，不断完善股权激励等多种形式的激励机制，支持创业、鼓励创新、宽容失败，建设高素质人才队伍。

4. 陕西重点培育战略性新兴产业的实践

陕西省依托本省科技、人才、产业基础及优势，重点发展高端装备制造、新一代信息技术、新能源、新材料、生物、节能环保、新能源汽车七大战略性新兴产业，组织实施一批战略性新兴产业重大创新发展工程，集中优势资源加快推进技术创新和科技成果产业化，壮大陕西战略性新兴产业总体规模。

（1）统筹规划战略性新兴产业的培育。

陕西依托国家发展战略性新兴产业这一机遇，紧紧围绕国家九大重点产业振兴规划，认真谋划、储备一批重大战略性新兴产业项目，不断争取国家重大战略性新兴产业项目在陕西的布局和支持。在现有的产业状况、自然资源、科技人才和劳动培训的条件下，陕西省科学制定产业规划，有效实施产业政策，逐步建立起省级战略性新兴产业重大项目库。不断加大对重点项目的调度和协调力度，同时在财政、税收、人才等方面加大对战略性新兴产业的扶持力度。各市区根据本地实际和全省发展战略性新兴产业的布局，已逐步研究制定推进本市区战略性新兴产业发展方案，明确了具体目标任务，促进了陕西省战略性新兴产业有序、高效、快速发展。

（2）构建产业培育平台。

陕西省以西安、宝鸡、杨凌等国家级高新技术开发区为龙头，大力发展和壮大本省的各类经济技术和特色产业开发区，充分利用各类开发区政策宽松、机制灵活的特点，使开发区成为陕西战略性新兴产业发展的平台。注重科技成果转化，大力发展科技成果转化市场和科技中介组织，加快实现科研成果转化和产业化。完善人才支撑平台。健全、完善引进和培养高层次科技领军人才、高级复合型管理人才、高技能型人才的机制，搭建好人才支撑平台，为战略性新兴产业的加快发展提供有力的支撑保障。

（3）强化考核管理。

陕西省不断加强对战略性新兴产业项目的服务管理，建立和完善考核机制，努力为战略性新兴产业发展提供一流的服务环境。一是建立项目调度服务机制，对全省各地战略性新兴产业发展情况进行调度，及时了解项目建设进度，协调解决存在的问题。二是完善陕西省战略性新兴产业重大项目监理督导机构，实行工程实施主管领导和项目业主负责制，不断强化对项目的监督管理，确保项目顺利实施。三是完善激励机制，用活有限资金，设立陕西省战略性新兴产业发展技改专项。同时，逐步建立省、市两级战略性新兴产业的考核体系，设立专项奖励发展战略性新兴产业，充分调动各级培育和发展战略性新兴产业的积极性。

（三）相关省区经验对广西重点培育战略性新兴产业的启示

1. 依托现有经济基础，重点培育战略性新兴产业

实践证明，国内相关省区成功培育战略性新兴产业的案例，都依托了当地优势资源，通过科学合理规划布局，选择传统产业升级为战略性新兴产业，或培育优势产业细分形成战略性新兴产业，甚至培育突破性创新型战略性新兴产业。对广西而言，应充分发挥自身特色和优势，依托现有经济基础，突出产业发展重点，有选择地重点培育具有特色的战略性新兴产业。

2. 注重科技创新，构建创新发展平台

从各省发展实践可以看出，战略性新兴产业发展和培育离不开科技创新的推动，而科技创新的发展与各类创新平台的构建密切相关。陕西省以国家级高新技术开发区为龙头，构建战略性新兴产业发展平台，推动了科研成果转化和产业化，为其战略性新兴产业的发展奠定了良好基础。广西创新平台建设虽取得了一定成效，但与发达地区相比还有很大差距。为此，需要加快各类创新发展平台建设，着力引进战略性新兴产业领域领军人才和创新团队，争取更多国家级重点实验室落户，不断夯实科技创新的基础，为战略性新兴产业的培育和发展提供动力支持。

3. 合理规划产业布局，引领产业发展

在其他各省培育战略性新兴产业的过程中可以发现，能否做出科学规划、实

现产业的合理布局，将直接关系到战略性新兴产业的进程与成效。江苏省在苏南、苏中及苏北地区分别突出不同的产业发展重点，形成了功能互补的区域产业发展格局。目前，广西各地市的战略性新兴产业选择趋同化比较严重，导致一些产业重复建设、产业同构现象严重，全区尚未形成错层、错位发展的产业发展格局。为此，应该依托各地市区域优势，加快产业区域集聚和基地建设，培育特色优势产业链，合理优化产业布局，加快战略性新兴产业聚集区建设，突出产业重心，推进产业发展方向，引领地区产业发展。

4. 培育核心企业，打造战略性新兴产业集群

当前，我国战略性新兴产业正处于产业生命周期的初始阶段，尤其需要发挥重点企业的示范带动作用，以形成龙头牵引、整体推进的发展态势，优化资源配置，培育一批战略性新兴产业龙头企业。江苏省通过培育龙头企业，发展区域标志性高端产业，使其战略性新兴产业走在全国前列。对广西而言，目前战略性新兴产业的龙头企业少，具有竞争力的龙头企业更少，带动能力有限，同时中小企业的发展比较分散。为此，应加强核心企业的培育，整合资源，集中力量办大事，同时支持中小企业向专、精、特方向发展，着力提高产品技术水平，为龙头骨干企业提供协作配套，形成集群优势。

5. 完善投融资体系，营造金融服务环境

一般而言，战略性新兴产业发展的前期需要大量资金的投入，完善的投融资体系将有利于企业的融资发展。湖北省通过建设多层次资本市场和股权交易市场，大力发展创业投资、天使投资、联合投资等新型投融资，不断拓宽多元化直接融资渠道，满足各类创新创业企业的需求。广西当前的投融资体系尚不健全，金融手段比较单一，金融工具和金融产品发展还不完善，政府科技引导资金效益的发挥有限。为加快战略性新兴产业发展，广西需设立战略性新兴产业发展专项资金，全面支持技术开发、产业化、平台建设和市场培育等产业链各个环节；健全完善投融资体系，采用竞争性扶持方式，突出重点，分类扶持，与创业投资等活跃的社会资本结合起来，形成财政资金与社会资本有效结合的投融资机制。

三、广西重点培育战略性新兴产业的思路及步骤

（一）总体思路及基本原则

1. 总体思路

深入贯彻党的十八届三中全会、十八届四中全会、十八届五中全会精神，紧紧抓住国家加快战略性新兴产业发展、中国制造2025、推动国际产能合作，广西建设面向东盟的国际大通道，打造西南中南地区开放发展新的战略支点，构建“一带一路”有机衔接的重要门户和实施“双核驱动，三区统筹”战略等重大机遇，实施创新、协调、绿色、开放、共享的发展理念，按照创新驱动、重点突

破、市场主导、引领发展的要求，以高端化、数字化、智能化、网络化、集聚化、国际化、绿色化为产业发展方向，围绕产业链布局创新链、围绕创新链布局资源链，促进相关传统产业优化升级为新兴产业，着力重点培育一批新兴产业。突破一批关键核心技术、培育一批产业发展强优主体、构筑一批新兴产业集群、集聚一批高端领军人才、搭建一批公共服务平台、实施一批重大产业项目，分层次、分阶段重点培育壮大相关产业，统筹规划，系统布局，强力推进，使战略性新兴产业成为广西新一轮经济发展的支柱产业和先导产业，促进我区产业发展提质增效、优化升级。

2. 基本原则

一是坚持整体推进与重点跨越相结合。坚持统筹规划、整体推进，确定战略性新兴产业发展的整体思路和目标任务。同时根据现实基础和发展条件，科学安排产业发展时序，集中开展一批产业带动性强、关联度大、综合效应突出的关键技术研究与产业化，努力打通关键产业链，提高行业的整体自给率和技术水平。

二是坚持集群建设和协同配套相结合。围绕优势产业链和产业集群的构建，加快引进和培育龙头企业，推进产业关联、链式发展，建成一批优势特色突出的产业集群。根据各区域发展实际和产业基础，加快战略性新兴产业核心区建设，形成一批国家战略性新兴产业基地，辐射带动全区战略性新兴产业发展。同时要按照打造现代产业集群的要求，注重产业配套和协同发展，形成比较完整的产业链和服务体系。

三是坚持科技引领和机制创新相结合。把增强自主创新能力作为中心环节，不断完善产学研合作模式，加强技术和产品研发，努力突破一批关键核心技术，促进科技成果向现实生产力转化，加快产业化进程。努力突破阻碍战略性新兴产业发展的体制性障碍，发挥价格机制、竞争机制的激励作用，构建产业发展的长效机制，尽快将战略性新兴产业培育成为先导和支柱产业。

四是坚持政府引导和市场运作相结合。既要发挥市场配置资源的基础性功能，加快培育战略性新兴产业主体，也要立足于战略性新兴产业高投入、高风险的特征，加强政府的调控引导，加大政策扶持力度，搭建公共服务平台，创造良好的市场环境。

3. 发展目标

到“十三五”末，广西自主创新能力明显增强，一批关键核心技术得到有效突破，战略性新兴产业集聚效应进一步提高，逐步形成战略性新兴产业稳步推进、健康发展的基本格局，对产业转型升级和经济发展方式转变的推动作用显著增强。力争到2020年，全社会研究与试验发展经费支出占地区生产总值的比重达到全国平均水平，力争十大战略性新兴产业增加值占地区生产总值的15%以上，实现既定发展目标。新一代信息产业、智能制造、节能环保产业、新材料产业、新能源、生物医药、养生健康长寿产业、海洋产业等成为支柱产业，这八大重点培育战略新兴产业增加值占全部战略性新兴产业生产总值比重在80%左右。

（二）培育重点及实施步骤

“十三五”乃至更长一段时期，培育发展战略性新兴产业是我区产业转型升级的重点。明确发展时序，创新体制机制，分阶段、分层次进行培育发展，重点突破。

“十三五”期间，重点培育、攻坚突破新一代信息技术、智能制造、节能环保、新材料、生物医药、养生健康长寿产业六大产业，加大培育创新发展力度，集中优势资源，加大政策扶持，在相关重点领域、重点产品、重点企业精准发力，促进产业加快发展，争取“十三五”末成为广西先行突破的战略性新兴产业，产业规模、质量效益上新台阶。

积极培育新能源、新能源汽车、海洋产业、生物农业、港航服务业等战略性新兴产业，抢抓机遇，加快发展，引领拓展市场需求，5年后进入快速发展阶段。尤其要促进港航服务业应尽快成为广西建设“一带一路”有机衔接重要门户的基础性产业，力争2025年成为广西战略性新兴产业的重要增长极。

同时，适应世界和国家战略性新兴产业的发展趋势，围绕中国制造2025的战略部署，抢抓市场机遇，创新发展理念，培育市场需求，因时制宜、因地制宜，对新兴产业发展进行适度调整完善。

1. 攻坚突破的产业

（1）新一代信息技术产业。

① 发展方向。

紧紧抓住国家着力发展新一代信息技术产业，加快推进经济社会信息化、促进信息化与工业化深度融合的历史机遇，大力发展云计算和云存储、三维、三维矢量云软件、物联网等产业，着力打造广西新一代信息技术产业基地。

② 发展重点。

关键技术开发：可信网络平台技术，智能人机交互技术，嵌入式软件及软件服务技术，高性能多业务承载网技术，宽带无线与移动通信和光通信技术，微型系统级芯片设计技术，新型显示技术，新型显示生产线专用设备关键技术，射频识别、新型传感器技术，物联网集中平台技术，空间信息技术，新型元器件和电子材料生产技术等。

创新能力建设：支持建立产业联盟和创新联盟，提升数字电视、移动通信和下一代互联网的工程中心、实验室创新能力；建立完善半导体发光二极管（LED）、智能传感等领域工程实验室，建设平板显示共性技术研发及公共服务平台；加强软件企业创新能力建设，引导业务标准库、知识库和案例库建设。加大行业领军人才和实用人才的培养和引进力度。

产业化：推动数字电视下一代传输演进技术、接收终端、核心芯片发展，积极推进集成电路、LED、微机电系统（MEMS）、智能传感器、大尺寸薄膜晶体管液晶显示面板（TFT—LCD）、等离子显示面板（PDP）、新型电力电子器件等产业化；加快有机电致发光显示面板（OLED）中试和量产。

骨干企业培育：实施骨干软件和信息服务企业扶持计划，鼓励产业链上下游联合和重组，支持基础产品企业与应用企业建立创新联盟。

（2）智能制造产业。

① 发展方向。

智能化的工程机械、内燃机发展和应用实现重点突破，掌握先进轨道交通核心技术，智能装置实现突破，重点领域制造过程智能化水平显著提高，打造国家级工程机械装备制造基地。

到2020年智能装备产业创新能力显著提升，部分产品取得原始创新突破，产业规模快速增长，到2025年涌现一批掌握核心关键技术、拥有自主品牌、开展高层次分工的龙头企业，建成一批具有国际竞争力的智能制造产业集聚区，培养一批知识复合型、具有国际视野的领军人才。

② 发展重点。

关键技术开发：大力发展机、电、液一体化控制，高效、节能产品。以促进内燃机产业向绿色制造方向发展为目标，重点突破发动机电控喷油系统开发与标定技术、汽油机缸内喷射技术、高效率高压比涡轮增压系统及中冷技术、混合动力控制技术、发动机轻量化等关键技术，重点发展全电控内燃机、高速小型直喷燃烧系统柴油机、再生空气混合动力发动机、两级增压低碳节能高效发动机、混合动力车用发动机、工业机器人等产品。

创新能力建设：重点是核心基础部件、智能传感器与仪器仪表、高速高精制造工艺与技术、制造业信息化技术、嵌入式工业控制芯片、智能制造新材料和新一代信息技术。以南宁、柳州、桂林为轴建设创新平台，建设智能制造自主创新体系。

加快发展智能化基础制造与成套装备。培育发展系统集成及应用，在机器人用量最大的汽车及其零部件行业开展自主品牌机器人和智能装备的应用示范和系统集成服务。

提供专业定制、购买租赁、咨询服务等多层次的云应用信息化服务。加快信息网络基础设施建设，推动“互联网+生产制造”发展，支持企业发展行业网络协同制造，为制造企业提供技术、产品和业务撮合。推动制造企业开展线上线下、柔性制造、大规模个性定制等制造模式创新试点。同时，促进工业大数据集成应用，推动大数据在工业行业管理和经济运行中的跨领域、跨平台应用。

完善智能制造服务支撑体系，推动重点高校及科研院所建设一批具有国际水准的国家重点实验室、工程实验室和工程技术开发中心，并向社会开放服务。加快质检中心、产业计量测试中心等公共检测服务平台建设。鼓励制造企业积极发展精准化定制服务、全生命周期运行和在线支持服务，提供整体解决方案、个性化设计、多元化融资、便捷化电子商务等服务形式。

（3）节能环保产业。

① 发展方向。

重点开发推广高效节能技术装备及产品，加快资源循环利用关键共性技术研发和产业化示范，提高资源综合利用水平和再制造产业化水平。示范推广先进环保技术装备及产品，提升污染防治水平。推进市场化节能环保服务体系建设。加快建立以先进技术为支撑的废旧商品回收利用体系。打造我国重要的节能环保和循环经济示范基地。

② 发展重点。

关键技术开发：节能锅炉（窑炉）设备制造与集成技术，节能机电和家电产品制造技术，高浓度有机废水处理技术，烟气脱硫及脱硝成套技术，生活垃圾成套处理技术、污泥处理技术、机动车尾气氮氧化物治理技术，钒钛清洁生产技术，磷石膏综合利用技术，瓦斯及垃圾气发动机燃烧和控制技术等。

创新能力建设：重点发展制糖、淀粉、造纸、制革、冶金、化工等重点行业的清洁生产技术和配套设备；重点开发分散式污水处理及回收一体化技术设备和制浆、淀粉等工业废水以及养殖业废水处理装备、垃圾渗滤液无害化处理技术装备、市政污泥资源化成套装备。积极研制烟气高效除尘、脱硫、脱硝等技术和成套装备以及高效洁净催化燃烧和循环流化床锅炉。开发垃圾收集、分选、预处理、卫生填埋、焚烧技术和成套设备；积极发展高炉水淬渣、炼渣、矿渣、粉煤灰等综合利用技术和设备，发展废水、废气和机动车尾气等污染物控制技术与装备等。

产业化：重点开发推广高效节能、先进环保和资源循环利用技术装备及产品，加快资源循环利用关键共性技术研发和产业化示范工程建设，提高资源综合利用水平和再制造产业化水平，示范推广先进环保技术装备及产品，提升污染防治水平。推进市场化节能环保服务体系建设，加快建立以先进技术为支撑的废旧物资回收利用体系等。

（4）新材料产业。

① 发展方向。

围绕新型功能材料、先进结构材料、高性能及其复合材料三大领域，建设新材料产业集群，延伸产业链条，打造品牌，培育龙头企业。大力发展有色金属、生物质基、稀土等新型功能材料、结构材料产业，培育一批新材料名牌企业，建设有色金属新材料和生物质基新材料基地。

② 发展重点。

关键技术开发：新型合金材料、新型高分子材料新产品开发及深加工和应用技术，电子信息材料、稀土功能材料产业化及应用技术，纳米粉体材料、新型建筑材料产业化技术及开发技术等。

创新能力建设：加快新材料产业领域重点实验室、工程技术研究中心、企业技术中心建设。促进形成产业技术联盟或产学研联盟，培养一批科技领军人物和技术创新团队，围绕重点领域初步形成“研发—中试—成果转化—产业化”创新链。重点骨干企业装备和技术水平大幅提升，部分达到国际先进水平。

产业化：以量大面广和国家重大工程亟须的高性能材料为突破口，依托丰富的铝、铟、锰、锡、稀土、非金属等矿产资源和生物质资源，大力发展新型合金材料、电子信息材料、稀土功能材料、纳米粉体材料、新型高分子材料、新型建筑材料等新型功能材料、先进结构材料、高性能复合材料和共性基础材料，着力打造广西新材料产业基地。

（5）生物医药产业。

① 发展方向。

紧紧抓住国家医药卫生体制改革、国家重大疾病医药产品市场迅速扩大的历史机遇，发挥现有技术和民族医药特色优势，大力发展现代中药、生物制药、壮瑶医药、原料药和中间体，加快提升广西医药的整体创新水平和产业化水平，形成基因现代中药、壮瑶医药等为代表的一批处于国家先进水平的新药开发平台，制药技术和装备研制水平大幅提高。全力打造我国南方民族药和国家基本药物重大疾病原料药基地。

② 发展重点。

关键技术开发：整合全区医药研发资源，支持产学研结合，构建创新药物研发技术平台与产品孵化器。重点支持产业园区和骨干企业，充分利用广西八角、青蒿、玉桂等特色资源开发一批疗效确切的中药创新产品。实施壮瑶药科技创新研发平台建设工程，利用现代科技开发一批疗效确切的壮瑶药制剂，支持以壮瑶药为主要原料的名优中成药二次开发。重点支持采用基因工程、酶工程、细胞融合技术等生物技术，大力发展市场前景广阔的生物医药、新型疫苗与快速诊断试剂等。

创新能力建设：加快重点实验室、工程中心建设。依托优势企业建立完成产学研紧密结合的新药研发平台。

产业化：通过建设世界级的广西药用植物园，大力推进中药材规范化种植及基地建设。积极推进中国—东盟中药物流基地建设，加快推动双边药物贸易发展。加快培育发展医疗器械制造业，重点支持现有骨干企业，瞄准高精产品的发展前沿，增加产品品种，扩大生产规模，打造一批名优企业。推进生产工艺创新，完善技术标准体系，强化质量管理，鼓励优势企业兼并重组，扩大企业规模，提高产业集中度，形成一批具有较强竞争力的大型企业集团。

（6）养生健康长寿产业。

① 发展方向。

适应人口老龄化和居民养生保健、养老观念更新的需要，充分发挥巴马等长寿之乡的国际影响效应，大力开发养生、养老、保健用品，加快培育发展广西多元化、社会化、产业化的养老服务体系，打造中国—东盟医疗保健养生基地。

② 发展重点。

大力开发养生、养老、长寿、保健系列产品，建设“银发”工程，加快培育发展提供生活照料、家政服务、康复护理、医疗保健等服务在内的多元化、社会化、产业化的养老服务体系，以建设巴马养生保健示范基地为突破口，依托广西优良的自然生态条件和丰富的养生长寿资源，大力推进中国—东盟医疗保健养生基地建设。

2. 积极培育的产业

（1）新能源产业。

① 发展方向。

掌握先进核电技术，提升装备制造能力；太阳能利用设备及新材料的研发能力大幅度提高；掌握先进生物质能、智能电网技术。以核能、生物质能、风能、太阳能和智能电网等为代表的新能源技术，正在推动能源领域的新革命，并形成新一代能源装备制造业，广西要抓住机遇大力发展清洁能源，调整提升广西能源结构，构筑全国清洁能源示范省（区）。

② 发展重点。

关键技术开发：第三代核电核岛与常规岛设备及关键零部件产业化技术，兆瓦级以上陆地和海上风机模块化设计制造及关键零部件技术，生物质热解气化及燃烧技术，生物质液体燃料高效转化技术，燃气发电机组关键核心技术，大功率储能电池及智能电网技术，动力电池技术等。

产业化：大力发展核电，加大核电厂址保护，积极开展其他核电项目的前期工作，适时引进第四代核电项目，积极稳妥开展泛原料加工，延长核能产业链。到 2020 年，核电能源占广西发电装机总量的 1/3 左右。积极发展生物质能源。重点发展生物质发电、燃料乙醇、生物柴油、规模沼气、生物质固体成型和气化等高效清洁燃料，努力打造国家生物质能源示范区。合理开发风电、光伏发电。规模发展风电。

（2）新能源汽车产业。

① 发展方向。

紧紧抓住国家着力发展新能源汽车产业的机遇，在做大做强做优广西传统汽车产业的同时，更加注重新能源汽车的发展，通过对核心关键技术攻关，配套完善零部件供应，着力研发新能源汽车系列产品，积极开展新能源汽车示范推广，依托现有的汽车骨干企业，布局新能源汽车骨干项目，逐步打造我国区域性新能源汽车产业基地。

② 发展重点。

关键技术开发：围绕油电混合动力和动力电池及管理系统、电机及管理系统，以及整车控制策略及控制器开发三大关键核心技术进行自主创新攻关。重点支持整车控制策略和整车控制器、电机及电机控制器、混合动力总成集成模块、可再生空气混合动力总成、双燃料发动机、电磁直接耦合油电混合动力引擎、制动能量回收以及发动机电喷技术、电子油门、电子踏板等电器总成，形成一批具有自主知识产权的核心技术，加快技术创新成果产业化。

产业化：加快新能源汽车的研发推广，通过对关键核心技术攻关，配套完善零部件供应，着力发展纯电动汽车、插电式混合动力汽车、燃料电池汽车等，努力掌握汽车低碳化、信息化、智能化核心技术，提升动力电池、驱动电池、高效内燃机、先进变速器、轻量化材料、智能控制等核心技术的工程化和产业化能力，建立从关键零部件到整车的完整工业体系和创新体系，推动自主品牌节能与新能源汽车同国际先进水平接轨。

（3）海洋产业。

① 发展方向。

充分发挥广西拥有一片海的资源优势，以陆域为支撑，以港口为依托，以产业优化升级为主线，在发展壮大传统海洋产业的同时大力培育发展新兴海洋产业。重点发展海洋生物制药、海洋精细化工、海洋工程装备制造及高端船舶、海洋现代化服务业等产业。打造我国重要的区域性海洋产业基地。

② 发展重点。

关键技术开发：加强医用海洋动植物的养殖和栽培，重点支持多糖、蛋白质、氨基酸、酯类、生物碱类、萜类和淄醇类等生物制品和药物产业，以及以鲎试剂、珍珠系列药品和保健品等特色产品为基础的药物、功能食品、生化制品和农用产品产业。

创新能力建设：利用广西建设沿海钢铁基地的有利条件，引进大企业建设海洋石油平台、储运处理装置等海洋工程装备项目，大力发展客船、货船、渔轮等制造和修理。重点支持游艇、游船等高端船舶修造。

产业化：争取实施国家海洋生物产业化工程，重点开发海洋生化制品，形成工业用酶、生物材料、化工原料等产业；支持提溴、提钾等新技术研发，大力发展溴系列制品、苦卤综合利用制品、精细化工等产品。重点发展滨海观光旅游、游艇游船活动，建设一批休闲度假主题园、海上游钓公园、水族观赏基地等。建立与国际接轨的运营模式，推动开展邮轮游艇等海上旅游运动项目，多方位开展国际海上旅游活动。

（4）生物农业产业。

① 发展方向。

充分利用广西生物农业产业发展基础，紧跟现代生物农业技术发展方向，突破一批关键核心技术，重点发展农业重大动植物新品种培育，发展高效、低毒、无残留生物农药、生物肥料，促进广西生物农业上规模、上档次、出效益，形成区域性特色生物农业基地。

② 发展重点。

紧跟现代生物农业技术发展方向，重点发展农业重大动植物新品种培育产业，发展高效、低毒、无残留生物农药、生物肥料，促进广西生物农业上规模、上档次、出效益，形成区域性特色生物农业基地。推进一批特色鲜明、功能完善、示范显著的生物良种繁育和产业化工程，加快生物农药和生物肥料新产品的研制与推广应用，培育一批竞争力强的龙头企业。

（5）港航服务业。

① 发展方向。

围绕进一步提升广西北部湾港航服务业发展水平、促进港航经济转型发展的目标，不断完善广西北部湾港航服务功能，延伸港航服务产业链，优化港航服务产业结构，提升基础港航服务水平，培育高端港航服务产业。培育一批船舶设计、船舶检测和评估、水运工程设计咨询、港航设施安全等级和评定等专业性港航服务机构。积极支持航运经纪、海事仲裁、航运金融、船舶保险、航运教育培训等高端航运服务业发展，促进航运服务集聚区的形成。到 2020 年，基本确立港航服务产业定位明确、区域布局合理、服务功能齐全、市场竞争有序，行业监管到位、支撑作用明显的现代港航服务体系，拥有一批具有较强竞争力和影响力的港航服务品牌企业和机构。

② 发展重点。

加快提升港口服务业发展水平，高度重视港口服务业发展，研究制订港口服务行业中长期发展规划，以船用保税油、外轮供应等为重点，发展特色航运服务。积极推进对港口服务业纳规管理，制定保税油供应的管理规范，开展保税油业务知识技能培训，加强对企业的管理指导。加快推进智慧港航建设，全面提升港航综合管理、安全监管、应急指挥、物流信息与和公共服务水平，推动广西北部湾港航信息化向“智慧港航”的转型发展。大力建设完善港航门户网站，使之成为面向港航企业、社会公众及相关口岸单位，提供集电子政务、港口物流服务、咨询服务于一体的“一站式”港航物流与公共服务平台。鼓励、引导港航企业信息化建设，积极营造企业信息化建设良好的外部环境，引导企业根据各自的生产经营特点，有重点、有步骤地推进企业管理信息化建设，使企业真正通过信息化手段提高经营效率、管理水平和核心竞争力。

四、广西重点培育战略性新兴产业的区域布局

（一）布局思路

1. *以技术创新为引领，以产业发展为基础进行产业布局*

依据战略性新兴产业战略性、创新性的特点，结合广西各区域产业发展实际

合理布局。南宁、桂林和柳州是广西技术创新的“创新源”，具备较好的对外交流与合作基础，布局为广西战略性新兴产业技术与市场引领区。玉林、梧州等区域具有较好的产业基础与优势，布局为广西战略性新型产业主要生产区。钦州、防城港、北海、河池、百色和贺州等区域，拥有丰富的港口、矿产等资源，布局为广西战略性新型产业配套生产区及增长区域。

2. 以各区域优势资源、产业基础、大型企业和研究机构为依托，布局相应的产业

充分依托北部湾经济区的港口、海洋、科技、信息、农林和旅游等优势资源，西江经济带的工业、水运、信息和医药等资源优势，以及桂西资源富集区的矿产、水能和旅游等优势资源来合理布局相应的战略性新兴产业。以柳州、玉林的装备制造和北海、南宁、桂林的电子信息等产业基础为依托来合理布局相应的战略性新兴产业。以上通五菱、玉柴、南南铝业等大型企业为依托，合理布局相应的战略性新兴产业。以广西大学等高校和科研院所为创新资源依托，合理布局相应的战略性新兴产业。

3. 以区域联动为导向，突出重点进行产业布局

各区域根据各自的特色，重点布局 2 ~ 5 个产业作为发展重点，以产业的横向与纵向联动来着力打造分工协作、强强联合、互动发展的广西战略性新兴产业布局。主要以完善先进装备制造、新材料、生物医药等战略性新兴产业的产业链来进行纵向联动的产业布局，在各区域合理布局主、次产业和配套产业来进行横向联动的产业布局。使得三大区域之间通过产品、技术和服务等要素的有效互动、相互支撑、共同发展，逐步实现产业核心优势互补、产品技术配套以及研发、生产和市场一体化。

（二）“一中心、两区、两圈、五带”的产业布局

以优势资源为依托，产业发展为基础，区域联动为导向，突出重点，将广西战略性新兴产业优化布局为“一中心、两区、两圈、五带”（见图 4 ~ 图 6 和表 7）。

一中心：以中国—东盟信息港建设为契机，加快南宁信息交流中心建设，布局和打造我国面向东盟的新一代信息技术产业中心。

两区：以我国重要的区域性海洋产业基地为依托，布局和打造北海—钦州—防城港海洋经济产业区；

以桂西资源富集区和来宾农业资源为依托，布局和培育河池—百色—崇左—来宾生物农业产业区。

两圈：以南宁中医药研发，玉林、梧州和钦州中医药种植，玉林中药材市场，桂林、梧州、柳州、玉林和钦州制药企业为依托，布局和打造桂林—柳州—南宁—钦州—玉林—梧州生物医药产业圈；

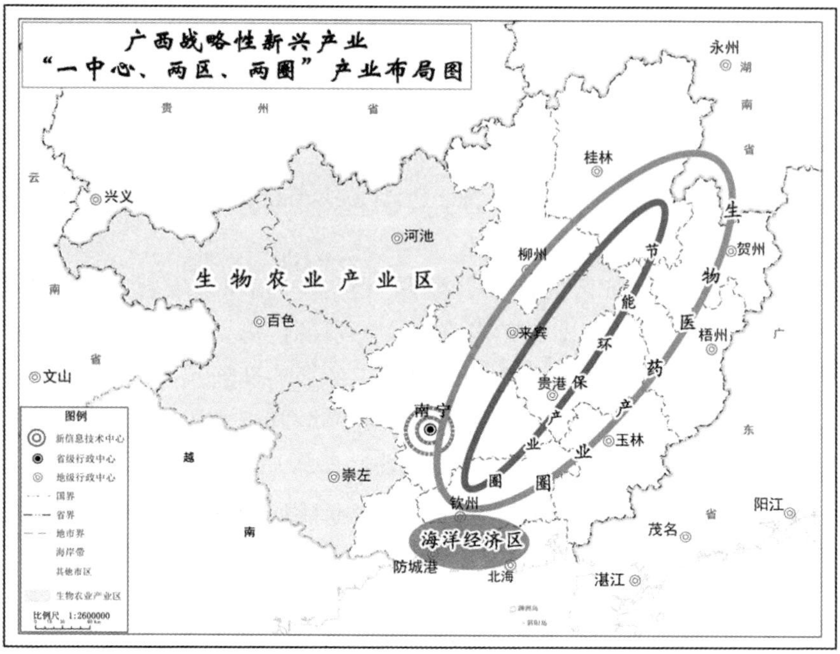

图4 广西战略性新兴产业“一中心、两区、两圈”布局图

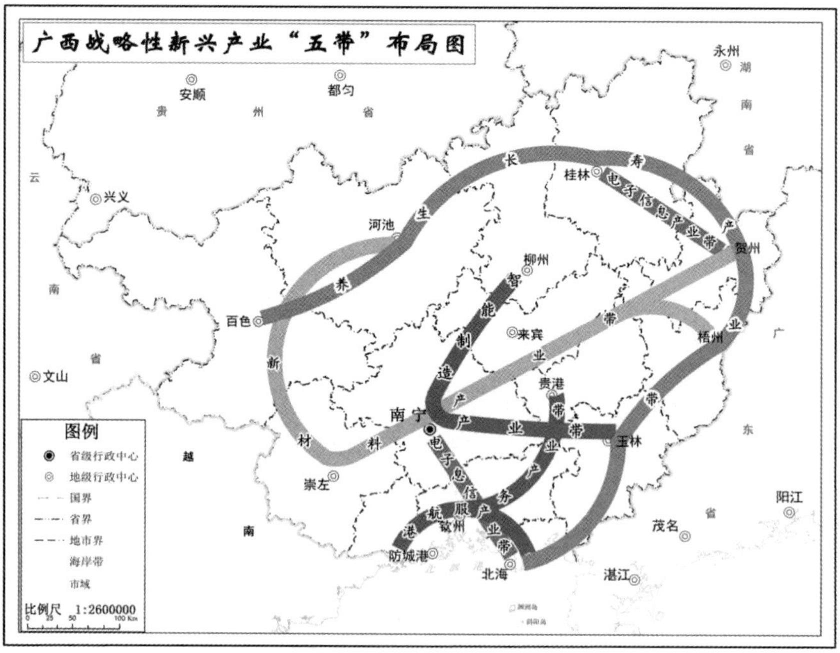

图5 广西战略性新兴产业“五带”布局图

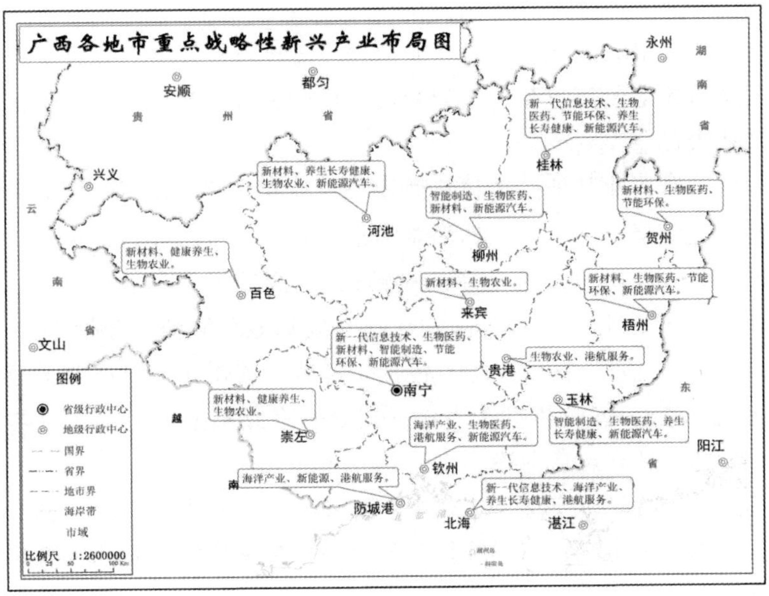

图 6　广西各地市重点战略性新兴产业布局图

表 7　广西各地市重点战略性新兴产业布局一览

地市	重点战略性新兴产业布局
南宁	新一代信息技术、生物医药、新材料、智能制造、节能环保、新能源汽车
柳州	智能制造、生物医药、新材料、新能源汽车
桂林	新一代信息技术、生物医药、节能环保、养生长寿健康、新能源汽车
梧州	新材料、生物医药、节能环保、新能源汽车
北海	新一代信息技术、海洋产业、养生长寿健康、港航服务
防城港	海洋产业、新材料、新能源、港航服务、新材料
钦州	海洋产业、生物医药、港航服务、新能源汽车
贵港	生物农业、港航服务
玉林	智能制造、生物医药、养生长寿健康、新能源汽车
百色	新材料、健康养生、生物农业
贺州	新材料、新一代信息技术、养生长寿健康
河池	新材料、养生长寿健康、生物农业、新能源汽车
来宾	新材料、生物农业
崇左	新材料、新能源、生物农业

以南宁节能环保技术研发和产品生产基地、桂林节能环保研发生产基地、梧州再生资源循环利用示范区和钦州节能环保产业基础为依托，布局和打造南宁—

桂林—梧州—钦州节能环保产业圈。

五大产业带：以北海电子信息产业基地、桂林高新技术产业基地、南宁高新技术开发区和贺州电子信息产业园为依托，布局和打造北海—南宁—桂林—贺州电子信息产业带；

以柳州装备制造业基地、玉林新型装备制造示范基地和南宁创新平台等为依托，布局和打造柳州—南宁—玉林智能制造产业带，布局和打造柳州—桂林—南宁—玉林—梧州—钦州—河池等新能源汽车产业集群；

以柳州新材料基地、百色生态铝产业示范基地、河池新型有色金属产业基地、防城港新材料基地、南宁铝业精深加工基地、贺州新材料产业示范基地和梧州优势资源为依托，布局和打造百色—河池—崇左—南宁—柳州—防城港—来宾—梧州—贺州等新材料产业带；

以巴马养生保健示范基地、玉林中医药健康产业园为依托，桂林、百色、贺州和北海旅游养生为带动，布局和打造河池—百色—桂林—贺州—玉林—北海养生长寿健康产业带；

以北部湾沿海三城市港口资源和贵港内河港口优势为依托，布局和打造北海—防城港—钦州—贵港港航服务产业带。

五、广西重点培育战略性新兴产业的对策建议

（一）充分发挥开放优势，加快培育战略性新兴产业

1. 通过“走出去、引进来”提高跨国经营能力

适应国际产能合作的发展趋势，加强顶层设计，引导我区重点战略性新兴企业“走出去”发展，对接国际相关产业链和创新链，支持企业在境外开展并购和股权投资、创业投资，建立研发中心、实验基地、检测中心、营销服务基地等，在境外注册商标，加强投资和经营风险管理，提高跨国经营能力和国际竞争力，进而促进我区新兴产业在更高平台上加快发展。同时，大力引导国内外新兴产业落户我区发展，引进产业链和创新链。加强对世界500强企业、中国500强、央企、大型民企和珠三角、长三角及港澳台等重点区域的招商引资工作，着力引进一批高水平的大企业、大项目，引导积极参与我区战略性新兴产业发展。积极主动为企业“走出去”“引进来”搭建平台，提供服务。

2. 加强与国内相关省区市、港澳台的产业合作

加强与相关省份的合作。江苏、广东、山东等发达省份的战略性新兴产业发展基础较好，其发展经验值得广西借鉴，应加强在相关产业的合作。江苏省的战略性新兴产业发展走在全国前列，积累了丰富经验，通过走创新驱动发展之路，将创新驱动与战略性新兴产业发展紧密结合，促进了新兴产业的长足发展，如南京的软件及智能电网、无锡的物联网和云计算、常州的智能制造装备、盐城的新

能源汽车等。广东省在高端新型电子信息产业、新能源汽车、半导体照明等领域实力雄厚，山东省在新材料、新能源、高端装备等行业发展较好等。

加强与港澳台产业合作。针对港澳台优势产业发展的特点，根据广西新兴产业发展需求，加强在电子信息、节能环保、生物医药、养生健康、海洋产业、港航服务等领域的合作，通过引进其产业发展的先进理念、人才、技术、资金等，促进我区战略性新兴产业加快发展。

3. 加强与东盟国家的产业合作

一是加强与东盟较发达国家在相关产业的合作，加强与新加坡在信息技术、节能环保、生物医药、港航服务、现代物流、高端装备等行业的合作，加强与马来西亚在汽车及零部件、机械装备、生物医药等方面的合作。二是拓展新兴产业在东盟国家的消费市场。东盟十国是巨大的市场，应成为广西战略性新兴产业发展的重要市场。针对东盟有关国家消费特点，开发相关适销对路的产品，还可积极引导培育有关新兴产业的消费市场，以市场需求推动行业发展。三是利用相关东盟国家的优势资源，如石油、天然气、煤矿、有色金属、农产品、中药材、林木、海洋等资源发展我区新兴产业，“走出去”与“引进来”相结合，促进我区新兴产业发展。四是利用相关创新平台、园区平台促进合作。发挥广西在中国—东盟科技创新交流平台的作用，加快中国—东盟技术转移中心、国际科技合作基地等平台载体建设，推动中国—东盟创新协同发展。推进中马钦州产业园创新发展，建成中国—东盟产业创新开放试验区，探索与东盟国家产业创新合作发展之路。

4. 加强与“一带一路”国家的产业合作

充分发挥广西作为“一带一路”有机衔接重要门户的作用，将新兴产业合作作为参与“一带一路”建设的重要内容，打造“一带一路”产业交流合作的重要平台，力争相关合作机制、平台落户广西。积极开展与“一带一路”国家科研机构、高校、企业等的合作，构建国际产学研合作创新平台网络，与广西企业“走出去”发展、参与国际产能合作有机结合起来。

尤其要加强与欧美日韩等发达国家的新兴产业合作。加强与欧美日韩等创新资源富集地区、产业发达地区的交流合作，结合“一带一路”建设、我国与欧美等相关国家科技合作伙伴计划，根据广西重点战略性新兴产业的创新合作需求，找准合作伙伴，重点推动广西的国家级高新技术开发区、经济开发区与海外目标园区建立战略合作伙伴及产业配套关系，大力引进汇集人才、技术、科研成果等优势创新资源。积极开展与相关国家的产业合作，利用我国与德国、英国、韩国等签订创新合作协议的机遇，加大与相关国家的创新合作、新兴产业合作，加强与德国在先进装备制造、汽车、新能源、新材料、生物医药等产业的合作，加强与英国在石化、生物技术、电子信息、环保等领域的合作，加强与韩国在电子信息、先进装备、汽车、造船等行业的合作，促进广西战略性新兴产业发展，力争国家支持与相关国家，尤其是欧美相关发达国家合作在广西建立高端产业生态园、新兴产业合作园等。

（二）以创新驱动加速培育战略性新兴产业

1. 创新驱动谋划战略性新兴产业发展壮大

对广西新一代信息技术、智能制造、节能环保、新材料、生物医药、养生长寿健康产业等战略性新兴产业予以科学谋划，有序推进，重点突破，加强规划引领及政策支持。围绕产业链构建创新链，突破关键核心技术，加大科技成果转化力度，加强重大创新产品应用推广。开展工业强基工程建设，着力开展新兴产业的基础平台建设，服务广大中小企业。加大对相关传统产业的优化升级，实施工业化与信息化融合发展，提升发展为新兴产业，促进新兴产业发展存量与增量的同步推进。对于需要重点突破的产业，具体落实到重点领域、重点产品、重点企业、关键技术上来，通过“一业一策”制定专项支持政策，促进相关产业发展。要组织有关团队长期跟踪某些产业领域的重要研究成果，加大政府支持力度，通过企业引进广西落地。

依托骨干企业和科研院所，建设重点实验室、企业技术中心、研发中心、工程技术研究中心等研发机构，打造跨领域、协同化、网络化创新平台。积极争取国家重大科技专项、“973”计划、“863”计划、科技支撑计划的支持，组织实施新一轮重大科技专项，围绕先进制造、新材料、新能源、新一代信息技术、节能环保等重点产业，集中力量突破一批支撑战略性新兴产业发展的关键核心技术，抢占产业发展制高点。

广西已被列入全国知识产权区域布局第一批 7 个试点地区之一，应紧紧抓住机遇，通过开展广西区域知识产权布局分析，探索区域内产业创新与知识产权的内在联系，研究区域产业知识产权发展的战略目标和战略选择，驱动创新发展，从而带动战略性新兴产业加快发展。

2. 以产学研协同创新促进新兴产业发展

大力推进产学研紧密结合协同创新。一是加强涉及创新发展相关部门的合作，尤其是经济、科技、教育等部门在创新发展中的交流合作，建立创新发展的统筹协调合作机制，形成合力促发展。将广西产业发展规划、创新发展规划、企业创新发展需求与科研院所、高等院校的科研工作相互衔接、有机结合起来，促进产学研无缝对接。二是建议广西进一步加强与中国科学院、中国工程院及国内知名高校的全面合作，建立创新发展战略同盟，形成紧密合作关系，积极引入外部的人才、技术、科研成果等优质创新资源。三是引导企业与高校、科研院所开展紧密合作。出台相关政策，支持广西企业与区内外高校、科研院所建立合作关系，以股份制、理事会等多种形式建立利益共享、风险共担的产学研利益共同体，组建技术研发平台、产业技术创新战略联盟，开展核心关键技术的研发，联合培养创新人才。四是引导园区与区内外高校、科研院所共同建设创新基地。通过园区引进高校、科研院所成立科技开发公司等方式，打造创新高地、人才高地，创建产学研联合体，促进科研成果顺利转化。

3. 以“大众创业、万众创新”推动新兴产业发展

加快构建一批低成本、便利化、全要素、开放式的众创空间，扶持创业咨询专业机构，建设创业导师、咨询师队伍，引导高校及科研院所创业者、大学生创业者和海外创业者等各类创业群体积极参与创新创业活动，充分发挥广大科技人员的积极性，培育创新文化，培养企业家精神，为战略性新兴产业发展提供适宜土壤。

在园区、企业搭建创业创新平台，围绕战略性新兴产业发展需求，开展众创、众包、众扶、众筹的“四众”活动，为新兴产业发展优化劳动、信息、知识、技术、管理、资本等资源配置，促进新兴产业汇众智、众能、众资加快发展。

（三）打造战略性新兴产业发展平台载体

1. 建立公共服务平台

充分利用互联网等现代信息技术搭建战略性新兴产业发展服务平台，构建以研究开发前沿技术、重大共性和关键技术为主的创新服务平台，通过建立产业发展信息发布平台、新产品新技术推广和交易平台、众创空间、众筹平台、众包平台等，有效提供产业技术咨询、解决产业技术难题、实现产业技术成果转化等服务。优化建设产业技术研发创新平台、检测检验平台、科技信息平台、孵化孵育平台，建设特色创新平台，完善公共创新平台支撑体系。以增强创新服务能力为重点，大力发展生产性服务业，着力推进“两化”深度融合，加快推进各类专业化创新平台建设。

探索新型科研院所建设模式，组建广西产业技术研究机构，将其建设成为高水平研发机构的共同体、高层次人才的集聚地和人才创新创业的新平台，整合新兴产业发展所需的创新资源，为我区战略性新兴产业发展提供有力的技术支撑。

2. 建设特色产业基地

以高新区、经开区等园区为重要平台，构建一批以战略性新兴产业为特色的产业基地，以重点项目为抓手，以强优企业为关键，加快战略性新兴产业发展。促进园区特色化、集聚化、高端化、创新化发展，提升产业配套能力、集成创新能力和辐射带动能力。全力抓好园区基础设施建设、环境治理、生态绿化，加快建设生态园区步伐，提升园区综合承载能力。重视园区建设规划，促进园区绿色转型；抓好园区建设调控，提高园区发展质量；突出园区建设特色，辐射带动区域发展；强化科技创新为引领，提升园区创新能力；强化园区精细化管理，提升

园区核心竞争力。

加强重点产业园区智能化试点。围绕重点行业进行智能制造试点，组织开展装备智能升级、生产流程再造、基础数据共享、在线诊断维护等应用推广。推进制造过程智能化，在重点领域试点建设智能工厂/数字化车间，加快人机智能交互、工业机器人、智能物流管理在生产过程中的应用，促进制造工艺的仿真优化、数字化控制、状态信息实时监测和自适应控制。

3. 加快自主创新示范区建设

加快推进南宁、柳州、桂林创建自治区级自主创新示范区，探索创新驱动加快战略性新兴产业发展的模式，出台支持自主创新示范区发展的专项政策，推动示范区深化科技体制改革、完善创新体制机制，加速集聚区内外创新资源，辐射带动区域创新发展。优化高新技术产业布局，继续建设北部湾国家高新技术产业带和国家高新技术产业化基地，积极创建西江高新技术产业带，推动粤桂合作特别试验区跨区域科技协同创新平台建设，使之成为我区战略性新兴产业发展的重要载体。

4. 培育、拓展、引领市场需求，促进新兴产业发展

根据战略性新兴产业发展的特点，努力培育市场需求，增强产业发展的市场机制，充分发挥市场对产业发展的拉动作用。采取的政策支持重点从生产制造环节向市场需求环节转变，从重供给、轻需求向更加注重培育和扩大市场转变，从主要补贴生产向拉动消费转变。供给与需求两端发力，尤其加强对需求领域的支持，鼓励引导市场消费。扩大广西新兴产业产品在广西市场的消费，利用展销会、博览会、电商平台等，建立有效的供需对接平台，鼓励广西各界更多地使用当地产品。实时出台相关政策，开展有关促销活动，鼓励引导市场消费。自治区政府已出台关于加快新能源汽车推广应用的实施意见，提出了2015年至2020年的推广应用目标和一系列财政扶持政策，2015年区市两级政府新购车辆新能源汽车所占比例不低于30%。

（四）培育重点产业集群

1. 培育新兴产业集群

鼓励战略性新兴产业集群发展，提升产业配套能力，促进上中下游产业链紧密衔接，工业生产与服务业协调发展。强化企业间的专业化分工与协作，增强产业集聚效应，鼓励企业围绕技术研发、生产协同、市场拓展组建产业联盟，有效利用各方优势资源推动产业协调发展。科学布局广西战略性新兴产业发展，围绕“一中心、两区、两圈、五带”的新兴产业布局，积极开展广西区域内的产业合作，促进资源整合，将各地优势充分激发，沿海沿江开放优势与内地产业优势结合起来，根据产业链合理布局，相互借力，错位发展。

自治区级以上经济开发区（园区）、产业集群示范区应将战略性新兴产业作

为重点发展方向，引导现有产业升级，实现本区域内战略性新兴产业增加值占生产总值的比重每年提高 2 个百分点以上。鼓励各地创建国家级、市级战略性新兴产业专业园，加大对战略性新兴产业专业园的支持力度，自治区层面对相关重点战略性新兴产业园区予以重点扶持，对经过认定的自治区级战略性新兴产业专业园，在此基础上被认定为国家级战略性新兴产业专业园，认定当年再给予园区管理部门一定的奖励扶持资金。

2. 着力培育强优企业

着力培育一批新兴产业强优企业，提高企业创新发展能力，培育一批具有持续创新能力、自主知识产权、知名品牌、较强国际竞争力的创新型企业。支持和引导企业技术创新与体制创新、管理创新、市场创新等相结合。建立强优企业培育机制，积极培育以高新技术企业为主体的创新型企业集群，加大领军型龙头企业的培育力度，发挥龙头企业的示范带动、辐射引领作用，带动一批上下游中小企业互动发展，促进行业发展壮大。鼓励企业向服务增值环节延伸价值链，提高产业附加值与产业链竞争力。

3. 塑造新兴产业知名品牌

加强培育优势品牌产业，加快推进相关行业产品商标化、品牌化进程，提高广西新兴产业的产品市场占有率和竞争力。实施品牌战略，加强品牌经营，建设品牌文化，引导企业增强以质量和信誉为核心的品牌意识，树立品牌消费理念，提升品牌附加值和软实力。建立有效的品牌培育梯度储备库，把产品竞争力强、市场占有率高、经济效益好、发展潜力大的企业作为驰名商标、著名商标的培育重点。鼓励企业开发建立良好的品牌管理机制和品牌塑造方法，引导企业制定品牌管理体系，围绕研发创新、生产制造、质量管理和营销服务全过程，提升内在素质，夯实品牌发展基础，打造一批特色鲜明、竞争力强、市场信誉好的产业集群区域品牌。

（五）夯实产业发展人才支撑体系

1. 加大力度培养引进高层次创新创业人才

制定创新发展的人才队伍建设规划，实施广西创新创业人才培养工程，有计划、有步骤地加大创新创业人才培养力度。定期发布战略性新兴产业领域人才紧缺指数报告，持续实施紧缺专门人才开发倍增计划。建立创新型人才柔性引进机制，以高层次技术、管理人才、高技能人才为重点，吸引、聚集和培养一批高层次创新人才和队伍。依托重点产业、重大项目、重点科研创新平台等，打造一批科技领军人才及创新团队，加大对领军人才、创新团队的支持力度。

2. 建设适应新兴产业发展需要的企业家队伍

适应战略性新兴产业发展的需求，强化企业家队伍建设。打造高层次、具有创新魄力和能力的企业家队伍，实施企业家创新发展提升工程，培养既懂技术又善管理，具有复合型知识结构和综合能力的企业家。实施新型企业家培养工程，对所有企业进行开放式网络化培养，对关键产业领域的企业家和企业经营管理人才进行针对性培养，加快形成一支高素质的新型企业家队伍及企业家后备人才队伍。要重点提升企业家的创新创业意识和跨界创新意识，打造形成具有国际视野、创新思维的企业家队伍。

3. 依托产业发展培养引进高端人才

更加重视和吸引人才，特别是要引进更多的高端人才来广西，可参与具体建设项目，参与学科建设，参与技术研发，培养带动广西产业人才队伍建设。建立完善八桂学者、特聘专家、主席院士顾问制度，实施院士后备培养工程，加大院士、长江学者、海外高层次人才等高端人才的培养和引进力度。培养引进两院院士和长江学者等高端人才。实行引进资金、项目与引进技术、人才相结合，重点引进国家杰出青年基金获得者、新世纪“百千万”人才工程国家级人选、长江学者特聘教授、“两院”院士等高端人才。

4. 完善人才激励机制

完善用人激励保障机制，着力改善国际化人才、高层次人才、创新型人才的生活条件和创新环境。对战略性新兴产业领域的企业、研发机构硕士及以上学历或副高及以上职称高层次人才以及高级技师人才的住房需求给予倾斜保障，发放“高端人才服务卡”，便利外来人才，强化人才服务效能监督，营造集聚人才的环境。持续加强教育培训，建立知识型员工和技能型员工培训体系，提升劳动队伍素质。对引进的高端人才，给予优厚的待遇及必要的政策支持。鼓励和支持设立不同层次、形式多样的人才开发资金渠道。对具有突出贡献的人才进行表彰奖励。

（六）健全完善重点培育产业发展的政策扶持

1. 加大财税扶持力度

加大财税支持力度。进一步加大财政支持力度，确保自治区、各市财政建立稳定的财政投入增长机制落到实处。全力支持战略性新兴产业发展。自治区、市两级财政分别设立战略性新兴产业发展专项资金，每年安排20亿元，用于扶持战略性新兴产业发展，并根据实际需求和财力增长可能，逐步扩大专项资金规模。创新支持方式，着力支持重大关键技术研发、重大产业创新发展工程、重大创新成果产业化、重大应用示范工程、创新能力建设等。完善税收激励政策。在全面落实现行各项促进科技投入和科技成果转化、支持高技术产业发展等方面税收政策的基础上，针对战略性新兴产业的特点，研究完善鼓励创新、引导战略性新兴产业发展的税收支持政策。

2. 加大金融支持力度

加大金融支持战略性新兴产业发展的力度。设立广西产业投资基金、战略性新兴产业投资基金，用市场化方式扶持新兴产业，大力发展风险投资、创业投资、天使基金等，将基金用在关键环节、重要领域，如培育创新型企业、打造创新平台载体、引进培养创新型人才等。用好用足各类国家产业发展基金，促进战略性新兴产业发展，如产业扶持基金、创投基金、政府投资引导基金、科技专项基金等，引导企业积极申报国家战略性产业发展专项基金。同时，发挥杠杆作用，积极引导社会资本参与战略性新兴产业发展。加大金融机构对战略性新兴产业的支持作用，引导金融机构建立适应战略性新兴产业特点的信贷管理和贷款评审制度。

鼓励战略性新兴产业领域的股权投融资发展。支持企业上市融资、鼓励企业开展股权交易、组织中小企业积极参与债券市场融资、大力发展互联网众筹、发挥贷款贴息和投资补助引导作用、继续发挥信贷资金作用、加强与政策性金融机构的合作，争取国家政策性银行对战略性新兴产业发展给予信贷支持等。探索广西科技型中小企业技术创新引导资金支持风险补偿的运作方式。推动知识产权、股权质押贷款。培育和发展科技保险市场，推动制定科技保险费补贴政策，推动保险机构开发创新型科技保险产品。

3. 实行优先保障土地政策

对我区重点培育的战略性新兴产业用地予以优先保障。以土地集约利用为核心，引导企业“空间换地”，即鼓励企业建造多层厂房，科学合理利用工业用地的空间资源，引导企业节约集约用地。一是单列土地指标保障项目建设用地，开辟项目审批“绿色通道”。二是切实降低企业用地成本，研究提出以财政资金奖励的用地成本具体办法，确保项目用地具备一定的竞争力。三是将“筑巢引凤”转变为“看凤筑巢”，围绕以电子信息、生物医药、智能装备等为代表的智力密集型新兴产业，大力发展楼宇经济。

4. 营造公平竞争市场环境

深化市场准入制度改革，实施负面清单管理，加强事中事后监管。切实加强监管，严厉惩处市场垄断和不正当竞争行为，为企业创造良好的生产经营环境。加快发展技术市场，健全知识产权创造、运用、管理、保护机制。完善淘汰落后产能工作涉及的职工安置、债务清偿、企业转产等政策措施，健全市场退出机制。进一步减轻企业负担，实施涉企收费清单制度，取缔各种不合理收费和摊派，加强监督检查和问责。

提高行政审批效率。简政放权，深化行政审批制度改革，规范审批事项，简化程序，明确时限。加快建立负面清单、权力清单、责任清单、服务清单、收费清单制度，简化政府审批程序，为战略性新兴产业发展提供服务保障。加快推进电力体制改革，切实降低工业用电价格，降低产业发展运行成本。鼓励支持混合所有制发展，深化改革，释放产业发展红利。推进制造业企业信用体系建设，建立健全企业信用动态评价、守信激励和失信惩戒机制。强化企业社会责任建设，推行企业产品标准、质量、安全自我声明和监督制度。

课题组组长：韦海鸣
课题组副组长：江德荣　罗继景
课题组成员：贺世红　李冠军　邓　霓　朱寿育　黎云鹏

加快广西服务业发展的若干政策研究

【引言】随着经济社会的发展，尤其是知识经济时代的到来，世界发达国家的经济重心开始转向服务业，产业结构由“工业型经济”向“服务型经济”转型。国内外服务业发展呈现出技术化、知识化、集群化的特点，服务业与制造业融合发展，服务业分工更为细化等趋势明显。服务业的领域不断拓宽、范围不断扩大，新业态层出不穷、迅速成长，对经济社会发展产生重要影响。加快广西服务业发展，对促进广西产业结构优化、转变经济发展方式、实现“两个建成”目标具有重要意义。

近年来，广西先后出台了关于服务业发展的若干政策，服务业发展取得明显成效。2014 年全区服务业增加值 5925.16 亿元，服务业增加值占全区 GDP 的比重为 37.8%，服务业投资 7045.79 亿元，增长 15.5%。传统服务业所占比重进一步下降，新兴服务业快速增长，服务业经济社会效益日趋显著，产业推动作用逐步显现，成为拉动全区经济增长的重要力量及吸纳劳动力就业的重要渠道。但广西服务业发展总体水平低、规模小，2014 年服务业增加值占 GDP 比重在全国排第 22 位，比全国平均水平低 10 个百分点，服务业对经济增长的贡献率比全国低 18.2 个百分点，服务业发展潜力有待进一步挖掘。服务业发展存在着管理体制亟待健全完善、发展政策落实不到位、服务业集聚区发展有待加强、企业负担沉重、专业人才缺乏、发展环境有待优化等主要问题。

本课题主要从国家及广西出台的一系列促进服务业发展的政策入手，重点剖析广西服务业发展政策的落实问题，将广西与国内部分省区服务业发展政策进行比较分析，得出有关借鉴及启示，提出进一步健全完善广西服务业发展若干政策的有关建议，为自治区党委、政府提供决策参考。

一、国家及广西促进服务业发展的政策简述

（一）国家促进服务业发展的政策简述

近年来，我国服务业迅猛发展，已经成为我国第一大产业。这与近年来国家出台的一系列促进服务业发展的相关政策密切相关。这些政策几乎涉及服务业发展的各个领域，针对性、务实性、开放性、创新性等特征明显，为服务业发展营造了良好的政策环境。

1. 国家服务业发展政策的主要内容

2012 年，国务院下发《国务院关于印发服务业发展“十二五”规划的通知》（国发〔2012〕62 号），深入分析了服务业发展面临的形势，明确提出服务业发展的总体要求，将金融服务业、交通运输业、现代物流业、高技术服务业、设计咨询、科技服务业、商务服务业、电子商务、工程咨询服务业、节能环保服务业等生产性服务业和商贸服务业、文化产业、旅游业、健康服务业、法律服务业、养老服务业等生活性服务业作为发展重点，并且提出从财政税收、金融服务、土地利用、价格机制及社会信用体系等方面强化创新政策支持，深化服务业体制机制改革。

2013 年，国务院相继出台了《国务院关于印发“十二五”国家自主创新能力建设规划的通知》（国发〔2013〕7 号）、《关于推进物联网有序健康发展的指导意见》（国发〔2013〕7 号）、《国务院关于加快发展节能环保产业的意见》（国发〔2013〕30 号）等一系列促进服务业发展的政策，涉及物联网、节能环保、养老服务、健康服务、金融服务、旅游业等众多行业及优先股试点、中小企业股份转让、流通效率提升、技术创新主体地位强化等具体领域，提出了包括放宽市场准入、优化投融资引导、加强规划布局和用地保障、扩大消费可持续增长、完善财税价格、补贴支持、服务法规标准和监管以及人才培养和就业等政策，营造良好的社会氛围。

2014 年，国务院出台《国务院关于印发注册资本登记制度改革方案的通知》（国发〔2014〕7 号）、《国务院关于推进文化创意和设计服务与相关产业融合发展的若干意见》（国发〔2014〕10 号）、《国务院关于加快发展对外文化贸易的意见》（国发〔2014〕13 号）、《国务院关于加快发展生产性服务促进产业结构调整升级的指导意见》（国发〔2014〕26 号）等系列政策文件，在重点生产性服务业领域专门出台了相应的政策措施，并陆续出台了商贸流通、养老、健康、体

育、旅游等生活性服务业发展指导意见等，重点突出生产性服务业的发展、推动生活性服务业转型升级和促进新兴服务业发展。

2. 国家服务业发展政策的主要特点

一是出台政策涉及面广、针对性强、务实性高。近两年国家较为密集地出台了30多项服务业发展相关政策，涉及研发设计、第三方物流、融资租赁、信息技术服务、节能环保服务、检验检测认证、电子商务、服务外包、售后服务、人力资源服务和品牌建设、商贸流通、养老、健康、体育、旅游等众多行业，为这些行业的发展提供了指导和扶持。同时，出台的政策立足于国情，根据各发展时期的需求，明确发展的重点行业，将制定的政策措施定位于提高服务业竞争力。出台的这一系列政策重视行业发展中面临的一些困难和问题，为服务业发展提供了切实有效的优惠和便利。如针对企业融资成本高方面的问题，国家出台了《国务院办公厅关于多举并措着力缓解企业融资成本高问题的指导意见》（国办发〔2014〕39号），从保持货币信贷总量合理适度增长、抑制金融机构筹资成本不合理上升、缩短企业融资链条、清理整顿不合理金融服务收费、提高贷款审批和发放效率、完善商业银行考核评价指标体系、加快发展中小金融机构以及有序推进利率市场化改革等方面提出有关具体意见。

二是政策突出加强生产性服务业发展。2014年国务院专门出台了《国务院关于加快发展生产性服务业促进产业结构调整升级的指导意见》（国发〔2014〕26号），大力推进我国生产性服务业的发展，提出发展生产性服务业要以鼓励企业向价值链高端发展，推进农业生产、工业制造现代化和加快生产制造与信息技术服务融合为发展导向。与此同时，国家在重点生产性服务业领域专门出台相应的政策措施。如科技服务业方面，国家出台了《国务院关于加快科技服务业发展的若干意见》（国发〔2014〕49号），提出包括研究开发、技术转移、检验检测认证、创业孵化、知识产权、科技咨询、科技金融、科学技术普及等专业科技服务和综合科技服务的重点任务，促进科技服务业对科技创新和产业发展支撑能力的提升。

三是注重加快服务业开放发展。国家在服务业多个领域均提出要加快服务业开放发展。在对外贸易方面，国家出台了《国务院办公厅关于支持外贸稳定增长的若干意见》（国办发〔2014〕19号），从着力优化外贸结构、进一步改善外贸环境、强化政策保障、增强外贸企业竞争力和加强组织领导等方面提出十六条促进外贸稳定增长的具体意见。此外，在文化贸易对外发展方面，国家出台了《国务院关于加快发展对外文化贸易的意见》（国发〔2014〕13号），其中提出的具体政策包括明确支持重点、加大财税支持、强化金融服务和完善项目保障等方面。

四是政策向支持中小微企业倾斜。国家在出台促进服务业发展政策中，注重向中小微企业倾斜，针对中小微企业在发展中面临的一些困难和问题出台相应的政策予以扶持。2014 年，专门出台《国务院关于扶持小型微型企业健康发展的意见》（国发〔2014〕54 号），从专业资金引导、税收优惠、创业基地、融资担保、公共服务平台建设等十大方面，要求各地区、各部门结合实际，加大对小型微型企业的扶持力度，确保各项政策尽快落实到位。2013 年，出台《国务院办公厅关于金融支持小微企业发展的实施意见》（国发〔2013〕87 号），提出确保实现小微企业贷款增速和增量“两个不低于”的目标，指出要加快丰富和创新小微企业金融服务方式，着力强化增信服务和信息服务，积极发展小型金融机构，拓展直接融资渠道，降低融资成本，营造小微企业发展的良好金融环境。

（二）广西促进服务业发展的政策简述

近年来，自治区党委、自治区人民政府高度重视服务业发展，围绕全面建设小康社会和“富民强桂”新跨越的宏伟目标，加快转变经济发展方式，促进经济结构战略性调整，积极采取措施推进广西服务业加快发展。

1. 广西服务业发展政策的基本内容

2010 年底，自治区党委、自治区人民政府贯彻国家一系列服务业政策文件精神，颁布实施了《关于进一步加快服务业发展的决定》（以下简称《决定》），并配套出台了加快商品市场体系、边贸市场和“无水港”建设，加快物流业、信息服务业、旅游业、文化产业、金融业、会展业、住宿餐饮业、服务外包产业发展，培育服务业品牌，促进城乡居民消费等 13 个配套文件（以下简称“1 + 13”系列政策）。文件详细阐述了广西服务业的发展基础、发展思路与目标、发展重点和布局以及政策支持和保障措施等，其主要内容有：

第一，政策的制定对服务业总体和行业发展现状及中长期发展潜力进行综合考虑，提出了阶段性主要发展目标，对“十二五”期间服务业发展具有指导作用；第二，结合行业特点、区位优势、发展规划等条件提出了加快发展的主要任务和具体落实的重大项目，并对项目建设的内容及规模、完成时间等进行了部署；第三，提出了基础设施建设、增加资金投入、增强发展能力是加快服务业发展的基本条件，分别把增加基础设施投入、增强发展能力作为加快服务业发展的重要举措，把增加资金投入、扶持和培育主体发展作为加快服务业发展的主要手段；第四，提出了明确政策支持、强化保障措施、优化发展环境的迫切要求，从市场准入、财政支持、税收优惠、金融支持、土地使用、价格收费等政策措施，到加强组织领导、完善工作机制、加强人才培养等保障措施，再到规范市场秩序、营造公平公正的服务业竞争环境等都提出了具体要求，并进行了明确的工作部署。

2010 年以后，自治区政府及有关部门相继出台了《关于印发广西壮族自治区服务业发展“十二五”规划的通知》（桂发改规划〔2011〕1618 号）、《广西壮族自治区人民政府办公厅关于印发广西壮族自治区创新农村养老服务体系建设工作方案的通知》（桂政办发〔2012〕55 号）、《关于加快推进桂林国家服务业综合改革试点工作的意见》（桂政发〔2013〕15 号）、《关于加快发展家庭服务业的实施意见》（桂政发〔2013〕37 号）、《关于建设沿边金融综合改革试验区的实施意见》（桂政发〔2014〕3 号）、《关于做好下半年经济工作努力实现全年稳增长目标的意见》（桂政发〔2014〕46 号）、《关于促进养老服务业加快发展的实施意见》（桂政发〔2014〕56 号）、《关于促进健康服务业发展的实施意见》（桂政发〔2014〕66 号）等一系列促进服务业发展的政策性文件。这一系列政策性文件构成了加快服务业发展的政策体系基本框架，包括健全市场机制、强化基础支撑、加大财税支持、强化税费减免优惠、拓宽资金渠道、改善企业融资环境、加强项目用地保障、加大人才培养力度、深化开放合作和推动示范应用等政策措施。

2. 广西服务业发展政策的主要特点

一是首次以“决定”的形式颁布服务业政策文件。2010 年底制定出台的“1 +13”系列文件，是广西首次较为系统出台的服务业发展政策文件，《决定》主文件和配套文件共同构成促进广西服务业加快发展的政策体系。系列文件提出了力争在“十二五”期间使服务业成为优化全区经济结构、实现经济社会又好又快发展的主要支撑、使广西成为西部地区服务业最发达的省区之一的总体目标，明确了将商贸、旅游、文化、物流、信息、金融、会展、服务外包、中介服务等作为服务业发展的重点行业，确立了“一个核心区、三个功能带”服务业发展的工作重点，制定了服务业发展的政策措施，对广西服务业发展具有较强的指导意义。

二是政策出台符合发展要求。近两年，国家较为密集地出台了 30 多项服务业发展政策，广西也陆续出台了相关政策落实国家的部署，数量上虽不及国家多，有些政策还有待出台，但已出台的相关政策紧紧抓住重点，结合广西自身的资源、区位等优势，突出旅游业、沿边金融、养老服务业、健康服务业等重点行业，以突破带动全区服务业发展。在“十二五”时期和全面建设小康社会的关键阶段，颁布实施一系列加快服务业发展的政策措施体现了时代进步的要求，是符合广西实际的，是指导广西服务业发展的重要制度基础。

三是政策涉及行业覆盖面广。出台的政策体系涵盖了物流业、信息服务业、旅游业、文化产业、金融业、会展业、住宿餐饮业、服务外包产业等服务性行业，并力求在一些服务业关键领域取得突破。优惠的税收政策，公平、规范、透明的市场准入制度等政策对经济发展具有一定的指导作用。

四是政策体系比较完备。服务业发展政策体系除一个主文件外，还有加快相关服务行业发展的 13 个配套文件组合，另外对应若干政策，各相关责任部门都制定了具体的工作方案，对于每个政策进行了细化和具体化，突出了工作重点。

二、广西落实服务业发展政策情况剖析

好政策关键在于落实。国家在促进服务业发展中出台了一系列政策，对广西服务业的发展具有指导意义，广西也出台了一系列政策措施促进服务业快速发展。这些政策的落实情况如何，对广西今后服务业的发展具有重要意义。本课题将重点剖析广西出台的“1+13”系列服务业发展政策的落实情况。

（一）广西落实服务业发展政策取得的主要成效

1. 加大服务业发展支持力度，财税扶持初显成效

2014年，自治区财政安排新增服务业发展专项资金2亿元，实施“服务业百项重点工程”建设，重点支持服务业重点产业建设项目、服务业集聚区（示范区）建设等125个服务业重点领域和薄弱环节项目建设，拉动社会总投资达732亿元。此外，还积极筹措资金支持商贸服务体系、旅游业、金融业等服务业的发展，在自治区本级财力十分有限的情况下，安排5亿元自治区旅游发展专项资金支持旅游业发展壮大；筹措资金21亿元，通过实施新设金融机构补助、中小微企业信用担保风险补偿等政策。同时，扎实开展“营改增”试点，认真落实税收优惠政策。2014年，全区“营改增”试点纳税人存量户数增加至82 312户，为纳税人减轻税负达23.39亿元，其中试点纳税人减税规模9.92亿元，原增值税一般纳税人新增应税服务抵扣13.28亿元，出口免抵退税0.19亿元。

2. 认真实施价格优惠政策，企业负担有所缓减

一是出台支持服务业发展的相关价格政策。先后出台了《关于印发广西销售电价分类说明（试行）的通知》（桂价格〔2014〕122号）、《关于广西养老机构用水、用气价格有关问题的通知》（桂价格〔2014〕145号）等文件，支持养老服务业、生产性服务业等服务行业的发展，明确养老机构用水、用气执行居民生活类价格，生产性服务业用电、用水、用气与工业同价的价格政策。二是取消、降低、免征了一批行政事业性收费项目或标准。自2012年1月起至2014年12月止，在全区范围内免除符合政策规定小微型企业的管理类、登记类和证照类行政事业性收费，免征范围包括工商、税务、海关等13个部门。其中，2013年取消了企业年度检验费、卫生监督管理费等行政事业性收费项目共74项，降低了受理商标注册费、部分专业技术资格考试费等20项收费，免征企业注册登记费等多项行政事业性收费。三是放开了一批服务收费标准。发挥市场机制作用，将房地产经纪服务收费、工程监理服务收费等转为市场调节价，促进市场公平竞争。

3. 加快多元化金融组织体系建设，金融市场运行效率提升

一是积极加强金融主体建设，促进金融业规模不断增长。截至2014年末，全区银行业金融机构资产总额26 967.52亿元，比年初增长11.09%；本外币各

项贷款余额16 070.95亿元，比年初增长13.85%。银行业净利润自2008年以来增长了2倍以上，保险业盈利水平持续高于全国水平，证券业盈利能力持续提高。二是加快地方新型金融机构的发展，形成了银行、证券、保险、地方金融机构等层次分明的金融体系。2014年全区已有农村商业银行15家、村镇银行36家、小贷公司375家、融资担保公司186家，为企业投融资提供了有力保障。三是创新融资方式，扩大直接融资模式，大力发展面向中小微型企业的融资服务。2013年柳州市成功完成广西首支区域集优债第一期2.68亿元发行，东城公司创新引进广西第一支18.6亿元的保险债权资金，促成城投公司成功发行西部第一支增信集合债券10亿元，促成柳州银行5亿元小型微型企业贷款专项金融债券专门用于小微企业贷款。

4. **全面深化改革审批，助企发展环境逐步改善**

自2014年3月起，广西启动商事制度改革，实行“三证合一”改革，放宽注册资本登记条件，简化住所和经营场所登记手续，建立统一、规范的市场信用信息公示系统，推进“先证后照”工作，并按照国务院的统一要求，将113项工商登记前置审批改为后置审批。同时，积极清理有关法规规章及行政审批项目，对现行有效的自治区地方性法规、规章等涉及设定行政审批事项、限制非公有经济发展和工商登记前置性审批事项等规定进行清理。改革后，办事效率得到提高，助企发展环境逐步改善。以南宁市为例，原来实行“一审一核”制的10项登记事务减少至4项，实行“审核合一”制的7项登记事物放宽至9项。目前，企业办理工商登记从受理到发照时间由原来的7个工作日缩短至1个工作日。各城区由原来可登记200万元以下的公司改革为可登记注册资本认缴额500万元以下的公司，方便了企业办事。

（二）广西服务业政策落实过程中存在的主要问题及制约因素分析

广西服务业政策在一定程度上得到了落实，促进了服务业的发展，但是在政策落实的过程中存在一些问题和困难，既有政策自身亟须细化、增强针对性和可操作性的问题，也有政策落实的有关部门和相关工作人员执行不力的问题，更有政策实施环境、管理体制机制及经济发展水平等多重因素的制约，使得服务业政策在有些领域、有些地方、有些环节落实不到位或难以落实，导致政策实施效果不够理想。

为了解广西服务业政策的落实情况，课题组一方面赴有关地市开展实地调研，另一方面通过抽样调查的方式，对广西区内的1500多家服务业样本企业发放调查问卷表，从企业享受政策优惠的情况来了解政策的落实情况。此外，采取重点调查的方式，对自治区财政厅、国土局、国税局、地税局、物价局、工商局、金融办等贯彻落实优惠政策的具体部门进行有针对性的问卷调查，从职能部门的角度来反映政策落实情况。

1. 政策宣传渠道单一，政策知晓率低

了解政策是落实政策的前提。从企业对广西促进服务业发展政策的了解情况看（见图1），企业对政策的知晓率不高，只有5.7%的企业完全了解有关政策，73.15%的企业部分了解，24.41%的企业不了解。

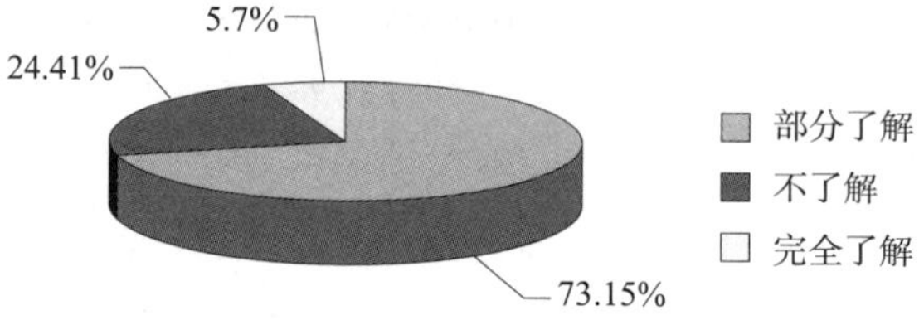

图1　企业对政策的知晓情况

从企业了解政策的渠道看（见图2），报纸、电视、广播等媒体占61.05%，是企业了解政策的主要渠道；通过政府网站了解的占37.37%，而通过政府（部门）直接宣传知晓的只有31.75%，职能部门办事获知的占20.53%。从中可以看出，政策的出台还要加强宣传和推广。

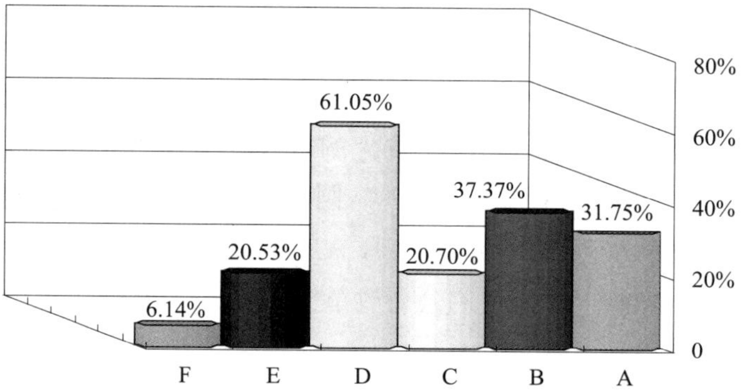

图2　企业知晓政策的途径

A. 政府（部门）直接宣传；B. 政府（部门）网站；C. 其他企业或个人；D. 报纸、电视、广播等媒体；E. 到职能部门办事获知；F. 其他

2. 政策的可操作性不强，难以落实到位

一是有些政策缺乏明晰性，可操作性不强。主要表现在政策表述比较含糊，政策措施不具体，缺乏实施细则，一些政策落实的主体部门及责任范围不明确，缺乏具体综合服务部门，政策落实难度大。如在服务业价格优惠方面，广西出台的一些文件中写到“对列入鼓励类的服务业，逐步实现与工业用水、用电价格基本同价”等优惠政策，一句话带过，并没有对优惠幅度、优惠方式、享受优惠政策的条件及落实该政策的部门等做出明确的规定。相比之下，一些外省的政策就写得很细，如贵州省就明确指出“变压器容量在315kVA及以上的数据中心用电执行大工业电价，可优先列入大用户直购电范围。支持大数据基地建设自备电

厂，通过直供电、资金补贴和奖励等方式降低要素成本。大数据企业自用宽带租赁费由所在市、县政府给予50%的补贴，每户企业每年补贴不超过50万元，补贴期可为3年”。

二是有些政策缺乏合理性，针对性不强。一些政策规定的内容未能反映操作中的实际情况，政策执行中受到现实条件和政策资源的制约较大。如优先保障服务业用地政策中指出要实行有利于服务业发展的土地政策，但受《土地管理法》（“农民集体所有的土地使用权不得出让、转让或者出租用于非农业建设”）的制约，土地成为创办乡村旅游及发展农家乐的瓶颈问题。在财政资金的扶持上，“一刀切”“撒胡椒面”现象严重，大企业、小企业分到的扶持资金差不多，扶持效果不佳。

三是有些政策缺乏连续性，政策不完善。“营改增”政策自实行试点以来取得了一定成效，但是由于现行政策多档税率设置的原因，出现了进销项税抵扣倒挂、高征低抵、税率混乱等问题，而且目前广西还没有出台“营改增”过渡期财政补贴政策，与周边省份相比形成“政策洼地”，造成税源流失。

四是有些政策缺乏导向性，制度不健全。根据国办发〔2011〕42号，服务业统计范围共涉及14个国民经济行业门类，具体包括46个大类、179个中类、339个小类，覆盖面较广，但是现行的服务业指标与当前服务业主要行业的发展实际并不完全匹配，如现代物流、文化创意等新兴行业无法在现行统计体系中找到直接对应的指标，其增加值均是在对现行统计指标进行分类整合后推算出来的，缺乏准确性和权威性，难以对服务业发展情况进行准确有效的分析和监控。同时，目前服务业统计制度主要统计限额以上企业，而限额以下企业没有纳入统计范围，使得服务业发展的一些数据漏统，尤其是批发和零售业、住宿和餐饮业的很多企业都不在统计范围内，导致服务业数据流失，影响整个服务业核算数据质量，难以如实反映服务业发展的状况。

3. 相关政策难以落实保障，政策贯彻执行不够好

从整体来看，大部分企业认为广西服务业发展政策贯彻落实不到位（见图3），认为完全落实到位的企业只有约10.15%，84.51%的企业认为是部分落实，还有5.34%的企业认为是基本不落实。

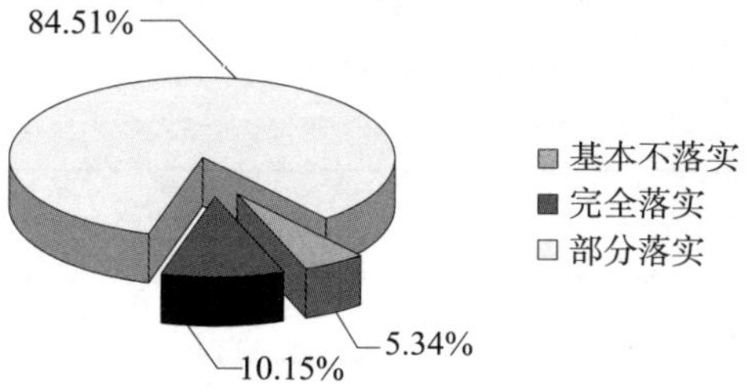

图3　企业对政策落实的总体评价

服务业发展政策实施效果不理想（见表1）。近80%的企业反映未享受到土地、财政、人才这三项政策支持，近50%的企业未享受到税收、价格等优惠政策。究其原因，主要是不知道有该政策、知道该政策但不符合享受政策的条件、政策规定不够细化、政务环境不够优化。有61.07%的企业认为是政策宣传不到位，有48.21%企业认为是有关政府部门之间协调不够，有45%的企业认为是政策执行环境影响，有35.36%的企业认为是政策执行的监控不力，有24.64%的企业认为是政策缺乏操作性、可行性，有18.04%的企业认为是政策执行受执行人员素质的影响。其具体情况如下：

表1　企业享受各项优惠政策情况及原因分析

优惠政策	未享受到优惠政策的企业所占比例	原因分析	比例
税收政策	49.15%	不知道有该政策	21.74%
		知道该政策但不符合享受政策的条件	52.17%
		政策规定不够细化	8.07%
		企业是亏损	6.21%
财政政策	72.16%	（没有该项统计）	
土地政策	82.56%	不知道有该政策	42.37%
		知道该政策但不符合享受政策的条件	36.61%
		政策条件太高	9.15%
		政策规定不够细化	5.08%
金融政策	68.63%	缺乏政策或政策不配套	47.22%
		利率太高	29.17%
		缺乏银行愿接受的抵、质押资产	27.08%
		缺乏第三方提供的保证	15.97%
水电价格政策	46.42%	不知道有该政策	50.90%
		不符合享受政策条件	25.45%
		政策规定不够细化	9.55%
		政策条件太高	8.64%
人才政策	76.96%	不知道有该政策	52.63%
		不符合享受政策条件	25.79%
		政策规定不够细化	8.95%
		政策条件太高	5.79%

（1）部分财政政策尚未落实到位。调查结果显示（见表2），超过七成的企业没有享受到财政优惠政策。分行业来看，房地产业为82.5%，住宿和餐饮业为81.93%，租赁和商务服务业为72.37%，批发和零售业为72.06%，交通运输、仓储和邮政业为64.44%。从企业规模来看，微型企业为84.52%，小型企业为

74.57%，中型企业为65.88%，大型企业为56.82%。从城市分布来看，南宁市为75%，柳州市为68.06%，桂林市为57.97%。主要表现在：

表2 企业财政政策享受情况

<table>
<tr><th>是否享受财政优惠</th><th colspan="3">所占比例/%</th></tr>
<tr><td>是</td><td colspan="3">27.84</td></tr>
<tr><td rowspan="10">否</td><td colspan="3">72.16</td></tr>
<tr><td rowspan="5">行业</td><td>房地产业</td><td>82.5%</td></tr>
<tr><td>住宿和餐饮业</td><td>81.93%</td></tr>
<tr><td>租赁和商务服务业</td><td>72.37%</td></tr>
<tr><td>批发和零售业为</td><td>72.06%</td></tr>
<tr><td>交通运输、仓储和邮政业</td><td>64.44%</td></tr>
<tr><td rowspan="4">企业规模</td><td>微型企业</td><td>84.52%</td></tr>
<tr><td>小型企业</td><td>74.57%</td></tr>
<tr><td>中型企业</td><td>65.88%</td></tr>
<tr><td>大型企业</td><td>56.82%</td></tr>
</table>

一是有些财税优惠政策的门槛较高。大部分企业认为高新技术企业认定的标准较高，且不符合服务业企业特点和现阶段广西服务业发展现状，大部分服务业纳税人无法享受到该项政策，二是优惠政策的申请手续复杂。以西部大开发税收优惠落实为例，有不少企业反映目前难以享受西部大开发政策，主要是因为申请税收优惠的手续太复杂。国家税务总局公告2012年第12号明确规定“自2011年1月1日至2020年12月31日，对设在西部地区以《西部地区鼓励类产业目录》中规定的产业项目为主营业务，且其当年度主营业务收入占企业收入总额70%以上的企业，经企业申请，主管税务机关审核确认后，可减按15%税率缴纳企业所得税。”然而，一些项目已列入产业目录中的企业在申请所得税优惠时，却被要求先通过行业主管部门认证，才能向税务机关申请减少企业所得税。而行业主管部门认证的依据也是目录，这无疑延长了审批时间，影响了办事效率，也增加了企业负担。

（2）部分税收政策落实不到位。调查结果显示，近半数的企业没有享受到税收优惠政策。企业反映目前的税费负担较重（见图4）。2014年上缴税收占总利润的比例，有过半企业超过1/3，其中41.51%的企业比例在20%以下，20.49%的企业比例为20%～30%，14.54%的企业比例为40%～60%，23.47%的企业比例为60%以上。

从企业上年度上缴税收中缴税比例最高的税种来看（见图5），67.46%的企业认为是营业税，52.54%认为是增值税，50.68%认为是所得税，34.07%认为是城建税，还有17.46%认为是水利基金、印花税等其他税种。

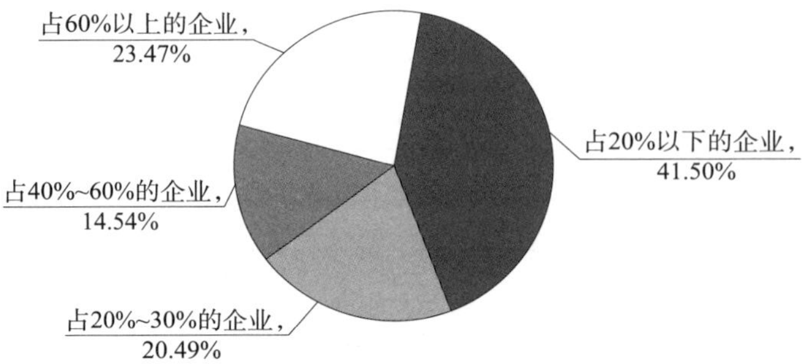

图 4　服务业企业所缴税收占总利润的比例情况

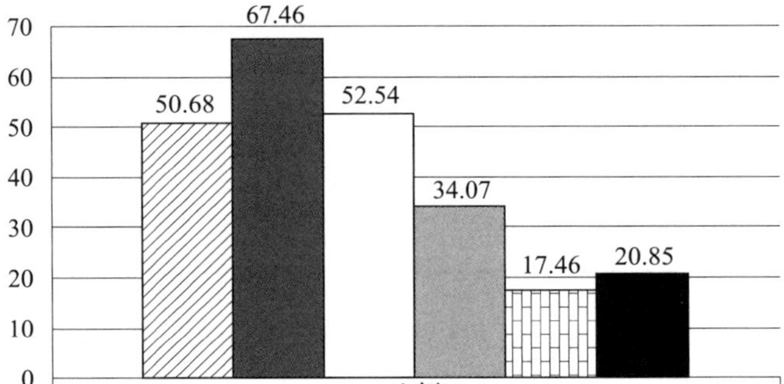

	比例/%
所得税	50.68
营业税	67.46
增值税	52.54
城建税	34.07
水利基金等其他	17.46
房产税	20.85

图 5　企业缴税比例占所缴税收前三位的税种

从国税、地税等有关部门调查结果看，部分优惠政策未能根据经济社会发展做出及时调整。如桂政发〔2010〕64 号规定“贯彻执行边民互市贸易进口免税政策，落实每人每日人民币 8000 元的进口免税额度，不限定单日交易次数”，目前随着边境贸易的发展，尤其是滇桂沿边金融改革试验区的确定，“每人每日人民币 8000 元的进口免税额度”难以满足边贸发展的需要，应该根据发展形势适当提高进口免税的额度。

部分政策难以落实。如桂政发〔2010〕68 号文件规定“自治区重点物流企业，自 2011 年起，经自治区税务部门审批，5 年内免征企业所得税中属于地方分享的部分”，但目前无企业申请享受相关税收优惠政策，原因有：一是未明确自治区重点物流企业范围或申请评定规则，造成无企业申请享受相关税收优惠政策；二是现行的税务行政审批项目基本已下放至市、县（区）税务部门，但文件中却规定本项目由自治区税务部门审批。

（3）部分价格优惠政策难以落实。有超过一半的企业认为享受到了与工业用水、用电等基本同价的价格优惠政策，但仍有46.42%的企业未享受水电价格优惠政策，以中小微企业为主，其中有50%以上的租赁和商务服务业、住宿和餐饮业及批发和零售业的企业认为没有享受到价格优惠政策（见表3）。

表3　企业享受价格优惠政策情况

是否享受价格优惠	所占比例/%		
是	27.84		
否	46.42		
	行业	租赁和商务服务业	59.21
		住宿和餐饮业	54.76
		批发和零售业	52.63
		房地产	37.04
		交通运输、仓储和邮政业	35.23
	企业规模	小型企业	48.97
		微型企业	47.62
		中型企业	45.51
		大型企业	30.21

究其原因（见图6），企业认同率较高的是不知道有该政策，占50.9%；其次是知道该政策但不符合享受政策条件，约占25.45%；还有9.55%的企业认为政策规定不够细化，不知如何申报；8.64%认为政策条件太高，本企业努力但仍无法享受该政策；0.91%的企业认为已申报未获批准；4.55%的企业认为是其他方面。

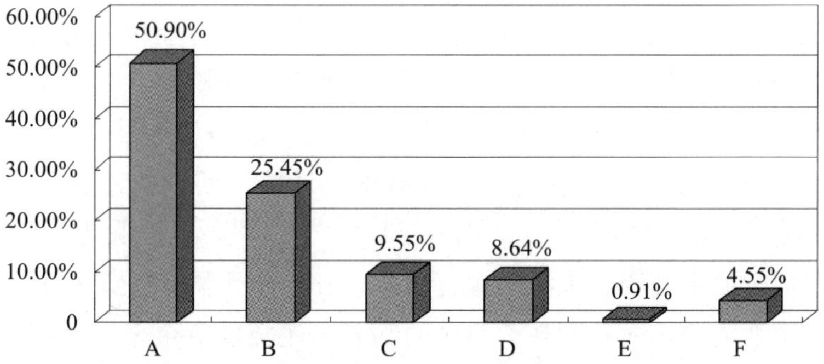

图6　企业未享受价格优惠政策的原因

A. 不知道有该政策；B. 知道该政策但不符合享受政策的条件；C. 政策规定不够细化；D. 政策条件太高，企业努力仍无法享受该项政策；E. 已申报未获批准；F. 其他

从物价部门调查的结果看，部门选择了已经完全落实这一价格优惠政策。这与服务业企业所反映的情况有较大的偏差，其原因一方面在于一些价格的定价权在国家，而自治区相关部门没有定价权限，只是落实国家的政策；另一方面也存

在着部门与企业相互扯皮的原因，企业的需求远高于当前的现状，而部门的落实也存在着不到位的问题。

（4）服务业用地优惠政策难以保障。超过八成的企业没有享受到土地优惠政策，只有14.44%的企业认为享受到了优先保障服务业用地的政策。对于没有享受到优先保障服务业用地政策的原因，42.37%的企业认为是不知道有该政策，36.61%的企业认为是知道该政策但不符合享受政策的条件，9.15%的企业认为是政策条件太高，本企业努力但仍无法享受该政策，5.08%的企业认为是政策规定不够细化，不知如何申报，2.03%的企业认为是已申报未获批准（见表4）。

表4　企业未能享受土地优惠政策的原因

原因	所占比例/%
不知道有该政策	42.37
知道该政策但不符合享受政策条件	36.61
政策条件太高，本企业努力但仍无法享受该政策	9.15
政策规定不够细化，不知如何申报	5.08
已申报未获批准	2.03
其他	4.76

大部分企业反映了用地难问题，其中物流企业的用地问题最为突出。目前大部分物流企业仓储用地难，用地以租用为主，用地贵的问题也随之而来。据了解，目前物流企业仅用于仓储用地的费用就占整个物流成本的30%～40%。此外，由于仓储用地的不确定性，影响物流企业的投资决策。问卷调查显示，对于企业的用地价格与当地工业企业的用地均价相比，31.84%的企业认为较高，57.49%的企业认为持平，10.67%的企业认为较低。各行业中，房地产业认为用地均价较高企业的比例较大，达到56.41%。各企业规模中，小型企业认为用地均价较高的比例最大，达到33.33%。

（5）企业融资难问题依然突出。从国家统计局广西调查总队开展的规模以下服务业的抽样调查结果来看，仍有51.5%的融资企业认为融资难，仅有12.5%的融资企业主要资金来源为银行贷款，比上年下降1.4个百分点。从一些企业获知，企业需要扩大经营或者是临时需要一笔流动资金来开展某项业务，大多依靠自筹，因为从银行获得贷款不仅手续繁琐，时间长，而且获得的可能性极小，极易错过商机。多数企业反映，事实上不是小规模企业没有融资需求，而是融资难、融资贵普遍存在，企业干脆就不融资了。融资难的比例较大的行业分别是水利、环境和公共设施管理业（60.0%），科学研究和技术服务业（56.2%），文化、体育和娱乐业（55.6%），交通运输、仓储和邮政业（54.5%）；融资难的比例较大的城市分别是来宾市（64.8%）、防城港市（62.5%）和柳州市（61.4%）。

从银行业金融机构的角度看，中小企业贷款额度相对大中型企业较小，但是贷款程序却十分复杂和繁琐，人工成本相对较高，再加上小微企业的坏账率高，银行金融机构的放款热情大大降低。另外，中小企业碍于规模的限制、生产设备的落后、企业制度的不完善等因素，其对风险的规避能力较弱，一旦遇到外部经济发生动荡，很容易失去订单，停滞生产。与此同时，适用于小微企业的社会担保机构和社会服务机构十分缺乏，民间借贷高额利息又难以承受，加剧了小微型企业融资难度。

（6）人才政策难以保障。调查结果显示，有65.46%的企业希望政府加强人才培养方面的政策支持，居其他各项支持政策的首位。对于目前的人才政策，只有23.04%的企业认为享受到了人才队伍建设方面的优惠政策，有76.96%的企业认为没有享受到人才优惠政策。企业反映，目前人才引进方面遇到的主要问题是本地薪酬水平低，薪金提升慢，约占62.07%（见图7）；有39.83%的企业认为符合企业需要的人才难找；39.14%的企业认为人才来源渠道狭窄；22.59%的企业认为氛围不佳，对外地人才吸引力不够；18.28%的企业认为专业性（特殊专业）的招聘会少；16.21%的企业认为人才信息未能及时掌握；2.93%的企业认为是其他方面。

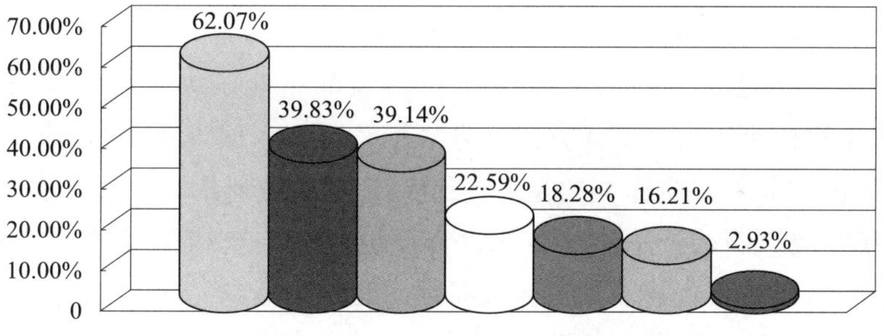

图7　企业人才引进存在的问题

A. 本地薪酬水平低，薪金提升慢；B. 符合企业需要的人才难找；C. 人才来源渠道狭窄；
D. 氛围不佳，对外地人才吸引力不够；E. 专业性（特殊专业）的招聘会少；
F. 人才信息未能及时掌握；G. 其他

其原因主要是：61.63%的企业认为政府服务和引导有待加强，47.44%的企业认为社会环境不够优化，37.15%的企业认为制定的政策亟须完善，33.7%的企业认为信息服务不到位27.6%的企业认为是用人单位人才观的偏差，26.91%的企业认为是人才自身观念的问题，25.52%的企业认为市场建设不足，19.44%的企业认为资金投入力度不够，18.58%的企业认为缺乏引导建设产业的平台。

调查显示，目前企业亟须政府出台政策支持引进人才的类型主要是管理人才、市场开拓人才、创新型人才和熟练技术工人，分别占58.68%、52.26%、44.62%和31.94%。

4. 行政审批效率不高，政策环境亟须优化

一是行政审批效率较低。尽管行政审批制度改革已取得了一定成效，但是大部分企业反映行政审批效率仍然较低，审批程序繁杂，审批权限下放不够，前置审批的突破不足。问卷调查结果显示，从项目投资申报到项目审批结束需要的时长（见图8），35.79%的企业认为是15～30个工作日，20.45%的企业认为是30～60个工作日，19.02%的企业认为是15个工作日以内，17.18%的企业认为是90个工作日以上，7.57%的企业认为是60～90个工作日。

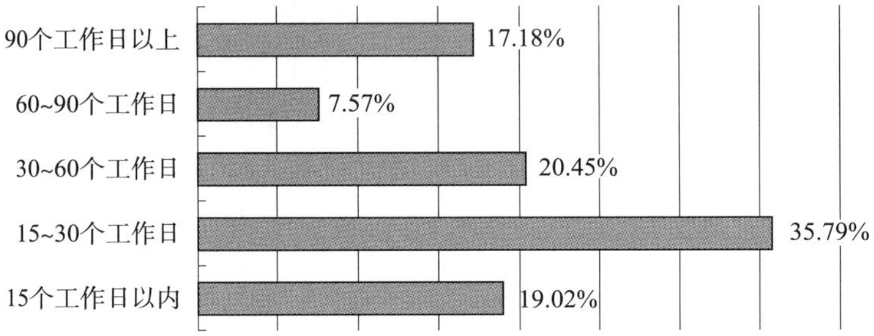

图8 企业项目申报审批所需时长

在行政审批工作存在的主要问题中，有65.42%的企业认为是审批环节过多，完成一个项目审批所需时间过长；59.33%的企业认为是办理手续繁琐，程序过多，周期较长，缺少“一站式”服务；38.7%的企业认为是程序复杂，公开不够；28.29%的企业认为是工作方式、方法不够便利；13.95%的企业认为是工作人员服务态度和业务素质达不到要求；还有3.93%的企业认为是其他方面。

国家统计局广西调查总队开展的投资环境监测调查结果显示（见表5），有45.01%的受访服务业企业表示在与政府部门交往中遇到“推诿扯皮，效率低下”的情况，26.08%的企业遇到“只有收费、检查、处罚时才见到人，企业有困难时却坐视不管”的情况，13.77%的企业遇到“执法粗暴生硬”的情况。同时，政府工作人员中也存在不廉洁行为，25.34%的企业表示当地政府机关工作人员存在办事不公的情况，14.51%的企业表示存在以权谋私、徇私舞弊，13.99%的企业表示存在乱收费、乱罚款、乱摊派，13.88%的企业表示存在吃拿卡要现象，11.88%的企业表示存在乱办班、乱发证、乱检查、乱评比，11.78%的企业表示存在行贿受贿，11.46%的企业表示存在权钱交易。

表5 企业对政府服务的评价

评价	所占比例
政府部门推诿扯皮，效率低下	45.01%
只有收费、检查、处罚时才见到人，企业有困难时却坐视不管	26.08%
存在不廉洁行为	13.77%
办事不公	25.34%

续表

评价	所占比例
以权谋私，徇私舞弊	14.51%
乱收费、乱罚款、乱摊派	13.99%
存在吃拿卡要	13.88%
乱办班、乱发证、乱检查、乱评比	11.88%
行贿受贿	11.78%
权钱交易	11.46%

二是服务业管理体制机制不健全，多头、无序管理。2008 年以前，广西服务业发展一直由商务厅牵头进行管理；2008 年成立了广西服务业发展领导小组，办公室设在自治区发展改革委，但是由于不是常设机构，与服务业发展的地位不相适应，部门统筹协调的力度有限，造成权威性不够，执行力较弱，服务业发展组织协调效果不明显。2015 年 2 月，成立“自治区服务业发展部门联席会议办公室”（以下简称“联席办”），明确由发改委牵头，联合 40 个成员单位组成，形成协调服务业发展的强有力的专门机构，促进广西服务业的发展。但是目前类似联席办的机构还只有自治区层面成立，各地级市并未成立相应的组织机构，导致行业发展中一些问题无人管理或多头管理，工作难度大。以家庭服务业发展为例，一些地市成立了发展家庭服务业促进就业局际联席会议，会议由人社部门负责牵头，但家庭服务业行业协会却是商务部门负责管理，相关的扶持资金也划拨在商务部门，而人社部门其实只承担家庭服务业人员培训环节的责任，对整个家庭服务行业进行协调管理显得“心有余而力不足”，导致家庭服务业发展中出现的一些问题难以协调解决。

三是服务业收费标准随意性大。目前，全区各地市收费项目有所不同，如物价调节基金费在南宁、桂林和北海需要收取，而其他设区市则不收取。同时，收费的标准也不一样，有些相同的项目其收费次数也有差异。以旅游饭店收费为例，企业反映每年要承担公安、消防、卫生、环保、房产、广播电视、气象等 20 多个行政机关及其所属事业单位要求缴纳的近 50 多种收费项目。据初步调查，这些收费项目有一部分并不是以法律、法规为依据，而是以行政机关的规范性文件为依据，管理比较混乱，也给企业带来了较大负担。

四是企业所承担的有关费用较外省要高，使企业负担较重。一些企业反映缴纳的水利建设基金费用较高。广西是按照企业销售收入的 1‰来征收水利建设基金，而广东、福建等省全免，山东、安徽、河北等省征收的比例较低。广西糖网作为第三方电子商务企业，按照年销售收入 150 亿元来算，需缴纳水利基金 1500 万元，加上印花税 800 万元，负担很重。某市财政部门也反映一些外来的加工贸易企业认为缴纳的水利建设基金高于外省，影响企业盈利。

五是执法环境不优。根据国家统计局广西调查总队开展的投资环境监测及规模以下服务业抽样调查结果（见表6），有20.19%的企业认为存在办案程序不规范、不公开的情况；18.61%的企业表示地方保护主义严重；17.35%的企业表示存在投诉无门的情况；17.14%的企业表示司法人员水平低、素质差；13.04%的企业表示法院判决或仲裁结果得不到有效执行；11.67%的企业表示存在贪污腐化、办人情案的现象；11.25%的企业表示地方政府、领导及关系人干预办案；8.62%的企业表示存在不依法或违法办案的情况。

表6　企业对执法环境的评价

评价情况	占比
办案程序不规范、不公开	20.19%
地方保护主义严重	18.61%
投诉无门	17.35%
司法人员水平低、素质差	17.14%
法院判决或仲裁结果得不到有效执行	13.04%
贪污腐化，办人情案	11.67%
地方政府、领导及关系人干预办案	11.25%
不依法或违法办案	8.62%

5. 政策执行者素质不高，政策理解执行不力

政策的执行落实关键在人，政策执行者素质的高低关乎政策执行效果的好坏。在政策执行过程中，调研组发现政策执行者素质还有待提高。一是对政策认识不足、理解不透。由于执行者自身认知的缺陷，无法对政策做出正确解读，存在政策在宣传、执行中失真等问题。再加上政策执行者知识结构、文化水平、理解能力、认知程度等不同，出现同一政策在不同的地区执行标准不一样等现象。二是政策执行方式方法单一。有些政策执行人员在落实政策时无视差异，盲目执行政策，缺乏灵活性、变通性，对具体问题没有具体分析，而对于遇到的一些解答不了的问题，不重视把信息反馈到上级决策机构，不及时与上级机构进行沟通与协调，单凭个人经验或直接拍脑袋决定，或死守教条“一刀切”地简单处理，违背了政策制定的初衷。三是执行人员业务能力问题。一些执行者对政策的准确理解和把握政策的能力不足，表达能力、协调能力、领导能力、创新能力等亟待加强，且缺乏实际工作经验，难以有效地计划和组织实施政策。四是政策执行者态度问题。有些政策执行者抱着一种事不关己、高高挂起的态度，对政策落实的积极性不高、工作投入不足。有些因害怕受到批评或指责，工作中畏首畏尾或阳奉阴违，影响了政策执行部门的形象。还有些政策执行人员受利益驱使把自身利益置于国家利益之上，导致公私角色错位，失去了执行者应有的威望，使政策执行出现偏差。

6. 缺乏政策落实的反馈渠道，政策监督不到位

政策监督是政策落实的有效保障，但是调研中发现，一些地方政府高度重视相关政策文件的出台，而忽视对落实情况的检查及完成效果的验收，忽视对政策的评估，往往是以“政策落实政策”，靠“文件落实政策”，未能总结分析出哪些政策执行效果较好可继续实施、哪些政策在执行中存在问题需及时调整、哪些政策执行确有难度无法推进需进一步完善。在调研中，大部分企业，甚至很多部门都认为目前广西并不是缺乏服务业发展的政策，而是缺乏对政策的具体落实，其主要原因之一就在于缺乏有效的政策监督制度和政策评估的有力机构及长效机制。

目前全区政策监督的形式比较单一，主要通过各级党委、政府的督查室（办）、绩效办等内设机构来进行督查，而这些机构事务性工作多，专业性不够，独立性不强，委托专业研究机构或调查公司等第三方力量介入对政策落实状况的监督、检查的案例也较少。同时，信息沟通机制不健全，缺乏政策落实反馈渠道，使得政策落实中发现的问题无处咨询解决。即便对于一些已发现的问题，上级部门一般也仅限于整改，至于整改结果如何、群众是否满意，往往没有下文。如一些地方十分重视财政资金扶持了哪些项目，却常常忽视这些项目的推进情况如何，缺乏对项目进度的跟踪落实监督，导致一些进度缓慢、未能在规定时间内完工的项目扶持资金被收回。

三、广西与国内部分省区促进服务业发展的政策比较分析及启示

近年来，广西相继出台了一系列政策措施扶持服务业发展，但当前全区对服务业的管理仍以分行业管理为主，在对服务业的产业整体发展布局及扶持配套政策方面，也是指导性的政策较多，操作性的政策较少，在细化国家政策实施上仍不够深入。现从服务业集聚区、重点企业、招商引资、人才支撑等几个重要方面和相关省份服务业支持政策进行比较。

（一）广西与国内部分省区促进服务业发展的政策比较

1. 集聚区支持政策比较

各省对服务业集聚发展都有共识，即以服务业集聚区建设为主抓手，通过优化调整服务业发展空间布局，依托原有产业园区等平台布局建设各类服务业集聚区，带动服务业全局发展。从有关发达省份集聚区发展情况来看，服务业集聚区增加值占服务业增加值的60%左右，集聚区载体建设重要性不言而喻。广东、浙江等沿海省市较早开始发展服务业集聚区。2008 年广东、浙江省出台的文件中就有比较具体的支持集聚区建设的政策。近年来安徽省经济发展水平与广西最为接近，出台服务业政策比广西晚一年，但从政策层面看集聚区支持政策更有针对性，可操作性更强。2010 年广西虽然对集聚区如西江黄金水道服务业集聚带、

沿海开放通道服务业集聚带等的发展提出了规划，但是集聚区支持政策是和商品市场体系、服务业基础设施和服务业重大项目建设一并出现，还没有单独的针对性的支持政策（见表7）。近年来，由于没有更为明确的支持政策，“洼地效应”不强，广西集聚区发展相对滞后，错失了发展机遇。

表7　广西与相关省份服务业支持政策比较

	税收政策	财政政策	土地政策
安徽 皖政〔2011〕109号	对省级服务业集聚区内鼓励发展的服务业企业，其新建或购入的土地和房产，经地税部门批准，3年内减征或免征房产税和城镇土地使用税	对省级服务业集聚区公共服务平台，经认定后，从省服务业发展引导资金中安排不低于100万元的补助。实行年度目标考核，对考核优秀的集聚区给予奖励	开发区内生产性服务业企业实行与工业企业同等的用地政策。对投资额1.5亿美元或10亿元人民币以上的鼓励类服务业项目用地，给予重点支持。实行用地审批“绿色通道”制度
浙江 浙政发〔2008〕55号 浙政发〔2011〕33号	对省级集聚区中鼓励发展的服务企业，水利建设专项资金减免优惠。1～3年内给予房产税和城镇土地使用税的减免优惠	对省规划布局内集聚区的公共服务平台建设，给予一定资金补助	对省规划布局内集聚区中的建设项目，同等条件下优先纳入省服务业重大项目计划，给予优先安排用地计划和投资贴息补助
广东 粤府〔2008〕66号 粤府办〔2014〕22号	选择部分有条件的省级现代服务业集聚区和其他重大发展载体，试行按上缴省级财政税收一定比例进行奖励的财政激励政策	省财政已安排的各类对口专项资金要对符合条件的服务业集聚区给予适当支持	省级现代服务业集聚区的项目，一次性缴付土地出让金有困难的，可以分期缴付，首次缴纳比例不低于全部土地出让价款的50%，余款原则上一年内缴清
广西 桂发〔2010〕34号		根据财力发展状况，逐年增加资金规模。专项资金主要以贴息、补助、奖励等方式，重点用于支持城乡商品市场体系、服务业集聚区、服务业基础设施和服务业重大项目建设等	对符合城市总体规划、土地利用总体规划和列入自治区发展规划的重点服务业项目，包括大型市场、总部基地、研发中心等服务业聚集区的建设用地，要确保用地并优先办理有关手续

2. 重点企业、重点项目支持政策比较

如表8所示，各省区主文件都会通过不同程度的税收减免、返还以及财政补助、奖励、土地倾斜等政策对重点企业予以支持，在企业上市、平台建设等方面都有具体的补贴和奖励金额，体现了抓服务业发展要重点突破的思路。广西对重点企业、重点项目的支持政策在13个行业配套文件中也有涉及，但主文件中没有具体支持政策，难以形成合力，对重点企业培育和重点项目推进打了折扣。

表8 广西与相关省份重点企业、重点项目支持政策比较

	财税政策	土地政策
安徽 皖政〔2011〕109号	对改制成功且与保荐机构签订上市辅导协议的上市后备服务业企业，省和同级财政分别给予100万元的补助；上市成功的，省和同级财政分别给予50万元奖励。对成功发行集合债券、短期融资券和集合票据的服务业企业，省和同级财政给予发行费用10%、最高不超过20万元的补贴	国土资源部门在年度用地计划中安排一定比例的指标用于生产性服务业，对投资额1.5亿美元或10亿元人民币以上的实行鼓励类服务业项目用地政策
山东 鲁政发〔2010〕80号	对市县上缴省级的营业税、企业所得税、个人所得税增幅超过15%以上的部分，省级给予全额返还，资金优先支持重点服务业城区、园区、企业和重点项目的发展。对重点服务业园区的公共服务平台建设，给予一定资金补助，对重点服务业园区中的建设项目，同等条件下优先纳入省服务业重大项目计划，给予用地和资金扶持。对营业收入超过30亿元，或实现税金3000万元以上的服务业企业，省政府给予表彰奖励	重点服务业项目新增建设用地，各级政府要优先安排年度用地计划指标；对省级重点项目用地实行点供。各市、县（市、区）在制定年度用地计划时，编制年度服务业重大项目计划
浙江 浙政发〔2008〕55号 浙政发〔2011〕33号	对省服务业重点企业，以上一年实交的地方税收为基数，每年上交的地方税收增速超过10%的部分，由当地政府予以奖励；报经地税部门批准，2年内对其新增加的房产和用地给予减免房产税和城镇土地使用税的优惠。鼓励服务业企业兼并重组，对其在合并、分立、兼并等企业重组过程中发生的转让企业产权涉及的不动产、土地使用权转移行为，不征收营业税	对于服务业建设用地比重较高的地方，安排用地指标确有困难的服务业重大项目，经省发改委和省国土资源厅会商，报省政府同意，酌情给予解决部分用地指标
广西 桂发〔2010〕34号	根据财力发展状况，逐年增加资金规模。专项资金主要以贴息、补助、奖励等方式，重点用于支持城乡商品市场体系、服务业集聚区、服务业基础设施和服务业重大项目建设等	大型市场、总部基地、研发中心等服务业聚集区的建设，要确保用地并优先办理有关手续

3. 总部经济引资政策比较

总部企业或集团企业是开放型经济体系的建设主体，引进企业总部有利于大

力发展服务贸易，提高开放型经济的发展水平。选用总部经济政策来做比较主要是衡量各地对招商引资、开发合作、服务贸易等方面的支持水平。不论是内陆的安徽还是沿海的浙江、海南，对总部经济的发展都很重视，如安徽直接给予办公用房财政补助，海南实行“一企一策”的土地政策，广东审批实行“绿色通道”。相较于其他省区，广西对服务业总部经济的支持政策还是空白（见表9）。

表9　广西与相关省份对总部经济支持政策比较

	税收政策	财政政策	土地政策
安徽 皖政〔2011〕109号	新引进的国内外著名服务业企业总部、地区总部、采购中心、研发中心等，经认定后，对其自建自用办公用房减半征收城市基础设施配套费等相关规费	租赁自用办公用房，3年内由企业所在地财政按房屋租金的30%给予补助；3年内所缴纳的营业税、增值税和企业所得税市县留存部分，由所在地财政给予50%的奖励。对总部企业新引进的高层管理人员缴纳的个人所得税市县留存部分，3年内由所在地财政给予其奖励	
浙江 浙政发〔2008〕55号 浙政发〔2011〕33号	鼓励引进国内外著名服务企业总部、地区总部、采购中心、研发中心，各级政府对引进企业在自建、购买或租赁办公用房上给予支持；对新引进的省外企业集团总部，报经地税部门批准，可给予三年内免征房产税、城镇土地使用税的优惠。 对上述新引进企业的高管人员，经当地政府批准，给予个人所得税的返还奖励	鼓励引进企业总部和行业龙头企业。对当年引进全国性金融保险机构总部（或跨国公司区域性总部）的，继续给予引进地财政一次性奖励。对新引进的服务业大企业、大集团或其设立的地区总部、服务业行业龙头企业、服务业高端企业，依据其税收贡献、吸纳就业和产业水平情况，经省有关部门认定，由省服务业财政引导资金给予一次性奖励	
海南 琼府〔2014〕5号	符合认定支持条件的总部，无论是在本省新设立的总部或地区总部，还是自本政策实施后新增资达到一定规模的已在我省设立的总部，可获得落户或增资的资金支持。此外，按其对地方财力和就业贡献程度给予资金支持，支持期限5年	对引入的总部企业用地可优先办理规划选址，按“一企一策”办法经所在地政府批准后挂牌出让供应。引进总部企业设立研发中心的，其研发机构的专门用地可按程序以科研用地办理出让手续	连续3年每年纳入本省统计核算的产值规模（营业收入）不低于100亿元，或连续3年每年在本省内形成的地方财力不低于1亿元的，可以申请独立建设总部大厦

续表

	税收政策	财政政策	土地政策
广西 桂发〔2010〕34号		设立服务业发展专项资金，专项资金主要以贴息、补助、奖励等方式，重点用于支持城乡商品市场体系、服务业集聚区、服务业基础设施和服务业重大项目建设等，以及支持引进商务总部、研发中心、金融企业分支机构等	对符合城市总体规划、土地利用总体规划和列入自治区发展规划的重点服务业项目，包括大型市场、总部基地、研发中心等服务业聚集区的建设用地，要确保用地并优先办理有关手续

4. 人才支撑政策比较

如表10所示，各省对高端人才获得省级政府、国务院部委及以上的奖励都出台了免征个人所得税政策，对引进的国家级科研机构、国家重点高校、海外知名大学、世界500强企业高级技术人才，所支付的住房补贴、安家费、科研启动经费等费用，基本上都可以在计算企业所得税前扣除。对做出突出贡献的服务业人才，根据其实际贡献程度给予资助和补贴。如安徽省2011年就设立了服务业专业人才特别贡献奖，每两年评选一次，每次奖励10名，给予每人一次性奖金20万元。广西对高端人才的引进也非常重视，但在2010年服务业主文件里还没有具体的配套政策。

表10　广西与相关省份对人才支撑政策比较

	税收政策	财政政策	其他政策
安徽 皖政〔2011〕109号	对高级技术人才、特殊人才获得的国务院及有关部门和省政府颁发的奖金，免征个人所得税。引进国家级科研机构、海内外知名大学、世界500强企业的高端服务业人才，所支付的一次性住房补贴、安家费、科研启动经费等费用，可在计算企业所得税前依法扣除	省政府设立服务业专业人才特别贡献奖，每两年评选一次，每次奖励10名，给予每人一次性奖金20万元	
江苏 苏发〔2011〕18号	省政府设立服务业专业人才特别贡献奖，两年评选一次，每次奖励10名，给予每人一次性奖金30万元，并免征个人所得税	由省级现代服务业发展专项引导资金在三年内给予1000万～3000万元的项目经费资助。鼓励高层次人才来江苏创业发展，可由各地政府以纳税贡献和企业成长性为依据确定一批服务业企业，予以适当奖励	对认定为省级服务业创新团队的，每个团队由省“双创计划”专项资金在三年内给予300万～800万元的人才经费资助

续表

	税收政策	财政政策	其他政策
浙江 浙政发〔2008〕55号 浙政发〔2011〕33号	服务业企业引进高端人才而产生的有关住房补贴、安家费、科研启动经费等费用，可列入成本核算	每年推出若干个现代服务业紧缺急需的职业培训项目和专业能力水平认证项目，对参加培训及考试的人员，经认定，可视情况给予适当政府补贴	对规模较大或创新能力较强能引领行业发展的服务业企业副总经理以上人员，经有关部门批准，可不受学历、资历、任职资格等限制，破格直接申报高级经济师资格
贵州 黔府发〔2014〕18号	鼓励现代服务业企业引进人才，对新引进的企业高管人员和技术骨干，年缴纳个人所得税在3万元及以上的，经当地政府批准，5年内将个人所得税地方留存部分按照不高于70%的比例奖励给个人	对特别急需的重要人才可给予全额奖励。积极支持各类职业院校开展服务业职业技能培训	
广西 桂发〔2010〕34号	面向国内外招聘一批服务业高端人才，鼓励吸引现代服务业急需人才和复合型人才到广西工作或服务。选送一批高中级服务业创新人才、经营人才和管理人才出国培训		

（二）相关省区促进服务业发展政策的借鉴与启示

1. 重视服务业发展，起步较早

相关省份非常重视服务业发展，特别是东部沿海省份，利用良好的工业基础推进服务产业化。如江苏省制定了加快服务业发展的实施意见，出台“地方营业税以2007年为基期年，对新增部分不再集中，全额留给地方”等政策，极大激发了该省各市县发展服务业的积极性。2007年国务院出台关于加快发展服务业若干政策后，2008年浙江和广东也出台了具体实施办法，广东当年就提出在1年内基本实现服务业与一般工业在用水、用气方面同网同价。浙江制定并实施了《浙江省服务业标准化发展规划》。这些政策放到今天都值得我们借鉴。广西2013年服务业增加值为3254.96亿元，只相当于江苏省2001年的水平，当前我们更要高度重视服务业发展，加大扶持力度，出台具有前瞻性的政策，缩小差距。

2. 以集聚区为抓手，实施重点突破

各省充分利用了制造业发展的优势，促进制造业和服务业在特定空间上的集群式发展，从而实现制造业对现代服务业的拉动作用。在服务业集聚区建设中，注重优化发展环境，完善配套政策，从资金、政策等方面大力推进服务业集聚区建设。如广州市近年来共投入近亿元服务业发展引导资金重点支持省级现代服务业集聚区的公共服务平台建设，切实做好集聚区的规划和分类认定工作。广东省对集聚区建设要求规划、管理机构、范围清晰、用地落实、“三通”等要素和条件必须具备，制定了内部管理认定办法，首批在全省培育认定了集聚区 30 个，累计完成投资 1723 亿元，集聚效应明显，且带动了第二批 40 个集聚区建设并完成认定。广西应尽快出台服务业重点集聚区认定办法，在全区“十三五”规划建设 100 个自治区级集聚区的基础上，再遴选 10 个重点集聚区进行重点支持，集中扶持政策，形成“洼地效应”。

3. 发展重点明确，措施务实有力

各省结合自身的比较优势，有选择、有重点、分层次地推进服务业重点领域改革与发展，对重点发展领域都有针对性的扶持政策。如江苏从 2005 年起，在每年确定 150 个省级服务业重点项目的基础上，选择一批投资强度大、产业层次高、带动能力强的功能性服务业项目进行重点扶持。贵州省重点发展大数据产业。根据贵州省大数据产业发展应用规划纲要规定，对获得认定的国家级和省级企业技术中心、工业设计中心分别给予 100 万元、50 万元资金补助。海南省发展特色海洋产业，对涉海企业的票据优先给予再贴现；对企业建设海洋产业重点项目给予信贷贴息；支持涉海企业发行企业债、公司债、短期融资券和中期票据等。广西也应该深入发掘广西服务业的优势所在，把握产业发展脉络，扬长避短、重点突破，突出区域特色、力争在某些领域抢占发展先机。如发展养生产业，目前广西养生产业政策分散在健康产业和养老产业中，没有单独的政策。而贵州省 2014 年在出台养老产业文件后，还出台了健康养生产业文件，突出养生产业政策。

4. 创新支持方式，政策精准到位

2014 年年底国务院出台关于清理规范税收等优惠政策的 62 号文件之后，各地不再允许规定具体的税收优惠政策。各地创新方式，综合运用扩大政府采购外包、金融创新、贷款贴息、投资补助和以奖代补等多种形式继续支持服务业发展。如重庆出台了《关于工业、农业、科技、现代服务业、文化、旅游六个专项基金设立方案》，财政扶持产业发展资金由“补贴投入”改为“股权投入”，分配方式发生重大革新，财政资金“可放大、可循环、可评估，能精准投向”的绩效预期得以实现，切实减轻了服务业企业税收负担。贵州对引进国内外著名服务企业总部、地区总部、采购中心、研发中心在自建、购买或租赁办公用房上给予支持；广东扩大政府采购服务，修订政府采购目录及标准，增加采购服务的范围和条目，平等对待不同地域、不同所有制、不同规模的服务提供者。广西服务业发展基础薄弱，在国家规范优惠政策后，扶持政策不能“退位”，政府职能不能“缺位”，唯有创新支持方式，保持政策优势，才能加快广西服务业发展。

5. 重视开放合作，拓宽发展空间

广东推动粤港澳服务贸易自由化行动计划，进一步构建粤港澳合作多层次参与协商机制，着力推进粤港澳服务业合作，2014 年率先基本实现粤港澳服务贸易自由化；在 CEPA 框架下探索粤港澳服务贸易自由化负面清单管理模式，促进服务业投资贸易便利化。江苏省以《内地与港澳更紧密经贸关系安排》作为江苏服务业领域对外开放的突破口，引导港澳投资发展金融、现代物流、科技服务、软件和信息服务等生产性服务业，稳步扩大医疗、教育、养老机构等生活性服务业开放；吸引港澳投资到江苏省设立金融分支机构、国际采购中心、物流配送中心和分销中心。广西应发挥开放门户的优势，加强与粤港澳、东盟国家及“一带一路”沿线国家等合作，大力引进企业集团总部，实行“走出去”战略，做大做强服务贸易。

6. 减轻企业负担，优化发展环境

首先，降低市场准入门槛，通过审批制度改革减轻企业负担，如海南为企业设立联合审批，工商、质监、税务、公安四部门审批的工商营业执照、组织机构代码证、税务登记证、刻章许可证及印章刻制实行一个窗口受理、同步审批、统一发证，5 个工作日内完成。对没有办公实体的电子商务企业，可以通过电子商务秘书企业进行日常办公托管，以电子商务秘书企业住所办理工商登记。广东公开全部行政审批事项清单，推行审批事项负面清单管理方式，加快建立以备案制为主的投资管理体制。其次，各地全面清理涉企行政事业性收费，减免部分涉企行政事业性收费。如广东积极探索建立“零收费”制度，根据实际确定服务业企业收费标准，按规定权限对中小服务业企业减免行政事业性收费。广西要对符合享受国家西部大开发、北部湾经济区、高新技术企业等政策的企业，加快办理企业所得税减免认定工作，对不合规定的收费进行清理。

7. 人力资源保障，支撑坚实有力

人才资源在服务业发展要素中更为重要。近年来，各省都出台政策，改善用人留人环境，加大服务业高端人才引进力度，制订人才引进计划。如江苏省“双创计划”向服务业倾斜，提高服务业领军人才引进比例。对认定为省级服务业创新团队的，每个团队由省“双创计划”专项资金在三年内给予 300 万 ~800 万元的人才经费资助，由省级现代服务业发展专项引导资金在三年内给予 1000 万 ~ 3000 万元的项目经费资助。为鼓励高层次人才来江苏创业发展，省政府设立服务业专业人才特别贡献奖，两年评选一次，每次奖励 10 名，给予每人一次性奖金 30 万元，并免征个人所得税。广西在服务业人才引进和培育方面还要加大力度，务实出台配套政策，抢占服务业发展人才高地。

8. 加快平台建设，夯实发展基础

公共服务平台在服务业发展过程中起到至关重要的作用，各省都以奖励、补助、投资等方式发挥政府主导作用，引导社会资本建设服务业公共平台，优化服务业资源配置，加快服务业发展。如贵州以大数据“七朵云”为基础，着力打造电子政务、智能交通、智慧物流、智慧旅游、工业、电子商务、食品安全等领域的公共服务信息平台，对生产性服务业企业投资建设的研发设计、检验检测、信息服务、文化创意、技能培训等公共服务平台关键设备投入，从各级政府服务业发展引导资金等专项资金中给予不高于30%的资金补助。海南对现代服务业重点行业电子商务平台建设给予贷款贴息；对办公使用面积超过3000平方米，电子商务经营主体入驻率超过80%，运行一年以上的电子商务专业楼宇（孵化园区），给予组织管理单位一次性100万元的奖励。在国家规范税收、土地优惠政策后，广西更要发挥政府主导作用，加大财政对服务公共平台的建设，建立多元化投资模式，间接减轻企业负担，优化服务环境，夯实发展基础。

四、进一步健全完善广西服务业发展若干政策的建议

加快广西服务业发展健全完善若干政策的基本思路：

适应经济新常态的发展趋势，把握新时期广西发展的新定位和新使命，充分将广西的区位优势、开放优势转化为服务业发展的新优势和新成果。将发展服务业摆在广西产业转型升级的重要位置，以抓工业发展的力度和魄力来加快服务业发展，促进服务业与工业化、城镇化、农业现代化等融合互动发展，整合资源、加大扶持，坚持开放合作、改革创新、政府引导、市场主导、统筹推进、分类指导、重点突破的原则，在管理体制、优化环境、政策保障、提升水平、项目带动等方面尽快取得新突破，构建富有特色的广西服务业产业体系。将服务业打造成为广西开放型经济体系的重要载体，参与“一带一路”建设的重要产业。

广西服务业政策应该适应服务业发展的趋势和要求，落实细化国家的服务业政策，破解广西服务业发展的突出问题，健全完善广西服务业发展的相关政策。抓住广西服务业发展的突出问题，实施重点突破。尤其在创新支持服务业发展、培育市场主体、加快服务业集聚区发展、扩大服务业开放发展、加强管理服务、建立政策落实的成效机制等方面要出台切实可行的政策措施，真正促进广西服务业加快发展。

（一）降低服务业企业运营成本

1. 清理规范减轻涉企收费

贯彻落实国务院关于清理规范涉企收费的相关文件精神，一是建立优化发展环境、清理规范涉企收费的长效工作机制，保持工作力度、强度不减，发挥社会舆论监督作用，坚决惩治各种乱收费行为，切实减轻企业负担。二是对照国务院文件逐条逐项予以规范落实，全面清理、规范、降低广西服务业涉企收费。凡没有法律法规依据且未按规定批准，越权设立的涉企收费基金项目一律取消。取消

政策效应不明显、不适应市场经济发展需要的政府性基金，整合重复设置的收费基金。三是对符合法规征收、保留下来的基金、收费项目，属于在自治区权限内可调整的，应全面评估、测算，并与相关省区比较，科学确定征收标准，原则上按照最低标准征收。建议对水利建设基金予以重点研究，参照外省做法，减小征收比例或暂停征收，尽可能减轻企业负担，让服务业企业能够轻装前行、加快发展。

2. 保障服务业建设用地

用好用足国土资源部给予广西的先行先试土地政策，加大对服务业用地予以倾斜，降低用地成本，提高土地利用效率。一是调整用地结构，提高服务业建设用地比例。尽快将服务业项目纳入土地调整范围，在编制土地利用总体规划和城市总体规划时统筹考虑服务业用地，设立服务业专项新增建设指标，优先保障服务业用地，尤其是服务业重大项目、重点服务业集聚区等用地，着力解决物流业发展用地难的问题。

二是用足用活存量土地，鼓励利用存量土地发展服务业，在实施工业企业迁出和旧城改造中储备的存量土地，优先用于发展服务业。加强服务业用地出让合同和划拨决定书的履约管理，严格禁止服务业用地闲置和擅自改变土地用途。全面落实生产性服务业用地参照工业用地政策。

三是在服务业用地招拍挂中，优先考虑服务业重大招商引资项目，确保土地用于发展服务业。对引入的服务业企业总部或世界500强等非生产性的、国内外知名研究机构等，可优先办理土地使用相关手续；属于非生产性的科研项目，符合国家《划拨用地目录》的，可按划拨方式供地。

3. 降低相关生产要素成本

加快服务业水电气价格与工业同价。按照国务院有关文件精神及统一部署，降低一般工商业用电价格，逐步实现一般工商业用电与大工业用电同价，建议暂停征收临时电力价格调节基金。建议相关特种行业以外的服务业用水价格与工业同价，服务业用气与工业同价。建议自治区尽快制定落实政策，明确时间尽快保障服务业用电用水用气与一般工业同价，确保政策全覆盖。

（二）加大创新支持服务业力度

1. 加大财税及投融资支持

应加大对服务业发展的财政支持力度。创新投入方式，发挥财政资金的示范和杠杆作用，引导社会资金加大投入。充分用好民族区域自治法给予的税政管理权限，加快广西服务业发展。积极争取中央有关专项资金支持。整合优化广西服务业发展的各类专项资金，逐步扩大引导资金规模，将有限的资金用在“刀刃”上，综合运用贷款贴息、以奖代补、投资补助等多种方式，重点支持现代服务业的关键领域、重点集聚区、重点环节建设等。各地根据实际在本级财政预算内安排相应的专项资金，支持当地服务业加快发展。对授予的自治区级服务业示范区，由自治区服务业发展专项引导资金给予一次性奖励。

加大投融资扶持力度。研究设立广西服务业股权投资基金或服务业产业发展基金，吸引社会各类资本，加快服务业发展。引导和鼓励金融机构增加对广西服务业的信贷支持，以完善创新担保方式为突破口，探索适合服务业发展特点的信贷产品和服务方式。建立完善广西中小微企业融资担保体系，为服务业中小微企业提供融资担保，努力简化融资贷款程序，提高效率，降低融资成本。以政策形式明确支持小微企业以无形资产作为质押物进行贷款，畅通中小微企业融资渠道。建议由自治区牵头自上而下推动建立企业信用体系，奠定融资信息基础。

确保落实服务业各项税收优惠政策。提高政策执行水平和效率，让广大企业能够充分、及时享受有关政策。加快营改增步伐，建议减少增值税的税率档次，进一步完善税收的操作指引。对营业税、房产税、企业基金等服务业地方税费进行专项评估，和其他省份比较，适时进行调整，原则上按最低标准征收。对自治区级服务业集聚区内的重点企业缴纳房产税和城镇土地使用税，经批准可按规定享受减免优惠。

2. 扩大政府采购及服务外包

一是扩大服务业领域的政府采购。加大政府采购工作力度，明确政府购买公共服务的范围、程序、资金安排和组织保障，建立严格的监督评价机制。推动广西机关、事业单位、团体组织将有关公务活动，如货物、工程、服务等进行政府采购，将有关公务活动实行整体外包，尤其应在公务差旅、公务接待、公务用车、会议服务、会展服务等方面进行探索，增加对公益服务的政府采购，对机关物业管理服务予以政府采购。将各级政府信息管理、投资促进、检验检测等非基本公共服务依法纳入政府采购范围，促进服务整体外包，政府采购重点向服务业企业倾斜。

二是引导企业扩大服务外包。鼓励广西生产性制造业企业将研发设计中心、重大产业技术创新平台，信息、物流、贸易营销、售后和社会服务等业务组建成为专业化的法人企业，符合高新技术企业、软件企业或技术先进型服务企业的，及时组织认定并落实各项税收优惠政策。

3. 出台务实举措积极引导服务消费

采取务实举措积极促进旅游、休闲、文化、体育等服务消费。树立全社会依法休假理念，将带薪休假制度落实情况纳入各级政府议事日程，作为劳动监察和职工权益保障的重要内容，推动机关、企事业单位加快落实职工带薪休假制度。大力发展富有特色的民族风情旅游、民俗节庆旅游、生态旅游、乡村旅游等。大力发展普惠性的文化产品，提供价格合理、丰富多彩的文化产品和服务。举办文化艺术节、民族文化月等活动，促进文化消费。通过适当的财政补贴，引导、促进大众文化消费。

加快发展体育产业，促进体育消费。将全民健身经费纳入财政预算，并保持与 GDP 增长相适应。加大对体育设施的建设力度。安排一定比例的体育彩票公益金等财政资金，通过政府购买服务等多种方式，积极支持群众健身消费；鼓励大型体育场馆及公共体育设施免费或低收费开放，鼓励机关、企事业单位的体育设施创造条件向社会开放；合理引导高、中、低收入群体的体育消费行为，满足体育消费的多元需求；探索建立“医保—健身一卡通”系统，实施职工医保经费购买健身服务，试行个人医保账户与定点运动场馆的个人健身卡挂钩，推进健康关口前移。

（三）培育壮大服务业市场主体

1. 引导扶持企业创新发展

引导服务业企业实现以技术创新为核心的全面创新，政府引导构建、鼓励企业搭建服务业创业创新发展的公共服务平台，在服务业信息、政策、法律、人才、技术、培训等方面提供优质公共服务，给予资金、用地等的大力支持。

加大对服务业企业技术创新的扶持力度。一是建立由政府牵头、企业为主导、产学研用合作的服务业产业技术创新战略联盟。采取企业主导、院校协作、多元投资、成果分享的新模式，整合形成若干产业创新中心，设立自治区“服务业创新团队奖”，对创新团队给予一次性奖励，对其实施的项目给予资助。各市要通过财政补助、间接投入等方式建立服务业创新公共服务平台，支持开展产业重大关键共性技术研发攻关。二是尽快制定广西优先使用创新产品的政府采购办法和采购目录，加大创新产品和服务的采购力度。鼓励采用首购、订购等非招标采购方式，以及政府购买服务等方式予以支持，促进创新产品的研发和应用。三是鼓励服务业相关企业申报博士后科研工作站和国家、自治区级重点实验室、企业技术中心、工业设计中心等，申报高新技术、软件企业和技术先进型服务企业。允许服务产品、商业模式创意方案和其他可评估、可转让的无形资产折算为企业股份。

2. 培育壮大服务业企业

积极培育、关心扶持本土服务业企业发展壮大，与引进外来服务业企业发展相结合，相辅相成、相互促进。积极引进国内外一批具有知名品牌的服务业企业落户广西发展，鼓励引进企业总部、地区总部、研发中心等。各地可结合实际制定引进服务业企业总部和行业龙头企业的具体奖励办法。营造公平竞争、宽松发展的良好环境。鼓励服务业企业兼并重组，做大做强。

对于符合国家西部大开发、北部湾经济区、高新技术企业等政策的服务业百强企业，加快办理企业所得税减免认定工作。对百强企业实施动态管理，一年一考核，两年一更新，优胜劣汰，动态调整。考核合格企业按标准进行奖励。对首次跻身全区服务业百强的企业，给予一次性奖励。对获得国家级、自治区级品牌的服务业企业分别给予一次性奖励。对百强企业土地、人员等生产要素供应实行一事一议、一企一策，切实做到精准扶持。

龙头企业连续3年每年纳入广西统计核算的产值规模（营业收入）不低于100亿元，可以申请独立建设总部大厦。对引入的总部企业用地可优先办理规划选址，按“一企一策”的办法经所在地政府批准后挂牌出让供应。引进总部企业设立研发中心的，其研发机构的专门用地可按程序以科研用地办理出让手续。

3. 推进服务业品牌和标准化建设

大力推进服务业品牌建设，构筑广西服务业发展新优势。加快建立服务业品牌培育机制和保护机制，放大品牌的增值效应，扶持企业做强做大。引导服务业企业积极注册商标，支持企业参评服务业品牌。对获得注册商标和专利、通过国家等级标准评定、通过产品与质量管理认证的企业，给予申报费用补助。各地对获得服务业知名品牌称号的企业给予表彰奖励，对新获得中国驰名商标、中国名牌、中华老字号的服务业企业给予一次性奖励，加大宣传力度，做大做强品牌企业。

鼓励行业协会和企业积极参与服务业国家标准、地方标准和行业标准的制定，研究制定《广西服务业标准管理办法》。在全区开展服务业标准化试点和示范项目建设，推广服务标准。对试点企业给予资金支持，安排服务企业标准化培训经费。对服务外包企业开发的模型集成、管理系统、管理标准等，通过国际、国内行业认证后，给予认证费用70%的补助。对服务业行业协会自建或参与政府建设的设施标准化和服务标准化体系及其标准化推广活动给予资金支持。

4. 推进服务业的大众创业万众创新

积极引导社会各界参与服务业创业创新发展。培育创业创新的公共平台，大力发展众创空间，为创业者提供低成本、便利化、全要素、开放式的综合服务平台。落实科技企业孵化器、大学科技园的税收优惠政策，对符合条件的众创空间等新型孵化机构适用科技企业孵化器税收优惠政策。对众创空间的房租、宽带网络、公共软件等给予适当补贴，或通过盘活商业用房、闲置厂房等资源提供成本较低的场所。建设服务业创业基地，打造一批服务业创业示范基地。运用市场机制，引导社会资金和金融资本支持创业活动，壮大创业投资规模。探索设立广西创业投资引导基金。发展新型金融机构和融资服务机构，促进大众创业。

5. 充分发挥行业协会作用

重视发挥服务业行业协会的作用。鼓励发展服务业联合会和专业性行业协会等社会中介组织，加快推进部分职能向行业协会转移改革。推进行业协会、商会与行政机关脱钩。对行业协会、商会、科技、公益慈善和社区服务类等社会组织实行直接登记管理，不再需要业务主管单位的审查同意。降低社区服务类社会组织的登记门槛，实行登记、备案双轨制。将异地商会登记管理权限下放到设区的市，非公募基金会的登记权下放到设区的市和县（市、区）。探索一业多会，引进竞争机制，激发行业协会、商会的发展活力。

（四）实施服务业发展精准施策

1. 完善服务业集聚区发展配套政策

（1）服务业集聚区认定管理政策。研究出台自治区级现代服务业集聚区分类认定标准和建设管理办法，对符合认定标准条件的授予自治区级集聚区称号，并进行定期考核。对授牌集聚区实施动态管理，对已授牌集聚区，经考核不合格的，撤销称号。建立集聚区滚动进出机制，启动晚、进度慢、效果不突出的退出集聚区体系，确保集聚区的先进性、引领性和带动性。积极推进主辅分离管理模式，尝试引入负面清单制度，借鉴工业园区管理经验，创新服务业集聚区运营模式和管理方式，创造适合广西集聚区发展的经验。

适时开展自治区现代服务业集聚区建设试点工作，选择一批辐射面广、带动作用强、基础条件好的集聚区作为试点，在全区“十三五”规划建设的100多个自治区级集聚区基础上，再遴选10～20个重点集聚区予以重点支持，集中扶持政策，形成政策“洼地效应”。在自主创业、技术创新、品牌打造、开放发展、优化环境等方面给予支持。

（2）重点服务业集聚区保障政策。服务业发展资金重点支持认定的重点集聚区发展，运用贷款贴息、投资补助、以奖代补、担保补贴、基金注资等多种形式发挥财政资金扶持政策。研究设立鼓励集聚区引进国内外著名服务业企业总部、地区总部、采购中心、研发中心以及行业龙头企业的具体奖励政策。扶持集聚区内企业上市及在“新三板”挂牌，支持开展股权、收费权、专利权质押和无形资产等抵、质押贷款。

在年度用地计划安排上，优先支持服务业及集聚区发展用地需求，实行用地审批“绿色通道”制度。扩大土地供应渠道，鼓励对存量土地再利用，支持“退二进三”土地转换开发，支持以划拨方式取得土地的单位利用存量房产、原有土地兴办集聚区和服务业企业。引入的总部企业用地可优先办理规划选址，引进总部企业设立研发中心的，其研发机构的专门用地可按程序以科研用地办理出让手续。

（3）服务业集聚区公共平台扶持政策。对自治区级服务业集聚区公共服务平台，经认定后，从服务业发展基金中安排补助。对集聚区公共服务平台建设过程中融资、会计、信息咨询、产权交易、检验检测等相关收费标准有上下限幅度规定的，原则上按下限额度收取。鼓励和支持社会资本参与各类平台建设，培育和引进一批平台营运机构和企业。对公益性较强的公共服务平台，可登记为事业单位或非营利组织，以减轻税收负担；对发展初期的服务平台，在租金费用方面也应给予适当补贴。支持电子商务交易平台发展，对大宗商品电子商务交易平台企业暂停征收水利建设基金。

2. 完善重点行业扶持政策

（1）重点行业专项扶持政策。明确服务业发展的重点行业，重点行业要重点支持，实施“一业一策”。围绕“一带一路”建设，以港航物流业为重点，扩大“无水港”政策适用范围。完善“无水港”政策，完善航运金融、船舶管理、船舶交易、航运信息咨询、国际航运经纪、船舶交易签证等配套政策；推动产业结构转型升级以科技服务业和文化创意服务业为重点。尽快出台新的科技成果转化激励支持政策，出台具体支持重点园区、骨干企业和小微文化创意企业的奖励政策；促进居民消费升级以健康养老产业为重点。认真做好全国的养老服务业综合改革试验区规划编制，在健康养老产业中更加突出“生态养生产业”政策，出台专项广西生态养生产业发展政策，完善桂林、北部湾、巴马等重点示范区配套政策，争取国家对广西生态补偿更多的财政转移支付。

（2）新业态专项扶持政策。要适应“互联网＋”发展趋势，以建设中国—东盟跨境电子商务基地为目标，完善服务支撑政策，加快制定南宁国家跨境电子商务服务配套政策，出台相应奖励政策，吸引国内外跨境电商企业落户广西，设立面向东盟的电子商务总部。加强电子商务创新，完善制造业网络直销、线上线下业务结合等新业态证照、税务、金融政策；落实人力资源和社会保障部、国家发展改革委员会、财政部三部委出台的《关于加快发展人力资源服务业的意见》，制定出台加快广西人力资源服务业发展的实施意见，将人力资源服务业作为新业态进行重点培育。加快制定人力资源市场条例及配套规章，完善体现权利公平、机会公平、规则公平的人力资源市场法律法规体系。将人力资源服务纳入政府购买服务的指导目录，明确政府购买人力资源服务的种类、性质和内容，并在总结经验的基础上及时进行动态调整。

（3）支持行业融合发展支持政策。促进服务产业集约融合发展，集中资源，合力突破。更加注重政策的协同性，建设一批健康养生养老、教育、旅游、文化、体育综合性的服务业集聚区，整合资金投入、土地供给，建立综合服务平台。加强文化创意、电子商务和其他服务产业融合发展，采取产业链延伸、价值链提升和信息化改造等模式，加快培育制造业和服务业双向深度融合的新型业态，发展互联网增值服务、手机电视、网络电视、网上购物、远程医疗等新型服务业态。出台服务业集聚区与新型城镇化、工业化、农业现代化融合发展的政策。通过功能融合、产业融合、空间融合、设施融合等方式把集聚区与城区建设融合起来。

3. 完善服务业区域发展政策

重点区域发展政策：以中心城市为重点，实现服务业优化发展。在自治区服务业发展总体规划和政策的指导下，树立全区“服务业发展一盘棋”的思想，充分发挥各市的积极性和能动性，明确各市服务业发展定位，发挥优势、错位发展、相互促进、形成合力，构建布局合理、各具特色、相互衔接的服务业发展格局。借鉴外省经验，率先在南宁、柳州、桂林等基础较好的重点区域加大力度、积累经验、取得突破，以发挥辐射带动作用。根据各地区资源禀赋、产业基础、市场需求、区域功能定位明确服务业发展重点。实现以点带线、以线促面。

第一，将南宁市打造成为中国—东盟重要的区域性现代服务业中心城市及广西现代服务业核心城市，发挥南宁作为首府城市、区域综合交通枢纽的作用和产业、技术、人才、资金等优势，大力发展现代物流、金融商务、科技服务、电子商务、会展商务、软件与信息服务、健康养老服务等，突出在全区现代服务业发展中的核心作用，将南宁建设成为广西现代服务业发展的核心增长极，力求在服务业辐射带动方面取得较大提升。

第二，柳州市应充分发挥工业基础雄厚的优势，大力发展生产性服务业，在商贸、物流、电子商务、金融、信息、研发设计、商务咨询、职业教育等生产性服务业领域积累经验，以推动广西生产性服务业加快发展，着重建设广西生产性服务业集聚发展示范区，促进服务业集聚区与工业园区融合发展，力争柳州在生产性服务业发展方面取得创新突破，打造广西生产性服务业“高地”。

第三，桂林市应充分发挥作为国家服务业综合改革试点城市的优势，大力推进桂林国家服务综合改革试点区域建设，督促落实政策措施支持，在打造国际旅游胜地、区域旅游与会展创新示范区、社会化养老创新示范区等生活性服务业领域尽快取得突破，为广西生活性服务业的发展积累经验，着力发展健康养老服务、软件与信息服务、科技服务、旅游休闲、文化创意等服务业，建设广西生活性服务业发展“高地”。

（五）扩大服务业开放合作发展

1. 加强与国内外服务业的合作

主动服务国家“一带一路”战略、中国—东盟自贸区战略，充分利用各类服务业集聚区、中马钦州产业园、跨境经济合作区、综合保税区、重点开发开放试验区等平台，面向东盟国家服务业开放合作，积极拓展与“一带一路”国家的服务业开放合作。加强与东盟国家的服务业合作，尤其是服务业相对发达的新加坡等国家，落实自贸区规则，加强广西与东盟国家在运输、金融、商务、通信、旅游、教育、卫生、体育、环保、建筑、娱乐等行业的合作。将沿边重点开发开放试验区建成与周边国家服务业合作的重要平台，在人员往来、加工物流、旅游等方面实行特殊方式和政策；加强广西与“一带一路”国家在环保、金融、教育、物流、旅游、科技服务、信息等领域开展合作；在 CEPA 框架下积极开展广西与港澳地区在港航、金融、物流、商贸、会展、商务服务等领域的合作，促进服务贸易自由化；发挥桂台合作优势，扩大广西与台湾在港航、物流、软件信息服务、文化创意、旅游、健康养老等的行业合作。

加强与国内省区市的服务业合作对接。大力引进实力雄厚的服务业企业入桂发展，尤其应加大力度开展与珠三角、长三角等服务业发达省区的合作，通过加强与近邻广东省在物流、金融、港航、创意设计、科技服务、商务服务等领域的合作，引进其先进理念和经验，化服务业的挤压劣势为合作优势。加强与中南西南省份在运输、物流、商贸、信息等方面的合作对接，为构筑战略支点奠定基础。

2. 加大招商引资引智力度

面对服务业国内外资本流动加快的态势，广西应抢抓机遇，加大力度做好对国内外服务业的招商引资工作。一是有序放开服务业领域。推动金融、教育、文化、医疗等服务业有序开放，放开育幼养老、建筑设计、会计审计、商贸物流、电子商务等领域的外资准入限制。支持利用外资发展金融、现代物流、科技服务、商务服务、服务外包、旅游会展、设计创意、人力资源等现代服务业。完善外商投资市场准入制度，探索对外商投资实行准入前“国民待遇”加负面清单的管理模式。凡国家法律法规没有明令禁入的服务业领域，全部向社会资本开放。凡向外资开放的领域，全部向民间资本开放。服务业同一行业的不同所有制企业在投融资、税费、土地使用和对外贸易等方面依法享受同等待遇。二是以服务业集聚区、重大项目为依托，大力引进服务业领域的央企、行业龙头企业、知名企业等，大力引进欧美日韩澳新、港澳台地区、新加坡等东盟国家外资。探索跨国联合，引入战略投资者、企业运作等合作开发机制，打造一批功能突出、特色显著、对外开放水平较高的服务业国际合作园区。三是推进服务业招商引资与招才引智相结合，大力引进高层次高素质的服务业人才，引进先进技术、管理理念和通用标准，提升服务业国际化发展水平。

3. 做大做强服务贸易

扩大服务业贸易规模，推进服务贸易便利化和自由化。认真贯彻落实国家关于加快服务贸易发展的文件精神，将有关政策落到实处。一是支持广西具有比较优势的服务行业如旅游、民族文化、教育、中医药、体育、会展等扩大贸易出口。扩大金融、物流、商贸、科技服务、商务服务等相关服务行业的贸易进口。结合实施“营改增”改革，对服务出口实行零税率或免税，鼓励扩大服务出口。运用大数据、互联网、物联网、云计算等新技术推动服务贸易模式创新，打造服务贸易新型网络平台。推动电子商务“走出去”，积极解决电子商务在境内外发展的技术、政策等问题，在标准、支付、物流、通关、检验检疫、税收等方面加强国际协调，参与相关规则制定，创新跨境电子商务合作方式。二是积极培育一批市场竞争力强、善于创新、业绩突出的服务贸易企业，主动融入全球服务贸易网络。充分利用外经贸发展专项资金等，加大对服务贸易企业的支持力度，引导社会资金加大对服务贸易发展的支持。三是重点扶持建设一批具备保税、国际转口贸易、国际物流、中转服务、研发、国际结算、分销等功能的服务贸易集聚区。创新贸易方式，利用广西的沿边优势，大力发展跨境电子商务等新型业态。

创新服务贸易金融服务体系，建立与服务贸易相适应的口岸和通关协作模式。

4. **实施“走出去”，发展对接国际服务业的网络**

实施“走出去”发展战略，鼓励广西服务业企业拓宽发展空间。鼓励企业申请进出口经营权和对外劳务合作经营权，鼓励有实力的企业、具有比较优势的服务业行业“走出去”发展，开展海外并购和重组，设立海外研发中心、国际营销网络，参与全球竞争，提升在全球范围内的资本运作和资源要素配置能力。积极为企业“走出去”提供信息、法律、商务、人才培训等服务。扶持出口导向型服务企业发展，大力发展旅游、对外承包工程和劳务输出等具有比较优势的服务贸易，积极参与国际竞争。鼓励服务贸易企业到境外设立经营网点。大力发展服务外包，加快培育一批具有较强竞争力的服务外包企业。积极扩大具有比较优势的对外承包工程、劳务合作等领域的服务出口。鼓励和支持广西有实力的服务业企业“走出去”发展，扩大对外工程承包和劳务合作，支持企业通过新设、并购、合作等方式建设境外营销网络，鼓励企业建设境外保税仓，积极构建跨境产业链，带动劳务输出和货物、服务、技术出口。

（六）加强服务业人才队伍建设

1. **加强服务业人才队伍建设**

加大服务业人才培养力度，将服务业人才培训列入全区人才培训计划。加快实施“现代服务业人才工程”，培养和引进高层次、高技能的专业化服务业人才，全面提高服务业人才队伍素质。加强人才扶持力度。有关部门应抓紧制定人才扶持计划，加大财政支持力度，在服务业专项基金中安排人才引进经费和企业培训补助，提高项目资金资助比例，对高层次创新创业人才、经营管理人才和专业技术人才等实行工作成果重奖。要加大人才培养力度，有关部门要尽快出台服务业专门人才政策，制定《广西服务业人才“十三五”规划》，加强管理型人才、市场开拓型人才、创新型人才的政策支持。充分发挥高等院校和职业院校的办学优势，加强服务业紧缺学科、重要学科的专业建设，提高办学质量，加快培养造就一批服务业应用型、复合型和技能型人才。

2. **加大服务业高端人才引进力度**

要加大服务业高端人才引进力度，着力引进创新能力强、能引领行业发展的人才团队及重点行业领军人才，完善人才服务，切实提高其待遇，将服务业人才纳入人才住房保障范围，为其在落户、子女教育、职称评定、医疗和出入境等方面提供便利，并按规定纳入当地社会保障体系。建立人才激励机制，积极推进技术入股、管理入股等新型分配方式，对引进的服务业紧缺高端人才而产生的有关住房补贴、安家费、科研启动经费等，可列入成本核算。支持公办的教育、医疗等公共服务机构，探索更加灵活的引进人才收入分配机制。对做出突出贡献的服务业人才，根据其实际贡献程度给予资助和补贴。鼓励以智力资本入股或参与分红。各级政府要在服务业高端人才密集的区域建立人才工作服务站，帮助解决各种困难和问题。要盘活用好现有人才，建立动态人才管理和激励机制。加强人才交流，扶持搭建人才素质提升、高端人才交流及人才流动等对接平台，构建良好的人才集聚氛围，为优秀人才提供成长和发展空间。

五、相关保障措施

（一）加强组织领导

服务业大发展事关广西发展全局和经济转型升级。各级党委、政府要把加快服务业发展作为适应新常态的一项重大而紧迫的战略任务来抓，切实加强组织领导，强化自治区服务业发展部门联席会议办公室职责。坚持“一业一策”，加强分类指导，组织相关部门及时研究制定专项扶持政策。服务业范围广、涉及部门多，各部门要根据自治区服务业发展部门联席会议的职责分工，充分发挥联席会议的统领作用，由联席会议办公室承担广西服务业发展工作组织协调、统筹规划、推进服务业重点领域发展、研究解决服务业发展重大问题等职责。设立市、县两级服务业专门管理组织机构，配足配强人员，充实力量，分工协作，构建与加快服务业相适应的管理体制。各级政府要组织领导干部认真学习掌握服务业发展的新政策、新知识，创新发展思路和方式，不断提高促进现代服务业发展的本领。

（二）优化发展环境

1. 放宽服务业市场准入

建立公开透明、管理规范的市场准入制度，打破行业垄断，允许各类资本进入法律未禁入的服务行业和领域。鼓励外资和非公有制经济以灵活多样的形式在更广的领域参与广西服务业的发展。统一公布全区各级行政审批事项（权力）清单和责任清单，目录清单以外的事项一律不再实施审批。全面落实“先照后证”各有关事项，降低服务业设立成本。推行“三证合一”改革，提高审批效率。加快推进全区电子证照库建设和工商注册全程电子化等级管理步伐，提升注册便利化水平。

2. 提高政务服务水平

加快公共服务投资力度，推行政府公共服务向重点企业外包。落实“一业一策”，服务向更专业、更精准的方向发展。各地政府要完善服务业企业培育管理机制。各地要建立政府统一领导，商务具体牵头，财政、国税、地税、工商、统计、环保、食药监等部门联合参与的地方服务业发展服务指导机制，加大对服务业企业的跟踪指导与对口扶持，在重点集聚区设立服务专员。支持行业协会等各类中介组织规范发展，充分发挥其在行业中服务和自律的作用。

（三）强化落实督查

1. 畅通政策宣传渠道

畅通政策宣传渠道，多渠道、多方式开展政策宣传，使政策文件能够100%覆盖相关企业。一是要充分利用好主流媒体的宣传导向作用，在电视台、电台、报纸解读政策文件，追踪政策落实效果，反映政策落实过程中出现的问题，通过主流舆论引导全社会关心、了解、关注广西服务业发展政策，促进政策加快从一纸文件向实际效用加快转化。二是要通过工商、税务、质监、卫生等直接与企业联系的管理渠道搭建公共服务平台，提升政务水平，建立起与政策执行目标群体沟通与协调的良好桥梁，向前来办事的社会公众与企业发放服务优惠政策宣传手册，使全社会深入了解政策的范围、条件和办理流程，有效推动服务业发展政策走向落实。三是要利用好多种形式的新型宣传方式与宣传手段，通过新闻发布、网络、短信、微博、微信等形式对相关政策进行宣传、解读，使其以日常渗透的形式向全社会传播，使政策融于日常工作和生活，促进和提高广西相关服务业发展政策的社会知晓度。

2. 加大政策落实及监督力度

服务业政策的长效发展归根结底是要确保服务业政策能够真正落实到位。一是要进一步明确政策落实监督检查的重点，不断探索工作规律，完善政策措施，形成监督合力，确保政策措施能够不折不扣地落实到位。要就全区各地符合政策条件项目的立项、审批、建设等情况进行监督检查，特别是要抓住政策落实涉及的重点领域、重点部门、重点地区，定期集中展开监督检查，及时发现问题，督促各地各部门采取有效措施，认真加以解决，以确保相关的服务业发展政策落实到位。二是要透明化政策落实过程，简化流程手续，对在落实政策的过程中遇到的问题要及时上报，相应的责任部门要能及时跟进并解决，不互相推诿扯皮，并要畅通群众举报渠道，接受群众监督。三是要建立健全监督检查的长效机制，促进政策落实情况监督检查工作的经常化、规范化和科学化，要强化行政问责，对工作不力、弄虚作假、把关不严、失职渎职等造成影响地方服务业加快发展的，不仅要严肃追究直接责任人的责任，还要追究相关领导干部的责任。

（四）建立统计制度

一是健全服务业统计工作体系。各级各部门要加强服务业统计工作，将服务业统计纳入服务业发展部门联席会议内容，开展定期会商。统计部门要加快推进建立和完善标准统一、指标规范、方法科学、内容完整、与部门统计相协调的服务业统计工作体系，建立统一的数据处理平台和数据发布、共享机制。各行业主管部门要加强行业指导，进一步完善对所管理行业和企业的统计服务工作，增强统计的行业管理与监测能力。要建立联动机制，统计部门要定期向各相关主管部门反馈企业入库情况、主要经济指标进度及存在的问题与困难。各主管部门则要就统计部门反馈的情况和问题深入分析，加快改进和完善本行业企业的管理和指导。

二是要促进服务业企业与个体户加快“入库入统”。各行业主管部门要积极引导好本行业小微服务业企业和个体户转型升级。对达限、达规的企业要积极引导，加快申报，尽早入库；对近限、近规的企业则要加强跟踪培育，促其早日达限、达规。对于达限、达规的大个体户，各主管部门要上门做好服务和指导，落实好相关优惠政策，积极引导个体经营户转型升级，争取其尽早注册为企业法人，培育和壮大更多的服务业市场主体，促进各地服务业企业迅速发展壮大。积极引导区外服务业企业落户广西，出台区外企业到广西注册一级法人的配套政策，促进驻桂产业活动单位与当地企业联合，成立新型的区域性公司融入当地企业。

（五）开展第三方评估

1. 构建政策落实反馈、评估和完善机制

加快建立第三方评估机制，建立政策实施跟踪、反馈、改进机制，强化各项政策措施的执行与落实。一是要建立第三方评估机构选择机制，制定严格标准，选择专业性强、信誉度高的机构，在责任部门与落实部门以外选择第三方政策评估机构，保证第三方评估特有的独立性，确保政策落实的各个方面工作情况能够得到全面公正的评估。二是要全面建立政策落实反馈机制，利用第三方评估特有的独立性、公平性及专业性优势对服务业政策运行效果进行全面评估，及时掌握政策运行的效果，并发现其中存在的问题。服务业涉及行业较多，各部门要定期做好第三方评估主体的遴选和管理，对重点行业政策执行进展情况和已经取得的阶段性成果评估，通过规范、固定的渠道向各相关责任部门进行反映和反馈。三是要对评估结果进行分析研判，建立政策落实完善的改进机制，要依据评估中发现的问题及评估得出的建议对服务业政策进行深入改进，并由问题对应的责任部门牵头进行限期整改，确保下一阶段政策能够更适应实际社会需要，提高政策的现实可行度。

2. 提高政策执行人员的综合素质

政策执行人员的综合素质直接关系到政策执行的成败和政策目标的实现，因此提升政策执行人员的综合素质是提高政策执行有效性的重要保证。一是要加强政治学习，提高政治素养，应培养政策执行人员正确的价值取向和目标选择，确保政策执行的方向不出现偏差。二是要完善知识结构，提高业务能力，政策执行人员自身要不断加强对相关知识的学习，并且应针对政策执行相关业务对政策执行人员安排专门的业务培训，提高具体操作水平，提高政策执行的有效性。三是要提高政策执行人员的执行能力，如组织协调能力、沟通能力等，并且通过强化他们的心理素质，使其在危机面前保持镇定，能够从容地应对各种事件。四是要注意建立人员引进机制。根据服务业发展的需要，有针对性地、有重点地引进相关人才，为服务业政策落实提供智力和技术支持。建立有利于服务业人才培养和引进的激励机制，对紧缺的高素质专业人才实行激励，妥善解决住房、子女入学、家属就业等各种后顾之忧，激发其内在动力。

附件

广西服务业政策调查问卷分析报告

企业是市场的主体，也是服务业政策的直接受益者。为进一步了解广西服务业政策落实情况及存在的问题，2015 年 2 ~ 4 月，我们采用抽样调查的方式，对全区 1500 家样本服务业企业开展了问卷调查。调查结果显示：当前广西服务业发展的总体形势良好，但企业对服务业发展政策知晓率较低，服务业发展政策实施效果不够理想，企业负担仍然比较重。多数企业认为政策落实不到位，其主要原因是政策不配套、政策不细化、政策门槛高、政策宣传不到位等。企业希望政府部门加大人才培养、政务环境、财政扶持等政策支持力度。具体调查情况如下。

一、服务业企业运营状况如何

1. 服务业企业运营总体形势较好

如表 1 所示，有 68. 18% 的服务业企业经营正常、势头良好，近三成的企业出现亏损，少数企业停产关闭。其中，经营正常、势头良好的主要是批发和零售业、交通运输、仓储和邮政业等行业，而停产、半停产的主要是房地产行业的企业。

表 1　服务业企业运营情况

运营情况	占比/%
经营势头良好	9. 26
经营情况正常、平稳	58. 92
出现小幅（0 ~ 15%）亏损	19. 87
出现中幅（15% ~ 30%）亏损	5. 56
出现大幅（30% 以上）亏损	4. 55
停产、半停产	1. 68
关闭	0. 17

2. 企业税费负担较重

如图 1 所示，有过半企业上缴税收占利润比例超过 1/3，主要表现在企业上缴的税种较多（见图 2）。67. 46% 的企业认为营业税是上年度上缴税收中缴税比例最高的税种，52. 54% 的企业认为是增值税，50. 68% 的企业认为是所得税，34. 07% 的企业认为是城建税，还有 17. 46% 的企业认为是水利基金、印花税等其他税种。

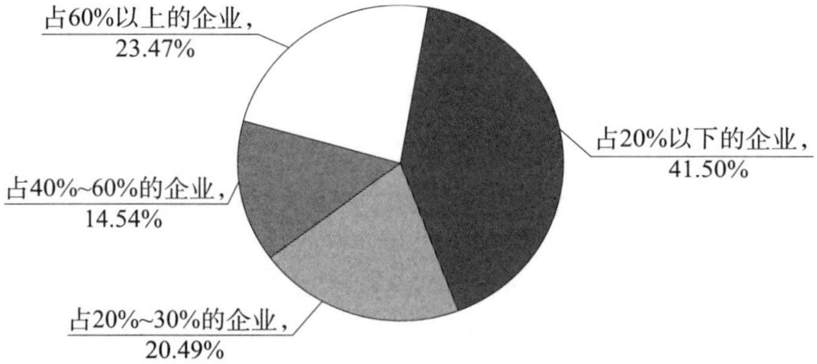

图1 服务业企业所缴税收占总利润的比例情况

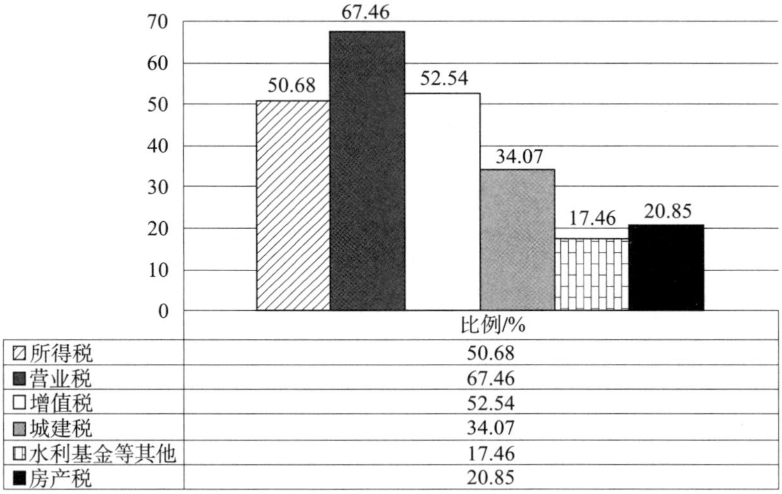

图2 企业缴税比例占所缴税收前三位的税种

二、企业对政策落实评价怎样

1. 大部分企业反映政策落实不到位

如表2所示，有84.51%的企业认为政策部分落实，而认为完全落实到位的企业仅占10.15%，还有5.34%的企业认为政策基本不落实。在各行业中，住宿和餐饮业企业认为基本不落实所占比例较大，达到10.98%；在各企业规模中，微型企业认为基本不落实企业的比例最大，达到11.76%。从政策的知晓率来看，只有5.7%的企业完全了解有关政策，73.15%部分了解，24.41%的企业不了解。企业对政策了解的主要渠道是媒体，61.05%的企业通过报纸、电视等，37.37%通过政府网站，而通过政府（部门）直接宣传知晓的只有31.75%。由此可见，企业了解政策的渠道比较单一，政策宣传的力度亟待加强。

表 2　企业对桂发〔2010〕34 号文件的评价

知晓率	完全了解	5.70%	满意度	满意	15.38%
				比较满意	36.24%
	部分了解	73.15%		一般满意	46.15%
				不满意	2.20%
	不了解	21.41%	落实情况	部分落实	84.51%
				完全落实到位	10.15%
主要渠道	报纸、电视、广播等媒体	61.05%		基本不落实	5.34%
	政府（部门）网站	37.37%	政策作用	有促进作用	65.01%
	政府（部门）直接宣传	31.75%		作用不大	31.74%
	其他企业或个人	20.70%		没有作用	3.25%
	职能部门办事获知	20.53%		有阻碍作用	0

2. 服务业发展政策实施效果不理想

如表 3 所示，近 80% 的企业反映未享受到土地、财政、人才这三项政策支持，近 50% 的企业未享受到税收、价格等优惠政策。究其原因，主要是不知道有该政策、知道该政策但不符合享受政策的条件、政策规定不够细化、政务环境不够优化。有 61.07% 的企业认为是政策宣传不到位，有 48.21% 的企业认为是有关政府部门之间协调不够，有 45% 的企业认为是政策执行环境影响，有 35.36% 的企业认为是政策执行的监控不力，有 24.64% 的企业认为是政策缺乏操作性、可行性，有 18.04% 的企业认为是政策执行受执行人员素质的影响。其中，有超过 50% 的企业因税收政策门槛高而无法享受政策优惠；有近一半的企业认为当前金融政策配套不足导致难以享受有关政策优惠；有 65.42% 的企业认为行政审批环节过多。

表 3　企业享受各项优惠政策情况及原因分析

优惠政策	未享受到优惠政策所占比例	原因分析	比例
税收政策	49.15%	不知道有该政策	21.74%
		知道该政策但不符合享受政策的条件	52.17%
		政策规定不够细化	8.07%
		企业是亏损	6.21%
财政政策	72.16%	（没有该项统计）	
土地政策	82.56%	不知道有该政策	42.37%
		知道该政策但不符合享受政策的条件	36.61%
		政策条件太高	9.15%
		政策规定不够细化	5.08%

续表

优惠政策	未享受到优惠政策所占比例	原因分析	比例
金融政策	68.63%	缺乏政策或政策不配套	47.22%
		利率太高	29.17%
		缺乏银行愿接受的抵、质押资产	27.08%
		缺乏第三方提供的保证	15.97%
水电价格政策	46.42%	不知道有该政策	50.90%
		不符合享受政策的条件	25.45%
		政策规定不够细化	9.55%
		政策条件太高	8.64%
人才政策	76.96%	不知道有该政策	52.63%
		不符合享受政策的条件	25.79%
		政策规定不够细化	8.95%
		政策条件太高	5.79%

三、服务业企业发展需要什么

企业认为目前制约广西服务业发展的主要因素是经济发展水平低，约占59.79%，45.33%的企业认为是政策不到位，43.21%认为是区域发展不平衡，34.04%认为是体制机制问题，32.98%认为是人才匮乏，23.46%认为是发展结构层次低，也有少部分企业认为是管理不畅、科技支撑不足、法律不健全等方面的因素。

企业希望政府加强扶持的主要是人才培养、政务服务和财政政策（见表4），占比均超过50%，其比例分别是65.46%、53.78%和52.06%；其次是社会保障政策，所占比例为47.62%；统计制度、自主创新、开放合作、投融资等政策的认同率一般，占比均在30%以内；而市场准入等其他政策认同率较低，占比不到10%。

表4　企业认为广西服务业发展应加强支持的政策

政策	所占比例	政策	所占比例
人才培养	65.46%	品牌创建	25.26%
优化政务服务	53.78%	环境保护	25.09%
财税扶持	52.06%	通关便利化	21.31%
社会保障	47.62%	土地保障	19.93%
统计制度	30.76%	技术改造	15.12%
自主创新	35.91%	市场准入	9.45%
开放合作	29.73%	其　他	7.22%
投融资	27.84%		

其中，在加强人才培养方面，对于希望政策支持引进的人才类型，58.68%

的企业认为是管理人才，52.26%的企业认为是市场开拓人才，44.62%的企业认为是创新型人才，31.94%的企业认为是熟练技术工人，14.06%的企业认为是科技研发人才，2.6%的企业认为是其他方面人才。在财税扶持政策方面，对于希望政府部门解决的问题，77.55%的企业认为是降低税费，42.83%的企业认为是加大产业政策倾斜，42.49%的企业认为是加大财政补贴力度，41.44%的企业认为是扩宽融资渠道、降低贷款门槛、加强信贷支持。

四、有关对策和建议

基于问卷调查所反映的情况，建议自治区在下一步制定落实服务业发展政策的过程中应重点把握以下几个方面：

（1）开展精准施策，“一业一策”支持相关行业发展。服务业行业多，涉及面广，每个行业的特点和需求各不相同，根据企业反映的需求，结合外省经验，建议对广西培育潜力大、关联性强的有关行业，如现代物流、港航、电子商务、健康养老、金融、信息等行业，根据国家相关政策的总体要求，尽快健全完善细化相关政策措施，拿出“真金白银”的务实政策，真正促进行业加快发展。

（2）加快完善现有政策，实施政策重点突破。着力提高出台政策的针对性、可操作性，以服务业重点发展行业的企业发展要素需求为导向，实施政策重点突破，率先制定人才培养、政务服务、财政支持等企业亟待扶持的政策。

（3）加大政策支持力度，切实减轻企业负担。把国家支持政策和地方配套政策有机结合，加大对服务业发展的财税支持，扩大优惠政策适用范围，清理、规范、减轻涉企收费，降低服务业要素成本。

（4）强化政策宣传，狠抓政策贯彻落实。运用多种宣传手段，畅通政策宣传渠道，力争企业100%知晓相关政策。高度重视政策落实，加强政策监督主体建设，建立政策落实责任追究制度。

（5）加强人才建设，提高服务业人才队伍素质。出台服务业专门人才政策，制定《广西服务业人才“十三五”规划》，加强管理型人才、市场开拓人才、创新型人才的政策支持，加大技能人才的培训力度。

（6）改善政务服务，营造高效便捷的服务环境。理顺服务业管理体制，创新审批模式，完善政府信息公开制度和权力清单、责任清单制度，强化服务意识，提高服务效率。

课题总指导：黄　洲
课　题　指　导：张洪石　李彦平　钟文干
课题组组长：黄　江　张　莉　孔　杰
课题组副组长：沈小春　赵志伯　许　伟
课题组成员：钟　蕾　陈振平　丁焰辉　苏　腾　来守林　陈永华　郑月波

广西实施创新驱动的思路及政策研究

【引言】实施创新驱动发展战略的核心，就是要主动适应、融入国际创新型经济发展新潮流，推动经济发展从依靠资源、投资、劳动力等要素驱动转变到更多地依靠科技进步、人力资本素质提升、商业模式创新和体制机制改革等创新驱动上来，形成经济竞争新优势。自党的“十八大”明确提出实施创新驱动发展战略以来，中央陆续出台《关于深化科技体制改革加快国家创新体系建设的意见》（中发〔2012〕6 号）、《中共中央 国务院关于深化体制机制改革加快实施创新驱动发展战略的若干意见》（中发〔2015〕8 号）、《国务院关于大力推进大众创业万众创新若干政策措施的意见》（国发〔2015〕32 号）等系列文件，从创新环境、市场机制、金融创新、成果转化、人才激励等方面进行了新的制度设计。党的十八届五中全会提出，将创新摆在国家发展全局的核心位置，让创新贯穿党和国家的一切工作，把发展基点放在创新上，塑造更多依靠创新驱动、更多发挥先发优势的引领型发展，为广西创新驱动发展战略的实施提供了目标指向与政策支持。

当前，全球正在步入科技变革、产业变革与模式变革的“交汇期”，国内正在迈入科技创新、金融创新与“互联网+”交融的创新创业创客“三创”时代，并推动着创新驱动从相对封闭单一的科技创新、精英创新走向协同开放与综合的众创众智新阶段。这就要求广西主动适应创新驱动的新常态，主动融入新技术、新产业、新业态、新模式的“四新经济”发展洪流，积极营造更具吸引力的政策环境，创造和抢占新的经济增长点。而“一带一路”有机衔接重要门户的使命，将广西从国家创新体系的边缘推向了国际创新合作的重要节点，发出了强劲的创新需求，并要求广西切入全球创新链、打造创新经济新高地。实施创新驱动战略，有助于化解外部竞争劣势、破解内部发展深层次障碍，有助于推动产业转型、转变经济发展方式、打开新的经济增长空间，有助于形成广西优势、广西影响并提升区域核心竞争力。本课题研究坚持立足广西实际，聚焦问题、聚焦需求、聚焦目标，结合国际创新形势与“一带一路”建设的创新需求，围绕产业链布局创新链，完善供需平衡的创新政策，以释放创造活力，形成支持创新创业创客的社会生态系统圈。

一、广西实施创新驱动的基础与成效

（一）创新基础进一步夯实

1. 经济保持持续快速发展，综合经济实力明显增强

多年以来，广西经济实现了持续高速发展，综合实力明显增强。据统计，广西地区生产总值连续10年保持两位数增长，高于全国平均增速，经济总量不断攀升，GDP由2009年的7759.16亿元增加到2014年的15 672.97亿元，年均增长15.1%，在全国排第21位，人均GDP由16 045万元增加到33 090万元，地方财政收入2162.4亿元，城镇化率由39.2%提高到46%，广西已经进入工业化中期。经济持续发展，为广西实施创新驱动发展战略、加快建设创新型广西奠定了坚实的经济基础。

2. 现代产业体系加快形成，重点优势领域创新能力明显提高

2014年，第一、二、三产业增加值占地区生产总值的比重分别为15.4%、46.8%和37.8%，对经济增长的贡献率分别为6.4%、60.2%和33.4%。汽车产业是广西工业最具实力、最具发展潜力的支柱产业。经过持续不断开展科技创新和技术改造，目前已形成货车、客车、微型轿车、车用内燃机、汽车零部件等较为完整的产业格局，拥有“五菱”“玉柴”“雪佛兰SPARK”“乘龙”“东风风行”等在国内较有影响力的汽车品牌和车用内燃机品牌。广西已经成为国内最大的微型车、柴油机生产基地；机械产业中轮式装载机、小型挖掘机、预应力锚具、数控机床、数显量具、液压硫化机等产品技术处于国内领先水平，部分产品技术达到国际先进水平；在有色金属产业领域，铝电解预焙槽控制技术迈入世界先进行列，锡、铟深加工技术处于国内领先水平。广西已经成为我国重要的铝、锡生产基地和世界上最大的铟生产基地。制糖产业方面，近几年食糖产量占全国总量超过60%，成为国内最大的产糖基地，自动化控制等技术达到国内领先水平，压榨抽出率、煮糖收回率、糖分总收回率等主要技术经济指标达到国际先进水平，制糖综合治理技术在全国处于先进水平；化工、建材、食品、造纸等行业，通过不断加强技术创新力度，提升了生产技术装备水平，形成了一批具有行业先进水平的大中型生产企业，开发出一批市场潜力大、适应性强、性能优良的产品，增强了产业竞争力；农业领域，广西农产品朝着优质高产高效的方向发展，粮食基本实现自给，甘蔗、桑蚕、木薯、松脂、八角、速生丰产林等产量排在全国首位，蚕茧产量、蚕丝质量、蚕种生产量等各项技术经济指标处于全国领先地位。

3. 科技创新基础不断夯实，创新能力进一步增强

（1）科技投入。近年来，广西财政科技拨款额逐年上升，2014 年，广西地方财政科技拨款 599 250 万元，占地方财政支出的比重为 1. 72%（见图 1）。

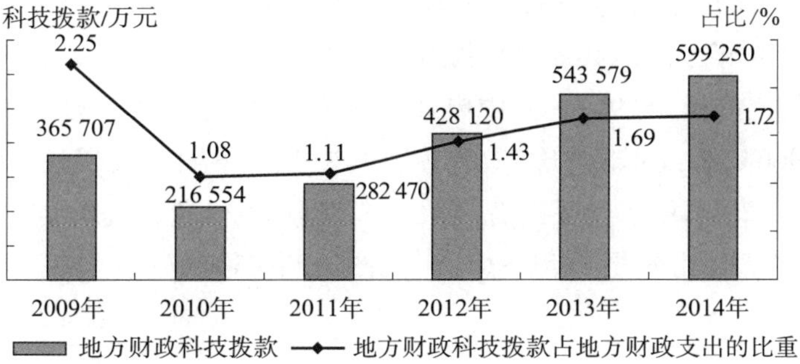

图 1　2009 ~ 2014 年广西地方财政科技拨款情况

注：数据来源于广西科技厅编《广西科技事业发展概况（2014 年）》。

2014 年，全区研究与试验发展（R&D）经费 1 118 685. 4 万元，比上年增长 3. 89%，R&D 经费支出占 GDP 的比重为 0. 71%（见图 2）。

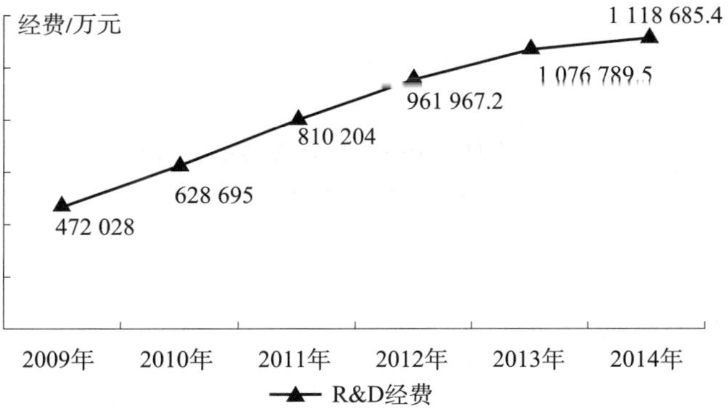

图 2　2009 ~ 2014 年广西研究与试验发展（R&D）经费情况

注：数据来源于广西科技厅编《广西科技事业发展概况（2014 年）》。

（2）创新平台和基地。近年来，广西围绕特色优势产业领域，加快各类科技基础条件平台和创新基地建设，基本形成以重点实验室为主体的研发实验平台，以工程技术研究中心、企业技术中心、千亿产业研发中心为等为主体的产业技术创新平台，以生产力促进中心、技术市场、中试基地等为主的科技成果转化和产业化服务平台，以广西科技文献共享平台和科技信息网络平台为主的科技资源共享平台，以高新技术开发区、农业科技园、大学科技园为主的产业园区和基地等。截至 2014 年，广西已拥有 2 家国家重点实验室、3 家国家工程技术研究中心、2 家省部共建国家重点实验室培育基地、9 家国家示范生产力促进中心、2 家国家技术转移示范机构，建设了 23 个千亿元产业研发中心、25 家自治区工程

院、76家自治区重点实验室、194家自治区工程技术研究中心，为提升广西科技创新能力、培养和引进高层次人才奠定了良好的基础。

（3）创新成果。近年来，广西围绕经济社会发展的科技需求，开展关键共性技术攻关，取得一大批高水平的科技成果，这些获奖成果广泛应用于相关领域，产生了较大的经济效益和社会效益，有力推动了广西科技进步和经济社会发展。2007～2014年，广西共评出科技进步奖1119项。2014年，全区共申请专利32 293件，同比增长38.9%，其中申请发明专利22 234件，同比增长54.62%；获专利授权9664件，同比增长22.58%，其中获得发明专利授权1933件，同比增长49.27%。2014年末全区拥有有效发明专利5655件，每万人口发明专利拥有量为1.21件，比上年增长51.96%（见图3、图4）。

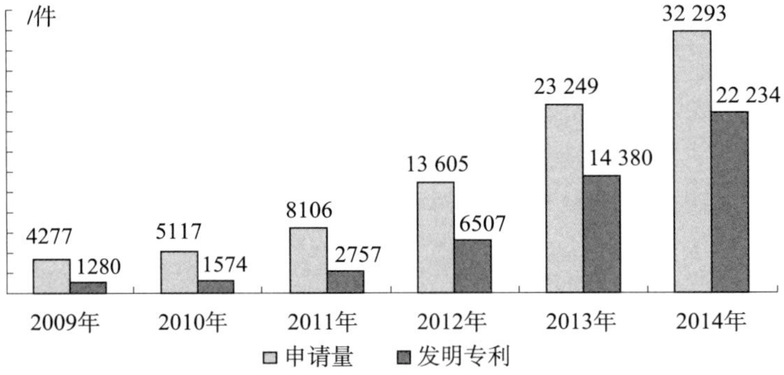

图3　2009～2014年广西专利申请情况

注：数据来源于广西科技厅编《广西科技事业发展概况（2014年）》。

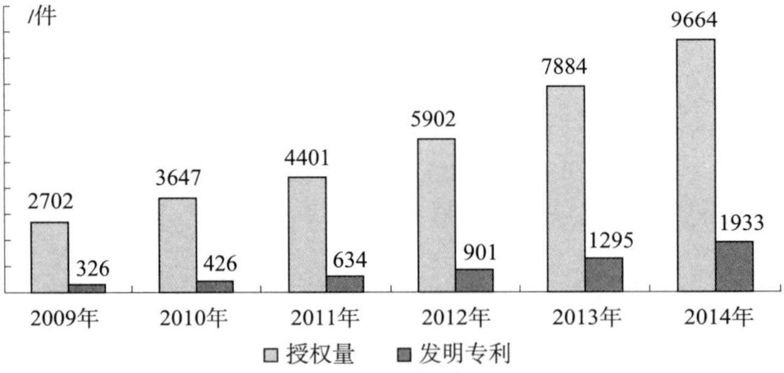

图4　2009～2014年广西专利授权情况

注：数据来源于广西科技厅编《广西科技事业发展概况（2014年）》。

（4）人才队伍。近年来，广西高度重视人才队伍建设，出台了《关于加快吸引和培养高层次创新创业人才的意见》《八桂学者制度试行办法》及《特聘专家制度试行办法》等一系列政策法规，为广西人才引进、培养创造了良好的政策环境。截至2013年，广西公有经济企事业单位专业技术人员共有806 227人，平均每万人口中拥有专业技术人员152.6人。由表1可见，广西R&D人员全时当量达到40 659人年，比2008年增长了70.3%，年均增长14.2%。建设自治区级人才“小高地”50个，各市、自治区各部门人才“小高地”100多个。50个自治区级人才“小高地”聚集博士近1000名，正高职称人员3000多名，柔性引进高层次人才6500多名，培养专业技术骨干2万多名。全区建立了八桂学者、特聘专家、自治区主席院士顾问制度，累计聘请117名自治区主席院士顾问、51名八桂学者、52名特聘专家等一批高层次创新人才，以自治区主席院士顾问、八桂学者和特聘专家等为基础的广西高层次创新人才格局逐步形成，为促进广西科技和经济社会跨越式发展提供了重要支撑。

表1　2008～2013年广西公有经济企事业单位专业技术人员分类

		2008年	2009年	2010年	2011年	2012年	2013年
专业技术人员数/人		848 452	845 262	809 718	828 166	771 400	806 227
工程技术人员	总数/人	135 978	142 809	144 910	153 773	133 188	161 385
	所占比例/%	16.03	16.90	17.90	18.57	17.27	20.02
农业技术人员	总数/人	23 016	22 353	21 145	21 169	17 838	19 495
	所占比例/%	2.71	2.64	2.61	2.56	2.31	2.42
科学研究人员	总数/人	2926	3079	2624	2975	3221	4133
	所占比例/%	0.34	0.36	0.32	0.36	0.42	0.51
卫生技术人员	总数/人	123 633	120 626	115 352	130 294	119 690	125 585
	所占比例/%	14.57	14.27	14.25	15.73	15.52	15.58
教学人员	总数/人	471 297	465 389	449 695	444 098	423 734	427 308
	所占比例/%	55.55	55.06	55.54	53.62	54.93	53.00

注：数据来源于《中国科技统计年鉴》（2009～2014年）。

（二）创新体系建设日臻完善

广西形成了以企业为主体、市场为导向、产学研相结合的技术创新体系，以高等院校和科研院所为主体的知识创新体系，以及以科技中介机构为主体的社会化、网络化的科技服务体系，以政府为主导的管理调控体系。

一是企业创新能力不断增强。2013年，企业R&D经费达81.71亿元，是2006年的5.32倍，占全区R&D经费支出的比重达到72.2%。规模以上企业R&D经费占主营业务收入比例为0.48%，规模以上企业就业人员中研究开发人员比重达到1.3%，规模以上企业中有科技机构的企业占总企业数的比例达到6.07%。

二是科研机构和高等学校创新能力和服务经济社会能力进一步提升。高等院校和科研院所是广西创新体系的重要组成部分。近年来，高等院校和科研院所在生物技术、新材料、医学和岩溶生态等特色优势领域建设了一批重点实验室、博士后科研流动站等技术应用研究平台，开展了一批前瞻性应用基础研究和适合规模生产需要的共性技术、关键技术研究。到 2013 年年底，全区县及县以上政府部门属独立的科学研究与技术开发机构（包括转制机构）共有 205 个。广西高等院校和科研院所拥有的科技活动人员占全区总量的 38.7%，R&D 人员占全区总量的 35.7%，R&D 经费占全区总量的 19.7%，而基础研究经费则已达到全区总量的 92.7%。

三是科技中介机构建设得到进一步加强，科技服务体系不断完善。通过建设科技服务体系，进一步强化生产力促进中心、科技企业孵化器等各类创新服务平台的服务功能，疏通创新成果转化的渠道，促进创新资源的流动整合，为产业创新提供有效服务。至 2014 年，广西已经建立了 103 家生产力促进中心、14 个常设技术市场以及 1900 多家各类农村技术推广服务组织。

（三）区域创新能力进一步加强

南宁、柳州、桂林等中心城市具备了建设创新型城市的良好基础，成为带动创新型城市群建设的核心。南宁科技资源比较丰富，聚集了全区 80% 的高校、科研院所和科技人才，创新体系比较完整，人才优势比较明显，高新技术产业发展迅速，成为国家建设创新型城市试点。柳州提出要由“柳州制造”向“柳州创造”转变，加快向创新型城市转变。桂林市在创新驱动方面具备科研、人才等相对较好的基础，提出创建自治区级自主创新示范区的目标并不断迈进。

（四）创新环境进一步完善

1. 政策环境

20 世纪 90 年代中期以来，特别是 1999 年中央《关于加强技术创新，发展高科技，实现产业化的决定》发布以后，自治区层面在财政、金融、税收、工商、知识产权保护、人才激励、产权制度改革方面出台了一系列地方性法规和政策。2012 年 7 月 6 日，广西召开了全区科技创新大会，出台《中共广西壮族自治区委员会　广西壮族自治区人民政府关于提高自主创新能力建设创新型广西的若干意见》《关于深化科技体制改革　加快建设广西创新体系的实施意见》及 66 个配套文件，明确了广西今后一段时期科技改革发展的思路。广西还出台了《广西壮族自治区科学技术进步条例》《广西壮族自治区高新技术产业开发区条例》和《广西壮族自治区专利条例》三个条例，出台了《关于调整自治区本级财政科研项目经费管理若干规定》《关于深化自治区本级财政科技计划（专项、基金等）管理改革实施方案》，这些法规和文件的出台为进一步全面推进科技体制改革、实施创新驱动营造了良好的社会环境。

2. 教育环境

近十年来，广西教育事业全面发展，义务教育全面普及，普及程度大幅提高。如图5所示，财政教育经费支出从2007年的189.4亿元增长到2013年的609.9亿元，年均增长率达到21.5%。2014年1月21日，广西召开教育发展大会，出台了《关于加快改革创新全面振兴教育的决定》以及17个配套文件，提出到2020年争取与全国同步或基本同步实现教育现代化，基本形成学习型社会，进入西部人力资源强省（区）行列，建成国家民族教育示范区和面向东盟的教育国际交流与合作高地，实现全面建成小康社会的教育目标。

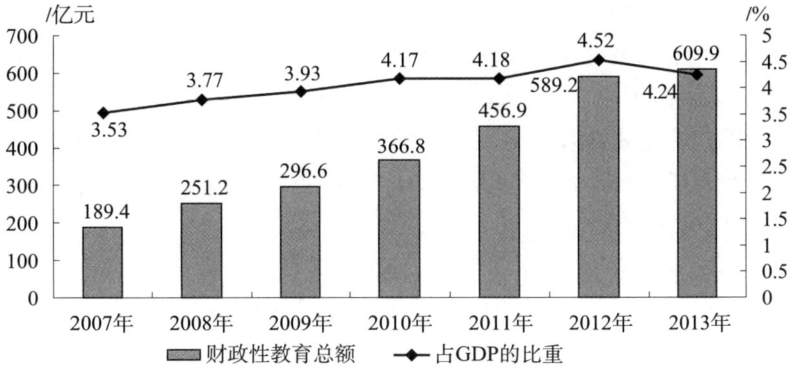

图5 2007~2013年广西财政教育经费支出情况

注：数据来源于《广西统计年鉴2014》。

二、广西实施创新驱动的问题及制约因素分析

（一）创新驱动要素动力不足

1. 高层次人才匮乏

近年来，为培养和引进高层次人才，自治区层面出台了诸多关于改善高层次人才生活待遇、优化环境的政策和措施，这与以往的政策措施相比有了很大的进步，但仍缺乏力度。目前，广西的相关人才政策和措施相对滞后，尤其是吸纳人才优惠政策和人才激励措施尚未健全。即使一些政策已出台，但对人才的吸引力不强，效益不明显。制定的有些政策，如住房、职称、职务、工资、生活福利等条文，有的不很具体，有的在基层或一些单位很难落到实处。另外还有工作条件、科研经费、实验室、创业环境等都与引进创新人才的要求有很大差距。2013年，全国每万名就业人员的研发人力投入为45.9人年，广西仅为14.9人年，约是全国平均水平的1/3。研究与试验发展（R&D）人员折合全时工作量41 268人年，仅占全国总量的1.27%。全国1552名“两院”院士中，广西仅有1人。长江学者和“百千万人才工程”国家级人选等高层次创新人才严重匮乏。目前广西没有国家“973”首席科学家，大部分领域的科技领军人才缺乏。

2. 缺乏核心关键技术

广西以资源型产业为主，产业链短，大部分产品处在价值链的低端，高附加值、高效益产品少。广西汽车产业整车主要以中低档汽车为主；制糖产品主要是

白砂糖和绵白糖，附加值高的低聚果糖、CMC 添加剂、酵母精等产品很少；铝加工产品主要是初级产品铝锭，高附加值、深加工产品很少。据统计，广西规模以上工业企业专利申请受理量为4468 件，其中发明专利申请量为2234 件，仅占全区的 19.21% 和 15.54%，专利申请受理的数量和有效发明专利的数量与发达省份的差距较大。

3. 创新平台载体不足

多年来广西科技基础建设一直滞后，支撑产业发展的科技创新平台能力较弱。广西创新平台总量不足，与全国平均水平还有较大差距，在高层次创新平台的建设方面，截至2014 年，广西仅有 2 家国家重点实验室，国家工程技术研究中心只有3 家。工业共性技术研发平台缺失，与做大做强做优广西工业的需求不相适应，已成为制约产业技术创新和结构调整的瓶颈因素。促进技术成果转化、产业化和工程化的平台严重不足。

4. 金融对创新的支撑不够

引导社会资金进入科技领域的体制性障碍仍然存在。科技成果产业化缺少相应的资金来源，特别是风险投资机制不健全，风险投资总额少，投资机构少，回报机制和退出渠道不健全，影响和制约了科技成果产业化发展。广西规模以上工业企业研发经费支出额中金融机构贷款额仅为 0.35%，江苏为 1.8%，广东为 1.5%，广西金融机构对支持企业研发投入的环境有待改善。

（二）产学研协同创新有待加强

1. 企业创新主体地位尚未确立

虽然广西部分企业已具备一定的自主创新能力，但从总体来看，广西大部分企业的核心竞争力和自主创新能力不强，多数企业尚未形成自己的核心技术能力，创新的组织机制也不完善，还没有真正成为技术创新主体。2013 年，在全区规模以上工业企业中，仅有不到一成的企业开展了 R&D 活动，仅有6.0%的企业设立了技术研发机构。广西规模以上工业企业科技活动人员和研发人员在数量上绝对地少于发达省份。广西规模以上工业企业 R&D 人员占企业从业人员的比重为 1.82%，低于全国 2.81% 的平均水平，也远远低于北京（9.43%）、安徽（4.04%）、湖南（3.86%）、广东（3.64%）等发达省市（见图 6）。企业研发（R&D）投入强度不足。近年来，企业的科研投入总量在不断增加，但整体研发能力不强仍是企业科技创新的“短板”。据统计，2013 年，广西规模以上企业研发（R&D）投入为 81.71 亿元，占主营业务收入的比重是 0.48%，其中全区大中型工业企业 R&D 经费内部支出占主营业务收入的比重是 0.42%，尚不到国际公认的 2.0% “维持生存”之列。

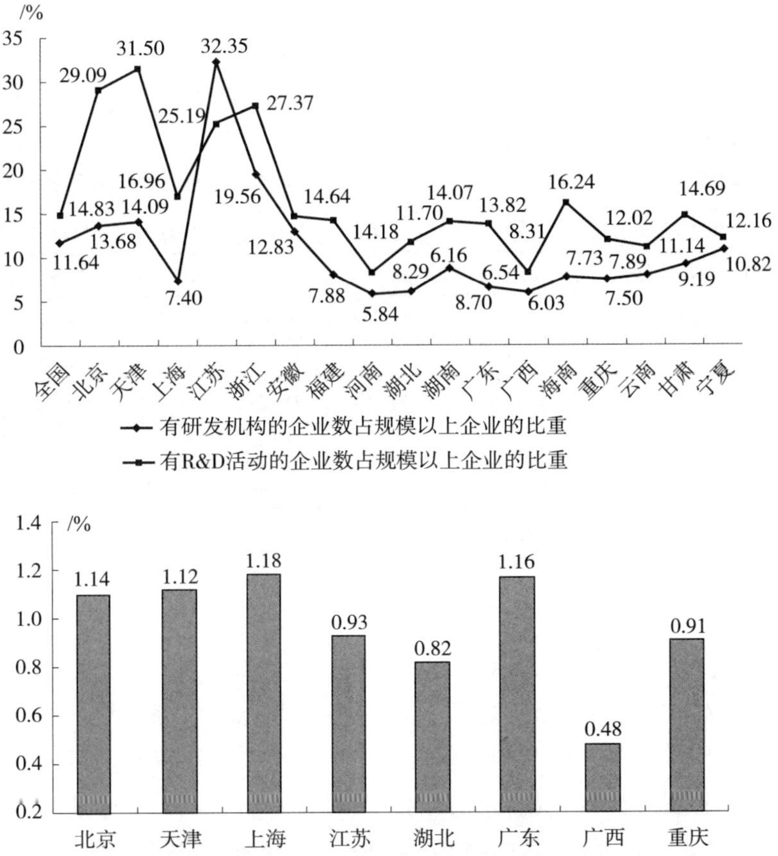

图 6　2013 年广西与全国部分省市规模以上企业设立研发机构及开展 R&D 活动情况对比

注：数据来源于《中国科技统计年鉴》（2014 年）。

2. 高校、 科研院所缺乏创新活力

目前，广西的科研机构、高等院校没有综合性研究型名校，没有高校入选“985”工程，仅有广西大学入选“211”工程。高层次科研机构少，仅桂林有 5 家原国务院部属科研院所，没有其他国家级科研机构；各级政府部门所属 128 家科研机构普遍规模小、研发基础条件较差，科研潜力不够，基础研究和自主创新能力较弱，缺乏具有国内国际影响力的高端科技人才和标志性成果。科研院所和高校在区域创新活动中的影响不大，不同程度地存在着“三少四低”问题，即拥有学术地位高的学术带头人少，解决广西经济和社会发展重大科技攻关难题的成果少，获得原创性科技成果和发明专利少，与高新技术产业和新兴产业发展的需求结合程度低，科研水平低，高层次人才培养能力低，应用基础研究能力低，还不能有效成为技术源。

3. 产学研脱节现象严重

由于缺乏市场上的彼此信任和片面追求自我实现经济效益，科研机构和高等院校与企业联手进行重大技术创新的较少。在基础性研究、行业共性技术研发方面，企业间没有广泛建立和形成技术创新的战略联盟或协作关系。各要素都从部门利益出发进行创新活动，导致创新体系的整体作用效果不佳。多年来，高等学校从企业获取 R&D 经费所占比例不到 30%，研究与开发机构从企业获取的科技经费比例不超过 10%（见表2）。

表 2　2009～2013 年广西高等学校、研究与开发机构从企业获取 R&D 经费比例

项目	2009 年	2010 年	2011 年	2012 年	2013 年
高等学校 R&D 经费内部支出/万元	54 773	67 053	67 329	74 919	82 815
其中：企业资金/万元	15 748	16 086	18 777	20 000	15 113
企业资金所占比例/%	28.75	23.99	27.89	26.70	18.25
研究与开发机构 R&D 经费内部支出/万元	53 183	74 629	99 413	138 724	129 585
其中：企业资金/万元	2298	5479	9363	3512	2027
企业资金所占比例/%	4.32	7.34	9.42	2.53	1.56

注：数据来源于《中国科技统计年鉴》（2007～2014）。

（三）创新体制机制不顺畅

1. 尚未建立科研经费管理统筹协调机制

在目前的科技预算和投入体制下，相关政府职能部门都有自己的预算；部门间预算缺乏协调；且各部门互相竞争资源，造成很多科技资源重复使用。如自治区本级财政预算安排与科技创新相关的各类科技专项、项目资金超过 300 项，经费总额约 22 亿元，管理部门（单位）约 40 个。目前，我区缺乏一个科学独立对科技计划和项目进行评估和监督的机制，重复投入的现象严重，造成相当大的浪费。

2. 科技成果转化和利益分配机制不完善

广西高校和科研院所聚集了不少高层次人才，承担了许多国家及自治区的科研任务，积累了大量科技成果，是成果转化的重要力量。近年来，随着科技快速发展，事业单位科技成果转化活动日趋活跃，但在实践中还存在高校和科研院所有关科技成果管理制度不适应成果转化需要的情况，主要有高校和科研院所对科技成果的使用、处置没有依据，影响了转化的法定性；成果处置收益如何核算也五花八门；用于人员奖励的支出挤占了单位的工资总额基数，削弱了单位和科技人员科技成果转移转化的积极性；既是技术负责人又是单位处级干部的科技人员无法取得奖励等。

3. 科研评价激励机制不完善

现有科技评价方法及指标不利于科研人员发明成果的转移转化。广西存在重发明创造轻转化推广、重成果轻运用、重数量轻质量等问题。在众多科技评价体系中，科研项目数量、发明专利及授权数量、发表学术论文篇数和科技成果奖项等成为科研人员的主要考评指标。

（四）创新创业的环境氛围欠佳

1. 创新创业的观念意识亟待加强

企业是最主要的创新主体，但大部分企业普遍缺乏创新意识和创新理念，有些企业经营者在顺境时不研究科技、不研究市场，满足于一时业绩，而没有认识到依靠科技进步提高产品竞争力是解决问题的核心，只偏重于生产和销售，害怕承担技术开发的风险，偏好短平快的成熟技术，对研发新产品和开发新技术不重视。多数中小企业从事传统产业，依托资源、人力资源优势，凭经验开展原料初级加工形成习惯，没有体验到终端产品激烈竞争的紧迫感。加上业主知识老化，大多数中小微企业自主创新意识不强，普遍缺少自主创新产品，只是采用过去成熟的工艺技术，模仿别人的技术。

2. 大众创新万众创业扶持乏力

一是创新政策的落实机制不完善。由于部门间协调联动不到位，企业研发费用所得税前加计扣除，进口设备免税的评估和审批手续繁琐，申请周期过长过繁，落实难度大，挫伤了企业申请的积极性。广西是企业研发费用加计扣除税收优惠政策落实得不力的省区之一，全区企业实际落实率不到40%。而且部分地方还采取先征后返的方式，企业实际上很难享受到税前优惠。在对比西部大开发政策可以便捷地享受到10%的税收优惠及其他政策3%～5%不等优惠的便捷之后，多数企业不愿意在高新技术企业税收优惠先征后返上折腾；二是对高校、科研院所科技人员激励机制不健全。一些高校对科研重视不够，没有建立完善高校、科研院所科技成果转化的激励机制，对科技成果使用权、处置权和收益权等方面没有做出明确规定，客观上导致高校（包括院所）科技成果产出不多、转化率低；三是鼓励和支持产学研合作的政策引导不足，缺乏专门的扶持资金，发挥各类创新平台推动产学研合作的办法不多等，也在很大程度上制约着产学研合作的深度和广度；四是孵化器建设的激励政策不完善，目前广西在扶持孵化器发展的土地政策、补助政策、贷款抵押政策、人才引进、资金扶持等方面不完善。

3. 创新领域先行先试不足

广西属欠发达地区，创新意识不足，一些地方和部门的观念还不适应创新驱动发展的需要，缺乏紧迫感，等、靠、怕、慢的思想还不同程度地存在，缺乏一种敢想敢试敢闯的勇气，对一些政策的先行先试不敢尝试。目前，中关村实施了“非上市中小企业通过股份转让代办系统进行股权融资、扩大税前加计扣除的研发费用范围、股权和分红激励、职工教育经费税前扣除、科技成果使用处置和收益管理改革”等先行先试政策。从2009年开始，有关部门和地方陆续出台了一系列科研经费的试点政策，具有较强的现实性和针对性，积极作用开始显现。如上海出台《上海市科研计划专项经费管理办法》，明确提出科研人员可以在科研计划项目中列取劳务费，并明确了列取经费的比例，承认了科研人员的智力价值。到目前为止，广西一些发达地区甚至高新区都没有一些先试先行政策。

（五）政策支撑有待加强

一是激励政策落实难。国家有关企业科技创新经费税前加计扣除等优惠政策，广西一些地方执行程序复杂，落地困难。2012 年，自治区党委、政府出台《中共广西壮族自治区委员会 广西壮族自治区人民政府关于提高自主创新能力建设创新型广西的若干意见》《关于深化科技体制改革 加快建设广西创新体系的实施意见》及 66 个配套文件，形成了推进科技创新体系建设的“2 + 66”政策体系。但这 66 个政策中，有些政策落实不到位。如文件提出的推动大众创新的政策，要建设“2 个城”（广西工业设计城和广西软件城）、“1 个中心”（广西创意中心），培育 3 万家创意机构、20 万创意人员，加强基层农业技术推广体系建设，这些工作没有实质性进展。有些创新平台也只是挂个牌子，没有发挥应有的作用，提出的 25 个工程院建设也只有 1/3 的工程院建设较好。二是企业创新发展缺少政策优势。近年来，自治区贯彻西部大开发战略，构筑“双核驱动”“三区统筹”格局，出台了系列鼓励企业发展的政策，这些政策与国家鼓励高新技术企业发展的优惠政策相当，但自治区没有出台鼓励高新技术企业、科技型企业发展的地方新政策，高新技术企业、科技型企业与普通资源型企业享受的政策趋同，企业创新激情减弱。三是草根创新创业难以获得支持。社会对财政科技投入的产出预期分歧较大，立竿见影的期望占相对主导地位，宽容失败氛围尚未形成，对扶持小微企业创新活动、支持科技人员运用创新成果创业争议较大、顾虑较多，政府引导的风险投资、风险补偿机制尚未形成，小微企业难以获得初创支持，大众创业万众创新局面尚未形成。

（六）创新开放合作亟待提升

随着国家区域协调发展和全国各省区创新驱动的实施，各类经济新区、试验区相继推出，各省区都以前所未有的力度加大了创新政策的供给力度。广西所叠加的有关优惠政策红利逐渐衰减，对外部各类创新要素的吸引力必然下降。近年来，广西加大了对外科技合作的力度，但存在一些问题，缺乏有效支持国际合作规模做大做强的良好机制和政策支持体系。一是现有科研体制和机制瓶颈凸显。由于部门与部门、部门与地方、计划与计划之间依然存在条块分割现象，对外科技合作存在散乱、重复等问题，难以集中资源开展有效的科技合作；二是在项目支持上缺乏持续性扶持政策。广西科技合作计划对企业和科研机构主要采用以项目为主的支持方式，许多项目在取得初步成果后因为缺少后续支持而难以为继，使不少有前途的成果半途而废，前功尽弃；三是缺少高层次、大的科技创新平台。近年来，广西依托高等院校、科研机构和企业建立了一批创新平台，推动了科技合作的深入开展。但由于这些基地规模小，且缺乏稳定的支持，限制了其功能的发挥。且大部分平台深度不够，质量有待提升。

外部市场关联能力较弱。广西肩负着面向东盟的国际大通道、“一带一路”有机衔接的重要门户、中南西南开放发展新的战略支点等国家对外开放的战略重任，区位优势突出，开放式创新条件得天独厚。但是由于外向型产业发展不足、科技创新储备薄弱，且长期位于国家创新体系末梢等诸多原因，广西至今仍处于“创新孤岛”之中，全球创新链接管道不畅，远离全球创新中心辐射圈，与北京、上海、深圳等国内创新中心也未建立紧密联系。

链接全球创新管道不畅。科技市场信息资源品种不多，高技术进出口额度不大。2014 年，广西高技术产品进出口总额 3155 百万美元，仅为广东的 0.66%，处于全国的第四梯队。目前，全区还存在外资研发机构少、归国留学创业人群少、在境外设立研发机构的企业更少等问题，对外关联度低。特别是走向国际大市场的企业屈指可数。简言之，全区对接国外研发市场的动态信息、人脉管网缺乏，关联国际市场的渠道少、现有管道不畅。

近年来，广西的国际科技创新合作虽然取得突破性发展，但与国内外科技创新中心的联系滞后于经济合作的需要。据不完全统计，目前广西虽有柳东新区引进了英国牛津大学 Isis 创新有限公司、与上海交通大学共建汽车先进制造技术实验室，粤桂特别合作试验区（梧州）引进了微软的创新中心展示馆，但全区尚无一家园区从整体上进入知名国际科技中心的辐射范围。如全区 14 个国家级园区尚未有一家融入我国与美国、德国、以色列、芬兰、荷兰、俄罗斯等创新型国家的科技合作伙伴计划中，更未与这些国家的科技园区建立“姊妹园区”或战略合作伙伴关系。而中关村、张江高科、东湖等国家自主创新示范园区无一不是国际化的产物，大连、青岛等地均与以色列共建了科技园区，广东更开创出了广东—独联体哑铃形国际科技合作模式，造就了这些园区创新实力的飞跃。与广西处于同一发展水平的贵州则与中关村联姻，合力建设中关村—贵阳科技园，携手打造“贵州硅谷”，促成了大数据产业的迅速崛起。

三、外省实施创新驱动的经验借鉴

（一）中关村：众创空间引领创新创业发展

众创空间是推动“大众创业，万众创新”的重要载体，对创新驱动发展具有重要意义。中关村是第一个国家自主创新示范区，被誉为“中国的硅谷”。当前，其众创空间吸引了世界各地创业者的聚集，引领、示范着全国各地创新创业的发展，带来了新的创业业态。据初步统计，目前全国已有近 6 成的投资人在中关村聚集，其创业资本占全国的一半左右，孕育了 260 多家上市公司。

一方面，中关村着力培育开放式综合服务平台，引导各类创业服务机构开展满足不同创业者需求的交流对接活动，实现创新与创业、线上与线下、孵化与投资相结合，培育形成了以创新工场、车库咖啡、创客空间等创新型孵化器为代表的“众创空间”，为创业者、入驻机构提供空间服务、投资服务、政策服务和创业会客厅服务等专业、共性和高效的服务。另一方面，依托北京大学、清华大学、中国科学院等科教智力和人才资源，制定出台支持创业服务体系发展、高校科技人员和学生创业的专项资金等管理办法，聚集各类精英人才，支持高校科技人员和大学生创业。此外，高度重视完善创业投资机制，修订完善支持天使投资和创业投资资金管理办法，探索建立天使投资风险补贴制度，建立在投项目信息搜集与报送机制、跟踪管理机制。在全国率先推出天使投资引导资金政策，合作设立 14 支天使投资基金，基金总规模达 13 亿元。还支持开办“中关村天使成长营”，构建“天使投资”课程体系，组织风险投资机构与“金种子”企业项目融资推介会、导师课程培训、企业互助会等活动，帮助企业搭建融资对接平台。

（二）深圳：构建“四位一体”的新型科研机构

深圳是国家自主创新示范区，始终坚持质量引领、创新驱动，持续推进转型升级、优化发展，深圳的科技创新驱动发展在全国形成了独有的“深圳模式”。近年来，深圳积极探索建立新型科研机构。以科技创新为核心，同时又面向走向市场，通过研究机构和企业的合作促进科技和产业的结合。如中国科学院深圳先进技术研究院将科研、教育、产业、资本融合在一起，通过“四位一体”的模式，办了四个孵化器，发起成立了四个投资基金。除了固定的中央拨款占 20%，其余的经费主要靠研究院自身主动筹集。据评估，其独特的“四位一体”模式，创新效率是传统模式的 30～60 倍，打通了科研和产业相结合的通道。深圳先进院走的是“新型科研机构”道路，既不是完全意义上的企业，又不是全性质的事业单位，而正是这种性质加速了科技和市场的接轨。对这些新型科研机构政府在资金投入、实验室体系建设、产学研联盟建立、产业基金设立、人才配套政策等方面都给予全方位支持。

（三）江苏省：加快建设苏南国家自主创新示范区

江苏省作为全国创新型建设试点省份，将创新驱动作为全局发展的核心战略，以创新驱动促进转型升级，以转型升级推动科学发展，科技进步成为经济社会发展的主导力量，走出一条以创新驱动为特征的“先发之路”。

为建设全国第一个“城市群联合创新”示范区，2015 年 2 月出台了《关于建设苏南国家自主创新示范区的实施意见》，提出强化示范区的创新核心载体功能，以点带面放大辐射示范效应，推动城市自主创新能力和产业竞争力全面提升，支撑和带动区域经济社会持续健康发展。围绕创新一体化布局和产业特色发展，加强科技资源整合集聚和开放共享，促进城市间科技创新和产业发展分工协作，发挥各自优势，集成联动、错位发展，努力提升区域协同发展能力和综合竞争能力。通过建设高水平的创新型园区、培育高成长创新型企业、发展高附加值创新型产业集群、打造国际化开放创新高地来推动创新驱动发展引领区建设，同时以优化区域创新布局、统筹重大科技设施建设、完善开放高效的科技要素市场、建立协调统一的科技管理平台来建设区域创新一体化先行区。在先行先试、建设深化科技体制改革试验区方面提出落实推广中关村政策、开展创新政策试点、探索建立新型产业技术研发组织、建设人才管理改革试验区、打造科技金融合作示范区等相关政策。

（四）陕西省：整合科技资源破解资源分散难题

陕西是我国航空、航天、机械、电子等领域重要的科研和生产基地，也是全国高等教育的重要基地。2013 年 12 月，科技部正式批复支持陕西省开展创新型省份建设试点工作，使之成为西部唯一的创新型试点省份。近年来，陕西省依托其雄厚的科技、教育、人才等资源优势，整合科技资源，破解资源分散难题，成功实施了一系列有影响、有成效的改革措施。其主要做法是：充分发挥高新区等科技园区的集成示范带动作用，重点推进西安、宝鸡、杨凌高新区（示范区）创新型产业集群和产业化基地建设，强化渭南、咸阳、榆林等新升级国家高新区发展建设工作。着力打造科技资源统筹平台，不断提升科技资源统筹中心的资源配置和综合服务能力。2013 年大型仪器协作网员单位达到 289 家，开放共享设备 6036 台套、总价值 33. 13 亿元，科技文献总量超过 1 亿条。同时，统筹省内外优势科技资源，成立陕西省 3D 打印产业技术创新联盟和陕西省大数据与云计算技术创新战略联盟，打造与之相关的创新链、金融链和服务链，促进创新产业集群发展。

（五）山西省：在科技创新城实行特殊人才政策、特事特办

山西是资源型大省，创新驱动在其经济转型升级中具有重要作用。在实施创新驱动过程中，山西省高度重视人才的引领作用，在山西科技创新城实行特殊人才政策，特事特办，通过体制机制改革创新攻关，促进人才创新创业。2015 年，山西省以山西科技创新城为依托同步建立人才管理改革试验区，率先构建与国内外人才竞争相适应、与海内外接轨的人才发展新机制。制定了《关于建立山西科技创新城人才管理改革试验区的指导意见》，明确建立人才管理改革试验区的总体目标，即打造“高端人才集聚、科技创新活跃、政策环境优化、新兴产业快速发展”的人才管理改革试验区。出台具有较高含金量的人才支持政策，如实施一系列特殊的创新创业扶持、成果转化激励、金融担保、收入分配、人才评价、人才流动、人才奖励等政策，特事特办；建立从创业项目植入到转化发展的全过程服务体系；建立健全技术交易市场，为自主创新成果提供转化平台；建立健全创新创业金融服务体系，用好政府创新创业风险投资引导基金，大力引进和聚集各类投资担保机构；区内专业技术人员可不受学历资历限制，根据能力和业绩申报相应专业技术职务任职资格；完善股权激励机制，进一步形成有利于人才创新创业的分配制度和激励机制；最大限度地享有市级审批服务权限，在项目申报等方面提供方便快捷周到的服务。

（六）贵州省：科技合作为大数据应用与产业发展提供支撑

近年来，贵州“大数据”产业发展风生水起，2015 年首个国家级大数据产业集聚示范区在贵州挂牌，这与科技为大数据应用与产业发展提供支撑密不可分。一方面，加强与中关村的合作。贵州省依托其政策、生态、交通区位、产业基础、人文环境等优势，吸引中关村与其开展深度合作。2013 年双方签署合作框架协议，成立“中关村—贵阳科技园”，在创业生态系统建设、科技金融合作、现代服务业和产业对接四大领域开展深度合作。另一方面，实施重大科技计划，将大数据列为重要选题方向，立项支持贵州大学联合中科院国家天文台、中国电信贵州分公司等单位开展“大数据聚合机制及分析与交易机理研究”，实施了贵州中科汉天下电子公司和中科院联合承担的“移动通信射频前端一体化芯片关键技术研究及产业化示范”等一批科技资源服务大数据相关领域的重大专项和重点项目。此外，在引人才、搭平台、做示范方面着力，支持贵州科学院与中国工程院院士团队合作，建立贵州省新技术研究所信息化应用院士工作站；支持贵州电网公司与西安交通大学院士及其团队、华中科技大学院士及其团队合作，建立贵州电网公司智能电网规划与控制技术院士工作站等。2014 年以来，贵州省科技厅经费安排向大数据产业发展及相关领域倾斜，重点支持科技资源服务平台、食品安全云、智慧城市、智慧旅游、农业物联网等建设与应用示范，当年投入 16 209 万元，其中省级应用技术研发资金投入 7256 万元，省级风险投资资金为大数据及相关领域提供投融资 8953 万元。

（七）对广西的启示

1. 加强顶层设计、强化统筹协调是加快广西创新驱动发展的根本前提

江苏省将创新驱动作为全局发展的核心战略，把创新驱动贯穿于经济社会发展的各个领域，提出强化示范区的创新核心载体功能，通过先行先试，着力将苏南国家自主创新示范区建设成全国第一个“城市群联合创新”示范区，以点带面放大辐射示范效应，推动城市自主创新能力和产业竞争力全面提升。这一做法为广西加强自治区层面的顶层设计及战略谋划，完善创新驱动的政策体系，落实创新驱动的工作举措，实施创新驱动的重大项目等提供了一条参考路径。

2. 整合科技资源、构建新型科研机构和研发平台是加快广西创新驱动发展的重要抓手

从其他省份加快创新驱动发展的实践来看，一方面高度重视科技资源整合，在统筹优势科技资源的基础上集中力量创新发展，另一方面着力构建新型科研机构，建立以企业为主导的研发平台来推动创新发展。对广西而言，现有的科技资源比较分散，也比较薄弱，加快创新驱动发展需要整合有限的资源条件，鼓励科研院所和高等学校与企业共建研发机构，支持行业骨干企业与科研院所、高等学校签订战略合作协议，建立联合开发、优势互补、成果共享、风险共担的产学研用合作机制。同时，广西迫切需要结合自身实际，围绕特色优势产业和战略性新兴产业创新发展建设一批区域公共科技服务平台，建设一批工程（技术）研究中心、工程实验室、企业研发机构，支持企业开展技术成果工程化研究。

3. 加强和培育高层次创新人才队伍是加快广西创新驱动发展的内在动力

实践证明，实施创新驱动离不开创新人才队伍，尤其是高层次创新人才队伍的支撑。中关村众创空间如火如荼地发展得益于大批创客、高校院所的研究人员以及跨国企业科研人员等创业主力军的不断创新，山西科技创新城的发展壮大也离不开人才特区之下创新人才的集聚。对广西而言，当下加强和培育高层次创新人才队伍、增强创新驱动发展的内生动力迫在眉睫。自治区政府应想方设法补足高端人才匮乏的“短板”，着力抓好战略型高端人才、科技创新领军人才等高层次人才遴选工作，制定重点支持政策，营造有利于人才发展的良好环境。同时，充分发挥人才政策的叠加效应和激励效应，进一步破除人才流动的体制性障碍，吸引更多的高层次优秀人才到广西创新创业。

4. 加强科技合作、促进产学研成果转化应用是加快广西创新驱动发展的重要渠道

科技成果转化是实施创新驱动的关键环节，是实现科技与经济结合的良好途径。贵州省自身的科技资源并不丰富，但近年来通过加强与中关村、中科院等科研机构及团队的深入合作，将科研成果转化应用，促进“大数据”产业发展，2015 年建成首个国家级大数据产业集聚示范区。广西与贵州同属西部地区，发展的资源条件及所处的经济发展阶段相近，贵州省的做法为广西提供了很有借鉴意义的参考。广西应加快与北京、广东、江苏等发达地区的合作步伐，结合自身区位、资源等优势，找准推动地区经济发展的重点产业，有针对性地加强产学研合作，想方设法提高科技成果转化率，加快科研成果的就地转化应用，使科技成果通过市场化交易实现转化产业化。

5. 加快众创空间发展、营造良好创新创业环境是加快广西创新驱动发展的基础保障

目前，在中关村“众创空间”的引领示范下，“大众创业”“草根创业”的热潮在全国各地遍地开花，大众创业万众创新迎来一个崭新的时代。广西需要顺应这一时代潮流，充分发挥政府作用，着力打造一些具有当地特色的众创空间，通过一个个具有实力的众创空间的带动，推进大众创业万众创新发展。同时，还应学习借鉴中关村“容忍失败、宽容失败”的文化和氛围，努力引导全区关注经济发展、关心企业发展、关注创新创业，发扬吃苦耐劳、务实创新的工业精神、创业精神，发扬潜心研究、勇攀高峰的科研精神，营造敢于创新、允许试错的浓厚氛围。

四、广西实施创新驱动的基本思路

（一）指导思想

深入实施创新驱动发展战略，并作为广西今后发展的核心战略，主动适应和引领新常态，将创新贯穿于经济社会发展的各个环节和全过程，按照“市场要活、创新要实、政策要宽”的要求，充分发挥市场在资源配置中的决定性作用，以实现创新驱动支撑引领发展为导向，以加快转变经济发展方式为主线，以增强自主创新能力为核心，以提升产业创新发展为重点，围绕产业链部署创新链，围绕创新链完善资金链，深化体制机制改革，激发大众创业、万众创新的活力，促进各方面资源向创新配置，各方面力量向创新集成，形成企业主体、要素完备、配置高效、集成协同、开放合作、全面创新的具有广西特色的创新体系，推动科技创新与经济社会发展紧密结合，在创新中转型，在转型中跨越，为实现“两个建成”宏伟目标、建设创新型广西提供强大的动力支撑。

（二）基本原则

1. 坚持需求导向，服务发展

紧扣经济社会发展和转型升级重大需求，强化科技与经济对接、创新成果与产业发展对接、创新项目与现实生产力对接，推动科技创新与经济社会发展紧密结合，让创新真正落实到创造新的增长点上，把创新成果变成实实在在的产业活动，强化科技创新对经济社会发展的支撑作用。

2. 坚持人才为先，企业为主

让人才成为创新的第一资源，充分发挥科技人员的创新创业积极性，强化激励机制，建立适合大众创业、万众创新的良好生态环境，激发科技人员的创新创业活力。突出企业的技术创新主体地位，把握技术创新、成果转化的市场规律，充分发挥市场配置创新资源的决定性作用。

3. 坚持自主创新，重点突破

在鼓励原始创新的同时，着力加强集成创新和引进国内外先进技术，着力引导消化吸收再创新，加速推进科技成果转化为现实生产力。围绕战略性新兴产业发展和加快传统产业优化升级，重点突破重大产业、重点领域的共性关键技术和核心技术，以技术领先推动产业跨越发展。

4. 坚持集成整合，协同创新

充分调动企业、高校、科研机构等各类创新主体的积极性和创造性，集成整合创新要素资源，发挥企业、高校、科研机构、政府在人才、科技、资金、政策等方面的优势，着力构建协同创新平台，探索建立政产学研用协同创新的新模式和新机制，加快科技成果的推广应用和产业化。

5. 坚持改革开放，全面创新

深化科技体制机制和经济社会领域改革，破除一切制约创新的思想障碍和制度藩篱，激发创新活力和创造潜能。加强科技交流合作，统筹推进“引进来”与“走出去”合作创新，以开放促创新。着力推进观念、技术、制度、管理、组织、运营、环境创新，形成全面、系统、协调推进的格局。

（三）重点任务

1. 加快培育壮大创新型企业

着力提升企业创新发展能力，加快培育壮大广西创新型企业，实施企业创新发展工程，加速创新资源向企业集聚。在传统优势产业领域、战略性新兴产业领域重点培育一批自治区级创新型企业和国家级创新型企业，全面带动提升广西企业的创新发展能力。

2. 打造创新发展的平台载体

充分发挥园区、科研院所、高等院校在广西创新驱动中的平台载体作用。着力建设以高新区为主体的创新型园区，使其成为广西创新发展的“高地”。加强广西科研院所、高校的创新能力建设，促进科研院所适应创新发展的改革转型升级，培育一批创新型科研院所，培育一批具有较强创新能力、研究能力的高等院校，建设完善一批协同创新中心。

3. 构建自主创新示范区及城市群

提升区域创新能力，建设联合创新城市群，在创新资源相对丰富、创新能力较强地区率先突破，以带动辐射全区创新。加快南宁、柳州、桂林等自主创新示范区建设步伐，全面提升创新能力和引领发展能力。加快北部湾国家高新技术产业带和国家高新技术产业化基地建设。

4. 健全完善创新驱动的体制机制

深化体制机制改革，健全科技管理体制，加快科研经费管理体制改革，激励科研成果转化激励机制，完善科研成果转化方面的政策等，构建产学研协同创新的体制机制。建立完善多元化的科技创新投入机制，强化科技金融政策，建设科技金融投资平台与服务体系。出台鼓励大众创业万众创新、构建众创空间的相关政策，引进培养创新创业人才的相关政策，大力推进开放式创新，充分汇聚国内外创新资源的相关政策。

5. 大力培养引进创新人才及团队

强化人才支撑，制定创新发展的人才队伍建设规划，实施广西创新创业人才培养工程。打造高层次、具有创新魄力和能力的企业家队伍，实施企业家创新发展提升工程，培养既懂技术又善管理、具有复合型知识结构和综合能力的企业家；打造一批科技领军人才及创新团队，加大对领军人才、创新团队的支持力度；实施院士后备培养工程，加大院士、长江学者、海外高层次人才等高端人才的培养和引进力度。

6. 实施创新发展的重大项目

精心设计、筛选、储备一批创新发展的重大项目，包括创新平台载体建设、产业关键核心技术突破、创新型企业的培育引进、重大科研成果引进等，充分利用国内外创新资源，积极开展招商引资，科学管理、有序推进，确保创新发展的重大项目能够有效实施。

（四）主要目标

力争到2020年，创新成为驱动广西经济社会发展的最重要力量，科技创新活力明显提升，创新体系建设逐渐完善，创新载体、平台不断健全，企业在技术创新中的主体地位进一步强化，创新型广西初步建成。

科技体制机制改革取得重大进展。推进科技创新的政策体系基本完备，科研院所改革取得新突破，科技开放合作迈上新台阶，区域特色的创新体系形成，“一区一带”自主创新示范区初步建成，创新创业环境明显优化，全民创新意识和科学素养大幅度提高。

科技支撑产业发展的能力大幅提升。在经济新常态下发挥科技创新驱动作用，企业技术创新主体地位日益明显，企业创新能力持续提高，高新技术产业和战略性新兴产业对经济增长的贡献大幅提升；现代农业科技取得突破性进展，支撑农业现代化和服务社会主义新农村建设能力明显提高；现代服务业快速发展，信息化、智能化、网络化水平明显提升。高新技术产业增加值占工业增加值的比重达到35%，战略性新兴产业增加值占GDP的比重达到35%，高新技术产业全员劳动生产率达到65万元/人。

科技创新创业人才队伍进一步壮大。高层次创新创业人才和团队加速集聚，成为中国—东盟区域科技创新人才高地，人才红利初步显现。万名就业人员R&D人员达到80人年。

科技综合实力显著增强。全社会研发投入占地区生产总值的比重达2.2%以上，科技进步对经济增长贡献率达50%以上，每万人口发明专利拥有量达到6件。全员劳动生产率水平达到8.5万元/人，GDP综合能耗达到0.6吨标准煤以下。

到2025年，广西跨入创新型省份行列，基本形成创新驱动发展格局，建成“一带一路”创新交流合作的重要平台，中国—东盟创新交流合作的重要基地。建立完善的区域创新体系，创新资源有效集聚，创新能力明显提高，创新效益大幅提升，开放式创新显著增强。

五、广西实施创新驱动的政策建议

（一）突破创新平台载体建设

1. 创建有效资源共享创新平台扶持政策

建立以绩效考核为基础的激励政策，通过财政补贴、税收优惠等方式调动科技资源拥有者和使用者开放共享、合作使用的积极性，充分体现“谁开放，谁受益”“谁使用，谁受益”的原则。

建立完善大型仪器共享的补助机制，设立专项资金，建立完善大型科学仪器和科研设施共享服务后补助机制，鼓励高校、科研院所和企业将仪器设备加入科学仪器设备共享服务平台。纳入广西仪器设备共享平台网、向社会开放服务的仪器设备拥有单位以及租用上述仪器设备进行新产品、新技术、新工艺开发的单位，给予一定的资金补助。自治区按出租仪器设备年度收入的20%给予仪器设备拥有单位的补助最高不超过100万元，补助资金用于仪器设备的更新、维护和运行等。

对新建国家级、自治区级工程（技术）研究中心、重点实验室、工程实验室、企业技术中心、博士后科研工作站等创新平台给予一定的资金补助。对国家有关部门核定的转制企业和国家工程技术研究中心、企业技术中心、重点实验室以及其他科学研究、技术开发机构，在合理数量范围内进口国内不能生产或者性能不能满足需要的科技开发用品，免征进口关税和进口环节增值税、消费税。

2. 鼓励高新区、示范园区等自主创新政策

完善对高新区、经济开发区和工业园区的考核方式，突出对创新要素引入、创新能力提升、中小企业孵化、战略性新兴产业培育、资源节约、生态环境保护、体制机制创新、软环境建设等方面的考核和评价，有效发挥评价对园区创新发展的引导作用。

按照高新技术产业发展的要求，完善高新区服务管理职能，下放行政审批权，切实把该赋予高新区管委会的人事、规划、国土资源、财政、税收、环保、工商等方面的权限下放到位，提高办事效率。积极争取国家对高新区在土地、资金、转移支付、规划等方面的政策扶持。

积极探索将“非上市中小企业通过股份转让代办系统进行股权融资、扩大税前加计扣除的研发费用范围、股权和分红激励、职工教育经费税前扣除、科技成果使用处置和收益管理改革”等中关村先行先试政策在国家级高新区试行。

3. 扶持高校、科研院所参与创新发展的政策

科研院所和高等学校是源头创新的主力军，必须大力增加其原始创新和服务经济社会的发展能力。深化科研院所分类改革和高等学校科研体制改革，构建符合创新规律、职能定位清晰的治理结构，完善科研组织和运行管理机制，加强分

类管理和绩效考核，增强知识创新和供给，夯实创新驱动的基础。

加快科研院所分类改革，建立健全现代科研院所制度。完善科研院所法人治理结构，推动科研机构制定章程，探索理事会制度，推进科研事业单位取消行政级别。制定科研事业单位领导人员管理暂行规定，规范领导人员任职资格、选拔任用、考核评价激励、监督管理等。在有条件的单位对院（所）长实行聘任制；推进公益类科研院所分类改革，落实科研事业单位在编制管理、人员聘用、职称评定、绩效工资分配等方面的自主权；坚持技术开发类科研机构企业化转制方向，对于承担较多行业共性任务的转制科研院所，可组建产业技术研发集团，对行业共性技术研究和市场经营活动进行分类管理、分类考核。推动以生产经营活动为主的转制科研院所深化市场化改革，通过引入社会资本或整体上市，积极发展混合所有制。

研究制定科研机构创新绩效评价办法，对基础和前沿技术研究实行同行评价，突出中长期目标导向，评价重点从研究成果数量转向研究质量、原创价值和实际贡献；对公益性研究强化社会公益目标评价，定期对公益性研究机构组织第三方评价，将评价结果作为财政支持的重要依据，引导建立公益性研究机构依托国家资源服务行业创新机制。扩大科研机构绩效拨款试点范围，逐步建立财政支持的科研机构绩效拨款制度。

开展高等学校和科研院所设立流动岗位吸引企业人才兼职的试点工作，允许高等学校和科研院所设立一定比例的流动岗位，吸引有创新实践经验的企业家和企业科技人才兼职。试点将企业任职经历作为高等学校新聘工程类教师的必要条件。改进科研人员薪酬和岗位管理制度，破除人才流动的体制机制障碍，促进科研人员在事业单位与企业间合理流动。

（二）集聚创新发展的人力资源

1. 重点引进创新领军人才和创新团队

着力引进技术前沿、引领未来产业发展的战略型高端人才。鼓励根据企业发展战略需要，面向全球广泛吸引广西重点产业发展急需的高端人才和团队，以及由这些人才领衔建立的具有世界一流水平的科研机构，自治区政府对引进的领军人才给予一次性奖励，妥善解决其子女入托或中小学入学等问题，并每年给予其一定额度的科研和工作经费支持，同时设立服务绿色通道，为其在机构注册、规划建设项目申报审批等方面提供便捷高效的服务。

加强引进科技创新人才，重点引进熟悉相关领域业务和国际规则、具有丰富实践经验的研发技术人才，引进具有丰富的科研、工程技术经验的专家、学者和工程技术人员以及在重点发展产业、行业、领域拥有自主知识产权或掌握核心技术的专业技术人员。自治区政府给予一次性奖励，享受国家科技重大专项项目（课题）列支间接费用等相关政策。

加大引进风险投资家和科技中介人才，重点引进在风险投资、金融、法律、财务、知识产权、技术转移等领域从事风险投资或科技中介，具备行业认可的从业资质，有较大知名度和影响力，有较强创新服务能力以及有设计和实施服务模式成功经验，其领衔的团队为高新技术企业服务的高端人才。自治区政府将给予一次性奖励，并设立服务绿色通道，为风险投资家和科技中介人才在企业注册、项目申报审批等方面提供便捷高效的服务。

2. 着力培养本地创新创业人才

创新人才培养机制，在广西大学等人才集聚的高校探索校企联合招生、联合培养模式，培养具有较强创新意识和应用实践能力的创新型人才。鼓励南宁学院、钦州学院等具有自身特色的地方院校，依托本地优势资源，紧密围绕市场需求，结合本地产业发展优势，培养市场紧缺、有利于优势产业发展的专业人才，形成产业链人才培养模式。同时，鼓励大学生创业，鼓励知名企业推动员工创业，支持在校学生休学创办科技型企业，扶持大学生以创业实现就业，从创新源头上激发创业者的活力。

加快实施院士后备人选培养工程。集中资源，着力培养 20 名“两院”院士后备人选，打造广西“八桂英才”品牌。建设重点领域创新团队。依托重大科研项目、重点工程和重大建设项目，建设 100 个重点领域创新团队，给予持续稳定的支持。

培养中青年科技创新领军人才。围绕广西经济社会发展对科技的需求，重点培养和引进 100 名中青年科技创新领军人才。扶持科技创新创业人才。重点扶持 1000 名运用自主知识产权或核心技术创新创业的优秀创业人才，培养造就一批具有创新精神的企业家。

建设创新人才培养示范基地。以高等学校、科研院所、高新区、众创空间等为依托，建设 50 个创新人才培养示范基地，形成各具特色的人才培养模式，打造人才培养政策、体制机制“先行先试”的人才特区。

3. 健全人才创新激励机制

制定政策打破人才单位所有制和学科壁垒，建立和完善创新人才评价、激励、合作竞争的有效机制，结合深化事业单位的用人制度改革，推动各类科技人才由“单位所有”向“社会所有”转变，促进创新人才在区域内合理流动，以达到人尽其用，提高创新人才的使用效率，充分调动创新人员的积极性。完善科技人员职称评审政策，将专利创造、标准制定及成果转化作为职称评审的重要依据之一。科技人员参与职称评审与岗位考核时，发明专利转化应用情况与论文指标要求同等对待，技术转让成交额与纵向课题指标要求同等对待。同时，借鉴深圳市的做法，设立“产业发展与创新人才”奖，自治区政府每年拿出不低于 100 万元的资金，对为广西产业发展与自主创新做出突出贡献的创新型人才进行奖励。

开展股权激励试点，聚集优秀创新人才特别是产业领军人才，做大做强一批具有全球影响力的创新型企业。着力提高科技人员的奖励比例，给予科技人员的奖励支出部分计入工资总额，但不计入工资总额基数；重点奖励成果发明人或完成人，允许其依法享有成果转化权益和分配权。鼓励各类科技型企业开展股权、期权、分红等激励，对符合激励条件的团队和个人给予股权认购、股权代持等支持。改革科研院所技术成果管理体制，鼓励高等学校、科研机构转化科技成果以股份或出资比例等股权形式给予个人奖励约定，可以进行股权确认；探索对贡献突出的科技人员和经营管理人员实施期权、技术入股、股权奖励、分红权等激励措施。

4. 营造人才集聚创新氛围

强化财政资金的整合、统筹和优化配置，健全财政专项投入稳定增长机制，以财政专项资金为引导，优化要素整合，建立创新人才集聚的长效机制，整合政策引导、人才服务、资金扶持、创业孵化等资源，让全国更多的创新项目、创新人才走进广西，实现人才、技术与资本有效对接，让资本更有效地为人才服务，为创新人才创办企业提供动力。

强化政府部门的责任意识和服务意识，积极主动地为创新人才和创新团队服务，逐渐从主要给予优惠政策向着力营造良好的创新发展环境转变。加强人才信息发布引导，编发紧缺人才指数信息和高端人才开发导向目录，提高人才项目招引服务水平。着力完善统筹协调的服务保障体系，健全人才、融资、中介服务和公共服务体系，完善高层次人才居住保障政策，高层次人才安居可以采取货币补贴或实物出租等方式解决。引进投融资服务机构，以投融资及服务机构的专业优势，创新科技与金融对接机制，对创新领军人才企业提供“一站式”金融服务。

完善与高层次人才工作相配套的学习、生活服务保障，使高层次人才在广西创业创新无后顾之忧。营造重才爱才的人文环境，完善人才激励体系，遵循物质奖励和精神鼓励相结合的原则，加大对创新人才和团队的激励，以政府表彰奖励体系为引导，鼓励企业主体健全人才激励机制，提高创新人才和团队成就感、归属感，进一步激发创新动力。

（三）创新推动产业转型升级

1. 全力支持企业提升创新发展能力

完善企业为主体的产业技术创新机制。市场导向明确的科技项目由企业牵头、政府引导，联合高等学校和科研院所实施。鼓励构建以企业为主导、产学研合作的产业技术创新战略联盟。更多运用财政后补助、间接投入等方式，支持企业自主决策、先行投入，开展重大产业关键共性技术、装备和标准的研发攻关。鼓励企业利用闲置厂房和场地等设施创建科技企业孵化器、中试基地和公共服务平台。

全面落实国家鼓励企业创新的有关优惠政策，特别是企业研发费用形成无形资产的按其成本150%摊销、未形成无形资产的按研发费用50%加计扣除的税收优惠，并拓展应用到中小企业购买技术和发明专利、企业在大学和科研机构设立实验室等费用支出领域。

充分发挥大型企业的创新引领作用。普遍设立研发机构并不断提升水平，引导企业建立技术研究开发院、工程实验室、企业技术中心、质检中心等，积极申报提升为自治区级、国家级研发或质检机构，自治区、各市层面予以相应的奖励支持。大型企业的研发机构可面向同行业中小微企业提供有偿服务，以提升行业整体创新水平。

激发中小微企业的创新活力。加快建立健全技术创新、工业设计、质量检测、知识产权、信息网络、创业孵化、融资、人才培训等公共服务平台，为中小微企业提供全方位的创新服务。对于符合条件的中小企业，鼓励企业积极申请国家中小企业创新基金、中小企业发展基金，促进中小企业创新发展。充分发挥广西产业投资基金、北部湾产业投资基金的作用，支持企业转型升级、创新发展。探索发展混合所有制孵化器，引进外资和民间资本参与国有孵化器建设。探索建立科技企业孵化器财政资金补助制度、风险补偿制度。

对于开展重大自主创新工程的企业，引进广西产业发展亟须重要研究成果的企业，由自治区、所在市分别给予一次性奖励或补助，或利用产业发展基金给予支持；对企业牵头承担的国家科技支撑计划、科技重大专项等重大项目，自治区、所在市按照一定比例分别予以补助；对自治区“14+10”产业和各市首位优势产业的企业购置关键研发仪器设备，自治区、所在市依据研发绩效，分别按年度实际支出额的一定比例给予补助。

2. 促进传统产业转型升级可持续发展

以创新驱动推动广西传统优势产业转型升级。适应新时期、新常态的要求，着力破解制约广西传统优势产业发展的关键问题，制定广西传统优势产业转型升级、创新发展的实施方案，逐个产业予以突破，促进糖业、铝业等健康、可持续、创新发展，尽快走出困境。微观层面，加强对传统优势产业的企业转型升级、创新发展指导和服务，强化政策导向和支撑。用新技术、新模式、新业态等改造传统产业，促进信息技术与传统产业融合发展，利用大数据、云计算、互联网等推进智能制造、网络制造、绿色制造。以创新驱动推进广西传统产业转型升级、向中高端发展。

引导鼓励传统优势产业企业加大技术改造力度，抓好核心技术产业化、先进装备更新、信息技术应用、品质提升、工业设计等主要环节的升级突破。大力发展产业集群，构建区域性和行业性的研发、设计、技术推广、检测等公共技术服务平台。力争在广西糖业、铝业、建材、机械、有色金属等传统优势产业重点领域和关键环节实现共性核心技术的原始创新、引进吸收再创新、集成创新方面有较大突破，提升行业整体竞争力。

推动传统产业生态化发展。贯彻落实2015年自治区出台的《关于大力发展生态经济深入推进生态文明建设的意见》（桂发〔2015〕9号），发展新型生态工业，推动传统产业生态化改造，发展循环经济，打造生态产业园。贯彻落实国家和自治区有关产业结构调整政策，严格环保准入制度，严格控制新上高耗能、高污染和资源性项目，在优势传统产业率先建立淘汰落后产能企业名单公告制度，落实限制类和淘汰类企业差别电价政策。遵循减量化、再利用、资源化的要求，强力推行清洁生产，降低资源消耗和污染物排放，重点推动有色金属、石化、冶金、制糖、建材等资源型产业生态化改造，发展精深加工，提高附加值。

加强兼并重组的产业政策引导。兼并重组是化解产能严重过剩矛盾、调整优化产业结构、提高发展质量效益的重要途径。要认真贯彻落实《国务院关于进一步优化企业兼并重组市场环境的意见》（国发〔2014〕14号）文件精神，从战略高度重视企业兼并重组工作。当前国内外并购市场尤为活跃，广西应抓住企业兼并重组的战略机遇期和时间“窗口期”，顺势而为，加快引导和推动相关行业兼并重组，把企业兼并重组工作与产业转型升级、化解过剩产能、淘汰落后产能等相结合，积极推动重点行业的破局性兼并重组，带动全行业整合及转型升级。用好国家在财税、金融、行政审批、完善土地管理、职工安置等方面的支持政策，出台广西的相关政策，推动传统产业的兼并重组。

促进广西农业现代化发展，为发展产出高效、产品安全、资源节约、环境友好的现代化农业完善相关政策支持。加大农业科技创新力度，力争在生物育种、智能农业等方面取得突破；加大对农业创新的财政、金融支持；加强对企业开展农业科技研发的引导扶持，使企业成为技术创新和应用的主体。建立健全农业科技创新激励机制，完善科研院所、高校科研人员与企业人才流动和兼职制度，推进科研成果使用、处置、收益管理和科技人员股权激励改革试点。利用科研院所、高校、农业园区等建立农业科技协同创新联盟，搭建农业科技创新服务平台，探索建立农业科技成果交易平台。将大数据、互联网等应用到农业生产的各个环节中，推进智能农业发展。

3. 加快战略性新兴产业发展壮大

以创新驱动加快战略性新兴产业发展。对广西新材料、新能源、节能环保、新一代信息技术、新能源汽车、先进装备制造业、海洋产业、养生长寿健康产业等战略性新兴产业予以科学谋划，有序推进，重点突破。对于新一代信息技术、新能源汽车、先进装备制造业、新能源、新材料等需要重点突破的产业，应具体落实到重点领域、重点产品、重点企业、关键技术上来，通过“一业一策”制定专项支持政策促进相关产业发展。要组织有关团队长期跟踪某些产业领域的重要研究成果，加大政府支持力度，通过企业引进广西落地。积极培育战略性新兴产业的龙头企业，带动促进行业发展壮大。

围绕产业链构建创新链。突破关键核心技术，加大科技成果转化力度，加强重大创新产品应用推广。顺应全球新一轮科技与产业变革趋势，不断完善以企业为主体，以核心研发机构、公共技术平台、创新服务基地等为支撑体系的创新链条。建立企业主导产业技术研发创新的体制机制，使企业真正成为技术创新决策、研发投入、科研组织和成果转化应用的主体。要发挥科研院所、高等院校、园区在创新发展中的重要平台载体作用，推进产学研紧密结合、协同创新。推动以科技创新为核心的企业创新、市场创新、产品创新、业态创新、管理创新等全面创新，强化科技同经济对接、创新成果同产业对接、创新项目同现实生产力对接，建立有利于创新成果产业化的新机制。探索在战略性新兴产业领域采取企业主导、院校协作、多元投资、军民融合、成果分享的新模式，整合形成若干产业创新中心。

积极开展与国内外战略性新兴产业的合作，尤其是加强与欧美日韩等发达国家和地区的产业合作，引进人才、技术、成果等创新要素，促进广西战略性新兴产业发展。积极开展广西区域内的产业合作，促进创新资源整合，将各地优势充分激发，沿海沿江开放优势与内地产业优势结合起来，相互借力，共同发展。科学布局广西战略性新兴产业发展。各市可因地制宜，集中力量，在相关优势产业方面加大力度，先行突破。加快北部湾国家高新技术产业带和国家高新技术产业化基地建设，加快南宁、柳州、桂林等广西创新优势区域带动战略性新兴产业发展的率先突破。

加大财税支持力度。进一步加大财政支持，确保自治区、各市财政建立稳定的财政投入增长机制落到实处。创新支持方式，着力支持重大关键技术研发、重大产业创新发展工程、重大创新成果产业化、重大应用示范工程、创新能力建设等。完善税收激励政策。在全面落实现行各项促进科技投入和科技成果转化、支持高技术产业发展等方面的税收政策的基础上，针对战略性新兴产业的特点，研究完善鼓励创新、引导战略性新兴产业发展的税收支持政策。

加大金融支持力度。设立广西产业投资基金，借鉴江苏等外省经验，利用产业投资基金促进创新驱动发展，促进产业转型升级，大力发展战略性新兴产业，将基金用在关键环节、重要领域，如培育创新型企业、打造创新平台载体、引进培养创新型人才等。此外，用好用足各类产业发展基金促进战略性新兴产业发展，如产业扶持基金、创投基金、政府投资引导基金、科技专项基金等，引导企业积极申报国家战略性产业发展专项基金。同时，发挥杠杆作用，积极引导社会资本参与产业创新驱动发展。鼓励金融机构加大信贷支持。加强金融机构对战略性新兴产业的支持作用，引导金融机构建立适应战略性新兴产业特点的信贷管理和贷款评审制度。积极发挥多层次资本市场的融资功能，支持符合条件的企业上市融资。大力发展债券市场，稳步推进企业债券、公司债券、短期融资券和中期票据发展，拓宽企业债务融资渠道。

（四）强化科技金融政策

1. 创新财政投入方式与机制

加强政府资金引导，创新财政投入方式与机制，优化财政科技经费的使用模式，由一次拨款向滚动支持转变；综合运用无偿资助、偿还性资助、创业投资引导、贷款贴息以及后补助等多种方式，带动社会资本参与科技创新。整合各方资源，充分发挥财政资金的杠杆作用，建立创业投资引导基金和信贷融资风险补偿资金池，围绕一些关键共性技术进行研究突破，降低一定领域内的科技型企业债务融资门槛，扶持创业投资企业发展、引导商业银行创新信贷产品，积极开展科技型中小企业投融资服务，放大金融机构对企业的投资规模，逐步形成政府、金融机构、企业以及中介机构等多元参与的信贷风险分担机制。发挥税收政策的引导作用，落实企业研发费用加计扣除政策和创业投资税收优惠政策，引导企业进一步增加科技投入。建立健全财政科技投入的追踪问责机制，加强对项目资金安排后的追踪。借鉴广东“试行创新产品与服务远期约定政府购买制度”政策，探索政府购买科技创新成果（服务）及优先采购本地研发的高科技企业产品的新模式。

2. 强化资本市场对技术创新的支持

创新与科技结合的有效信贷支持体系，鼓励和支持符合条件的科技企业发行企业债、超短期融资券、短期融资券、中期票据、中小企业集合票据及中小企业私募债。充分发挥政府创业引导资金作用，通过政策引导，支持风险投资基金、社会风险投资机构对科技型企业进行股权投资。加快完善促进股权投资发展政策，大力引进全国性或区域性创业（风险）投资基金和产业投资基金来广西设立机构和拓展业务，通过落实税收优惠、提供全方位“一站式”办公服务和项目对接等政策优惠，创造广西创业风险投资市场发展的良好环境，逐步形成各类股权投资基金聚集区，促进私募股权投资市场的健康发展。

加快风险投资等机构的发展壮大。积极引进中关村众创空间“天使汇”、苏州博济科技园等国内先进天使投资机构，探索互联网股权众筹融资机制，鼓励构建创业投融资网络平台，采取“引进来”或“走出去”的模式，集聚资源，建立具有广西特色的研发中心。鼓励各类孵化机构以“孵化＋创投”等模式，通过增资扩股壮大资金实力并具备风险投资功能，开展与银行、投资及咨询机构等相关部门以及天使资本等的合作，支持风险投资参与科技型企业股权投资。建立风险补偿机制，开展风险补偿、融资担保等新型财政资助工作。鼓励各地市设立“种子基金”，或通过与社会投资机构以“联合投资”方式共同出资设立“种子基金”，引导社会资本积极参与，重点支持科技型中小企业创新基金项目、初创期科技项目、科技成果转化项目、科技创新创业大赛项目等。实施战略性新兴产业创投计划，按照市场化方式运作，鼓励社会资本进入创业投资领域，引导创业投资企业投资处于初创期和早中期的科技创新型企业。

充分发挥自治区金融管理机构的统筹协调职能，进一步加强与区内各金融机构的沟通和交流，鼓励各地级市设立科技贷款贴息资金，逐步探索保险资金入股、引导规范民间资本入股科技小额贷款公司的股本增长长效机制，降低科技型中小微企业融资成本，激发各类金融机构服务科技型中小微企业的创新活力。打通更多投融资渠道，推动储蓄转化为有效投资，破除障碍，建立合理的风险分担和利益共享机制，吸引愿意“试错”和能够承担高风险的投资者进入投资领域，切实解决小微企业创业资金短缺、民间资金投资渠道缺乏等问题。

3. 加快科技担保业务发展和科技保险产品创新

充分利用广西金融投资集团等现有的机构、网络、人才等资源，加快组建广西政府融资再担保机构，加大支持初创企业的发展。引导支持融资性担保公司积极研究开发科技担保产品、创新科技担保服务，为新产品研发、试生产和高新技术企业提供融资保证。同时，以广西中小企业信用担保公司为基础，创新地方金融平台，在广西各地市发起成立小额贷款公司，有条件的市、县（市、区）在政府资金的引导下吸引社会资金参与，设立科技担保公司，引入区外先进技术和平台，建设小贷行业信息平台，加快全区小贷行业迅速发展。

积极探索科技部门及其他相关部门以提供业务指引方式引导科技担保机构及政策性中小企业信用担保机构开展科技担保业务，引导商业性担保机构开展科技担保业务，继续通过担保补贴、风险补偿和业务奖励等政策优惠大力支持科技担保机构的运营和发展。同时，推进科技担保在担保模式和反担保模式及盈利模式等方面的创新。鼓励科技小额贷款公司内部的投贷联动，科技小额贷款公司与创投之间的投贷联动；推进科技小额贷款公司完善包括小额信贷、创业投资、融资担保、中间业务和创业管理服务等在内的业务组合。

积极推动科技保险业务发展。引导支持保险公司着力研究开发科技保险产品、创新科技保险服务，为新产品研发、试生产和高新技术企业提供保险保障。提高科技保险公司和科技保险业务部抗风险运营的能力，大力推广科技企业小额贷款履约保证保险，在承保金额中科技保险的比重不低于50%，增长率高于当地财产保险平均增长率。各保险公司要在保费收入中安排一定比例资金专门用于充实科技保险偿付准备金，促进科技保险业务扩大和发展。建立科技保险补贴机制，鼓励有条件的地区和高新区、工业园区等设立科技保险补贴专项资金，对投保科技保险的科技型中小微企业给予保费补贴，并适当提高补贴比例，分散和化解中小微企业创业创新风险。创新科技保险服务模式，鼓励各地市开发自主创新首台（套）产品（设备）推广应用、融资以及人员保障类等适合科技型企业的保险产品。此外，逐步完善知识产权质押融资贷款贴息扶持政策，对符合条件的知识产权质押融资科技型企业适当提供贷款贴息。

4. 建设科技金融投资平台与服务体系

建立和完善全区科技金融服务网络，依托生产力促进中心、商会、行业协会等机构，在各高新区、工业园区等科技型中小微企业集中地区组建科技金融服务中心。建设全区科技金融信息平台和科技型中小企业信用系统，应用互联网金融等新兴手段，以互联网金融活跃民间资本，试点以产业资本、民间资本、创投机构等为主导建立投融双方的交互平台（P2P），匹配科技型小微企业与出资人之间的信息交互和股权交易，通过线上线下联动，为科技型中小微企业提供科技政策、融资产品、中介服务等多层次科技金融服务。

着力建立科技金融服务中心。充分发挥各类投资基金和技术创新服务机构的作用，大力推动创业投资及私募股权投资、技术产权交易、银行、证券公司、保险公司、资产管理公司、信托公司和租赁公司、资产评估机构、信用评级公司、律师事务所、会计师事务所等机构的聚集。建立集政策咨询、资产评估、法律服务、财务顾问、投资融资、成果拍卖、专业培训等功能为一体的科技金融超市和科技金融服务中心。

建立和落实科技金融免责制度，实行科技金融项目公示制度，金融机构对科技创新项目的融资和授信接受社会公众监督。加强科技和金融结合实施成效的监测评估，采取贴息、风险补偿基金和开放专家库等措施加大对股权、产权等轻资产质押和直接信用融资的政策扶持，制订科技金融发展水平和服务能力评价指标，建立相应的统计制度和监测体系，并在监测基础上建立评估体系，对科技和金融结合实施成效进行动态评估。

（五）深化创新体制机制改革

1. 完善科技管理体制

创新政府管理模式。政府应按照强宏观协调、抓基础制度、重公共服务、放微观事务的总体要求，加快政府职能转变，着力加强发展战略、规划、政策、标准等的制定和实施，加强知识产权保护和技术市场等活动监管，加强科技资源共享、科技成果推广与科学技术普及等科技公共服务，完善对基础性、战略性、前沿性科学研究和共性技术研究的支持机制。科技行政部门要减少对市场化科技活动的直接干预，从项目的微观管理中解脱出来，将工作重点放到统筹规划科技布局、研究发展战略政策、营造自主创新良好环境、提高公共科技资源利用率等方面。

建立健全促进创新驱动的监测与评价体系，避免简单地以国内生产总值或地区生产总值及增长率作为唯一衡量标准。建立创新调查制度，建立创新调查工作领导小组，由统计部门和科技、教育等部门组成，负责创新调查的组织和实施，使创新调查成为常规的统计调查制度。建立基于创新调查数据的创新监测与评价体系，全面、科学、客观反映区域的创新活动绩效，真实体现企业、高校和科研院所等创新主体在创新活动中的地位和作用，为政府管理和决策提供可靠支撑。建立创新政策调查和评价制度，定期对政策落实情况进行跟踪分析，适时调整完善。

2. 加快科研经费管理体制改革

加快科研项目和资金管理改革。尽快出台广西关于加强科研经费管理的办法，贯彻落实《国务院关于改进加强中央财政科研项目和资金管理的若干意见》，建立科研项目和资金配置的统筹协调机制。实施科研项目分类管理，进一步明确财政科技投入方向和支持重点，优化投入结构。改进科研项目管理流程和资金管理方式，强化监督管理，提高资金使用效率，加快建立适应科技创新规律、统筹协调、职责清晰、科学规范、公开透明、监管有力的科研项目和资金管理机制。

深化财政科技计划（专项、基金等）管理改革。优化整合自治区本级财政科技计划，建立公开统一的广西科技管理平台。建立科技计划（专项、资金等）管理厅际联席会议制度，组建科技发展战略咨询与综合评审委员会，建立科技项目信息管理平台，依托专业机构管理科研项目，实行科技报告制度，建立统一的评估、监督和动态调整机制。

创新科研经费管理方式，体现科研人员的智力价值。根据目前的财政科研项目管理，有工资性收入的课题参加人员不得在课题中发放劳务费，这极大地影响了科研人员开展项目研究的积极性。建议借鉴上海等地经验，扩大科研项目中享受劳务支出的人员范围，对于目前稳定支持经费中人员经费不足的情况，允许从竞争性项目中给予补充，完善项目间接费用的管理，完善项目结余经费的管理。科研项目完成任务目标并通过验收，且承担单位信用评价好的，项目结余资金按规定在一定期限内由单位统筹安排用于科研活动的直接支出，并将使用情况报项目主管部门。

3. 完善科研成果转化激励政策

科技成果转化为现实生产力是创新驱动发展的本质要求。要完善科技成果使用、处置和收益管理制度，加大对科技人员转化科研成果的激励力度，构建服务支撑体系，打通成果转化通道，通过成果应用体现创新价值。

深入推进科技成果使用、处置和收益管理改革，强化对科技成果转化的激励。结合事业单位分类改革，尽快将财政资金支持形成的不涉及国防、国家安全、国家利益、重大社会公共利益的科技成果的使用权、处置权和收益权全部下放给符合条件的项目承担单位。单位主管部门和财政部门对科技成果在境内的使用、处置不再审批或备案，科技成果转移转化所得收入全部留归单位，纳入单位预算，实行统一管理，处置收入不上缴国库。出台国有企事业单位成果转化奖励的相关政策，国有企业事业单位对职务发明完成人、科技成果转化重要贡献人员和团队的奖励计入当年单位工资总额，但不纳入工资总额基数。

提高科研人员成果转化收益比例。事业单位要制定科技成果转移转化收入分配和股权激励方案，明确对科技成果完成人（团队）、院系（所）以及为科技成果转移转化作出重要贡献的人员、技术转移机构等相关方的收入或股权奖励比例。国有企业和事业单位对科技成果的转让收益主要用于奖励科研负责人、骨干技术人员等重要贡献人员和团队，奖励比例可以从现行不低于20%提高到不低于50%。

加大科研人员股权激励力度，鼓励各类企业通过股权、期权、分红等激励方式调动科研人员创新积极性。高等院校、科研机构转化科技成果以股份或出资比例等股权形式给予个人奖励约定，可以进行股权确认。财政、国有资产管理、知识产权、工商、监察等部门对上述约定的股权奖励和确认应当予以承认，并全面落实国有资产确权、国有资产变更、知识产权、注册登记等相关事项。

建立技术交易和成果转化奖补制度。引导技术市场各类主体把实现技术转移作为工作的出发点和落脚点，逐步建立普惠性的技术转移和成果转化后补助及政府购买服务机制。

建设和完善技术市场体系。出台广西技术市场发展改革总体方案。建设规范的全流程网上技术市场和若干实体常设技术市场，构建专业化服务体系，形成完善通畅的技术交易和科技成果转化服务链。建立各方技术市场主体协同运营机制，逐步建成公平有序、活跃开放的全区技术市场体系。

4. 提升知识产权管理及服务水平

强化各类财政资助科技项目的知识产权导向，提高科技项目发明专利产出率，对面向市场的应用技术研发项目要突出强调专利产出要求，将形成自主知识产权和技术标准作为项目立项、验收和成果评价奖励的重要指标。

建立科技重大专项和科技计划知识产权目标评估制度，促进创新成果转移转化。针对重大产业规划、政府重大投资活动等开展评议，规避知识产权风险。鼓励、引导和支持金融及风险投资机构加大对专利等知识产权实施与产业化的资金投入。

完善知识产权创造激励政策。修订出台《广西专利资助和奖励办法》，健全发明创造工作绩效考评指标体系，强化知识产权创造质量导向。完善促进知识产权运用的政策措施。制订推进专利质押融资工作的激励政策。进一步完善公共服务体系，建立知识产权中介服务诚信管理制度，加快广西知识产权信息中心和交易中心建设。

健全知识产权行政保护体制，推行专利、商标、版权集中统一的知识产权“大管理”体制。设立执法权集中的综合行政执法部门，集中履行工商、质量技术、食品药品、知识产权等管理领域的市场监管职能。从队伍规模、素质、装备配备等方面加强知识产权行政执法队伍建设，提高依法保护知识产权权利人合法权益的能力。健全知识产权维权援助体系，设立公益性知识产权维权援助机构。

加快中国—东盟知识产权国际交流中心建设，建立中国—东盟自贸区知识产权保护规则，建立中国—东盟知识产权快速反应协调机制。

5. 建立技术创新市场导向机制

要健全技术创新的市场导向机制和政府引导机制，加强产学研协同创新，引导各类创新要素向企业聚集，促进企业成为技术创新决策、研发投入、科研组织和成果转化的主体，使创新转化为实实在在的产业活动，培育新的增长点，促进经济转型升级、提质增效。

扩大企业在创新决策中的话语权。整合政府相关科技计划，高效配置科技资源。竞争类产业技术创新的研发方向、技术路线和要素配置模式由企业依据市场需求自主决策。

在研究制定科技发展规划、计划、政策和标准时，广泛征集企业建议，吸收更多的产业专家和企业家参与。在项目指南编制和发布前，要充分征求企业意见。在市场导向类项目评估评审时，专家组要有2/3的企业专家。

建立科技行政管理部门与重点企业定期协商沟通机制，及时了解并解决企业创新中遇到的问题。建立派驻重点企业科技助理（或科技联络员）制度，充分发挥企业科技特派员的作用。

完善科技企业孵化器建设用地政策。设区市根据自身发展实际需求，每年可安排一定比例的计划用地作为科技企业孵化器建设用地。利用新增工业用地开发建设科技企业孵化器，可按一类工业用地性质供地。工业用地建设的科技企业孵化器，在不改变科技企业孵化服务用途的前提下，其载体房屋可以幢、层等有固定界限的部分为基本单元进行产权登记并出租或转让。

扩大研发费用加计扣除优惠政策适用范围。将企业为研发人员缴纳的“五险一金”、职工教育经费、医药企业发生的临床试验费，中小企业购买技术和发明专利、企业在大学和科研机构设立实验室等费用支出列入加计扣除税收优惠政策。完善高新技术企业认定办法，落实高新技术企业发展的税收政策，重点鼓励中小企业加大研发力度。

6. 健全优先使用创新产品的采购政策

建立财政性资金采购自主创新产品制度，实行自主创新产品认定制度，由自治区科技行政管理部门会同有关部门按照公开、公正的程序对自主创新产品进行认定，并向全社会公告。自治区财政部门会同有关部门在获得认定的自主创新产品范围内确定政府采购自主创新产品目录，实行动态管理。

使用财政资金的重大建设项目及重大装备和产品采购项目，应优先采用自主创新产品。在国家和自治区政府投资的重点工程中，国产设备采购比例一般不得低于总价值的60%。不按要求采购自主创新产品的，财政部门不予支付资金。

建立激励自主创新的政府首购和订购制度，自治区内企业或科研机构生产或开发的试制品和首次投向市场的产品，且符合自治区经济发展要求和先进技术发展方向，具有较大市场潜力并需要重点扶持的，经认定后政府进行首购，由采购人直接购买或政府出资购买。加大首台（套）政策扶持力度，对技术水平突出、市场业绩好的首台（套）产品给予奖励或资金扶持。

建立首购首用风险补偿机制，对自治区内企业或科研机构生产或开发的试制品和首次投向市场的产品，首购首用单位给予风险资助，支持保险机构开展自主创新首台（套）产品的推广应用类保险。

（六）推动创新开放合作

顺应创新全球化趋势，坚持对内对外并举，以更加主动的姿态融入全球创新网络，吸纳全球创新资源，在更高层次上构建全方位、多层次、宽领域的开放合作新格局，走出“创新孤岛”的困境。

1. 绘制关联广西的全球创新地图

结合国家创新网络计划的部署及国家在广西启动的知识产权区域地方布局试点工作，组织专业机构，研究主要创新型国家和地区高端产业发展战略，高新技术及战略性新兴产业重点发展方向、关键技术及专利布局、重点企业及研究机构、创新团队及领军人物，研究编制高端产业全球创新资源分布地图。在此基础上，结合广西在全球产业价值链中的端位，确定广西产业发展的重点突破方向，提出战略性新兴产业及高端制造产业的引进与合作的主要对象与国别对策，为动态构建广西产业创新网络提供跟踪方案，为及时加快集聚高端人才、技术、机构等创新要素提供信息导航服务，为企业和研发机构加强国际合作、突破关键技术、监控专利风险、提高核心竞争力等提供指引。

2. 构建关联高端的“一圈一区三板块”

根据全球创新地图，优化国际科技合作战略布局，建设桂粤港创新圈，创建具有国际影响力的中国—东盟跨国创新特区和桂新欧创新合作板块、桂北美合作板块、东北亚合作板块，开展多种形式的国际和地区科技合作与交流。重点站在服务周边、服务国家对外开放战略的高度，与《一带一路国际科技合作中长期规划》等国家各层次的相关规划对接，谋划一批重大科技合作、机制合作的重大项目，并力争进入项目库，有效聚集全球科技资源，大力提升广西创新链接能力。

“一圈”，即桂粤港创新圈。依托珠江—西江经济带建设、桂粤港战略合作的推进，以粤桂特别合作试验区为载体，整合桂粤港三地高校、科研机构和企业创新资源，加快建设粤桂技术创新合作基地，通过产业转移和城市功能互补，组建三地产业协作和战略联盟，建立紧密的创新合作关系。

“一区”，即中国—东盟跨国创新特区。依托现有高新区、中马产业园、中越跨境合作试验区、中国—东盟农业科技园等平台，进一步整合资源，在与其他高新区、试验区、保税区并联的基础上，共同建设跨国创新特区，并实行与园区定位相适应的特殊机制。“创新特区”针对“互联互通”中存在国别政策沟通障碍，先行先试，重点在海关监管、口岸通关、投资便利化、跨国人才政策与技术转移等方面率先取得系列突破，并强化中国—东盟技术转移中心的创业孵化功能，以技术转移驱动创新合作，以“2 + X”合作模式不断拓展国际科技合作形式和内容。

“三板块”，即桂新欧创新合作板块、桂北美合作板块、东北亚合作板块。这三大板块聚集着全球创新中心与知名科技园区，聚集着全球80%以上的创新资源，也是全球“四新经济”的发源地与主体市场。多年来，广西与这三大板块创新合作较少，也是广西未来应该补足的对外开放“短板”。结合“一带一路”建设、国家与欧美相关国家科技合作伙伴计划，根据广西重点发展的战略性新兴产业的创新合作需求，找准合作伙伴，如新一代信息技术产业与硅谷、班加罗尔（软件），高端装备制造业与德国、健康养生及林工业与芬兰等。重点推动广西的国家级高新技术开发区、经济开发区与海外目标园区建立战略合作伙伴及产业配套关系。

3. 广西实施开放式创新的三大政策体系

以企业为开放创新的主体，支持企业整合利用全球创新资源。建立企业研发“走出去”促进体系，支持企业利用全球高端要素建立创新国际合作伙伴链，提升创新驱动绩效。

（1）构建创新资源引进体系。全力推进中国—东盟先进技术展专业化、品牌化、信息化，加快建设中国—东盟技术转移集群区，加快与东盟各国技术、标准、检验检测等的互认与合作。推出“广西企业全球技术招标”专场，加大对国际创新战略投资、领军人才、核心技术等创新要素的引进。

引进技术、产品、机构等政策方面，对引进具有自主知识产权的新产品、新技术及重大专利新产品产业化项目，对3年内形成较大规模经济效益的企业，给予一次性资助；对引进风险投资机构，且承诺支持广西科技创新“园中园”、创新创业社区建设及战略性新兴产业发展、科技创新成果转化的，视风险等级、创新绩效等给予一定风险补助奖励，并按西部大开发的鼓励类产业项目予以减免税优惠。

有关人才政策方面，对把握国际产业趋势、带动广西重点产业取得重大突破的世界顶尖人才，给予相应的项目资助；对突破关键技术、具有先进管理理念的领军人才，给予一定的项目资助；对各类紧缺急需的高层次创新创业人才，择优给予项目资助；符合广西产业发展方向，带技术、带项目、带资金来桂创办科技型企业的高层次人才（团队），给予政府创业引导入股资金，如果所创办企业成功上市，政府所投的创业引导资金全部奖励给投资企业。

有关土地政策等方面，进一步吸引支持跨国公司在桂设立研发中心，对引进世界500强、中国100强企业的区域性研发总部，实行“点供”用地政策，并给予相应的后补助资金。同时，支持外资研发机构参与广西研发公共服务平台建设，与广西高校院所、企业共建实验室和人才培养基地，联合开展产业链核心技术攻关。大力支持国内跨国企业在桂设立新型研发机构。

（2）建立海外创新网络体系。鼓励有实力的企业加入国际产业技术联盟，在境外设立研发机构；或通过国际并购，充分利用国际资源成长为跨国公司（集团）；或探索以共建合作园、互设创新基地等多种方式，深化国际创新合作。鼓励龙头企业到知识产权资源富集的国家和地区建立研发中心，与境外企业及研究机构开展联合研究；支持本土企业在境外申请专利、注册商标，以境外投资、跨国并购、股权投资、参股开发等多种方式获取关键技术；鼓励企业参与国际标准制定和推动国际互认。构建以政府为主导，企业、行业中介组织、研究机构和驻外经商机构共同参加的国际创新合作涉外工作网络，帮助各类商协会、产业联盟、技术联盟等行业组织在企业开拓国际市场、应对国际知识产权纠纷、防止恶性竞争、促进国内国际标准制定等方面充分发挥协调指导作用。

（3）优化境外创新投资支持体系。设立海外创新投资基金，建立海外企业创新投资服务网点，组建跨国创新投资公司，合力支持相关技术、产品、品牌等走出去，开拓国际市场。对高端装备制造等金额较大或能带动广西专利技术和标准出口的战略性新兴产业产品，在出口信贷和出口信用保险方面给予重点支持。对因公出国进行分类管理，放宽对企业技术交易、创新培训、项目合作等出国批次限量管理政策，对科研人员海外研发合作给予一年不低于三个月的期限。

（七）营造创新创业良好环境

构建普惠性政策扶持体系，加强创业指导、优化创新创业服务，激发亿万群众智慧和创造力，打造发展新引擎、新动力与就业新渠道，形成全社会鼓励、支持并参与创新创业的良好氛围。

1. “大众创业万众创新”扶持政策

出台“创新创业政策工具包”，建立健全公平、宽松、便利、普惠的创新创业政策环境。

一是降低准入门槛。进一步清理并废除妨碍创业发展的不合理制度和规定，消除不利于创新创业的垄断协议及其他不正当竞争行为，建立以信用为基础的创新创业监管模式，建立统一透明、有序规范的市场环境。严格落实注册资本认缴登记制、一址多照、集群注册、先照后证、三证合一等改革措施，放宽新注册企业场所登记条件限制，简化创业企业工商注册手续，试行电子商务秘书企业登记注册，建立“创业一键通”公共服务平台，营造宽松便捷的准入环境。

二是减轻创业负担。落实涉企收费减免政策，对初创企业免收登记类、证照类、管理类行政事业性收费，减半收取事业单位服务性收费以及依法开展的各类专业服务性收费。

三是实施创业补助。出台并实施创新创业扶持政策，鼓励科研技术人员在职创业、离岗创业，实施大学生创业引领计划，支持国有企事业单位内部创业，推进农民工、农民、农村青年的创业创富行动，吸引海外高层次人才和桂商、桂侨回乡创业创新，完善科技人员企业股权激励机制，健全并细化适合不同人群创新创业的分类创业补助。对首次领取小微企业营业执照、正常经营并在创办企业缴纳社会保险费满 12 个月的非在职创业者，发放一次性创业补贴 1.2 万元。

四是加大融资扶持。统筹各类小微企业扶持资金，支持有条件的地方政府设立创业基金或小微企业贷款风险资金池，强化财政资金在扶持创业创新发展中的杠杆作用，引导资金流向创业企业。加快设立创新创业创客投资服务集团，支持多层次资本市场参与创新创业，发展天使投资、风险投资与创业投资，开展公开的小额股权众筹融资、信用担保与合同融资试点，支持保险资金、担保小贷参与创业创新。结合广西实际，加快出台促进天使投资、创业投资、风险投资等投资“三创”的相关财政补助及税收优惠政策。

此外，健全政府采购政策，推出面向初创企业的采购目录与新型采购方式。简化政府采购审批流程，完善协议供货制度，推行采购合同续签、跟单（标）采购等形式，充分发挥政府采购在促进创新创业中的特殊作用。

2. 创新发展服务政策

建立“三创”基地，加强创业培训与指导，优化公共服务，打造创客经济。

一是建设一批“三创”基地。引导风险投资、创业投资、天使投资等投资机构和园区、开发区及大型企业合作推广各类创业孵化模式，引入市场机制建立创客城、创业园、创新创业一条街、众创汇创空间、创新创业苗圃等专业化、集约化创新创业基地，形成一批融创业指导服务于一体的自治区、市、县三级创新创业孵化基地或“众创空间”。对入驻创业孵化基地或创业园区创业的，可以享受创业培训、创业指导、创业项目筛选、场地租金减免和社会保险补贴、工商注册简便、税收减免等扶持。在确保公平竞争的前提下，鼓励对众创空间等孵化机构的办公用房、用水、用能、网络等软硬件设施给予适当优惠，减轻创业者负担。

二是实施“111”“三创”培训计划。每年组织 1000 名中小企业主要负责人到国内知名院校参加企业创新培训；组织 10 000 名创业者参加创新创业能力提升培训；组织 1000 名众创空间管理人员和职业技能人员参加新型孵化器运行管理与现代创新社区管理培训。

三是优化创新创业服务配套。建立创新创业辅导制度，开展“一企一策”的创新创业专业辅导。整合各类中介机构服务资源，打造链条完整的创新创业服务链条。重点支持和大力发展研究开发、技术转移、检验检测认证、创业孵化、知识产权、科技咨询、科技金融等专业科技服务和综合科技服务，培育市场化新型创新创业服务组织、研发中介和服务外包新业态。落实对科技企业孵化器、大学科技园、研发费用加计扣除、固定资产加速折旧等税收优惠政策。对符合条件的众创空间等新型孵化机构适用科技企业孵化器税收优惠政策。充分发挥中国—东盟技术转移中心的功能作用，建立与国际知名创新创业中介机构的合作交流渠道，建立健全市场化、国际化、专业化的营商服务体系。鼓励中介服务机构、行业协会针对企业设立服务平台，为创新创业提供便利服务。

3. 创新创业法治、舆论、宣传氛围

发挥人社、工信、工商、法院、科技、宣传等有关部门及工商联、共青团等社团的职能作用，根据不同创业群体的差异性需求，有针对性地优化创新创业的法治环境与社会氛围。

一是优化创新创业的法治环境。加强创新创业政策的统筹，加强科技、产业、社会等方面的政策、规划和改革举措的统筹协调和有效衔接。加强知识产权保护，建立健全知识产权“排雷护航”体系，加大执法力度，营造尊重和保护知识产权的法治环境。依法保护企业合法权益，全力维护企业周边秩序，定期开展企业及周边治安秩序专项整治行动，深入推进“平安企业”“平安市场”创建，净化企业生产经营环境。

二是开创社群式参与新局面。顺应创新社交化、专业化、社会化趋势，建立无边界的社交化创新网络，形成开放活跃、有序协同、动态互动的新型创新创业社群网络。支持创业企业充分应用社交网络、大数据、物联网、移动互联网等新技术，建立公众平台与创新社区，聚集企业“粉丝”，逐渐走向市场化的、公众互动式参与的创新服务新局面。

三是营造崇尚创新创业的社会氛围。支持高校开办跟创业相关的课程，支持社会力量举办创业沙龙、创业大讲堂、创业训练营等培训活动。开展高校、园区、社区开展各类创新创业大赛，海选、储备、孵化优秀创新创业项目。同时，充分发挥舆论导向作用，广泛开展创业典型和创业政策的宣传活动，创新宣传方式，深入挖掘创新创业创客内涵，努力营造“支持创业、鼓励创业、追求创新、宽容失败”的良好氛围。

课题总指导：黄　洲
课 题 指 导：张洪石
课题组组长：黄　江　沈小春
课题组副组长：钟　蕾
课题组成员：陈振宇　赵志伯　丁焰辉　程　洪　陈文钧　黄玉娟

实施广西糖业“二次创业”的路径研究

【引言】糖业是广西在全国具有影响力的优势产业。广西糖业在工业反哺农业、实现农民增收、推进农业现代化、节能减排、建设糖业循环经济示范省区等方面都取得了很好的成效。但是近年来糖业发展的国际、国内环境发生重大变化，国内食糖市场在国外低成本食糖的冲击下，供求格局被打破，价格大幅下滑，制糖企业持续亏损，糖业发展面临重大危机。面对经济发展新常态，谋求广西糖业新发展，必须主动适应新变化，实施糖业的“二次创业”，这是适应经济全球化、深化改革、扭转糖业困局的一次深刻变革。本课题提出了促进我区糖业“二次创业”的发展路径，旨在充分挖掘糖业的发展的潜力，增强产业可持续发展能力，续写广西糖业发展新篇章。

一、广西糖业发展的基本情况和主要问题

（一）糖业发展的基本情况

1. 国内外糖业的基本情况

近年来，世界食糖主产国巴西、印度、泰国等糖料蔗连续增产，东南亚、非洲等国家新建糖厂不断涌现，全球食糖产量连续5个榨季呈增长。2014/15年榨季，全球食糖生产总量达到1.81亿吨，同比增加300万吨；全球食糖消费总量1.79亿吨，过剩200万吨，累计全球食糖过剩4000万吨。全球食糖供大于求，造成国际原糖价格持续下行。目前，国际糖价低至11美分/磅左右，比2011年最高的36美分/磅下跌了69%。

预计2015/16年榨季全球产糖1.788亿吨，同比基本持平；消费1.8亿吨，同比增加约70万吨，当年消费缺口120万吨。但由于此前已连续5年产能过剩，目前全球存糖超过4000万吨，其中我国约700万吨，国际食糖市场仍处于供大于求的局面。同时，全球食糖第一出口大国巴西货币雷亚尔对美元仍在继续贬值。因此，国际糖价难有较大回升。

2. 广西糖业发展的基本情况

（1）广西已成为我国最重要的食糖生产基地。自1992年开始，广西糖料蔗和蔗糖产量连续23年位居全国第一，从2006年开始连续10年原料蔗产量、食糖产量均稳定在全国总产量的60%以上。2014/15年榨季，广西糖料蔗种植面积1458万亩，产糖量634万吨，占全国总产糖量的60%以上。广西食糖主产区主要集中在崇左、来宾、南宁、柳州、百色、河池6个省区市，其糖料蔗种植面积和产蔗量约占全区的85%。广西糖业在保证国家食糖有效供给和维护国家食糖安全方面起到了不可替代的作用。

（2）甘蔗种植成为农民收入的重要来源。全自治区直接种蔗的农民超过850万人，涉蔗农民约2000万人。最近10个榨季，全区农民种蔗年均收入达到216亿元。包括甘蔗种植、食糖加工在内的蔗糖业是广西农民特别是边疆少数民族地区的农民收入的主要来源之一，广大蔗农通过甘蔗种植实现了脱贫致富，有力促进了民族团结和边疆巩固安宁。

（3）为广西走现代农业发展的道路进行了有益探索。当前，全区正在推进500万亩优质高产高糖糖料蔗基地建设，通过经营规模化、种植良种化、生产机械化、水利化，降低生产成本，提高生产效率，改变糖料蔗生产“靠天吃饭”

的局面，为农业现代化打下坚实基础。

（4）循环经济与综合利用水平行业领先。目前，广西糖业综合利用产品30余种，基本做到“吃干榨尽”。蔗渣、糖蜜、滤泥等利用率均达100%，蔗渣制浆造纸产量居世界第一，蔗渣发电量居全国生物质发电第一，打造了广西贵糖（集团）股份有限公司等一批国家和自治区级循环经济示范企业，形成了从甘蔗制糖到副产品蔗渣、糖蜜生产浆纸、酒精、朗姆酒、生物肥等若干条糖业循环经济产业链。

（二）广西糖业发展面临的主要问题

当前，广西糖业发展面临着内忧外患的双重压力。

1. 内忧问题

（1）糖料蔗综合生产效率低。

一是蔗区种植条件差，单产低。全自治区糖料蔗种植80%集中在桂中旱片、左江旱片、桂西北旱片等干旱贫瘠的坡地，地块分散，水利基础设施条件差，糖料蔗生产基本上“靠天吃饭”。全区有灌溉条件的蔗区约占甘蔗种植面积的15%，是世界上主要产糖国种植条件最差的蔗糖产区。我区连续多个榨季进厂原料蔗平均亩产在4吨左右徘徊。

二是糖料蔗机械化水平低，生产成本高。当前，我区糖料蔗生产综合机械化率约为47%，机械化程度主要集中在耕种环节，收获环节机械化率仅4.3%。糖料蔗砍收基本上还是靠人力，人工雇佣成本达到120～150元/吨。机械化水平低，生产成本高，成为制约我区糖业发展的主要瓶颈。

三是良种研发推广能力落后。目前，我区“当家”糖料蔗品种大部分为台糖系列，其中新台糖22号约占种植面积的65%，适合广西种植的自育优良品种少，品种更新换代慢，面临种性退化、单产及糖分下降以及品种单一造成的生产安全风险等问题。

（2）糖业精深加工水平有待进一步提高。虽然我区糖业循环经济走在全国前列，但食糖产品比较单一、精深加工能力弱的现状未有明显改变，糖业综合利用潜能还没有得到很好的发挥，形成产业化的综合利用产品主要集中在制浆造纸、酒精、酵母和有机肥等，高附加值综合利用新产品研发和产业链的延伸有待进一步深化。

（3）甘蔗多样性产业发展滞后。目前，甘蔗大多作为食糖加工的原料，甘蔗多样性产业仍处于探索起步阶段，如用甘蔗直接开发化工、饮料、医药等产品，提高产品附加值等方面只有个别企业涉足，产品品种少，规模化生产没有形成，市场竞争力不强，抗风险能力弱。

2. 外患问题

（1）国外低成本食糖严重威胁国内糖业。近年来，我国食糖进口量持续快速增长，严重挤占国产食糖市场空间，主要原因是国内甘蔗价格比世界主要产糖国甘蔗价格高出 1 倍左右，造成国内食糖生产成本远高于国外。最近 4 个榨季，我区甘蔗平均工业亩产只有 4 吨左右。世界主要产糖国中，巴西平均工业亩产 6 吨、泰国平均工业亩产 5.5 吨、澳大利亚平均工业亩产 6 吨以上。以 2011/12 年榨季为例，巴西、印度和泰国等三个产糖大国的每吨原料蔗成本（糖厂收购价）约合人民币 240 ~250 元。同期，广西糖料蔗收购首付价 500 元/吨，按照 8.3 吨甘蔗产 1 吨糖计算，我区每吨糖仅甘蔗原料成本一项，就高于上述三国 2000 余元。

（2）食糖进口关税政策保护乏力。在全球每年生产的约 1.7 亿吨食糖中，只有近 1.3 亿吨在本国消费，余下 4000 万吨需进入国际贸易市场。食糖是世界大多数国家严格控制的商品，通过高关税来控制食糖进口。目前，全球 135 个世贸组织成员国（地区）食糖平均进口关税税率为 97%，其中发达国家平均进口关税税率为 122%（如美国为 130%），发展中国家为 55%（如印度为 60%），欠发达国家为 167%。自 2000 年加入 WTO 后，我国配额内食糖进口关税税率为 15%，配额外食糖进口关税税率为 50%。按照人均 GDP 测算，我国已接近发达国家水平，但我国食糖进口关税保护水平却低于发展中国家的平均水平，更远低于发达国家和欠发达国家，无法保护本国高成本的食糖产业。

（3）违规建设原糖加工项目严重影响国内糖业。在国家《产业结构调整指导目录（2011 年本）》中，原糖加工属于限制类项目。根据《国务院关于发布实施〈促进产业结构调整暂行规定〉的决定》（国发〔2005〕40 号）的要求，对属于“限制类”的新建项目禁止投资。但近年来，部分省区违规上马原糖加工项目，使得我国境内原糖加工能力迅速增长，配额外原糖大量进口，国内进口原糖加工能力由 2010 年的 300 万吨提高到 2013 年的 900 万吨。全国现有原糖进口加工企业 20 家，在建企业 4 家，原糖总加工能力达到 1200 万吨左右，接近国内食糖生产量。

（4）过量进口糖冲击国内市场，广西糖业面临严峻挑战。据海关统计，2011 ~2014 年，我国进口食糖量分别为 207 万吨、426 万吨、366 万吨和 350 万吨，2015 年 1 ~7 月进口 280 万吨，增长 68%。国际低价食糖的过量涌入造成国内食糖市场严重供大于求，食糖价格大幅下跌，南宁食糖现货含税价格从 2011 年 8 月的最高点 7869 元/吨降到 2014 年 9 月的最低点 3840 元/吨。广西制糖行业连续两个榨季严重亏损。由于糖价大幅低于成本，企业生产经营困难，拖欠蔗款“白条”重现。截至 2015 年 8 月 31 日，2013/14 年和 2014/15 年两个榨季，全区仍有近 20 亿元蔗款未兑付，蔗农利益受损，极可能造成社会不稳定和安全风险。

二、广西糖业“二次创业”的战略构想

（一）广西二次创业的背景分析

广西是中国最大的产糖省区，食糖产量占全国的 60% 以上。由于国际糖价

不断下跌，加之生产成本高、农业基础较薄弱以及多数糖企抵御风险能力较差等原因，广西糖业走到了生死攸关的十字路口。糖价的下跌，导致部分糖企亏损加剧甚至出现破产风险，而且影响了蔗农的种植积极性。业界担心“若再不采取措施挽救，中国糖业将会消失”。

1. 糖业的特殊性

糖业是典型的农产品加工产业，是农工贸紧密结合、“一二三产业”联动的产业。糖业受市场波动影响大，糖业的稳定发展关系国家食糖安全、关系农民利益，具有一定的特殊性。

（1）糖业关系国家食糖安全。糖业既为国家提供食糖，也为食品工业等提供原材料。食糖是人民生活所必需的特殊商品，它与粮、棉、油一样，具有不可替代性。食糖是世界市场15种农产品中价格波动最大的商品，短期内可能出现极高的价格，长期则可能出现低价格，甚至低于各主要生产国的生产成本。因此，虽然糖业在许多国家和我国是小产业，但食糖仍列为许多国家（包括我国）的战略物资，例如美国、欧盟、澳大利亚、巴西、印度、泰国、日本等对糖业都给予立法扶持保护，为糖业提供稳定发展的生存环境。

（2）糖业关系边疆稳定。糖业是广西的支柱和特色产业之一，是广西在全国最具影响力的优势产业。目前还没有找到适合广西可大面积生产、有稳定收益的替代农产品。糖业涉及“三农”问题，全区涉蔗农民近2000万人，糖业在工业反哺农业、实现农民增收、加快农村城镇化发展等方面都做出了很大的贡献，有21个县的一半财政收入来自糖业税收，对少数民族地区经济发展和边疆地区稳定意义重大。

（3）糖业生产关系复杂。原料蔗生产是糖业发展的基础，是糖业的“第一车间”，蔗农与制糖企业是利益相连的关系。甘蔗糖有季产年销的特点，糖料不能作为商品流通，只能加工成食糖后储存、销售。甘蔗收割后须在短时间内进入生产流程，要求砍、运、榨三个环节必须紧密配合，甘蔗砍运的计划性是工农业两个环节提高效率的基础。坚持有效的蔗区划分和管理，还是工业反哺农业，进行“双高”基地建设，是对农民的收入进行保障的基础，关系到制糖产业的可持续发展。

2. 广西糖业“一次创业”的情况及经验

在20世纪70年代，由于石油危机，国际糖价从每磅3美分暴涨到30美分，涨幅高达10倍，使我国饱受进口高价糖的痛楚。在中央的支持下，广西不失时机地将糖业作为支柱产业重点发展，合理调整种植结构，制定了一系列发展糖业的政策和措施，糖业得到迅速发展。自1992年开始，广西糖料蔗和蔗糖产量一直位居全国第一；从2006年开始，广西糖料蔗和食糖产量均稳定在全国总产量的60%以上。

1991年，国家放开食糖统购统销，各糖厂直接面对市场，糖厂在思想上、资金上和经营体制上准备不足，没认清糖业的特殊性，误认为市场经济下的糖业不再需要政府的调控，放开了收购价格，糖厂成本剧增，加之国外走私糖和糖精等代糖产品的冲击，1996～1999 年广西糖业出现了连续亏损、大动荡、大滑坡的局面，产业受到一定的损害。

针对当时的产业体制和机制问题，广西糖业进行了第一次创业。其主要经验有：一是推进产权制度改革，引进战略投资者。引进泰国两仪、英国英联、洋浦南华、上海糖酒集团等国内外优势企业，培育贵糖股份、南宁糖业等上市公司，有效激发了广西糖业的活力。二是强化蔗区管理，稳定生产秩序。政府制定政策法规，加强糖料管理，规范糖料收购秩序，调动了企业对糖业投入的积极性，制糖企业扶持农民种蔗。三是实施糖—蔗价格联动，建立蔗农与制糖企业利益紧密联结的机制。制定最低甘蔗保护价，以保证在糖价波动的情况下保护蔗农和企业的利益，有效保障了广大蔗农利益，稳固了糖业发展的基础。

3. 广西糖业“二次创业”的背景

近年来，国际糖价大幅波动，纽约交易所的糖价由 2011 年最高的 36 美分/磅持续下跌，2015 年维持在 12 美分/磅左右，甚至低于巴西食糖的生产成本，世界各产糖国均出现亏损。巴西是世界最大的产糖国，甘蔗的一半用来生产燃料酒精。由于国际油价的下跌，巴西政府减少了对生产燃料酒精的补贴，使很多甘蔗转向生产食糖，食糖出口量大增，全球食糖供大于求。我国大量进口食糖，国内食糖价格从 2011 年 8 月的 7800 元/吨跌至 2014 年末的 4400 元/吨左右。

广西糖业在 2010/2011 年制糖期，利税总额达 117.56 亿元，其中利润 82.27 亿元。但随后的 3 年里，经济效益连年下滑，从高峰直坠低谷，2012/2013 年制糖期，出现 21 世纪以来首次全行业亏损，亏损额为 15.25 亿元，2013/ 2014 制糖期亏损高达 44.5 亿元。甘蔗价也由 2011/2012 年榨季的 500 元/吨持续下挫，四年间，甘蔗收购价从 500 元/吨、475 元/吨、440 元/吨一路下调至 2014/2015 的 400 元/吨，下滑幅度为 20%，2014/2015 年广西产糖 650 万吨，相比上榨季减少 150 万吨左右。同时，受蔗价下调影响，新榨季农民甘蔗种植面积大幅减少，2015/2016 榨季广西食糖产量仍将减少。

广西糖业两次创业的背景比较见表 1。

表 1 广西糖业两次创业的背景比较

两次创业	所处环境	竞争对手	市场主体
一次创业	半封闭：配额外关税 75%；主要影响走私糖（管控相对容易）	广东、海南等（先天条件相近）	国企为主（政府调控手段强）
二次创业	全开放：配额外关税 50%；主要影响进口糖（管控相对困难）	巴西、泰国等（先天条件相差大）	60%民企，20%外企，20%国企（政府调控手段弱）

4. 广西糖业两次创业的背景比较启示

（1）适应经济全球化：“一条腿走路”不行。随着全球经济一体化进程的加快，国际糖价对国产糖价的影响愈加明显。广西糖业“一次创业”，通过引进战略投资者、强化蔗区管理、实施糖—蔗价格联动等政策超越了广东、海南等竞争对手。但面对巴西、泰国等更强劲的对手，单靠糖业改制、加强管理等手段是不够的，贸易保护、政策补贴等国家管控手段已上升到更为重要的地位，必须制定广西糖业“边保护边发展”的路径，为广西糖业产业升级赢得时间和空间。

广西要积极呼吁并配合国家建立以目标价格管理制度为核心、以储备调控制度和糖料生产直补制度为补充、“三位一体”的食糖价格综合调控体系。目前，广西正在积极争取国家目标价格补贴，我们要善于说好“广西糖业的故事”，加大调研力度，拿出切实可行的方案报送国家，以争取国家的大力支持。

（2）适应深化改革要求：调控手段要多样化。十八届三中全会提出全面深化改革，处理好政府和市场的关系，使市场在资源配置中起决定性作用，更好地发挥政府作用。十八届四中全会提出全面推进依法治国，社会主义市场经济本质上是法制经济。因此，我们要适应改革的要求，使糖业调控手段更为科学，运用政策立法、贸易保护、价格补贴、财税金融等多样化的手段进行调控。

近年来在市场配置资源、减政放权的宏观政策影响下，有放开蔗区、糖价管理等呼声，我们看到了矛盾的普遍性，同时也要考虑到矛盾的特殊性。在糖业市场失灵的区域，政府不越位、不缺位。蔗区不能放，蔗区稳定是广西行之有效并应长期坚持的政策。价格管控不能放，坚持价格应由政府组织糖业协会、制糖企业、蔗农等各方利益代表协商制定，逐步建立科学的定价机制。

（二）广西糖业“二次创业”的战略重点

推动广西糖业“二次创业”，必须着眼于糖业农工贸一体化，从农业、工业、改革和支撑体系建设四大领域入手，理顺管理体制，创新发展机制，强化要素支撑，促进甘蔗种植业降本增效、甘蔗加工制造业多样循环，增强产业可持续发展能力，提高国际竞争力。

1. 农业：“四化”“双高”

广西糖业没有国际竞争力，主要是因为糖料蔗种植成本高、效益低。我区糖料蔗生产成本是巴西、泰国、澳大利亚等食糖出口大国的两倍左右，吨糖生产成本仅糖料蔗一项就比其他几国高近 2000 元。主要原因有三个方面：一是种植基本上“靠天吃饭”，80% 的蔗区集中在干旱贫瘠的旱坡地；二是良种研发推广落后，品种更新换代慢，主栽品种新台糖 22 号已种植 20 多年，种性退化严重；三是糖料蔗生产机械化水平低，特别是收获环节机械化率仅 4.3%。

为从源头上解决糖业国际竞争力问题，2013 年 7 月，广西壮族自治区人民政府出台了关于促进广西糖业可挂级发展的意见，提出用 5 ~ 8 年时间，通过经营规模化、种植良种化、生产机械化、水利现代化（简称“四化”）四大措施，建设500万亩高产高糖（简称“双高”）糖料蔗基地，并于2014年成立自治区“双高”糖料蔗基地建设领导小组办公室，专门推进此项工作，目标是到2020年，800万亩“双高”基地糖料蔗单产8吨/亩左右、糖分14.8%左右。2015年，国家出台了《糖料蔗主产区生产发展规划（2015～2020年）》，将广西500万亩“双高”基地纳入国家糖料发展规划核心基地。

（1）经营规模化。创新糖料蔗生产经营方式，采取奖励、补助等多种办法，加大对糖料蔗种植大户、家庭农场、专业合作组织的扶持力度。引导制糖企业创建农业产业化示范基地，探索制糖企业与糖料蔗种植一体化经营道路，实行农工商、上下游一体化的全产业链发展模式。经营规模化的目标是蔗地单片200亩以上，糖蔗一体化基地200万亩以上。

（2）种植良种化。大力推广现有高产、高糖、抗逆性强、宿根性好并经自治区审定的糖料蔗新品种及脱毒健康种苗。推广深耕深松、地膜覆盖等先进、适用的种植技术。推广满足生产全程机械化要求的标准化种植，采取1.2米以上的等行距种植或宽行1.2米以上、窄行0.4～0.5米的宽窄行种植。结合“双高”基地建设，根据全区糖料蔗良种繁育推广体系建设规划布局，建设一批区域性糖料蔗良种繁育基地。

（3）生产机械化。积极引进国内外先进装备，重点推进大中型切段式糖料蔗联合收割机应用，推广一批适应性强、可靠性好、性能优良的糖料蔗耕作机械。大力推进普及深耕深松、机械一体化种植、中耕培土、收获等机械化技术，实现糖料蔗生产全程机械化。鼓励和引导成立农机专业服务组织，通过市场运作方式发展机械化社会服务。

（4）水利现代化。对水源到田间灌溉系统及其配套设施等进行全面科学规划，合理确定水源工程、灌溉渠系（管道）工程、配套建筑物工程和田间灌溉工程，保障基地灌溉水源。滴灌、喷灌等田间灌溉工程和水肥一体化须与基地建设实施主体管护能力相适应。落实和完善灌溉工程运行和管理机制，确保蔗区水利基础设施持久、高效地发挥作用。

2. 工业：转型升级

“十三五”是广西糖业发展实现转型升级的关键时期。加快推进糖业转型升级既是走广西特色新型工业化道路的根本要求，也是实现从蔗、糖大省区向蔗、糖强省区转变的必由之路。我们要紧紧围绕科学发展这一主题和加快转变经济发展方式这一主线，推动我区糖业由注重量的增长向增强市场控制力和影响力转变，由产品单一化向多样性转变，由单个企业循环经济与综合利用向行业性、区域性绿色循环发展转变，由消耗传统生产要素向更多依靠科技进步、劳动者素质提高和管理创新转变，把糖业发展真正建立在创新驱动、集约高效、环境友好、惠及民生、内生增长的基础上，不断增强糖业核心竞争力和可持续发展能力，实现糖业发展质量和效益的升级。

一是发展思路转型，从粗放型、外延式发展向集约型、内涵式发展转变。“第一车间”，从扩大规模向提高单产和糖分发展；“第二车间”，从追求产量持续稳定增长向按需生产、供需平衡发展。

二是经营思路转型，由产品主导型企业向市场主导型企业转变。引导制糖企业改变传统经营模式，以市场消费需求为导向，针对工业大客户和终端消费者两大类别的多样化市场需求，研发生产不同产品类型、不同技术标准、不同包装外观和不同容重的食糖产品，逐步改变产品传统化、单一化的坐商经营思路。

三是产品转型，从甘蔗制糖向甘蔗多样性产业转变。充分利用我区甘蔗资源优势，大力推进甘蔗产业向生物化工工业、食品工业、发酵工业、医药工业等产业体系发展，形成甘蔗制糖与甘蔗制非糖产品可调可控、相互渗透、共同发展、按需生产的产业技术格局，提高抗市场风险的能力。

四是技术转型，从传统产品向高技术含量和高附加值产品转变。支持企业加强产业技术攻关和新技术、新工艺引进吸收，推进食糖等传统主打产品向精制糖、糖果、液体糖、功能糖、营养糖、医药用糖等高技术含量、高附加值产品的研发生产转变，满足消费者对产品多样性、高品质的需求。

五是管理模式转型，由家族式管理向现代企业管理体制转变。鼓励制糖企业进行公司化改革，建立现代企业制度，逐步走出家族化管理模式，提高管理效率和决策的科学化、民主化。

六是发展理念转型，由传统发展向绿色循环发展转变。大力发展绿色糖业和循环经济，推动蔗田病虫害防治和化肥施用绿色化、环保化，蔗梢蔗叶回收利用最大化，制糖生产过程的蔗渣、糖蜜、滤泥资源化，实现甘蔗“吃干榨尽”，炉渣、废水、烟蒸气再利用，零（低）排放。

3. **改革：创新深化**

改革是发展的动力，“十三五”期间，广西糖业必须充分发挥市场在资源配置中的决定性作用，加快转变政府职能，加强政策引导，有序推进蔗区管理体制和糖业发展行政管理体制改革。

（1）推动蔗区管理体制改革。继续坚持糖料蔗划区管理制度和蔗区秩序属地管理原则，在此基础上，推动管理体制改革。一是实施制糖企业蔗区面积增减与“双高”基地建设挂钩试点，支持完成“双高”基地建设任务的试点制糖企业到完不成建设任务的相邻企业蔗区开展“双高”基地建设，建成后的糖料蔗基地归建设企业所有；二是开展糖—蔗一体化经营试点，支持基础好、积极性高的制糖企业到周边没有制糖企业的县区发展蔗区或实行订单式糖料蔗种植；三是探索推行糖料蔗按质论价，促进高产高糖品种的推广应用，降低生产成本，提高经济效益；四是支持发展甘蔗多样性产业的非糖企业建立原料基地，保障原料供应。

（2）推进行业管理体制改革。以政府职能转变为核心，整合糖业管理职能，将糖业发展与管理职能统一到自治区糖业发展主管部门，强化其在统筹全区糖业发展中的牵头协调职能。各主产糖市、县（市、区）参照自治区模式，理顺糖业发展行政管理体制。全区上下加快形成权界清晰、分工合理、权责一致、运转高效的糖业管理职能体系，提高行业管理科学化水平。

4. 支撑：完备有力

推动广西糖业“二次创业”，实现转型升级，提升国际竞争力，必须在立法保障、政策支持、信息与商贸和融资服务、调控机制等方面完善糖业支撑体系。

（1）建立糖业法律保护体系。借鉴世界主产糖国立法保护其国内食糖产业，避免国际糖价剧烈波动影响国内生产与消费，保护制糖企业和农民利益的做法，加快推进我区糖业立法。通过立法，明确蔗区划分、糖料蔗定价机制及联动办法、行业管理等体制，明确政府、制糖企业、糖料生产者等各方的权利义务和法律责任，规范育种、种植、收购、生产、运输、经营、储备等行为，实现依法治糖。

（2）强化糖业政策支持。一是要实施目标价格管理或种植临时直补政策，当榨季糖料蔗最终结算价低于目标价格时，差额部分由政府按照交售量直接补贴给糖料蔗生产者；二是要争取国家调整糖业发展布局规划，将广西定位为全国最重要的甘蔗制糖生产基地和原糖加工基地，实现食糖按需持续生产，延长重点制糖企业设备利用率；三是要设立糖业发展专项资金，主要用于糖料蔗目标价格管理、甘蔗多样性产业、循环经济与综合利用、糖料蔗生产全程机械化、信息化服务平台、良种繁育和推广等项目的投入和使用；四是要完善“二次创业”激励机制，在财税支持、土地保障、环境容量调整、项目备案与服务等方面对糖业“二次创业”项目给予重点支持。

（三）广西糖业“二次创业”的目标构想

有序推进蔗区管理制度和糖业发展行政管理体制改革，逐步形成与市场发展相适应的蔗区建设与管理制度，行政管理体制基本理顺，糖料蔗种植、食糖生产与市场管理统一到自治区糖业发展主管部门。经过五年左右的努力，力争在糖料蔗种植、工业生产、市场管控三大领域取得重大进展，基本实现如下目标：全区 500 万亩“双高”糖料蔗基地基本建成，糖料蔗生产成本与食糖出口大国差距大幅缩小；糖料蔗生产全程机械化快速提升，收获环节机械化率达到 16% 以上，其中“双高”基地达到 50% 以上；实现原糖生产与精炼糖生产逐步分离，原糖产量占广西总产糖量的 30% 以上，制糖企业专业化分工生产格局初步形成；甘蔗多样性产业发展初显成效，非糖产品年消耗甘蔗能力达到 1000 万吨以上、产值 100 亿元以上，朗姆酒、生物化工产品、蔗汁饮品等成为新的经济增长点；产业集中度进一步提高，八大集团合计产糖量占全区总量比例提高到90%以上；全国最大的食糖批发市场广西糖网的地位进一步巩固，食糖现货网上单边交收量提高到35%以上；初步建成糖业大数据服务平台。

三、国外糖业发展的路径经验

（一）日本“以糖养糖”的路径经验

1. 日本“以糖养糖”的模式

日本是工业发达的国家，糖业在日本是一个小产业，却又是受到高度保护的产业。日本耕地资源极为有限，劳动力成本昂贵，食糖生产成本较高，为维护边疆地区糖农利益、保持糖业发展，政府每年都拿出资金对糖业进行补贴。据广西糖业协会2014年到日本考察了解到，日本鹿儿岛甘蔗的进厂价是1200元/吨（折合成人民币），其中糖厂仅支付240元/吨，剩余960元/吨由政府补贴糖农。政府的这笔资金由何而来？日本采取的是“以糖养糖”模式。

日本年产糖80万吨左右，市场消费量规模为220万吨，需进口140万吨。日本每吨食糖单是原料蔗的成本平均高达1万多元（折合人民币），由于国外进口的原糖价格远比国内低，国产食糖和进口原糖加工的精制糖之间存在较大的价格差异，其中北海道地区的甜菜糖是进口精制糖的2倍，鹿儿岛、冲绳地区的甘蔗糖是进口精制糖的5倍。为此，日本对食糖进口采取高关税政策，关税为346%。不管国际糖价如何剧烈波动，有时高低相差竟达10倍，面对本土高成本的食糖生产，日本始终不放弃自己的糖业生产，走的是一条“以糖养糖”之路，即向价格成本低的进口精制糖企业征收调整金，用于支援甘蔗、甜菜生产业者及甘蔗糖、甜菜糖等国产制糖企业，以此消除日本国内外食糖之间的价格差异。经过多年发展，日本制糖产业逐步形成了机械化程度高、制糖副产品社会化综合利用、注重环境保护的可持续发展体系。

日本是世界上对农业进行高度保护的国家之一，主要包括生产配额、收入稳定政策、差额补贴项目、收储政策、灾害保险补贴、关税配额等。在食糖（甘蔗糖、甜菜糖）产业政策方面，主要体现在日本制定的《砂糖及淀粉价格调整法》和《农畜产业振兴事业团法》中。日本“以糖养糖”的政策主要包括国内生产者支持政策和贸易政策。

2. 日本糖业生产者支持政策

（1）对种植农户的支持。日本糖料的生产成本很高，且是世界上重要的食糖进口国之一，日本政府给予本国种植农户较大的支持力度。2007年10月1日之前，日本农林水产省每年设定糖料的最低收购价格，如2001年日本农林水产省规定甘蔗的最低收购价为157美元/吨（约合人民币1100元/吨）。自2008年起，糖料最低收购价政策废除，日本农林水产省主要通过直接补贴（财政转移支付）的方式支持生产，2011 年前后直接补贴政策已基本覆盖所有农户。但政策制订之初的补贴对象主要是糖料生产大户（指规模大于等于 4 公顷的种植户或规模大于等于 20 公顷的合作组织），主要目的是加强糖料种植结构的整合进度，增强竞争力，调节生产产量。糖料生产支持的直接支付补贴的方式有三种：一是根据近三年的平均种植面积进行支付；二是根据农户当年产量和糖料质量进行支付；三是与现价联系的收入稳定支付政策。

（2）对制糖企业的生产补贴。对制糖企业生产补贴方面，日本制糖企业得到的收入是根据政府规定的目标价格支付的，补贴政策是基于原糖目标价格（主要覆盖生产成本）支付的，目的是鼓励制糖企业提高生产效率，以降低生产成本（只有生产成本低于目标价格才能获得利润）。通常日本国内市场糖价明显高于设定的目标原糖价格，同时为提高其国内制糖企业的市场竞争力，原糖目标价格与糖企原糖进口价格的差额也支付给糖厂。日本政府对制糖企业的生产补贴也在一定程度上保证了农户收入的稳定。

3. 日本糖业贸易政策

日本在食糖贸易政策方面，和稻米、牛奶等敏感性大宗商品不同，已经取消了原糖关税配额政策（TRQs），取而代之的是 ALIC - markup 政策，即日本国有独立行政法人的农畜产业振兴机构（ALIC）强制性从进口商以平均进口价购买所有的进口原糖，然后以“再售价”（进口价 + 附加费）卖给进口商。实际上，在此交易过程中原糖的所有者并没有发生变化。ALIC 公司在此过程中获得的利润主要用来补贴种植户和国内制糖企业。每个季度，日本农林水产省会根据 ALIC 公司销售给进口商的原糖量修正国际市场进口原糖的数量，如果进口量过大，日本农林水产省会进一步提高附加费。

因此，日本农林水产省不但通过附加费管理原糖的进口，将利润作为补给、支持国内种植户和糖企生产的来源，也通过征税严格控制进口。日本现存的贸易政策和国内生产补贴政策相互呼应，具有连贯性。

（二）巴西“先天优势发展”路径经验

巴西是世界第一产糖大国，也是一个食糖净出口国，糖业在巴西国民经济中占有重要地位。巴西食糖生产从每年 5 月开始到次年 4 月结束。巴西中南部地区是甘蔗和食糖主产区，其产量分别占全国甘蔗和食糖总产量的 85% 和 90%。食糖生产主要采用两步法，产品主要为原糖，产品质量较好，生产成本在全球产糖国当中比较低廉，同时巴西货币汇率较低，因此巴西食糖在市场上的竞争力较高。巴西食糖可供出口量在世界食糖贸易总量中占最大份额，目前巴西占据国际市场的份额已从过去 15 年的 4% 急剧上升至 30%。世界食糖市场贸易量的增长率几乎等于巴西食糖出口量的增长率。

近几年，由于巴西政府大力推行食糖和酒精联产计划、扩大对食糖产业基础设施的投资、增加资金支持酒精储备、拓展酒精海外消费市场等糖业政策，巴西的甘蔗种植面积、甘蔗产量、食糖产量和出口量、酒精产量和出口量逐年上升。

目前，巴西食糖产业每年的总产值约为 200 亿美元，其中 60 亿美元来自出口，50 亿美元来自国内销售，另外 87 亿美元是酒精产业创造的。

巴西是一个食糖净出口国，但巴西的糖业政策经验比较简单，主要有调控国内生产的食糖与酒精联产计划等制度。巴西的糖业管理机构是巴西食糖与酒精协会。

巴西有着广阔的土地资源和适宜甘蔗生长的良好环境。1975 年之前，巴西的甘蔗全部用于生产食糖，只用废蜜生产酒精；1985 ~ 1992 年，巴西政府推广燃料酒精计划，投入大量资金发展甘蔗生产和燃料酒精生产。其国内的甘蔗加工工厂分为三个类型：食糖加工厂、酒精生产厂、既可生产食糖亦可生产酒精的生产厂。其食糖与酒精的生产比例可根据市场情况进行调整，每年产糖量并不完全决定于甘蔗产量。1985 ~ 1992 年食糖与酒精的生产比例是，70% 的甘蔗用于生产酒精，30% 的甘蔗用于生产食糖；而 1995 ~ 2001 年，他们用 55% 的甘蔗生产酒精，45% 的甘蔗生产食糖；2001 ~ 2004 年食糖与酒精的生产比例 01/02 榨季分别为 49. 2%、50. 8%，02/03 榨季分别为 50. 65%、49. 35%，03/04 榨季分别为 46. 8%、53. 2%。可以看出，近 3 个榨季食糖与酒精用蔗量比例约为各 50%。食糖和酒精在生产中的比例主要根据近几年市场对酒精的需求量和国际食糖价格调整。

巴西政府在 2003 年 6 月 1 日把国内使用的汽油中的酒精比例从原来的 20% 上调至 25% 以刺激酒精消费。最近，生产商又向政府提议将此比例提高至 30%。通常情况下，汽油中的酒精比例每提升 1% 即可创造约 3. 5 亿公升的酒精需求。巴西的食糖与酒精联产计划大大促进了巴西甘蔗和食糖生产，并增加了食糖市场的不确定因素。

（三）欧盟糖业的“保护与发展并重”的路径经验

欧盟糖业政策是欧盟所有农产品加工工业政策中最成功的一种。欧盟当局认为农业和农产品加工工业是个特殊行业，它不仅提供农产品、保障食品供应，同时涉及农区环境的保护，是农区经济的基础。面对 WTO 要求自由贸易方面的压力，欧盟坚持在 2009 年之前对农产品特别是糖的市场开放程度非常有限，并实行超过 200% 的高关税率，维持国内食糖目标价格。经过几十年的保护，同时通过生产效率及竞争力的不断提高，欧盟从食糖进口地区成为食糖净出口地区。欧盟甜菜的品种改良、栽培、机械化生产达到相对高的水平；糖厂设备先进、自动化程度高，糖厂的技术水平和管理水平很高。欧盟于 2006 年开始逐步降低食糖最低保证价格，使糖料生产更加集中，70% 的产量集中在生产条件好、单产较高的德国、荷兰、波兰、法国等国。

四、广西糖业“二次创业”路径选择分析

（一）广西糖业“二次创业”路径选择调查问卷分析

广西糖业“二次创业”问卷调查由自治区发展研究中心产业处和广西糖业协会发起，分发问卷共67份，回收56份。广西十四家糖业集团中有十二家填写了调查问卷，这些糖企占广西产糖量的90%以上，其中日榨量1万吨以上的企业占23.21%，5000~1万吨企业占33.93%，1000~5000吨企业占41.07%。问卷分为企业基本情况、企业经营情况、现有糖业政策评价情况、糖业二次创业的路径选择及对策四个部分。糖企分别就广西糖业“二次创业”的路径、糖业战略重组、综合利用、糖业立法、价格政策等进行了回答。

1. 企业经营情况分析

如图1和图2所示，2013/2014和2014/2015两个榨季企业亏损面总体都很大，2013/2014榨季高达75%的企业亏损，2014/2015榨季仍有66%的企业亏损。但也应该看到，由于2015年以来国家实施自动进口许可管理，行业自律，按需发放进口配额，自治区加大对糖业投入和管理，加上巴西出现大旱灾等原因，企业经营状况有所改观，出现大幅亏损的企业由19%下降到10%，出现中幅亏损的企业由37%下降到14%。

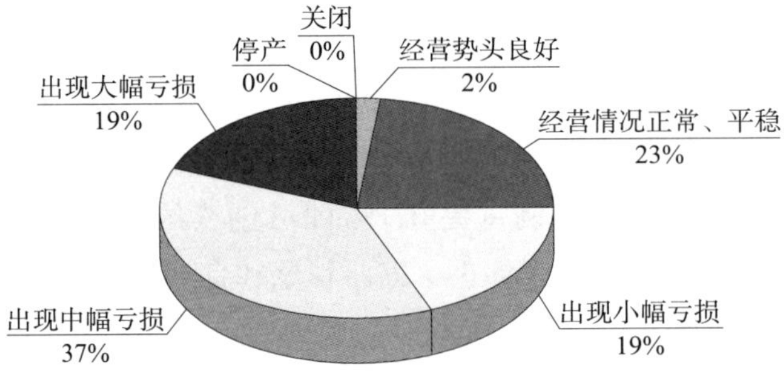

图1　2013~2014年企业经营的总体情况

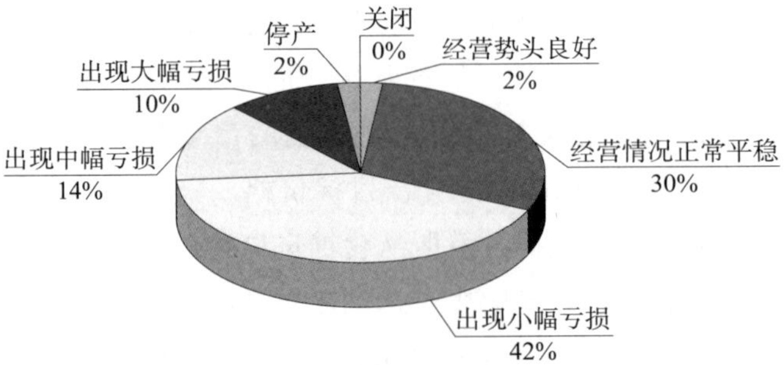

图2　2014~2015年企业经营的总体情况

2. 企业对现有糖业政策评价情况

如表 2 所示，企业认为对经营影响最大的公共政策是价格政策，蔗区政策也有 32.14% 的企业选择。税收、财政、金融、环保政策影响不大。可以看到，稳定、明确当前的价格和蔗区政策事关重大，是企业正常持续经营的前提。在调查中也了解到 97.07% 的企业享受到税收和财政优惠的政策，53.57% 的企业没有享受到金融优惠的政策，加强金融扶持和政策宣导是下一步需要改进的工作。

表 2　企业认为影响最大的政策

政策种类	影响程度/%
税收政策	7.14
财政政策	0.00
金融政策	1.79
价格政策	57.14
环保政策	0.00
人才政策	0.00
蔗区政策	32.14

3. 企业对糖业“二次创业”的路径选择及对策评价

在问及广西糖业“二次创业”的核心内容时（见表 3），有高达 62.50% 的企业认为是配合国家战略维护食糖安全供给；有 17.86% 的企业选择推进糖业稳步、健康、可持续发展；有 16.07% 的企业选择加快广西优势产业转型升级，做强做优糖业。在企业看来，广西糖业“二次创业”已上升为国家战略。问及广西糖业“二次创业”路径，在选择第一位时，有高达 44.64% 的企业认为是加强贸易保护措施，有 17.86% 企业选择加强糖业管理体制改革，有 12.50% 的企业选择加强糖业立法，有 10.71% 的企业选择降低原料成本。在企业看来，广西糖业“二次创业”路径国家层面的保护措施十分关键，在制度建立和立法保障方面企业也有很高的诉求，也印证了“二次创业”较“一次创业”在自身努力的情况下外援式加力的重要性。在问及如何加强糖业贸易保护时，41.07% 的企业认为是加大打击走私糖力度，25% 的企业认为是行业自律配额管控，23.21% 的企业认为是限制原糖加工规模。

值得注意的是，有 16.07% 的企业选择加快广西优势产业转型升级作为二次创业的核心内容，而在选择路径时，加强企业兼并重组企业、加大技术投入创新驱动、延伸产业链及加强综合利用这三项企业选择并不多，这三项工作是糖业生产加工领域最重要的环节，是企业内在提升的表现形式，是加快广西糖业转型升级的关键。企业选择比例不高，从另一方面说明这是广西糖业“二次创业”的难点和突破点，站在糖业全局和政府管理者的角度应该加强这方面的政策研究，出台切实可行的政策，调动企业主体的积极性，使其参与到兼并重组、创新驱动等工作中来。

表 3　企业对广西糖业“二次创业”的评价

单位：%

企业认为糖业“二次创业”的核心内容（按重要程度排序）			
核心内容	第一位	第二位	第三位
配合国家战略，维护食糖安全供给	62.50	14.29	7.14
增加蔗农收入，实现全面小康	3.57	26.79	30.36
加快广西优势产业转型升级，做强做优糖业	16.07	37.50	10.71
推进糖业稳步、健康、可持续发展	17.86	19.64	44.64
企业认为实施广西糖业“二次创业”的发展路径有哪些（按重要程度排序）			
发展路径	第一位	第二位	第三位
加强贸易保护措施	44.64	17.86	16.07
进一步加强企业兼并重组	3.57	7.14	5.36
企业加大技术投入创新驱动	0.00	5.36	5.36
延伸产业链，加强综合利用	3.57	1.79	7.14
降低原料成本	10.71	0.00	14.29
加强糖业管理体制改革	17.86	23.21	7.14
加强糖业立法	12.50	30.36	32.14
国家政策补贴	7.14	14.29	12.50

企业对广西糖业“二次创业”具体路径的评价如表 4 所示。企业认为影响企业兼并重组的最主要因素是市场因素，其次才是政府引导。企业认为降低原料蔗成本，最主要的是全程机械化；进行技术投入降低成本，最主要的是生产自动化改造；循环经济选择发展，加强政府统一规划最为关键；推进糖业管理体制改革方面，国家进口配额管理和统一糖业管理机构都很重要；糖业立法方面，国家层面的贸易控制最重要。

表 4　企业对广西糖业“二次创业”具体路径的评价

单位：%

企业认为影响企业兼并重组的制约因素		企业认为如何降低原料蔗成本	
政府引导	25.00	加大对“双高”基地建设力度	30.36
金融支持	5.36	良种化推广	19.64
自身条件	17.86	全程机械化	48.21
市场因素	51.79	企业认为循环经济选择应如何发展	
其他	0.00	加强政府统一规划	48.21
企业认为如何进行技术投入降低成本		投资主体以糖企为主	26.79
生产自动化	66.07	投资主体以产品所属行业为主	14.29
改进生产工艺	21.43	加大产品研发	7.14
加大产品研发	10.71	改进生产工艺	3.57
企业认为如何改进糖业管理体制改革		企业认为糖业立法应在哪些方面得到加强	
统一糖业管理机构	35.71	价格体系	28.57
改善政府调控方式	14.29	贸易控制	42.86
国家进口配额管理	39.29	农工利益分配关系	26.79
价格联动机制	10.71	管理机构	1.79

4. **企业今后的投资意向分析**

如图3所示，企业循环经济项目选择方面，35.71%选择蔗渣发电上网，26.79%选择蔗渣肥料，16.07%选择蔗渣造纸，14.29%选择生物酵母项目。

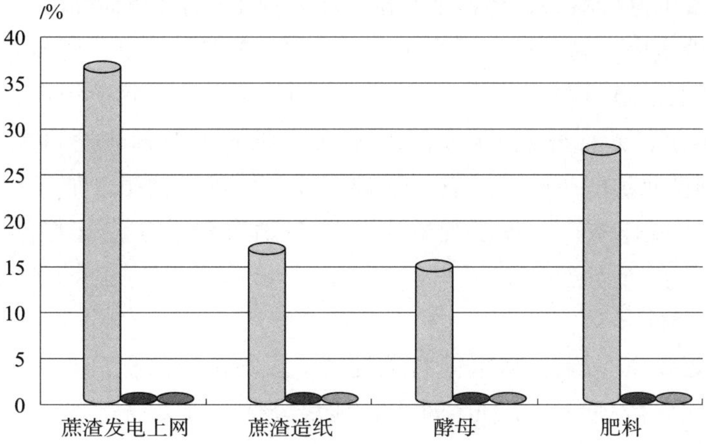

图3　企业循环经济项目选择

如图4所示，企业今后的投资意向方面，有46.43%的企业选择投资生产食糖等主营业务；35.71%的企业选择甘蔗的种植投入；10.71%的企业选择发展循环经济利用；只有3.57%的企业选择甘蔗生产基地基础设施建设。以上可以看出，企业对广西糖业发展是充满信心的，愿意投资糖业主营业务，对甘蔗种植意向也非常高，但对“双高”基地建设方面积极性不是很强。如何调动企业积极参与甘蔗生产基地基础设施建设是值得研究的课题。

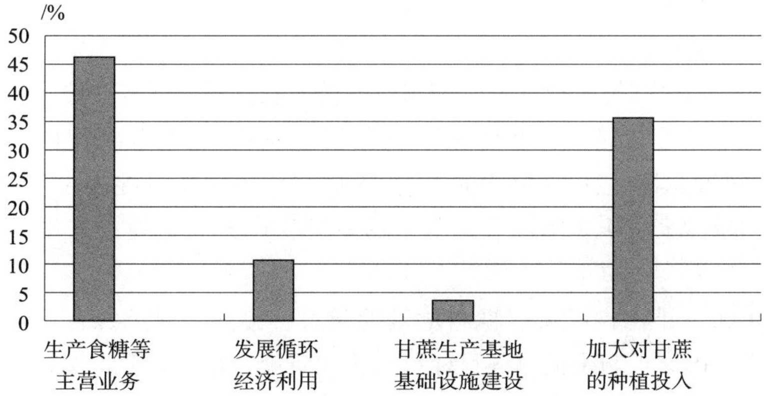

图4　企业今后的投资意向

（二）广西糖业“二次创业”的SWOT分析

为了提出广西糖业“二次创业”的实施路径，制定相关措施，需要进行SWOT（优势、劣势、机遇、挑战）分析。

1. 优势分析

广西地处亚热带和热带区域，北回归线横贯中部，是世界上为数不多、气候条件极宜发展甘蔗糖业的区域。糖业是广西在全国最具影响力的优势产业，成为我国糖业发展的基础核心，为保证我国食糖安全做出了长期贡献。

广西糖业集中度高，经济影响面大，崇左、来宾、南宁、柳州四个地市产量约占71%以上，35 个主产县（市、区）种植面积和产蔗量约占全区的 85%。2012/2013 榨季，蔗农种蔗总收入 323 亿元，糖料蔗产值占全区农业总产值的 18.67%。制糖业是广西最大的农产品加工业，形成了种植、加工、销售等配套比较完整的产业体系，并逐步建立了企业与蔗农利益紧密连接的产业化经营机制。

2. 劣势分析

广西有近 2000 万农民从事糖料蔗种植，人均耕地面积只有 1.5 亩，且广西地区多为山坡丘陵地带，土地条件差，地块分散，难以通过现代化农业提高产出、降低种植成本。而巴西、澳大利亚正好相反，人均耕地 12 000 ~ 15 000 亩。由于机械化程度低，随着我国人口红利逐渐消失，劳动力成本上升，甘蔗种植成本也随之增加。2013/2014 榨季广西甘蔗收购价格 440 元/吨，相当于泰国的 2 倍、澳大利亚的 1.7 倍。

我国对食糖进口配额外关税为 50%，难以对国内糖业形成有效保护，造成近几年来配额外进口糖税后成本低于国产糖税后成本。而目前全世界食糖平均关税率为 97%，发达国家平均关税率为 122%，日本、欧盟、美国等国家和地区甚至高于 200%。同时国家宏观调控政策难以维持市场稳定，我国食糖市场高度开放，调控手段有限。

3. 面临的机遇

国家和自治区高度重视糖业，国家发改委、农业部会同有关部门制定了《糖料蔗主产区生产发展规划（2015 ~ 2020 年）》，提出到 2020 年广西、云南两省（区）糖料蔗面积稳定在 2100 万亩，总产量达到 10 400 万吨，比基期增加 635 万吨，平均单产水平 4.8 吨以上，其中糖料蔗生产核心基地单产水平达到 6 吨以上。

广西正大力开展“双高”糖料蔗基地建设，提高糖料蔗综合生产能力，降低生产成本；国家正制定糖料蔗目标价格管理政策，在糖料蔗市场价格低于目标价格时进行补贴；国家对食糖进口进行行业自律，实行自动贸易许可制度；随着油价的上涨，巴西等国加大对燃料乙醇的生产力度，国际糖价将止跌回升。

4. 面对的挑战

广西制糖业集约化、专业化程度不高，糖企经营分散，竞争力不强。制浆造纸、酒精等综合利用产业产能过剩，因环保和成本等问题，处于亏损状态，一些糖企资金链断裂。

糖业管理体制分散，工业和农业分开管理，宏观调控和生产扶持有待统筹安排，糖—蔗价格联动政策调节蔗农与糖企利益机制有待完善，缺乏立法管理。

（三）广西糖业“二次创业”的路径选择

实施广西糖业的“二次创业”，是新常态下适应经济全球化、深化改革、扭转糖业困局的一次深刻变革。对创业路径选择等问题，需要有统一的认识。目前糖业的发展路径，有巴西、澳大利亚等国的“先天优势发展”路径，利用先天条件，促进糖业规模化、机械化以提高竞争力；有日本、欧盟的“边保护边发展”路径，制定国家保护政策，同时提升自身发展实力。本文结合国外糖业路径发展经验和广西发展实际，在对广西十二家企业集团进行问卷调查的基础上提出广西糖业“二次创业”的两条实施路径。

路径一是内生外援双驱动，是保护和发展并重的路径。广西糖业“二次创业”所处的历史背景已大不一样，“一条腿走路”已不能实现广西糖业可持续发展，要充分抓住国家重视糖业生产等发展机遇，学习欧盟“边保护边发展”模式，实施“内生外援双驱动”路径。保护和发展并重，争取国家实施贸易保护和糖业补贴政策，给予发展的缓冲期，利用5～10年时间，促进糖业转型升级，增强竞争力。保护路径主要有贸易管控和价格补贴等，学习日本“以糖养糖”的经验，争取国家制定贸易保护政策和糖业补贴政策，利用进口糖的利润实施原料蔗目标价格管理，当市场价格低于目标价格时进行补贴，维持国家边疆地区糖业生产稳定。发展路径主要有糖业转型升级和“四化双高”基地建设等，增强糖业竞争力。广西要深化糖业体制改革，实施糖业立法管理；加快企业重组，进一步提高产业集中度，加快技术升级，提高竞争力；大力开展“四化双高”基地建设，逐渐缩小与巴西、澳大利亚的成本差距。

路径二是多维度非线性治理，是多元施策、集中施策的路径。糖业相对于其他产业更具特殊性、复杂性，发展波动性大；系统稳定性弱，发展具有非线性特征，涉及利益主体多，单一政策实施效果不明显，需要多元、综合的政策扶持。当前广西糖业发展处于十字路口，风险期、攻坚期、突破期、发展期共存，因此建议实施“多维度非线性治理”的路径。多维度主要是指从糖业生产的国家层面、广西层面、制糖企业、种植农民、中介服务（协会）五大主体入手，政策选择多元化，形成叠加效应，调动全产业主体积极性，促进各主体互动、协同，以目标价格等核心政策为纽带，形成风险共担、利用共享、保障有力、服务完备的可持续发展格局。非线性主要体现在路径实施时间上，糖业不同于其他产业线性发展的特点，有阶段性重点，多维度非线性治理的路径，各类政策实施时间不分先后，应以问题为导向，可在同一时间点集中施策，力求达到政策效益最大化。

两条路径的关系：两条路径分别从糖业生产环节和实施主体等不同角度提

出，互不冲突、互不矛盾，而是相互融合、相互促进、互为补充的。一条政策往往适用于两条路径。两条路径同时运用有利于发挥大部分公共政策效应，防止政策运用死角。建议在实施广西糖业“二次创业”时同时选择这两条路径。

五、广西糖业“二次创业”实施路径

（一）内生外援双驱动实施路径

广西糖业实施“内生外援双驱动”的路径，主要有保护外援和发展内生性路径，根据糖业全链条三大环节提出具体实施路径（见图5）。

	外援性路径选择	内生性路径选择
原料供给环节	目标价格补贴 种植价格保险	“双高”四化建设
生产加工环节	稳定蔗区划分 管控原糖进口加工	推动战略重组，提高产业集中度 实施“三化”工程，改善生产工艺 改革综合利用，优化产品链条
商贸流通环节	贸易配额管控政策 食糖收储调控政策	电商和融资服务建设

图5　内生外援双驱动的路径

1. *原料供给环节：种植扶持与种植优化双驱动*

原料供给环节具体实施路径有建立糖料目标价格补贴、种植价格保险机制，完善糖料“双高”“四化”建设等。建立糖料目标价格补贴、种植价格保险机制属于外援性路径，完善糖料“双高”“四化”建设属于内生性路径，其中糖料目标价格补贴机制是前提，糖料“双高”“四化”建设是重点。

（1）建立糖料目标价格补贴机制。糖料目标价格补贴机制是通过直接对生产者的支持进行调控。由对流通环节的补贴改为对生产者的直接补贴，一方面可以减少政府对价格的干预，充分发挥市场作用，通过政策的实施保护蔗农的种植收益和积极性，另一方面可以提高财政资金补贴效率，避免出现“转圈糖”和对低价进口糖的收储，减小库存和仓储的压力，减少财政负担。

糖料目标价格机制思路是在榨季前确定当前糖料目标价格，当榨季期间市场价格低于目标价格时，根据两者的差价按产量直接补贴给蔗农或由企业间接补贴给蔗农；当市场价格等于或高于目标价格时，不再启动目标价格补贴机制。估计广西在未来5年中需要启动目标价格补贴2~3年，其他年份不需要补贴，补贴可控、可预期。

2014年国家对棉花实施目标价格补贴政策，补贴达到上百亿，由于计量难度大，实施效果不明显，间接影响了中央对广西糖业实施目标价格补贴的信心。

但应该看到，糖的目标价格管理与棉花有所不同，糖料的工业化加工是 100%，糖业过磅系统 100%准确，取数容易，取价也容易，广西实施蔗糖价格联动政策是市场化的，可以作为国家补贴的一个基数。目前目标价格补贴方案有直接补贴给蔗农或由企业间接补贴两种方案，我区层面要集中各方面力量加快研究编制操作性强的预案上报中央，同时完善糖—蔗价格联动机制和建立糖企审计派驻制度，将配套政策做在前面。在国家没有出台目标价格政策前，建议在自治区层面先实行目标价格补贴，及时稳定甘蔗种植面积，给予蔗农种植信心。

（2）建立种植价格保险机制。由于糖料价格变动大，时间跨度大、风险大，开榨前确定的价格和实际价格相差较大。引入保险机制，可降低政府、企业、农民的风险。甘蔗收购价的保险主要是投保从目标价格下限向下波动部分所对应的甘蔗价。即首付价与市场实际糖价所对应的糖料价格相差部分。当市场价高于目标下限时，保险公司不赔付，当低于目标下限时，保险公司赔付从目标下限到实际价格差价部分。如按广西 2013/2014 榨季甘蔗首付价 440 元/吨，榨季实际糖价对应的甘蔗价 380 元/吨，差价 60 元/吨。种植价格保险可作为目标价格的补充，目前种植价格保险难点在定价时保险公司如何参与，确保定价公平。在种植价格保险还没有实施的情况下，可以启动种植生产保险，降低蔗农生产风险，减少灾害损失。

（3）完善糖料“双高”“四化”建设。自治区政府提出并积极推进的糖料“双高”基地建设有助于促进农业产业化升级，形成经营规模化、种植良种化、生产机械化、水利现代化的现代化经营模式，可进一步降低甘蔗生产成本，提高蔗农收益，对促进制糖业的可持续发展有着非常重要的作用。推进“双高”基地建设两年来，也碰到了一些问题和困难，主要有蔗民和企业参与度不高、土地流转困难、资金落实难等。建议加大投入，完善相应政策。各级政府“双高办”作为基地建设的权威指导机构，应加强工作人员业务培训学习，确保科学、有效地指导。

土地流转方面，建议首先调动制糖企业参与建设“双高”基地的积极性，在“依法、自愿、有偿”的原则下，地方政府在确定“双高”地块后，应先征求地块所属蔗区制糖企业的意见，看企业是否愿意流转种植，提高企业在“双高”基地建设中的参与程度。对流转的土地，政府应当制定措施，以保证一定年限内种植甘蔗，否则流转越多甘蔗面积反而越少。其次，加大政府扶持力度。土地流转难度大、费用高，在没有切实可行的办法降低土地流转和整治成本的情况下，建议加大扶持力度，给予土地流转环节更多补贴，加快解决小块并大块和田埂处理等土地确权、连片整治和期满后土地恢复等系列难题，切实推进土地流转工作。

“四化”建设方面，建议政府尽快研究出台机械化推广政策，加强甘蔗机械的研究，尽快研制出适合我国国情的甘蔗机械设备；成立专业农机服务合作社，为完成机械种植、机械管理、机械收割做好准备。水利建设方面，应因地制宜，确保实效，按解决水源→规划设计→建设的步骤实施，避免建设目标不明确，造成重复工作，浪费人力财力。

2. 生产加工环节：监管调控与重组升级双驱动

生产加工环节具体实施路径有管控原糖进口加工、稳定蔗区划分、推动糖企战略重组、实施“三化”工程、改善生产工艺、改革综合利用循环经济等，管控原糖进口加工、稳定蔗区划分属于外援性路径，其他路径属于内生性路径，生产加工环节路径主要还是依靠市场主体内生发展。其中，稳定蔗区划分是前提，推动糖企战略重组是重点也是难点。

（1）管控原糖进口加工。国家发改委发布的《产业结构调整指导目录（2001 年本）》明确：原糖加工属于“限制类”项目。原糖加工项目的违规建设是导致食糖过量进口的根源，为此应积极呼吁由国家发改委牵头，会同有关部委对各省区的原糖加工项目建设进行联合检查，对违规建设的项目和责任人员给予严肃处理。首先，不再审批进口原糖加工新项目；其次，对 2011 年以后审批的项目在建的要停建，已建成的要停产。随着经济发展，今后国内如需要进口原糖加工项目，必须在国内有糖厂的机构建设原糖加工厂，且原糖加工的能力不大于糖厂生产能力。

（2）推动战略重组，提高产业集中度。广西糖业“一次创业”中，战略重组是重要内容。针对当前糖业严峻的发展局面，处理遗留问题，与先进国家接轨，加快产业转型升级，广西糖业“二次创业”也面临战略重组问题。战略重组有管理及科研机构重组、制糖企业重组和综合利用重组三块，通过糖业三大重组，提升竞争力。目前全区有 30 户制糖企业（94 间糖厂），国有及国有控股企业为 5 户 20 间糖厂，占全区产糖量的 20%；外商投资及控股企业为 3 户 14 间糖厂，占全区产糖量的 20%；民营投资及控股企业为 22 户 70 间糖厂，占全区产糖量的 60%。广西糖业存在糖企过多的情况，榨蔗能力过剩，企业生产成本控制水平参差不齐。在糖业连续亏损的情况下，一些制糖企业资金链断裂。制糖企业需要进一步进行战略重组，提高行业集中度，控制成本，增强竞争力。

制糖企业重组的思路主要有：以国家出台的《国务院关于进一步优化企业兼并重组市场环境的意见》（国发〔2014〕14 号）等文件为指导，抓住当前国内外并购重组市场较为活跃的重要机遇期。顺势而为，加快引导和推动广西制糖业兼并重组。要坚持市场主导作用，尊重企业在兼并重组中的主体作用，完善政府的管理和服务。通过产业政策引导、财税政策支持、政务服务促进等，重点支持实力雄厚、技术装备先进、管理水平好的区内八大企业集团，以及国内外年主营业务收入超过百亿元的大型糖业集团通过参股、控股、资产收购等多种形式对我区糖业实施兼并重组。

政策扶持方面，用好国家在财税、金融、行政审批、完善土地管理、职工安置等方面的支持政策，出台广西的相关政策，推动糖业的兼并重组；建立完善糖企准入和退出机制；对重组的制糖企业视同新设企业给予税收优惠政策；减免重组过程中的税收，降低重组成本；对兼并重组的企业实施奖励政策，给予相当于上一年度所缴纳地方税的政府奖励；企业兼并重组发生的咨询费、审计费、评估费等中介机构服务性收费，在重组成功后，由同级财政给予新设企业适当补贴。同时，地方政府在蔗区规划和调整上向兼并重组的企业倾斜。鼓励金融机构成立糖业重组基金，为制糖企业重组提供资金支持等。

（3）实施“三化”工程，改善生产工艺。“三化”工程主要指糖业生产智能化、自动化、信息化。广西糖业加工水平与国际糖业生产加工水平差距不大，但仍有较大的提升空间。在生产加工化环节超越国际水平，可以部分弥补原料供给环节的先天不足。建议优先将糖业生产列入“广西工业 2025 提升计划”，在糖业生产区布局糖业生产智能化、自动化、信息化装备项目。在全区范围开展“三化”提升工程，拿出专项资金对糖厂落后的生产设备进行淘汰和改造，投放先进设备，提升生产过程控制水平和效益。重点研发制糖生产过程智能化、自动化机械控制装备及包装、码垛、装车、卸车机器人。支持制糖企业在锅炉动力、压榨、澄清、蒸发、煮糖等环节实施自动化改造。

（4）综合利用专业化、社会化重组提升。甘蔗制糖副产品综合利用，由制糖企业作为投资主体和实施者，大多没有收到相应的经济效益和社会效益。20 世纪 90 年代前，每个糖厂都有糖蜜酒精车间，2000 年后，一些糖厂投资上马十几个 10 万吨的蔗渣制浆造纸项目，蔗渣制浆能力达到 130 万吨，由于产能过剩，蔗渣原料不足，成本上涨，近几年蔗渣制浆造纸项目一直处于亏损状态。这是因为制糖企业除生产食糖外，制糖副产品作为某个下游产品的原料，不具备原料的唯一性和垄断性，要考虑其他原料成本的竞争。制浆造纸和酒精行业需要规模效益，规模越大，环保设施等生产成本才可以降到最小，各分散的糖厂不具备如此规模的原料供给。

综合利用循环经济建议坚持专业化、社会化。综合利用重组可参考国外发达国家的经验。例如，糖蜜在美国、澳大利亚等国主要作为反刍动物如牛的饲料，美国糖蜜的分配比例大致是 85% 用于饲料，13% 用于发酵酵母和柠檬酸等，2% 用于饮料酒。国外对这些综合利用项目普遍按社会行业分工来实施。综合利用不应局限在糖业系统范围内，发展糖业循环经济应该跳出糖业系统内部，走专业化、社会化的大循环路径。

副产品综合利用可从制糖企业的主业中剥离，减轻企业负担，采用跨行业合作重组的模式。要以造纸、酵母、酒业等行业的专业公司作为项目投资和实施的主体，利用专业公司的生产技术、管理经验和市场信息，加上本地丰富的资源，进行规模化生产和社会化生产。各级政府应像对待企业重组一样重视综合利用重组，鼓励糖企大胆试点、积极推广，在产业政策引导、财税金融支持、政务服务等方面给予支持。

3. 商贸流通环节：贸易管控与服务提升双驱动

商贸流通环节具体实施路径有贸易配额管控、食糖收储调控、电商和融资服务体系建设等。贸易配额管控、食糖收储调控属于外援性路径，电商和融资服务体系建设属于内生性路径。其中，贸易配额管控前提，电商和融资服务体系建设是重点。

（1）贸易配额管控。呼吁国家继续实施按需有序进口管理，为了配合国家对食糖市场的宏观调控，原糖进口加工企业实行行业自律，实施进口许可制度，对食糖进口进行总量控制，按国内市场需求进口食糖，杜绝超量进口，维护国内食糖市场的供给平衡。同时，核定糖厂的国内销量，以糖厂为单位，根据国内的销量及产量核定在国内市场的销量，多出的糖不能在国内市场销售，用于出口或按目标价格下限交给国家收储。

建议调整进口配额制度。由于国际市场和国外市场的价格差异，国家应保持国内食糖市场的合理糖价水平，维护国内蔗农和糖企的利益。为实现该糖价水平应保持的总量平衡，按需有序进口。我国每年 194.5 万吨配额内 15% 关税进口糖与配额外 50% 关税进口糖的差价利润，建议不能分配给任何企业和个人，防止冲击国内市场价格。要学习日本的经验，将利润全部上缴财政，反哺广西等糖业种植大省。

（2）食糖收储调控。在全球食糖市场一体化的国际贸易环境下，由于国内食糖生产成本远高于国外、食糖进口关税税率远低国际平均水平，我国的食糖收储政策越来越难以发挥其调控市场流量的作用，必须对国家收储政策进行调整。一是争取国家在处置好现有储备糖后不再实施减少食糖市场流量调控储备，重点实施食糖工业临时储存，解决制糖企业季产年销流动资金占用压力；推动食糖收储向广西倾斜。二是建议自治区人民政府根据每个榨季生产和市场供求情况，择机启动制糖企业食糖工业临时储存，财政按银行基准利率给予贴息支持，配合目标价格政策建立动态收储机制，采取更为灵活的动态储备，当市场糖价低于目标价下限值时启动收储，高于目标价上限值时放储，保证市场糖价基本在目标价格内运行。三是争取国家开展食糖贸易救济调查，对广西提出的食糖贸易救济申请给予立案，阻止国外低价食糖大量进口，为我区食糖降低生产成本、提高竞争力争取缓冲时间。

（3）电商和融资服务体系建设。加强广西食糖电子商务平台建设，构建我区与国内大型商品交易所的战略合作伙伴关系，建立食糖期货市场协作、信息交流等机制，实现合作共赢；完善食糖网上现货交易规则，避免市场风险，引导和规范现货交易市场健康发展；支持企业充分利用电子商务平台，开展食糖套期保值业务，规避市场风险；加强我区网上现货市场与国内期货市场的合作，实现优势互补，构建多层次的食糖网上交易市场体系。出台糖网电商优惠政策细则，降低糖企交易成本，促进食糖网上交易平台稳定发展。

加快设立糖业发展专项资金、主要用于糖料目标价格补贴、食糖加工“三化”改造、糖企重组、循环经济综合利用、甘蔗多样性产业、良种繁育和推广等项目的投入和使用。积极申请中央对糖业发展的专项资金支持，统筹自治区、产糖市、县财政。鼓励广西糖协向会员单位筹集资金。资金不足时，自治区级财政可考虑通过低息贷款方式注入流动性资金支持。

（二）多维度非线性治理实施路径

广西糖业实施多维度非线性治理的路径，主要从糖业五大实施主体提出具体方案。依法治理、深化改革、创新驱动是三大推动力，价格联动、目标价格补贴是纽带，最终形成利益捆绑、多元施策的格局，合力推进广西糖业国际竞争力(见图6)。

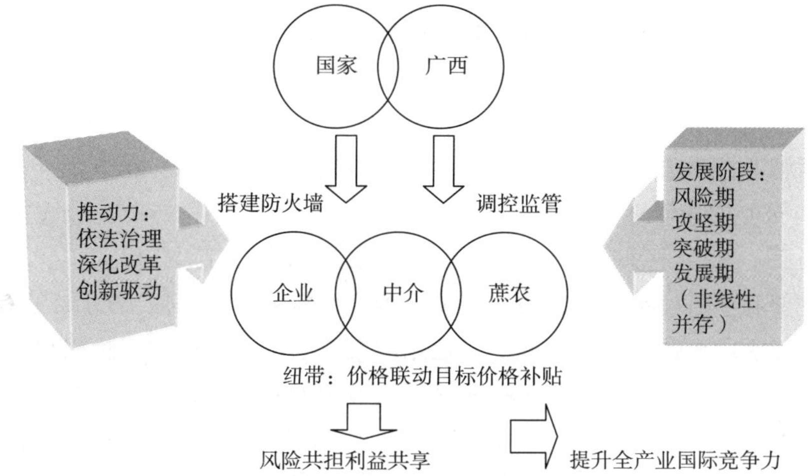

图6　多维度非线性治理路径

1. 国家：以立法立规为导向建立行业防火墙机制

呼吁启动糖业立法，实施依法管理。明确市场经济是法制经济，无序的市场经济是难以行得通的，世界主要产糖国正反两方面的经验教训已经证明了这一点，市场经济的发展要求我们的糖业管理尽快立法。在国家没有启动糖业立法的情况下，我区可以先在自治区层面启动立法进程。广西自治区政府设立糖业局管理全区糖业，我区完全有条件制定有别于其他省区的糖业管理制度和法规。

糖业管理法规应包含以下内容：第一，完善价格调控政策。学习日本等国糖业立法的经验，建立以价格调控为核心的糖业法规。在国家食糖储备制度的基础上，争取国家制定价格目标调控政策，实施按需有序进口管理，明确为实现该糖价水平应保持的总量平衡状况及采取的措施，实施原料蔗目标价格管理。自治区要出台相关配套措施。第二，要包含食糖管理的各个环节。明确发展糖业的根本目的是保证现有生产格局下蔗农和糖厂利益的公正合理和食糖市场供应的安全。

糖业管理法规要包含糖料蔗管理、蔗区与糖厂关系、食糖储备与价格调控等各个环节。第三，明确蔗区与糖厂的义务和责任。把广西糖业管理好的经验做法通过立法确定下来。贯彻国家四部委联合制定的《糖料管理暂行办法》，以制糖企业为核心按经济区域实行划区管理，保持蔗区稳定。同时，明确糖厂在蔗区投入的义务和责任，加大对“双高”基地建设的投入和支持。

2. 广西：以深化改革为导向建立高效的调控监管机制

（1）加快管理机构重组。2009 年 11 月，广西壮族自治区人民政府将原经委糖业与农产品加工处负责的糖业发展职责分离，组建设立糖业发展局（副厅级），由自治区工业和信息化委员会管理。发改委、商务厅、物价局、农业厅等相关部门也涉及糖业管理，其中农业厅糖料作物处主要负责全区糖料蔗种植的管理。种植管理职能和加工管理职能的分离很容易造成种、砍、运、榨等环节的秩序脱节，不利于协调蔗农和糖企的利益。国外糖业管理机构归农业部门管理的有美国、日本、欧盟等国家和地区，归工业部门管理的主要有巴西、泰国等食糖生产出口大国。建议自治区进一步深化体制改革，组建兼顾农、工、贸等职能的糖业发展局，相关市、县两级政府也要设置综合的糖业管理部门。同时还要发展、整合广西糖业社团组织和中介组织，更好地协调蔗农和糖企的利益。

（2）转变糖业管理方式。由微观管理向宏观管控转变，改变过去重审批轻规划的局面，减少对微观经济的干预，加强宏观调控，特别是要完善制定全区糖业发展纲要和项目目录清单，防止产能过剩、原料紧缺的局面出现。改变调控方式，使调控手段更为科学和多样化，运用政策立法、贸易救济、价格调控、行业自律等多样化手段进行调控。坚持我区行之有效的政策，该放的要放好，该管的坚决要管好。糖业利益主体多、涉及行业多，要坚持以往有效的协调、协商机制。加强基层调研分析，强化监督检查，建立信息及时反馈机制。

3. 企业：以创新驱动为导向建立产品竞争力提升机制

整合糖业研发机构，建立一流的甘蔗糖业科研体系。我区糖业科研机构目前有广西甘蔗研究所、广西轻工业研究院糖业研究所、广西大学糖业工程技术研究中心、南华广西糖业工程院等七八个研究机构，建议进一步整合资源，成立综合的广西甘蔗糖业研究机构。整合科研经费，提高科研经费使用效率，避免重复研究，为糖业发展提供高质量的科研成果。

加快推进甘蔗多样性产业的产品技术创新，加大科技投入，深化产学研结合，鼓励跨行业合作。积极研究出台配套扶持政策，在财税、金融、信贷等方面为开展甘蔗多样性产业发展的企业提供支持。同时，在原有综合利用产业链的基础上，深入研发新产品，拓展综合利用新领域。

4. 蔗农：以糖—蔗价联动为导向建立公平参与分配机制

完善糖—蔗价格联动机制，建立良好的蔗农—糖企利益共享机制。我区实行多年的蔗价与糖价挂钩联动机制，是我区糖业的一个创举，是糖厂与蔗农利益分配关系的基础。虽然近年来我区物价部门在制定挂钩联动首付价时有时偏离市场，给糖业生产带来了被动和压力，但总体上该机制促进了我区糖业的发展和竞争力的提高。当前，食糖市场价格完全由市场决定，以市场化的糖价和一定的挂钩联动机制确定蔗价，也已经是市场化的，政府制定的只是甘蔗的首付价，而不是最终定价。政府在此过程中起的作用是保证挂钩联动机制的公正执行，与取消和下放行政审批事项并不矛盾。实施并进一步完善蔗价与糖价挂钩联动机制，还有利于将来对接国家将要实施的目标价格补贴政策。

必须坚持全区统一首付价和统一的挂钩联动系数，以保证榨季砍运秩序的稳定。蔗价与糖价挂钩联动机制的一个重要内容是全区统一的首付价和统一的结算价。在2014年自治区物价局下发的糖料蔗收购方案中，允许各市首付价上下浮动10元/吨，导致开榨初期蔗农观望、不砍蔗，榨季期间甘蔗外流严重，加大了蔗区管理的难度，影响了正常的榨季生产。所以，建议新制糖期必须坚持全区统一首付价和统一的挂钩联动系数。如果自治区物价部门不再制定糖料蔗首付价，建议由自治区政府授权自治区糖业局承担该项职能。

5. 中介：以平台搭建为导向建立完备的服务支撑机制

要进一步发挥广西糖业协会的作用，积极加强和中国糖业协会的沟通对接，继续推动实施原糖进口加工企业行业自律。鼓励糖协等中介机构参与全产业管理，发挥有益的补充作用。探索建立广西糖业农业合作联盟和糖企合作联盟或集团，提高广西糖业话语权。完善糖业中介服务各类标准的制定，鼓励各类服务组织积极试点，鼓励糖企利用现有的资源优势参与到糖业全产业中介服务市场发展。在行政审批、财税金融等方面给予支持。

推动信息技术集成在制糖生产全过程中的应用。建立大数据共享平台。利用互联网推动信息资源共享，优势互补。探索运用云计算或云服务的模式对接糖业农、工、商、贸等数据并进行处理，在制糖行业全链条建立资源共享平台，服务糖业一体化发展。

下

Guangxi Development Report 2015

广西发展报告 2015

广西壮族自治区人民政府发展研究中心　编著

知识产权出版社
全国百佳图书出版单位

图书在版编目（CIP）数据

广西发展报告．2015/广西壮族自治区人民政府发展研究中心编著．—北京：知识产权出版社，2017.8

ISBN 978－7－5130－4998－6

Ⅰ.①广…　Ⅱ.①广…　Ⅲ.①区域经济发展—研究报告—广西—2015②社会发展—研究报告—广西—2015　Ⅳ.①F127.67

中国版本图书馆 CIP 数据核字（2017）第 159861 号

内容提要

本书主要涵盖了广西经济社会发展中产业发展、区域合作、对外开放、深化改革、民生改善等领域中若干重大问题的研究成果，内容十分丰富。这些研究成果具有较强的战略性、前瞻性和针对性，对于推动广西经济社会持续健康发展具有较高的参考价值。不仅适合相关研究人员作为研究资料，也适合对广西经济社会发展感兴趣的读者作为文献阅读。

责任编辑：李　潇　　　**责任校对：**潘凤越
封面设计：李志伟　　　**责任出版：**刘译文

广西发展报告 2015（下）

广西壮族自治区人民政府发展研究中心　编著

出版发行：知识产权出版社有限责任公司　　网　址：http：//www.ipph.cn
社　址：北京市海淀区气象路 50 号院　　邮　编：100081
责编电话：010-82000860 转 8133　　责编邮箱：elixiao@sina.com
发行电话：010-82000860 转 8101/8102　　发行传真：010-82000893/82005070/82000270
印　刷：北京科信印刷有限公司　　经　销：各大网上书店、新华书店及相关专业书店
开　本：787mm×1092mm　1/16　　总印张：39.75
版　次：2017 年 8 月第 1 版　　印　次：2017 年 8 月第 1 次印刷
字　数：816 千字　　定　价：168.00 元（上、下册）

ISBN 978-7-5130-4998-6

《广西发展报告2015》
编委会

目　录

上　册

下　册

广西拉动消费关键举措研究

【引言】消费需求是指社会所形成的有支付能力的最终消费总量，作为社会总需求的重要组成部分，对经济的稳定增长和良性循环具有决定性作用。消费需求在很大程度上决定着投资需求和总需求。消费需求不仅是拉动经济的首期的重要力量，且具有相对稳定性，是制约经济周期性波动的重要因素。近10多年来，广西经济发展倾向于依靠投资来拉动，消费水平尤其是居民消费对经济发展的影响不断减弱，消费需求不足、消费率低下的问题在很大程度上影响着经济持续健康发展。在新常态下经济转型升级、速度换挡回落的过程中，投资拉动转向消费拉动成为必然趋势，扩大消费需求成为共识。大力提高消费水平，增强消费对经济增长的拉动作用，成为新常态下广西经济社会发展急需解决的任务。

一、广西消费呈现“四个明显”变化

近年来，随着国家扩内需、促消费等宏观调控措施的进一步加强，广西消费市场体系不断完善，消费结构升级明显加快，消费市场格局呈现新的特征，消费“马车”为全区经济的企稳回升发挥了积极作用，呈现出了“四个明显”变化。

（一）消费规模明显扩大

广西国民生产总值（GDP）由2004年的3433.5亿元增加到2014年的15 672.97亿元，增加了4.5倍；最终消费支出由2004年的2097.2亿元增加到2014年的8187.66亿元，增加了3.9倍；2004~2014年，社会消费品零售总额每年都以两位数的增速增长，已由2004年的1222.22亿元增加到2014年的5772.83亿元，增长了4.7倍（见表1）。

表1　2004~2014年广西GDP、消费支出及社会消费品零售增长

单位：亿元人民币

年份	GDP		最终消费支出		社会消费品零售	
	总额	增长率/%	总额	增长率/%	总额	增长率/%
2004	3433.50	11.8	2097.41	9.3	1222.22	13.5
2005	3984.10	13.2	2463.52	15.4	1405.55	15.0
2006	4746.16	13.6	2779.59	11.5	1620.31	15.3
2007	5823.41	15.1	3343.41	12.9	1932.71	19.3
2008	7021.00	12.8	3880.17	9.6	2395.79	24.0
2009	7759.16	13.9	4375.89	12.6	2790.70	16.5
2010	9569.85	14.2	4942.23	10.2	3312.00	18.7
2011	11 720.87	12.3	5601.59	6.3	3908.20	18.0
2012	13035.10	11.3	6517.95	12.6	4516.60	15.6
2013	14378.00	10.2	7404.40	11.4	5133.10	13.6
2014	15 672.89	8.5	8187.66	7.7	5772.83	12.5

注：数据来源于《广西统计年鉴》。

（二）居民消费结构明显升级

随着经济的发展和居民收入的提高，广西居民基本生存类消费支出比重持续下降，恩格尔系数迅速下降，服务性消费支出的比重正在逐步增加，居民消费已从生存型的温饱消费逐步向享受型的消费发展。城镇居民从“吃—穿—用”为重点的消费模式转变为“吃—娱乐文教—穿—住—用—行”为重心的消费模式。2014 年广西恩格尔系数城镇居民为 35.2%，农村居民为 36.9%（见图 1），比 2004 年分别下降了 8.8 和 17.4 个百分点（见表 2）。根据联合国粮农组织提出的标准，恩格尔系数 40% ~50% 为小康，30% ~40% 为富裕，低于 30% 为最富裕。就恩格尔系数而言，广西居民生活水平都已达到小康，并开始向富裕阶段迈进。在食品、衣着等基本生存类消费支出比重持续下降的同时，城镇居民住房、医疗、保健、教育、文化、旅游、娱乐等个性化的服务性消费支出不断上升。与 2004 年相比，2014 年广西城镇居民在交通通信、医疗保健、文化娱乐和住行等方面的支出比重提高了近 10 个百分点（见图 2、图 3）。与此同时，农村消费结构升级也在不断加快，农民家庭拥有电视机、手机、电脑、生活用汽车的比例也在逐年提升。

表 2　2004 ~2014 年广西城乡居民恩格尔系数

年份	城镇居民家庭恩格尔系数/%	农村居民家庭恩格尔系数/%
2004	44.0	54.3
2005	42.5	50.5
2006	42.1	49.5
2007	41.7	50.2
2008	42.4	53.4
2009	39.9	48.7
2010	38.1	48.5
2011	39.5	43.8
2012	39.0	42.8
2013	37.9	40.0
2014	35.2	36.9

注：数据来源于《广西统计年鉴》。

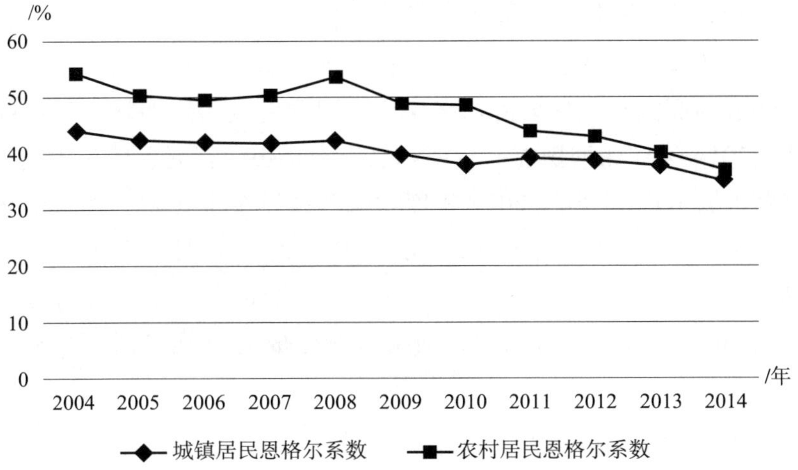

图 1　城乡居民恩格尔系数变动

注：根据《广西统计年鉴》绘制。

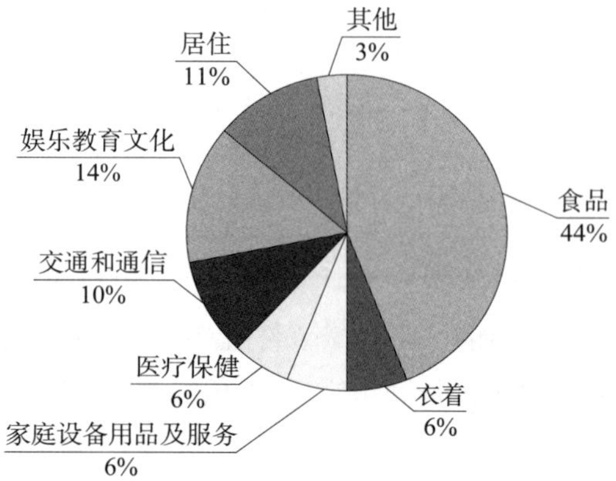

图 2　2004 年城镇居民人均消费支出结构

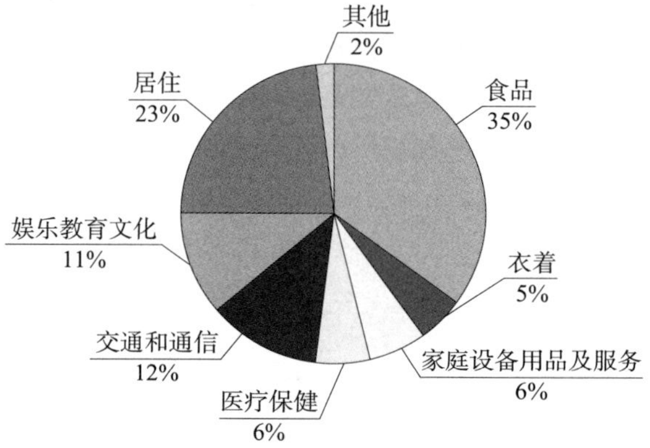

图 3　2014 年城镇居民人均消费支出结构

注：根据《广西统计年鉴》绘制。

（三）新型消费业态、消费热点明显涌现

近年来，随着消费观念的转变、互联网等信息技术的发展，信息消费、电子商务已经成为商家重点发展的业态形式，网购也成为广西城乡居民新的主流消费方式。2014 年广西网民在非广西网店上消费 492 亿元，购买力超过汽车消费总量（486 亿元）。支付宝 2014 年度对账单也发布了各省份网购情况，广西排名全国第 11 位，人均支付 14 623 元。2015 年 1 ~6 月，全区网民通过网上实现商品零售额 251 亿元（不完全统计），同比增长 39%，高于社会消费品零售总额增速 30 个百分点。可以说，网络消费已成为引领广西商品消费的重要形式。

（四）消费环境明显改善

“十一五”以来，扩大消费需求的各项支持和刺激政策进入密集期。除了加强社会保障投入、大力发展消费信贷外，还采取了取消农业税、调高个税起征点等政策措施，并实施“家电下乡”“万村千乡市场工程”，进一步创新消费方式。2014 年、2015 年连续出台稳增长促消费和电子商务发展若干意见等政策，促进消费政策的系统化、体系化，有效拉动了居民消费的增长。同时，政府相关部门通力协作，严把产品质量关，规范市场经营秩序，严厉打击违法行为，切实维护消费者权益；严格执行流通领域有关法规，维护流通市场公平交易，为老百姓创造公平有序的消费环境。

二、广西消费“六个低”成为经济社会发展的短板

尽管广西消费品市场出现了增温的势头，但是与投资高速增长相比，消费拉动薄弱依旧是广西经济社会发展的“短板”，经济增长仍然延续高投资率、低消费率的状况，消费需求对经济增长的贡献还远远不足，存在“六个低”的现象，成为制约全区经济持续健康发展的重要因素。

（一）消费对 GDP 的贡献率和拉动力持续走低

尽管近年来广西消费水平不断提高，消费在促进经济持续快速增长方面发挥了积极作用，但是从三大需求结构和拉动经济增长的动力来看，广西消费仍处于较低水平，消费持续下滑成为经济运行中的主要问题。2001 年，广西的消费率曾高达 70%，到 2006 年下降为 58.6%，2011 年消费率下降到历史最低点，为 47.8%，10 年间累计下降了 22.2%。尽管从 2012 年消费率开始有所回升，但是回升的幅度仍然很小，2013 年比 2012 年提升了 1 个百分点，2014 年比 2013 年仅提高了 0.7 个百分点（见图 4）。同时，消费对 GDP 的拉动力也持续下降，且下降的幅度较大，由 2004 年的 7.21% 下降到 2014 年的 4.44%，下降了 2.77 个百分点（见图 5）。

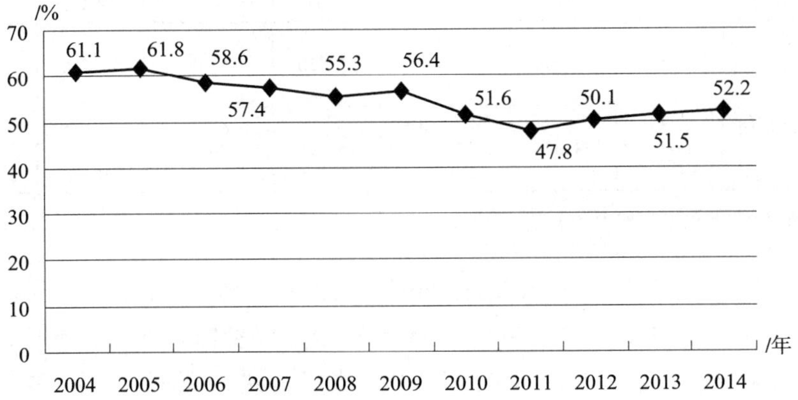

图 4　2004～2014 年消费对 GDP 的贡献率

注：根据《广西统计年鉴》绘制。

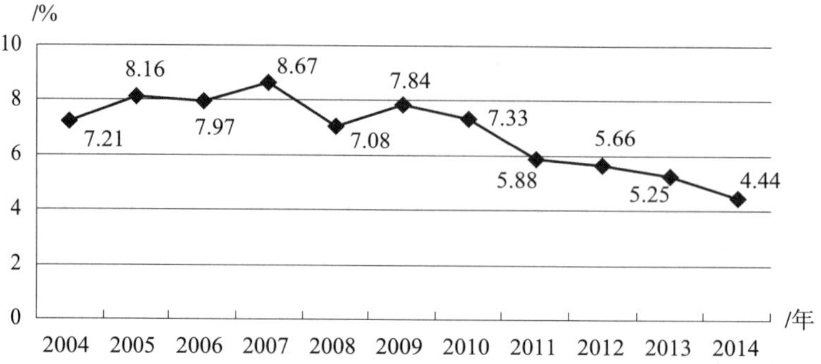

图 5　2004～2014 年消费对 GDP 的拉动力

注：根据《广西统计年鉴》绘制。

（二）居民消费水平远远低于全国平均消费水平

目前，国家统计制度中反映居民消费水平的统计指标有两个：一是城乡居民人均生活消费支出；二是社会消费品零售总额。一方面，尽管广西城乡居民的消费水平随着经济的发展和收入的增加而逐年提高，但与全国平均水平比较，广西城乡居民人均生活消费支出仍处于较低水平。从 2011 年到 2014 年，广西的消费支出均低于全国平均水平，无论从存量还是增量的角度，广西消费占比的差距都趋于拉大。在不扣除价格指数情况下，2014 年广西人均居民消费水平为 11 710 元，仅为全国平均水平（13 220 元）的 72%，仅为上海市（人均 30 399 元，全国最高）居民的 31.5%，排全国第 26 位。其中，城镇居民消费水平仅为全国平均水平的 75.3%，北京的 53.7%，上海的 49.3%；农村居民消费水平仅为全国平均水平的 80%，北京的 46%，上海的 43.7%（见表 3）。

表 3　2014 年广西与全国、发达省区消费水平比较

地区	广西	全国	北京	上海	广西/全国	广西/北京	广西/上海
城镇居民人均消费支出/元	15 045	19 968	28 009	30 520	75.3%	53.7%	49.3%
农村居民人均消费支出/元	6675	8383	14 529	15 291	80%	46%	43.7%

注：表中数据根据《广西统计年鉴》整理。

另一方面，受宏观经济增速缓慢回落等因素的影响，广西消费总体增速持续下降，全区社会消费品零售总额从 2008 年开始呈现阶梯式下降的态势，增幅从 2007 年的 20.3% 下降到 2014 年的 12.5%，尤其是进入 2015 年第一季度，全区社会消费品零售总额增速为 8.5%，同比回落 3.5 个百分点，是 2002 年以来同期最低的增速（见图 6）。

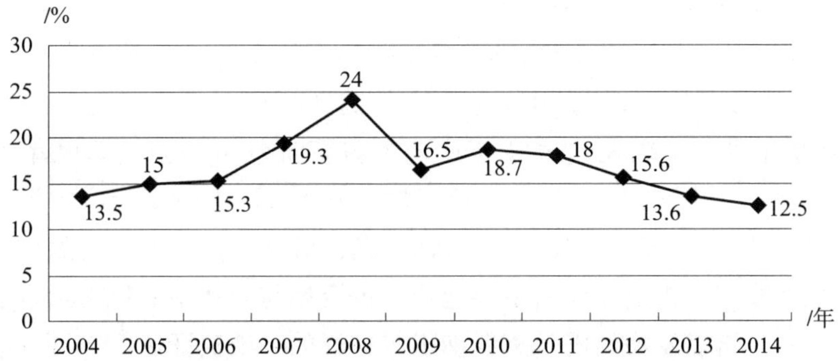

图 6　2004 ~ 2014 年广西社会消费品零售总额增长速度

注：根据《广西统计年鉴》绘制。

（三）居民消费增速低于经济增速

在改革开放初期，居民消费的增长速度超过经济的增长速度，但是进入 20 世纪 90 年代后，居民消费增速开始慢于经济增长速度。从 1997 年开始，连续 8 年居民消费增速低于经济增长速度。从 2011 年到 2014 年，广西居民消费年均增长 9%，而 GDP 年均增长 11. 3%，居民消费增长比 GDP 增长慢 2. 3 个百分点。总体来看，居民消费增速基本上都滞后于 GDP 的增长（见图 7），直至 2014 年，居民消费增速开始高于 GDP 增速。

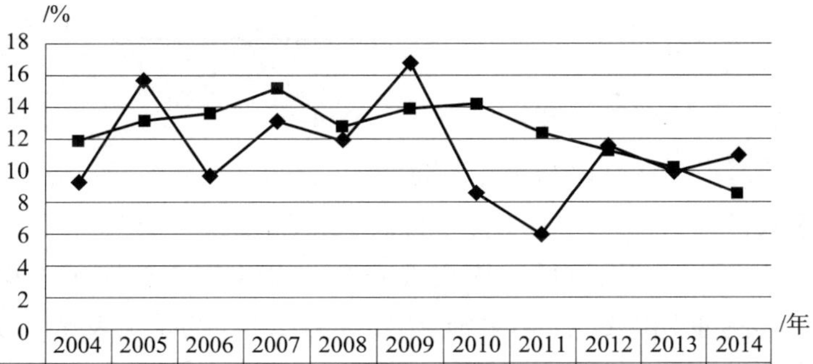

	2004	2005	2006	2007	2008	2009	2010	2011	2012	2013	2014
居民消费增速	9.3	15.7	9.7	13.1	12	16.8	8.5	6.1	11.6	10	11
GDP增速	11.8	13.2	13.6	15.1	12.8	13.9	14.2	12.3	11.3	10.2	8.5

图 7　居民消费增速与 GDP 增速对比

注：根据《广西统计年鉴》绘制。

（四）消费贡献率远远低于投资贡献率

作为拉动经济增长的两大因素，投资需求的增长最终通过消费需求的增长来实现，投资需求提供消费需求的商品，如果没有消费需求支持，投资需求形成的新增生产能力将会大量浪费，所以投资与消费在经济运行中必须保持适度均衡。根据国家统计局的分析，投资率与消费率的合理比例应在 40%∶60% 左右，即在支出法计算的 GDP 总量中，投资率和消费率基本上分别围绕 40% 和 60% 上下波动，并且波动幅度越小，表明投资与消费的比例关系越稳定。从广西情况来看，自 2004 年以来由于处于工业化、城镇化高速推进时期，广西投资已延续了 10 年 20% 以上（最高甚至达到 40% 左右）的高速增长，投资增速与消费增速的差距较前 10 年进一步拉大。2014 年广西的投资贡献率与消费贡献率的比例为 68.8%∶52.2%。根据国际经验，当经济增速在 6% 以上时，相应的消费率应是 72.7%（见表 4），广西远远低了 20 个百分点，可见当前广西经济发展属于投资主导型的发展模式，投资拉动占主导地位，投资率与消费率的比例远远偏离了正常的比例关系。著名发展经济学家钱纳里等进行的一项实证研究表明：人均国内生产总值在 1000 美元左右时，世界各国居民消费占 GDP 的比重一般为 61%。目前全区人均 GDP 已超过 5000 美元，但全区居民消费率始终低于 50%，如此低的消费率，一方面反映出广西消费需求对经济发展的影响作用不够突出，另一方面也在一定程度上说明广西城乡居民没有充分享受到经济发展带来的成果。

表 4　世界经济不同增长速度的消费率

经济增长区间/%	平均消费率/%
6 以上	72.7
5～6	84.2
4～5	82.7
3～4	79.1
2～3	79.9
2 以下	84.5

（五）农村居民消费低于城镇居民消费

广西居民消费总体结构在不断优化的同时，消费不平衡的矛盾日益显现。长期以来农村市场零售额在社会零售总额中比重仅占 10% 左右，农村居民消费仍然很疲软，消费结构较低。从收入来看，2014 年农村居民人均纯收入 8683 元，与城镇居民可支配收入 24 669 元相比相差 2.84 倍（见表 5）。从消费支出来看，2014 年农村居民人均生活消费支出 6675 元，仅相当于城镇居民 15 045 元的 44%，城乡居民消费水平和消费结构有 10 年左右的差距（见图 8），农村居民人均消费支出增长相当缓慢。从消费增速来看，2004～2014 年，城镇居民消费平均增速 13.79%，农村居民消费平均增速仅 6.14%，城镇居民消费增速高于农村居民消费增速 7.65 个百分点，差距甚大（见图 9）。从消费的实物看，城镇居民肉、禽、蛋、奶的消费量远高于农村居民，衣着在消费中所占比重也比农村居民高出一倍，家庭耐用品的占有无论是数量还是科技含量显著高于农村居民，文教娱乐支出的比重远高于农村居民。吃注重营养、穿注重品牌、住注重舒适、生活追求享受休闲，成为城镇居民的生活常态。而农村居民则将消费的重点放在建房、改善居住环境和不得不支出的医药费方面。城乡居民消费差距大，使得新的消费热点难以形成，消费需求和消费意愿被抑制。

表 5　广西城乡人均可支配收入对比

年份	广西人均可支配收入/元		农村与城镇收入差距/倍
	农村	城镇	
2011	5231	18 854	3.60
2012	6008	21 243	3.54
2013	6791	23 305	3.43
2014	8683	24 669	2.84

注：图中数据根据《广西统计年鉴》整理。

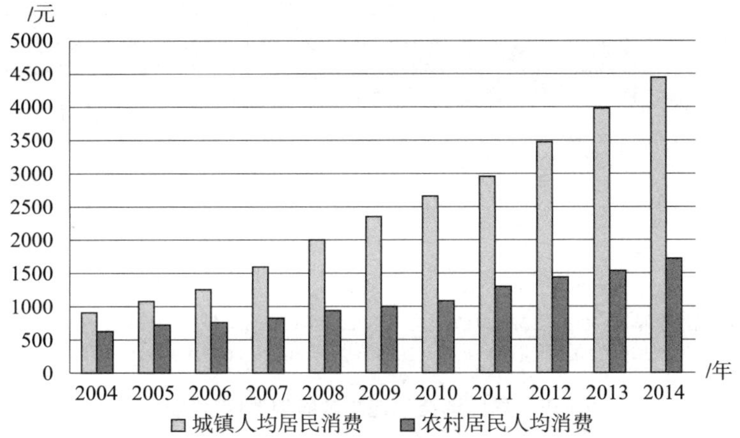

图 8　城镇居民人均消费与农村居民人均消费对比

注：图中数据根据《广西统计年鉴》整理。

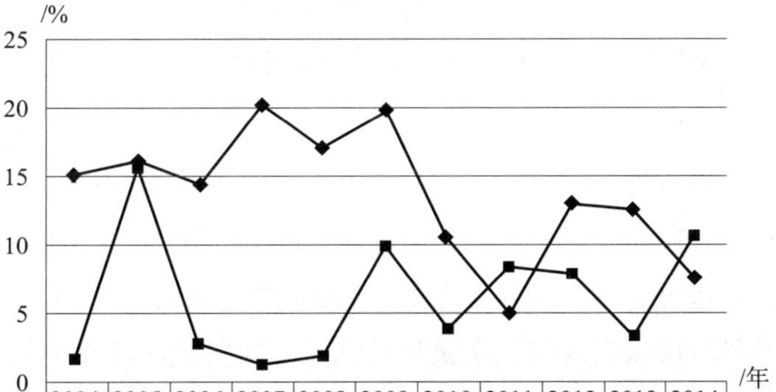

	2004	2005	2006	2007	2008	2009	2010	2011	2012	2013	2014
城镇人均消费增速	15.1	16	14.4	20.3	17.1	19.9	10.5	5.2	13.1	12.6	7.5
农村人均消费增速	1.7	15.4	2.8	1.4	2	10	3.8	8.4	7.9	3.4	10.8

图 9　城镇居民人均消费增速与农村居民人均消费增速对比

注：图中数据根据《广西统计年鉴》整理。

（六）居民消费增速低于政府消费增速

最终消费由政府消费和居民消费构成，两者在 GDP 中所占比重是最终消费内部一对重要的比例关系。一般情况下，最终消费率高低要受到经济总量和社会总体消费水平的限制，而在社会消费结构中如果政府消费过大，居民消费就会受到抑制。广西不仅从总体上看消费率在降低，从社会消费结构上看在居民消费下降的同时政府消费却是大幅上升。改革开放以来，政府消费占最终消费的比例在20 世纪 80 年代还稳定在 15% ~18%，90 年代后开始上升到 20% ~22%，2000 年后则达到 24% 左右，2014 年达 25. 11%。居民消费占最终消费的比重从改革开放初期的 85% 下降到目前的 75%。总体来看，政府消费的增速基本上都高于居民消费增速，特别是 2010 年，政府消费增速高于居民消费 7. 1 个百分点。由此可见，政府消费在一定程度上挤占了居民消费（见图 10）。

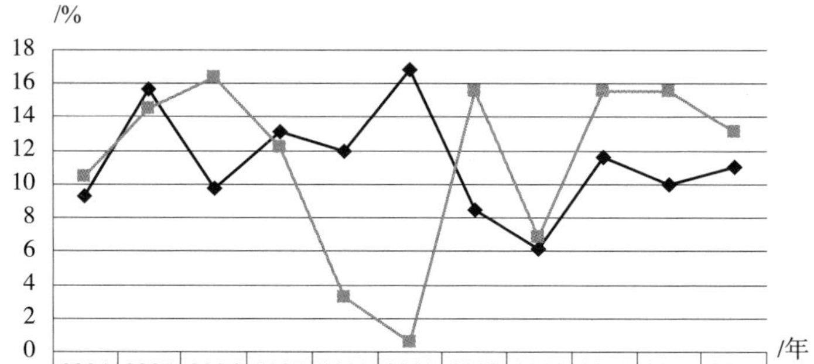

	2004	2005	2006	2007	2008	2009	2010	2011	2012	2013	2014
居民消费增速	9.3	15.7	9.7	13.1	12	16.8	8.5	6.1	11.6	10	11
政府消费增速	10.4	14.5	16.4	12.2	3.2	0.6	15.6	6.8	15.6	15.6	13.1

图 10　居民消费增速与政府消费增速对比

注：图中数据根据《广西统计年鉴》整理。

三、制约广西居民消费的主要因素

影响居民消费的因素有短期和长期因素，主要包括居民收入水平、社会保障体系、消费文化、消费环境等综合因素，共同对消费产生影响。

（一）居民收入水平低，制约整体消费需求增长

收入是决定消费水平最直接、最主要的因素。弗里德曼的持久收入理论认为，消费与持久收入的关系是恒定的。居民消费取决于居民的持久收入，即可支配收入的稳定增长是居民消费能力不断提高的基础和保证。与改革开放初期相比，虽然广西收入水平有了较大幅度提高，但是从总的发展趋势来看，无论是城镇还是农村居民，收入的增长速度均滞后于 GDP、财政收入的增长速度，成为制约居民消费增长的重要原因。2004 ~2014 年，广西 GDP 平均增速为 12. 5%，同期城镇居民收入增速为 11%（不扣除物价指数），城镇居民收入增速比 GDP 增速低 1. 5 个百分点。

与全国平均水平和其他发达省区市相比，广西的收入水平也偏低。2014 年广西城镇居民人均可支配收入为 24 669 元，实际增长 6. 5%，比全国平均水平低 4175 元，仅相当于全国平均水平的 86%、广东的 77%、浙江的 61%；农村居民

人均可支配收入8683元，实际增长9.3%，比全国平均水平低2327元，仅相当于全国平均水平的88%、广东的71%、广东的45%，属中下游水平（见图11、图12）。没有充分的收入，就不可能有足够的消费，收入水平偏低抑制了广西城乡居民消费的能力和愿望。

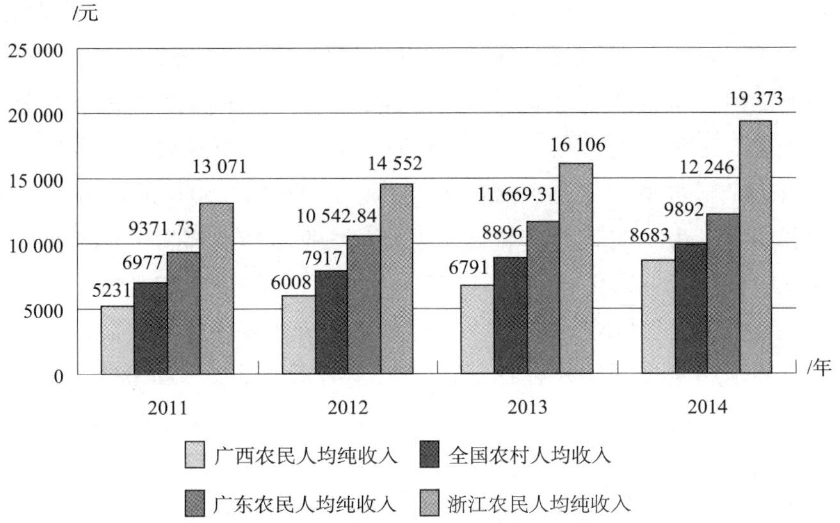

图11　广西农民人均纯收入与全国、广东、浙江对比

注：图中数据根据《广西统计年鉴》整理。

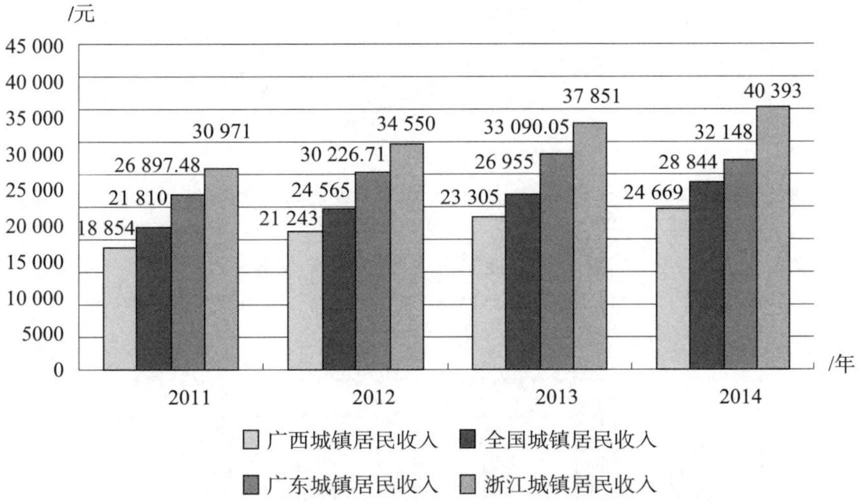

图12　广西城镇居民收入与全国、广东、浙江对比

注：图中数据根据《广西统计年鉴》整理。

（二）服务业发展滞后，消费结构供给不合理

服务消费既是居民消费的一个新领域，也是最具扩展空间的市场，但是广西服务业的发展严重滞后（见图13、图14）：一是比重低、增速慢，对经济社会发展的拉动力比较弱。2014年，广西服务业增加值占GDP比重在全国排第22位，

比全国低 10.4 个百分点；服务业对经济增长的贡献率比全国低 18.2 个百分点。在周边省区中也处于落后位置，服务业比重分别比海南、贵州、云南、湖南低 14.1、6.8、5.4、4.4 个百分点。2004～2014 年，全国服务业增速有 9 年高于 GDP 增速，而广西却正好相反，有 9 年低于 GDP 增速。二是规模小、层次低，以劳动密集型传统服务业为主，现代高端服务业比重低，新兴服务业发展缓慢，多数行业处于产业链的中低端。2013 年批发零售业、住宿餐饮业、交通运输仓储邮电业增加值占全部服务业的比重高达 41.8%，比全国高 5.8 个百分点，金融、信息传输、计算机服务和软件、租赁和商务服务、技术服务等现代服务业发展严重落后于全国水平。三是区域间不均衡。广西超过 50% 的服务业集中在南宁、柳州和桂林三市，尤其是高端服务业及新兴业态基本都集中在南宁，其他城市服务业规模较小、业态传统，还未与三市形成有效的分工和合作，导致区内市场被外省企业抢占。实际上，消费者并不完全是缺乏消费意愿，而是由于商品结构与消费者需求结构之间始终存在偏差，生产出来的部分商品没有人愿意消费，消费者想购买的商品没有被生产出来，或者生产不出来。广西服务业发展滞后，服务业的社会化、产业化、现代化程度低，难以集聚形成服务消费热点，造成了区内消费不断外流，市场被外省企业抢占，生产要素外流的“虹吸”现象。

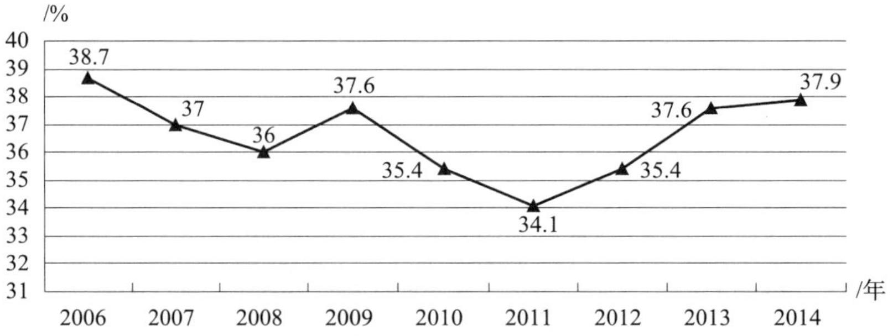

图 13　广西第三产业占 GDP 比重

注：图中数据根据《广西统计年鉴》整理。

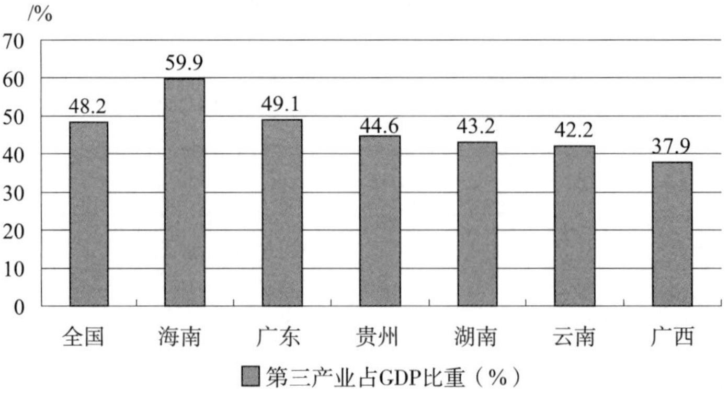

图 14　2014 年广西第三产业占 GDP 比重与全国及周边省区对比

注：图中数据根据《中国统计年鉴》整理。

（三）公共产品投入不足，社会保障体系不健全

政府公共服务投入不足、社会保障体系不健全是城乡居民消费结构不优和平均消费倾向下降的重要原因。有社会保障，居民消费得踏实；没有社会保障，居民不敢消费。从长远来看，对未来收支的不良预期和生活保障的顾虑是导致居民消费倾向走低的重要原因。广西居民收入主要依靠工资性收入，受宏观经济形势和政策影响，较稳定但增长不快。高昂的房价，广覆盖、低水平的社会保障供给现状，直接影响了居民的消费预期与消费信心，一定程度上对当前消费产生“挤出效应”。近年来，虽然广西大力推进民生工程，教育、医疗和社保等公共服务的供给有所提高，但仍远低于发达地区甚至全国平均水平。医疗、教育和社保等公共产品的投入过少，占 GDP 比重不高，影响城乡居民特别是中低收入居民消费信心，促进防御性储蓄的增长。以教育支出为例，政府对公共教育的投入有待进一步加强，财政性教育经费占广西生产总值的比重长期以来未达到 4% 的目标。由于基本公共服务支出不足及不均衡等问题，居民不得不用自身的收入来支付快速增长的教育、医疗和养老等费用，挤压了居民的其他消费增长，而且强化了居民的谨慎预期，降低了居民消费倾向。同时，广西的基础设施建设较为滞后，农村的水、电、路、气、通信、网络等基础设施仍不完善，限制了农民的消费升级；城市部分配套设施的建设没有及时跟进，也影响了城市居民的消费需求。

（四）管理监督机制不健全，消费市场环境隐忧多

营造和谐有序的消费环境，可以提振居民消费信心，扩大消费规模，促进消费结构优化。目前，城乡居民对安全优质的产品有较强的消费需求。但现实情况是，市场信用水平较低，假冒伪劣产品在食品、医药和建材等领域，在农村和偏远地区仍有一定市场，即使在城市，食品安全和信息安全等问题也很突出，这些都严重影响了消费者对产品的信心。此外，汽车销售环节税费多、油价高、交通拥堵和停车难等问题得不到解决，一定程度上制约了汽车消费；金融、电信和电力等垄断行业不透明的价格体系和名目繁多的收费，房地产交易成本过高，一定程度上也影响了居民消费信心和消费意愿。同时，农村城郊等地区配套服务缺乏，交易市场较少，信息化进程慢，互联网、电信网和电视网等覆盖率低，消费便利性不够，使农民无法将潜在的购买力转化为现实的购买力，减缓了居民消费结构升级的步伐。

（五）长效政策不完善，消费潜力挖掘不足

从政策层面看，一方面，国家先后通过财政补助支持家电下乡、汽车下乡，减征小排量车购置税等政策措施撬动消费，尤其是农村消费，比如家电下乡补贴政策、小排量汽车免购置税政策、小额信贷无抵押贷款、购买农机具补贴政策等。这些刺激消费的政策虽然短期内对消费有一定的拉动作用，但持续性有限，

拉动力不足。国家对家电下乡产品实行指令性限价和指令性销售，严格规定了产品的最高限价和可补贴产品的种类，使得农民只能在有限的范围内选择购买；进入下乡补贴“笼子”的家电质量良莠不齐；农民领取补贴的手续繁多，窗口较少，兑现困难；农村金融网点单一，主要是农业银行或农村信用联社，农民办理贷款极为不便。同时，大部分政策只对生产性消费起一定作用，在生活性消费方面缺乏长久、实在、让消费者放心的政策，拉动居民消费的力度有限。另一方面，受厉行节约政策的影响，大型住宿餐饮业营业收入下降。高档餐饮企业受到的影响较大，部分住宿餐饮企业的营业额减少了20%～50%，集团消费、高档消费等受到明显的抑制。此外，消费潜力无法释放的另一个重要原因在于消费信用时代迟迟无法到来。在以家用电器为代表的温饱型消费时代，消费主要依靠个人储蓄积累，表现为先储蓄后消费的特征，消费理念比较保守。但在以“住”“行”“游”“购”等享受为代表的小康型消费时代，耐用品消费动辄百万的状况已经无法单纯依靠个人积累实现，必须有强大的信用消费体系支撑。但是当前广西消费信贷主要投放于房地产，其他领域的消费信贷类型很少，导致银行资产结构单一，创新不足。广西金融市场尚待完善，消费信用体系发展较为迟缓，且手续繁琐、种类有限、条件苛刻。在迈向富裕型消费的今天，消费金融的落后已严重制约城乡居民更高级的消费需求，阻碍了消费需求释放。

（六）居民消费外流严重，区内电商亟待发展

近年来，电子商务呈现了井喷式发展，网购成为市场中新的主流消费方式。但由于广西区内电商发展滞后，接收和寄出的包裹比例达7∶1，是网络消费净流出省之一，外省电商分流了大量消费能力。广西属于欠发达地区，消费外部化比例（即消费品中非广西生产的产品所占的比例）相对比较高，在这种情况下，网上零售交易进出极不平衡。2014年网上零售交易额中，广西卖家交易额只相当于广西买家交易额的17.7%。随着网上零售比例的提高，更多的消费品零售总额在其他发达地区完成，对广西社会消费品零售总额增长的抑制作用更为明显。2015年1～5月份广西电商消费高速增长39.6%，但90%被分流到外省，直接导致广西部分商品消费下降。另外，随着高铁、地铁等基础设施的不断完善，更多的广西居民选择到邻近的广州、深圳、湖南等商业更为发达地区消费，导致广西部分消费流失。和全国的情况类似，2014年广西居民境外消费趋势也持续升温，从南宁出入境的旅客数量已突破82万人次，同时排浪式的、模仿性的境外消费特征明显，港澳地区、欧美、日韩成为广西消费者最爱购买奢侈品的地区。

四、广西居民消费增长的需求预测与趋势

（一）未来5～10年广西潜在的消费规模巨大

一是我国潜在的消费规模巨大。国家商务部有关方面作出预测，2020年中

国消费市场将达到45 万亿~50 万亿元人民币，有可能发展成为世界最大的消费市场；全球著名的管理咨询公司麦肯锡发布的一份研究报告指出，随着我国经济重点从重工业和出口向服务和消费转移，预计到2020 年中国个人消费将超过2.5 万亿美元，成为仅次于美国和日本的世界第三大消费市场，这为广西提高消费提供了良好的外部环境。二是城镇化的快速增长将拓展新的消费空间。目前，广西的城镇化率低于全国10 个百分点左右。“十三五”期间，广西的城镇化率年均将提高1.3 个百分点，2020 年达到54%，户籍人口城镇化率达到34.5%，实现新增城镇人口700 万左右，将会促进600 万左右农业转移人口和其他常住人口落户城镇（见图15），这会给消费带来巨大的推动力。三是服务业的加快发展将释放消费的巨大潜力。2015 年广西专门出台了加快服务业发展的若干意见和相关配套规划文件，指出“十三五”期间将全力打造新兴服务业态，重点发展现代物流业、商贸服务与会展业、信息服务业等13 个重点产业，打造100 个左右现代服务业集聚区。现代服务业的大发展，不仅将带来消费市场规模的扩大，更会形成创新发展的巨大动力。四是“互联网+”、物联网、三网融合等技术革命正在加速推动新一轮消费变革。随着信息消费、电子商务、B2B、O2O 的快速发展和普及，在形成新的消费方式、流通渠道和商业模式的同时，也在加速改变和不断更替广大城乡居民的消费观念、消费内容乃至消费热点。

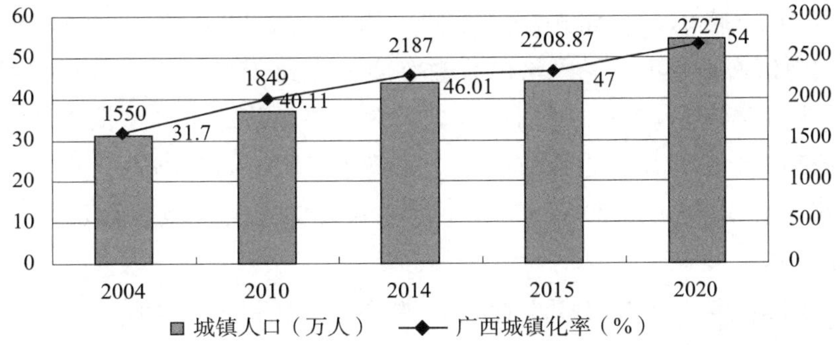

图15　广西城镇化率预测

（二）“十三五”期间广西居民消费前景预测

1. “十三五”期间广西居民消费将加快提高，社会消费品零售总额将增长11%~13%。

“十一五”时期，广西社会消费品总额保持强劲增长，五年间消费品零售额年均名义增长18.76%。与“九五”和“十五”期间相比，“十一五”期间社会消费品总额年均增速分别加快了8.68 和11.36 个百分点，成为改革开放以来增长最快的时期之一。“十二五”以来，消费品零售短期内增速明显放缓，消费品零售额增速有所下降。随着消费政策、消费模式和消费环境的明显改善，初步估算，不考虑物价因素，全区社会消费品零售总额年均增速为11%~13%，到

2020 年，广西的社会消费品零售规模将有可能实现倍增，突破万亿元，达 13 000 万亿元左右。

2. 最终消费率可望提高到 60%，消费对经济的拉动作用进一步增强

随着消费结构升级带来消费需求的释放，“十三五”时期，最终消费和居民消费率有望加快增长，初步测算，到 2020 年，消费率有望提高到 60%。由于各地区的经济制度、工业化模式和发展环境存在很大差别，很难确定一个公认的最优投资消费比例。但是根据工业化阶段投资与消费比例关系演变的一般规律以及广西经济运行的实际情况，可以大致界定广西未来 5 年投资率与消费率比例关系的合理范围为 40%∶60%。这主要基于两方面的推算：一方面，广西的消费率从 2011 年开始已经以年均 1 个百分点的速度在增长，而投资率以年均 4 个百分点的速度在下降，在广西大力支持服务业发展等一系列政策的扶持下，未来 5 年间消费率有望以年均 2 个百分点的速度增长，可望将消费率提高到 60%；另一方面，从代表性国家工业化进程中投资与消费比例关系的演变趋势来看，除新加坡之外，其他国家最终消费率的中长期发展趋势在下降过程中都没有低于 60%，各国消费率的中长期发展趋势最低值平均为 64. 6%，而投资率的中长期发展趋势也都没有超过 40%，各国投资率中长期发展趋势最低值平均为 32. 6%。

3. 消费结构将由生存型、数量型向享受型、休闲型快速形成及转变

预计居民恩格尔系数将进一步下降，如果到 2020 年我国城乡居民收入比 2010 年实现倍增，城市居民恩格尔系数有望下降到 25% 左右，农村居民恩格尔系数有望下降到 30% 以下，从而进入到大众消费时代。服务型消费比重进一步提高。随着服务消费需求的不断释放，城镇居民服务型消费比重有望年均提高 0. 5 ~ 0. 6 个百分点，到 2020 年达到 45% ~ 50%，成为城镇居民的消费支出重点。

根据国际经验，当人均 GDP 超过 3000 美元，居民的消费结构开始由“小康型”向“享受型”转变；超过 6000 美元后，将由“享受型”向“休闲型”转变。2014 年年底，广西人均 GDP 已达到 5000 多美元，“十三五”时期，毫无疑问，广西人均 GDP 将突破 6000 美元。这个阶段，经济结构将转为以内需主导，也是消费需求从由生存型、数量型向发展型、享受型转变的快速升级时期，休闲度假、信息消费、文化教育等服务性消费的需求明显增加；个性化产品、定制化服务将成为市场消费热点；消费观念由传统型消费向新型消费转变。城乡居民消费水平已基本实现“从无到有”的转变，将从以往的模仿型、排浪式、总量化的消费向差异化、个性化、多样化的消费转型。

（三）新兴消费业态将成为消费新引擎

在全球新一轮科学技术革命加快推进的形势下，以云计算、互联网、大数据为代表的现代信息技术正在得到加速发展和广泛、深度的应用。随着互联网在更

大范围和更深层次的应用和普及，特别是"互联网+"与一系列产业的融合发展，新兴消费业态和消费热点将不断升温，以电子消费、信息消费、消费金融等为代表的新型消费业态将保持良好的发展势头，消费新兴业态、新兴行业不断发展壮大，从而带动经济结构调整升级和实现持续增长的新格局。

1. 信息消费需求强势增长

"十二五"以来，随着国家大力推进信息消费战略，工业化与信息化"两化"融合进程加速，以及居民智能化消费意识增强，移动电视、智能手机、智能家电、平板电脑等新型电子产品消费呈现强势增长。据艾瑞预测，我国有望在3～5年之内超过美国，成为全球第一大电子产品市场。"十三五"时期，信息产业将保持15%～20%的增长速度。从广西来看，截至2013年，广西网民规模达1774万人，互联网普及率为45.8%，在全国排名第13位；广西网络理财用户全国排第15位。截至2014年6月，广西IP v4地址数占全国的1.41%；拥有域名112 164个，占全国比重的0.6%，与全国平均水平相比基本持平。预计2020年广西的信息消费整体规模将达到5000亿，到2030年整体信息消费规模将达到1.3万亿元。

2. 电子商务消费迅猛增长

随着商业领域展开的一场新革命，网购成为越来越受欢迎的新兴销售业态。2014年广西电子商务交易额超过2100亿元，其中网络零售额150亿元，跨境电子商务交易额超过13亿美元，全区中小企业网上交易和网上营销的利用率达到20%以上。广西主力消费人群已出现"80后化""网民化"趋势，他们更倾向于采用电子商务的方式进行消费。2014年，广西网民达1774万人，移动互联网用户达到901.7万户，在移动用户中的渗透率达53.96%，高于全国36.5%的平均水平。据国内发达地区的经验，企业电子商务平台应用比重将达到40%以上，而广西目前还不及6%，存在着巨大的发展空间。从现实情况来看，大、中型工业企业和中小型企业都对电子商务抱有越来越强烈的需求。① 根据《广西壮族自治区人民政府关于加快电子商务发展的若干意见》（桂政发〔2015〕22号），到2020年全区电子商务交易总额超过1万亿元，其中网络零售额超过1400亿元，占社会消费品零售总额15%以上；全区交易额超1000亿的电子商务平台企业3家，超100亿元的电子商务平台企业20家以上，规模以上企业电子商务应用率达到90%以上。

3. 绿色节能消费受到追捧

近年来工业化的加快发展，导致环境污染加剧、空气雾霾化严重、生态环境恶化，居民的健康受到严重影响，居民的绿色消费与环保消费意识逐步增强，绿色产品、绿色交通、环保产品等绿色低碳消费已成为消费的新亮点和社会新风

① 《广西壮族自治区人民政府关于加快电子商务发展的若干意见》（桂政发〔2015〕22号）。

尚。调查显示①，86%的消费者认同自己的环保意识和行为相对几年前明显提升，75%的消费者表示在过去一年使用过节能环保产品。同时，在新的科学技术支持下，不少企业正逐渐改进和提高工艺技术水平，提高资源利用率，以推广绿色节能商品售卖的产销，引领消费者选择节能减排产品及低耗能家电，使绿色、低碳、可持续的消费意识在消费市场逐渐形成，绿色消费将成为未来消费的增长亮点。

4. 休闲活动更加多元化

随着居民休闲意识的提高，城市居民消费者的休闲活动更为丰富多彩。《消费者日报》2014 年的抽样调查显示，目前排在城市居民前 5 位的休闲娱乐活动是读书（70%）、看电影（68%）、旅游（62%）、参加体育运动/健身（58%）、上网（53%）（包括网购）。与 10 年前的生活相比，城市消费者的休闲活动更为多元化，更注重享受。现在，消费者去电影院已不仅仅是注重观看影片本身，更多关注的是体验休闲的氛围，以达到身心的调节与放松。与此同时，城市消费者的旅游休闲意识大幅度增强。有 60%的消费者认为，旅游已经成为他们生活主要的休闲活动，高达68%的居民平均一年旅游次数在 1 次以上。由此可见，随着城市消费者休闲消费理念的日趋成熟，城市消费者的“享受”休闲意识正在逐步增强，旅游休闲消费正在由以观光为主的景点游向短途休闲度假、自由行/半自由行的方式转变。

5. 线上线下消费融合趋势明显②

根据麦肯锡的调查，线下实体零售店向“展示厅”的转型将成为必然趋势。目前有 16%的电子产品是通过线上售出的，而 5 年前这个比例仅为 1%。目前，30%的消费者倾向于在实体店浏览商品，而选择通过其他渠道包括线上渠道购买，许多消费者会在实体店浏览的同时用手机进行对比，最终只有 16%的消费者会选择在实体店购买相关产品。从消费方式来看，互联网与电商的全面普及使网上购物已成为消费者的主要购物方式。抽样调查显示，44%的消费者表示自己大多数选择在网上购物，很少或偶尔会在实体店（商场）里购物；19%的消费者表示，他们在实体店（商场）与网上购买次数差不多；仅有 4%的消费者只在实体店（商场）购买而没有网络购物。值得注意的是，通过 Web 网站进行网购虽然在目前仍是最主要的网购方式，但随着移动互联网的快速发展，移动端网购已发展成为城市消费者的重要网购渠道。调查显示，近 50%的网购者平时会通过手机终端来网购。随着实体零售商与服务商全渠道战略的进一步推进，许多商家已意识到，要在互联网时代赢得商机，必须推进线上与线下的深度融合。2014 年，消费者对 O2O 的预期也变得更为强烈，72%的消费者希望 O2O 能够提供网

① 中国产业洞察网，http：//www. 51report. com。

② 中国数字消费者未来的五个趋势．http：//www. askci. com/bschool/2015/02/09/14485hww1_ all. shtml.

购商品线下退货，56%的人希望可以线上下单、线下取货。

五、大力培育拉动居民消费的重点领域

未来5～10年我国开始进入消费释放的历史新阶段，要扩大消费需求、提升消费对经济增长的作用，必须牢牢抓住历史机遇，以改善民生、满足人民群众物质文化需要为目的，不断培育和壮大新的消费热点，大力拓展旅游休闲、健康养老、会展、文化创意、假日、生活、农村、体育、教育、"广西制造"十大消费领域，巩固扩大住房、汽车等传统消费，培育信息、电商、金融、绿色四大新型消费模式，以满足不同层次消费群体和个体化消费需求，以消费引领创新，以创新引领供给，以内需引领增长。

（一）大力拓展十大消费领域

大力发展符合消费需求结构变动趋势的产业，拓展旅游休闲、健康、养老、教育、文化等消费热点，把消费引向符合居民需求的领域。

1. 旅游休闲消费

广西具备拥有国际影响的优势旅游资源，广西的奇山秀水、田园风光、滨海度假、边关览胜等旅游资源种类多、分布广，等级和品位高，互补性和组合性好，要大力发挥旅游这个龙头产业，带动全区的消费需求。

一是培育新兴旅游业态，打造"智慧广西"。利用现代科学信息技术，紧跟时代步伐，加快旅游业与互联网的深度融合，开发针对手机移动终端的APP应用，加快构建广西旅游电子信息网、旅游公众信息网、旅游电子商务网，建立南宁、桂林、北海、巴马等知名旅游地区信息资源共享系统，打造广西智慧旅游平台，建立能够覆盖"吃、住、行、游、购、娱"的产业链，推进旅游景区、线路、交通、住宿、气象、安全、医疗急救等涉旅信息和咨询服务一体化共享，打造高标准的旅游电子商务平台。

二是依托高铁经济带打造旅游圈。依托广州—贺州高速公路、桂林—贺州高速公路以及建设中的贵广高速铁路，构建广州—贺州—桂林—柳州的以民俗、文化、山水为特色的跨省休闲旅游线。以桂林为中心，构建桂林、贺州、柳州三市的大桂林旅游联盟，加强三市在资源开发、线路建设、产品联动、市场开拓、宣传营销、人才交流、旅游投资等方面的合作。加强与贵州、广东的区域旅游合作，共同开发一程多点的旅游线路。联合铁路部门，开通高铁旅游专列，一程多点，开发铁路、公路联运的旅游线路，满足不同层次游客的需要。

三是围绕"桂林国际旅游胜地""北部湾国际旅游度假区""巴马长寿养生国际旅游区"，加快建设一批休闲旅游度假项目。注重发展广西的海洋、峡谷、丘陵、溶洞及丰富的海岛特色资源，大力发展登山徒步、急速漂流、户外拓展、野外攀岩等新兴热门户外运动，加快打造全国知名的休闲健身运动基地。把乡村

旅游作为一项富民工程，结合乡村旅游与精准扶贫，加快推进乡村酒店、农家乐、特色商业街集群化打造，带动贫困地区脱贫致富。支持各类民间团体、社会组织利用节假日拓展旅游活动，丰富活动主题，加大广西旅游市场的对外宣传营销力度。

2. 健康养老消费

充分发挥广西丰富的长寿养生资源优势，大力培育医疗与养老融合发展的服务机构，加快推进医疗卫生资源进入养老机构、社区和居民家庭。“十三五”时期，要加快建设一批社会化养老机构，推进崇左中国乐养城、桂林国际智慧健康旅游产业园等养老基地建设。依托桂东南温泉带、贺州温泉群以及龙胜、象州、九曲湾等温泉养生资源，形成以南宁为核心，北海、桂林、河池（巴马）为外围的健康养生服务业集聚区布局，使广西成为具有较强国际影响力的集健康保健、养老服务和健康旅游于一体的基地，成为全国著名的“养老移民”目的地，打造具有国际竞争力和具有资源要素配置能力的“健康养生广西”。大力发展养生、养老、康复、教育、医疗、科研、老年产品等一体化的特色产业，形成一批竞争力强、辐射面广、产业链长、融合度高的健康养老产业集群，把广西建设成为国家养老产业基地、国际休闲养生养老胜地和国家健康养老综合改革试验区。

3. 会展消费

继续坚持不懈地办好中国—东盟国际博览会暨中国—东盟投资峰会、南宁国际民歌艺术节。加快培育民俗节庆、特色产品、动漫、创意等品牌会展，打造具有广西自主品牌、国内外知名度高的展览项目。鼓励入驻广西的世界500强企业年会及新品发布会在广西举行，大力支持和引导国内外企业、商会在广西举办有影响力的品牌展会活动。推进高端消费型会展发展，积极举办婚庆产业展、汽车展、“银发”产业展、国际家具展等。大力举办与人民生活密切相关的各类展销活动。

4. 文化创意消费

改变“要素投入低级化”以及“重规模、轻结构，重数量、轻附加值”的产业发展模式。在继续发展新闻、出版、广电、文化艺术等传统产业的同时，强调加快发展创意设计、影视传媒、动漫游戏、数字资讯等科技含量高、产业关联系数大、产业成长性好的新兴文化创意产业。引导文化创意产业向产业链两端延伸，向高增值环节开拓，注重企业品牌塑造。坚持“内容为王”，依托文化的优势，推出更多高品位、高水准的文化精品。注重挖掘红色文化、民俗文化等特色文化资源。

5. 假日消费

继续严格落实职工带薪休假制度，促进群众休闲、旅游等体验性消费。鼓励和引导商贸流通企业利用元旦、春节、中秋、国庆等节假日积极开展各类营销活动，扩大市场销售。充分利用好“三月三”等具有重要代表性的民族节日开展消费活动，重点举办消费促进月美食节、年货购物节等促消费活动，繁荣节日消费市场。

6. 生活消费

深度挖掘广西地方名吃和风味小吃，弘扬广西特色餐饮，组织风味名店、老字号等餐饮企业组织开展美食节、老字号展等系列特色时尚消费升级活动。鼓励举办地方产品推介展销、名特优新产品展销、联展活动，积极举办特色农产品“采购会”“对接会”和“推介会”。加快建设一批包括便民家政、居家养老等服务网点在内的生活服务业设施，满足社区居民基本的生活消费需求。加快建设公益性质居民生活服务网络平台，实现生活服务信息互联互通，满足居民多层次、多样化的生活服务消费需求。

7. 农村消费

首先，加快完善交通、信息、产地集配等农村基础设施的建设，鼓励农村商贸企业建设配送中心，培育综合商贸服务中心，在新型农村社区发展便利超市。其次，加快发展农村电商，优先在革命老区、贫困地区开展电商进农村综合示范，增加就业和增收渠道，推动扶贫开发。最后，净化消费环境，维护消费者合法权益。长期以来，一些低档甚至假冒伪劣商品充斥的消费环境严重影响了农村居民消费者的消费习惯和消费水平。要构建行政执法监督、社会群众监督和新闻舆论监督相结合的市场监管体系，防止监督失信、欺诈等行为，真正让农村居民乐于消费、放心消费。

8. 体育消费

整合公共体育场馆资源，鼓励学校、企事业单位向社会开放自有体育场馆，提高体育设施利用率。鼓励休闲体育和竞技体育走集约化、市场化和规模化发展道路。注重体育产业与其他产业发展的相关政策和规划，构建包括体育旅游、竞赛表演、健身娱乐、技术培训在内的体育市场体系。

9. 教育消费

支持各类职业院校、社会培训教育机构开发培训项目、开展社会服务，适应公众对各类职业技能的多样化教育消费需求。鼓励各类社会组织、公民个人开展民办非学历教育，培育已有教育机构做大做强。充分利用社会各类培训资源开展技能培训，加大经济需求型高端技能人才的培养力度。大力拓展与东盟国家的教育交流，鼓励与国内外高校合作办学，扩大境外留学生培养规模。创新教育消费模式，大力培育发展以远程教育、名校公开课等为主的互联网教育市场，不断扩大教育消费。

10. “广西制造”产品消费

进一步加大对广西本地产品采购的支持力度，提高广西企业开拓市场的能力，增加销售竞争力。政府采购、财政性投资建设项目、党政机关和企事业单位的办公用品及其他日常消费品，在同等条件下，应优先采购本地产品。国有企业应进一步加强本地相关产业企业的协作配套，鼓励民间投资建设项目同等条件下优先采购本地产品。商贸流通行业要加强对本地化生产的特色农产品、日常消费品的宣传和市场推广力度。鼓励大型零售批发企业采购本地产品。加快完善广西工业产品信息库和“广西造全球销”电子交易平台，搭建产业链供需交流合作平台，帮助产业链上下游企业沟通信息。组织广西本地名优产品进乡镇、进社区、进学校、进园区、进企业，帮助企业拓展本地市场，推销区内知名、优质产品。

（二）巩固扩大传统消费

传统消费仍是消费的主要力量，要继续推动住房消费，扩大和带动建筑、家庭装修、家具等行业发展；继续推动汽车消费，促进汽车市场升级换代。

1. 稳定房地产消费

广西城镇化水平滞后于全国平均水平，房地产业在一定时期内还有发展的潜力，要贯彻中央的有关决策，推动房地产业稳定发展。落实对土地供应的总量控制，合理制定多层次土地供应体系，加大土地多元化供应力度，促进楼市均衡发展。加大城中村、危旧房改造力度，加快推进试点小城市和新型农村社区建设，促进城乡住房消费统筹发展。提升房地产开发品质，激活消费者以小换大、以旧换新的改善性住房需求。大力发展商业地产、旅游地产、工业地产、养老地产。鼓励房地产企业向科技、文化、商业、物流、旅游地产等多元化发展。

2. 加大汽车消费

顺应汽车消费升级趋势，加大对中高档汽车销售的引导扶持力度，及时、合理、有序地调整汽车销售市场格局。在公交、出租、公务、市政、邮政等领域开展推广使用新能源汽车示范运营。鼓励私人购买使用新能源汽车，鼓励采用租赁方式使用新能源汽车。

（三）培育四大新型消费模式

随着技术创新加快、消费结构升级、体制机制变革以及消费理念转变等，消费模式将出现新变化。

1. 推广电商消费

一是深化拓展电子商务应用。加快“淘宝特色中国广西馆”“柳州阿里产业带”“钦州东盟商贸城”等电子商务平台项目建设。推进实体店线上线下融合发展，支持百货商场、连锁企业及日用品批发市场开展网络销售，大力推广“网订店送”“网订店取”等营销新模式，实现线上线下资源互补和应用协同。加快建设功能涵盖购物、餐饮、休闲娱乐、家政、旅游、订房、购票、维修、中介、配送等服务百姓生活的电子商务平台。

二是加快实施“电商惠农”工程。推广福建、广东等省“淘宝村”的发展经验，组织开展农村“电子商务示范县”“电商示范村”创建。加快农产品电子商务平台建设，在百色等市打造一批农产品电子商务龙头企业，构建“互联网＋”现代农产品销售模式。借助“淘宝特色馆”等第三方平台拓展广西特色农产品网络销售，加快发展农产品产销对接、网上批发和大宗交易等电子商务业务。充分借助在建的各类农产品物流、实物展示平台，构建农批中心与电商协调滚动运行体系。优化市、县级农产品市场行情信息、供求信息及相关动态信息等的为农服务功能，提升与农业部“一站通”对接的效能，实现农产品供求信息全国大覆盖、大联播。

三是大力发展跨境电子商务。积极在南宁、桂林、柳州等城市开展跨境电子商务试点。建立适应电子商务出口的新型海关监管模式并进行专项统计，建立与此相适应的检验监管模式。吸引跨境电商龙头企业入驻，支持快递、第三方平台、第三方仓储等形成规模，建立具有市场竞争力的跨境电商产业链。支持本地大型企业利用跨境电商促进产品分销，整合产业链上下游企业协同联动，增强供应链管理和运作能力。鼓励有条件的大型企业“走出去”，和电子商务企业面向全球开展跨境合作，融入跨境电商的全球产业体系。鼓励区内物流企业加快海外仓储的布点和国际业务的布局。

2. 促进信息消费

推动城市全面提升宽带网络性能，加快智慧城市建设，推进发展“城市一卡通”，加快城市光纤到楼入户，促进信息惠民。积极引导通信运营企业实行宽带市场价格有序竞争，突破行业垄断，督促通信运营企业加快降低客户智能终端产品和互联网产品的信息服务费，降低流量费。积极创造条件，支持民间资本投资宽带接入网络建设和业务运营。实施民生服务大数据，运用大数据平台，加快建设医保跨地区即时结算系统、城市公共服务信息平台、公共视频联网系统等公共服务信息设施。

3. 发展消费金融

随着互联网金融的发展和征信体系的完善，以及政府部门对配套政策的深入酝酿，相关商业银行对设立消费金融公司蓄势待发，在多重因素的推动下，消费金融必将迎来新的发展机遇。一是进一步完善个人征信体系建设。一方面，继续完善社会信用体系，在现有的政府征信体系之外培育商业化的个人信用评估机构，逐步建立社会化全面征信机制，并将个人信用信息纳入其生产、交易活动的资质评估中，大大增加不良信用行为的成本；另一方面，加强信用文化建设，既培养消费者养成良好的信用习惯，降低其信用违约的道德风险，又引导其积极建立适度提前消费、合理信用消费的消费理念。二是加快组建消费金融公司。自放开消费金融市场准入以来，不论是国有大型银行、民营企业，还是互联网巨头，纷纷抢滩这块充满机会的新金融市场，各省区市也在加快布局成立消费金融公司，如2015年6月份山西省出台了《促进山西金融振兴2015年行动计划》，将推动金融业增加值超千亿，组建消费金融公司。广西应尽快启动地方银行经营战略调整，加快多元化业务方案设计，引进战略投资者参与组建消费金融公司。三是完善消费金融配套政策。在税收方面，建议借鉴国内外经验，对达到缴纳个税条件居民的消费贷款利息费用进行税前扣减，适当减少其个人所得税额；制定消费贷款利率的下浮机制，对资信状况好及评级高的优质客户允许贷款利率下浮。同时，对未达到缴纳个税条件的城市居民及农村居民实行贴息政策，降低其贷款成本。在财政政策方面，建议参照国家非信用担保机构的财政补贴模式，建立消费信贷专项资金，对消费金融公司贷款损失给予适当财政补贴。

4. 倡导绿色低碳消费

贯彻国家的统一部署，继续实施节能产品惠民工程，做好高效节能电机、1.6 升及以下排量节能汽车的推广工作。逐步在全区内推行节能、再生资源综合利用和环境友好产品的绿色标识制度，推广采用节水、节电、节材的绿色产品和新技术。大力培育一批绿色商场、绿色市场和绿色饭店。鼓励新能源汽车消费，加大对纯电动、插电式混合动力和燃料电池等新能源汽车的推广力度，重点支持公交、出租汽车和城市物流等公共领域新能源汽车应用和车辆更新。推广政府绿色采购，切实提高节能环保产品、再生产品和再制造产品在政府采购中的比重，支持商贸流通企业与绿色低碳商品生产企业（基地）对接，合力打造绿色低碳供应链。

六、拉动消费的保障措施建议

要发挥消费的基础性作用，必须不断完善消费基础设施，优化消费环境，健全消费保障体系。

（一）着力提高居民收入水平

收入问题直接关系到每位居民的切身利益，也是增加消费需求、拉动经济增长的主要因素，只有提高城乡居民收入，才能让群众能消费、愿消费、敢消费。

1. 实施城镇居民收入增长计划

制定出台深化收入分配制度改革的配套措施。健全企业职工收入正常增长机制和最低工资标准调整机制，逐步提高最低工资标准，促进城镇在岗职工工资持续增长。完善机关事业单位职工与城镇职工平均工资、企业相当人员以及全区和全国平均工资水平的调查对比制度，规范机关事业单位津贴补贴水平。稳步提高居民经营性收入，大力提高财产性收入，鼓励居民财产向资本转化，通过动产、不动产投资，将资金、技术、管理等要素转化为经营性产权，依法增加租金、利息、红利等财产性收入。

2. 推动创业就业

深入研究就业形势变化和经济增速放缓、产业结构调整对就业工作可能产生的影响，进一步实施更加积极的就业创业政策，加强就业创业政策与财税、金融、产业、贸易等政策的衔接，畅通政策落实渠道。把高校毕业生就业工作摆在首位，深入实施高校毕业生就业促进计划和大学生创业引领计划，扎实做好毕业生就业服务工作，加大对高校毕业生的就业援助力度。统筹做好城镇就业困难人员、农村转移劳动力等各类群体就业工作，规范公益性岗位的开发和管理。加强职业技能培训，进一步健全面向全体劳动者的职业技能培训制度。加强公共就业服务体系和信息化建设，进一步夯实基层就业服务平台，为城乡劳动者提供“均等化”的就业创业服务。

3. 切实提高农民收入

落实主要农产品收购等价格政策，试点推行保障农民公平共享土地增值收益的分配制度。优化农业结构，努力开拓农产品市场，建立健全农产品产、供、销一体化的经营销售模式。提高农民的组织化程度，通过专业合作组织引导和组织农民进入市场，稳定增强农民收入。加快农村剩余劳动力向非农产业转移的步伐，通过加快城镇建设步伐、大力发展非公有制经济和现代服务业，加大农村剩余劳动力劳务输出的组织力度，促进农村劳动力向工业、服务业转移。加大对农村转移劳动力技能培训的支持力度，转变农民观念，提高农民增加就业、提高收入的能力。

（二）建立全覆盖、均等化、可持续、较高水平的社会保障体系和基本公共服务体系

社会保障是消费的“安全网”和社会运行的“稳定器”，“十三五”时期，要继续增加公共财政投入，打造社会保障“升级版”，解除居民的后顾之忧，有效扩大居民消费，增强经济增长的内生动力。

1. 健全更加公平可持续的社会保障体系

全力推进机关事业单位养老保险制度改革，进一步完善企业职工基本养老保险政策，完善现行预算管理、责任分担机制和奖补办法。有序推进城乡养老保险制度衔接，保障广大城乡参保人员的权益。推进实施全民参保计划。研究完善被征地农民养老保障政策，妥善解决被征地农民的基本生活和长远生计问题。巩固扩大基本医保覆盖面，重点做好农民工、非公有制经济组织从业人员、灵活就业人员参保工作。扎实推进居民大病保险试点工作。进一步提高社会保险经办管理服务水平，加快推进医保“一卡通”步伐，实现全区医保“一卡通”。

2. 强化基本公共服务①

根据世界26个主要国家的历史数据，政府公共服务支出占政府总支出的比重每提高1个百分点，居民消费占GDP比重将增加0.2个百分点。因此，要扩大居民消费，需要政府增加公共服务的支出，改善民生，健全保障，提高居民即期

① 祁京梅．“十三五”时期我国消费增长预测［J］．政策瞭望，2015，4.

消费意愿。要逐步提高各级财政支出中用于公共服务的比重，大力发展各项社会事业，推进基本公共服务均等化，重点强化教育、医疗、养老等方面的惠民措施，着力减轻老百姓在上学、看病、养老等方面的负担，减少消费的后顾之忧。加强政府转移支付，实现公共服务均等化，让不同地区的群众享受到同等的公共服务。

（三）加快消费基础设施建设

完善的消费基础设施对促进消费具有不可低估的作用。必须完善商业布局，建立适应各种不同需求的大型商业综合体，完善现代流通体系，为扩大消费创造条件。

1. 建立完善城乡商业网点

加快修订全区各市县商业网点规划，将商业网点规划编制范围扩展到开发区、小城镇、工业园区和特色旅游景区，加快地铁、火车站的商业规划和配置。根据不同城市不同商业区域的特点，合理规划百货、批发、零售、物流基地布局以及各类零售业态。合理规划大中小型等各类商业网点布局，促进大店与中小店铺之间的协调发展，适应消费者多层次和多样化的需求。

2. 加快大型商贸流通综合体建设

商贸流通综合体是城市综合体的重要形态。结合城市综合体的布局规划，鼓励发展具有品牌优势的工业消费品批发市场、商品现货市场、特色商业街区、商贸功能区和中央商务区。到 2017 年，争取各县（区）培育 2 个特色商业街区。支持各县（区）商贸流通综合体建设。

3. 建设现代流通体系

以公共信息服务平台为支撑，以物流园区、商品公共配送中心和共同配送站点为基础，以物联网、信息化、无线扫描和自动化等先进技术为支撑，推进商品配送社会化、信息化、专业化和标准化发展，提高配送效率，降低物流成本。着力培育商贸流通业龙头骨干企业。整合企业、行业配送资源，支持企业通过联合、合作、股份制改造等建立共同配送联盟。支持区域性农产品集散地、产地集配中心、生鲜物流配送中心建设，大力发展连锁经营、集中配送等现代流通方式，积极构建农村现代商品流通体系。在重点乡（镇）、行政村、中心村新建和改扩建一批农村商品配送中心和村级综合服务站，满足和扩大农村居民的消费需求。

4. 积极培育特色街、时尚街、精品商业街

按照提升老街区、发展新街区、创建名街区的思路，重点打造一批特色街、时尚街、精品商业街，主要包括休闲街、民俗文化街、专业型特色餐饮街、酒吧街、古玩文化街、服饰文化街等。将现代景观、传统街巷、民俗文化资源有机结合，推动由单一购物消费向享受消费转变，由单一功能向休闲娱乐、特色餐饮、

文化体验等多样化服务转变。

(四) 优化消费环境

要使消费真正成为拉动经济增长的力量，必须有一个和谐稳定的消费环境。在疏通消费维权渠道、尽量降低维权成本的同时，还要不断完善制度体系，达到净化、优化消费环境的目的。

1. 构建重要商品追溯体系

实施重要商品追溯体系建设行动计划，加强销售环境与种植、养殖环节衔接。鼓励产销一体化企业打造全产业链追溯模式，鼓励大型产地、集散地、销地批发市场建立追溯系统，形成追溯链条由流通环节延伸至生产环节及消费终端，实现信息链条的完整闭合。不断扩大追溯品类，加快由肉类、药材、蔬菜扩大到粮油制品、烟酒类等居民生活必需品，建立电子商务产品质量网上抽查、源头追溯、属地查处机制，加快构建全覆盖、全链条、多品类的“来源可查、去向可追、质量可控、责任可究”的重要商品追溯体系。

2. 健全消费者保障体系

加强市场秩序规范管理，构建消费者合法权益维权服务咨询体系。注重发挥消费者协会、行业协会、社会组织和媒体的监督作用，搭建信息互通、资源共享、维权互动的消费维权综合平台。加强流通领域市场监管公共服务体系建设，继续完善商务举报投诉服务网络平台，进一步完善自治区、市、县三级投诉举报中心建设，积极回应、处理消费者投诉和建议。强化市场价格监管和反垄断执法，严肃查处各种霸王条款、垄断协议以及各种欺行霸市、假冒伪劣、虚假广告、商业欺诈、乱涨价、乱收费等违法行为，保护消费者和经营者的合法权益，提升消费者信心，促进安全消费。

3. 推进商务诚信体系建设

打破行业间、部门间的界限，实现工商、税务、海关、公安等诸多部门和行业的信息共享，建立覆盖线上网络和线下实体企业的信用信息平台，构建以行政管理信息、企业信用评级和专业信用评价为核心的企业信用评价体系，逐步开展企业信用分类管理。支持建立第三方专业信用评价机制。完善流通企业信用信息记录和披露制度，及时发布失信企业“黑名单”，加快形成“守信得益、失信受制”的长效约束机制，营造法治化、国际化、市场化的营商环境。

(五) 完善消费政策保障

扩大消费需要政策发力保障，要合理运用相关财政、税收和金融政策，加快构建拉动消费的政策体系，引导资源流向消费新增长领域。

一是完善拉动消费的价格政策。加强对商业用电与工业用电同价政策执行情况的督促检查，切实减少服务业企业负担。鼓励流通企业采用线上线下融合发展、加盟连锁等现代销售方式，打造批量集中采购、及时快速配送和统一规范管理的经营优势，降低企业经营成本和销售价格，切实让利于消费者。加大网络安全保障、政府资源开放、基础设施和诚信体系建设等的支持力度，推进电子商务企业税费合理化，减轻企业负担。

二是完善拉动消费的财税金融政策。加大财政政策支持力度，充分发挥服务业专项资金等财政性资金拉动消费的作用。整合、优化各部门专项资金使用安排，确保拉动消费的各项重大项目和重点工作落地执行。认真落实国家有关支持消费重点产业和领域发展的税收政策。积极推进"营改增"改革。支持限额以上商业企业入驻城乡社区建设经营商业网点。深化金融体制改革，鼓励金融机构在依法合规、风险可控和符合国家产业政策的前提下稳步扩大个人住房消费、汽车消费贷款、旅游贷款等信贷业务；有条件地放开民营银行、农村中小信贷机构和典当行业等非金融机构，鼓励其开展与扩大消费相关的金融业务。

三是完善拉动消费的产业政策。加快打破行业垄断，清除市场壁垒和地区封锁，维护市场公平竞争，保障商品无障碍流通。鼓励国有、民营资本共同参与商贸流通企业，支持民营企业进入电子商务、商贸物流、商品现货交易市场以及典当、拍卖、融资租赁等商贸流通特种行业。[①] 深入推进电子商务领域由"先证后照"向"先照后证"改革。落实《注册资本登记制度改革方案》，放宽电子商务市场主体住所（经营场所）登记条件，完善相关管理措施。推进对快递企业设立非法人快递末端网点实施备案制管理。

指　导：黄　洲
组　长：邓杨素　杨颜卉
副组长：周　艳
成　员：黄志岳　贤海华　董希楠　凌世君
　　　　刘南星　岑树田

---

① 贵州省政府出台关于促进消费的指导意见，http：//www. aiweibang. com/yuedu/30846179. html.

广西 2015 年经济运行状况评估及 2016 年经济形势分析

——“2015 年广西宏观经济运行态势监测分析”课题研究报告

【引言】2015 年，全球地缘政治关系复杂变化，经济复苏乏力，市场需求萎缩，贸易持续低迷，国际大环境比 2008 年金融危机时还要差。国内经济发展进入新常态，经济增速首度破“7”。广西出现自 2003 年以来最严峻开局，经济下行的压力全年以来未见减轻，但自治区党委、政府审时度势，主动作为，积极作为，及时推出一系列稳增长促改革调结构惠民生防风险的重大政策措施，推动经济止跌回稳，稳中向好，为“十二五”规划画上了圆满的句号。

一、2015 年广西经济运行状况的基本评估

2015 年广西经济运行的总体特点是：开局十分困难，年中开始止跌回稳、稳中向好，经济增长的质量和效益提升明显，结构调整取得积极进展，产业转型升级成效明显，重点区域发展亮点突出，经济发展出现一些新的好态势；但经济下行的压力仍然很大，局部区域发展困难加大，新兴产业发展较慢、体量较小，新旧动力衔接不畅，体制机制障碍仍然不少，创新创业环境和营商环境还需整体提升。

（一）主要经济指标增速企稳，质量和效益提升明显，但增长的基础仍不牢固，下行压力未见减轻

2015 年，在经历了一季度艰难的开局后，自治区党委、政府主动作为，积极作为，“快、准、实”推出简化审批、重大基础设施建设、降电价清收费、扶持企业、促消费、发展特色、金融创新、盘活存量资金 8 个方面 48 条稳增长的重大举措，有力地推动主要经济指标止跌回稳，稳中向好，一些反映质量和效益的指标明显提升。一是地区生产总值（GDP）增速低位回升企稳。一季度 GDP 增速低开 7.6%，是 2003 年以来的最差开局，二季度回升企稳到 8.0%，三季度增长至 8.1%，全年有望实现 8.0% 左右的增速。在如此严峻的大环境下，能保持高出全国 1 个百分点以上的稳定增长速度实属不易。二是投资和出口增速稳定。固定资产投资一季度、二季度、三季度分别增长 18%、18.5%、18.5%，预计全年增长 18.5%。在全球贸易低迷、国内进出负增长的大环境下，我区进出口总额仍维持逆势上扬的态势，预计全年仍能实现 16% 以上的增速。三是企业经营和盈利情况稳定好转。1～4 月规模以上工业增加值增速逆转自 2013 年以来的下滑态势并呈现连续 6 个月上扬的好势头，1～10 月增速有所下降，但全年可望增长 8.1%。规模以上工业企业的利润率逐季提高，1～8 月大幅增长 15.2%，比一季度、二季度分别高出 8.1、3.4 个百分点，预计 1～12 月企业利润仍将实现 12% 以上的增速。四是财政收入稳定增长。全年财政收入预计增长 9% 以上，基本与 GDP 增速同步，非税收入占比有望下降 4 个百分点以上，增值税（含改征增值税）增速在全国排在前列。五是居民收入稳定增加。前三季度，农村和城镇居民人均可支配收入名义增长分别为 9.7% 和 7.3%，全区居民人均可支配收入同比名义增长 8.9%，预计全年居民收入增速与 GDP 增速基本同步。六是就业形势好、物价稳定。全年预计城镇新增就业超过 45 万人，城镇登记失业率可以控

制在3%以内；居民消费价格指数（CPI）同比上涨2%左右。以上主要经济指标总体特征表现为“稳”：稳在增速波动不大、风险总体可控，经济运行和社会秩序平稳有序；稳在调控定力好、方向和时机抓得准，社会信心足、预期好，人民生活持续改善。

以上分析表明，即便是遭遇较差的国内外宏观大环境，我区经济持续向好的基本局面没有改变，而且表现出了一定的增长韧性。不过我们也要看到，广西经济总体上还是处在转型再平衡的过程中，以传统产业为主导的旧动力下行态势还没有完全止住，以新兴产业、新的模式为主导的新动力增长还比较缓慢、体量不大，新旧动力的衔接存在着较大的时间差和力量差，一些支撑GDP核算的指标达不到预期目标，经济增长的基础仍然很不牢固，下行的压力依旧很大，主要体现在以下方面。

1. 第一产业的增速仍然较低

受“生猪周期”影响，生猪存栏和出栏量均下降，畜牧业快速回升的概率不大；主要受工业用材减少的影响，林业增加值下滑也较大；受旱涝、洪涝灾害影响，部分地区的农作物也出现减收绝收；受原料蔗收购价格下降、生产成本上升、效益减少的影响，今年全区糖料蔗种植面积减少162.3万亩。以上因素可能会导致第一产业全年增速在3.5%上下，同比下降0.5个百分点。

2. 工业仍然在低位运行

从4月份开始，规模以上工业增加值增速每月回升0.1个百分点，1~9月增速一度达到8.3%，但1~10月增速又掉头滑落到7.8%，这说明工业稳增长的基础仍然不牢固。从一些工业先行指标来看：三季度，发电量、用电量已经连续8个月负增长；制造业采购经理人指数PMI连续5个月处于50%的荣枯线下方；北部湾港吞吐量同比下降1.5%，铁路货物运输量下降14.5%。这些指标表明企业生产的意愿明显不足、设备利用率低，再考虑三季度工业品价格指数（PPI）已经超历史44个月下降等因素，我们判断：全年规模以上工业增加值增速在8.1%左右，虽然在全国范围来讲，这个速度仍然排在中上水平，成绩不算很差，但从自身角度来看，增速同比2014年下降了2.8个百分点，下滑幅度很大，相当于对GDP增长少拉动1.3个百分点以上。

3. 第三产业发展仍然滞后

2015年第三产业的增长速度自2003年以来首次超过第二产业，显现经济结构向“三二一”转变的好趋势。但也要看到，三季度以来，三产中仓储和邮政业、批发和零售业、住宿和餐饮业、房地产业等主要行业增速比预期低，自身的增量并不大，总量仍然比第二产业少1334多亿元，对经济增长的贡献率仍然比第二产业、工业分别低16、7.6个百分点。虽然消费（支出法核算）和服务业（生产法核算）对GDP贡献有所增加，但是还不能弥补投资和工业下降留下的缺口，三产还没有真正成为支撑经济稳定增长的第一力量。

4. 投资稳增长的压力仍然比较大

2015 年以来，PPP 项目因为投资额大、盈利能力低、资本回收周期长，出现“政府热、民间冷”的现象，社会资本参与的积极性不高；融资成本高企，企业现金流减少、资本逃离实体经济速度加快。三季度，政府主导的投资增长快于民间投资，社会资本投资增速有所回落。制造业投资仅增长 16%，共有 14 个行业增速低于 10%，造纸、石化、黑色金属等行业负增长。在服务业投资中，住宿餐饮增速下降 20%，金融业下降 10%，邮政业下降 50%；房屋新开工面积同比下降超过 20%，房地产投资持续增长不足 1 个百分点，比 2014 年同期回落 12.9 个百分点，且出现连续 4 个月回落，对固定资产投资增长 0.1 个百分点的拉动力同比回落 1.8 个百分点。亿元以上项目比重越来越低，一至三季度，亿元项目仅占全部施工项目的 5.1%，同比下降 9.2%。年度新开工亿元项目仅 383 个，比 2014 年同期减少 162 个，同比下降 29.7%。三季度项目用地需求持续疲软，政府投资类和社会投资类项目用地需求分别下降 12 和 25 个百分点。预计全年固定投资大项目少、产业少、民间少的现状不会有太大改变。随着财政收入放缓，社会民生支出加大，地方融资平台逐步被清理，要继续保持投资增速在 18% 以上还是比较困难的（注：年初时我们分析，要确保 GDP 增长 8% 以上，需要投资增速在 18% ~20%、基础设施投资在 25% 左右）。

（二）结构调整和转型升级成效明显，但战略性新兴产业发展仍旧缓慢

需求结构和产业结构是经济结构中最为重要的组成部分，直接关系经济增长的模式和经济的可持续发展，它们是推动经济结构优化的关键。2015 年以来，自治区从项目建设、财税政策、产业扶持等多方面着手，统筹推进稳增长和结构调整，实现需求结构和产业结构都见优化。

1. 三大需求结构进一步优化

在投资结构方面：投资更加注重基础性和公益性项目，融资的渠道更广，预计全年基础建设投资增长接近 25%，高出固定资产投资增速 6.5 个百分点左右；全年通过资本市场直接融资的增长速度很快、规模实现重大突破；三产投资增速“十二五”期间首度高于二产，2015 年一至三季度三产投资增速分别为 20.6%、19.8%、18.4%，预计三产全年增速会在 18% 以上，平均增速高出二产约 2 个百分点。在消费结构方面：旅游、电子商务、信息等新兴消费增长较快，预计全年南宁铁路局发送旅客量增长 50% 左右，增幅稳居全国第一，旅游总收入增长 23% 以上，电子商务交易额增长超过 120%，电信主营业务收入增速排全国前列。在出口结构方面：预计全年贸易顺差会进一步扩大、净出口对经济负拉动有所减轻；出口方式升级，加工贸易增速将接近 20%，分别高出边境贸易和一般贸易约 5、18 个百分点；出口产品更优，在初级产品出口负增长的情况下，机电产品出口有望增长 10% 以上、高技术产品接近 20%。

2. 产业优化升级成效显现

三产提升势头明显。2015 年一季度第三产业增长 8.7%，自 2003 年以来首次快于第二产业；预计全年三产增长将达到 9.5%，对 GDP 的贡献超过 39%，同比提高 6 个百分点以上。高技术产业快速发展，预计全年计算机、仪器仪表、航空航天设备、医药、电子通信和化学信息六大高技术产业全部实现增长，可以带动高技术产业增加值整体同比增长 18% 以上，高出规模以上工业增速 10 个百分点，占规模以上工业增加值比重将接近 9%。战略性新兴产业发展加快，新材料、节能环保等一批关键核心技术取得突破，船舶用高性能铝合金等一批新产品实现产业化。可持续发展能力不断增强，预计高耗能行业增加值占规模以上工业比重同比下降 1.4 个百分点，规模以上万元工业增加值能耗下降超过 11%。

虽然我区结构调整和产业升级呈现出向好的态势，但由于建材、有色金属、黑色金属、钢铁、食品等传统产业的占比仍旧很大，劳动密集、资源利用型的产业居多，节能环保、新一代信息技术、生物医药、高端装备制造、新能源、新材料等战略性新兴产业形成的规模仍然很小（第三次经济普查数据显示，全部战略性新兴产业主营业务收入为 722.85 亿元，占全部工业的 4.02%；我们预计其 2015 年主营业务收入在 800 亿元左右），在全国市场需求低迷的情况下，以传统产业为主导的旧动力衰减较快，导致工业对经济增长的拉动有所减弱。

（三）重点区域亮点涌现，但部分市县发展困难加大

2015 年，自治区党委、政府通过加快重点区域发展、发展特色产业和特色经济、补齐科教文卫等基本公共服务短板、扶贫攻坚等举措，着力提高区域发展均衡度，取得了一定的成绩。一是北部湾经济区核心增长极效应凸显。三季度，北部湾经济区（指南宁、北海、钦州、防城港四市，下同）GDP、财政收入、规模以上工业增加值分别增长 9.6%、15.9% 和 11.1%，增速领跑全区；北部湾经济区 GDP、财政收入、固定资产投资和社会消费品零售总额的总量占全区比重分别为 36.51%、42.22%、33.66%、37.91%，总量进一步提高。预计全年北部湾经济区主要经济指标的增速和总量保持引领全区的态势，作为全区核心增长极的地位进一步凸显。二是左右江革命老区振兴步伐加快。三季度，左右江革命老区（指百色、河池和崇左三市，下同）进出口实现 130.42 亿美元，同比增长 34.5%，总量和增速在全区最高；百色、河池和崇左固定资产投资分别增长 19.1%、19.0%、26.1%，增速均高出全区，旅游、交通、水利、基本公共服务等领域的建设推进较快。三是桂林国际旅游胜地龙头带动效应大。过境免签、入境免签、旅游产业用地改革、服务业试点改革等旅游体制机制改革步伐加快，效果不断显现。全年接待东盟各国游客增长超过 30%，入境旅游占全区 50% 以上，排全国前列；特色旅游名县创建、乡村和农业观光旅游领跑全区，2 个村获得农业部“2015 年最美休闲乡村”称号。

我区发展中的一些不平衡问题仍然很突出。从 GDP 来看，三季度增速低于全区的市仍有 6 个，达不到年初预期目标的市有 8 个，不足 6% 的有 2 个。从工业发展来看，以黑色金属、有色金属、建材、机械、钢铁等资源利用型产业为主导产业的地市发展遇到极大困难，三季度全部工业增加值增速不到全区平均水平的有 8 个，1 个市出现负增长。从财政收入来看，受工业下行、房地产低迷等因素影响，全区增值税、企业所得税等回落速度加快，9 月当月财政收入出现下降的市有 8 个，其中税收收入下降的有 6 个市，比 6 月当月分别增加了 5 个、1 个，财政减收的面有所扩大；受营改增、土地出让金大幅减少等因素影响，有部分县（市、区）也出现财政负增长；财政减收、刚性支出增多、政府性债务增加，部分市县保工资发放，基本建设、社会民生事业等方面的支出面临巨大的财政压力。

（四）改革红利不断释放，但创新创业环境营造仍然不够

2015 年以来，自治区大力推进简政放权、商事制度等多项改革，改革的红利进一步释放。一是审批更加简化、更加便利。2015 年自治区进一步取消下放核准事项 54 项，实现 5% 的项目审批权限在自治区级、20% 在市级、75% 在县级，符合条件的重大项目“随报随审”。二是大众创业、万众创新实效显著。自 2014 年 3 月 1 日实施商事制度改革以来的 20 个月里，每月新增市场主体 1.3 多户，其中每月新登记企业 8000 多户、增长超过 50%，新设公司制企业 5000 多万户、增长 120% 以上。总共新增注册资本超过 1.4 万元，比改革前 20 个月翻了一番。

但我们在调研中也了解到，与北京、上海和广东等发达地区相比，企业普遍认为我区在行政效率、用地用房保障、融资便利性、技术支持等方面的创业创新环境和营商环境还存在一些问题，主要体现在：一是审批时间仍旧较长。单个审批手续时间大大缩短了，但由于需要审批或备案的手续仍然不少，企业办齐各部门所需的手续、各样评估报告、各式报表等仍然需要花费大量时间。二是企业获取用地用房的难度有所加大。我们在部分地市调研中发现，电商物流、快递物流等新兴业态在城市内或周边很难找到仓储和集散用地，主要原因是城市建设规划用地价格高，远远超出企业的承受能力，而远离城市的用地价格合适，但企业的物流成本增加，招工又很困难；城市内的创客空间缺乏、创业初期场地租金负担重；征拆难度加大、用地审批所需的条件越来越严格，一些地方无法按承诺时间供地。三是缺乏为创业企业提供低费用或免费的公共服务平台和公共技术平台。我们调研中发现，北海、钦州、防城港等市利用海洋资源进行创业创新的活动较为活跃，如利用海洋生物制药的中小企业将近 40 家，从业人员超过 3500 人，但是为这些企业服务的海洋生物数据库、药效筛选、药物安全性评价、药物临床试验、跨学科科研攻关、中试基地、产业化服务等公共服务平台几乎空白。四是缺

乏与大众创业、万众创新平行配套的市场化融资机制。产业引导基金、风险投资（含天使投资、私募股权投资）等市场化创业融资市场培育不足，多数企业的发展主要还是依靠自有资金或银行机构贷款，但在当前经济下行压力增大的环境下，银行规避风险意识加强，多数轻资产的创客创业由于缺乏抵押物无法拿到贷款，错过很多发展机遇。

二、“十二五”期间经济运行总体评估

在过去的五年里，国内外发展环境复杂多变，金融危机、欧债危机、地缘政治危机持续发酵，全球贸易低迷。中国“三期叠加”，经济进入新常态。广西发展速度从两位数降到个位数，经济下行压力巨大，扩大体量、提质增效、调整结构、转型升级、扶贫攻坚、改革创新等发展任务艰巨。过去五年，自治区党委、政府审时度势，保持发展战略定力，坚持实施双核驱动战略，挖掘增长潜力，培育发展动力，厚植发展优势，推动经济总量迈上新台阶。过去五年，我们正确认识和把握了广西的发展方向，抓住了经济发展规律和趋势性特征，经受住了各种困难和风险考验，发展的信心更强，步履更加稳健。

（一）“十二五”期间取得的主要成就

1. 经济保持较快增长，综合实力迈上新的台阶

“十二五”期间后两年经济增速有所放缓，但GDP年均增长仍然达到10.5%左右，高于全国平均水平2个百分点；GDP增量依然可观，每年平均增加1400多亿元，总量在2015年末将达到1.7万亿元左右，比2010年翻了0.7番（2010年价），五年内接连跨越1万亿元、1.5万亿元的台阶，进入了GDP万亿元俱乐部。2015年人均GDP 3520元（当年价），相当于全国平均水平的71.2%，比2010年提高了3.8个百分点，与全国的差距进一步缩小（见表1）。

表1　2011～2015年经济增长情况

指　标	2011年	2012年	2013年	2014年	2015年（估计）
GDP总量（当年价）/亿元	11 721	13 035	14 378	15 673	16 958
GDP增速（当年价）/%	12.3	11.3	10.2	8.5	8.2
人均GDP（当年价）/元	25 326	27 952	30 588	33 090	35 230

注：数据来源于历年《广西统计年鉴》。

2. 十大千亿元产业崛起，工业支撑发展更加坚实

成功培育了食品、机械、石化、电力、冶金、汽车、建材、有色金属、造纸与木材、电子行业10个千亿元产业，其中汽车、石化、机械三个产业超2000亿

元。全部工业主营业务收入突破 2 万亿元，工业对经济增长的贡献达 46% 以上。成品糖、微车、工程机械（装载机）、柴油发动机等主要工业品市场占有率（产量）全国第一，柳州成为全国乃至世界知名的汽车和工程机械制造中心，北部湾经济区成为中国重要的粮油和石化产业基地，玉林打造了世界最大的柴油发动机基地，柳工、玉柴、五菱等成为世界品牌。

3. 重大基础设施建设实现新的飞跃，现代化基础设施体系初步成型

过去五年，重点推进以高铁、高速公路（“两路”）为标志的重大基础设施建设，基本构建了以交通、能源、水利等为主要框架的现代基础设施体系。交通方面，大力实施“市市通高铁、县县通高速，片片通民航”，高速公路通车里程约 4300 公里（见表 2），比“十一五”末增加 1700 公里，增幅达 65.4%，与相邻省份至少有一条以上高速公路通道连通，覆盖所有地市和 79% 的县；构建了“12310”高铁经济圈，到 2015 年年末，11 个市通高铁，通达全国 13 个省份；完成南宁、桂林、柳州、北海、河池、百色等机场的新建、扩建，开工建设一批通用航空机场，南宁、桂林机场旅客吞吐量分别突破 1000 万人次和 700 万人次。能源方面，建成一批火电、水电、风电、光伏、生物质电站，防城港红沙核电一期并网发电，构建了多元绿色低碳能源保障体系。水利方面，开工建设了大藤峡、老口、邕宁水利枢纽、桂林防洪及漓江补水枢纽、桂中治旱乐滩水库引水灌区等一大批水利枢纽项目，深入推进治旱、病险水库除险加固、农田水利、河堤及护岸等工程，打牢了水利保障支撑。

表 2　主要年份运输线路里程

指　　标	2010 年	2014 年	2015 年（估计）
高速铁路营业里程/公里	0	715	990
高速公路里程/公里	2574	3722	4300

注：表中 2010、2014 年数据来自历年《广西统计年鉴》，2015 年数据估计得来。

4. 实现国家战略全覆盖，区域发展更加协调

国家发改委相继批复桂林国际旅游胜地、珠江—西江经济带、左右江革命老区振兴等规划，实现国家战略全覆盖。北部湾经济区、西江经济带“双核”龙头带动作用明显，老区和桂林国际旅游胜地建设进一步加快，形成“双核驱动”、各区域协调发展、竞相发展的区域发展新格局。

5. 改革开放取得新的突破，全方位开放格局基本形成

建立了东兴国家开放开发试验区、凭祥综合保税区、中马钦州产业园、南宁保税物流区、北海出口加工区、粤桂产业合作区等一批国家级对内对外开放合作平台；连续成功举办了第 8 ~ 12 届中国—东盟博览会、中国—东盟商务投资峰会；中央赋予了“国际大通道”“战略支点”“重要门户”三大战略定位，广西在中国全方位对外开放中的作用更大、地位更高，基本形成沿海、沿边、沿江的

全方位对外开放格局。

6. **社会民生保障更加有力，人民生活极大改善**

财力大幅增强，全区财政总收入2013年突破2000亿元，2014年达2162.4亿元，2015年预计接近2400亿元，是2010年的两倍；财政支出更加惠民，教育、医疗卫生、社保、扶贫和就业等社会民生支出占比提高到77%以上。社会保障能力大幅提高，五年累计新增城镇就业人数超过250万人，失业低于3.5%；累计减少贫困人口超过450万人；建设城镇保障性安居房超过100过万套；九年义务教育巩固率达到93%，高中阶段教育毛入学率达到87%，高等教育毛入学率接近30%。人民获得感更强。过去五年，农村和城镇居民收入平均增速分别为10%和12%左右，与经济发展（GDP增速）基本保持同步；居民耐用消费品拥有量大幅增加，如2010年每百户城镇和农村居民拥有汽车分别只有13.26辆、0.26辆，到2015年年末，预计将分别达到30辆、8辆，增加速度很快。

（二）当前我区经济运行中开始凸显的深层次矛盾

当前经济发展放缓，两位数的增速已成为历史。经济发展如水中行舟，水退暗礁现，过去由高增速所掩盖的矛盾和问题开始凸显，主要表现如下。

1. **发展旧动力衰减快，新动力发育慢**

随着国内外市场的逐渐收缩，房地产趋于饱和，十多年以来我区逐渐发展起来的建材、黑色金属、有色金属、钢铁、机械等产能不能完全发挥，与房地产、工业密切相关的投资增速也出现较大回落。目前尚有市场空间的新兴产业、新业态、新的消费模式形成速度很慢、体量不大，以传统产业、投资为主导的旧动力衰减较快，以新兴产业、消费为主导的新动力上升较慢，新旧动力对比力量悬殊、衔接不上。

2. **经济发展尚且不足，环境空间容量已接近上限**

目前GDP体量较大，但人均GDP只有5505美元（当年价），刚达到中等偏上收入水平（按照2015年7月1日世界银行的归类，中等偏上收入国家的人均GDP为4126~12 735美元）。我区和全国一样，要跨越“中等收入陷阱”，必须要以可持续的方式保持一定中高速的增长速度，构造新的发展动力。同时，我区要实现人均收入翻一番和全面小康社会，持续缩小与全国的差距，我们测算也要保持8%以上的增长速度。但是过去长期依赖过度消耗资源的发展方式导致很多生态环境问题，如采矿和冶炼行业的尾矿、重金属、粉尘、水体等污染；过度开采海沙、河沙造成海、河生态环境破坏；过度种植速生林导致原生林生态破坏；高耗能高排放行业占比大，畜牧养殖多，等等。到目前为止，能耗、水耗、排放、土地等空间容量逼近上限，已经到了减无可减的地步。下阶段的发展要摸着环境容量的天花板进行快跑跳跃，难度非常大。

3. **城镇化进程加快，公共服务供给滞后**

“十二五”期间，在房地产大热和农业人口转移加快的背景下，全区城镇化进程加快，各地基本上都大量造城、大建园区，但很多城市的新城和园区公共服务设施落后，人民群众频频吐槽公交难、买菜难、上学难、治病难、文化娱乐少等问题，下一步必须要协调做好补齐公共服务短板和加快城镇化进程。

4. 区域发展不协调

过去经济环境好的时候，不管沿海沿江还是桂西桂北，都有一些项目，只要能上项目，各地都能以较高的发展速度前进，虽然有前有后，但“队形”还算比较齐整，如2006~2012年，除个别市外，大多数市都能保持10%以上的增长速度。但随着新常态的到来，动力转换，资源和要素逐渐向效率更高的区域配置，地市之间的发展速度一下子被拉得很开，发展慢的地方开始掉队，平均速度低于全区平均水平的市开始增多，部分市产业发展、财政增收、扶贫攻坚、保运转、保民生等任务非常艰巨，既要确保重点区域优先发展，又要促进其他区域协调发展，成为当前经济发展中迫切需要解决的一个大难题。

（三）当前我区经济运行的主要转折性和趋势性变化和阶段性特征

经过“十二五”的发展，广西经济社会发展发生了一些转折性和趋势性变化，进入了一个新的发展阶段。我们经过分析认为，劳动力供给仍在增加，但人口红利开始减弱；城镇居民住房需求基本饱和，消费开始向高额大众化消费升级。总体上广西处于工业化中期阶段、城镇化加速发展阶段。加快工业化进程和扩大有效投资仍是推动经济社会发展的主要动力。得出上述结论，主要是基于以下分析。

1. 经济运行中的主要转折性和趋势性变化及其影响

（1）劳动人口数量仍在增加，但人口红利开始减弱。2014年广西劳动适龄人口（15~64岁）为3268万人，占比为68.75%，比全国高出1.75个百分点。与全国在2012年开始劳动力出现下降的趋势不同，我区仍然比2010年增加了90万人。但我区从2012年开始，初中在校生和毕业生人数开始出现下降；老龄化社会在加快，2014年广西65岁以上人口比例为9.67%，比2010年第六次人口普查时的9.24%高出0.43个百分点。考虑到未来五年劳动适龄人口迁入的因素，我们预计劳动人口数量开始出现减少的节点会在2018年左右出现，人口红利开始减弱。这一方面必然会导致劳动力成本生产，摊薄企业利润；另一方面劳动力减少，劳动报酬必然会增加，也为促进消费提供了有利条件，社保、健康养老、住房等需求增加，消费在GDP（按支出法）中占比会进一步上升。

（2）城镇居民住房需求基本饱和。2014年城镇居民人均住房建筑面积为37.72平方米，按此数据我们推算，到2015年年末，城镇居民户均拥有住房已经达到1套以上，人口基数小的市、县（市、区）房地产已经过剩，总体上我区房地产趋于基本饱和，进入趋势性收缩调整阶段，房地产投资占固定资产投资比重、增长拉动作用都会进一步下降，如2014年房地产对固定投资增速的拉动贡献比 2011 年下降 8.17 个百分点。因房地产产业链长、影响面广，它成为 GDP 和财政收入增速下降的重要原因之一。

（3）消费开始向高额大众化消费升级。2015 年以来，住宿餐饮类消费下降较多，但旅游、信息、健康养老等消费上升速度很快；农村和城镇居民大幅增加耐用品的消费，如汽车、空调、冰箱、洗衣机等；从 2011 ~ 2014 年的恩格尔系数分析，城镇居民从 39.5% 降到 35.2%，农村居民从 43.8% 降到 36.9%，说明居民收入水平越来越高、生活必需品的支出负担越来越小。以上分析说明，过去由少数高收入人群占有的高额消费正加快向大众化普及，消费升级已经到来。

（4）优惠政策的洼地基本被填平。随着中央加强财政预算管理、清理规范税收优惠、建立统一的市场环境，我区之前建立的优惠政策优势丧失，将来的竞争要更多依靠人才、技术、资本和营商环境。

2. 我区经济社会发展的阶段性特征分析

（1）我区处于工业化中期的阶段性特征仍将维持 5 ~ 8 年。从人均 GDP 指标衡量，2015 年，我区的人均 GDP 达 35 230 元（当年价），按当年平均汇率计算为 5505 美元，已经处于钱纳里模型中的工业化中期阶段。

从三次产业结构判断，2015 年第一产业产值占比仍将超过 10%，处于一产占 GDP 比重为 10% ~ 20% 的工业化中期。

从就业比重分析，受城镇化水平低、农村人口多、三次产业发展滞后等因素的影响，我区第一产业就业比重仍高达 53% 左右，处于一产就业占比在 45% ~ 60% 的工业化初期。

从城镇市化水平来看，2015 年我区城镇化率为 47%，刚迈入工业化中期城镇化率在 50% ~ 60% 的门槛，城镇化率落后工业化后期至少 15 个百分点。

综合以上几个指标分析，我们认为，目前我区总体上处于工业化中期阶段，向后期阶段过渡的特征也不太明显。与全国已经进入工业化后期阶段相比，我区工业化进程仍滞后全国平均水平 5 年以上，预计到 2020 年我区才能基本进入工业化中后期（理论上并不存在工业化“中后期”的阶段划分，所谓“中后期”是指由工业化的中期向后期的过渡）。

（2）我区处于城镇化加速发展阶段。按照美国地理学家诺瑟姆（Ray. M. Northam）城镇化进程三阶段 S 形曲线理论，我区 2015 年城镇化率为 47%，属于城镇人口占比在 30% ~ 70% 的第二阶段，即城镇化快速发展阶段。按照此理论，我区城镇化的进程还远远没有结束。

工业化阶段和城镇化阶段的划分是经过世界各国众多的经济学家几十年来不断实证过的，具有一定的合理性和规律性，我区很难跳出这个规律，完成工业化进程和加快城镇化要成为未来一段时期内的必然，也将为经济社会发展提供强大的动力。

三、2016 年广西经济形势的分析及建议

（一）2016 年发展趋势分析

1. 有利好

预计全球经济贸易依旧低迷，出口对国内经济的拉动可能会进一步减弱，但中央加强供应侧和需求侧结构性改革，传统产业去产能、房地产结构性调整的步伐有所加快；一大批重大基础设施、重大产业、重大民生等项目即将开工建设；促进新业态、新消费的政策逐渐落地，大众创业、万众创新的活力持续迸发。全国投资和消费的增速会有所加快，经济呈现缓中趋稳的态势，这对广西来说是一个重大利好。

2. 有机遇

党的十八届五中全会为未来发展指明了方向，中央加快供给侧结构性改革和培育新消费，扶持中西部地区培育新的增长点，支持贫困地区加快实施脱贫攻坚战，特别是赋予了广西“国际通道、战略支点、重要门户”三大定位的新使命，都将给我区经济发展提供更多空间、更大动力。

3. 有压力

东部发达省市由于产业基础好，创新能力较强，大众创业、万众创新环境好，已经率先引领新常态，创新驱动发展和转型升级更跑在前头。而广西工业发展不足，工业化水平不高，城镇化率低，整体创新能力不强，扶贫攻坚任务重，基础设施建设和社会民生欠账多。下一步既要在工业 2.0、3.0 上补课，又要在工业 4.0 上加课，拓展产业发展空间；既要补齐民生短板，实现全面小康，又要大力推进新型城镇化和基础设施建设，扩大有效投资，扩展城乡发展空间；既要全力稳增长，保持经济中高速增长，突破中等收入瓶颈，又要调结构、促转型，推动经济发展迈向中高端水平，稳增长的压力不小。

综合判断，广西经济长期向好的基本面没有改变，仍处于可以大有作为的重要战略机遇期，但经济下行的压力仍然很大，发展困难不可低估。要继续保持发展定力，坚定信心，主动作为、积极作为，统筹做好各项工作，为决胜“十三五”开好局、奠定坚实的基础。

（二）2016 年全区经济工作建议

2016 年是“十三五”的开局之年，犹如唱歌，调起得太高，步伐仓促，恐怕力所不逮；调子起得过低，气场不足，则社会信心和预期受挫。按照以往的经验，五年规划期的第一年因为有大量项目开工建设，社会预期较好，加上换届因素，增速往往会较为理想。但当前的发展形势已经发生转变，市场机制在资源配置中的作用比以往任何时期都强，政府主导已经悄然让位于市场主导，以往靠政府大力招商引资、大搞园区和城市建设就能发展的“招数”已经慢慢失效，政

府与市场主体的关系正在重构中，但社会对经济低增长、低盈利率的共识还没有完全形成。因此，2016 年的增速比以往的开局之年都显得更敏感、更重要。为此，我们建议 2016 年预期增速在 8.0% 左右，主要基于以下考虑：

第一，从必要性看。一是保持缩小与全国差距的需要。到 2020 年，广西实现 GDP 比 2010 年翻一番，只需年均增长 4.5% 以上就可以，但人均 GDP 不到全国的 55%。按测算，2014 年广西人均 GDP 相当于全国水平的 70.9%，到 2020 年要保持目前的占比水平，需要 GDP 增速为 6.5% 左右，占比水平要提高到 75%、80%，需要 GDP 增速为 7% ~8%。另一方面，要实现城乡居民人均收入到 2020 年翻一番，我区“十三五”时期经济年均增长至少要达到 8.0% ~ 8.2%，在这个速度下，城镇居民和农村居民收入将分别达到全国平均水平的 77% 和 89%。气可鼓不可泄，开局之年保持高于五年平均预期的速度十分必要。二是落实新常态下中高速增长要求的需要。新常态下发展速度减缓，主要是经济周期性影响和体制机制不适应发展共同作用的结果。但新常态绝对不能被片面理解为增速无底线地一路下滑。如果没有一定的增长速度，企业断崖式倒闭崩盘，显性和隐性失业增加，财政和居民收入下降，基础设施建设和民生投入难以保障，增速下降与风险加大的共同作用形成风险螺旋上升效应，这个危险是有可能的，也是需要高度关注的。党中央建议“十三五”经济保持中高速增长，预计未来五年，全国平均增长 6.5% 以上。我区是后发展欠发达地区，仍处于工业化、城镇化加速阶段，必须自我加压，努力保持在“中高速”的上限区间，8.0% 左右是适合我区区情的中高速增长水平。三是稳定社会预期的需要。按照以往的经验，五年规划期的第一年自上到下都会有大量项目开工建设，社会预期较高，普遍看涨不看跌。虽然当前市场机制在资源配置中的作用比以往任何时期都强，政府主导已经悄然让位于市场主导，以往靠政府大力招商引资、大搞园区和城市建设就能发展的招数已经慢慢失效，政府与市场主体的关系正在重构中，但社会对经济低增长、低盈利率的共识还没有完全形成。因此，保持 8.0% 左右的速度，有利于提振信心。

第二，从可行性看。一是按照生产法核算测算，有三次产业的支撑。一产方面，2015 年因为“生猪周期”、洪涝灾害等因素影响，增速回落较大。2016 年一季度以后，生猪出栏量会逐渐上升，粮食、种植、林产和水产稳定增长的可能性很大，因此一产有望回到 2014 年的水平，拉动经济增长 0.51 个百分点。二产方面，受房地产逐步回暖的影响，建筑业会有一定增长，与房地产密切相关的建材、钢铁等有望实现恢复性增长。中央加强供给侧管理、去产能加快，以及深化结构性改革，破除更多发展障碍，工业经济平稳增长可预期。二产整体拉动经济增长 5.1 ~5.3 个百分点是可以争取实现的。三产方面，房地产恢复性增长是大概率事件；在油价温和、汽车购置税减半的共同作用下，汽车、旅游、住宿、餐饮、运输等增长前景乐观。服务业发展提速、贡献继续增大，三产对经济增长拉动 2. 9 ~3. 3 个百分点难度不大。综合三次产业的拉动作用，全年 GDP 增长将在 8% ~8. 5%。二是从支出法核算测算，有投资和消费支撑。按常住人口算，目前广西人均固定投资在 3 万元左右，比全国平均水平少 8300 多元，比江苏、浙江分别少 23 000、13 600 多元。公路密度为 49. 7 公里/百平方公里，仅相当于广东的 42%、江苏的 34%；高速公路密度为 1. 82 公里/百平方公里，仅相当于广东的 52%、江苏的 43. 5%，差距很大；基本公共服务等领域投资的缺口也很多，我区的投资需求空间仍然很足。开局之年，各地基础设施、产业和民生等一大批项目开工建设，投资增长 18% ~20%（其中基建增长 25% 左右）是能够实现的。2014 年我城镇和农村居民人均消费支出分别只有全国的 75. 3% 和 80%、重庆的 82. 3% 和 83. 6%、上海的 49. 3% 和 43. 7%，城镇居民消费比贵州还稍低，消费增长空间很大。同时，汽车等高额耐用消费品的需求量很大，新的消费热点和模式不断涌现，消费升级已经到来，对经济增长的贡献会在 2015 年的基础上再进一步；出口结构逐步优化，也会降低对经济增长的负拉动。三是从潜在增长区间测算，8. 0% 的速度处在此区间内。根据广西 1978 年以来的历史数据，利用 GDP 自回归移动平均模型测算，2015 ~2020 年广西的潜在发展速度区间为 8. 72% ~10. 09%。考虑到数学模型不能反映非量化因素的影响，特别是不能反映中央发展新要求的影响，实际的发展速度上下限会略低。明年保持 8. 0% 左右的增速，是符合我区潜在增长区间要求的。

实现以上增长目标，关键要做好以下几项工作。

1. **保持中高速增长，努力开好局、起好步**

一是继续完善稳增长政策。2014 年的 38 条、2015 年的 48 条稳增长政策效果较好，有些条款可以继续发挥作用，有些条款已经失效，建议尽快实施对“38 条”“48 条”第三方评估政策的评估工作，并根据评估结果及时调整完善。同时，建议补充出台针对特定行业企业的化解困难、促进增长的政策，如出台提高先进产能火电企业发电负荷，帮助钢铁、建材（水泥）、铝业、铁合金等行业渡过难关等的政策措施。

二是继续促进投资稳定增长在 18% ~20%。要继续加快政府主导的基础设施建设的步伐，确保基建增速在 25% 左右。尽快完善 PPP 项目管理办法，明晰 PPP 项目的盈利模式、政府和社会资本风险责任分担、政府融资支持等机制，建立 PPP 投资专项基金，提高民间资本参与 PPP 项目的热度。尽快建立政府股权投资或跟进投资、风险投资等产业投资基金，稳住工业投资。相机完善促进房地产健康发展的措施，合理引导房地产投资，防止下滑速度过快；通过限制用地供应等手段，促进局部过剩地区去存量。

三是继续促进工业稳增长。要统筹做好工业稳增长和转型升级，避免工业因为稳增长千斤重担压在身上而错过转型升级时机。建议利用政策性金融工具加紧对工业实施逆周期调节，建立银行、担保、财政风险分担机制，设立自治区、市、县三级中小企业应急转贷资金，委托相关银行对主业突出且生产经营正常、资金周转暂时出现困难的中小企业进行贷款支持。继续减轻企业的税负。继续加大政府对区内产品采购支持力度，鼓励群众购买区内产品，帮助企业扩大区内需求市场。

四是继续促进消费、稳增长。首先，要增加居民收入、扩大供给、促进消费。在当前企业劳动力成本普遍偏高的环境下，不宜采取“一刀切”的过度提高最低工资标准和社保缴费率等手段，要通过拓宽就业渠道，减少因企业停产降薪、缓薪、停薪等隐性失业来增加居民收入。其次，通过改善环境、实施鼓励政策促进消费。消费供给结构的改变需要一个过程，在不断提高供给的同时，要加强对消费市场的监管和执法力度，打击假冒伪劣、欺压拐骗等行为，切实维护消费者利益；适时继续推出鼓励汽车、住房、旅游、信息等消费的政策。最后，加强统计，促进消费。我们在调研中发现，一些销售量高达1亿个甚至2亿个的个体户、批发户，因为不是一般纳税人而不能纳入限上统计；走电子商务的个体、限上企业逐渐增多。要针对新情况改进统计方法，确保应统尽统。

2. 多措并举，加快产业转型升级

一是帮助企业化解过剩产能。在我区已经建立起来的产业当中，相当一部分产能是过剩的，在房地产低迷的时候，与之密切相关的水泥、钢铁、铝等产业的情况更为严重，但企业和部分地区主动退出过剩产能的难度较大。要结合使用财政金融政策，社保补贴和兜底政策，水、电、土地等要素差别化的管理手段，引导企业以关闭、置换产能、行业并购重组等方式化解产能过剩。

二是大力实施创新驱动，培育新的增长点。制订自治区产业关键技术攻关目录，实施政府购买重大科技攻关服务计划，建立一批自治区、国家级科研基地、平台，集中力量重点突破高端装备制造、生物制药（含海洋生物制药、海洋保健品）、新一代电子信息技术、新材料等重点领域的关键核心技术。

三是建立一批低费用或免费的创客空间。在南宁、柳州、桂林等地，由政府提供场地、设备和融资等支持，建立一批知识分享、创意交流以及协同创造为主的非盈利性城市创客空间，通过鼓励大众创业、万众创新来促进产业升级。

四是发挥财政金融杠杆作用促进产业转型升级。逐步改革自治区和各级支持产业发展资金的使用办法，由过去直接财政奖补的方式改为以产业引导基金股权投资或跟进投资的方式，将行政手段支持产业发展转变为市场机制主导产业发展。

3. 高度重视防范和化解财政金融风险

当前，局部财政金融风险有所加大，主要体现在：一是政府性债务风险增加。土地出让金和税收收入下降，但工资、社会民生等刚性支出不断加大，政府性债务还债高峰期到来，部分市县保运转压力很大。二是没有盈利能力的企业过多占用资金。过剩产能企业、房地产企业占用银行贷款的量很大，随着市场需求萎缩，企业资金链断裂，几乎丧失偿还银行债务的能力，银行坏账率可能会上升。三是民间借贷、非法融资活动有所增多，部分社会资本金融机构违规存贷款的行为比较活跃。四是实体经济盈利率下降较大，融资成本持续高企，资本加快逃离实体经济，可能会加剧实体经济发展的困难。建议要建立财政金融风险应急管理制度，加大市县、企业的债务监测力度，打击非法金融活动，加快金融改革创新步伐，合理引导金融业健康发展。

附件1：一季度经济形势的基本判断与对策建议

附件2：当前经济运行需要高度重视的三大风险

附件3：国务院发展研究中心召开省区市座谈会研判经济形势

"广西宏观经济运行态势监测分析"课题组
指　导：黄　洲
执　笔：贤海华　邓杨素　黄志岳　周　艳

附件1

一季度经济形势的基本判断与对策建议

2015年一季度，我区三产增长同比好过预期，投资增速高出全国4.8个百分点，进出口增长大幅高于全国，物价、金融市场平稳运行，结构趋优有新亮点。同时，与全国的情况一样，我区经济运行延续下行态势、压力进一步增加，这主要是受全国通缩预期、工业去库存以及一些非经济因素等方面的影响。但当前外部环境和经济运行尚未超出预期范围，应继续保持发展定力，重点是避免经济运行失速、滑出合理区间，要有序引导工业去库存、化解产能过剩、稳定生产，加快既定项目建设，并做好相关政策储备，将经济降幅控制在合理的范围，为全年经济平稳发展奠定基础。

一、当前经济下行压力持续增大的主要原因

"三期叠加"是近年我区经济持续下行的趋势性原因。工业产能过剩化解还没有结束，房地产投资增速下滑、商品房销售遇冷，市场格局正处在剧烈调整中。总体上，旧的发展动力疲态尽显、效能减弱，新的发展动力形成缓慢，结构变化引起的宏观经济指标间的平衡仍在继续，经济增长速度的转换尚未完成。

（一）主要工业行业产品已经达到历史峰值，产能过剩面广度深，压制了企业投资和生产的积极性

1. 从投资看，投资过于集中于产能过剩行业，未能发挥预期生产能力

"十二五"以来，我区工业投资占固定资产投资的比例稳定上升，占比在41%左右。2011～2014年，工业制造业投资占工业投资在78%～81%，其中制造业中的造纸业、石油化工业、水泥及制品业、非金属矿物制品业、黑色金属、有色金属冶炼及压延加工业等产能过剩行业投资占工业投资分别为31.24%、30.55%、28.92%，与这些行业密切相关的采矿业投资分别为8.94%、8.08%、7.19%，电力、燃气及水电生产和供应业投资分别为13.04%、11.73%、10%。由于产能过剩行业过度投资，这些年上马建设的工业项目，虽然大部分在技术上已经处于行业领先水平，但恰好遇到这一轮深刻的经济调整期，建成的生产能力未能预期发挥，占用了大量的资金和资源，企业的投资能力和投资意愿明显不足。

2. 从市场看，产能过剩行业的市场需求持续低迷，拖累了企业的盈利状况

在制造业主营业务收入前10位行业中，有5大行业属于产能过剩行业（见图1）。2011年以来，制造业中产能过剩行业主营业务收入占全部工业的比例略

有下降，但占比仍然超过 29%。产能过剩工业品出厂价格出现连续 37 个月下跌（见图 2），自 2014 年 10 月份以来，同比跌幅有进一步扩大的趋势，价格倒挂加剧，企业库存压力增大，生产积极性减弱。我们预计，在一季度、二季度，工业增加值增速同比下滑 2.5 ~2.6 个百分点，拉低 GDP 增速 0.14 ~0.15 个百分点。

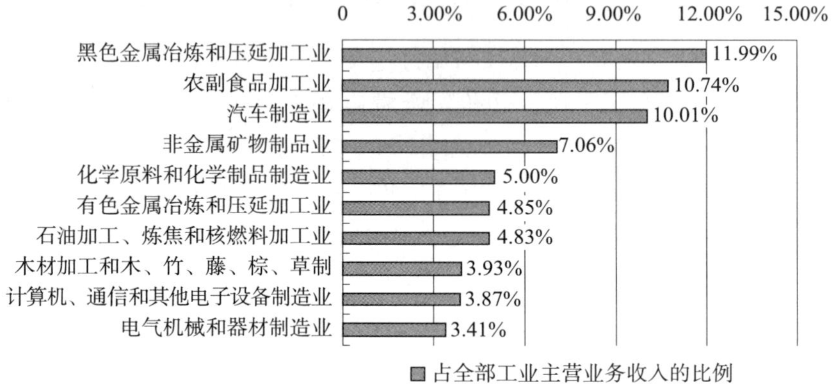

图 1　制造业主营业务收入前 10 位的行业

数据来源：2013 年第三次经济普查。

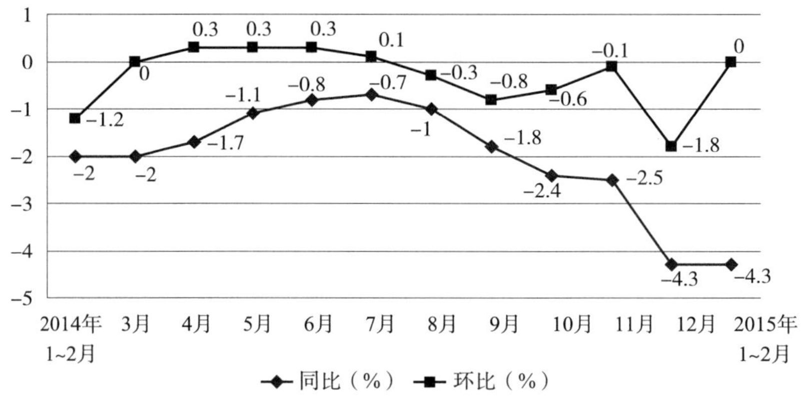

图 2　工业生产者出厂价格涨跌幅

（二）房地产的趋势性调整拉低了投资增速

2013 年我区城乡居民家庭单栋住房为 21.06%、单元式住房为 76.50%，市场格局已经发生了转变，供需基本平衡，甚至部分地市、县（区）已经出现局部过剩，直接表现为 2011 以来房地产投资占固定资产投资的比例呈下降趋势，2014 年为 13.84%，比 2011 年下降 5.86 个百分点。2015 年一季度房地产投资增速下滑较大是拉低目前投资增速的主要原因，我们估算，其直接拉低投资增长 1.56 个百分点，如果考虑间接效应，影响会更大，并有可能出现进一步下滑的态势。

（三）消费增长下滑，对 GDP 贡献出功不到位

消费是一个较为稳定的指标，跟居民收入结构和投资率都有很大关系，而且随着投资对 GDP 增长的贡献降低，消费需求的占比应该会相应提高。2011 年以来，社会消费品零售总额增长速度虽然逐年下降（见图 3），但它对 GDP 增长的贡献一直稳定上升，平均贡献率为 47.44%。2015 年一季度以来，社会消费品零售总额增长同比下滑明显，低于全国平均水平约 2.2 个百分点，我们估算，其拉低 GDP 增长 0.3 个百分点左右。

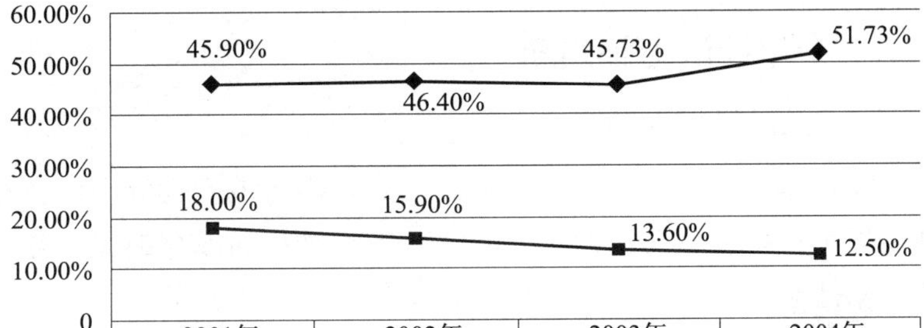

	2001年	2002年	2003年	2004年
对GDP增长的贡献	45.90%	46.40%	45.73%	51.73%
社会零售总额增长	18.00%	15.90%	13.60%	12.50%

图 3　消费增长及其对经济增长的贡献

注：使用社会消费品零售总额代替最终消费，测算数据相对偏小一些。

（四）通货紧缩预期消减实体经济发展信心

1. 通货预期加强直接影响市场信心

从世界范围看，大宗商品价格持续下跌，美国退出 QE（量化宽松）的预期加强，欧洲、日本通缩压力加大。从全国范围来看，PPI 持续负增长 37 个月，降幅还有进一步扩大的趋势，采矿业、原材料工业和制造业的价格都在走低，同时即使考虑了春节因素的 CPI 涨幅也维持在“1”的区间，国内通缩预期增强，市场信心进一步恶化，产生的最直接的影响就是企业不愿意增加采购和扩大生产、资本加速从实体经济向虚拟经济转移。

2. 通货预期加强促使银行收缩信贷

通货紧缩一般会引发债务危机，对经济产生灾难性影响。我区经过前些年的投资扩张，有相当大的信贷资金和企业自有资金投向房地产和工业，在当前紧缩预期的影响下，企业加快资金回笼、收缩企业间的商业信用，银行进一步收紧信贷，间接推高了实际利率水平，企业面临高负债和高利率叠加，真实的资金成本在 15% 以上，企业债务压力不断加大、预期恶化。

（五）部分非经济因素消减经济增长的动力

部分政府的行为变化影响了经济的增长。经济进入新常态后，不少地方感觉“不会干”了，过去政府有一套行之有效的竞争机制，抓大项目招大商就可以促

进经济的发展，抓房地产、抓城镇化是主要手段，靠土地财政就可以养活。但在新常态下，国家硬化预算，清理地方债，规范各地形形色色的招商引资、财政税收优惠政策，迫使地方政府的行政性竞争向市场性竞争转变，如何抓创新发展，如何发现和培育新的增长点，很多干部感到没有思路、缺乏抓手。随着深得人心的反腐行动深入推进，一些干部采取了“只要不出事，宁愿不做事”“多一事不如少一事”等做法。这些非经济因素对冲了改革创新带来的经济动力和规模，不容忽视。

二、全年经济走势判断

（一）国内经济形势

内需仍是国内经济运行的关键。一是国内房地产投资下滑预期加强，目前国内城镇居民户均住房已经超过 1 套，二三线城市的库存超过 3 年，虽然刚出台的房地产新政对销售有一定的促进作用，但房地产下行的压力不会降低。

二是制造业投资仍有望保持较高增长，但增速会降低。钢铁、水泥、重化工等行业产能整体过剩，汽车生产进入相对低的增长期，但考虑到国家鼓励创新，企业设备折旧和技术更新会有所加快，制造业仍然有较大的增长空间。

三是服务业会有较大的增长，特别是现在国内经济向工业后期发展，一些低端的、劳动密集型产业正加速向越南、印度等国家转移，为设计、信息、物流和销售等生产性服务业发展腾出更多的发展空间，它的增长有望保持在高位。

四是现代农业会有突破发展。在工业、房地产相对不景气的背景下，我区出现了资金由工业和房地产实体加快向现代农业实体转移的迹象，特别是向现代农业庄园、观光农业、休闲农业等一二产、一三产融合发展的新型产业模式转移。

（二）区内经济形势

1. 从当前看，内需增长的关键仍是投资

经济减速，房地产市场调整，居民住房、大件耐用商品的消费带动效应减弱，消费将会呈稳中趋降态势，即使考虑新消费形态、消费产品等消费升级的积极因素影响，短期内消费还是一个稳定变量，难以有大幅度的增长；外贸进出口增幅虽然较大，但是基数低，对经济增长的推力仍然较小。因此，投资投什么、怎么投仍将是我区增长的关键。

一是工业仍是拉动投资增长的第一动力。2011 年以来，工业对投资拉动的贡献呈平稳上升趋势，2014 年贡献率有所下降（见图 3），但仍然有 35.9%。随着制造业去库存、加快设备和技术更新，工业结构调整升级会有一个新阶段。我们估算，工业投资增长仍将有 12% ~14% 的增幅，拉动投资增长 6 ~7 个百分点左右。

二是房地产成为投资增长的拖尾因素。2011 年以来，房地产对投资增长的拉动总体呈下降趋势，2014 年比 2011 年下降 8.17 个百分点（见图 4）。房地产

供求基本平衡，格局分化加快，在区内来讲，也将形成一二三线城市，一些人口基数多、产业基础好的城市人口流入加快，房地产向中高档发展的态势良好，房地产还有上升的空间，将是区内的一线城市，如南宁、柳州等。但对于全区来讲，房地产拖尾迹象渐现，肯定不能像以前那样成为经济发展的大动力了。

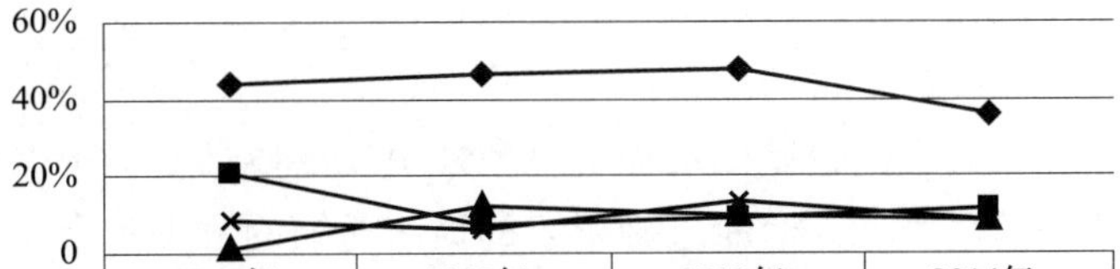

	2011年	2012年	2013年	2014年
工业	44.04%	46.77%	47.91%	35.90%
房地产业	20.92%	7.60%	9.02%	11.80%
交通运输、仓储和邮政业	0.94%	12.20%	10.08%	8.54%
水利、环境和公共设施	8.70%	5.84%	13.51%	8.27%

图4　2011～2014主要行业对投资增长的拉动情况

三是基础设施拉动投资增长的贡献将会更大。2011～2014年，交通、水利、环境和公共设施等基础设施投资对投资拉动的贡献处于波动状态（见图3），主要原因是公共设施项目资金使用程序较为严谨，有一个周期性的下达计划。随着工业投资放缓、房地产投资负增长，此消彼长，基础设施投资对投资增长的贡献将会更大。

2. *从未来看，潜在增长的动力仍然很充足*

未来一段时间内，经济增长“上有压力，下有支撑”。“上有压力”表现为建成的产能不能完全发挥，潜在生产力有下滑的趋势，经济增长速度在下滑，调整还没有结束。“下有支撑”的主要依据是发展的基本面没有改变，表现在：

一是工业化和城镇化没有完成。2014年我区城镇化率为45.8%，如果考虑有相当一部分进城务工的人员还没有住房的因素，实际城镇化水平还要低一点。如果在未来10年要达到全国现在的平均水平，城镇化还有10个点的增长，即每年一个点以上，加上工业化率比全国落后1.4个百分点，还有很大的增长空间。我们估算，这个基本面可以支撑GDP每年增长3个百分点以上。

二是基础设施升级。“大通道”“双核驱动、三区统筹”的建设必然会拉动交通、供水供电、商业服务、环境保护、科教文卫等市政公用设施和公共生活设施的升级。我们估算，这个基本面可以支撑GDP每年增长2.5～3个百分点以上。

三是消费结构升级。现在住和行基本解决了，但是旅游、养老、医疗保健等方面的需求和潜力很大，如汽车拥有量，现我区每百户拥有量不到30辆，刚性需求的空间仍然很大。我们估算，这个基本面可以支撑GDP增长3个百分点以上。

三、保持经济平稳运行的思路与政策建议

当前我区经济增长正处于速度转换的关键期，从投资、消费等几个关键指标

的变化来看，新的增长平台还没有建立，下行还在寻底中，调整还没有结束，经济运行持续承压不可避免。但从短期需求和中长期发展趋势来看，2015 年我区具备 GDP 增长稳定在单季度7.5% ~8%以上、全年8.3%左右的条件。仍需保持发展定力，稳定社会预期，适当加大短期政策的管控力度，防止经济增长由减速进一步演化为失速，确保经济稳定运行。

针对经济下行的压力加大，建议：

第一，积极引导稳定预期，增强市场主体信心。根据国内外的发展经验，通缩的局部性表现为产能过剩越多的地区通缩的危害越严重。在通缩预期加强的情况下，当前短期政策的重中之重是合理引导实体经济的预期，防止通缩预期进一步影响市场主体行为。可以考虑采取以下具体措施。

一是短期内采取财政补贴、鼓励的方式支持重点产业发展，帮助企业渡过难关，避免企业大面积倒闭造成产业空心化。

二是中长期内政府支持产业发展要从托底向引导转变，要从支持企业“活过来”向很好地“活下去”转变。要引导铝、糖等企业兼并重组，采取退出部分落后产能、优化升级领先产能的方式，对退出产能的企业，政府采取兜底政策，在职工安置、职工再就业培训和社会保障等方面予以支持；对于升级产能的企业，政府加大科技创新支持的力度，让企业通过创新升级来消减成本，重建竞争优势。

三是适应新一轮产业转移向更好配套、更好服务的地区转移的新特点，要加快开放合作平台建设，抓住东部新一轮产业转移的机遇。

四是加大政府信息公开的力度，将 2015 年乃至今后一段时间内已经确定的公共服务、交通、产业等领域的重大工程、重大项目提前向社会公布。

第二，全力稳定市场需求。一是实施消费升级工程，出台鼓励智能家电和信息消费的补贴办法，对城乡实施宽带升级、光纤和数字电视入户实现补贴。二是释放改善性住房需求，促进房地产平稳发展。对区内一线城市（南宁、柳州、桂林、梧州等），进一步放宽改善性住房和异地购房的准入条件，加快公积金审批办理的过程；对区内已经出现过度饱和的二三线市、县，采取适当从紧的政策，限制土地供应，同时改革住房保障方式，采取货币安置、租金补贴等，或政府集中采购普通商品房作为棚改安置房和保障性住房。三是继续加大既定基础设施和公共服务设施建设的力度。

第三，着力剔除非经济因素影响。一是加大治理和严肃问责“庸政”“懒政”的力度，及时“召回”不会干、不想干的庸官、懒官。二是加快推进深化改革和法治建设的步伐，形成法治化的营商环境，让创新创业形成的规模能够充分对冲经济下行的压力。

附件2

当前经济运行需要高度重视的三大风险

——2015年广西宏观经济运行态势监测分析之一

2015年以来，我区第三产业、投资、进出口和高技术产业的增长虽然有较好的数据面，但是这些增长并不能对冲经济整体下行、继续探底的压力。当前，必须高度重视经济运行中的三大风险。

一、高度重视GDP增速下滑带来的经济社会风险

2015年一季度GDP增速仅为7.6%，是近15年以来开局速度最低的一年。如果GDP增速进一步降低到7%以下，由此带来的社会风险可能会急剧加大。一是新增财政和就业减少。我们根据数学模型测算，GDP增速每下滑1个百分点，财政收入减少0.614%，就业人数减少0.27%，即如果2015年GDP增速下滑到7%，以2014年的基数计算，年财政收入将减少22亿元，年就业人数将减少7.5万人。如果GDP继续下降到6%以下，财政收入下降和就业萎缩与经济下滑不再是线性比例关系，而是一个急剧放大的乘数效应，结果难以承受。二是居民收入增长缓慢，消费收缩。由于GDP增速下滑导致就业情况变差，居民收入增速减缓，传导引起居民消费进一步收缩下滑，这从一季度收入和消费指标中得到验证。一季度城镇和农村居民收入分别增长6.9%和10.6%，分别为2012年、2011年以来最低；全社会消费品零售总额增长为8.5%，同比下降3.5个百分点，自2008年以来单季度增长最低、降幅最高（见图1）。三是社会预期受挫。GDP持续下滑将进一步促使企业持观望态度，扩大生产和继续投资的信心进一步恶化，结构调整和创新驱动难以有效推进，同时会加快资本从实体经济抽离的速度，形成恶性循环，经济基本面被破坏，重启的难度和成本会大大增加。四是民生保障能力减弱。部分地市GDP增速下滑过快、过深，导致税收和财政收入迅速下降，从而加深财政赤字和加大偿还债务的压力，大大削弱政府在民生社会事业方面支出的能力，全面实现小康社会的难度会进一步加大。

经济下行过程中隐含的这些风险有其必然性，但是我们也不能任之失速，要高度重视应对，做到两个结合：一是“稳”与“进”的结合。从一定意义上说，防风险就是要稳增长。“进”仍是新常态下的目标，不唯速度论形势并不是就可以放慢发展，发展始终是第一要务，仍然要保持经济运行在合理区间内。对广西

而言，经济增速的底线应为7%以上，任由其滑过底线，经济社会将产生巨大的震动。二是预期管理与防控风险的结合。既要通过有效信息引导理性预期，合理规范、稳定社会秩序，也要相应提高各方面的承受能力，牢牢守住不发生系统性、区域性风险的底线。

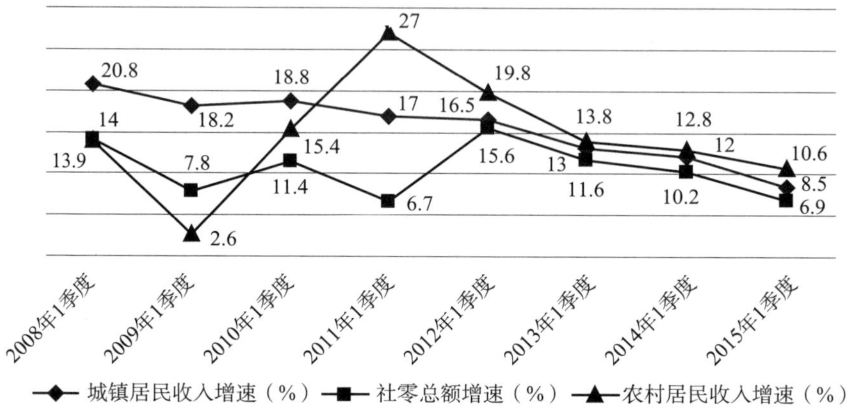

图1　2008～2015年一季度城乡居民收入、社零总额增速情况

注：数据来源于广西统计信息网。

二、高度重视工业增速有可能进一步下滑的风险

根据测算，我们认为：如果工业增加值增速持续下滑或低于8%，GDP增速进一步下滑至7.5%以下的可能性很大；但如果工业增加值增速能提升到9%左右，GDP增速有望达到8%。上述判断主要是基于以下三点考虑：一是工业仍是当前经济增长的第一拉动力，但二季度工业开始企稳的迹象不明显。“十二五”以来，工业增加值占GDP的40%，工业增加值每增长1个百分点，拉动GDP增长0.48个百分点。工业投资占固定资产投资的比例在41%左右，对固定资产投资增长的贡献率超过40%，而且工业投资超过40%集中在过剩产业及其相关产业上。在当前的形势下，由于前些年新形成的产能不可能完全发挥，虽然二季度工业生产境况比一季度出现好转，但企业仍然面临价格倒挂的压力，企业生产意愿仍然不足，工业难以出现大的增长，对GDP增长的贡献率有可能进一步降低，GDP增速可能会因此降至7.5%以下。二是三产虽然增速上升，但对GDP的贡献仍然出功不到位。2015年一季度三产增速同比提高4.7个百分点，出现较好的迹象，但一季度三产对GDP的贡献比二产、工业仍然低9.7和1.4个百分点，比全国低14.1个百分点。二季度有促消费、促服务业发展的政策刺激，三产会进一步向好。我们估算，三产中的主要指标社会消费品零售总额增长仍将维持在8.5%左右，意味着三产并没有很大的实质性提高，三产增长并不能完全消除工业下行的影响，对GDP增长的拉动也不会出现很大的变化。三是房地产业成为投资稳定增长的拖尾因素。2011年以来，房地产业对投资增长的拉动总体呈下

降趋势，2014 年比 2011 年下降 8.17 个百分点。2015 年一季度，房地产投资对固定资产投资的拉动继续下降，贡献率只有 3.4%，同比下降 4.9 个百分点；有 7 个地市房地产投资出现负增长，且除了南宁完成投资总量较大外，其他城市均很小，其中 7 个市总量在 10 亿～18 亿元、3 个市在 27 亿～35 亿元、3 个市在 2 亿～6 亿元，5 个市销售负增长。当前，我区房地产供求基本平衡，2014 年农村居民和城镇居民人均住房面积分别为 43.25 平方米、37.72 平方米，在建住宅面积超过 13 000 万平方米，人均住房已经超过 1 套，市场格局已经发生了转变，甚至有部分地市、县（区）已经出现局部过剩，即使有促进房地产发展的利好政策，房地产投资也不会有很大的增长，也不可能像过去那样成为经济发展的大动力了。

目前二季度已经过半，但形势仍然不容乐观。我们认为，二季度 GDP 增速下探的趋势仍然存在，要守住 GDP 增长速度在 8%，首先必须想方设法托住工业增加值增速在 9%，其次紧紧盯住投资的关键作用，同时大力抓住促销费不放松。

（一）稳定工业增长仍将是当前的首要任务

当前，工业仍是维持经济增长的第一动力，要确保经济增长的目标，必须全力稳定工业增长。一是充分挖足用好现有企业的潜力。要继续解决好现有企业的“一高一低、两难两贵”的问题，即用电成本过高、产品价格走低、融资难融资贵、招工难用工贵，让前些年建成的产能能够尽量发挥，让现有企业全力生产。二是要抓企业上规模扩增量。抓好近年来因统计标准提高或经营变差而掉下规模的企业再上规工作，想办法解决新增企业因纳税不足、证照不全等问题无法入库的问题，对初次入库、再入库的企业实施奖励。三是实施重点企业帮扶计划。对钢铁、铝、糖、锰、水泥、汽车、机械等重点企业，制定“一企一策”化解困难帮扶计划，降低水电气等生产要素价格，引导企业兼并重组，帮助企业畅通产品外销渠道，扶持钢铁、水泥、汽车、机械等产品走出国门。四是加大区内产品政府采购的力度。在政府主导的基础设施和产业园区建设项目中，优先采购区内企业生产的建材、装备和机电产品。从工业发展专项资金中安排一部分资金，对采购区内配套产品的企业实施一定的区内外价差补贴。

（二）继续发挥投资对经济增长的关键性作用

从当前看，房地产市场调整，短期内消费难以有大幅度的增长，外贸进出口对经济增长的推力仍然较小，因此要止住 GDP 继续下滑的态势，投资增速保持在 18%～20% 仍将是关键。一是要发挥基础建设投资主导作用。一季度，基建投资对投资增长拉动 39%，充分带动了投资的增长。要继续以加大财政资金投入重点带动社会投入，安排能产生即期效应又利长远的基础性项目，如交通、水利、环保等基础设施项目，确保基建投资增长不少于 25%。二是注重有效投资。

除了“铁公机”的投资项目外，也要注重补短板、调结构，增加公共产品和公共服务方面的投资。三是要加快产业园区建设。“闲时多修路”“休渔勤补网”，在产业发展相对低迷时期，完善园区的基础设施和配套，以便在下一次产业投资高潮中抢得先机。

（三）继续大力促进消费增长

消费是进一步扩大生产的动力。2014 年广西居民人均消费支出比全国水平低 4244 元，只要促进人均多消费 2000 元，就可以再打开一个 1000 亿元以上的“广西内需”市场。要继续大力抓住促消费：一是大力促进旅游消费。举办“广西人游广西”活动，可出台凭广西本地身份证或有效的工作证明优惠购买景区门票的政策；鼓励机关企事业单位的工会组织以旅游券的方式发放少量福利。二是大力促进购买区内产品消费。实施购买区内产品补贴计划，对购买广西产的汽车实行减半征收购置税；向中低收入特定人群发放购买广西商品购物优惠券。

三、高度重视财政债务风险

当前经济下行、企业生产经营困难、房地产行业剧烈调整，财政面临收入下降、债务不断上升的高风险。一是财政减收的项目增多，减收幅度较大。2015 年 2 月，只有个人所得税和耕地税两项共减收 4.76 亿元；3 月，出现企业所得税（下降 20.1%）、国有资本经营收入（下降 43.3%）、营业税（下降 2.2%）、国有资产有偿使用收入（下降 6.9%）和土地增值税（下降 28.8%）5 个项目共减收 34.19 亿元。二是部分市财政收入下降较多，下降面不断扩大。2015 年 1～4 月，全区财政收入累计增长 10.7%，取得开门红，但是部分市县却出现不同程度的困难，财务账单的“颜值”并不高。从同比看，截至 4 月，5 个市出现财政收入同比下降、平均下降 9.1%，6 个市一般公共预算收入下降、平均下降 18.65%，8 个市税收收入下降、平均下降 13.49%，其中 1 个市预算收入下降幅度高达 38.8%，1 个市税收下降 33.1%，已经有 7 个市的非税收入占比超 40%。从环比看，财政收入、一般公共预算收入、税收收入出现下降的市，4 月份比 1 月分别增加 1、2、3 个（见表 1），下降的面呈现逐月扩大趋势。一季度，全区 75 个县（市）中有 20 个财政收入出现负增长，比上年同期多 5 个。2015 年财政刚性支出项目较多，如增加工资、为乡镇公务人员发放工作补贴等，如此的财政状况可能会导致部分县工资支出难以保证。三是市、县两级政府债务增长快，偿债压力越来越大。2013 年的全区政府性债务审计结果显示，截至 2012 年年底，全区政府性总债务率为 57.86%；截至 2013 年 6 月底，全区各级政府负有偿还责任的债务为 2070.78 亿元。总体上，全区政府性债务风险还在可控范围，但市县一级债务增长很快，负担越来越重。2013 年以来，全区各级政府性债务大约年均增长 16%～22%，我们根据 2013 年 6 月底的基数估计，目前市本级、县本级政府负有偿还责任的债务余额分别超过1800亿元、520亿元，承诺以土地出让收入偿债的比例超过40%，而且至少有6个市、4个县负有偿还责任债务的债务率高于100%，个别市县债务借新还旧率（举借新债还旧债的比重）超过20%，市县一级的债务风险已经非常大。四是土地收益下降幅度大。1～3月国有土地使用权出让收入58.98亿元，同比减少105.75亿元，下降64.2%，高度依赖土地出让金支撑的财政已经难以维持，部分市县已经“巧妇难为无米之炊”，只能“十个锅一个盖，哪一个先冒烟先盖哪个”，在工资发放，基本建设、社会民生事业等方面的支出面临“财政黑洞”。

表1　2015年1～4月财政收入同比下降的地市

单位：个

下降项	1月	2月	3月	4月
财政收入同比下降	4	6	3	5
其中：一般公共预算收入下降	4	8	4	6
其中：税收收入下降	5	5	6	8

注：表中数据根据广西财政厅网站整理。

必须高度警惕地方政府性债务的风险，采取稳健的化债手段逐步释放压力，避免债务危机集中大面积爆发。一方面要规范政府性融资。对不具备举债能力的平台实施兼并重组，严格控制新增政府性融资平台，严格查处违规通过BT、向非金融机构和个人借款等方式举借政府性债务的行为。另一方面要创新财政投入机制。改变过去“以有限的财政支持无限的建设需求”的做法，充分发展财政的杠杆作用，确保财政投入保值增值。如借鉴广东振兴粤东西北的做法，财政投入支持产业园区基础设施建设的资金，采取以股权投资、跟进投资的方式投入到园区开发企业（政府性开发平台），5年内财政投入不参与分成，全部留存企业作滚动发展，5年后企业回购股权并归还财政投入。

附件 3

国务院发展研究中心召开省区市座谈会研判经济形势

——2015 年广西宏观经济运行态势监测分析之二

6 月 24 ~26 日，国务院发展研究中心（以下简称“国研中心”）在北京召开 2015 年省区市经济形势分析座谈会，分析上半年全国经济运行情况，研判下半年乃至更长一个时期我国经济的走势以及值得关注的重点、热点问题，提出了一些政策建议，对我们认清形势、把握方向、走好自己的发展之路颇有裨益。现将会议情况综述如下。

一、上半年全国经济运行的基本情况和新特点

国研中心分析认为，上半年我国经济的主要特点表现为：全国经济继续保持分化态势，部分核心指标略有好转，宏观政策效应有所显现，但经济运行整体下降的态势没有逆转；工业尤其是重化工业和产能过剩主导下行的力量与新技术、新业态和新模式引导的新兴上升力量并存；实体经济降杠杆、降风险与资本脱实入虚、金融风险增大并存；创新动力增强与知识产权保护不力、政府行为不适应新要求、体制机制不匹配并存。避免经济失速、稳步重建结构的平衡仍是当前经济运行管理的主要任务。

（一）经济分化趋势继续加快

从地区看，产业结构成为各省区市经济分化的分水岭，高度依赖资源和重化工业的地区增长降幅大，面临着财政减收、债务加重、实体经济融资更难、更贵等多重压力，如河北、辽宁、山西和黑龙江；转型启动早、产业结构更加合理的地区，经济增长较为平稳，如广东、江苏、浙江和重庆等地。从行业看，重化工业调整剧烈，对 PPI 走低的贡献超过 75%；传统零售行业下行，电子商务快速增长。从企业看，具备一定核心竞争力、加快产业链整合与重组、积极参与高端新产品研发的企业运行平稳，预期较为乐观；与之相反，处于产业链低端的企业则深陷亏损的泥潭。

（二）企业生产小幅回升，盈利仍未见好转

5 月，工业增加值同比增速为 6. 1%，连续两个月小幅回升。社会用电量、发电量在 4 月由负变正的基础上分别上升 1. 6%、3. 3%。民间投资增速达 12. 1%，占全部投资的比重为 65. 4%，同比提高 0. 3 个百分点。制造业投资增速

10.2%，虽然依然偏低，但比4月小幅回升0.15个百分点，同时制造业PMI指数为50.2，连续三个月回升并处在荣枯线（50）以上。汇丰银行6月制造业PMI指数为49.4，为近三个月新高，预示着企业生产向好、市场预期改善，但仍低于荣枯线50，表明制造业活动仍未摆脱萎缩区间。规模以上工业利润降幅虽有收窄，但主要是财务费用等成本下降所致，不少利润也是来自股市投资收益，主营业务收入增幅仍在继续下滑，铜、钢、铝、煤等大宗商品价格仍在走低。受此影响，加上土地出让金大幅缩减，1~5月，国家财政收入累计增长5%，税收仅增长2%，明显低于GDP和规上工业增加值增速，财政压力不断增加。

（三）消费总体平稳，结构分化在加快

5月社会消费品零售总额实际增长10.2%，比4月提升0.3个百分点，消费者信心有所提升，但要注意的是消费结构分化加快，传统消费比较平稳，而信息、电商、旅游等新兴消费快速崛起，如通信器材网上零售增长39.3%，电子商务零售相当于社会零售总额的11.4%。

（四）受基础设施和房地产投资增速下滑拖尾，固定资产投资继续放慢

1~5月，基础设施投资增长18.7%，房地产投资增长5.1%，较1~4月分别下滑1.7、0.9个百分点，两者占固定投资的比重出现下降，受此影响，固定资产投资同比增长11.4%，比1~4月回落0.6个百分点，其中西部回落幅度最大，达1个百分点。

（五）进出口下行压力加大，增长总体低于预期

上半年进出口下降6.9%，延续自2015年以来的负增长态势；进口下降15.5%，自2014年10月以来一直负增长；出口转负为正，略增0.9%，总体低于预期，要完成全年预期目标仍面临巨大挑战。

二、当前全国经济运行中面临的主要问题

国研中心认为，当前经济运行中存在几个必须高度关注的问题。

（一）通货紧缩风险依然存在

主要表现为CPI仍然存在下行的压力；PPI长期持续负增长超过39个月；GDP平减指数一季度为-1.2%，二、三季度持续为负的可能性很大。通缩问题已经是现实的挑战，通缩风险尚未消除，需要高度警惕通缩带来的四种破坏性机制：一是消费者延迟购买，导致价格进一步下跌；二是企业员工工资实际上涨，加大企业成本；三是债务紧缩，形成“价格下跌—实际利率上涨—债务加重—投资收缩—价格进一步下降”的机制；四是形成金融加速器机制，即经济下行，企业盈利下降导致负债表恶化，进而抵押物贬值，而银行为规避风险收缩信贷，导致企业融资更难，经济和价格进一步下行。

（二）基础设施“稳增长”的作用面临考验

基础设施投资是国家一直以来用来平抑经济波动的重要政策手段。在当前制造业和房地产低迷、出口不振的背景下，基础设施的合理增长十分重要。据国研中心测算：全国要实现 GDP 增长 7%，基建投资要保持 20%。但 2015 年前 5 个月基建投资累计增长 18.7%，加上地方政府财政减收和债务加重、政府性基金收入增长放缓、财政民生支出占公共预算比重超过 70%、民间资本参与 PPP 项目意愿不强等因素影响，基建投资增速保持现有速度难度较大，对稳增长的作用面临更加严峻的考验。

（三）资金“脱实入虚”的问题依然突出

受房地产出现转折性变化（2013 年人均住房已超过 1 套）、地方融资平台收缩的影响，资金从房地产、融资平台和产能过剩等吸纳能力强的实体部门转向股市。虽然央行密集降息、降准，但资金实际价格仍然高企，真实流入实体经济的融资规模实际很少，资金“脱实入虚”十分明显，如何引导资金支持实体经济仍面临考验。

（四）干部行为和激励机制重建问题应引起重视

经济进入新常态后，地方政府不能像过去那样通过抓项目、抓招商引资就能实现快速发展，很多干部普遍感到不会干、没有思路、缺乏抓手。原来地方政府间行之有效的行政性竞争机制逐渐被市场性竞争替代，作用也明显减弱，但体制障碍导致市场机制不能充分发挥，加上深得人心的反腐深入推进，一些地方干部“不想干”“不敢干”，采取消极的“多一事不如少一事”的做法，对短期经济增长的影响不容忽视，因此对地方领导干部的激励机制亟须加快重建。

（五）知识产权保护与人才恶性流动问题破坏创新环境

主要表现：一是缺乏对知识产权的有效保护，不少企业创新投入明显不足，采取“搭便车”“跟随”的思路；二是企业花很大力气培养的研发团队和人才被其他企业高薪恶意“挖角”，导致技术外流和企业的投入“打水漂”，这严重影响了企业研发投入的意愿，极大地破坏了创新环境氛围。

（六）统计覆盖不全和数据质量堪忧

目前对新兴业态统计不全，尤其是对新的消费模式，如电子商务仍没有统一的统计标准。在经济下行压力下，数据作假的问题比较突出。统计覆盖范围不足、统计手段滞后和数据不真实问题纠结在一起，导致误判宏观经济走势，既不利于国家进行宏观调控，又不利于微观企业作出正确的投资判断，必须加大力度进行统计改革，更好地服务国家宏观管理。

三、各省区市稳增长的主要措施

各地都将稳增长作为首要任务，并围绕稳工业、稳投资、促消费、惠民生、创新创业等出台了一些有效的政策措施，值得广西借鉴。

在 PPP 项目推进方面，河北与国家开发银行、平安银行合作开展基础设施和城镇化建设，确定了第三批 54 个、总投资 1621.6 亿元的 PPP 项目清单。

在企业减负方面，山西出台了减轻企业负担的 60 条“干货”措施，包括取消、规范超过 35 项收费项目，停止征收价格调节基金，实行工业用水限价，对货运车辆优惠征收高速公路过路费，铁路运价优惠等。

在项目引进方面，四川支持政府性平台公司以成熟土地、厂房、流动资金等要素入股，与企业合作经营项目。对引进的重点产业项目和重点创新型项目，政府或平台公司可为企业代建定制厂房，由企业先租后购。

在创新投融资方面，内蒙古新组建了金融控股集团公司、水务投资公司两个省级融资平台，设立产业发展基金（资本金 25 亿元，总规模 100 亿元）、服务业发展基金（资本金 5 亿元，总规模 20 亿元）、科技创新基金（资本金 5 亿元，总规模 20 亿元）三只基金。四川要求各市（州）、县（市、区）设立企业应急转贷资金，为企业解决融资问题。

在创新土地管理方面，四川、云南、贵州等省推行工业用地出让弹性年期制，实行长期租用、先租后让、租让结合的供给方式，对投资 10 亿元以上的项目用地实施“点供”。

在经济发展考核方面，陕西提高经济发展指标的考核权重，将各市固定资产投资考核分值从 3 分提高到 5 分，工业增加值考核分值从 1 分提高到 4 分，第三产业增加值考核分值从 1 分提高到 2 分，农民人均纯收入考核分值从 2 分提高到 3 分。

四、国研中心关于当前稳增长的一些建议

国研中心分析认为，传统的以货币政策和基础设施为重点的稳增长策略面临很大的挑战，中国经济仍处在增长阶段转换、增长趋势性放缓的过程中，新常态下的新平衡尚未建立，经济整体下降的态势没有逆转，可能困难会超出预期，要实现全年 GDP 增长 7% 的预期目标仍有一定难度。在新的条件下，稳增长一定要有新思路。

一是在效率低下的地方寻找潜力和政策着力点。比如加快过剩产能的消化，加快启动农村向工商资本开放，加快垄断和服务行业的对内对外开放，加快推进军民结合，拓展新增长点。

二是大力促进跨境电子商务。要着力解决通关不便、市场行为不规范和结售汇困难三大瓶颈问题，采取完善市场监管体系，完善通关、结汇、退税等支撑体系，加强电子商务国际合作，加强电子商务平台建设四大措施。

三是亟须解决企业“融资难、融资贵、融资慢、融资痛”的问题，探索建

立银行、担保、财政风险分担机制。

四是切实降低企业电力、天然气、运输为主的生产要素价格，专项清理涉及企业的行政事业收费，有效降低相关缴费比例和费用，切实减轻企业负担，进一步改善营商环境。

“广西宏观经济运行态势监测分析”课题组
指导：黄　洲　张洪石　执笔：贤海华

实施“双核驱动、三区统筹”战略与新常态下广西投资促进战略研究

【引言】利用外来投资是我区发展开放型经济的重要内容，外商投资企业已成为我区国民经济的重要组成部分。投资促进工作是我区吸引外资、对外投资的有效保障，助推开放型经济发展的强有力手段，长期以来发挥了重要作用。当前，广西与全国一道进入经济发展的新常态，投资促进工作迎来新的使命和挑战，特别是 2014 年以来，我区深入实施“双核驱动、三区统筹”战略，对投资促进工作提出了更高要求。如何主动适应国内和全球经济发展的新常态，不断调整、优化投资促进战略，扎实推进投资促进工作，是摆在全区面前的一个重要课题，对我区加快实现“两个建成”奋斗目标具有重要意义。

一、基本概念和理论

投资促进是一个地区为了吸引外来资金技术或引导本地区企业向外投资，促进当地经济社会发展而组织的宣传营销活动。投资促进工作是吸引外来投资、推进产业转型升级、增强经济竞争实力的重要途径，在经济工作中居于优先地位，起着支撑作用。在拉动经济发展的“三驾马车”之中，至少有投资、出口两驾马车是同投资促进工作紧密相关的。国内外学者普遍认为，反映投资促进工作成效的主要指标 FDI（外商直接投资量）与 GDP（地区生产总值）之间存在双向的正面因果关系，即 GDP 提高有利于吸引外来投资，外来投资增加也将推动当地 GDP 增长，投资促进工作因此成为各地推动经济发展不可或缺的重要抓手。

为深入做好我区投资促进战略研究，需对本报告涉及的重要概念进行定义。

一是战略。战略原指军事将领指挥军队作战的谋略，目前多用于管理领域，是指设立远景目标并对实现目标的轨迹进行的总体性、指导性的谋划，具有指导性、全局性、长远性、竞争性、系统性、风险性六大主要特征。战略分析有 SWOT 分析法、内部因素评价法、外部因素评价法、竞争态势评价法、波士顿矩阵法等多种分析方法。为突出关键，本报告侧重从外部环境变化分析研究我区投资促进战略，即从外部环境变化回答我区投资促进工作全局性和长远性问题。

二是投资促进。上文已经对投资促进做了明确定义，由于我区企业走出去的规模较小，本文着重从招商引资的角度开展投资促进战略研究。目前我区该项工作主要由自治区投资促进局负责，根据该部门“三定方案”文件（桂发〔2009〕33 号、桂委会〔2009〕235 号），该局主要职责有十一项，包括“研究提出吸引外来投资参与园区开发建设的优惠政策”“研究提出全区县域投资促进工作政策措施和承接产业转移招商引资工作措施”“组织开展招商引资项目的规划、包装推介”等。这些职责代表了政府方面可操作的事项，是本报告政策建议的落脚点。

三是“双核驱动”和“三区统筹”。根据自治区党委、政府有关文件定义，“双核”是指北部湾经济区、西江经济带，“三区”是指北部湾经济区、西江经济带、左右江革命老区。“双核驱动”和“三区统筹”不是割裂的，而是一个整体战略，旨在通过打造北部湾经济区、西江经济带这两大核心增长极，使之成为支撑、引领全区加快发展的战略引擎，辐射带动左右江革命老区加快振兴。实施“双核驱动”战略，基础在打造“双核”，关键在形成驱动，目的在“三区”统筹。

四是新常态。新常态是指新的时代背景下经济社会发展呈现某种相对稳定的状态，它是阶段性的新特点、新特征、新表现。“新常态”一词最早是由英文new normal翻译而来。2014年5月，习近平总书记在河南考察时第一次用新常态来概括我国经济发展出现的新情况、新特征。2014年11月10日，习近平总书记出席APEC工商领导人峰会并发表主旨演讲，首次明确概括“新常态”具有增速变化、结构优化、动力转变的三个特征。党的“十八大”以来，以习近平同志为总书记的中央领导集体在治党治国治军治政方面接连出台了一系列新理念、新思路、新政策、新举措，经济社会等领域也出现了新状态、新面貌、新趋势。

以上四大概念是本报告分析的基础。

二、广西投资促进工作现状

为深入探讨新常态下特别是实施“双核驱动、三区统筹”战略以来我区投资促进工作应该如何转换战略，我们先总结、回顾近年来我区投资促进工作取得的成绩及面临的一些问题。

（一）基本情况

近年来，在自治区党委、政府的正确领导下，全区投资促进系统坚持解放思想、开拓创新，不断优化投资环境、创新招商机制、提升引资服务，招商引资工作取得了可喜的成绩。一是招商引资总量持续快速增长。2010年我区招商引资实际到位资金为3651亿元，2014年增长至5681亿元，较2010年增长55.60%，2015年全区招商引资实际到位资金预期将达到5800亿元（见图1、图2）。二是招商引资结构持续优化，新兴领域增势强劲。战略性新兴产业和现代服务业成为招商重点，成功引进了阿里巴巴、上海斐讯、国光电子、修正集团、海王集团、英利能源等一批知名企业。十大战略性新兴产业到位资金增速呈提高的趋势，利用外资快速增长，第三产业到位资金比重不断提高。

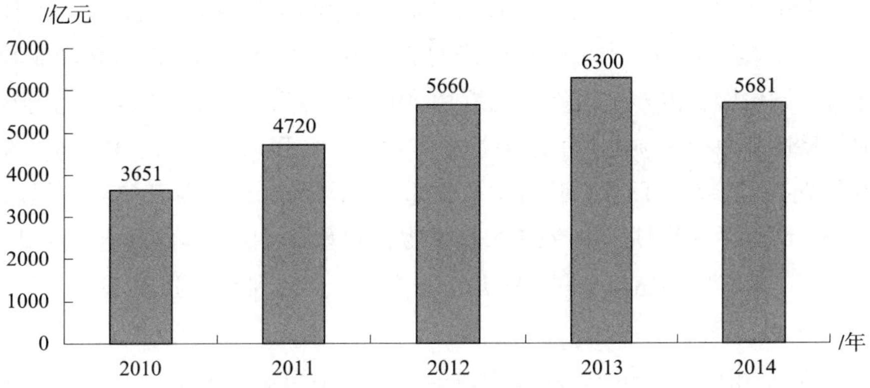

图1　近年来我区招商引资实际到位资金情况

注：图中数据根据自治区统计局数据整理。

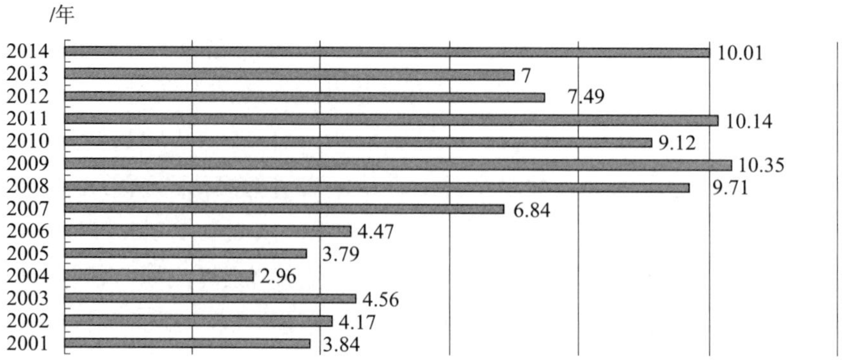

图 2　2001 年以来我区外商直接投资额（单位：亿美元）

注：数据来源于自治区统计局。

（二）突出特点

近年来我区招商引资成果呈现以下四个特点，其中两个是好的方面，两个是不足的方面。

1. *好的方面*

一是三次产业招商引资呈分化趋势。第一产业比重加大。近 3 年来，随着农业投资增加，第一产业投资到位资金增速比全部投资快 10 个百分点以上。2015 年上半年，全区第一产业投资到位 166 亿元，同比增长 28.6%，增速比全部投资快 14.97 个百分点。第二产业持续低迷。目前，我区制造业、采矿业、建筑业外来投资均呈下降态势。在制造业中，有色金属、建材、光伏科技等行业投资下降趋势明显，2014 年及 2015 年上半年同比下降约 10% 以上。第三产业快速崛起。以现代服务业为重点的第三产业招商引资到位资金比重不断提高。按可比口径计算，2014 年第三产业增速比第二产业高 16.9 个百分点，第三产业外来投资占全部外来投资的比重由上年的 52.6% 提高到 53.2%。2015 年上半年，全区第三产业到位资金 1745 亿元，比上年同期增长 4.3%，增速同比提高 1.3 个百分点，比重达到 57.3%。二是新兴领域到位资金快速增长。2014 年全区战略性新兴产业和现代服务业合计到位资金占外来投资的比重是 2013 年同期的 3 倍。2015 年上半年，全区十大战略性新兴产业项目共引进到位资金 143.6 亿元，同比增长 10.2%，增速比 2014 年同期提高 1.5 个百分点，占工业比重为 11.9%，同比及环比分别提高 3.14 和 1.71 个百分点。特别是新能源汽车和生物农业增长很快，到位资金分别增长 3.5 倍和 1.2 倍，新一代信息技术和新能源产业增速分别达到 66% 和 28.9%。

2. *不足的方面*

一是外资利用总量偏小、来源较为单一。近年来全区实际利用外资的规模总体呈扩大之势，但利用外资规模偏小，在全国占比偏低。2014 年，我区实际利用外资的总量占全国实际利用外资额的比重还不到 1%。与兄弟省份相比，我区实际利用外资额也远低于周边的湖南、云南、贵州等省。以2014年为例，2014年湖南、云南、贵州的实际利用外资额分别为102.66亿美元、27.06亿美元和20.7亿美元，而我区实际利用外资额仅为10.01亿美元，差距比较大（见表1）。同时，我区实际利用外资的来源也比较单一。2014年来我区投资的国家和地区只有18个，其中我国香港地区为资金主要来源地（占54%），发达国家或地区在我区的投资少，美国仅占0.72%，日本仅占0.02%，德国仅占0.01%，英国、法国几乎为零（见表2）。

表1　2004～2014年广西和全国实际利用外资情况

年份	实际利用外资/亿美元		广西占全国的比重/%
	全国	广西	
2004	640.72	2.96	0.46
2005	638.05	3.79	0.59
2006	670.76	4.47	0.67
2007	783.39	6.84	0.87
2008	952.53	9.71	1.02
2009	918.04	10.35	1.13
2010	1088.21	9.12	0.84
2011	1176.98	10.14	0.86
2012	1132.94	7.49	0.66
2013	1187.21	7.00	0.59
2014	1195.60	10.01	0.84
2015	1262.70	17.22	1.36

注：数据来源于自治区统计局。

表2　我区主要年份利用外资情况

单位：万美元

外资来源	1995年	2000年	2006年	2010年	2011年	2012年	2013年	2014年
我国香港地区	37 226	20 204	15 559	52 114	54 275	42 352	37 047	54 020
我国澳门地区	2420	1321	402	2579	2910	445	669	972
日本	3175	524	1019	1347	1480	6	13	21
新加坡	4039	1407	1817	6010	3094	2964	—	1105
我国台湾地区	4295	4750	880	990	972	363	186	791
泰国	4464	609	12	590	—	—	790	663
美国	2004	1282	935	135	11	3024	18	719
英属维尔京群岛	—	6815	11 704	11708	6044	5546	9659	8589
合计	66 952	52 466	44 740	91 200	101 381	74 853	70 008	100 119

注：数据来源于自治区统计局。

二是资金的行业投向分布不均。近年来，广西外来资金投向主要集中在房地产业和制造业。据统计，近5年来，区外境内投资的资金投向房地产、制造业的比例达到50%以上。2014年，这两个行业利用外资合计占全区实际利用外资金额的78.2%，而文化体育和娱乐业、居民服务和其他服务业、租赁和商务服务业、电力燃气及水的生产和供应业、交通运输仓储和邮政业、金融业信息传输、计算机服务和软件业等七个行业合计只占全区实际利用外资金额的9.1%（见表3）。

表3 我区主要年份利用外资行业分布情况

单位：万美元

项　目	1995年	2000年	2006年	2010年	2011年	2012年	2013年	2014年
农林牧渔业	2917	2092	2594	10090	6206	2509	625	310
工业	33 316	22 697	34 408	46 989	64 424	30 519	41 911	44 552
建筑业	3517	6157	221	2	30	—	—	—
交通运输、仓储和邮政业	4587	2147	995	3003	18 154	6121	5830	2263
批发和零售贸易、住宿和餐饮业	1369	492	1458	14 268	8260	4716	4016	2701
房地产业	19 997	11 607	3806	11 925	3233	15 024	3794	40 673
其他行业	1249	7274	1258	4923	1074	15 964	13 832	9620
合 计	66 952	52 466	44 740	91 200	101 381	74 853	70 008	100 119

注：数据来源于自治区统计局。

（三）主要问题

近几年，我区投资促进工作取得了显著成绩，在打造“政策高地”和“成本洼地”、推动“两区一带”经济社会发展方面做出了突出贡献，但总体来看，我区投资促进工作也存在一些问题。

一是招商引资工作缺乏总体规划，造成区域同质化竞争、贫富差距拉大。在缺乏整体规划的情况下，各地区为招商引资竞相出台优惠政策、开展恶性竞争，导致企业无序流动、各地区产业雷同，我区整体利益受损。由于经济社会发展的基础条件不同，各地之间招商引资水平差距较大，北部湾经济区及工业基础较好的城市招商引资成绩显著，而左右江革命老区、西江经济带上一些贫困县区引资规模较小，加剧了区域贫富差距问题。

二是选择性的招商引资政策多，存在政策合规性风险，靠优惠政策招商的难度加大。为吸引外来投资，不少地方出台了一些选择性的优惠政策，如对企业减免或缓征行政事业收费和政府性基金，以优惠价格或零地价出让土地，减免或缓征企业应当承担的社会保险缴费，代企业承担社会保险费等经营成本，给予电价水价优惠，通过财政奖励或补贴等吸引其他地区企业落户本地或在本地缴纳税费等。在国家逐步取消、规范针对特定企业的税收优惠、土地出让金返还和财政专项资金扶持等优惠政策的背景下，以上招商引资工作中常用的选择性的优惠政策合规性风险上升，靠优惠政策招商的难度越来越大。

三是招商引资以规模扩张模式为主，造成我区资源大量消耗、产业发展粗放。我区招商引资的成绩是显著的，无论是项目数、合同资金数和实际利用资金数，均一年胜于一年，有的地方甚至是迅猛增长，但一些高附加值产业尤其是战略性新兴产业引资比例仍然偏低。不少地方引进的项目以小型企业、劳动密集型企业、资源消耗型企业居多，技术密集型企业和精深加工型企业少。仅重视资金量的引进，项目质的提升有差距，特别是资源型招商引资限于开发资源，延伸产业链上的招商引资有待加强。

四是要素保障能力偏弱、项目服务不成系统，导致我区招商引资难、项目落地难。一些地方和部门招商意识不强，对前期各项活动中获取的客商资源、项目线索缺乏回访跟踪。部分工业园区和县区仍处于建设阶段，在交通、生活设施配套、技术人员供给、融资、公共服务平台建设等要素保障方面发展较为滞后，要素成本过高，一定程度上限制了项目招引。招商引资方式落后，项目服务还不系统、不到位，不少签约项目无地可供或供地较慢，导致项目落地难；一些地方企业融资难、技术工人匮乏、配套服务不到位，项目推进速度缓慢。

总体而言，2010 年以来，我区投资促进工作成绩十分卓著，为我区“十二五”时期实现赶超跨越提供了最直接的项目和资金保障，也为新常态下广西开辟经济社会发展新局面奠定了坚实的基础。但在看到成绩的同时，当前和未来我区投资促进工作潜在的一些问题也不容忽视。必须认真分析产生这些问题的内外原因，寻找解决办法，着力采取措施，方可在未来竞争中占据一席之地。

三、当前我区投资促进工作面临的新形势和新要求

外部环境是科学制定战略的重要考虑因素。目前国内外较为典型的外部环境分析方法 PEST 分析法将组织或行业所处的外部环境归类为政治环境（P）、经济环境（E）、社会环境（S）、技术环境（T）。从投资促进工作来看，近年来，我区投资促进工作所面临的内部环境，如投促局的使命、目标、权责、可利用的资源无明显改变，但外部环境如经济环境、社会环境、技术环境有较大变化，我区投资促进工作必须适应新环境，从战略上进行适应性调整。这些外部环境的新变化主要体现在以下两大方面。

（一）发展进入新常态

新常态是近年来我区投资促进工作外部环境的第一大变化。2014 年 5 月，习近平总书记在河南考察时第一次在我国主流话语体系中提出“新常态”的概念。习近平总书记强调，中国发展仍处于重要战略机遇期，要增强信心，从当前

经济发展的阶段性特征出发，适应新常态，保持战略上的平常心态。同年7月29日，习近平总书记在和党外人士的座谈会上再一次提出，要正确认识中国经济发展的阶段性特征，进一步增强信心，适应新常态。2014年11月10日，习近平总书记出席APEC工商领导人峰会并发表主旨演讲时首次明确概括“新常态”的三个特征。当前我们所提的“新常态”，大多指习近平总书记所表述的经济领域的新常态。但党的“十八大”以来，经济社会许多领域也出现了与以往不同的新趋势、新状态，具体如下。

1. 经济新常态

经济新常态具有三个典型特征。一是增速变化，即经济增长速度从高速增长转为中高速增长。与之相对应，政府财政收入增长速度也向中高速转变。二是结构优化，经济结构不断优化升级，第三产业、消费需求逐步成为主体，城乡区域差距逐步缩小，居民收入占比上升，发展成果惠及更广大的民众。三是动力转变，经济增长动力从要素驱动、投资驱动转向创新驱动。

2. 作风新常态

作风新常态至少表现在以下几个方面：一是全面深化改革成为新常态。主要体现在简政放权和政府职能转变。审批事项将逐渐减少，负面清单应用将更加广泛，事前审批逐渐转向事中事后监管；在经济运转过程中，倾向于让市场在资源配置中起决定性作用，同时更好地发挥政府的作用。二是建设法治政府成为新常态。社会主义法治国家建设力度将加强，科学立法、严格执法、公正司法、全民守法要求更加严格，依法治国、依法执政、依法行政将同时推进。科学民主依法决策，做到“法无授权不可为、法定职责必须为”，将逐渐成为对政府的常态化要求。三是加强党的建设成为新常态。随着从严治党的深入推进，党员干部作风要求越来越严格，党的政治纪律和政治规矩的重要性提升。党性标准更高，工作要求更实，作风纪律更严，制度约束更紧，作风建设已经进入新常态。

3. 社会新常态

社会新常态和互联网信息技术的进步高度相关。与投资促进工作有关的社会新常态主要体现在以下三方面：一是生态环保成为新常态。近年来，城市雾霾、工业污染等环境问题日益引起社会关注。随着经济发展和生活水平的提升，人们对环保、健康的呼声也越来越高。2015年年初，号称“史上最严苛”的环保法生效，可以预期在不远的将来，环保将成为政府的重要工作，在政府工作中的分量将越来越重。保护生态环境将成为民众的常态性诉求、政府部门的常态性工作。二是效率诉求成为新常态。互联网和交通工具的发展使得不同地区间的人员交流更加频繁，人们的眼界也越来越宽广，对公共服务的效率要求也越来越高。向发达国家和地区的先进做法看齐，增强服务意识，大力提升投资服务工作的质量，将成为外来客商的常态性需要。三是大众监督成为新常态。随着社会的开放和互联网信息技术的进步，公众获取和传播信息的渠道越来越多，能力也越来越强，在作风建设趋紧、依法行政趋严的大背景下，对公共权力的社会监督日益向大众化方向发展，人人都是自媒体、人人都是监督员将逐渐成为新常态。

（二）实施“双核驱动、三区统筹”战略

“双核驱动、三区统筹”战略的实施是我区投资促进工作外部环境的第二大变化。2014年10月，自治区党委、政府在南宁召开会议，布局实施“双核驱动、三区统筹”发展战略，标志着我区经济社会发展整体战略的重大转变。“双核驱动、三区统筹”发展战略，基础在打造“双核”，关键在形成驱动，目的在“三区”统筹。该战略的重点可分为“双核驱动、三区统筹”两部分。

1. 双核驱动

根据自治区党委政府相关文件，“双核驱动”是基础、手段。打造“双核驱动”，重点要在五大方面取得突破。一是要在创新建设开放合作核心区方面取得突破。必须在扩大开放上下更大功夫，努力把“双核”打造成为我区开放程度最高、带动能力最强的开放合作核心区。二是要在打造现代综合交通枢纽方面取得突破。坚持交通先行。改变我区交通设施落后、集疏运体系不健全、区域内外互联互通水平不高、运营管理不顺、服务效率质量不高等不利局面，解决制约“双核”驱动能力的瓶颈问题。要加快构建出省出海出边大通道，打通外梗阻；加强“双核”互联互通，打通内梗阻。三是要在构建现代产业集群方面取得突破。要改变“双核”区域产业层次仍较低、发展方式仍较粗放、高耗能工业比重大、产业集聚集群发展水平低、产业雷同、同质化竞争等局面，深入挖掘“双核”特色优势，以市场为导向、园区为载体，着力培育壮大核心主导产业，在做大总量、优化结构、转型升级上见实效。四是要在进一步做强做大新型特色城镇方面取得突破。城镇是“双核驱动”的基础载体。要改变我区城镇规模偏小、城镇化水平不高、中心城市辐射带动力不强的不利局面。要进一步做大做强北部湾城市群，发挥其“牵引机”和“领头羊”的作用。五是要在切实保护好生态环境方面取得突破。必须做好环保“加减法”，严防死守两个重大的环保任务，即保护好“一条江、一片海”，前者即西江流域的水环境保护，后者即北部湾的海洋生态保护。

2. 三区统筹

“三区统筹”，即实现北部湾经济区、西江经济带、左右江革命老区的协调发展，是战略实施的目标。根据自治区党委政府相关文件，实现“三区统筹”，关键是解决要素分散、市场分割、物流不畅、同质化竞争等深层次问题，加快形成陆海边统筹、境内外联动、区域间协同的全方位开放合作新格局。重点是要抓好以下三方面工作：一是加强统筹协调，着力在交通、产业、生态、市场等方面整合对接，培育形成一体化的资本、技术、产权、商品、人力资源等市场。二是推动西江经济带与北部湾经济区的江海联动，加快沿江沿海港口和陆路交通基础设施建设，实现交通、通信、口岸通关等通畅便利、互联互通。三是优化产业布局，大力推进产业分工合作，促进三区产业联动发展。通过北部湾经济区、西江经济带这两大核心增长极的支撑、引领作用，辐射带动左右江革命老区加快振兴，实现“三区”有机协调、共同发展。

（三）对广西投资促进战略的转型要求

新常态是当前我区经济社会领域出现的新形势，“双核驱动、三区统筹”战略是自治区提出的最新的总体发展战略，这两个新的因素对我区投资促进工作既提供了机遇，也提出了新的要求。

第一，为投资促进工作提供了重大机遇。“双核驱动、三区统筹”战略是自治区党委、政府在新的条件、新的形势下，立足我区“三沿”的独特区位优势，进一步优化我区开放发展总体布局，对我区未来发展进行的新谋划、新部署，是顺应我国经济发展新常态的战略抉择，充分贯彻和体现了国家赋予广西的新定位、新使命。“双核驱动、三区统筹”战略提出打造北部湾经济区、西江经济带这两大核心增长极，为实现这一战略目标，自治区围绕交通、产业、生态、城镇化、开放合作、公共服务六大建设谋划出台了一批重大项目、重大工程、重大政策，为投资促进工作提供了广阔的施展舞台和难得的历史机遇。

第二，对投资促进工作提出了新的要求。在经济发展新常态及我区实施“双核驱动，三区统筹”战略的大背景下，传统的招商引资方式弊端逐渐增多，显得越来越难以为继。新常态和新的总体战略对我区投资促进战略提出了新的要求。

1. 重塑战略目标

新常态下经济发展速度放缓，但对经济发展质量要求更高，产业、区域经济结构要进一步优化，发展动力要更多依靠创新驱动。这就要求投资促进目标要从过去“重规模不重质量”向“规模质量并举，突出投资质量”转变。自治区“双核驱动、三区统筹”战略明确提出，“双核驱动”旨在打造北部湾经济区、西江经济带这两大核心的增长极，使之成为支撑、引领广西加快发展的战略引擎，带动左右江革命老区加快振兴，最终实现“三区”有机协调、共同发展。这就要求投资促进目标在关注投资总量的同时，更加注重招商引资在不同区域的分布和平衡，既保证两大增长极做大做强、发挥引擎作用，又兼顾后发地区错位发展、加快发展，实现不同区域的合理分工、共同进步。

2. 更新工作理念

新常态下经济发展呈现“结构优化”和“动力转换”的特点，依法行政、作风建设要求更严，公众的环保诉求、效率诉求呼声越来越高，大众监督越来越频繁，这就要求投资促进工作必须更加注重创新驱动、更加注重环境保护、更加注重程序合法、更加注重效率提升。自治区“双核驱动、三区统筹”战略的基础在打造“双核”，关键在形成驱动，目的在“三区”统筹，这就要求投资促进工作必须更加注重三区之间的协调均衡。把以上“五大注重”进行抽象，就是要求全区投资促进战线牢固树立创新、协调、绿色、开放、共享的发展理念，突出法治观念，用五大理念和法治观念指导今后全区投资促进工作的开展。

3. 转换工作重点

新常态指出了当前经济社会发展的新走向，“双核驱动、三区统筹”战略明确了全区发展的新目标，这些都对全区投资促进工作重点的转变提出了新要求。一是投资促进工作力度只能增不能减。新常态下，经济发展的速度压力更大，质量要求更高，投资促进工作比以往更加重要，其力度只能增不能减。二是要更加注重政策的普惠性。过去的投资促进工作往往注重在“硬环境”方面做文章，拼劳动力成本、拼资源，有时为引进客商甚至出台选择性的土地税收优惠政策、给予特殊关照等。新常态下，资源、环境、政策和法规的约束更紧，选择性的政策支持越来越易受到合法合规性质疑，招商引资将更多依靠普惠性的政策，依靠制度、人才、服务、通关便利、交通便利等“软环境”方面的优势。三是要更加注重区域的分工合作、协调发展。过去由于缺乏投资促进工作的统筹规划，区域发展失衡，且常常发生同质化竞争现象，极大地浪费了资源。新常态提出“结构优化”，新战略提出“三区统筹”，均要求实现区域之间的均衡发展。各地必须通过功能定位、目标产业、优势资源的分工协作实现错位发展，投资促进工作要把区域间的分工布局规划作为重点任务来抓，要通过合理分工，提高区域发展协同效应，避免同质化恶性竞争，实现错位发展、统筹发展。四是要更加注重新兴产业、重点领域的招商。新常态下，经济结构更加优化，发展动力来源更为多元，对经济发展的要求更高。随着我区产业升级和经济结构调整，服务业、高端制造业等战略性新兴产业发展出现新机遇。自治区“双核驱动、三区统筹”战略明确提出以交通、产业、生态、城镇化、开放合作、公共服务六大建设为重点，要在创新建设开放合作核心区、打造现代综合交通枢纽、构建现代产业集群、做强做大新型特色城镇、切实保护好生态环境方面取得突破。今后要围绕以上新兴产业和重点领域来开展重点招商。五是要更加注重深化改革、提升服务。当前，全面深化改革成为新常态，简政放权的事项越来越多；人们对比发达地区的体验，对公共服务的效率和质量提出越来越高的要求。“双核驱动、三区统筹”战略也明确提出要深化土地、金融、通关便利化等领域的改革，吸引更多社会资金投入。这就要求今后的投资促进工作要更加注重深化改革、提升服务，把传统的“政策让利”型招商引资转到“服务型”招商引资上来，将工作重心放到改善营商环境、促进投资便利上来。

四、国内相关省份新常态下投资促进战略的举措和启示

新常态是全国经济社会发展的新阶段，不仅影响到我区，也影响到兄弟省份

的发展。在新常态的大背景下，兄弟省份的投资促进工作是如何开展的？参考借鉴外部经验，这是思考我区投资促进战略的重要方面。为此，本研究选择了国内经济总量最大的广东省和近年增长最快的贵州省进行深入研究。

（一）广东省的主要举措

广东省是我国经济总量最大的省，也是改革开放以来发展最快的省份，在许多经济指标上都列全国第一位。进入新常态后，广东省采取多项招商引资措施推动经济发展，实现了“量增质更优”。2015 年上半年，广东省 GDP 同比增长 7.7%，比全国平均水平高 0.7 个百分点；与此同时，广东省经济结构不断优化，产业发展日益呈现高端化势头，内源型民营经济实现高速增长，对外贸易结构进一步优化，经济发展质量效益进一步提升。总结来看，广东省的主要做法是实施“外向带动”战略，不断深化与发达经济体的交流合作，在加强招商引资载体建设的基础上，突出政策创新、工作机制创新和方式方法创新，以创新吸引更多的外来投资。

1. 创新招商引资工作机制

一是创新招商引资合作机制。加强粤台经贸交流与合作，健全与外国驻华、驻穗使领馆及商务机构的更紧密交流机制，强化与大型跨国公司的战略合作机制，推动“以馆招商”“以企招商”。积极开展省市联合招商、地块招商、园区主导产业招商、乡贤反哺招商、中介招商、展会招商、网上招商等，调动社会各界参与招商引资的积极性，协调社会各界开展联动招商。推动各地市政府领导与跨国公司高管对接协商引进重点项目。推动外经贸与相关部门联合开展行业、主题招商。

二是构建全球化招商引资工作网络。健全全省投资促进机构体系，加强外经贸部门对投资促进工作的统筹协调，建立全省统一的投资促进网络。加快在欧美等海外重点目标国家及地区和国内重点城市设立经贸代表处或代理招商工作平台，建立完善境外招商网络，重点针对跨国公司和龙头企业提供专项服务，积极开展宣传推介和招商引资工作。完善客户、产业以及项目等信息库建设，与不同层面、不同区域的投资促进机构建立合作机制，促进信息共享、资源共享。充分发挥境外广东商会、双边企业家理事会等民间组织的作用，不断加强广东省境外经贸中介机构、专业服务机构建设，推动投资促进服务工作市场化、社会化。

三是推动引资、引技、引智有机结合。根据广东省产业发展需求，明确重点引进的技术和人才，提升招商工作的技术导向性。鼓励省内高校、科研机构、企业与跨国公司联合建立研发中心或重点实验室，广泛开展技术合作和基础性研发项目的研究。加强知识产权保护和执法力度。积极实施“珠江人才计划”和“粤东西北地区人才发展帮扶计划（扬帆计划）”，大力引进、培养创新创业团队和领军人才。

四是拓宽利用外资渠道。探索A股上市公司引入境外战略投资者、外商投资设立担保公司和创业投资企业、外商投资企业境内公开发行股票等利用外资的新方式，支持境内企业境外上市。积极稳妥引导外资投向医疗、养老、教育、技能培训、担保、融资租赁、体育娱乐等公用事业和文体产业。引导外资依托云计算、物联网等新兴技术发展生产性服务业新业态。支持广州、深圳市开展外商投资商业保理试点工作。通过跨国（境）并购方式，引进外资参与企业重组改造，提升广东企业的技术实力、管理水平和市场竞争力。

五是优化投资环境及宣传推介方式。加快行政审批制度、企业投资管理体制和商事登记制度改革步伐，进一步加大行政审批事项“取消、转移、下放”力度，精简和规范行政审批。放宽投资准入，深化外商投资审批制度改革，完善重点产业外商投资大项目协调服务机制，增强服务意识，促进企业投资便利化。畅通外商反映诉求相关渠道，保护外商合法权益，减轻企业负担。注重广东国际形象的整体包装和宣传，利用媒体和各类对外交流合作平台，创新宣传模式，拓宽推介载体。建设广东投资促进专用网站，加强营商环境、招商政策和重点项目推介，增强国际社会对广东发展前景的认可度和投资积极性。

2. 创新招商引资差别化政策

一是引导珠三角地区与粤东西北地区差别化发展。根据《广东省主体功能区规划》明确的构建“五大战略格局”的部署，按照不同主体功能区的定位，合理规划产业布局，实行差别化投资管理政策。鼓励珠三角地区加快招商引资机制创新，突出“精准化”招商，加大现代服务业、战略性新兴产业以及研发、高端制造环节吸收外资的比重。鼓励粤东西北地区结合本地实际，开展能源、装备制造、钢铁、石化、农海产品深加工、机械制造、海洋装备、生态产业、文化旅游与健康服务产业等领域的产业集聚招商，有针对性地承接境内外包括珠三角地区的产业转移。进一步简化珠三角地区外商投资企业向粤东西北地区转移审批登记手续，减少外资在跨区域流动中的障碍，加快产业转移进程。

二是提升粤东西北吸收外资的比重。加大对粤东西北地区招商引资、吸收外资和承接产业转移等工作的支持力度，开展省、市联合招商，并在活动组织策划等方面予以支持。鼓励粤东西北地区的海外华侨、华人回乡投资创业，加强海峡两岸产业对接。对落户粤东西北地区的世界500强企业及地区总部、重大项目予以重点保障，提供各种配套便利服务。支持境外管理和技术人才向粤东西北地区流动，在住房、医疗、子女上学等方面提供便利。

三是开展产业链重点招商。研究制定产业及产业链招商指导目录，确定产业招商方向、目标地区或国家及目标企业。以加强新兴领域吸收外资工作为重点，以引进重大项目为抓手，通过招商选资，努力形成现代服务业、战略性新兴产业、先进制造业、传统优势产业协调发展的新格局。

3. 创新招商引资载体和平台

一是着力打造吸收外资的重点园区和载体。统筹全省各类园区的开发建设，加强协作，将各类园区建设成为吸收外资的重要载体。推动园区专题招商和产业链招商，引导有利于延伸产业链、符合重点产业发展方向的项目入园集聚发展。依托广州南沙、深圳前海、珠海横琴等重大平台开展招商模式改革试点。将省产业转移工业园及市、县（区）各类特色园区作为粤东西北吸收外资的重要平台，进一步完善规划，加强分类指导，扩充园区载体功能，吸收外商投资和承接珠三角地区产业转移。发挥海关特殊监管区域的政策放大效应，着力引进高端制造、服务业外向型大项目，优先选择高技术含量、高附加值项目开展新型保税服务业务。

二是积极提升重点对外交流平台的引资功能。借助广东经济发展国际咨询会、韩国—广东发展论坛等平台，加大对欧盟、北美、日韩等地区的招商力度，引进各行业全球龙头企业，做大做强广东省战略性新兴产业。积极参与中国—东盟自由贸易区建设，在经贸、技术、园区管理、人才培训等多个方面与东盟国家开展合作。充分利用粤港、粤澳紧密合作机制，支持在粤的港澳投资企业转型升级。落实《海峡两岸经济合作框架协议》（ECFA），加大对台引资力度，推动梅州、潮州、汕头、揭阳市积极融入海峡西岸经济区建设，提高粤台合作水平。推动茂名、湛江市融入北部湾经济区建设。依托中国国际高新技术成果交易会、中国（深圳）国际文化产业博览会、中国国际海洋经济博览会、中国（广东）国际旅游产业博览会等展会平台，充分发挥国际友好省州（城市）的桥梁纽带作用，提高广东省对外经济、科技、文化交流合作水平。

（二）贵州省的主要举措

在西部地区中，贵州省近年来的经济发展格外引人注目。自 2011 年以来，贵州省经济增速一直处于全国前列，2013 年 GDP 增速全国排名第一，2014 年全国排名第二，2015 年预期排名第二。贵州省经济的快速发展得益于贵州省近年来不断创新投资促进战略。贵州以深入开展“万亿项目千次对接”活动统筹全省招商引资，实施“民企入黔、央企入黔、外企入黔”专项行动，整合各级行业主管部门和县区、园区、开发区资源，有力地推动了省外资金的进入。2010 年以来，贵州招商引资总量持续增长，到位资金和实际利用外资总量实现历史性突破。据统计，2010 年贵州省引进省外境内项目到位资金 992 亿元，同比增长 36%；2011 年到位资金 2580 亿元，同比增长 160%，同比 2010 年翻番；2012 年到位资金 3857 亿元，同比增长 49%；2013 年全省招商引资实际到位资金达到 5017 亿元，同比增长 30% 以上，在 2011 年的基础上又翻了一番。正是由于招商引资工作的突飞猛进，贵州经济增速在全国极为抢眼。总结来看，贵州招商引资战略的经验有以下几点。

1. 改革招商引资制度

贵州2010年以来出台了《贵州省领导干部带头招商引资的考核及奖惩办法（暂行）》《贵州省招商引资中长期规划》《贵州省重点产业投资促进分析指南》等制度，统筹规划指导推进招商工作，形成主要领导负总责、亲自抓，班子成员具体抓的工作机制，加快构建全省上下“人人都是投资环境、个个都为招商引资服务”的社会氛围。在项目落地建设推进方面，加强项目常态化跟踪督办，建立全省招商引资重点项目统筹推进制度。

2. 创新招商引资方式

以深入开展“万亿项目千次对接”活动统筹全省招商引资，实施“民企入黔、央企入黔、外企入黔”专项行动，整合各级行业主管部门和县区、园区、开发区资源，发挥其推进产业招商的积极作用，针对贵州“5个100工程”和贵安新区建设主导产业、优势产业、重点培育产业的发展需求和缺失环节，按照建链、补链、强链的要求，瞄准国内外500强企业和优强企业，重点面向长三角、珠三角、北京、成渝、我国台湾地区以及国外包括韩国和东南亚地区，制定专项招商计划和个性化招商方案，重点引进能矿产业技术创新和技术改造项目，加快推动资源利用方式向绿色低碳、清洁安全转变，推动传统工业升级；大力引进电子信息、新材料、生物技术等新兴产业项目，推进战略性新兴产业成为贵州重要的支柱产业；积极引进电子商务、物联网、软件产业、北斗卫星产业等项目，促进产业实现“蛙跳式”发展；引进特色轻工业、现代服务项目，做大做强酒烟茶药等特色优势产业。利用承办全国民营企业家恳谈会、全球浙商常务理事会、全国粤商大会的机遇，吸引浙商、粤商和民营优强企业投资贵州。全力抓好酒博会、泛珠会、香港活动周期间的“三大”集中签约活动，提升签约项目质量。

3. 创新招商项目评价和储备机制

出台招商引资项目评估实施办法，建立包括准入门槛、投资强度、投入产出、投资效益等要素在内的招商引资项目质量评估体系，运用评估结果，引导和鼓励引进优质项目，促进招商引资向招商选资转变。编制完善招商引资项目投资指南，加强产业分析与项目编制深度结合，明晰招商目标，减少招商项目同质化。创新项目编制，结合贵州产业发展现状和重点发展方向，策划编制招商项目，进行专业包装，提升项目质量，提高招商成功率。健全完善省、市、县三级重点招商引资项目库，新增储备项目1000个以上，投资总额达1万亿元以上。

4. 完善跟踪服务协调机制

完善实施党政领导干部带头招商引资考核办法，坚持省领导挂牌帮助重大项目，切实落实招商引资各项财税、保障要素支持政策，加快招商引资项目的建设落地。严格规范“贵州省招商引资项目信息管理平台”的管理和调度，实行招商引资统计差错率通报制度，适时发布招商引资数据，加强统计监测和分析，及时提出项目引进和落地过程中的问题和对策建议。建立项目信息和服务需求收集与分析的网络信息平台和数据库，建立处理问题的有效机制，探索运用信息化手段实现投资服务终端化的有效途径。

5. 完善投资环境评价和优化机制

定期评估各地投资环境状况，运用评估结果倒逼各级政府转变职能、改进作风、提高效率、优化服务，提高项目建设配套要素的保障能力。进一步优化投资法制环境，推动依法招商。全力抓好项目核查、数据录入、档案管理、落地督查等常态化调度管理。做好定期逐级上报重大问题、召开协调会、加强部门联动协作等常态化协调服务。实行一个项目、一名领导、一个计划、一套班子、一抓到底的“五个一”招商引资项目挂牌帮助制度，制定科学合理的招商引资工作考核评价办法及指标体系，对列入末位的县（区），省级进行重点督查。同时，全面推行项目代办服务，建立外来投资者投诉工作台账和网络平台，建立外来投资者投诉受理及协调解决制度，借助社会机构、人大代表、政协委员的力量开展客观、真实的投资环境考评工作，督促各地优化投资环境。

（三）对广西的启示

广东是全国最发达的省份之一，贵州起步较晚但势头十分强劲，借鉴两省投资促进工作的相关做法，对提升我区投资促进工作水平、加快我区发展具有重要意义。两省有许多经验、做法值得我区深入学习。

1. 重视区域差别化规划

广东省按照不同主体功能区的定位，在省内合理规划产业布局，实行差别化投资管理政策，积极引导珠三角地区与粤东西北地区差别化发展，充分发挥了三个地区不同的比较优势，有效避免了同质竞争。同时，广东进一步简化珠三角地区外商投资企业向粤东西北地区转移审批登记手续，减少外资在跨区域流动中的障碍，加快了产业转移进程，为产业布局规划落地创造了条件。广东省重视区域规划、强调差别化发展的理念和做法十分值得我区借鉴。

2. 重视打造良好环境

广东省在开发建设各类园区、扩充园区载体功能的同时，着力构建更贴近客商的招商引资工作网络，加快改革步伐，促进投资便利化。贵州省完善跟踪服务协调机制，运用投资环境定期评估结果倒逼各地深化改革、优化服务等。两省均十分重视通过打造软硬两方面的投资环境来吸引客商，值得我区借鉴。

3. 重视创新工作机制

广东省创新招商引资合作机制，大力推行“以馆招商”“以企招商”“乡贤反哺招商”等，并在全球构建招商引资工作网络，推动引资、引技、引智有机结合，成功引进了一大批高水平的外来投资。贵州省改革招商引资制度，通过出台领导干部招商引资的考核和奖惩办法等建起招商大格局；通过制定专项招商计划和个性化招商方案等创新招商引资方式，有力地推动了省外资金的进入。两省通过创新工作机制提升投资促进工作水平的理念和做法值得我区借鉴。

4. 重视主动走出去

广东省加快在欧美等海外重点目标国家及地区和国内重点城市设立经贸代表处或代理招商工作平台，积极在全国甚至是全球范围内布局招商引资网络。贵州省重点面向长三角、珠三角、北京、成渝、我国台湾地区、韩国和东南亚地区开展专项招商、个性化招商，常借各种机会赴省外开展宣传推介活动。两省积极主动走出去推介招商，扩大了影响力，树立了好形象，取得了实实在在的成果，值得我区深入学习。

5. 重视开展相关研究

广东省在投资促进工作中下大力气研究制定产业及产业链招商指导目录，确定产业的招商方向、目标地区或国家及目标企业，做到有的放矢招商。贵州省突出招商项目的研究、策划和编制，对项目进行专业包装，提升项目质量。两省均对项目进行深入研究，有针对性地开展宣传推介工作，招商成功率较高，值得我区借鉴。

五、实施“双核驱动、三区统筹”战略与新常态下投资促进战略构想

从我区投资促进工作现状出发，结合新常态和自治区“双核驱动、三区统筹”战略提出的新要求，借鉴广东、贵州两省经验，我们认为，今后一段时期我区投资促进战略应从以下若干方面进行提升转变。

（一）总体战略

实施区域差异化的成本领先战略。

区域差异化，一方面是指充分发挥我区区位、政策、资源等比较优势，集中发展若干基础良好、前景光明的支柱产业，使我区与兄弟省（区、市）实现错位发展、互补发展、共同发展；另一方面是指我区内部的北部湾经济区、西江经济带、左右江革命老区，通过自治区层面的统筹布局规划，实施差别化的投资促进政策，实现三区之间的错位发展、互补发展、共同发展。

成本领先是指通过投资促进各部门的整体努力，在自然环境、基础设施、公共设施、社会环境、政策环境、法治环境、政务环境、经济环境、经营环境方面帮助各类市场主体降低成本，依靠营商环境的低成本优势吸引更多外来投资，最终实现领先发展。

（二）指导思想

实施区域差异化的成本领先战略，要坚持以邓小平理论、“三个代表”重要思想、科学发展观为指导，深入贯彻落实党的“十八大”和十八届三中全会、十八届四中全会、十八届五中全会精神，贯彻落实习近平总书记系列重要讲话精神，紧紧围绕“双核驱动、三区统筹”战略的要求，牢固树立创新、协调、绿

色、开放、共享的发展理念，突出法治观念，主动适应经济发展新常态，把握开放合作新机遇，着力在创新机制方法、强化区域统筹、改善营商环境、发展新兴产业和支柱产业、研究包装重大项目五大方面做好文章，努力降低企业营商成本、扩大招商引资规模、优化招商引资结构，促进区域经济协调发展，为加快实现"两个建成"奋斗目标作出新的更大贡献。

（三）主要目标

根据我区实施"双核驱动、三区统筹"战略，实现"两个建成"奋斗目标的要求，我们测算今后几年全区投资促进工作目标是：2016～2020年累计实际利用区外投资达到38 000亿元，年均增长约10%，其中境外资金投资累计力争突破60亿美元；招商引资额占全区全社会固定资产投资的比重不断提高，2020年当年达到60%以上；区域结构得到优化，北部湾经济区、西江经济带、左右江革命老区人均招商引资规模差距缩小；招商引资总体质量不断提升，实现引进资金与引进先进技术、新兴产业、消费市场相结合；民营投资扩大，民营投资在总投资中占更大比例。

——力争第一产业引进外来资金较"十二五"时期有所增长，力争第二产业、第三产业引进外来资金较"十二五"时期大幅增长。

——在引进行业龙头企业、大型民营企业方面取得新进展。力争今后五年累计引进世界500强企业家，引进国内500强企业家。

——在促进传统（优势）产业转型升级、新兴产业集群培育方面取得新突破，争取培育一批以特色农业、战略性新兴产业及现代服务业为主体的特色产业集群。

——在引资平台建设方面取得新成效，促进外来投资项目落地承接平台、特色产业战略投资合作平台、多层次多渠道的招商网络平台、招商引资信息平台、外来投资项目跟踪协调服务平台和异地商会发展平台有机形成。

（四）战略重点

根据新常态下经济发展的特点，结合我区"双核驱动、三区统筹"战略部署，我们认为今后一段时间我区招商引资的战略重点如下。

1. 引资来源

重点在东部发达地区以及港澳台地区发力，同时突出面向日韩、北美、欧洲等发达经济体开展招商引资。

2. 引资方向

以交通、产业、生态、城镇化、开放合作、公共服务六大领域为重点开展招商引资，争取在创新建设开放合作核心区、打造现代综合交通枢纽、构建现代产业集群、做强做大新型特色城镇、切实保护好生态环境方面取得突破。

其中产业招商方面，重点是围绕现代服务业、先进制造业与战略性新兴产业及当前我区支柱产业（农业、铝业、糖业等）开展招商引资，突出引进处于产业链关键环节和掌握核心技术的企业。

3. 区域结构

根据2012年《广西壮族自治区主体功能区规划》（以下简称《规划》），我区各行政区域划分为重点开发区域、限制开发区域、禁止开发区域三大类。其中，重点开发区域是指有一定经济基础、资源环境承载能力较强、发展潜力较大、集聚人口和经济条件较好，应当重点进行工业化城镇化开发的城市化地区；限制开发区域是指须把农业综合生产能力或增强生态产品生产能力作为发展的首要任务，应当限制进行大规模高强度工业化城镇化开发的地区，分农产品主产区、重点生态功能区两类；禁止开发区域是指依法设立的各类自然文化资源保护区域以及其他需要特殊保护，禁止进行工业化城镇化开发，点状分布于优化开发、重点开发和限制开发区域之中的重点生态功能区。各县（市、区）功能区划分如表4所示。

表4 广西主体功能区区划方案

主体功能区类型	行政区数（数量，占比）	行政区名称	总面积（占比）
重点开发区域	国家层面（17个，15.6%）	兴宁区、青秀区、江南区、西乡塘区、良庆区、邕宁区、横县、海城区、银海区、铁山港区、合浦县、港口区、防城区、东兴市、钦南区、钦北区、灵山县	6.83万平方公里（28.8%）
重点开发区域	自治区层面（30个，27.5%）	城中区、鱼峰区、柳南区、柳北区、柳江县、鹿寨县、秀峰区、叠彩区、象山区、七星区、雁山区、临桂县、万秀区、蝶山区、长洲区、岑溪市、港北区、港南区、覃塘区、玉州区、北流市、右江区、田阳县、平果县、八步区、金城江区、兴宾区、合山市、江州区、凭祥市	6.83万平方公里（28.8%）
重点生态功能区	国家层面（16个，14.7%）	上林县、马山县、三江县、融水县、龙胜县、资源县、凌云县、乐业县、天峨县、凤山县、东兰县、巴马县、都安县、大化县、忻城县、天等县	7.29万平方公里（30.7%）
	自治区层面（13个，11.9%）	阳朔县、灌阳县、恭城县、蒙山县、上思县、德保县、靖西县、那坡县、西林县、富川县、罗城县、环江县、金秀县	

续表

<table>
<tr><th>主体功能区类型</th><th>行政区数（数量，占比）</th><th>行政区名称</th><th colspan="2">总面积（占比）</th></tr>
<tr><td>农产品主产区</td><td>（33个，30.3%）</td><td>武鸣县、宾阳县、隆安县、柳城县、融安县、灵川县、全州县、兴安县、永福县、平乐县、荔浦县、苍梧县、藤县、浦北县、平南县、桂平市、容县、陆川县、博白县、兴业县、田东县、田林县、隆林县、昭平县、钟山县、宜州市、南丹县、象州县、武宣县、扶绥县、大新县、宁明县、龙州县</td><td colspan="2">9.61万平方公里（40.5%）</td></tr>
<tr><td rowspan="2">禁止开发区域</td><td>自然保护地（174处）</td><td>—</td><td>2.69万平方公里（11.4%）</td><td rowspan="2">6.29万平方公里（26.6%）</td></tr>
<tr><td>基本农田保护区</td><td>—</td><td>3.60万平方公里（15.2%）</td></tr>
</table>

《规划》是我区国土空间开发的战略性、基础性和约束性规划。各项基于国土空间的工作规划，包括投资促进战略区域规划，必须服务、服从于《规划》的内容。从《规划》来看，北部湾经济区、西江经济带的部分地区资源环境承载能力较强、集聚人口和经济条件较好，被列为重点开发区域；左右江革命老区部分地区不具备大规模高强度工业化城镇化开发条件，被列为限制开发的重点生态功能区或农产品主产区。

我们认为，不同主体功能区的地区及其产业园（工业园、创业园），其投资促进工作的重点应有所不同。重点生态功能区，应突出生态环保产业、健康养老产业、旅游文化体育产业等开展招商。农产品主产区，应突出农林牧副渔行业、农产品加工行业、生态环保产业、健康养老产业、旅游文化体育产业开展招商。禁止开发区域可适度开展生态旅游产业招商。重点开发区域则根据区域资源环境承载能力、现有基础优势围绕产业、城镇化、交通、公共服务等重点领域开展招商。其中，左右江革命老区中的矿产资源富集区，要发挥资源富集优势，围绕科学合理利用资源、打造全产业链，重点在节能环保、电力、资源精深加工等方面开展招商；左右江革命老区中的陆上边境地带，应围绕边贸商品生产加工贸易，重点在商贸物流、服装及日化用品生产、农产品加工等轻工业、物流业开展招商；北部湾经济区，特别是沿海地区，应充分发挥沿海港口优势，重点在临港产业、海洋产业、港航业、大型商贸物流业开展招商，形成以石化、能源、钢铁、电子、修造船、粮油食品加工、林浆纸、新材料、海洋生物工程等为重点的现代临海产业集群及现代服务业；西江经济带地区，应充分发挥沿江内河航运优势，突出通道和纽带作用，加强与珠三角的产业对接，深度参与区域产业分工，加快建设先进制造业基地，重点围绕装备制造、现代农业、节能环保、中医药等产业开展招商，形成以汽车、内燃机、机械、冶金、化工、农产品加工、新能源等为重点的沿江产业带。总之，要根据主体功能区规划和各地区位、资源、现有产业基础的不同，进一步明确各市县功能定位及产业重点，因地制宜布局大的产业项目，形成科学合理的产业分工，实现错位发展、协调发展、共同发展。

六、实施“双核驱动、三区统筹”战略与新常态下投资促进工作建议

“双核驱动、三区统筹”战略与新常态下，我区招商引资要转变工作思路，从主要靠拼优惠政策向加强公共服务、建设法治化营商环境转变，从政府主导招商向专业化、市场化运作机制转变。通过招商引资工作的促进，真正形成“两区一带”招商引资工作统筹协调发展的格局。

（一）推动三区招商的差异化

1. 招商考核差异化

要精简整合县区考核项目，尤其是要精简一些生态旅游县区的经济和产业考核项目，按功能区域划分考核组别，突出首要任务，差异化设置考核指标及权重。实施“分类扶持”的普惠性的财政政策；实施精准调控的区域政策，针对桂西地区以及全区贫困县经济社会发展的特殊困难，从基础设施、公共服务、财税等方面提出招商扶持政策等，尤其是针对战略性新兴产业的招商政策。

2. 产业重点差异化

优化两区一带各区产业发展布局，分行业配套制定工业、农业、商贸、旅游等产业布局政策；建议努力扩大吸收区外工业产业资金进入“两核”区域，更多的生态产业和战略性新兴产业资金进入资源富集区。同时，实施差别化的产业约束，研究制定巴马、桂林漓江等区域产业“禁投清单”，坚守“底线”，新增产业布局符合各功能区域定位要求，逐步淘汰原有过剩产能和不符合定位的产业。

3. 区域城市招商差异化

对南宁、柳州、梧州、北海等大型城市都市功能拓展区招商，要引导重点培育战略性新兴产业；对南宁五象新区、柳州柳东新区等城市发展新区招商，要引导重点建设制造业基地和配套产业基地；对桂西生态涵养发展区和生态保护发展区，则引导重点发展特色产业。

（二）有力统筹三区招商工作

1. 组织编制全区招商引资总体规划

根据《广西壮族自治区主体功能区规划》及自治区“双核驱动、三区统筹”

战略部署，按照创新、协调、绿色、开放、共享的发展理念，组织制定全区招商引资总体规划，使之成为我区各市县及各类园区今后开展招商引资工作的战略性、基础性、约束性规划。总体规划要重点明确各市县功能定位、今后五年的任务目标、招商引资重点及招商引资政策。特别要明确各市县产业招商引资的重点，形成科学合理的产业分工，实现错位发展、协调发展、共同发展。招商引资政策要以普惠性政策为主，尽量避免出台太具争议的选择性优惠政策。总体规划需给予市县及各类园区一定的自主权。

2. 改革当前各级招商机构

取消三区内各县、镇一级的招商引资功能，整合各市、各级开发区目前的投资促进局，由新设立的三区服务平台负责统一招商，即北部湾经济区招商促进中心、西江经济带招商促进中心和桂西资源富集区招商促进中心，由自治区投资促进局统一指导，各市、各国家级开发区派员参加，编制分属各市和各国家级开发区；对于进入区域的项目，根据各市的产业特点和企业的意愿引进到各市，从而打破三区一带各市招商零散化格局，实现区域招商统筹化。

3. 探索市场化运作的招商统筹体制

引进民营投资，建立公办民营的 14 市统一的招商企业，今后各市将由专业组织开展招商引资及协调服务。实行管理企业化、运作市场化、队伍专业化、人员社会化，在招商宣传推介、招商合作代理、招商队伍管理、招商业绩考核、招商成果激励等方面探索市场化运作模式，实现招商引资工作从行政模式向企业模式的转变。

4. 创新“两区一带”各区财税结算机制

建议由自治区投资促进局针对各区特点，制定统一的三区招商政策、实体项目扶持政策、招商引资激励政策，避免同质化竞争。通过规范三个区域的规范财税扶持政策，完善企业跨区域流动的利益分享机制，防止各市、区县违规出台招商引资财税扶持政策、恶意互挖税源，避免区县产业同质、竞争无序，使市场在资源配置中起决定性作用。为避免各市、区县招商竞争无序，要重点通过规范财税扶持政策，完善企业跨区域流动的利益分享机制。

（三）积极创新招商引资方式

1. 强化精细化招商

健全和完善专业招商机制，推进招商引资工作的专业化、精细化和高效化，实行规范管理，强化考核奖惩，根据每年度下达的招商任务，制定具体的考核、管理、奖惩办法。进一步加大政府组团招商、领导干部带队“高位招商”、专业小分队招商和蹲点招商力度，形成以专业小分队招商为先锋、蹲点招商为基础、“高位招商”为攻坚、大型组团招商全面推进的组合联动招商模式，推进重点目标区域、重点产业领域招商取得更好的成效。

2. 大力开展以商招商

充分发挥投资我区客商的宣传作用，鼓励支持他们推介广西、联系项目，形成“引进一个、建好一个、带来一批”的联动效应。推进“政府搭台、企业唱戏”的以商招商模式，开展产业招商、股份合作招商、产权招商、楼宇招商等以商招商活动，切实推进现有企业发展壮大。鼓励在广西的各类商会、企业等民间组织抱团招商，做大做强产业。

3. 积极探索代理招商

加强与各类商会、投资协会、中介组织的沟通与交流，充分发挥他们联系广泛、信息灵通、客商资源丰富的优势和推介项目、引进项目的桥梁纽带作用，积极开展代理招商和委托招商，逐步在粤港澳台地区、日韩欧美、东盟等重点区域建立代理招商网点，扩大招商引资覆盖面，延长招商“触角”，提升招商引资实效。

4. 积极探索产业园区自主招商

结合工业园区建设招商需要，引进投资实力强的龙头企业建立打造产业集聚园，给予专项政策支持，引导、鼓励龙头企业进行产业链、产业群自主招商，形成园区招商新模式。同时，把引进优秀人才、先进技术和管理办法纳入招商引资工作范畴，推进招商引资全面发展。

（四）突出三区招商引资重点

1. 突出重点产业

加强选资力度，严格限制大量占用土地、高污染、高能耗、低效益的低附加值低技术含量的制造业和国内产能过剩的外资项目进入，注重资源节约型、能源节约型、环保型项目的招商。注重引进高附加值、高辐射力、低能耗和处于产业高端的外商投资项目，鼓励外资重点投向高新技术产业、先进制造业、现代服务业、现代农业和环保产业等重点领域。推进科技、教育、文化、卫生、体育等民生项目招商，鼓励多元化办学、办医、办公益事业。深入推动金融保险、信用担保、小额贷款以及信用担保机构建设与发展。

2. 突出大企业大项目

瞄准世界500强、央企、国内100强、行业50强，着力引进行业龙头企业、大企业、大项目和战略投资者。研究出台对大项目的专项鼓励政策和优惠扶持政策，推动自治区领导到一大批有实力、有意向的集团公司和知名商、协会拜访，加大招商引资力度。争取每年有2～3个投资过100亿元、5～6个投资过50亿元、30个以上投资过10亿元的工业项目落户。

（五）建强招商引资载体平台

1. 争取更多规划上升为国家战略，增加招商引资新载体

广西作为国内唯一与东盟各国在海陆均相连的省份、21世纪海上丝绸之路

的桥头堡、中国与东盟战略合作的重要前沿，中国—东盟进一步深化开放合作的载体，以及大湄公河次区域合作、中国南宁—新加坡经济走廊、中越“两廊一圈”、泛珠“9+2”经济区等一系列合作机制的节点、北部湾海港与长三角经济带的链接点，具有辐射东盟、承接东西的独特区位，良好的区位优势为广西提供了机遇和创造了得天独厚的条件。广西要紧紧抓住这一机遇，争取更多规划上升为国家战略，并以此为载体开展招商引资工作。

2. 加强项目库建设

结合我区“十三五”规划和实施“双核驱动、两区一带”发展战略，认真做好项目的开发收集、筛选汇总、论证评审、储备管理工作，严格项目编审程序，科学规划和编制筹划好一批产业链长、产业关联度宽、带动性强的大项目。按照省、地标准，对所有纳入项目库的项目，建设内容、建设时间、效益分析、合作方式、联系单位等基础信息必须完整，重点项目、大项目必须明确规划、环境评估、土地征用等前置条件，完成项目建议书，有条件的尽可能完成项目可行性研究报告，切实提升项目筹划编制的质量和水平，确保编制、包装出的项目达到可谈、可签约的深度。项目的筹划、编制由发展改革部门牵头负责，行业主管部门具体实施，招商领导小组办公室审定发布。加大招商项目的储备量，项目库每年新增项目在50个以上，项目资金200亿元以上，其中重点、重大项目不少于30个，资金不少于100亿元。

3. 加强信息平台建设

加强全区招商引资网上对外宣传、信息发布、网络在线招商以及投诉受理，并将招商引资项目库、投资者信息库、引资企业数据库、产业园区建设与招商信息纳入招商引资网络平台运行，做到适时更新、动态管理。政府各职能部门要加强部门专业网站建设，并将招商引资纳入网站栏目之列或与市招商引资专业网站建立链接，确保招商引资网络信息覆盖各行业网络平台。

（六）加强招商引资要素保障

1. 组织保障

加强对投资促进工作的组织领导。完善现有的招商引资统筹机制，强力统筹协调有关招商引资工作全局性、方向性的重要事项，确保各项工作落到实处。

2. 资金保障

将招商引资工作专项经费列入财政预算，每年建议不少于2亿元，每年配套安排不少于1亿元的招商引资发展专项资金，用于改善招商引资投资软硬环境建设，完善项目落地基础条件，支持重点企业、外向型企业快速落户、建设和发展。

3. 政策保障

广西同时享有少数民族地区、西部大开发、沿海开放和边境地区等多项优惠政策，获批的各类国家级开发区、国家重点开发开放试验区、产业园区、高新区、保税区、特别试验区、加工贸易区等均享受有许多优惠政策，要用好用足各种优惠政策，保障政策兑现到位。

4. 用地保障

每年新增项目用地计划要预留足够指标用于支持招商引资项目建设和产业园建设，做到应有尽保。对用地集约的国家政策鼓励类招商项目优先供应土地，对10 亿元以上的招商引资大产业、大项目实行“点供”。投资民办教育事业的，所缴纳项目建设用地土地出让金除国家规定上缴和法定用途部分外，其余由政府全额奖励办学机构；投资兴办卫生、文化、体育、养老等社会公益事业的，所缴纳项目建设用地土地出让金除国家规定上缴和法定用途部分外，其余部分按 50%由政府奖励投资者。

5. 人才和劳动力保障

加快全区人才培训、人才储备与交流中心建设，大力发展职业教育和中介服务机构，全面提升劳动力素质，培养外向型人才；建立健全人才培养、引进、使用和激励机制，重视引进智力资源，吸引更多优秀的管理人才、技术人才来广西创业；加强人力资源摸底调查，建立人力资源信息储备库，全力保障招商引资企业用工。

（七）全面加强营商环境建设

1. 进一步加强硬环境建设

一是加快产业园区建设。按照“因地制宜、突出重点、点线面相结合”的原则，加快规划建设好产业园区，搭建好项目落户平台。尤其是要加快北部湾经济区和西江经济带的工业园区、保税港区的软硬环境建设。二是加强关键通道的建设。海陆空齐头并进，做强干道，做通枢纽，打通通边、通周边省区的关键通道。陆上以南宁为节点，向南加快建设南宁—凭祥—河内—沙湾拿吉（老挝）—金边的铁路公路，为南新专列开通奠定基础；向北建设兰海（兰州—北海）通道，形成贯通我国西部地区和中国—中南半岛、有机衔接的南北国际大通道；海上依托与新加坡港务集团的合作，开通“一带一路”客货运“穿梭巴士”，培育集装箱、件杂货、散货等班轮航线，加密与东盟的航线，对接粤港浙江等港口；将南宁打造成为区域性枢纽机场，加密到东盟国家的航线，加大航空货运拓展。三是打通国际物流通道。陆路通道，打造以凭祥为中心的公铁跨境国际物流通道。依托凭祥综保区，通过南宁震洋物流等公司与相关公司的运营、合作，分东、中、西三个方向接驳相关专列。海上通道，打造以北部湾港为中心、连接中南西南无水港、直通东盟的国际海铁联运、公水联运物流通道。依托北部湾港、钦州保税港区，通过与周边省市无水港的对接合作，加大拓展四川、湖南、贵州、湖北、云南等省的海铁联运，提供更加便捷的多式联运接驳、转换，畅通海上物流通道，同时加快海运、船舶经纪登记租赁、船务、航运金融保险、物流等航运要素的培育与引进。四是实现运输便利化。与中越公路运输方面，积极沟通边检安防部门，协调贯彻落实中越汽车运输两议定书，提高东兴、凭祥等出边口岸与跨境通道的通畅性；争取国家支持，推进建立与泰国、老挝等国及与国内相关省市的运输协调机制，促进国际通关、换装、多式联运有机衔接，实现运输便利化。

2. 着力优化投资软环境

一是优化公共服务。制定土地、金融、财政等领域的普惠性政策，增强政策吸引力。提高行政服务效能，继续清理和取消不符合《行政许可法》和妨碍市场开放的行政审批项目，简化审批程序，增强审批透明度。推行“同步审批制、限时办结制、首问负责制、服务承诺制、一次性告知制、投诉问责制”等，建立“一口对外”“一窗办理”的“保姆式”服务机制。全面加强政风建设，搞好政风行风民主评议，把投资者对行政执法和管理部门的工作意见作为单位绩效考核的一项重要依据。加强行政执法行为监督，积极推进行政综合执法，从严控制和进一步减少各类检查，严禁以检查为名干扰企业正常生产经营。加强投诉受理中心建设，建立举报、投诉受理、督办、处理、反馈的有效工作机制，重点查处故意刁难投资者、吃拿卡要、勒索企业等违法违纪行为，做到投诉处理回复率达100%。二是强化项目督查。坚持定期召开项目调度会，及时听取掌握在谈招商项目进度。组织成立重点建设项目督办组，对所督办区域内的重点项目逐一进行检查，现场进行督办协调。对需要统筹协调的问题，梳理汇总后向自治区政府及时汇报，自治区政府定期召开未开工区市重点项目督办工作专题会议；自治区政府政务督查室、重点办对项目推进过程中存在的突出问题下发督办通知。三是营造更加浓厚的招商氛围。加大投资环境、投资政策及招商引资成果的宣传，通过新闻发布、专题访谈、系列节目、开辟专栏、异地宣传等多种形式，充分宣传我区实施西部大开发取得的成果、介绍我区良好的投资环境和加强招商引资的重大战略举措，推介重大引资项目，对招商引资成果案例和先进典型进行广泛深入的宣传报道。充分发挥我区开展的各种节会活动，充分利用与广西建立有友好合作关系的商会、协会组织，推动友好互访，巩固和促进交流合作，提高广西的知名度。要切实加强教育和引导，增强全民开放意识，树立“人人都是投资环境、个个都是招商引资服务员”的理念，积极营造全社会关心招商、支持招商、参与招商、投身招商的良好氛围。

广西壮族自治区人民政府发展研究中心“实施‘双核驱动、
三区统筹’战略与新常态下广西投资促进战略研究”课题组

关于突破广西高校协同创新瓶颈问题的研究

——广西高校与政府协同创新育人对策建议

【引言】在国家实施创新驱动发展战略的大背景下，推进政产学研协同创新、协同育人，已成为新常态下我区加快经济转型升级、增强内生发展动力、提升核心竞争力的重要途径。开展高校与政府协同创新、协同育人问题研究，弄清有关制约因素，找出问题的根源，提出相应的对策，对健全我区高校与政府协同创新、协同育人的工作运行机制，提升协同创新水平，构建协同育人体系，适应经济发展新常态动力转换，促进创新驱动战略加快实施，增强经济社会内生发展动力，推进全区转型发展具有重大意义。

本课题组在深入了解我区高校与地方政府协同创新、协同育人的现状，系统分析其主要影响因素，借鉴有关省市成功做法的基础上提出了推进我区校地协同创新育人的“1322”工作思路，即在全区有针对性地开展1次为期三年的“双协行动计划”、实施校地协同创新3大工程，构建校地协同育人体系、校地协同创新育人绩效管理体系2大体系，推进全区高校人才培养模式改革创新、政府管理方式改革创新2项改革，为加快推进校地协同创新育人工作，促进全区高校与地方共赢发展提供政策支撑。

一、协同创新、协同育人的内涵

（一）协同创新的内涵

2011 年 4 月，时任中共中央总书记胡锦涛同志，在清华大学百年校庆大会上，从建设创新型国家的战略高度出发，明确指出高校要积极推动协同创新，与科研机构、企业开展深度合作，建立协同创新的战略联盟。2012 年 3 月，国家教育部和财政部联合颁发了《关于实施高等学校创新能力提升计划的意见》，同年 5 月，“2011 计划”即《高等学校创新能力提升计划》启动实施。从此，协同创新成为国家意志，正式上升为国家战略。

所谓协同创新，是指政府、高校、科研机构、企业等知识创造主体与技术创新主体，通过打破相互间创新资源要素流动壁垒，协作开展产业技术创新和科技成果产业化的活动。高校协同创新，则是指高校协同科研机构、企业等创新主体，在地方政府以及相关科技服务中介机构的协同支持下，在科学研究、技术开发等方面合作攻关的创新活动。高校协同创新分为内部协同创新和外部协同创新两类，前者包括高校内部各学科之间、高校与高校之间的协同创新，是高校内部形成的思想、专业技能、技术等知识分享机制；后者主要指产学研协同创新，即高校与科研机构、企业、政府围绕国家和地方的重大战略需求、重大科学研究、行业关键性技术和产业共性技术开发以及生产实际中的重大问题，开展合作攻关创新，形成的开放、集成、高效的新机制和创新模式。

高校协同创新通过创新主体之间、创新主体与外部环境之间创新资源的互动，形成开放、专业、稳定的创新组织体系，实现了高校人才培养、学科建设、科研发展三大模式全面创新，是建设一流高校、培育高素质现代化人才的有效途径。

（二）协同育人的内涵

高校协同育人是指高校与政府、科研院所、企业、社会组织等，利用各自拥有的人才培养资源和优势，协同培养人才的机制和模式。这一概念源于 2012 年 8 月教育部与中国科学院启动的《科教结合协同育人行动计划》，该行动计划由科苑学者上讲台计划、重点实验室开放计划、大学生科研实践计划、大学生暑期学校计划、大学生夏令营计划、联合培养大学生计划、联合培养研究生计划、人文社科学者进科苑计划、中科院大学生奖学金计划、科苑学者走进中学计划共十个项目构成，要求部分重点大学与中国科学院签署战略合作协议，加强在拔尖创新人才培养方面的合作。此后，各省区纷纷推出了自己的协同育人方案和措施，认定了一批协同育人中心，为协同育人搭建平台。

（三）协同创新与协同育人的关系

人才是创新最关键的因素，创新驱动本质是人才驱动。协同创新与协同育人相互融合、相互促进，统一于经济社会发展的实践过程之中。加快实施创新驱动发展战略，迫切需要深化高校创新创业教育改革，把创新创业教育融入人才培养体系，大力推进高校与政府、社会、行业企业协同育人，以协同创新引领协同育人，以协同育人促进协同创新。

推进协同创新、协同育人工作，是我区高等教育由规模扩张转向内涵提升，全面服务经济社会转型发展，从根本上解决资源、环境、人力资源等对我区发展的制约，推动教育与科技、经济、文化的紧密结合和联动发展，增强知识创新能力和科技创新能力，加快经济发展方式转变和产业转型升级的迫切要求。

本课题重点围绕高校如何与政府开展深度合作，在人才培养、科技创新、社会服务等领域为地方经济社会发展提供人才智力支撑；政府如何创新行政管理方式，在政策、资金、项目等方面给予高校支持，不断提高其服务地方的能力这一主线，对现阶段高校与政府协同创新、协同育人急需解决的问题进行研究，探索相关政策措施。

二、广西高校与政府协同创新、协同育人的实践

近年来，我区积极推动创新驱动发展战略的实施，注重发挥高校技术人才优势，全面推进高校和地方的资源整合，发挥高校在技术储备、人才培养上的优势，通过政产学研创新联盟、大学科技园区、高新技术企业孵化器建设等方式，打造协同创新育人平台，构建创新人才培养模式，在促进我区经济社会发展动力转换过程中发挥了重大作用，校地协同创新协同育人工作取得了一定成效。

（一）高校与政府协同创新工作现状

近年来，我区高校为地方经济社会发展提供了高质量的科技服务，参与地方建设发展的能力不断增强，与政府协同创新在政策扶持、平台建设方面取得了较大进展。

1. 政府加强顶层设计，引导协同创新

为了贯彻落实“2011 计划”，推进高校协同创新工作，我区 2012 年以来相继出台了一系列政策文件，其中《关于加强高等学校和科研院所创新能力建设的实施方案》（桂政办发〔2012〕275 号）、《关于加强产业技术创新战略联盟建设的实施方案》（桂政办发〔2012〕273 号）等文件提出，打造特色重点学科及学科群、建设创新平台及创新团队，培育建设国家及省部级重点实验室，推动企业成为技术创新主体、形成产学研协同创新的良好格局，面向科学前沿、行业产

业、区域发展、文化传承等方面建设100个高等学校协同创新中心，提出组建产业技术创新战略联盟等建设任务，并从构建公共技术支撑平台、强化金融服务和专利引导、优化科技创新政策环境等方面出台了具体措施。桂政发〔2014〕8号文提出了以协同创新为引领促进高校办出特色、提升水平，大力推进高校与高校、高校与科研机构和企业、高校与政府及社会的深度合作，建立适应发展不同需求的协同创新模式，明确了我区高校协同创新发展模式与机制。

2. 政府主导搭建协同创新平台

以政府为主导，整合区内外高校、研究机构及重点企业的科技资源开展科技攻关，建立各类协同创新中心、研究中心等，形成政府－高校－企业政产学研合作协同创新模式。

（1）开展协同创新中心认定工作。2013年我区认定广西大学广西蔗糖产业协同创新中心等10个协同创新中心为首批广西2011协同创新中心，认定广西大学广西北部湾重大工程防灾减灾协同创新中心等23个协同创新中心为广西2011协同创新中心培育建设单位（附件1、附件2）。协同创新中心的形成为开展产学研合作提供了科技资源深度整合以及高层次人才协同培养的平台机制。

由自治区政府主导，广西大学牵头组建的广西大学中国—东盟区域发展协同创新中心，包括南开大学、云南大学、西南交通大学、中国社会科学院以及中国外交部、中国商务部、中国农业银行等6家支撑单位、10家核心单位、11家成员单位。此协同创新中心以打造世界一流的中国特色新型高校智库为目标，致力于发展中国—东盟领域政治、经济、国防、外交等重大问题的合作与创新研究，培养服务国家东盟战略的急需人才。

（2）推进协同创新组织建立工作。以政产学研协同创新项目为依托，全面推进协同创新组织的建立工作。建在广西科技大学内的柳州市工信局中小企业技术创新促进中心是政府出资，通过科技项目的方式引导高校参与企业的技术创新形成的政府、高校、企业合作的政产学研协同创新模式。这种支持中小企业技术创新的模式在其他地市也有一定代表性。

（3）实施高校重点实验室共建工作。我区于2002年启动重点实验室建设计划，2004年自治区科技厅开始重点实验室认定工作，先后认定了38个自治区重点实验室、12个自治区重点实验室培育基地（附件3），基本形成了以高等院校、科研院所为依托的重点实验室建设格局。目前，全区有国家重点实验室2个、省部共建国家重点实验室培养基地2个、各部委重点实验室13个，研究领域涵盖了生物、医药、化学与化工、信息、材料、地学、建筑工程等学科，凝练了100多个具有优势和特色的研究方向。政府相关职能部门主要对重点实验室开展基础研究给予资金支持，并对其运行进行监管。

（4）推动园区与高校共建创新平台。目前全区有各类园区32个，其中南宁高新技术开发区、柳州高新技术开发区、桂林高新技术开发区、北海高新技术开发区为国家级开发区，以电子信息、制药、生物工程、有色金属、新材料、精细化工、机电、环保、汽车配件、电力设备等为主导产业。四大园区通过不断推进企业与高校、科研院所的产学研合作，促进高新科技成果产业化，已成为我区重要的科技创新平台和高新技术产业孵化平台。如南宁高新区管委会通过与广西大学等高校签订合作框架协议，每年安排200万元资金用于广西大学等高校的科技成果转化，在与高校合作共建创新创业平台方面取得了明显成效。2014年，南宁高新区高新技术企业占全市的62.9%，占了全区的20.8%，有5家高新技术企业成为国家火炬计划重点高新技术企业。目前南宁高新区有国家认可实验室8个，广西工程技术研究中心32个，占全市的45.1%；广西企业技术中心共计34家，占全市的53.1%。根据2015年国家科技部火炬中心发布的最新综合排名，在全国115家国家级高新区，南宁高新区跃升至第41名，较上年上升7名，位于广西国家级高新区首位。南宁高新区2014年申请专利3597件，占全市的40.99%，同比增长46.0%。

3. 政府加大协同创新财政支持

2011～2013年，我区一般财政预算支出中，财政科技支出从21.7亿元增至54.4亿元，科技支出占一般预算支出的比重从1.1%增至1.7%。2013年，我区财政安排专项资金5000万元，用于支持10个广西首批高校协同创新中心建设。自治区科技厅在本级财政中设立了区科技基础条件平台建设专项，建立起了国家科技部、自治区科技厅、重点实验室依托单位主管部门和依托单位联合的资金投入机制，大幅度增加了对重点实验室建设的经费支持。

4. 政府与高校深化战略合作

近年来，广西大学、广西师范大学、广西民族大学、桂林电子科技大学等主要高校通过与地方签订合作框架协议和科技项目合作协议，不断深化与地方政府的战略合作。广西大学积极服务地方经济社会发展，目前已与全区14个市签订了科技合作协议。2015年7月，广西大学与防城港市签订深化战略合作协议，在人才培养、教育培训、科学研究、决策咨询等领域与防城港市开展深度合作，在为防城港市经济社会发展提供智力支撑的同时也为广西大学自身的发展提供广阔的实践平台。

5. 政府积极推进校企对接

柳州市政府相关职能部门，每年不定期地根据市属企业提出的需求，组织国内高等院校专家学者、各路科研力量对企业技术研发过程中存在的个性和共性技术问题开展重点攻关，促进企业与高校的产学研对接。桂林市工信局也组织了10多个项目的校企对接活动，为实现以需求为导向的协同创新提供了平台。

（二）高校与政府协同育人工作状况

自治区政府2015年2月下发了深化我区高等教育综合改革的意见（桂政发

〔2015〕6号），提出了构建协同育人新模式方案，通过实施一批协同育人平台建设项目，推动形式多样的高校联盟建立，扩大优质教学资源共享；鼓励高校与政府、企业共同制定培养目标、共同设计课程、共同开发教材、共建教学团队、共建实习平台；鼓励探索校中厂、厂中校等实习实训基地建设模式，拓宽企业专业技术人员担任高校专兼职教师的渠道，加快推进现代学徒制度试点；鼓励高校与科研院所联合培养研究生，与企业共建研究生工作站、研究生培养合作基地，不断提升研究生教育质量，全方位推进协同育人工作。目前，我区高校与政府协同育人工作不断推进，在平台建设、载体打造、合作办学方式等方面取得了一定进展。

1. 共建协同育人平台

各地政府主动作为，在资金、项目、政策方面大力支持，积极与高校共建协同育人平台。

（1）依托协同创新中心培养高层次人才。我区高校以协同创新中心为平台载体，不断吸引、集聚优质的科研和人才资源，在重大科技项目实施与科技成果转化中培养造就了一批高层次人才。广西大学中国—东盟区域发展协同创新中心2015年开始实施拔尖人才培养计划，从当年全校新生中招收20名优秀本科学生，组建金融专业精英拔尖班，该班学生实行本硕博连读，并参与协同创新中心的项目研究，通过理论学习与应用研究相结合，实现高层次人才的联合培养。

（2）依托科技园区培养创新创业人才。通过园区与高校共建大学生创新创业基地，搭建创新创业孵化平台，创新大学生创业教育、实训共享区的教育模式，培养满足企业用人需求的实用性、复合型人才。南宁、柳州、桂林等市均建立了大学生创业园。我区高校目前已建立创业基地、创业园及场地192处，面积近8万平方米，投入创业扶持资金1500多万元。截至2015年6月30日，我区2014届高校毕业生创业人数达到1450人，较2014年同期增加377人，带动就业人数1664人。

（3）共建实习实训基地，培养适用人才。北海工业区管委会与贺州学院在北海工业园区共建面向园区所有企业的大学生实习、实训和就业服务平台，使原来学校与企业的“一对一”的关系变为“一对多”的关系，开创校企合作的新模式。同时，工业园区的广西三诺电子有限公司在北海三诺高新科技园内合作共建贺州学院－三诺科技学院。双方共同制定人才培养方案，共同参与教学实训全过程，共同进行课程、教材建设，力争把贺州学院－三诺科技学院建设成为人才培养实习实训基地和协同创新的科研平台。

2. 打造协同育人项目载体

重点以卓越人才教育培养计划项目为载体，以企业深度参与培养为支撑，以推进学生工程能力和创新能力培养为目标，以通用标准、行业标准为导向，大力培养各类适用型工程人才，全面推进协同育人。核心是通过实施卓越工程师、卓越农林人才、卓越法律人才等的教育培养计划，实现政产学研协同育人模式创新。目前，我区有广西大学、桂林电子科技大学、桂林理工大学三所高校分别进入了第二批卓越工程师教育培养计划高校名单、第三批学科专业名单。

在卓越工程师人才教育培养方面，广西大学专门成立了卓越工程师实验班，与广西玉柴及电力行业的多家公司共同制定人才培养计划，达成深度合作方案，从理论和实践上探索协同育人。在卓越法律人才教育培养计划的实施中，广西大学获得了应用型复合型法律职业人才教育培养基地立项。卓越农林人才教育培养计划项目包括拔尖创新型农林人才培养模式改革试点、复合应用型农林人才培养模式改革试点、实用技能型农林人才教育培养模式改革试点三类。2014 年广西大学有 7 个专业获得了国家拔尖创新型试点和复合应用型试点立项。

3. 组建政校企合作教育联盟

充分发挥政府的主导作用，推进高校与企业和行业构建紧密联系的教育联盟，加快形成校企合作规划、合作治理、合作培养的人才培养机制，以及人才共育、过程共管、成果共享、责任共担的合作模式。我区以组建职业教育集团为切入点，不断创新政校企合作教育联盟模式，目前形成了 30 个职业教育集团（附件 4），有效推动了教育链与产业链的融合。

广西科技大学鹿山学院在土木工程系开展校企合作办学，探索创新校企合作办学模式。一是成立校企合作理事会，负责协调解决相关合作事宜。理事会由广西建工集团第三建筑工程有限责任公司、广西华都建筑科技有限公司、广西冶金建设公司、广西蓝天建筑设计有限公司、广西广安工程监理有限公司、柳州欧维姆机械股份有限公司、十一冶建设集团 7 家企业和鹿山学院土木工程系组成。广西科技大学鹿山学院与来自各大企业的理事单位从专业建设、课程设置和教学计划制定等方面开展深度合作，为我区建设行业培养高层次应用型人才服务。二是成立教学指导委员会，负责教学培养事宜。教学指导委员会由 13 名来自学校、企业的资深专家组成。这一合作模式实现了学校与企业实现资源共享、协同育人、合作进行技术开发，提高了学生适应社会的能力，也为企业发展提供了人才保障。

4. 政府与高校合作办学

我区高校依托优势学科与地方合作办学，为地方经济社会发展培养适用型人才。在北海市政府支持下，桂林电子科技大学 2008 年在北海成立职业技术学院，目前在校生达 7000 余人，毕业生就业率达 98% 以上。北海市政府与桂林电子科技大学于 2013 年再次合作，共建海洋信息工程学院，结束了北海市没有二本院校的历史，为北部湾经济发展提供了技术和人才支持。

5. 政府与高校开展委托培养

地方政府根据当地经济社会发展需要，与高校开展委托式、订单式人才培养合作。如南宁市政府根据城市轨道交通产业发展的需要，委托南宁学院开设城市轨道交通控制和城市轨道交通运营管理两个专业，实现订单式培养。订单培养班的学生毕业后经考核验收，将被南宁轨道交通有限责任公司直接录用。

6. 政府支持建立课程联盟

建立课程联盟是打破校际壁垒，整合校际优势教育资源，实现协同育人的有效途径。2013 年，广西大学、广西民族大学、广西医科大学、广西师范学院、广西财经学院、广西艺术学院、广西中医药大学 7 所驻邕高校在广西大学正式宣布成立课程联盟。各校根据自己的学科优势，鼓励本校国家级、区级教学名师开出一些优质课程，供课程联盟中的本科学生选择，各校对学生选择的课程进行学分和成绩互认，使这七所高校学生实现了优质课程资源共享。

2015 年，在桂林市政府支持下，由桂林电子科技大学发起建立的广西高校课程联盟——广西漓江学堂在桂林诞生。广西漓江学堂通过将在线课程、综合实验等有机融合，形成了线上线下互动、虚拟现实结合的课程教学新模式，创新了学校企业协同培养学生创新能力与动手能力的方式。目前已经开设了 9 门课程，有 10 所高校、近 500 名学生参与学堂的教学活动，并陆续吸引企业前往合作加盟。

在政产学研协同创新、协同育人过程中，政府作为重要的协同创新、协同育人参与者、推动者和服务者主要承担着公共财政、管理和服务三个方面的职能。通过财政支持引导协同创新、协同育人的方向，是政府公共财政职能的主要内容；管理职能主要通过需求导向、政策规范、绩效评价、激励机制来实现；服务职能集中体现在为协同创新、协同育人搭建信息平台、公共服务平台等。

三、广西高校与政府协同创新育人的主要问题

近年来，尽管我区各高校与政府合作水平不断提高，在协同创新协同育人上取得了一定成效，但仍适应不了经济新常态下我区加快发展动力转换、推进经济转型发展的要求，还存在诸如地方政府支持力度不足、高校服务地方能力有限、协同创新育人体制机制不顺、平台载体建设滞后、人才支撑不足、协同创新协同育人脱节等亟待解决的问题、概括起来主要体现在以下几个方面。

（一）高校服务地方发展的功能尚未凸显

1. 高校科技创新实力不强

集中表现在目前我区仅有一所 211 高校，尚未建成一所体现高校科技创新实力的 985 高校。我区高校的国家重点实验室只有 1 个，即广西大学与华南农业大学共建的亚热带生物资源保护利用实验室，有两个还在培育。发达省市的重点高校有的一个高校拥有的国家重点实验室可达十几个。2012 年国家“2011 计划”启动后，我区相继出台了一系列协同创新方案，提出了打造 150 个特色重点学科及学科群、建设 100 个高水平创新平台、形成 100 个创新团队，打造新型现代科

研院所，培育建设20个国家及省部级重点实验室、10个国家级工程（技术）研究中心和工程实验室，建设100个高等学校协同创新中心，组建30个以上产业技术创新战略联盟的目标任务。但从实施情况看，其大多数工作还处于起步阶段、规划阶段，尚未落到实处，整个协同创新工作进展相对缓慢。我区高校每年有大批科研成果形成，但很大一部分是基础理论成果，能够进行产业化转化应用的科研成果偏少。现有的10个协同创新中心及23个培育单位也多集中在面向文化传承创新和面向区域发展两种类型，面向科学前沿的高水平协同创新中心严重不足，我区高校科技创新对全区经济社会发展的促进作用尚未得到充分体现。

2. 高校人才培养滞后于发展需要

我区部分高校办学理念落后，高校热衷于开设投入少、成本低的专业，开设的应用型、交叉新兴学科专业少，部分急需的学科专业目前还是空白。2014年度广西人才网联系统大中专院校毕业生供求情况分析显示，管理、计算机、财务、文秘类专业4个毕业生竞争一个岗位，毕业生供求比例严重失衡，尽管如此，上述四类专业仍是目前我区高校布点数量最多的专业；而我区第二、三产业急需的部分专业偏少，生产制造类、技术服务类、互联网应用类、证券投资类专业毕业生供求比均小于1，人才缺口较大。作为旅游大省区，我区每年需要本科以上的旅游人才近万人，但每年培养的毕业生只有1500人，远远满足不了需求。制糖和有色工业是我区的传统优势产业，但仅有1所高校开设了制糖生产技术与管理专业，与有色金属、冶金直接相关的专业只有4个。北部湾每年需要本科以上海洋专业人才1.1万人，但海洋经济相关专业才刚刚起步，在校学生总数不足千人，每年毕业生仅300人左右，海洋工程类专业还处于空白状态。

部分高校办学类型趋同，办学特色不突出，人才培养、学科建设、科学研究等与地方经济社会发展脱节，以教师、课堂、教材为中心，很多高校未能根据经济建设发展的需要及时调整学科结构和优化专业设置，课程教学模式、专业设置创新不足、实训环境条件缺乏，学生毕业后缺乏创新创业实践能力，人才培养适应不了我区经济社会发展的需要。

（二）政产学研合作模式尚需探索

一是从创新方面看，合作模式仍是以项目委托、技术转让、联合研发为主的松散型方式，以共建科研院所和产业技术联盟实体、科研基地，优势互补、风险共担、利益共享的政产学研紧密型合作方式尚未形成，合作短期化、任务单一化等问题急需解决。我区现有的10个协同创新中心、23个培育单位，以单个项目为载体的合作关系居多，围绕产业技术创新需求建立的可长期合作的关系偏少。多数合作由高校牵头，多为高校各学术团队的自选项目，选题更多地体现牵头人的学术兴趣和技术专长，且多数合作模式只针对短期的技术问题，缺乏中长期合作创新目标。政府牵头、企业牵头的多元化需求导向协同创新模式有待构建，政府的主导作用尚未充分发挥。

二是从育人方面看，合作模式多为校地双方人才交流、委托培养、共建实习基地等松散型方式，政产学研用协同育人战略联盟型合作方式尚未建立，可持续发展能力不强。

（三）政产学研合作体制机制不健全

1. 运行机制不健全

政产学研合作管理条块分割，各相关部门各行其是，运行体制机制不健全，使产学研合作模式的建立缺乏有效的管理制度保证。以协同创新中心为例，由于多元主体的组织特点，其在管理体制上采用了理事会制度，理事会制度所具有的共同治理理念、决策权与执行权分离、决策民主化等制度优势有利于不同主体之间利益关系的协调和中心创新目标的实现。协同创新中心本是相对独立的实体单位，但目前我区的协同创新中心主要由某个高校牵头组建和管理，导致其难以理顺各协同主体与依托高校的关系。我区无论是高校还是地方政府，均无正式规范的机构组织来具体负责协同创新育人工作的管理，更没有相关的发展规划和工作措施。管理关系不顺，加之上层管理缺位，致使我区校地协同创新育人工作难以正常开展，制约了协同创新中心作用的发挥。

2. 利益分配机制有待完善

政府、高校、企业等各方分别处于不同层级、领域、系统、行业，各自职责权益不同，在产学研合作中追求的目标不完全一致，在实际合作中时常遇到利益分配矛盾，由于缺乏健全的利益共享机制和完善的风险共担机制支撑，利益分配矛盾无法得到及时有效的解决，进而影响合作可持续进行。目前，我区协同创新中心还处于起步阶段，许多机制尚未理顺，特别是成果的署名权、产权界定、科技人员的利益分配，还缺乏系统、完善、可遵循的规章制度，研究项目通常通过子课题的形式来组织开展，缺乏资源共享机制，协同关系松散，合作效率低下，不利于协同创新工作开展。

3. 风险投资机制建设滞后

现阶段无论是推进产学研合作，还是促进科技成果转化，均需要大量的资金投入。但是当前我区资本市场制度体系不全，满足高校科技创业需求的风险投资机制建设相对滞后，资金缺乏已成为影响产学研合作工作深入开展的主要瓶颈，严重制约了科技成果快速产业化；同时，在实际操作中，风险投资资金投放多偏向于科技成果产业化末端，对风险较高的创新源头开始扶持投资的不多；促进科研成果资本化的创新激励措施尚在酝酿中，保护科研成果和知识产权的政策法规有待健全，影响了高校科技人员创业投资的积极性。加快我区风险投资机制创新，建立健全适应高校产学研需要的创业投资机制，完善我区多层次资本市场体系，加大对高校科技创业的风险投资引导扶持力度刻不容缓。

4. 资源共享机制尚未建立

我区高校实验室、工程技术研究中心、大型仪器设备等科研资源目前仍未做到面向地方、企业开放，未实现与社会共享，不利于科技资源的整合和有效利用。

5. 综合评价机制缺失

我区高校在衡量科技人员贡献大小上，特别是在职称评定、奖励等方面，目前仍然以发表文章的数量和获奖多少作为主要依据，尚未建立起以服务地方经济社会发展为导向、适应科研资源市场化配置的有效的综合评价机制，难以调动高校科技人员创新的积极性和从事科技开发及成果转化的激情。

（四）政产学研合作载体平台建设滞后

包括协同创新园区、政产学研创新联盟、大学科技园区、实习实训基地、协同育人中心等在内的各类政产学研协同创新协同育人载体平台构建工作，我区目前尚未全面、系统启动，使得自治区已出台的一些相关政策落实得不到实践支撑，对高校与地方开展协同创新协同育人工作造成了一定影响。关于我区大学科技园建设，在桂政办发〔2012〕276 号文下发的实施方案中，明确提出大学科技园要成为战略性新兴产业培育、创新创业人才培养、高新技术企业孵化、高校科研成果转化的重要基地，到 2015 年全区要建成大学科技园 6 家，培育发展服务企业 1000 家、科技孵化企业 100 家；到 2020 年要建成大学科技园 8 家，其中要有 1 家以上的科技园在全国有重要影响力。但从调研情况看，进展并不理想，全区只有南宁和桂林建有大学科技园。

（五）协同创新育人人才支撑不足

一是协同创新人才队伍缺乏。在发达地区，一个省区有几十个院士，一个重点高校有十几个院士，而在我区多年以来还是保持在一个院士的水平。调研中地方政府和企业普遍反映，由于区内高校缺乏知名学术带头人和高水平创新团队，政府和企业只好与区外名校合作，开展企业技术攻关。2013 年 12 月，北海市人民政府与清华大学共同签署全面合作协议，与清华大学进行海洋产业、科技发展、人才培养以及产业转换等一系列全面合作，并确立了校地全面长效合作机制。协同创新领军人物缺乏和创新团队培育滞后，对我区高校发展提出了更高的挑战。

二是双师型人才相对匮乏。我区现有的高校教师主要走学术路线，多数缺乏企业工作经历，而来自于企业、其他社会组织的兼职教师又非常有限，极大限制了高校的实践教学和协同育人的开展。

（六）协同创新协同育人融合有待深化

协同创新与协同育人，内涵虽然不相同，但目标指向一致，统一于互为依存的辩证过程之中，协同创新带动协同育人，协同育人促进协同创新，两者相互促进，最终促进人才、学科、科研整体水平的全面提高。增强协同创新协同育人的深度融合，这与国家“2011计划”要提升人才、学科、科研三位一体的创新能力的内在要求相契合。但我区的协同创新中心目前更多地侧重于科学研究和技术创新功能，育人功能局限于博士和硕士生教育，对本科生的培养尚未有效实施，协同创新引领协同育人的作用还未能有效发挥。

（七）政府行政管理方式创新滞后

在调研中，高校和企业普遍反映，在推进校地协同创新育人工作中，政府主动服务意识不够，尤其在组织协调、法律法规制定、规划编制、政策扶持、平台载体建设、绩效评价体系制定、信息平台建设等方面，尚需进一步加强。能够指导协同创新育人工作的专项法规以及可操作的实施细则比较缺乏，财政税收、金融信贷、人力资源、知识产权等配套措施协调联动性不足。如有关部门虽出台了政策鼓励支持高校学生顶岗实习，但是企业反映学生实习中的保险费用分担比例没有明确规定，对于学生在实习期间发生的安全问题缺乏明确的责任界定。企业承担育人职能会加大企业的成本负担，影响了企业参与协同育人的积极性。

在信息平台建设方面，政产学研各系统之间尚未建立起快捷、有效的信息对接机制。我区政产学研合作各方之间的信息交流目前主要是通过朋友之间的私人渠道，通过政府公共信息服务平台获取企业技术需求、高校科研成果转化信息的不多。因此，迫切需要各级政府加快转变职能，创新行政管理方式，发挥政府在推进校地协同创新育人工作中的引导服务功能。

四、外省市高校与政府协同创新育人做法经验及启示

我国广东等一些先行省份以及湖北武汉等一些先行城市在高校与地方政府协同创新育人方面探索出了一些好的做法和经验，可供我区学习借鉴。

（一）广东省：政府引导建设协同创新育人平台

为充分发挥政策导向作用，在建立健全协同创新育人体制机制、构建协同创新育人平台、加大项目资金支持等方面，广东省委省政府出台了一系列政策文件，有力地促进了全省协同创新育人工作开展。

1. 推进协同创新

广东省先后颁布了《关于全面深化科技体制改革加快创新驱动发展的决定》（粤发〔2014〕12号）、《关于以协同创新为引领全面提高我省高等教育质量若干意见的通知》（粤府办〔2012〕103号）、《广东省高等教育“创新强校工程”实施方案（试行）》（粤教高函〔2014〕8号）等文件，从多方面为协同创新提供了强有力的政策支撑。广东省《关于全面深化科技体制改革加快创新驱动发展的决定》明确提出运用财政补助机制，激励引导企业普遍建立研发准备金制度；赋予高等学校、科研机构科技成果自主处置权。在《关于以协同创新为引领全面提

高我省高等教育质量若干意见的通知》中，广东省明确规定把人才作为协同创新的核心要素，赋予协同创新中心在机构运作、人才引进、职称评定、资产管理、薪酬管理、知识产权利益分享等方面更大的自主权；建立由多方参与的协同创新管理机制和专家委员会咨询与监督机制。

2. 推进协同育人

广东省出台了《关于开展首批广东省协同育人平台申报认定工作的通知》(粤教高函〔2014〕24 号)，明确了全省协同育人支持的方向和重点及相关要求。强调以培养全省支柱产业、战略性新兴产业和社会建设重点领域的急需人才和基础学科拔尖创新人才为重点，以学生个性发展、创新创业实践能力提升为核心，全面推进高校与企业等各方的深度合作，促进各类教学资源的加速整合，构建多样化人才培养模式，提高人才培养质量。全省高校共推荐出各类协同育人平台（中心）118 个，其中 96 个是校企协同育人平台（中心），占各校推荐总量的 81%，大规模的平台申报认定有力地促进了全省协同育人工作发展。

（二）广东深圳：“政校行企联动 + 产学研用并进”模式

广东深圳职业技术学院于 2008 年正式启动政产学研用协同育人的改革实践，经过几年的探索实践，形成了政校行企四方联动、产学研用立体推进的模式。

1. 构建政产学研用协同育人的制度体系

一是规划保障。深圳职业技术学院将“政校行企联动 + 产学研用并进”模式作为学校办学的基本方略、培养模式改革的核心任务，列入本校“十二五”发展规划进行实施。二是政策引导。围绕政产学研用协同育人的制度体系构建，学院先后出台了《关于实施产学研用协同创新计划的决定》《产学研用协同创新实施方案》《关于加强复合式创新型高素质高技能人才培养改革的决定》等文件，规范协同育人相关工作发展。三是制度保障。学院还出台了《关于进一步加强师资队伍建设，促进协同创新和人才培养改革的意见》《关于进一步加强管理干部队伍建设，促进协同创新与人才培养改革的意见》《专任教师下企业实践管理办法》等，有力保障了协同育人工作的有效推进。四是加强考核。学院将协同育人工作纳入部门和教师考核，提升绩效管理水平。

2. 搭建政产学研用协同育人平台

一是设立政产学研用指导委员会。学院将原教学指导委员会改造为政产学研用指导委员会，在这个由校—院—专业三级推进的协同育人工作机构中，增设“产学研用促进处”，增补了政府及行业企业代表，丰富了工作内涵。二是建立不同层级的协同育人联盟。学院在校—院—专业三个层级分别建立相应的协同育人联盟，成立了中国职业教育运行机制协同创新中心，同政府机构、行业企业、科研院所、境内外高校等联合组建协同创新联盟。三是创设各类协同育人平台。以各种项目和合作课题为依托，建立各类工作室和工作坊等，设立大学生创意创业园、创业学院和创业创新基金等，拓展各类协同育人平台空间。

3. 实施多样化的政产学研用协同育人路径

一是实施课题项目驱动。设置以横向课题为依托的创新课程，鼓励学生参与横向课题研究，推动学生加入学校与政府部门及行业企业等的合作项目。二是设置复合专业。构建主干专业与拓展专业叠加的复合性专业学习平台，开发复合型课程，打破专业壁垒，实现资源跨界共享。三是实施创新创业计划工程。每年设立面向学生的百万创新基金、百万创业基金，通过支持学生参与促进创新创业。四是开展订单式培养。

（三）湖北武汉：制定条例破解体制机制难题

武汉围绕建立健全自主创新体制机制、人才创新创业机制体制，推进示范区创新发展，于 2015 年 3 月 1 日颁布了《东湖国家自主创新示范区条例》（简称《条例》），开创了一条通过立法破解体制机制建设难题，推动协同创新育人的新路子。

1. 建立健全自主创新体制机制

其核心做法有：一是以企业为创新主体，示范区内高新技术企业在研发投入、研发机构建立、自主创新能力提升等方面享有相应税收优惠支持；二是促进产学研协同创新，示范区企业同高校等联合组建产业技术创新联盟，可以申请登记为法人；三是推动科技成果产业化，鼓励企业与高等院校采取多种形式进行产学研用合作，促进科技成果转化；四是推进科技成果使用管理改革，示范区高等院校可以自主处置科技成果，不再由有关管理部门审批和备案，项目完成人自主实施转化的可获得至少 70% 的转化收益。

2. 建立健全人才创新创业机制体制

其核心做法有：一是健全富有活力的人才使用机制，建立富有吸引力的人才高地；二是设立专项资金，支持高端人才队伍建设和创新创业项目实施；三是创新股权激励机制，支持企业对科技和管理人才给予产权激励；四是支持科技人才创新创业。

（四）江苏常州："政府主导 + 产教融合" 协同育人模式

2003 年以来，江苏常州一直秉持政府主导、产教融合、协同育人的理念，做好统筹谋划，加强政策引领，倾斜资金扶持，经过十多年的不懈努力，创造性地打造了一个融职教园区、科技园区、企业园区三者于一体的协同育人生态体系——省市共建常州科教城，探索出了领先全国的"政府主导 + 产教融合"协同育人模式。通过整合校所企优质资源，推进产教融合，建成集约育人共享平台，首创了资源跨界共建共管共享新机制，破解了高等职业教育地方政府缺位、资源集聚共享难、产学研协同育人难问题，为创新协同育人模式提供了新的参照样本。

1. 强化政府发展职业教育责任

常州市政府通过统筹规划、政策引领、资金扶持、服务保障等举措为科教城产学研协同育人营造了良好发展环境。

第一，统筹规划。常州市政府根据高技能人才的培养规律，将高职教育的教学优势与科研院所的研发优势、高科技企业的产业优势有机地结合起来，在江苏省教育厅、省科技厅支持下，将常州信息职业技术学院、常州工程职业技术学院等5所高等职院校和常州大学统一规划建设，建成了全国第一个集职教园区、科技园区、企业园区于一体的产学研协同育人综合体——常州科教城，既满足了地方经济发展对高技能人才培养的需要，又打造了领先全国的产学研协同育人新型平台。

第二，政策引领。常州市政府出台了《校企合作培养高技能人才项目实施办法》《加强职业教育校企合作办学的指导意见》《科教城“双栖”教师管理办法》等一系列政策文件，鼓励科研机构和企业积极参与职业教育建设，促进办学育人主体的多元化；不断加强对院校专业结构的调整优化引导，增强人才培养的适用性。

第三，资金扶持。常州市政府大力支持科教城建设，承担了新校区公七通一平等基础设施的全部建设投资，免收建设规费，全额返回旧校区资产置换的地方收益，降低土地出让费；设立院校科研基金、办学成果奖、技能竞赛奖，设立资源共享平台建设运行专项资金，对师资培训、实训耗材、顶岗实习工伤保险等实行补贴，共计投入发展经费33.3亿元。

第四，服务保障。为优化发展环境，促进科教城可持续发展，园区设立了国家职业技能鉴定所、培训管理中心、创新创业服务中心、技术产权交易市场等，进一步完善了公共教育服务体系建设。

2. 打造产教融合型育人共享平台

通过集聚国内高端科教资源，整合园区内的校企资源，创新园区管理体制机制，全方位打造产教融合型育人共享平台。

第一，集聚资源。一是对接中科院，建立了中科院常州中心，在科教城设立了14个分中心、6个研究所和30多个实验室；二是对接高校，引进了南京大学、东南大学、哈尔滨工业大学等高校，在科教城建立了国家大学科技园以及20多个研发和孵化基地；三是对接产业，在科教城建立了科技企业加速器，目前拥有研发人才15 300多人，其中国家“千人计划”37人、中科院“百人计划”5人、教育部长江学者13人等，围绕智能、设计、信息等先导产业，孵化培育了732家科技创业企业。优质资源的集聚为技能型人才的培育提供了资源支撑。

第二，整合资源。由40个公共技术服务平台、19个工程中心、4个产教园构成的科教城产学研合作育人共享平台，突破传统的建园模式，校所企之间没有围墙，在基础设施、园区空间、场馆设备、图文信息、优质课程等方面实现了资源开放共享。

第三，统筹共管。科教城实行管委会—业务处室—管理服务中心三级服务体系。常州市成立科教城管委会和高职教育园区管委会，实行合署办公，市委常委担任专职书记。管委会代表地方政府，对科教城建设发展过程中的重大发展事项及活动履行组织、协调、监督、服务职能，统筹协调产学研协同育人工作，全方位打造产教融合型育人共享平台。

3. 创新政校所企协同育人合作机制

政校所企以专业、课程、师资、教学、运行五大协作组共建为主线，联合制定专业标准，统一人才培养规格，整合专业设置，引导错位发展。以专项经费为保障，以项目对接为载体，引导科研机构、高科技企业承担起创新创业实践的育人功能。科教城 5 所高职学院与外部 1800 多家企业开展了校企合作，共建校外实训基地 1600 多个，实现了校所企协同育人的目标。

（五）启示

1. 政府起主导作用

广东、湖北、江苏等地的做法表明，在市场经济条件下，政府是政策制定者、制度提供者、工作推动者、利益协调者、成果评估者，在推进政产学研协同创新育人工作中起着主导性作用。

2. 政策制度是保障

协同创新育人工作的推进需要相关税收减免、资金扶持政策来引导；政府、企业、高校三者在其中的权利与义务需要法律来界定；各方合法权益保证需要落实完善相关管理制度；综合运用法律法规、政策措施和经济手段营造良好的发展环境，为调动各方积极参与协同创新育人所必需。

3. 互利共赢是动力

推进协同创新育人的关键，是政府、高校、企业要找到利益契合点。企业通过参与高校的人才培养获得发展生产经营、优化管理需要的科技资源和优质的人力资源。高校通过与行业企业合作育人创新了人才培养方式，提高了办学现代化水平。政府通过主导协同创新育人获得当地经济社会发展所必需的技术和人才，增强了在区域发展中的影响力。互利共赢成为各方协同创新育人的动力。

4. 绩效评价是导向

创新政府的行政管理方式，完善政府对高校的评价机制以及高校对教师的评价机制，建立高校以服务地方经济社会发展为导向的绩效评价体系，推动高校人才培养模式改革创新，充分发挥绩效评价对协同创新育人的导向、促进作用。

五、推进广西高校与政府协同创新育人的对策建议

推进高校与地方政府协同创新育人，是我区提升高校创新能力，培养创新

型、应用型、复合型人才，增强高校服务经济社会能力，加快经济发展方式转变和产业转型升级的战略性举措。高校是实施创新驱动发展战略的主力军，我区各类高校要积极深化创新创业教育改革，在人才培养、科技创新、社会服务等各个方面与地方紧密结合，为地方经济社会发展提供人才智力支撑；各级政府要积极转变职能，创新管理方式，在政策资金项目等各个方面给予高校大力扶持，不断提高其服务地方的能力。近期应着力抓好以下六方面工作，即开展 1 个行动计划、实施 3 大工程、构建 2 大体系、推进 2 项改革（统称“1322”工作思路），实现高校与地方合作共赢发展。

（一）实施校地协同创新育人“双协行动计划”

以实施创新驱动发展战略为主线，提升高校创新育人能力为主题，服务经济社会发展需求为导向，创新高校人才培养模式为核心，科研育人平台建设为载体，体制机制创新为重点，制定实施我区校地协同创新、协同育人“双协行动计划”。力争通过三年时间，集中财力物力，构建起高校与地方协同创新、协同育人的机制平台，推动教育、创新、产业三者融合联动发展，为服务广西三大战略新定位、实现两个百年建成目标提供坚强的人才保障和智力支撑。实施“双协行动计划”，要突出三大重点。

一是打造政产学研协同创新育人载体平台。围绕“14＋10”优势特色产业，重点在南宁、柳州、桂林三市建设政产学研协同创新示范区；在全区重点高校推进一批协同创新中心、协同育人平台建设，组建一批不同类型的协同创新育人联盟；大力发展企业孵化器、大学科技园、大学生创业基地等创新创业平台。

二是建立校地协同创新育人深度合作机制。建立校地合作长效机制，组建校地合作战略联盟。鼓励高校与地方政府、企业、科研、园区等机构，在人才培养、信息服务、决策咨询、技术研发、成果转化、产业升级、平台打造等方面加强合作，建立健全合作共享机制。创新完善我区职业教育行业指导办学体制，成立各行业办学指导委员会，使其成为行业标准与人才培养标准对接的桥梁和纽带，增强我区职业教育人才培养的针对性和适用性。

三是建立满足现代产业体系发展需要的学科专业体系。加强政府对高等教育资源的宏观管理能力，发挥政策指导和市场配置资源的作用，建立动态调整机制，统筹整合高校及社会创新资源，围绕建立现代产业体系、抢占未来发展制高点、增强高等教育核心竞争力三大重点，构筑学科专业新优势。加快建设支撑现代产业体系发展的一批特色院系、特色学科、特色专业群，克服同质化倾向，在不同层次、不同领域办出特色，推进高校特色发展。根据地方经济社会发展需求，大力调整高校学科结构，同步优化各类专业设置，布局一批与发展方式转变紧密结合的特色学科，设立一批与产业结构优化升级密切相关的重点专业，建成一批体现国家发展战略布局、满足自治区长远发展需要的重点学科专业。围绕全区“14 + 10”产业，重点加强一批国家级、自治区级应用型专业人才培养基地建设，发挥好14个市级应用型专业人才培养基地的作用，为相关产业的发展提供人才、智力支撑。

（二）实施校地协同创新三大工程

以产业需求为驱动，实现人才培养、学科建设、科技创新三位一体发展，重点实施校地协同创新三大工程。

1. 实施校地协同创新园建设工程

围绕科技创新、人才培养、社会培训三大重点领域，吸引区内外优质创新资源集聚，推进地方政府与高校共建协同创新园，打造一批满足全区特色产业集群发展需求的协同创新园，建成一批着眼于关键技术的创新平台。依托科技创新平台载体，通过“高校 + 基地”的方式实现高等院校、科研院所和企业的教育资源整合，开展企业、研究机构和大学合作教育，共同培养适应市场需求的创新型、应用型人才。

2. 实施高校协同创新中心建设工程

主要从组织创新能力提升和体制机制建设两方面推进，形成教产研一体化的创新人才培养模式。

一是提升协同创新中心的服务能力。以企业创新需求为导向，重点在区域发展、特色产业、科技攻关等领域开展协同创新，提升现有协同创新中心服务地方经济社会发展的能力。政府对协同创新中心在人才培养、科研项目以及行业重点任务等相关资源配置方面给予重点倾斜。以科技创新引领创新型、应用型人才培养，实施高校科技创新团队建设计划和青年科技人才培育计划，培育跨学科、跨领域的科研、教学团队。

二是培育建设一批协同创新中心。依托我区现有的四大类10个协同创新中心及23个培育单位，重点围绕“14 + 10”产业，以满足我区战略性新兴产业、传统优势产业的重大科研创新和技术服务需求为目标，鼓励支持高校充分利用学科、人才、科研资源优势，加强同地方政府、产业园区、行业企业的合作，共同推进各类协同创新中心的建设、培育，加快发展壮大全区协同创新中心数量规模，增强对经济社会发展的技术人才支撑能力。

3. 实施高校科技成果转化工程

一是深化科技体制改革。破除高校在人才流动、成果处置、收益分配等方面的政策束缚，下放科技成果使用、处置和收益权，鼓励科技人员离岗创办企业，提高科研人员成果转化收益比例，允许科技人员兼职取酬等，激励科技人员创新创业。鼓励高校与地方企业和科研院所联合组建行业工程技术联合研究院、研发中心、工程技术中心、重点实验室等科技创新研发平台和产业技术创新战略联盟。支持高校实验室、工程技术研究中心围绕地方重大需求开展科技攻关。

二是建设高校科技成果转化平台。构建全区统一、开放的科技成果信息、专利文献、标准技术推广的公共服务平台，对接高校、科研机构的科技成果资源和企业产业需求，引导科技中介机构和风险投资机构参与，形成全区联动、开放共享的技术市场体系。加快网上技术交易平台建设，培育高校科技成果转化经纪人队伍，建立高校科技成果转化经纪人制度，完善高校科技成果转移转化服务体系。

三是创新高校科技资源配置机制。政府教育和科技等部门要统筹协调好高校科技资源配置工作，建立科技创新公共平台，完善科研平台开放共享机制，推动高校实验室、工程技术研究中心、大型仪器设备等面向地方开放。高校科研立项要突出校地合作导向，建立健全基本科研业务费制度，增强财政拨款科研经费的引导带动作用和稳定支持功能，推进科技资源配置市场化改革，加快形成科技资源竞争性配置方式，提高科技资源使用效率。

四是推行“三三”制教学科研创业制度。鼓励高校科技人员每年各用三分之一的时间从事教学工作、科研开发和创业。鼓励高校科技人员离岗创业、创办科技企业。支持企业与高校科技人员联合开展科研攻关和技术开发，鼓励企业面向高校科技人员设立首席专家岗位，为高校科技人员成果产业化提供平台。

（三）构建校地协同育人体系

1. 建立学科专业结构与产业结构联动机制

全区高校要紧扣新常态下地方经济社会转型发展需要，适时调整学科方向，大力优化学科布局，全面升级学科结构，培育适度超前的学科链群。以高校学科链群对接地方产业集群的方式，开展高校的学科建设，建立高校特色优势学科专业与地方特色优势产业的对接机制。深入开展市场调研，准确把握学科发展方向，重点发展培育与当地方支柱产业、新兴产业需求相关的学科链群，适度超前部署战略性新兴产业和改善民生急需的相关学科专业。扩大高校专业设置自主权，促使高校形成自我发展、自我约束、自我创新的专业发展新模式。高校的专业设置应与自身的优势学科相结合，对符合我区产业发展规划，在经济社会发展中最急需、缺口最严重、制约最突出的人才培养，优先纳入专业增设范围，实现重点专业对重点产业的全覆盖，形成有竞争力的特色专业集群，推动学科建设和产业发展相互促进，为企业提供人才和智力支撑。定期发布专业结构调整引导目录和预警专业目录，建立以社会需求为导向的专业设置、专业改造和专业预警及退出机制。

2. 合作共建人才培养基地

一是依托科技创新平台培养创新人才。着力加大对全区各类开发区、大学科技园、科技企业孵化器、小企业创业基地、协同创新中心的支持力度，使之成为科技成果研发转化、高新技术项目孵化和创新型人才培养基地。

二是培育一批协同育人平台。各高校要围绕新常态下我区“双核驱动”战略实施、“三区统筹”发展格局构建、战略性新兴产业培育、优势产业壮大等主要工作，突出我区急需人才和基础学科拔尖创新人才培养重点，以创新创业实践能力提升为核心，加快现有资源整合，培育一批适用于不同需求、形式多样的研究生、本科或者高职层次的协同育人中心、协同育人基地、协同育人联盟等。通过协同育人平台的培育和建设，推动高校与企业、行业、地方政府等开展深度合作，建立整体协作教育模式，提高人才培养质量。围绕“14 + 10”产业，加强14 个市级应用型专业人才培养基地建设，为相关产业提供人才支撑。

三是推进高校实训基地建设。加大对实训示范基地企业的奖励扶持力度，支持高校与行业企业、科研机构、产业园区和党政部门、社会组织共建一批实训基地。对建立人才实训基地的单位给予财税优惠政策支持，企业用于实训基地建设的投资以及支付给实训学生的劳动报酬可在企业所得税计税前扣除。

3. 建立人才互动机制

一是建立人才双向交流制度。强化政府、学校、企业、科研机构人才的互动交流，鼓励高端人才多部门挂职交流。推进政府、企业和科研机构的专业技术人员到高校进行专业知识培训，企业和科研机构的高层次专业技术人员到高校兼任教师，高校教师到政府部门、企业和科研机构进行实践培训。

各地通过聘请高校教师担任技术顾问、安排科技人员挂职锻炼等形式，吸引高校人才到经济社会发展第一线工作，将科学技术直接服务基层，为企业和农村提供技术服务，实现科技与经济紧密结合。围绕地方产业转型升级发展，选派人员到高校进修研究，不断提高人才素质。建立完善全区人才供需平台体系，为高校与部门和企业的人才双向流动提供服务。

二是建立研究生双导师制。搭建产学研合作教育组织平台，建立产学研联合培养研究生基地，加快建立在学校进行基础教育，在企业进行课题调研，在科研院所进行课题研究，专业教育与产业需求深度融合的人才培养新模式。适应产学研联合人才培养新模式需要，探索建立研究生双导师制，每位研究生由学校、企业或科研机构共同制定培养方案，各配备一名导师，研究生第一年在学校攻读基础理论课程，第二年赴企业或科研院所开展课题研究和撰写学术论文，使研究生的培养与企业的生产实践紧密相连，提高高层次人才培养质量。

4. 组建高校学科专业建设指导委员会

组建由高校、政府部门、行业企业等组成的高校学科发展与专业建设指导委员会，全面开展高等学校本科专业综合评价的研究、咨询、指导等工作，加强对高校学科建设、专业设置、人才培养、实训环境，教学质量、科研开发、师资培训等的管理，确保高校不断提高专业办学水平和适用型人才培养质量。

（四）构建校地协同创新育人绩效管理体系

1. 创新校地协同创新育人绩效评价方式

彻底改变以往以论文发表数量、研究成果奖励等级为导向的考核评价方式，加快建立注重创新质量、强调创新型应用型人才培养、突出服务经济社会发展实效、满足区域和产业重大需求的新型绩效评价机制。学校的师资力量、资源配置、经费安排和工作评价都要体现服务地方发展的导向，定期开展考核，对成绩突出的高校予以重点支持。将高校的办学定位和特色、学科专业与行业产业的匹配度、高校科研人员的成果转化率、毕业生就业情况等作为考核高校办学水平和绩效评估的重要指标。引入第三方评估机构，将为地方培养人才质量、科技创新质量与实际贡献等作为招生计划、专业设置、科研经费、项目安排、财政拨款等资源配置的重要依据。

2. 创新科研经费使用方式

一是改革科技经费支持方式。突出产业需求导向，优化整合各类科技计划，改革政府财政资金由事前立项补助向事中、事后补助拓展，向目标任务完成情况良好、引领示范作用明显的高校倾斜，实现财政科技资金绩效最大化。二是建立以研发创新能力为主要内容的竞争性经费择优配置制度，建立与高新技术推广绩效挂钩的科技经费补贴激励制度。三是建立完善科技项目绩效评估和经费全程监管、动态调整和终止机制。努力形成与协同创新育人发展趋势要求相适应的高校科研经费新型使用方式。

（五）深化高校人才培养模式改革创新

深化我区高校人才培养模式改革，把创新创业教育融入人才培养体系，改革教育内容，创新教学方法，改进课程设置，组建政产学研人才培养联盟，建立各类产业人才“小高地”，强化实训操作，切实提高学生的创业意识，大力培育学生的创新精神，全面增强学生创造能力，为我区经济社会发展提供高质量的人才、智力支撑。

1. 组建跨学科协同育人平台

坚持走创新与育人融合发展之路，加大高校办学和科研体制机制创新力度，支持高校开设公共跨学科课程，建立跨学科研究中心等高校内部跨学科、综合性的现代化协同育人平台。坚持走创新型复合人才培养之路，利用现代网络技术手段，建立校内校际范围的选课制度，推进跨专业、跨学科、跨院校的选课制度，按学科群建立综合化的选修课程体系，满足学生跨学科专业选修的需要，让学生尽可能地拓展学科专业视野，具备更全面的知识结构，提高高校创新人才培养质量。

2. 培养学生创新创业实践能力

通过共建实训基地、共建实验室、科研项目合作等形式，促进高校与企业合作，推进产学研一体化育人平台建设，不断满足学生创新创业实践能力培养需要。深入推进卓越人才教育培养计划，鼓励校企联合开展高端创新人才、技能人才、管理人才培养。开展创新创业师资培养培训，完善考核评聘制度，提升教师创新创业教育的意识和能力。高校要将创业课程纳入学分管理，完善在校大学生保留学籍休学创业的有关制度，探索将学生自主创业情况折算成学分。积极落实国家和自治区有关大学生创新创业的扶持政策，推进大学生创新创业工作深入开展。

（六）加快推进政府管理方式改革创新

全区各级政府要把推进校地协同创新育人作为关系我区经济社会发展全局的重要工作来抓，加大组织协调，建立校地长效合作机制。充分发挥政府在公共财政、管理和服务方面的职能，综合运用法规、规划、标准、政策、财政等手段，创新行政管理方式。

1. 建立协同创新育人统筹推进机制

协同创新育人涉及教育、科技、财政、人社、发改、工信等政府相关部门，以及高等院校、科研院所、行业企业等组织机构，是一项庞大的系统工程，建议自治区成立广西高校协同创新育人指导委员会，建立健全我区协同创新育人统筹推进机制。

广西高校协同创新育人指导委员会主要职责是完善法律法规体系，保护高校科研人员知识产权、技术专利、权益分配等不受侵害；进行顶层设计，把高校协同创新育人工作纳入地方政府经济社会发展规划，在资金项目政策上给予支持；促进政策实施，协调政府相关管理部门，形成政策合力，推进高校协同创新育人工作全面、系统发展；对重大事项和重大问题提出研究意见。

2. 加大财政资金支持力度

建议自治区调整优化财政经费支出结构，加强对高校协同创新项目的扶持。自治区每年安排协同创新育人专项经费，主要用于支持校地协同创新育人项目。支持企业参与实训基地建设。建立财政拨款与高校协同创新育人绩效考核挂钩办法，充分发挥财政资金对高校协同创新育人工作的引导促进作用。创新科研财政拨款方式，开展创新券政策试点，支持企业利用创新券向高校购买所需的科研服务，相关科研服务机构持创新券到政府部门兑现补贴。财政根据上一年度的补助额度给予适当补助。

3. 完善人才市场建设

建立广西高校毕业生就业、专业预警与重点产业供需年度报告制度，对重点企业、行业、产业人才需求情况进行统计、监测和分析，加强就业市场调研和跟踪研究，建立完善职业供求信息发布制度和大学生就业供求信息发布制度。加快推进人力资源要素配置由政府主导向市场决定转变，构建人力资源市场化配置机制。

4. 加强信息平台建设

政府有关部门要通过信息平台建设发挥企业与高校有效对接的桥梁作用。信息平台主要包括行业信息、政策信息、技术需求信息、人才供需信息、科技成果信息等，并与高校、企业、政府职能部门的信息平台及其他相关联的网站对接起来，达到信息互通、资源共享。

课题总指导：李　康
课 题 指 导：黄　洲
组　　　长：钟文干
副　组　长：卢　婕　谢　清
成　　　员：冯其卫　苏　彦　许绍才
周汉平　伍锦昌　黄文炎
罗志发

附件

1. 广西“2011 协同创新中心”名单

序号	中心名称	中心类型	牵头单位	协同单位
1	广西蔗糖产业协同创新中心	行业产业	广西大学	广西科技大学、广西甘蔗主产区（崇左市、来宾市和柳州市）人民政府、广西农业科学院、广西南宁糖业股份有限、广西农业技术推广总站、农业部甘蔗遗传育种重点实验室、广西格霖农业科技发展有限公司
2	广西生态型铝产业协同创新中心	区域发展	广西大学	中南大学、东北大学、桂林理工大学、中国铝业股份有限公司、广西南南铝加工有限公司
3	西南民族药协同创新中心	区域发展	广西师范大学	广西中医药大学、广西师范学院、广西药用植物园、中科院昆明植物所、中科院上海药物研究所、中国医学科学院、桂林三金药业股份有限公司、桂林南药股份有限公司、桂林天和药业股份有限公司
4	广西生物医药协同创新中心	区域发展	广西医科大学	华东师范大学、中国人民解放军军事医学科学院、医学分子生物学国家重点实验室、中国科学院上海药物研究所、广西药用植物园、广西桂西制药有限公司、美国肯塔基大学医学院
5	广西肿瘤靶向诊治协同创新中心	区域发展	广西医科大学	华东师范大学蛋白质组学国家重点实验室、广西壮族自治区疾病预防控制中心、广西壮族自治区人民医院、广西华夏本草医药有限公司、美国 M. D. Anderson 癌症中心
6	广西林产化学与工程协同创新中心	区域发展	广西民族大学	广西梧州日成林产化工股份有限公司、广西壮族自治区林业科学研究院、南京林业大学化学工程学院
7	新能源材料结构与性能协同创新中心	科学前沿	桂林电子科技大学	中国科学院大连化学物理研究所、南开大学、华南理工大学、复旦大学、广西大学、浙江大学、中南大学、桂林电器科学研究院
8	广西有色金属隐伏矿床勘查及材料开发协同中心	区域发展	桂林理工大学	中国有色桂林矿产地质研究院有限公司、广西有色金属集团有限公司、广西地质矿产勘查开发局、华锡集团股份有限公司、广西地球物理勘查院

续表

序号	中心名称	中心类型	牵头单位	协同单位
9	壮瑶药协同创新中心	区域发展	广西中医药大学	中药全球化联盟、广西生物医药工程技术研究中心、广西中医药大学制药厂、广西民族医药研究院
10	广西土方机械协同创新中心	行业产业	广西科技大学	广西柳工机械股份有限公司、广西壮族自治区汽车拖拉机研究所、柳州市宇翔工程机械钢圈有限公司、柳州市江航工贸有限公司

2. 广西“2011 协同创新中心” 培育建设单位名单

序号	中心名称	中心类型	牵头单位	协同单位
1	广西北部湾重大工程防灾减灾协同创新中心	区域发展	广西大学	中国科学院武汉岩土力学研究所、武汉大学、香港科技大学、广西壮族自治区水文水资源局、广西壮族自治区水利厅水利工程管理、广西壮族自治区交通投资集团
2	广西区域多源信息集成与智能处理协同创新中心	区域发展	广西师范大学	广西师范学院、北京航空航天大学、桂林电子科技大学、广西扬翔股份有限公司、广西瀚特信息产业股份有限公司
3	广西基因组与个体化医学研究协同创新中心	科学前沿	广西医科大学	华大基因有限公司
4	地中海贫血防治研究协同创新中心	区域发展	广西医科大学	厦门大学
5	广西船联网技术协同创新中心	区域发展	广西民族大学	天津大学、天津中环电子信息集团公司、广西海洋局
6	物联网技术与产业化推进协同创新中心	区域发展	桂林电子科技大学	北京邮电大学、南京邮电大学、中煤科工集团太原研究院、广西交通科学研究院、桂林远望智能通信科技有限公司、桂林市金源通信有限公司、百色美联煤矿装备制造有限责任公司、梧州学院等
7	广西云计算与大数据协同创新中心	区域发展	桂林电子科技大学	浪潮集团软件技术研究中心、北京邮电大学网络服务基础研究中心、工业和信息化部电子工业标准化研究院、广西大学

续表

序号	中心名称	中心类型	牵头单位	协同单位
8	岩溶地区水污染控制与用水安全保障协同创新中心	区域发展	桂林理工大学	中国地质科学院岩溶地质研究所、南宁建宁水务投资集团有限责任公司、桂林市排水有限公司
9	中医药与养老产业发展研究协同创新中心	区域发展	广西中医药大学	广西民政厅、防城港常春生物技术开发有限公司
10	农作物废弃物功能成分研究协同创新中心	区域发展	广西中医药大学	广西百色现代农业科技园区、中国医学科学院药物研究所、中国中医科学院中药研究所
11	广西西江流域生态环境与一体化发展协同创新中心	区域发展	广西师范学院	广西环境监测中心站、广西气象局、广西环境保护研究院、北京超图软件股份有限公司
12	肝脏损伤与修复分子医学协同创新中心	区域发展	桂林医学院	华中科技大学同济医学院、复旦大学上海医学院、南卡罗来纳州医科大学
13	中国—东盟区域发展研究协同创新中心	社科类	广西大学	南开大学、厦门大学、广西国际博览局
14	桂学研究协同创新中心	社科类	广西师范大学	广西壮族自治区文学艺术界联合会、广西壮族自治区文化厅、广西社会科学院、广西壮族自治区桂林图书馆、广西桂学研究会、广西民族大学、贺州学院、玉林师范学院、广西民族师范学院等
15	马克思主义理论与区域实践协同创新中心	社科类	广西师范大学	中央编译局马克思主义研究院、广西区委党校、广西社科院
16	泛北部湾区域研究协同中心	社科类	广西师范大学	中国社会科学院世界经济与政治研究院
17	中国—东盟文化交流与发展协同创新中心	社科类	广西民族大学	外交学院、厦门大学、察哈尔学会、中国社会科学院政治学研究所、中国—东盟博览会秘书处（广西国际博览事务局）、百色学院
18	民族法文化与社区治理协同创新中心	社科类	广西民族大学	南宁市人民政府、广西壮族自治区宣传部、广西壮族自治区文化厅、广西壮族自治区公安厅、南宁市荣和物业有限责任公司等若干物业管理公司

续表

序号	中心名称	中心类型	牵头单位	协同单位
19	民族文化遗产保护与传承协同创新中心	社科类	广西民族大学	自治区博物馆、自治区民族博物馆、自治区文化厅民族文化研究院、防城港市东兴京族生态博物馆
20	广西沿边沿海经济开放发展协同创新中心	社科类	广西民族大学	那坡县人民政府、百色市农业局、广西国储物流有限责任公司、广西嘉顺贸易有限公司、广西中盛天鸿融资性担保有限责任公司
21	广西民族旅游发展与文化传承协同创新中心	社科类	桂林理工大学	广西民族大学、广西民族问题研究中心、桂林市旅游局、贺州市旅游局、桂林旅游发展总公司、桂林旅游股份有限公司
22	广西文化创意产业协同创新中心	社科类	广西艺术学院	致公党广西区委、人民网、光明日报、广西人民美术出版社、佛山市大唐陶业有限公司、柳州市蓝海科技有限公司、深圳市创新模型设计有限公司、广西城乡规划设计院、广西民族印刷厂
23	中国—东盟经贸发展与南海战略协同创新中心	社科类	广西财经学院	外交部、商务部、安全部、中国南海研究院、广西国际事务博览局、中国社会科学院亚太研究所和世界经济研究所、厦门大学南洋研究院、广西大学商学院和中国—东盟研究院

3. 广西重点实验室名单

非粮生物质酶解国家重点实验室	广西石化资源加工及过程强化技术重点实验室
亚热带农业生物资源保护与利用国家重点实验室	广西空间信息与测绘重点实验室
广西亚热带生物资源保护利用重点实验室	广西建筑新能源与节能重点实验室
广西区域性高发肿瘤早期防治研究重点实验室	广西可信软件重点实验室
广西有色金属及特色材料加工重点实验室	广西近海海洋环境科学重点实验室
广西药用资源化学与药物分子工程重点实验室	广西珍稀濒危动物生态学重点实验室
广西中药药效研究重点实验室	广西地表过程与智能模拟重点实验室
广西无线宽带通信与信号处理重点实验室	广西自动检测技术与仪器重点实验室
广西作物遗传改良生物技术重点开放实验室	广西代谢性疾病研究重点实验室
广西岩溶动力学重点实验室	广西药用资源保护与遗传改良重点实验室
广西生物炼制重点实验室	广西甘蔗遗传改良重点实验室
广西制造系统与先进制造技术重点实验室	广西畜禽疫苗新技术重点实验室
广西信息材料重点实验室	广西水牛遗传繁育重点实验室
广西超硬材料重点实验室	广西水产遗传育种与健康养殖重点实验室
广西移植医学重点实验室	广西中药质量标准研究重点实验室

续表

广西肝脏损伤与修复分子医学重点实验室	广西植物功能物质研究与利用重点实验室
广西艾滋病防治研究重点实验室	广西优良用材林资源培育重点实验室
广西海洋生物技术重点实验室	广西混杂计算与集成电路设计分析重点实验室
广西林产化学与工程重点实验室	广西中医基础研究重点实验室
广西防灾减灾与工程安全重点实验室	广西多源信息挖掘与安全重点实验室
广西环境污染控制理论与技术重点实验室	广西汽车零部件与整车技术重点实验室
广西隐伏金属矿产勘查重点实验室	广西道路结构与材料重点实验室
广西岩土力学与工程重点实验室	广西家畜遗传改良重点实验室
广西红树林保护与利用重点实验室	广西柑橘生物学重点实验室
广西地中海贫血防治重点实验室	广西作物病虫害生物学重点实验室
广西电力系统最优化与节能技术重点实验室	

4. 广西职业教育集团（牵头单位）名单

广西计算机动漫与游戏制作职业教育集团	广西轨道交通工程职业教育集团
广西经济贸易职业教育集团	柳州职业技术学院产学研合作委员会
广西交通职业技术学院校企合作发展理事会	广西理工职业教育集团
广西商务职业教育集团	南宁市中等职业教育加工制造专业集团
河池职业教育集团	广西工业职业教育集团
广西壮族自治区经济贸易职业教育集团	南宁市中等职业教育文化艺术体育专业集团
南宁中等职业教育信息技术专业集团	南宁市中等职业教育商贸旅游专业集团
南宁市中等职业教育交通运输专业集团	来宾职业教育集团
广西水利电力职业教育集团	贵港市职业教育集团
南宁市中等职业教育电气技术专业集团	广西农业职业教育集团
梧州卫生职业教育集团	广西北部湾交通职业教育集团
广西林业职业教育集团	广西现代商贸职业教育集团
柳州现代服务业职业教育集团	广西壮族自治区玉林市职教集团
中国（南方）现代林业职业教育集团	柳州市物流职业教育集团
柳州市工程机械职业教育集团	广西汽车产业职业教育集团

广西实施环保加减法对策研究

【引言】十八届五中全会提出了“创新、协调、绿色、开放、共享”的五大发展理念，绿色发展已成为我国“十三五”时期的重要路径。加强环境保护是全面建成小康社会的内在要求，是落实“四个全面”的重要举措，也是坚持执政为民、推进国家治理体系和治理能力现代化的实际行动。在2014夏季达沃斯论坛上李克强总理指出，要进一步加大节能环保力度，做好经济发展和环境保护的“加减法”。环保加减法主要是通过加强政府引导，利用市场机制，积极淘汰落后的产能，加快发展新兴的节能环保产业，鼓励发展环保技术，充分运用行政、法律、市场等多种手段，进一步建立健全环境保护的体制机制，逐步实现在保护环境中实现经济发展，在促进经济发展中保护环境。建设生态文明的现代化广西，是我区全面建成小康社会的重要内容。在经济发展新常态下，我区作为一个欠发达后发展的地区，面临前所未有的发展机遇和挑战。本课题围绕我区环境保护工作的发展现状和存在问题，借鉴区外实施环保加减法的经验，提出了我区实施环保加减法的对策建议，供自治区党委、政府决策参考。

一、“十二五”时期我区环境保护工作取得显著成效

“十二五”时期，我区认真贯彻落实中央关于加强环境保护的一系列方针政策，以建设“美丽广西”为目标，以重点领域改革和制度创新为重点，积极推进生态文明建设步伐，环境保护和生态建设都取得重大的进展。

（一）我区环境质量总体良好

我区属于亚热带气候，植被等自然条件相对优越，在多方共同努力下，我区环境质量总体上是良好的。从环境保护的各项主要指标上分析，从2011年至2014年，环境空气质量优良天数比例都保持在95.6%以上，2011年和2012年都保持在98.8%；14个设区市生态环境状况指数为68%～95.5%。2014年，环境功能区达标率为84.1%，14个设区市生态环境状况指数为69.4%～95.5%（见表1）。

表1　2011～2014年我区环境部分主要指标

指标	2011年	2012年	2013年	2014年
环境空气质量优良天数比例	98.8%	98.8%	95.8%	95.6%
39条主要河流72个断面水质达标率	95.9%	97.2%	95.8%	93.1%
城市集中式饮用水水源地水质达标率	98.7%	98.5	98.0%	98.4%
近岸海域一、二类海水水质比例	81.8%	86.4%	81.8%	81.9%
环境功能区达标率	87.5%	90.9%	89.2%	84.1%
14个设区市生态环境状况指数	68.0%～91.4%	68.0%～91.4%	68.0%～91.4%	69.4%～95.5%

注：资料来源于2011～2014年广西壮族自治区环境状况公报。

（二）主要污染物总量减排得到有效控制

我区化学需氧量排放量和氨氮排放量、二氧化硫排放量等指标基本上呈下降趋势。2014年我区化学需氧量排放总量74.40万吨，氨氮排放总量7.93万吨，分别比上年同期下降2.03个和2.12个百分点；二氧化硫排放总量46.66万吨，氮氧化物排放总量为44.24万吨，分别比上年同期下降1.14个和12.28个百分点（见表2）。

表 2　2011 ~ 2014 年我区主要污染物总量指标

指标	2011 年		2012 年		2013 年		2014 年	
	总量/万吨	同比/%	总量/万吨	同比/%	总量/万吨	同比/%	总量/万吨	同比/%
化学需氧量排放量	79.33	—	78.03	-1.64	75.94	-2.68	74.40	-2.03
氨氮排放量	8.39	—	8.26	-1.55	8.10	-1.90	7.93	-2.12
二氧化硫排放量	52.10	-8.95	50.41	-3.24	47.20	-6.38	46.66	-1.14
氮氧化物排放量	49.40	+9.52	49.83	+0.87	50.43	+1.21	44.24	-12.28

注：资料来源于 2011 ~ 2014 年广西壮族自治区环境状况公报。

（三）大气环境总体质量处于较好状态

“十二五”时期我区 14 个设区市环境空气质量都达到《环境空气质量标准》（GB 3095—1996）的二级标准，近三年连续达标城市比例达到 100%。我区 14 个设区市环境空气质量优良天数比例约为 95.6%，仍处于高位水平状态；14 个设区市二氧化硫年平均浓度范围最低为 0.008 毫克/立方米，最高为 0.037 毫克/立方米，城市年平均浓度约为 0.021 毫克/立方米，远远优于二级标准（0.06 毫克/立方米）。14 个设区市二氧化氮年平均浓度范围最低为 0.014 毫克/立方米，最高为 0.037 毫克/立方米，城市年平均浓度为 0.024 毫克/立方米，远远优于二级标准（0.08 毫克/立方米）。

（四）水环境得到较好的保持

2014 年我区对 39 条主要河流共 72 个断面进行了监测，河流水质总体比较良好，其中 67 个断面监测抽样水质符合Ⅲ类标准（《地表水环境质量标准》（GB 3838—2002）），水质达标率超过 93%。城市集中式饮用水水源地水质达标率都在 98% 以上。近岸海域一、二类海水水质比例都在 81.8% 以上。

（五）固体废物处理能力进一步增强

2014 年，我区工业固体废物产生量为 8143.26 万吨（见表 3），比 2013 年上升 5.3%。工业固体废物综合利用量 5019.28 万吨，处置量 1322.64 万吨。生活垃圾无害化处理场实际日均处理垃圾 1.41 万吨，累计年处理垃圾约 514 万吨，生活垃圾无害化处理率实现了 80% 的设定目标。全区共有危险废物持证经营单位 26 家，形成 75.15 万吨/年的危险废物利用处置能力。危险废物规范化管理考核合格率为 86.9%，比上年提升 9.6%，全国排名继续稳步上升。已建成生活垃圾处理场共 80 座，实际投入运营 75 座，配套建成垃圾转运站 516 座，总垃圾实际处理能力达到 1.48 万吨/日。

表 3　2011 ~ 2014 年我区固体废物处理情况

指标	2011 年	2012 年	2013 年	2014 年
工业固体废物/万吨	7464. 60	7963. 96	7733. 94	8143. 26
工业固体废物综合利用量/万吨	—	—	4990. 19	5019. 28
工业固体废物处置量/万吨	—	—	1528. 86	1322. 64
危险废物产生量/万吨	46. 67	78. 8	100. 69	123. 9
危险废物处置量/万吨	—	78. 1	91. 62	117. 4
污水处理厂污泥产生总量/万吨	20. 71	23. 58	24. 80	29. 7
污泥处置率	97. 8%	99%	99. 9%	100%
生活垃圾无害化处理/万吨	—	365	462	514
生活垃圾无害化处理率	83%	88. 74%	75. 0%	80%

注：资料来源于 2011 ~ 2014 年广西壮族自治区环境状况公报。

（六）生态环境质量发展呈优良态势

2014 年我区 14 个设区市生态环境状况指数为 69. 4% ~ 95. 5%，其中防城港、梧州、贺州等 10 个设区市生态环境质量为“优”等级；89 个县域生态环境状况指数为 58. 6% ~ 89. 7%，生态环境质量为“优”等级的有 32 个，“良”等级的有 57 个。地域分布上大体呈现东部为优、西部为良的状况。

至 2014 年，我区自然保护区总面积为 1. 35 万平方公里，约占我区国土面积的 5. 71%。共有 77 个自然保护区，其中国家级自然保护区 22 个，自治区级 46 个，市级 3 个，县级 6 个。实施重点林业生态工程取得良好成效，通过实施退耕还林、珠防林、海防林、石漠化综合治理等重点林业生态工程，2014 年共完成人工造林 2. 84 万公顷、封山育林 4. 36 万公顷。

（七）土地和农村环境保护得到进一步强化

截至 2014 年年底，我区土地总面积中耕地面积约 441. 3 万公顷，相比较自治区下达的 2014 年耕地保有量目标（424. 64 万公顷）多了 16. 66 万公顷，比《全国土地利用总体规划（2006 土地利用总年）》确定的我区 2010 年耕地保有量目标（421. 33 万公顷）多约 20 万公顷。

农村环境保护进一步增强，以“美丽广西 · 清洁乡村”活动为契机，大力实施农村环境连片整治项目。全区形成农村污水处理量 2900 万吨/年、生活垃圾处理量 8 万吨/年的能力，化学需氧量、氨氮年减排量分别达到 1. 03 万吨和 303 吨，整治的村庄生活污水处理率已经达到 60%，垃圾定点存放清运率达到了 100%，无害化处理率达到了 70%。

积极创建生态示范。2014 年年底全区获国家级、自治区级生态乡镇命名的乡镇分别为 22 个和 71 个，810 个村获得自治区级生态村命名。

二、广西实施环保加减法的主要做法及面临的难点问题

建设生态文明的现代化广西是我区发展的战略抉择，在环境保护工作中我们也积极探索了具有我区特点的好做法，同时也面临着一系列难点问题，需要我们在今后的工作中加以重视，给予解决。

（一）做好环保加法，推进我区环境保护工作

进入“十二五”以来，我区通过加强环保立法、加大环保投入、发展生态经济、强化科技支撑、加强环保基层队伍和能力建设、提高环境监测能力、加大环境执法监管力度、完善环境保护考核指标体系、建立农村环境管理长效机制等，做好环保“加法”，积极探索环境保护新路子，环境保护工作取得新成效。

1. 加强环境保护立法

随着法制观念的增强，全面依法治国在环保领域得到了进一步实施。近年来我区制定出台的与生态环境及环保产业有关的政策法规多达数十件（见附表“我区有关生态环境及环保产业的政策法规文件”），涵盖了生态环境资源和产业的宏观管理、行业管理、生产技术管理、工作机构和工作机制管理及项目管理等领域，形成了切合我区区情的环保政策法规体系。从附表中分析，“十二五”时期是我区生态环保政策出台频率最高的时段，说明环境约束压力越来越大，加上环境事故以及涉及环保的矛盾冲突多发，使得与环境相关的政策工具使用频率罕见地创了新高，加强生态环保的紧迫性日益突出。在这种情况下通过各种法律法规、规章制度，进一步加强对环保工作的顶层设计，以规章制度推动环保工作上新台阶。

2. 加大环保投入力度

2014 年我区采取“以奖促治”等办法，筹措农村环保专项资金 3.26 亿元（其中中央财政专项资金补助 6500 万元，地方财政配套资金预算 2.6 亿元），选取 44 个县（市、区）开展农村环境综合整治，涉及 64 个乡镇 130 个村（屯），新增受益人口约 29.79 万人。2014 年我区投入基层环保能力建设资金共计 1.81 亿元，其中中央和自治区级资金超过 1 亿元，同比增长 126%。市级资金安排 5184 万元，县级资金安排 2774 万元。如桂林市资金安排 2418.63 万元，玉林市为 687.7 万元，钦州市为 495.5 万元。2014 年粤桂两省区分别投入 3 亿元，共同加大九洲江流域污染治理力度，取得初步成效，现阶段九洲江中下游河段水质都达到了Ⅲ类或Ⅳ类。

3. 加快生态经济发展

大力发展生态经济，同步推进“产业发展生态化、生态建设产业化”，加快发展以循环经济为主导的工业经济。在铝业、火电、建材（新型干法旋窑水泥）

等重点工业行业中推行循环经济发展模式，加快建成闭合循环系统。2014 年全区大宗固废综合利用率达 68%，年耗万吨标准煤以上的 385 户重点耗能企业已有 165 家推行了循环经济模式，工业整体呈现资源能源低消耗的发展态势。建立生态产业园区，推行清洁生产，促进新型工业化建设。目前我区已建立国家生态工业示范园区 1 家，即贵港国家生态工业（制糖）建设示范园区；国家新型工业化产业示范基地 4 家，即柳州市汽车产业基地、柳州市装备制造（工程机械）基地、玉林市玉州区装备制造（内燃机）基地、百色工业园区有色金属（铝）基地、桂林市电子信息基地。国家实施清洁生产审核并通过评估验收的重点企业 92 家。还有自治区级的各类实行循环经济和生态化生产的工业园区和企业等，共同组成了我区生态化工业的基本体系。再生资源利用和再制造工业迅速兴起。梧州进口再生资源加工园区着力打造集回收、拆解、加工、交易于一体的循环经济产业链，2013 年再生园区完成财税收入 12.33 亿元，完成工业总产值 306 亿元，实现工业增加值约 104 亿元。玉柴的再制造业也已形成生产能力，还与卡特彼勒合资建立了玉柴再制造工业（苏州）有限公司。

4. 加快发展环保技术装备产业

南宁、柳州、桂林、北海、钦州、防城港、河池、百色、贵港等地都有企业生产环保装备，产品涵盖污水污泥处理、机动车尾气处理、燃煤烟气脱硫脱硝、固废处理与循环利用、噪声与振动控制、放射性与电磁波污染防护、采选矿装备等，已经形成了一定规模的环保装备产业。国家鼓励重点发展的环保装备目录中开发类和推广应用类的近百种产品，不少在我区已有研发和生产。我区正在加快发展节能环保、新能源、新能源汽车三大产业。节能环保产业方面，结合传统产业和新兴产业对节能环保技术装备需求及城市污水与垃圾资源化利用，积极培育发展节约能源、清洁能源和污染防治等技术和装备，创新废弃物环保处理技术，积极发展环保服务业。在新能源产业方面，重点加快推进核电、风电、光伏、生物质能等新能源发展，着力创新能源生产方式和消费方式，加快能源互联网建设，开展分布式能源和太阳能城市试点。新能源汽车方面，整合资源，提升现有新能源汽车企业创新能力，力争有若干车型进入国家新能源汽车目录，形成产业化生产能力。

5. 加强基层环保队伍和能力建设

2014 年 8 月自治区政府出台了《关于进一步加强基层环境监管能力建设的意见》，系统提出加强我区基层环境监测、应急、监察、固体废物管理等监管能力建设。经过共同努力，我区环保部门基层能力建设得到了很大提升。增加了机构编制，2014 年我区已有 13 个市设立有固废管理机构，市县环保局系统增加了机构 23 个，增加了编制 142 人。我区乡镇环保机构建设取得新突破，灵山县试点乡镇级的综合执法机构，浦北县成立了 2 个乡镇环境监察中队，灵川、阳朔、兴安等县均成立了乡镇环保机构。仪器装备得到逐步增加，广西跨市流域、跨省区、跨国的22个水质自动监测站已全部配置重金属监测仪器，14个市级监测站均配置ICP和ICP-MS等大型仪器设备。

6. 加快提高环境监测能力

2014年我区加强了PM2.5等6项指标的监测和数据发布，目前已完成10个非环保重点城市28个国控空气自动站建设任务。全区50个国控空气站点均可监测PM2.5等6项指标，并于2015年1月1日对外统一发布数据。加大主要污染物总量减排监测力度，2014年自治区环保厅组织多期主要污染物总量减排监测体系、企业自行监测、监督性监测、污染源自动监控管理及有效性审核培训；组织2次主要污染物总量减排监测体系现场督查，3次污染源自动监控管理现场督查；对各市主要污染物总量减排监测体系考核、污染源自动监控数据传输效率进行通报。

7. 加快完善环境保护考核指标体系

加强地方政府监督管理。从2014年起将环境保护相关指标纳入设区市年度绩效考核方案，考核指标包括城市集中式饮用水源地水质达标率、城市环境空气质量优良天数、环境空气可吸入颗粒物（PM10）指标考核、重要水源地保护、医疗废物集中处置、地方政府环境风险防范责任、二氧化硫减排、化学需氧量减排、氨氮减排、氮氧化物减排、危险废物规范化管理抽查合格率等11项。

8. 加快建立农村环境管理长效机制

自从我区开展“美丽广西·清洁乡村”活动以来，截至2014年累计投入达到12.6亿元，修建了1319座村屯集中式污水处理设施，初步改变了过去“脏乱差”的村容村貌，极大改善了村屯生态环境。我区共出动近200万人（次）集中清理河流、沟渠、池塘、湖库等，超过4万处污染较严重的沟渠、池塘重现生机。我区各地积极探索建立长效机制，确保农村环境连片综合整治项目可持续发展，现在乡镇村屯初步建立了环卫队、环保站。现阶段我区超过89%的乡镇组建了1003个乡镇环卫队伍，配备保洁员的村屯达到9.52万个，80%的村屯制定了文明村规民约，建立了清洁乡村理事会。同时，我区努力打造一批生态村、生态乡镇和生态旅游示范区。2014年，我区共申报国家级生态乡镇8个、自治区级生态乡镇31个和自治区级生态村521个。

（二）做好环保减法，推进我区环境保护工作

进入“十二五”以来，我区通过转变环保职能，推进建设项目环保审批改革，加大节能减排，严禁上马和改造淘汰高耗能、高污染、高排放项目等手段，做好环保“减法”，较好地促进了经济可持续发展。

1. 深化环评审批制度改革

转变环保职能，创新管理方式，进一步提高审批效率和政务服务水平。从建

立绿色通道、简化审批程序、提高审批速度入手，提升服务质量，主动、积极向国家环保部汇报请示，大藤峡水利枢纽工程、黎湛铁路电气化改造工程、新建合浦至湛江铁路等6个项目获得国家环保部批复，并受环保部委托，审批南宁吴圩国际机场新航站区及配套设施建设工程变更环境影响评价文件。截至2014年年底，自治区领导联系推进的38项重大项目中，有30项完成环评审批；自治区层面统筹推进的131项新开工重大项目中，有123项完成环评审批；自治区层面统筹推进的108项预备重大项目中，有66项完成环评审批。按照自治区深化行政审批制度改革的要求，自治区环保厅积极推进环评制度改革、职能转变和管理创新，2014年共下放13个方面43个类别的环评审批，下放审批项目数量达到2013年度审批项目总数的45%。为积极提高审批效率，自治区环保厅进一步优化行政审批流程，将原来需5~6个处室审批的步骤优化为3个处室参与审批，大大加快了审批速度。2014年共受理行政审批事项1079件，办结1067件（含2013年受理2014年办结件），业务综合办理提速率超过78%，无投诉件和超时件，群众评价满意率为100%。

2. 强力推进污染减排

2014年以来，我区氮氧化物年度排放总量大幅削减，扭转了连续3年不降反升的状况。自治区环保厅采取有力措施，对未完成2013年度减排任务的9个市政府领导和3家企业负责人进行约谈，曝光了7家减排问题企业。重点加强火电厂、水泥厂氮氧化物总量控制，将我区13家火电企业27台燃煤发电机组、26家水泥企业46条水泥生产线的氮氧化物排放情况全部纳入总量控制目标，通过实时在线监控系统强化对上述企业的日常监管。为加大减排力度，自治区环保厅对2013年和2014年上半年未完成氨氮减排任务、污染减排工作严重滞后的地区实施环评限批，暂停审批除民生工程、节能减排、生态环境保护和基础设施建设项目以外的涉及氨氮排放的项目环境影响评价文件。突出抓好减排责任书项目落实、城镇污水处理设施及配套管网建设、规模化畜禽养殖污染治理及老旧机动车淘汰等重点工作。2014年，我区需完成的污染物总量减排目标责任书项目25项，已完成23项。

（三）我区实施环保加减法面临的难点问题

“十二五”以来，我区环境保护工作取得新成效，同时也面临着转方式调结构任务艰巨、生态环境保护任务艰巨、环保资金投入不足、环保人才和科技支撑能力薄弱等问题，需要我区在未来的发展中加以应对。

1. 转方式调结构任务艰巨

随着我区工业化进入中期阶段，正加快形成“双核驱动、三区统筹”发展格局，对能源资源的刚性需求将是持续的，因此我区加快发展与资源环境的矛盾必然更凸显；与此同时，我区产业规模小、重复建设、粗放的发展方式尚未得到根本改变，由于资金、技术以及各种原因，要整合和升级难度很大。据统计，2012 年以来我区“两高一剩”项目投资额占千亿元产业项目投资总额的比例连续 3 年突破 70%，这将加大环境压力和环境风险。受污染物总量指标不足的限制，一些新项目难以获得审批。

2. 生态环境保护困难重重

我区污染减排严重滞后，2015 年上半年经环境保护部核定，我区化学需氧量、氨氮、二氧化硫和氮氧化物排放量分别比 2014 年同期下降 1.61%、0.02%、1.40% 和 7.35%，氨氮和氮氧化物仍未能完成预定目标，2015 年的任务非常艰巨。2014 年全区城市环境空气污染指数优良率较 2014 年同期下降 1.7 个百分点；南宁、柳州、桂林、北海四个环保重点城市的环境空气质量达标率为 81%，同比下降 3.3 个百分点；14 个市酸雨频率较 2014 年同期上升 3.6 个百分点。同时，我区地处珠江中下游区域，生态环境保护任务较重。我区要实现经济社会跨越发展，又要落实环境保护工作，面临前所未有的艰巨任务。

3. 环保相关领域法规亟须进一步完善

环境保护作为一项基本国策，加强环境保护的法律法规就必须加强国家顶层设计。“十二五”以来我区认真贯彻落实中央关于加强环境保护的一系列方针政策，也面临着亟须进一步完善环保领域法律法规的态势。其一，现有部分涉及环境保护的法律法规对违法企业的处罚额度过低，程度过轻，可操作性不强，同时环保部门没有强制执行权；其二，实用的经济和技术政策相对较少，政策间协调不顺；其三，执法监督等工作仍相对薄弱，层级监督和社会监督并没有得到很好地落实；其四，部分地方有较严重的保护主义，甚至出现环境执法受到干扰等情况。

4. 环保投入不能满足环保工作的需求

虽然这几年我区加大了对环保的投入力度，但是环保工作的开展仍明显不足。我区国土面积有 23.67 万平方公里，近岸海域有 6650 平方公里，大大小小的河流有 1210 条，排污企业超过 2.4 万家。相对于我区较广的国土面积、相对复杂的河流山川和数量众多的排污企业，环保部门运行经费得不到保障、业务用房紧缺、设备落后等问题仍较突出。

5. 环境监管能力仍然薄弱

尽管 2014 年以来的基层环保能力建设取得明显成效，但历史欠账太多，基层环保队伍的素质、专业技术力量、监测监察能力均相当薄弱，从监察机构编制上不到广东、湖南省的一半，从检测机构编制上按照国家标准配备要求广西总缺口达到 578 人，与自治区党委、政府对环保工作提出的要求不匹配，与当前严峻的环境安全形势不匹配，亟待加强（见表 4、表 5）。

表 4　广西各级环境监察机构编制与邻近省份比较情况

层级	广西	湖南	云南	贵州	广东	国家标准
省级	26	35	60	56	61	综合考虑行政区面积、经济社会发展水平、污染源数量分布及检查频次要求等因素确定；能满足实际工作需要
市级	326	364	341	270	1034	
县级	781	2445	1135	1904	1696	
合计	1132	2844	1536	2230	2781	

注：广西壮族自治区环保厅提供资料整理。

表 5　广西各级环境监测机构编制与邻近省份比较情况

层级	广西	湖南	云南	贵州	广东	国家标准	广西缺口
省级	58	134	95	85	108	90	32
市级	819	820	524	403	1196	70/市	161
县级	705	1370	1376	812	1567	10/县	385
合计	1582	2324	1995	1300	2871	—	578

注：广西壮族自治区环保厅提供资料整理。

6. 人才和技术支撑不足

我国循环经济发展时间较短，循环经济方面积累的人才和技术不足，尤其在欠发达的我区体现得更为明显。由于当前我区工资待遇、科技实力、实验条件等软环境方面与东部沿海省份存在较大差距，对国内外高端人才吸引力不足，科研院所和高等院校实力不强，按部就班地依靠本土培养，需要一个较长的周期，难以满足成规模增长的人才需求。

三、外省实施环保加减法的经验借鉴

“十二五”期间，部分省区市环境保护的意识进一步增强，在实施环保加减法方面积累了很好的经验和做法，值得我区学习借鉴。

（一）广东省

1. 广东创新碳排放权交易模式

2013 年起，广东省建立了碳排放交易机制，将碳排放交易作为一种控制碳排放有效的市场机制，允许试点行业的排放企业购买、交易，并且允许投资机构、社会资本进场交易。2014 年广东碳排放一、二级市场累计成交配额 1451. 23 万吨，总成交金额 7. 93 亿元，分别占全国市场的 48. 6% 和 60. 6%。碳排放交易机制对全省节能降碳的作用及效果已经显现。

（1）初步建立相关制度体系。广东初步建立了碳排放管理和交易法规制度体系。2014 年 1 月广东省颁布了《广东省碳排放管理试行办法》，建立了碳排放配额总量控制和分配管理机制。对于不同的企业，采用了不同的配额分配方式，并且建立了配额评审委员会审议制度，成立了配额技术评估小组。省发改委建立了碳排放信息报告与核查机制，通过第三方机构核查200多家控排企业报告的有关碳排放信息。

（2）探索完善企业碳排放的奖惩措施。广东省不断完善对碳交易奖惩约束机制。省发改委加大对违约企业的处罚力度，除向社会公布违约企业名单并按试行办法进行处罚外，还与中国人民银行广州分行签署了《共建广东省碳排放信息共享机制协议》，将违约企业相关信息纳入人民银行征信系统和社会信用系统，省属国有企业履约情况还将与企业负责人的考核挂钩。

（3）探索建立市场化生态补偿机制。“林业碳汇”已纳入广东碳排放权交易体系，允许控排范围内的企业购买包括林业碳汇在内的国家温室气体自愿减排交易产品——中国核证自愿减排量（CCER），以抵减企业的部分排放，从而让部分产业资金通过交易的形式补偿造林营林，可以在一定程度上提高造林营林主体的积极性，将企业行业与造林绿化、生态保护有机结合起来。

（4）有偿发放碳排放权配额。碳排放权配额的有偿发放，是广东碳排放交易机制的亮点之一。广东建立了“有偿+免费”碳排放额度发放方式，这一做法已经得到了国家的认可。省发改委目前正研究利用有偿配额收入设立低碳发展基金，用于推动控排企业交易履约、支持企业节能减碳项目建设、推进碳金融和低碳产业发展。

2. 广东佛山：设立“环保警察”，打击环境污染犯罪

佛山市设立“环保警察”，推动专业化、制度化打击环境污染犯罪行为。

（1）成立联合执法办。2014年佛山市公安局和环保局成立打击环境污染联合执法办公室，市公安局指派一批数量相对固定的执法人员参与市环保局共同处理环境污染案件，积极建立信息共享机制，定期通报和反馈环境污染和违法信息。

（2）增强环保执法力度。“环保警察”是广东省内第一支真正意义上具备行政执法、刑事侦查和相关执法权的队伍。此前环保监察部门仅有行政执法权，只能调查和取证后再移交到公安机关进行侦查，现在成立环境犯罪侦查中队，执法人员能更有效地进行检查，减少暴力抗法。

（3）报省公安厅备案，并给以编制支持。佛山“环保警察”备案在省公安厅，编制上采用公安系统编制。

（二）湖南省

1. 重大环境问题终身问责

2015年1月湖南省政府印发《湖南省环境保护工作责任规定（试行）》（下文简称《规定》），建立环境责任清单，4月省委办公厅和省政府办公厅联合出台《湖南省重大环境问题（事件）责任追究办法（试行）》（下文简称《办法》），

着力解决环境保护工作中存在的任务重、管理职能分散在众多部门、责任落实不到位等问题。

《规定》明确了各级政府环境保护的责任、34 个省人民政府职能部门环境保护的责任、企事业单位和其他经营者的环保责任，以及公民和其他社会机构的环保责任，涵盖了与环境保护相关的各个方面，是国内迄今为止一份较为详细的环境保护责任清单。《办法》确立了有权必有责、用权受监督，尽职免职、失职追责的原则，将主要问责对象限定为各级党委政府及其负有保护环境职责部门的领导干部和工作人员、各级政府及组织人事部门任命和管理的企事业单位的领导干部和工作人员，还提出对于因失职渎职造成重大环境问题（事件）的责任人实行终身问责，同时列出了六类重大环境问题（事件）问责情形。

2. “量身定制”多项奖金补贴，加快环保产业发展

为扶持环保骨干企业快速成长，2015 年 5 月湖南省政府出台《湖南省人民政府关于加快环保产业发展的意见》（下文简称《意见》）、《湖南省加快环保产业发展实施细则》（下文简称《细则》），“量身定制”多项奖金补贴，加快环保产业发展。

（1）26 条政策措施助力环保成为优势产业。《意见》和《细则》主要立足现实需要，创新优化，涵盖财政、金融、土地、技术、人才等方面共 10 条，力求把政府引导作用和市场主体作用更好地结合，推动环保产业加快成为湖南的优势产业。

（2）“量身定制”多项奖金与补贴。为确保足够的含金量，文件均提出了相应的奖补政策给予扶持，既有对现有相关政策的集成，又有针对环保产业的量身定制。

对当年主营业务收入超过 2 亿元的服务型企业、超过 5 亿元的生产型企业，可以按照企业对地方财政贡献年度新增部分的 50%、70% 给予奖励。对参与省外大型环境污染第三方治理项目招投标合同价在 5000 万元以上且中标的，按合同价的 1% 给予最高 100 万元的奖励。

文件在充分强调市场主体作用的基础上，注重围绕环保产业发展的关键问题施策。针对市场需求培育的问题，政策强调符合条件的首台（套）环保技术装备应用，分别对研制和购买使用单位给予奖励，总额最高 200 万元。对首创性环保技术应用，在政府采购等方面给予优先，并比照进行奖励。

（三）陕西省

近年来，陕西省各级党政高度重视生态文明建设和环境保护工作，党政“一把手”亲自部署破解环保难题，社会认可度明显提升。

1. 确立生态文明考核指挥风向标

陕西省健全政绩考核导向机制，实行自然资源资产离任审计和生态损害责任

终身追究制度。2014 年陕西年度目标责任考核制度做了重要调整，适当对 GDP 指标权重弱化，生态环保指标分值增加了 13 分，由原来的 12 分调整到 25 分，雾霾治理指标增加 5 分，由 3 分增加为 8 分。

2. 建立环保工作新机制

自 2012 年以来每年省委省政府都按惯例召开大气污染防治专题会议，2014 年甚至达到 10 余次环保专题会议，并出台了陕西省“保卫蓝天·治污降霾”工作年度计划和五年计划。省环保厅建立了日常会商、重点时段会商、应急会商的三个层级的会商机制，邀请省发改、工信、住建、气象、商务等部门参与具体会商，精准打击各类大气环境污染行为。

3. 党政“一把手”亲自破解治污难题

省委书记重点主抓的工作之一是用“铁腕”措施治理渭河污染，确保到 2014 年底渭河三年变清。在省委、省政府的强力推动下，西安市委、市政府主要领导一直把皂河治污工作作为重中之重，市委书记和市长多次现场检查督办，市长 3 次召开专题会，西安市政府召开 9 次专题会，协调解决重点、难点问题。2014 年 12 月，较渭河三年行动开展前各项主要指标均下降了 81%。

4. 创新引领生态文明体制改革

仅在 2014 年，陕西省环保厅就制定出台了 10 项具有创新性的环保制度，2 项地方污染物排放标准，非行政许可审批事项从原来的 17 项精简至仅有 6 项。

（四）几点启示

1. 加强环境保护要摆在更突出的工作位置

从李克强总理在 2014 夏季达沃斯论坛上提出做好环保“加减法”到十八届五中全会以“创新、协调、绿色、开放、共享”五大发展理念谋划全局，都凸显了环境保护工作在“十三五”期间的重要地位。部分省如陕西省实行“一把手”抓环保，成效显著。我区自然生态相对较好，但是也面临着加快发展与资源制约等诸多问题，各级党委政府应把环境保护提到更重要的、更突出的工作位置，加快“美丽广西”建设步伐。

2. 建立健全环保工作考核机制

湖南省明确了重大环境问题终身问责，列入各级党委政府考核范围，同时也出台文件鼓励环保产业加快发展。陕西省增高生态文明考核在年度目标责任考核中的分值。我区要深入学习领会十八届五中全会精神对环保工作提出的新要求，结合新环保法的实施，在实施环保加减法工作中进一步理顺环保工作体制，建立健全环保工作考核机制，推动我区环保工作上新台阶。

3. 创新环保工作方法

作为改革开放前沿的广东省在加强环保工作中积累了较丰富、有效的经验，探索碳排放交易，设立环保警察等，湖南省为环保产业发展“量身定制”多项奖金与补贴等，都较好地实现了经济社会发展和生态环境两者的协调可持续发展。我区在实施环保加减法中要积极创新工作方法，在借鉴外省区好做法的基础上实施适合我区区情的工作措施，加快我区生态文明建设步伐。

四、广西实施环保加减法的工作重点

“十三五”及今后一个时期，我区要充分发挥环境倒逼经济结构调整的促进作用，积极探索环境保护新路子，运用产业、技术、政策等手段实现经济发展与环境保护协调融合，推动经济有质量、有效益、可持续的发展。

（一）实施产业结构调整加减法

重点是调整优化提升工业结构，抓好工业节能降耗，淘汰落后产能，发展循环经济、生态经济。

1. 积极调整优化提升工业结构

制定淘汰落后产能的目标任务，完善淘汰落后产能退出机制，研究建立利用节能环保标准促进落后产能退出的工作机制，加快淘汰落后产能的步伐。调整资源和能源消耗结构，构建能源消耗低、环境污染少、资源得到充分利用、经济效益显著的新型工业体系。严格执行固定资产投资项目节能评估和审查制度，进一步规范和控制高耗能行业的发展。

2. 认真抓好工业节能降耗

突出抓好有色、冶金、石化、电力、建材、制糖、造纸等重点耗能行业和企业，加强指导，提出可行的节能降耗目标和措施。进一步加大对重点耗能企业的监督、检查力度，合理规范能源消费行为。建立节能信息公报制度，完善能源利用状况报告和能源审计报告体系。建立健全评价指标体系和评价方法，推行重点用能企业的节能综合评价制度。实行合同能源管理制度，建立健全节能投资担保机制，促进节能技术服务体系的健康发展。

3. 加快淘汰落后产能

在总结历年经验的基础上，坚决执行《广西 2015 年工业行业淘汰落后和过剩产能目标任务企业名单》等年度目标制度，确实落实好工业行业淘汰落后和过剩产能目标任务。在 2014 年实现结构性节能 243 万吨标煤的基础上，现阶段已经提前一年完成“十二五”淘汰落后产能目标任务。2015 年将继续根据新环保法和行政许可法、土地管理法等有关法律，结合能源消耗总量控制指标和产业结构调整指导目录等要求，对涉及产能过剩领域和行业等的违规项目进行大规模清理和整顿，通过严格市场准入、提高财政奖励标准、落实等量或减量置换方案、加大执法处罚力度等措施，加快完善落后产能退出机制，对列入淘汰计划的企业逐户核查，确保完成节能减排任务，为先进产能腾出发展空间，争取在 2015 年我区钢铁产能利用率和新型干法水泥比重分别达到 85% 和 90% 以上。

4. 广泛推行清洁生产

一是在重点领域和区域制定专项工作方案和实施计划。“十三五”期间，认真组织实施《广西大气污染防治重点工业行业清洁生产技术改造实施计划》，通过在钢铁、有色金属、水泥和石化等重点领域和行业推广采用适用、先进、清洁的生产技术及装备，实施清洁生产技术改造，加快提升重点工业行业清洁生产水平，促进区域环境大气质量持续改善。二是推进重化工业区域工业绿色转型发展，组织开展工业绿色转型发展试点。以节能减排工作为主线，指导组织试点地区编写工业绿色转型发展实施方案，并抓好落实工作。重点推进工业产品生态设计、煤炭清洁高效利用等工作。三是加快重化工业区域培育和引导体现绿色增长要求的项目，根据国家开展的“大气十条”“水十条”行动计划，加大清洁生产技术改造力度，推动重点工业行业开展资源节约型、环境友好型和节水型企业的创建，推进清洁化工业园区过渡期试点建设，实现绿色、循环、低碳发展。

5. 大力发展循环经济

一是推进再生资源循环利用体系建设；二是加强资源综合利用；三是建立健全促进循环经济的法规和标准体系；四是建设循环经济示范企业和园区；五是构建北部湾循环经济工业区。

6. 发展生态经济

(1) 大力发展生态农业。按照高产、优质、高效、生态、安全的要求，充分利用丰富的农业生物资源和气候资源优势，积极调整农业产业结构，进一步做强做优糖料蔗、水果、蔬菜等传统优势产业，大力发展特色优势优质粮食、桑蚕、食用菌、中药材、烟叶、茶叶等农产品，加快发展高效节粮型名优草食畜禽养殖业。大力推广生态循环农业模式和实用技术，实现农业废弃物的资源化和产业化。积极推行农业规范标准化生产，有效控制农业化学品的使用，建立一批适应国内外市场需求的无公害农产品、绿色食品、有机食品生产基地，形成结构合理化、技术和产品标准化、生产环境生态化、资源利用高效化的生态高效农业体系。

(2) 大力发展旅游产业。一是完善旅游产业功能布局，明确加大支持发展的旅游重点领域和企业。二是推进旅游科技创新，推动旅游产业技术的研发推广及应用，促进旅游消费、服务、营销方式和管理等方式的创新、科学发展。积极发展以数字化、网络化传播为主要特征的旅游产业，推动地方特色旅游内容和数字传媒高新技术的紧密结合。三是构建国际交流与合作的新平台，推动生态旅游走出广西。

(3) 大力发展文化产业。一是加快文化创意产业发展，加强建设文化产业园区，加大桂林文化产业园区、南宁动漫城、柳州动漫游戏产业基地建设力度，充分发挥园区基地的孵化、提升、集聚、创新四大功能，积极培育新兴文化企业。二是加快数字出版产业发展，推动企业转型升级，加快广西出版集团等向数字出版转型步伐。三是加速推进文化产业集聚发展，加快建立健全科学合理的文化产业分工协作体系，逐步形成配套协作的产业组织网络，打造各具特色的文化产业基地。四是深化广西文化产业与东盟国家的交流合作，以中国—东盟博览会为契机，以“中国—东盟文化交流培训中心”“中国—东盟青少年培养基地文化艺术交流中心”“中国广西—东盟文博交流合作基地”等为平台，承接国家层面与东盟各国间文化交流培训的任务，深化我区与东盟的文化合作交流平台。

（4）大力发展健康产业。一是打造以“健”为主题的国际生态休闲旅游胜地。围绕进一步提升桂林国际旅游胜地、巴马长寿养生国际旅游区水平，布局建设一批休闲旅游度假项目。二是打造以“医”为主题的民族特色医药医疗产业基地，大力实施壮瑶医药振兴计划，建设全国中医药、民族医药面向东盟开放合作交流的新高地。三是打造以“养”为主题的特色长寿养生养老产业基地，充分发挥我区长寿养生资源丰富的优势，在全区规划建设一批社会化养老基础设施。四是打造以“补”为主题的绿色有机健康产品生产基地，依托现代高效农业示范园区、特色农产品生产基地、中医药材种植研发基地等优势，通过培育壮大合作社、龙头企业、家庭农场、专业大户等新型生产经营主体，形成产业化、规模化的发展模式，把我区生态农林业资源优势转化为产业优势。

（二）实施技术创新加减法

重点是更新、淘汰落后技术，大力发展节能环保技术。

1. 大力发展新兴节能环保技术

（1）确定重点领域。在余热余压利用设备方面，利用有色和钢铁等高耗能行业，推动余热余压利用装备制造成套化、系列化。在节能环保材料方面，加快研究开发具有自主知识产权的节能环保核心技术和产品，加强研究自然能源、可再生能源的规模化应用技术。在环保装备方面，重点发展污水、污泥处理设备等。

（2）攻克核心技术。集中资金和人才优势开展节能减排的核心技术攻关，扩大合同能源管理试点。积极推广使用节能新技术、新产品、新装备，加大推行清洁生产方式的力度。围绕发展节能环保产业和资源综合利用等领域和行业，在资金、技术、人才和管理等方面积极开展国际合作与交流，通过引进创新、吸收创新和消化创新掌握节能环保产业的核心技术。

（3）促进环保科技成果转化。加大重大环保技术装备及产品产业化示范工程实施力度，积极发展工程技术设计、认证评估、环境监理、环境咨询、环保设施社会化运营等环境服务业，鼓励使用绿色印刷产品、环保认证和环境标志。

2. 加大环保共性技术的研发和推广力度

重点加强对环保设备的研发投入力度，满足企业在节能减排和保护环境中的发展需要，拉动相关产业加快发展。建立健全重大技术推广前的全程环境影响评价制度，加大节能减排技术的推广使用力度。

3. 激励企业技术创新改造

充分利用环保手段倒逼企业技术改造、产业转型升级，进一步落实企业购买节能减排设备的贷款贴息以及加速折旧政策，加大推广落实消费型增值税力度。

4. 推进工业节能减排技术进步与自主创新

发挥“产、学、研”多方合作的优势，组织对共性、关键和前沿节能减排技术的研究与开发。引进和消化吸收先进的节能减排技术，提高自主创新的能力和水平。组织先进、成熟、适用的节能减排新工艺、新技术、新材料和新设备的推广应用。实施重大节能降耗、清洁生产、资源综合利用、循环经济示范工程，积极引导金融机构和企业投资的方向，大力支持重大节能减排技术开发和产业化发展。

（三）做好手段创新加减法

重点是以市场和法律手段为主线，创新环境管理方式。

1. 加快转变环保职能

按照统一部署，坚持简政放权、放管结合的原则，促使环保职能发展成为以市场和法律手段为主线，充分发挥政府在制定规划和标准等方面的规范引导作用。继续加大环保行政审批制度改革，强化环境保护工作事中、事后监管。开展环境影响不大的项目由审批制改为备案制试点，并及时总结经验，向全区推广。继续下放环评审批和验收审批权限，扩大免于办理环评审批的项目范围。妥善处理环评审批历史遗留问题，对涉及的“未批先建”“久拖不验”问题进行全面摸底，研究制定分类、分批处理意见，依法进行处理。加强全区各级基层环评管理人员业务培训，确保下放项目接得住、管得好。积极拓宽政府向社会力量购买环境公共服务的各种渠道。

2. 加强投融资管理

积极适时推进政府投融资平台公司改革，积极研究应对地方政府债发行带给各市县的融资新格局。积极探索发行产业基金、PPP 等新模式募集资金，推动产业项目与园区加速发展。在全面深化改革中，继续利用好传统融资方式，同时建立健全偿债和风险预警机制，完善政府投融资管理及风险防范机制。

3. 推进环境税费改革

充分发挥市场在资源配置中的决定性作用，深化环境税费改革，通过生产领域，利用专项资金、信贷扶持、税收和排放权交易等各种方式，鼓励企业进行循环利用和节能减排等方面的技术改造。

4. 试行排放权交易制度

借鉴广东等先进发达省区碳排放权交易的经验做法，进一步加强化总量控制，在二氧化碳和二氧化硫等领域试行排放权交易制度，更多地利用市场手段激励约束环境行为，真正建立起“政府统领、企业施治、市场驱动、公众参与”的环境保护新机制。

五、广西实施环保加减法的对策建议

加快建设生态文明的现代化广西，是我区全面建成小康社会的重要内容。经济发展新常态下，我区要进一步加强法律法规体系建设，加快推进环境保护基本公共服务均等化，出台配套政策，创新考核机制，深入实施环保加减法，切实推动我区环保工作迈上新台阶。

（一）加强法律法规体系建设

健全环境保护地方性法律法规体系。结合广西环境保护领域改革的需要，集中力量推进地方性环境保护法律法规体系建设。配合有关部门对现行的自治区级环境保护地方性法规、规章和规范性文件进行清理，修改或废除不符合有关法律法规规定的内容，从源头上把好依法行政关。结合新时期环保工作的需要，特别是根据新《环境保护法》的要求，加快推进土壤环境保护和排污许可、环境损害鉴定、环境目标责任制、考核评价制度等方面法规、规章、规范性文件的制订工作，建立有力保护生态环境的法规体系。进一步提高立法科学化、民主化水平，规范政策法规的出台程序，充分尊重民意，提高政策法规的针对性、及时性、系统性，确保环保各项工作有法可依、有章可循，不断完善环境经济政策。

（二）加大环境保护执法力度

一是推动执法的规范公正文明。进一步加大对执法程序的完善，加强对行政检查、行政处罚等执法行为的规范。加大行政执法信息化建设力度，促进信息共享，提升执法效率和规范化水平。坚决实行行政执法责任制，严格明确执法责任，建立健全责任追究机制。推行“阳光执法”“阳光收费”，主动接受社会和公众监督。

二是加大执法力度。完善联合执法机制，提高执法效果。纵向上，探索完善跨区域、跨流域联合执法工作机制，及时防范和处理边界环境污染纠纷。横向上，加强部门间联动，逐步形成对外联合公安、法院、检察院等司法部门，对内形成项目环评、污染防治、生态保护、辐射监管、固废管理等良性互动的执法机制。充分运用按日计罚、责令停业与关闭、行政拘留等手段，加大对违法者的行政责任追究力度。充分运用公益诉讼制度和《民法通则》的有关规定，加大对环境违法者的民事责任追究力度。充分运用“两高”关于办理环境污染刑事案件适用法律若干问题的解释及有关规定，加大对违法者的刑事责任追究力度，大幅度提高违法成本。

三是加强环境执法队伍建设。根据新形势下环保工作的需要，将思想好、作风正、业务强的人员充实到执法队伍中。加大对执法人员的培训力度，不断提高法律专业人员的构成比例，推进执法队伍正规化、专业化建设。严格实行执法人员持证上岗制度，未经执法资格考试合格不得从事执法工作。

（三）推进环境保护基本公共服务均等化

一是加快我区环境功能区划科学制定。按照地区间主要环境功能不同，在自治区主体功能区规划指导下，在征求专家和社会各界意见的基础上，加快对我区环境功能区划的科学编制，根据不同区域制定适合本区域发展的环境目标和政策，实行分类指导、分区管理。

二是加强重点地区的环境治理。加快重点地区建立环境风险防范机制，进一步依法关停并转型污染企业，力争实现污染物“零排放”。加强引导，合理、有序开发自然资源，严格矿产资源基地和能源基地等区域环境准入。

三是加快实施区域环境保护发展战略。以实现经济社会发展和环境保护相促进为目标，北部湾经济区必须坚持绿色发展，并进一步提升其生态服务功能。柳州、河池、百色市等区域要进一步提高资源综合利用水平，大力发展绿色环保产业，严限高耗能行业产业在本区域的发展。

四是加快推进区域环境保护基本公共服务均等化。充分利用中央财政一般性转移支付以及生态补偿等对特殊困难地区和限制开发区域加大扶持力度的有利契机，进一步提高环境保护基本公共服务供给水平。同时，各级地方政府要对环境保护基本公共服务支出从财政上给予保障，切实加大基层环境组织和环境监管能力建设力度。

（四）完善综合决策机制

切实履行好环保责任，各级政府要进一步完善生态文明建设目标指标考核体系，推行环保“一票否决”，同时强力推进总量减排。选定减排重点领域，全面落实污染防治，进一步加强工业企业污染治理工作，积极对城市污染开展综合治理，着重加大对重点流域污染的控制，加强重点湖库污染综合治理。加大农村环境综合整治，加快推动农村环境保护工作迈上新台阶。强化项目环评，大力推进规划环评，严格执行环境影响评价制度，加强过程监管和环保验收。

（五）强化环境监管体系建设

一是加大环境监管力度。合理划分事权，按照减少层次、整合队伍、提高效率的原则，明确自治区、市、县三级主管部门的监督检查对象和工作重点，推进执法重心下移，逐步实现面对群众的执法由市、县两级部门承担，彻底整治多头管理、各自为政、职责交叉、主次不清等现象，防止因职责不明造成失职问题。注重执法模式的改革，从依赖突击和集中整治的粗放治理向依靠建立长效机制和强化基础工作的治理模式转变。提高环境监管科学化、精细化水平，建立全区工矿企业“一厂一档”监管信息平台和数据库，实现对所有工矿企业按环境风险等级进行分类分级监管，切实提高执法工作的针对性、有效性。加强环境应急工作，完善应急机构、应急预案、应急装备，建立与相关部门的应急联动机制以及应急专家库。

二是加强环境监测能力建设。根据国家对环保监测机构配备人员标准的要求，进一步弥补我区环保监测机构人员的缺口，同时根据我区发展实际，加大生态监测网络和重金属监测网络等的建设，加快扩大重点区域和重点行业等监测范围，加大监测点位和项目覆盖范围和领域，进一步加快我区环境监测网络体系建设步伐。

三是推进环境信息机构标准化建设。加大“数字环保”体系建设力度，促进自治区、市、县环境信息资源共享，进一步提升重点领域如生态保护、总量减排、环境监测、环评审批等的信息化效率。积极加大自治区和市重点污染源自动监控系统的建设与完善，促进联网全覆盖。

（六）出台配套政策

一是加大政府投入。适时增加环境保护能力建设经费安排，大力支持公共环境监管设施的建设、运行和维护。各级征收的排污费重点用于污染防治和环境监管能力建设。建立政府引导、企业和社会共同投入的多元化环境保护投入机制。

二是加快实施有利于环境保护的财政政策。借鉴广东等发达省区经验，积极开展排污权有偿使用和交易试点，健全完善环境污染责任保险制度、排污收费制度、企业环境行为信用评价制度、银行绿色评级制度、资源型企业可持续发展准备金制度。探索建立生态补偿机制，落实西江等重点流域跨界断面水质超标资金扣缴制度等。

三是实施有利于环境管理的经济政策。完善脱硫电价，试行脱硝电价，对高耗能、高污染行业实行差别电价，对可再生能源发电、余热发电和垃圾焚烧发电给予优先上网等支持。全面落实生活污水、垃圾处理收费制度，收费标准坚持保本微利原则，污水、垃圾处理费用不足部分由各级政府适当补贴。鼓励社会资本参与污水、垃圾处理设施的建设和运营，实行特许经营，对污水、垃圾处理设施建设运营的用地、用电、设备折旧等给予政策扶持和税收优惠。

（七）健全环保考核机制

以推进我区生态文明制度建设为抓手，进一步完善各级党委政府政绩考核制度，积极推动将环境损害、资源消耗、生态效益等体现生态文明建设状况的指标纳入各级政府年度经济社会发展综合评价体系，并在考核权重上大幅增加，同时根据不同区域主体功能定位实行差别化考核；进一步推动建立领导干部任期生态文明建设责任制、问责制和终身追究制。

（八）积极做好环保宣传工作

加强环保工作人员的宣传教育工作，宣传环保岗位的重要性，增强光荣感；及时掌握环保新知识、新法规，及时了解环保工作的新形势和新动态。围绕环保重点工作，积极组织各种新闻媒体进行跟踪报道，积极引导环保工作良好的舆论导向。继续加大对排污企业的宣传力度，印发新《环保法》《水污染防治法》等小册子送企业进行环保宣传，使企业自觉遵守环保法律法规，履行环保义务和责任。加大对群众的环境科普知识及与日常生活密切相关的环境法律法规，倡导绿色消费，保护生态环境。开展环境法律法规宣传月活动，继续采取多种宣传形式，深入宣传环境保护工作，全面提高广大群众的环保意识和社会责任感。大力支持成立形式多样的民间环保组织，相互补充和共同推进环保工作。

课题指导：钟文干
组　　长：冯其卫
副 组 长：苏　彦　樊德明　谭秀群
成　　员：卢　婕　许绍才　周汉平
　　　　　黄　聪　雷　毅

附表　我区有关生态环境及环保产业的政策法规文件

序号	文件名	文号
1	广西壮族自治区人民政府关于加快发展循环经济的意见	桂政发〔2005〕56 号
2	广西壮族自治区地质环境保护条例	人大常委会公告 80 号
3	关于印发广西壮族自治区清洁生产审核实施细则（暂行）的通知	桂政办发〔2005〕129 号
4	自治区党委自治区人民政府关于落实科学发展观建设生态广西的决定	桂发〔2007〕7 号
5	自治区人民政府关于印发《生态广西建设规划纲要》的通知	桂政发〔2007〕34 号
6	广西壮族自治区人民政府办公厅关于印发广西壮族自治区“十一五”期间林业生态保护和管理目标责任状考核办法的通知	桂政办发〔2007〕23 号
7	广西壮族自治区人民政府办公厅关于开展清理违反国家及自治区环境保护法律法规错误做法和规范性文件工作的通知	桂政办发〔2007〕89 号
8	广西壮族自治区人民政府办公厅关于印发广西近岸海域环境功能区划局部调整方案的通知	桂政办发〔2008〕1 号
9	广西壮族自治区人民政府办公厅关于印发广西壮族自治区生态功能区划的通知	桂政办发〔2008〕8 号
10	广西壮族自治区人民政府办公厅关于切实加强水能资源和小水电开发利用管理的通知	桂政办发〔2008〕37 号
11	广西壮族自治区人民政府办公厅转发自治区节能减排工作领导小组办公室关于广西壮族自治区单位 GDP 能耗考核体系实施方案的通知	桂政办发〔2008〕93 号
12	广西壮族自治区人民政府办公厅转发自治区节能减排工作领导小组办公室关于广西壮族自治区单位 GDP 能耗考核和主要污染物总量减排考核工作方案的通知	桂政办发〔2008〕94 号
13	广西壮族自治区人民政府关于印发广西壮族自治区全面推进城镇污水生活垃圾处理设施建设工作方案的通知	桂政发〔2008〕26 号
14	广西壮族自治区人民政府关于印发广西壮族自治区城镇污水生活垃圾处理设施建设项目任务分解方案的通知	桂政发〔2008〕27 号
15	自治区党委自治区人民政府关于全面推进城镇污水生活垃圾处理设施建设的决定	桂发〔2008〕18 号
16	广西壮族自治区人民政府办公厅转发自治区统计局发展改革委经委关于广西壮族自治区单位 GDP 能耗统计指标体系实施方案和广西壮族自治区单位 GDP 能耗监测体系实施方案的通知	桂政办发〔2008〕177 号
17	广西壮族自治区人民政府办公厅转发自治区节能减排工作领导小组办公室关于广西壮族自治区主要污染物总量减排工作考核方案的通知	桂政办发〔2008〕178 号
18	广西壮族自治区人民政府关于贯彻实施中国水生生物资源养护行动纲要的意见	桂政发〔2008〕37 号
19	自治区党委自治区人民政府关于做大做强做优我区工业的决定	桂发〔2009〕35 号

续表

序号	文件名	文号
20	广西壮族自治区人民政府关于印发加快循环生态型铝产业发展的意见的通知	桂政发〔2009〕111 号
21	广西壮族自治区人民政府关于印发广西节能产业与环保产业振兴规划的通知	桂政发〔2009〕113 号
22	广西壮族自治区人民政府办公厅关于贯彻执行国务院《规划环境影响评价条例》的通知	桂政办发〔2009〕193 号
23	广西壮族自治区人民政府办公厅关于印发全面推进生态文明示范区建设总体实施方案的通知	桂政办发〔2010〕239 号
24	广西壮族自治区人民政府关于公布广西壮族自治区第一批重点保护野生植物名录的通知	桂政发〔2010〕17 号
25	广西壮族自治区人民政府关于印发坚决完成“十一五”节能减排工作目实施方案的通知	桂政发〔2010〕21 号
26	自治区人民政府关于实施“绿满八桂”造林绿化工程的意见	桂政发〔2010〕26 号
27	广西壮族自治区人民政府关于实施广西壮族自治区地质灾害防治工作规划（2009～2020 年）的通知	桂政发〔2010〕31 号
28	广西壮族自治区人民政府关于推进新能源汽车产业发展的意见	桂政发〔2010〕40 号
29	广西壮族自治区气候资源开发利用和保护管理办法	自治区政府令第 64 号
30	广西壮族自治区人民政府办公厅关于进一步加强规划环境影响评价工作的通知	桂政办发〔2011〕14 号
31	广西壮族自治区人民政府关于加快培育发展战略性新兴产业的意见	桂政发〔2011〕17 号
32	广西壮族自治区河道采砂管理办法	自治区政府令第 65 号
33	广西壮族自治区人民政府办公厅关于建立自治区全面推进生态文明示范区建设工作部门联席会议制度的通知	桂政办发〔2011〕113 号
34	广西壮族自治区人民政府办公厅关于印发广西壮族自治区大气污染联防联控改善区域空气质量实施方案的通知	桂政办发〔2011〕143 号
35	广西壮族自治区人民政府办公厅关于印发进一步加强城市生活垃圾处理工作实施方案的通知	桂政办发〔2011〕146 号
36	广西壮族自治区人民政府关于印发“十二五”节能减排综合性实施方案的通知	桂政发〔2011〕80 号
37	广西壮族自治区人民政府办公厅关于印发建设百色生态型铝产业示范基地行动方案的通知	桂政办发〔2011〕233 号
38	广西壮族自治区人民政府关于开展以环境倒逼机制推动产业转型升级攻坚战的决定	桂发〔2012〕9 号
39	广西壮族自治区人民政府办公厅转发自治区发展改革委等部门关于严格控制高耗能高排放项目投资审批实施意见的通知	桂政办发〔2012〕63 号

续表

序号	文件名	文号
40	广西壮族自治区人民政府办公厅转发自治区科技厅关于科技支撑环境倒逼机制下产业转型升级工作方案的通知	桂政办发〔2012〕71 号
41	广西壮族自治区人民政府办公厅关于印发广西百家制糖企业蔗渣生物质发电技术改造工程实施方案的通知	桂政办发〔2012〕83 号
42	广西壮族自治区人民政府办公厅关于加强矿产资源监管促进产业结构升级的意见	桂政办发〔2012〕94 号
43	广西壮族自治区人民政府办公厅关于进一步落实环境保护法规政策和管理制度的通知	桂政办发〔2012〕97 号
44	广西壮族自治区人民政府办公厅关于进一步加强环境执法监管工作的通知	桂政办发〔2012〕99 号
45	广西壮族自治区人民政府办公厅关于进一步开展重点领域区域环境综合治理工作的通知	桂政办发〔2012〕100 号
46	广西壮族自治区人民政府办公厅关于印发全区涉重金属行业企业环境风险隐患整治工作方案的通知	桂政办发〔2012〕101 号
47	广西壮族自治区人民政府办公厅关于印发全区化工行业企业环境风险隐患整治工作方案的通知	桂政办发〔2012〕102 号
48	广西壮族自治区人民政府办公厅关于印发广西壮族自治区建设项目环境准入管理办法的通知	桂政办发〔2012〕103 号
49	广西壮族自治区人民政府办公厅关于印发全区造纸酒精淀粉制糖等行业企业环境风险隐患整治工作方案的通知	桂政办发〔2012〕105 号
50	广西壮族自治区人民政府办公厅关于印发开展以环境倒逼机制推动产业转型升级攻坚战工作方案的通知	桂政办发〔2012〕114 号
51	广西壮族自治区人民政府办公厅关于印发 2012 年全区整治违法排污企业保障群众健康环保专项行动实施方案的通知	桂政办发〔2012〕117 号
52	广西壮族自治区人民政府办公厅关于成立自治区应对气候变化及节能减排工作领导小组的通知	桂政办发〔2013〕116 号
53	广西壮族自治区人民政府办公厅关于印发自治区实行最严格水资源管理制度考核办法的通知	桂政办发〔2013〕100 号
54	广西壮族自治区人民政府关于明确矿泉水和地下水资源税征收范围和税额标准的通知	桂政发〔2013〕47 号
55	广西壮族自治区机动车排气污染防治办法	广西壮族自治区人民政府令第 87 号
56	广西壮族自治区人民政府关于印发广西壮族自治区“十二五”控制温室气体排放工作方案的通知	桂政发〔2013〕26 号

续表

序号	文件名	文号
57	广西壮族自治区人民政府关于印发广西壮族自治区节能减排工作行政过错问责暂行办法的通知	桂政发〔2013〕28 号
58	广西壮族自治区人民政府关于印发广西循环经济发展“十二五”规划的通知	桂政发〔2013〕3 号
59	广西壮族自治区人民政府办公厅关于印发广西循环经济发展实施方案的通知	桂政办发〔2014〕11 号
60	广西壮族自治区人民政府关于印发化解产能严重过剩矛盾实施方案的意见	桂政发〔2014〕35 号
61	广西壮族自治区人民政府关于进一步加强基层环境监管能力建设的意见	桂政发〔2014〕53 号
62	广西壮族自治区人民政府办公厅关于印发 2014 年广西城镇污水生活垃圾处理设施建设工作计划的通知	桂政办发〔2014〕67 号
63	广西壮族自治区人民政府办公厅关于印发 2014～2015 年节能减排低碳发展行动方案的通知	桂政办发〔2015〕1 号
64	广西壮族自治区人民政府办公厅关于促进贺州市平桂管理区资源枯竭型城市转型发展的实施意见	桂政办发〔2015〕23 号
65	广西壮族自治区人民政府办公厅转发环境保护厅关于改善城市环境空气质量若干措施的通知	桂政办发〔2015〕32 号
66	广西壮族自治区人民政府办公厅关于转发环境保护厅等部门 2015～2017 年鼓励提前淘汰黄标车和老旧车奖励补贴指导意见的通知	桂政办发〔2015〕44 号
67	广西壮族自治区人民政府办公厅关于加快新能源汽车推广应用的实施意见	桂政办发〔2015〕51 号
68	广西壮族自治区人民政府办公厅关于加强环境监管执法的实施意见	桂政办发〔2015〕62 号
69	广西壮族自治区人民政府办公厅关于建设生态产业园区的实施意见	桂政办发〔2015〕67 号
70	广西壮族自治区人民政府办公厅关于加强金融服务支持生态经济发展的实施意见	桂政办发〔2015〕68 号

注：资料来源于广西壮族自治区人民政府公报。

广西沿边特色城镇带建设研究报告

【引言】中越边境广西沿边地区分布有八个县市（区），共计口岸25个，边民互市点26个，且各个口岸相互连接，串联成线，城镇带已初步成型。本课题将以口岸建设作为切入点，在对目前口岸发展的现状、问题进行梳理的基础上，提出通过完善口岸的基础建设，提升口岸信息化程度，拓展口岸功能，扩大口岸的贸易量、货流量等措施，进而使更多加工、制造企业落户沿边地区，以吸引与口岸运行相关的工作人员、服务人员、商人、工人以及各类高层次人才的聚集，促成特色小城镇的形成，并牵引南宁、崇左等中心城市，形成特色小城镇与中心城市的互动。

本课题的根本设想是通过口岸建设推动广西沿边特色城镇带的建设进程。一方面，“将口岸打造成为我区开放型经济建设和面向东盟开放合作的重要载体、重要依托和重要引领”[①]；另一方面，发挥中越跨境经济合作区、沿边金融综合改革试验区、凭祥综合保税区、口岸产业园区在对外开放中的引领作用，把沿边城镇带建设成为广西对外开放政策制度创新的先行区。

① 陈武于2015年12月4日自治区政府常务会议上就《关于新形势下进一步加强口岸工作的意见》的发言。

一、广西沿边特色城镇带建设的时代背景

（一）国家战略及规划

随着国家推进“一带一路”和新型城镇化建设，广西在国家对外开放大格局中的地位更加凸显。2014 年颁布的《国家新型城镇化规划（2014～2020 年）》中指出，要在中西部地区建设一批重点开发区，有序推进这些区域的城镇化建设，注重在民族地区、沿边地区培育一些区域性中心城市。2015 年 3 月，习近平总书记在两会上谈到“一带一路”战略时指出，要走活广西这盘棋，发挥广西与东盟国家陆海相连的独特优势，加快北部湾经济区和珠江—西江经济带开放开发，构建面向东盟的国际大通道，打造西南中南地区开放发展新的战略支点，形成“21 世纪海上丝绸之路”和“丝绸之路经济带”有机衔接的重要门户。同年，《左右江革命老区振兴规划（2015～2025 年）》的颁布也使广西老区从战略边缘变为战略主阵地，广西边境地区迎来新的发展时期。

（二）广西及相关地方政府发展规划

广西积极回应国家新时期的重大战略部署，颁布了《广西新型城镇化发展规划》，并指出以国家实施沿边地区开发开放战略为契机，加快推进重点边境城镇、重点口岸、重点开发开放试验区建设，把东兴、凭祥、防城、宁明、龙州、大新、靖西、那坡 8 个边境县（市、区）的城镇建设成为面向东南亚开放合作的边境口岸城镇，培育形成我国西南陆路边境口岸城镇带，重要边境口岸逐步建成中小城市。

百色、崇左等地方政府也迅速制定相关规划，落实国家以及自治区的重要指示，如百色市为加快推进沿边开发开放工作，特提出实施意见，把加快沿边城镇建设、着力打造口岸城市作为主要任务，进一步优化靖西、那坡县沿边城镇空间功能布局，重点推动边境城市与口岸小城镇协调互动发展，以及边境重点城镇建设，力争列入国家和自治区重点镇建设。崇左市将以凭祥为试点，率先突破，实现城乡一体化，把凭祥建设成为国际性口岸城市，将其所辖友谊、夏石、浦寨等镇（点）建设成为具有边关风情和边贸特点的特色城镇。

（三）课题组调研经过

本次调研采用资料收集与社会调查相结合的方法。课题组于 2015 年 3～5 月，在大量收集国家层面、自治区层面以及地方县市的发展政策与规划材料的基础上，认为当前沿边城镇化的建设必须以口岸建设、边贸发展为依托，依循口

岸—贸易—人口—公共服务体系—城镇化—城镇带的逻辑来讨论。确定研究方案后，课题组于2015年7~8月对沿边八县市（区）的口岸、互市点以及沿边公路进行调研，与当地政府官员、口岸工作人员开展座谈会，对村干部、边民、经商人员、越南散工等进行访谈，在对实地情况进行充分了解后，厘清了广西沿边区域特点以及城镇化现状，在此基础上提出广西沿边特色城镇带建设的设想和预期目标，指出目前存在的问题，并提出达成目标、解决问题的各项对策，以供参考。

二、广西沿边城镇化基本情况

（一）基本现状

随着沿边开发开放进程的推进，广西城镇化进入了快速发展的阶段。1978~2012年，广西城镇化率从10.64%提高到43.53%，但城镇化滞后的局面没有根本改变，2012年城镇化率比全国低9.04个百分点，排全国第26位。具体到沿边各市，其城镇化水平更是低于全区平均水平。2013年，沿边三市的城镇化率分别为防城港市40%，崇左市26%，百色市25%，距离全区平均水平45%还有相当大的差距。调研组通过资料收集与实地调研发现，沿边城镇化取得的成绩与存在的不足可从以下三个方面进行阐述。

1. 基础设施建设取得较大进展

2000年由广西壮族自治区政府发起实施的边境大会战，共计投资建设24个项目（见图1），集中了大量的人力、物力、财力，极大地改善了边境地区的基础设施条件。交通项目总投资14.22亿元，使边境公路总里程达7600多公里，其中三级路1700多公里，二级路370多公里。2008年6月，广西投入4.5亿多元，在边境8个县（市、区）0~3公里实施兴边富民行动基础设施建设大会战，

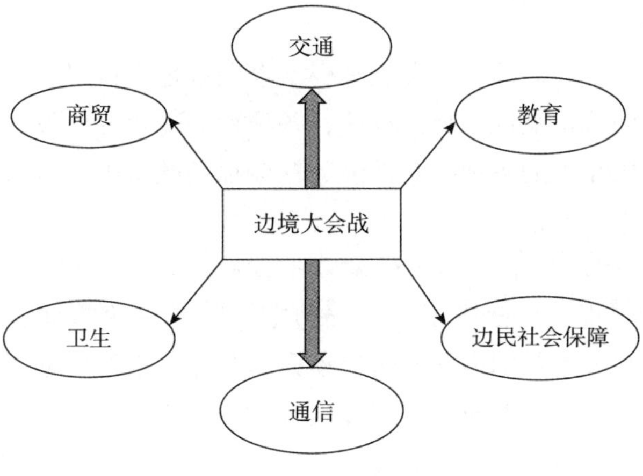

图1　边境大会战涉及的主要项目

注：资料由调研组整理。

项目涉及10类1.4万多个。2009年8月，广西再次投入11.7亿元，启动边境3～20公里基础设施建设大会战，项目涉及9大类4.7万多个。2014年的兴边富民行动大会战专项资金全部用于《大会战实施方案》确定的3大类20项建设任务，使边境一线群众的生产生活条件不断得到改善，破解了制约边境地区经济社会发展的瓶颈。近些年来，广西投入了数以百亿元计的资金，建设了南昆铁路、桂林至北海高速公路、宜州至柳州高速公路、桂林两江国际机场、北海机场、南宁机场和一批沿海港口，新修的公路多是通往越南等东盟国家的出境通道和通往广东连接珠三角的经济大动脉，在一定程度上促进了边境地区的发展。但目前，沿边地区的各类基础设施建设还远远落后于城镇化发展的脚步。

2. 边境经贸合作领域不断扩大

近20多年来，广西中越边境的发展越来越得到重视，经贸合作领域不断扩大，层次不断加深，双方在产业、交通、旅游、通关便利化、跨境合作区等领域的合作不断取得新进展。此外，贸易规模逐年扩大，贸易结构逐步优化，双边贸易的互补性增强，边境贸易正在改变商品结构单一、以初级品为主的情况。广西已成为中国面向东盟，特别是面向越南开放合作的前沿和窗口，越南连续13年成为广西最大的贸易伙伴，是广西对外投资的主要目的地。2015年上半年，广西对东盟国家共进出口658.9亿元，增长18.1%，其中对越南进出口530.8亿元，增长13.2%。2013年以来，广西边境小额贸易进出口占广西外贸比重持续攀升。以边贸火热的崇左市为例，边境小额贸易进口和出口总额均占广西的九成多，分别占全国的近四成和五成，稳居全区、全国首位。数据统计与实地调研都表现出边境小额贸易强劲的发展势头，沿边八县市（地区）也因边境小额贸易的快速发展呈现出经济发展向好、边贸“风景这边独好”的新气象。然而，我们也看到边贸的发展依然面临政策不配套、经贸合作服务体系落后，管理体制不完善等问题，边贸发展环境亟待优化。

3. 社会事业取得较好发展

近些年来，边境地区的经济发展吸引了全国各地人口以及各类工厂、企业的聚集，边境地区的城镇化进程得到提速，各项社会事业的建设发展提上日程，与边民以及城镇居民相关的各项社会保障、社会福利政策等逐步得到落实，社会事业全面发展。

从2009年开始，为了增加边民就业的途径，增加边民收入，实现“守边、固边、兴边”的目标，广西进行了“兴边富民”重大决策部署。自治区人社厅以边境地区0～20公里范围内的农村劳动力为重点，组织实施了广西边境地区农村劳动力创业就业工程。针对边民居住地较远、外出不便的问题，广西提出“送技上门、培训到点”的方针，特别是对那些远离县城、交通不便的边远村屯，各边境市县组织优质培训资源，把培训班办到边境乡镇、村屯，使边境村民足不出户就能学到技能。同时，广西根据市场用工需求、当地产业发展和劳动者个人意愿，采取订单培训、定向培训等方式，对边境地区农村劳动力有针对性地开展就业技能培训，培训合格后直接输送到有关企业就业。据统计，就业工程实施以来，广西共投入就业专项资金9159万元，13.06万名有劳动能力、有就业愿望的农村劳动力参加职业培训，培训后实现转移就业11.21万人，边民劳务经济收入持续稳步增长，生产生活条件得到了一定的改善，就业工程取得了积极成果。

从2014年1月1日起，广西壮族自治区财政安排5.33亿元边民补助资金，陆地边境0～3公里范围内的行政村居民生活补助标准由2013年的每人每月96元提高到每人每月130元，增加34元。边境乡镇共有34万人享受到此优惠政策。为切实解决边民的基本医疗保障问题，从2011年起，广西陆地边境县0～20公里范围内的乡镇农村居民参合个人缴费部分由各级财政给予全额负担。2012年广西地方财政继续投入6425万元，为128万边境地区农民群众代缴新农合个人参合费，让他们享受到医改带来的政策优惠（见表1）。但总体上来讲，沿边地区自身经济基础薄弱，发展速度缓慢，涉及边民就业、医疗、教育等社会保障和福利政策的实施力度还有待加强。

表1　参加农村新型合作医疗人数

单位：人

县市（区）＼年份	2011	2012	2013
东兴市	82 187	94 797	95 209
防城区	262 449	266 816	273 200
宁明	330 996	364 203	367 981
凭祥	77 913	78 695	77 999
龙州	195 291	212 766	214 587
大新	276 512	274 104	278 487
靖西	553 049	553 554	575 903
那坡	183 167	181 382	189 538

注：资料来源于《广西统计年鉴（2012～2014）》。

（二）区域特点

1. 沿边特色城镇带已初步形成

（1）边境贸易发展态势良好。广西中越边境八个县市（区），陆地边境线的总长度大约637公里，边境地区面积17981平方公里，早在宋代时，广西中越边境地区的贸易活动就十分活跃，在19世纪末因战争影响一度中断，直至1991年中越关系正常化以及中越边界划定的逐步明朗，两国贸易往来主要形式的边境贸易才得到全面恢复，并在中国与越南确立双边经贸合作关系后，发挥了对经济的巨大推动作用。进入21世纪，中越经贸合作进入了一个新的历史时期，2004年中国—东盟博览会永久落户广西南宁，中越两国决定共同建设“两廊一圈”，启动泛北部湾经济合作，2008 年中越陆地边界勘测工作完成，2011 年广西凭祥综合保税区正式封关运营等都给中越两国边境贸易的发展带来了前所未有的发展契机，提升了广西沿边地区的经济地位。

（2）口岸建设取得较大成效。19 世纪 80 年代末，龙州被辟为通商口岸，并设立海关，成为地区商业中心和广西对外的最大陆路边境口岸，并带动隘口、弄怀等一批边贸互市点的发展，标志着近代广西陆路边境口岸的开始和兴起。后因战争和中越两国政治关系的不稳定，口岸发展十分缓慢。1992 年迄今，口岸快速发展，主要表现在开放的数量逐步增多（见表 2）、开放的程度逐步扩大、口岸发展环境得到优化、口岸贸易额飞速增长。如凭祥市通过不断优化口岸通关环境，稳步推进边民互市贸易改革。2015 年上半年，全市边境贸易创造佳绩，边境贸易成交额完成 557. 1 亿元，同比增长 21. 4%，其中出口 406. 27 亿元，同比增长 10. 2%，进口 150. 83 亿元，同比增长 67. 7%。边境小额贸易进口和出口总额均占广西九成多，分别占全国近四成和五成，稳居全区、全国首位。

表 2　广西对越边贸点一览表

县市	边贸点	数量
防城	杨屋、东兴、滩散、里火、峒中	5
宁明	板烂、爱店、北山	3
凭祥	油隘、凭祥、弄尧（合浦寨）、平而	4
龙州	水口、布局、科甲	3
大新	岩应、硕龙、德天	3
靖西	新兴、岳圩、龙邦、孟麻	4
那坡	平孟、百南、那布	3
合计		25

注：表中数据根据相关资料整理。

经过多年的发展，边境地区形成了以凭祥、东兴为区域发展中心，水口、爱店等口岸为次级发展中心，其他口岸和边民互市点为小型经济区，全面发展的三层级体系，且一批二类口岸对周边乡镇社会经济的发展正发挥着越来越巨大的作用，弥补了一类口岸地理空间的不足（见表 3）。口岸以及边贸点的快速发展吸引了大量的人口、企业、工厂在边境地区的聚集，众多重大互联互通工程、开放平台建设项目在口岸的落地生根，极大地促进了边境城镇化的进程。

表3　广西沿边各县市（区）开放的基本情况一览表

市、县、区		陆地边境线/公里	重点边境城镇	重点口岸	与越南接壤的省县市	开放合作平台	重大互联互通项目
防城港市	东兴市	39	东兴镇、江平镇、马路镇	东兴口岸	芒街市	东兴国家重点开发开放试验区、东兴—越南芒街跨境经济合作区，中越边境（东兴—芒街）商贸，旅游博览会等	北仑河二桥、南宁—海防经济走廊部分铁路、公路升级改造项目
	防城区	61.8	峒中镇、那良镇	峒中口岸	海河县、平辽县、芒街市	里火边民互市贸易点等	
崇左市	宁明县	212	爱店镇、桐棉乡、寨安乡、峙浪乡	爱店口岸	谅山省的高禄县、禄平县、亭立县及广宁省的平辽县	中国—东盟国际农产物联港、爱店中越边境中药材商贸物流中心、爱店中国—东盟农产品进出口物流中心、中国—东盟（宁明）林产科技产业物流园	爱店口岸升格建设、中越"爱店—峙马"跨境经济合作区建设、爱店口岸验货场连接宁爱二级公路的口岸全封闭货物专用通道建设、南友高速公路—爱店口岸高等级公路和北山—爱店—板烂、北江—板棍—长桥、北江—板达等二级公路等
	凭祥市	97	上石镇、夏石镇、友谊镇	友谊关口岸、凭祥口岸、平而关口岸	谅山省同登市	凭祥南山工业园、凭祥红木文化城、凭祥综合保税区、中越友谊关国际旅游合作区等	友谊关—友谊口岸货运新通道建设、"凭祥综合保税区—越南谅山—越南海防港、凭祥综合保税区—越南河内—越南胡志明市、凭祥综合保税区—越南谅山—老挝沙湾拿吉—泰国曼谷"三条黄金物流线路
	龙州县	184	彬桥乡、金龙镇、水口镇、武德乡、下冰镇	水口口岸、科甲口岸	高平省复合县、谅山省	中越商品展销会暨天琴文化艺术节	龙州—科甲二级公路、龙州—叫堪—级公路、叫堪—那花（布局）二级公路、水口国际物流仓储中心
	大新县	40	硕龙镇、下雷镇	硕龙口岸	高平省下琅县	中越德天·板约瀑布国际旅游合作区	雷平—堪圩—硕龙二级公路

续表

市、县、区		陆地边境线/公里	重点边境城镇	重点口岸	与越南接壤的省县市	开放合作平台	重大互联互通项目
百色市	靖西县	152.5	安宁乡、湖润镇、龙邦镇、壬庄乡、吞盘乡、岳圩镇	岳圩口岸、龙邦口岸	越南高平省茶岭县、重庆县	中国龙邦—越南茶岭跨境经济合作区	百色到靖西高速公路、龙邦电子口岸项目建设、靖西至龙邦高速公路
	那坡县	207	百省乡、百南乡、百都乡、平孟镇	平孟口岸	高平、河江两省辖的河广、通农、保乐、保林、苗皇五县	中越南品一条街、平孟口岸物流园区	那布、百南、弄平等四个边贸互市点基础设施建设

注:资料来源于黄志勇《中国沿边开放新阶段新特征及广西沿边开放新站位》,东南亚纵横,2015年01期。

2. 呈现出良好的山水生态

广西中越边境地区自然资源非常丰富，防城港市及其所在的东兴市蕴含大量的海洋生物资源以及海域滩涂资源，千余顷红树林分布于此。明江以北，卡斯特地貌广泛分布，由那坡、靖西向南至大新、龙州、宁明一带，大致由峰丛洼地渐次向峰林洼地和峰林谷地过渡，形成了独特的自然风光。此外，多个森林保护区坐落于边境地区，如防城境内的十万大山，靖西的古龙山，龙舟的弄岗国家级自然保护区、青龙山、春秀水源林保护区，那坡的德孚、农信、弄化水源林保护区和大新下雷水源保护区等。森林覆盖率较高，其中那坡、龙州、宁明、上思森林覆盖率都达到40%。

近些年来，广西为了保护生态环境颁布实施了一系列措施，如广西碧海计划、“美丽广西·生态乡村”活动、广西湿地保护条例等，边境地区呈现出良好的山水生态。

3. 特色鲜明的边关旅游带已经形成

（1）红色文化旅游带。广西中越边境地区自古就为南疆的边防要塞，历史、军事遗迹众多，如凭祥的友谊关、金鸡山古炮台、平公领古炮台、龙州的小连城、靖西的十二道门等。其中，友谊关作为祖国的南大门早已威名远扬，是我国九大名关之一，清末中法战争的镇南关大捷和孙中山领导的镇南关起义均发生于此。近年，友谊关已成为中越跨国边境游的首选之地。此外，还有邓小平组织领导的龙州起义的红军第八军司令部旧址，对越自卫反击战的英雄法卡山、311高地等军事遗迹。丰富的红色旅游资源使踏访“邓小平足迹之旅”“重走红军长征路”和越南“胡志明足迹之旅”的中外游客纷至沓来，兴起了红色旅游热，边境各县市也依托红色旅游资源，打造各自品牌，促进经济发展。如2012年以来，龙州县依托“红色边关”旅游品牌，投资60.5亿元引进了“龙州国际旅游商品集散中心”等6个旅游项目。区政府也着力打造广西红色旅游精品路线（见图2），推动边境革命老区的发展。

（2）民族文化旅游带。广西中越边境地区生活着汉、壮、瑶、京等十余个民族，是典型的多民族聚居的地方。在历史长河中，各族人民友好相处，丰富多彩的民族文化相互交融，形成了浓郁的地方特色，每年吸引着大量的中外游客。近些年来，边境各县市（区）都将自身民族旅游品牌的打造作为重要任务，并初见成效。如京族文化是东兴市旅游文化的一块至宝，东兴通过大力挖掘整理京族民俗文化，发展壮大以京族哈节等为载体的文化旅游产业，助推东兴边境特色旅游蓬勃发展。除此之外，防城的大板瑶服饰刺绣、龙州的布傣天琴、那坡的黑衣壮、靖西的绣球街等民族文化在带动本地区发展的同时也促成了中越边境民族文化旅游带的初步形成。

（3）沿边自驾骑行旅游带。沿边公路自建成后便有游客以自驾游、骑行游的方式游览沿边风光，感受边关风情。到目前，沿边公路已成为一条著名的自驾、骑行线路（见图3），尤其是最近兴起的中国—东盟跨境自驾游，成为广西乃至国内游客关注度很高的出国旅游方式。以凭祥为例，2010年至今，从凭祥友谊关口岸出入境的自驾车旅游团达70个，自驾车辆达500多辆次，随车游客近2000人次。2015年，中国—东盟自驾车服务总部基地也启动建设。这个位于友谊镇板价村的基地占地600亩、总投资6亿元，包括东盟文化体验中心、汽车旅馆、汽车露营地、中国文化体验中心、游客服务中心、汽车服务区、广西特产展销及美食体验区、风情娱乐区等，计划2016年建成投入使用。沿边自驾游、骑行游已成为边境地区旅游发展的一大品牌，促使沿边开发开放水平不断提高。

图2　广西红色旅游路线

注：资料来源于《南宁晚报》，2015年7月9日。

图3　沿边公路自驾游路线

注：资料来源于自行车网。

三、广西沿边特色城镇带建设面临的问题

（一）交通基础设施落后

1. 沿边公路

自2002年的“边境大会战”后，沿边基础设施的发展较为缓慢，已无法满足当前需要。最为明显的就是广西沿边公路，在其建成的初期，极大地促进了边境地区的发展，提高了边民的生活质量，如今十几年过去了，沿边公路已破旧不堪，成为影响未来发展的“问题公路”。

调研组成员发现除大新—靖西沿线路段因拥有发展态势良好的多个旅游景区而车流量较大、路况较好，其他路段通行难度大，路况令人担忧，尤其东兴—峒中—爱店路段路面损坏严重，造成行驶时间较长且伴随着安全隐患。大量车主包括调研组成员行驶至爱店时，已花费近八个小时，身心疲惫，不得不寻找高速公路出口，这并不利于沿边地区的整体发展。除此之外，调研组成员发现，因新建高速公路的通行，部分原有的沿边公路遭到废弃。如调研组行至龙邦—平孟路段时，发现基本无车辆通过，如何进行再次利用和开发应进行深入的讨论。在沿边公路沿线行驶的途中，调研人员还发现，沿边公路沿线路标设置落后，不成体系，经常给车主带来困扰。

2. 沿边地区各类交通

沿边地区各类交通连接不畅，口岸地区缺少与国内外中心城市的连接。

调研组于2015年8月3~7日在对崇左市、百色市进行调研时发现：对内而言，口岸地区与县城以及各级中心城市的公路连接较弱，如爱店口岸—宁明段亟须改善，科甲—大新段改扩建工程尚未实施，龙邦口岸—靖西市—崇左市段高速公路也尚未建成。对外而言，除东兴市和凭祥市，其他一类和二类口岸缺少与越南相互连接的高速公路、铁路，如水口—越南高平段的高速公路还未开展建设工作，爱店口岸缺少通往越南谅山与河内的高速公路、铁路，无法满足口岸的发展需求。此外，边境互市点交通落后，未修通三级柏油路，即便是边贸发展走在前列的崇左市也有50%的互市点没有同越南公路接通，有10个边民互市点的公路是“断头路”。

（二）口岸通关能力弱

1. 口岸基础设施落后，规划不合理

中越边境地区口岸硬件设施较为落后。首先，整个沿边地区的边民互市点都面临着缺少配套基础设施的问题，需要建设大量的仓库、货场、检验检疫、监管等设施。其次，大多数二类口岸基础设施建设不完善，未设立国门，办公设施落后等，且明显落后于越南同等级口岸的建设，口岸规模较小，满足不了发展需求。最后，口岸规划不合理，通关效率较低。

如刚升级为国家一类口岸的爱店口岸，其基础设施还未达到一类口岸的标准，国门、停车场、验货场、仓库等还需进一步完善，且口岸工作人员希望未来能够建成“两国一检”通道，提高通关效率。此外，虽然国家一类口岸东兴口岸和凭祥口岸相比其他口岸发展较为成熟，但都面临因口岸规划不合理而通关效率低的问题。在凭祥，一辆货车通关通常在手续上要花费四个小时，且因部门规划不合理，货车司机通常在各类部门间来回奔波。

2. 口岸信息化程度低

虽然2000年经国务院批准，口岸电子执法系统在全国开始试运行，但在实践过程中，广西电子口岸建设存在很大的问题，还没能发挥作用，口岸普遍面临信息化程度不高、通关能力较低的问题。整个口岸地区未实现车辆“一站式”验放系统以及通关无纸化，未普及旅客自助式通关系统以及建立人货分流通道口岸，通关手续重复、程序复杂。同时，口岸地区基础数据信息未公开，联检信息共享、原产地检验信息共享等信息软件建设滞后；各部门之间无法共享政务信息，沟通不畅，产生各自为政的问题。

电子口岸的正常运转涉及12个部门的相互协调与相互配合，但在条块分割的管理体制下，各部门信息不对称，一些部门对涉及本部门利益的信息不愿共享，担心信息共享会损害本部门利益，或者出于对利益的追求，只想共享别的部门的信息，而不愿意本部门的信息被共享。

3. 各口岸缺乏自身特色，且配套经济区开发较落后，未形成产业化、规模化的发展

目前，除水口口岸是国家进境坚果指定口岸，凭祥口岸是进境水果指定口岸，其他大部分口岸均未获得某类产品指定进出境口岸的资格，使得口岸无法形成自身特色，同时带来分工不明确、恶性竞争等问题。虽然东兴、凭祥与东盟经贸合作水平不断提升，形成了辐射中国和东盟国家的红木家具、五金机电、纺织服装、农副产品四大贸易集散中心，但关键问题是如何进一步推进。此外，沿边地区因缺乏大工业产业和大型企业的支撑，难以推进产业化、规模化的发展，最终阻碍城镇化的进程。

如调研组在凭祥浦寨口岸调研时，当地工作人员反映，因红木并未成为进出境指定货物，造成了口岸间的恶性竞争，给凭祥口岸的发展带来了压力。除此之外，以崇左市为例，该市除甘蔗产业化有一定的规模外，其他行业都是资源型的传统原料工业，附加值高的加工工业、制造业不多，高技术产品企业更是少之又少，没有形成产业链。崇左市商务局工作人员向调研组成员反映，目前沿边地区缺少对落地加工企业的优惠政策，而越方优惠政策较多，因此大量企业迁移或落户到越方，不利于我方沿边地区的发展。

（三）未形成中越合作交流的体制机制

广西边境地区各类发展主体缺少与越方边境地区的沟通与交流，更没有形成

稳定的合作交流机制，很多项目地方政府因财力、能力有限，无法承担，需要自治区和国家层面的推动。

如爱店镇公母山跨越中越两国，风景秀丽，旅游资源丰富，当地政府希望与越方共同开发，但相关具体事项协商工作因没有成熟的沟通机制还未能展开。面临类似问题的还有靖西孟麻胡志明遗址的开发，东兴中越边境经济合作区综合保税区建设的相关事项。

（四）政策倾斜力度不够

1. 土地政策

目前国家对大城市的用地控制十分严格，但边境地区的发展不同于中心城市，起步晚、开发速度较慢。当前边境地区普遍面临着各类项目建设用地指标缺乏的问题，阻碍了沿边城镇化的进程，需要相关优惠政策的扶持。如沿边地区各口岸改扩建工程、边境经济合作区的建设、相关加工企业落户当地、商贸城的建设、旅游景区的开发、城镇人居建设等项目都缺少相应的用地指标。

2. 资金政策

沿边地区受地理环境、历史事件、政策限制等因素影响，经济基础薄弱，社会经济发展缓慢，地方财政能力有限，因此在发展过程中资金缺口大、融资难问题十分突出（见表4），需要更加优惠的资金政策扶持。

表4　广西中越边境地区部分项目建设资金到位情况

项目名称	所需资金	到位资金
东兴口岸二桥项目	3 亿多元	400 万元
爱店口岸验收	3.9 亿元	2300 万元
水口二桥联检楼及道路配套设施	5 亿元	未到
龙州边境经济合作区基础设施	100 亿元	未到
横罗边民互市贸易点监管区	10 亿元	未到

注：表中数据根据调研资料整理。

3. 人口、人才政策

人口规模小，缺少吸引人口、人才的政策。人口是沿边繁荣兴盛的核心因素之一，然而沿边各县市（区）人口规模较小，尤其是口岸周围的乡镇，人口聚集规模小（见表5），人口流失现象严重（见表6），这一方面是由于人口自然增长率降低，另一方面是由于当地大量青壮年外出打工。此外，因政策变动，外来经商、务工人口也呈减少趋势，如东兴市流动人口数量相较于五六年前减少了十余万人。因此，沿边如何留住人口、吸引人口的聚集成为城镇化进程中必须考虑的问题。

表 5　2013 年广西边境县市区的人口

县、区、市	面积/平方公里	总人口/万	常住人口/万	非农业人口/万	非农业人口所占比例/%	人口密度/(人/平方公里)
东兴市	549	13.86	15.1	5.21	37.59	275
凭祥市	650	11.05	11.44	3.31	29.96	176
龙州县	2318	26.6	22.3	5.01	18.83	96
大新县	2742	37.53	30.11	4.81	12.82	110
靖西县	2318	66.2	50.96	5.19	7.84	220
防城区	2426	42.1	37.73	9.23	21.92	156
宁明县	3696	43.85	34.35	6.8	15.51	93
那坡县	2231	21.26	15.6	2.01	9.45	70

注：数据来源于《广西统计年鉴（2014)》。

表 6　2012 年及 2014 年中越边境地区人口情况统计表

年份 县、区、市	2012 年	2014 年
东兴市	12.47	13.86
防城区	40.32	37.73
宁明	41.51	34.36
凭祥	10.75	11.44
龙州	26.27	22.30
大新	36.23	30.11
那坡	19.69	16.60
靖西	65.95	50.95

注：数据来源于《广西统计年鉴（2013、2014)》。

边境地区的发展涉及经济、法律、管理、技术等多个方面，需要大量引进相关方面的人才，而目前由于缺乏引进人才，尤其是高层次人才的完善机制，未明确制定引进人才应享有的生活条件、工资待遇、社会福利等政策，导致边境地区并未成为各类人才的聚集之地，阻碍了城镇化的发展。

4. 边民优惠政策

调研组在调研时，各地政府工作人员普遍反映当前边民拥有的免税额度应有所提高。2008 年，边民享受的保税额度提升至每日 8000 元，多年过去，随着物价、运输成本的增加，边民享受的实际利益在减少，如在爱店口岸，边民用8000元所购买的物资还未占满小型货车的 1/3，且受条件限制，边民需要排长队办理相关手续。

当然，以上四方面的问题只是一个宏观的视角，细化到每一个方面涉及更多，且这些问题也并不是孤立存在的，而是紧密相关的。加强沿边特色城镇带的建设，推进沿边经济社会发展问题的解决是一个立体的综合的工程，需要全方位布局考虑，一些问题的解决可以优化另外一些问题的存在环境，从而促进另外一些问题的解决。

四、云南省、黑龙江省沿边城镇建设的主要做法与启示

（一）云南省

（1）提升城镇群的主体作用。推进各城镇群规划建设，使城镇群成为拉动经济快速增长和参与区域经济合作与竞争的主要平台。其中，滇西南城镇群的分布区域为普洱、西双版纳、临沧3个州（市），其未来的区域定位为绿色经济试验示范区，是以能源产业、旅游文化产业、生物产业、出口商品加工贸易为重点的产业基地，是云南省最具民族风情的沿边开放型城镇群。

（2）促进各级城镇协调发展。就推进省级重点镇发展做出分类指导，提出根据资源条件加快现代农业型、工业型、旅游型、商贸型、边境口岸型、生态园林型六类省级重点镇的发展，并专门就创新口岸型城镇发展模式做出详细说明。

（3）积极发挥自身优势，着力实施以东南亚和南亚为重点、以“走出去”为特色、以深化区域合作为纽带的沿边开放战略，助推开放水平提高。

（二）黑龙江省

（1）根据“中蒙俄经济走廊”的会议精神，把丝绸之路经济带同俄罗斯跨欧亚大铁路、蒙古国草原之路倡议进行对接，进一步推动黑龙江省与俄罗斯的经贸联系，提升黑龙江省在中俄经贸中的地位。

（2）全力推进“龙江丝路带”建设，布局八大通道水陆空连通全世界。黑龙江省规划布局八大通道，以大哈佳同、绥满、哈黑和沿边铁路为主骨架，以周边公路、水运、航空、管道、电网、光缆为辅助，建设连接亚欧的国际货物运输大通道。

（3）依托黑龙江陆海丝绸之路经济带国际货运通道和主要交通干线，以中心城市和交通商贸重镇为节点，以沿线城市重点产业园区为支撑，依托哈长城市群等重点区域，打造承接国内外产业转移聚集区，发展跨境产业链，形成以“一核四带一环一外”为主要内容的产业发展空间布局。

（三）对广西沿边城镇建设的启示

1. 明确定位，优化区域发展布局

应理顺沿边小城镇各自具备的基础条件与资源优势，明确自身功能定位，如东兴的宜商宜居，水口的来料加工，凭祥的便捷通道等。因地制宜，打造一系列旅游文化型、商业贸易型、交通枢纽型、产业集聚型等特色鲜明的小城镇，发挥

各自优势，形成合理的区域性发展布局，以此带动整个沿边地区社会经济的有序发展。

2. 协调发展，走多元化的发展道路

有计划有步骤地推进沿边各个小城镇的发展，协调各个小城镇间的发展要素与优势资源，加强边境小城镇之间的交流与合作，促进后发展欠发达地区的社会经济发展，形成沿边城镇自身全方位开发开放的姿态，在发展模式、资源集结、要素流通、政策制定、融资模式等方面深入合作，走多元化的发展道路。

3. 加强口岸建设，推动外贸转型升级

加快完善口岸基础设施建设，如交通基础设施，包括各级道路的建设与修缮；口岸通关基础设施，主要是验货场地、储货仓、联检查验、监管等配套设施以及运载工具、停车场等相关服务设施。实现口岸电子化，即通关全程无纸化，优化、简化外贸货物流转程序，推广旅客自助通关系统和车辆“一站式”电子验放系统，提高通关效率。在此基础上支持地方依托口岸优势，打造集综合加工、商贸流通、现代物流、文化旅游等于一体的口岸经济，推动外贸的升级转型，形成完善的现代化产业体系，使口岸的发展目标由通道型转为加工型 + 通道型。

4. 打造完善的交通体系，构建综合交通大通道

改善边境地区公路、铁路等基础设施条件，稳步推进铁路、公路等相关交通基础设施的连接，推动边境地区内部与外部的互联互通，构建边境地区综合性的交通大通道，促进交通、人流、物流、资金流、信息流的不断集散，增强城镇地区的辐射带动能力，实现边境城镇的社会经济发展，为经济的互联互通提供现实和未来发展的充分保障。

5. 加强对外合作交流，全面提高开放水平

无论是云南省还是黑龙江省，沿边地区的繁荣都与邻国的发展密切相关，尤其口岸地区的建设与发展更离不开与邻国的交流与合作，因此广西沿边地区城镇的建设应注重与邻国的互信互通，紧紧围绕边贸、跨境旅游等项目，积极与邻国建设交流合作的平台，坚持遵循“共商、共建、共享”的原则，定期就双边项目合作、货物流转程序等进行会议协商，不断增进相互间的信任，达成共识，全面提高开放水平。

五、广西沿边特色城镇带建设目标

（一）成为广西对外开放政策制度创新的先行区

充分利用广西沿边中越跨境经济合作区、沿边金融综合改革试验区、凭祥保税区、口岸产业园区等重大项目建设的发展机遇，不断探索有利于沿边地区发展的政策制度，成为广西对外开放政策制度创新的先行区。

（二）形成边境地区整体有序的城镇发展体系

受地理位置、口岸基础条件等因素的影响，边境地区发展水平参差不齐，东部地区的发展速度和优势明显超过西部地区，东兴、凭祥市的基础条件明显优于其他边境县市（区）。因此，应从整体出发，因地制宜，优化空间布局，形成边境地区有序的城镇发展体系。

具体而言，以凭祥市和东兴市为区域发展中心，承担边境经济增长中心的战略地位，改变边境地区对外开放的低层次格局。以爱店、水口等为次中心，促进口岸地区产业化的发展。其他二类口岸以及众多边贸互市点作为补充的小型经济区，服务于周边乡镇的发展需要。依照此梯级体系，使口岸城镇呈现规模化的发展，提高整体发展水平。

（三）打造特色鲜明的沿边城镇带

广西沿边特色城镇带的建设需挖掘各地区自然特色、民族文化特色、边贸经济特色、产业发展特色等，做到因地制宜，避免城镇化的发展因缺乏地方特色而同质性过强。在“十三五”期间应明确沿边地区各城镇的功能定位、发展模式，做好科学的产业布局和专业化的分工。

调研组根据对广西边境小城镇所具特色的提炼，发现有以下类型特色，即工业型、农产品加工型、商贸型以及休闲旅游居住型。因同时具备几种类型的发展优势，这些城镇的发展并不是单维度的，而是复合型的发展。多条发展道路并重，可释放城镇化的潜力（见表7）。同时，各种类型城镇的发展其依托的基础都是口岸的专业化（见表8），可通过打造口岸边境市场，优化口岸所在地的产业布局，支撑城镇的多元化发展。

表7　中越小城镇发展类型以及各县市（区）发展目标

小城镇类型 沿边八县市（区）	工业综合型	加工型	商贸型	休闲旅游居住型
东兴市		√	√	√
防城区	√	√		√
宁明		√	√	
凭祥		√	√	√
龙州		√		√
大新	√			√
靖西	√			√
那坡				√

注：根据调研资料整理。

表 8　口岸专门化发展目标

口岸名称	口岸特色
东兴口岸	小商品贸易，旅游过境，海产品进口及加工，红木贸易，发展水生动物粮食、种苗、景观树指定进境口岸
峒中口岸	粮食进境口岸 海草贸易加工集散基地
爱店口岸	中药材集散中心，海产品加工
水口口岸	坚果进口贸易及加工
凭祥友谊关口岸	红木贸易、旅游过境发展粮食、水果、水产品、水生动物指定进境口岸
龙邦口岸	果蔬进出口贸易
平孟口岸	中草药加工及出口、旅游观光
平儿关口岸	发展进口景观苗木交易、珍贵苗木种植、旅游观光于一体的示范基地
硕龙口岸	发展跨境旅游、边境贸易、民俗文化
科甲口岸	发展中越跨境种植
岳圩口岸	锰矿产品进口、加工、交易

注：根据调研资料整理。

（四）建成一批宜商宜居、生态文明的小城镇

在推进沿边特色城镇化的过程中，坚持以人为本的原则，重视沿边生态环境的保护。如以铝锰工业为支柱产业的靖西县和以锰工业为支柱产业的大新县，既拥有丰富的矿产资源又拥有独特的自然山水景观，开发与保护任务并重。因此，要做到工业发展和生态建设在新型城镇化的建设中达到一体化，促使生态文明建设与城镇化建设协调发展。努力打造中越沿边地区生态走廊，建成一批宜商宜居的小城镇，提高城镇化质量和水平 。

六、广西沿边特色城镇带建设对策

（一）全面推进基础设施建设

1. 交通基础设施（见图 4）

（1）加快交通基础设施建设，提升沿边公路等级，落实好沿边公路的养护工作，稳步推进跨国互联互通建设。

（2）优化城镇内部交通基础设施条件，为城镇发展奠定坚实基础。着手建成物流综合大通道，通过不同等级公路或铁路建设连接各级中心城市与沿边城镇。

（3）加强沿边城镇（市）之间的交通建设，增进相互间的交流，促进资源、生产要素的流通。

（4）积极打造沿边重点小城镇（市）与内陆中心城市之间的通道，构建完整的物流体系，增强运输能力，加快货物以及人口的流动。

沿边公路：将现有的沿边公路提升至一级公路标准，对破损严重的路段进行修缮和维护，尽快改善路况较差但使用率较高的东兴—峒中段，爱店—凭祥段，那花—金龙段

沿边铁路：推进防城港—东兴—那坡段，防城港—东兴—芒街—下龙—海防—河内段的铁路建设

口岸周边交通：尽快优化凭祥、爱店等货物吞吐量较大口岸周边的交通环境，改建或扩建道路，设立不同车道以便于将车流分类管理，减少拥堵，提高车辆通关效率

口岸—县城公路：规划建成爱店口岸—宁明段高速公路，加快建成科甲口岸—龙州段高速公路、科甲口岸—大新段二级公路、水口—龙州段一级大道以及龙邦口岸—靖西段高速公路

口岸—中心城市：尽快建成水口口岸—崇左段高速公路、龙邦口岸—崇左段高速公路、硕龙口岸—南宁市隆安县段高速公路，将爱店—崇左段非高速公路段改扩建为高速公路

县城—中心城市：建成靖西—崇左全段高速公路、那坡—百色全段高速公路，根据各地实际需要规划设计县城至各级中心城市交通线路

城镇内部交通建设：优化靖西县城、那坡县城、峒中镇、硕龙镇等地区的交通环境

互市点交通基础设施建设：完善龙州县的横罗、那花、布局互市点以及大新县岩应互市点周围的交通基础设施建设

综合大通道建设：推进凭祥—水口—龙州—大新商贸大通道的规划与修建，尽快完成对湘桂铁路南宁—凭祥段的扩能改造工程建设，完善龙邦—靖西—百色田阳—北京—东北三省果蔬运输路线，根据中国与东盟贸易往来的实际需要建设区域性的交通运输网络

图4　交通基础设施建设工程

注：根据调研资料整理。

（5）尽快完善沿边乡镇交通基础设施，便于货物流通，提升边民生活质量。对口岸、互市点及其周边的交通环境进行合理规划和改善，优化口岸周边交通环境，实施有序的管理，保持交通运输的畅通，提高货物通关效率。

2. *口岸基础设施*（见图5）

（1）加强口岸查验基础设施建设，包括联检楼、检验检疫综合实验楼、验货场，报关通关场地，完善口岸配套设施建设，建立专用货场、仓库、停车场，配备大型物流园区。

（2）建立海关监管区，完善监管基础设施，包括办公大楼、监控系统、水、电、通信。

（3）努力实现口岸运行电子化，实现通关无纸化，建立口岸信息综合服务平台，成立公共数据中心，共享数据资源。

（4）推进口岸通关基础设施的升级，建立“两国一检”通道，扩建报关通关场地，实施人货分流管理，普及出入境证件电子化、边民自助通关通道，推广旅客自助式通关系统和车辆“一站式”电子验放系统。

3. *旅游基础设施*

（1）围绕沿边公路自驾游、骑行游以及跨境游的开发，需提升沿边公路等级，对废弃路段进行修缮改造；规划沿边公路的骑行车道、机动车道，满足游客

东兴、凭祥一类国际口岸：进一步完善通关基础设施建设，加快东兴二桥项目、凭祥综合保税区，实施人、货分流，减轻通关压力；进一步优化边民自助通道，减轻通关人口压力，使边民受益
水口、龙邦、爱店等国家一类口岸：扩大货场、报关通关场地的面积，更换陈旧设施，增设相关配套设施；建立口岸综合信息平台，实现边贸数据的透明和共享；加快大型物流基地建设以及产业园区建设，提升通货能力，便于加工企业落户口岸，如：推进龙邦纳西“万生隆国际商贸物流基础”建设力度，争取建设纳西一级物流口岸，为龙邦分流货物压力
硕龙、平孟等国家二类口岸：尽快完善口岸联检大楼、货场以及相关配套设施的建设
边民互市点基础设施：建立正规、固定的交易市场、货场、仓储场所，加快检验检疫、监管等配套设施，实现边民互市点的标准化建设
处于转型期的口岸：针对已获得升级的口岸，加快其规模的扩大和基础设施的更新换代，合理布局各功能区；针对新增边贸互市点，加快其贸易市场、货场、检验检疫区以及联检部门办公用地建设，推动口岸的升级转型和边贸互市点的发展

图5　口岸建设工程

注：根据调研资料整理。

的不同需求；完善相关配套设施，如将通往旅游区的标志纳入道路交通标志范围，完善指引、旅游符号等标志设置；增设加油站、汽车、自行车修理站，加强通信设施建设；根据游客需求，在相应路段增设农家乐、住宿以及自驾车、房车营地，方便游客旅行期间的衣、食、住、行。

（2）围绕特色城镇旅游，改善城镇的交通环境，依实际发展需要建立一定数量的步行街、观景台。增加饭店、酒店的数量，合理布局在城镇以及景区周围。增加停车场、公共卫生间的数量，以加强旅游接待能力。

（3）完善所有景区标志标牌、安防消防、垃圾污水处理等公共服务设施，保持舒适安全的旅游环境，保护好景区的生态环境。

（4）加强旅游宣传力度，通过建立旅游集散中心、旅游咨询中心、综合网站服务平台提高知名度，同时通过举办旅游节庆活动推广宣传旅游精品线路。

（二）构建协调联动的空间格局（见图6）

根据沿边城镇带的发展基础和资源环境承载能力，以及各地的实际情况，统筹空间布局，明确重点，强化功能，形成协调有序、高效集约、联动发展的空间格局。

1. 一带

以东兴—那坡沿边陆路口岸为主，形成沿边开发开放带，加快通道基础设施建设、口岸基础设施建设，加强沿边生态环境保护，形成前岸后城、前岸后企、特色鲜明、分工有序、互动发展的多层次增长中心，避免因功能定位不清带来口岸之间的恶性竞争。

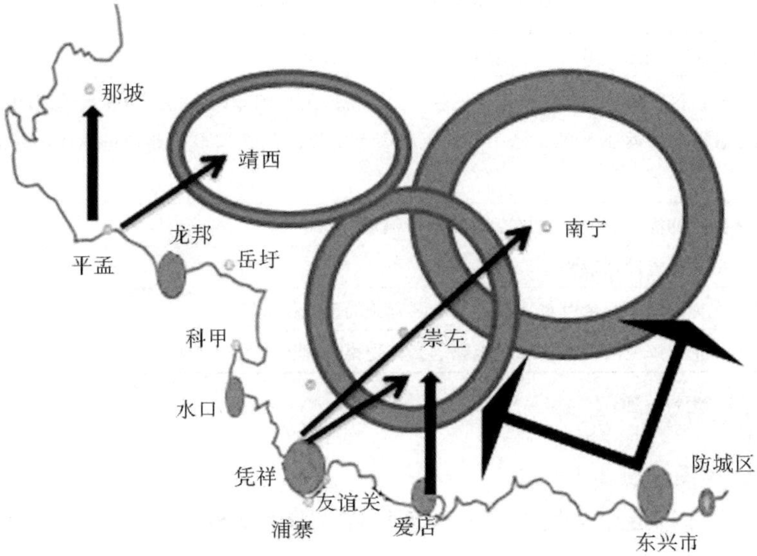

图6　协调联动的空间格局

注：根据调研资料整理。

2. 多中心

沿边受地理环境限制，无法形成大的中心城市，因此在一带的基础上应发展多个城镇中心，以特色小城镇的发展促进城乡互动，拉动沿边地区社会经济的发展。

3. 延伸区

加强沿边特色小城镇与各级中心城市的联系，不断完善物流体系，形成产业合作、优势互补、分工合作的区域性发展板块，深化我国与东盟各国的经贸往来。

（三）加大政策扶持力度

1. 资金政策

建议国家针对口岸建设项目的资金短缺问题设立口岸建设发展专项资金。发展成熟的口岸应先行先试，采取更多元化的筹集资金方式；位于欠发达地区的口岸应在国家、自治区层面给予更多的支持政策。鼓励企业与政府合作开发口岸，积极吸引民间资本，引入社会力量，通过招商引资，吸引厂家、个人等，以市场融资作为手段，不断创新融资模式，破解融资难的问题，保证口岸建设项目资金链不断裂。在此方面可借鉴越南做法（见表9），即从边境上缴的关税中按一定比例直接提留或上收后通过专项转移支付方式返还给地方用于口岸基础设施建设。

表9 越南口岸建设相关优惠政策

1. 每年国家投资不低于口岸区所在地当年财政总收入的50%
2. 根据口岸经济区财政收入情况，返还投资口岸经济区的基础建设；收入500亿越盾的返还100%；收入500亿越盾以上的返还50%；已实行优惠政策5年和收入超1000亿越盾的返还不超过实际收入的50%
3. 可以接待国家的优惠资金（发展互助基金）建设
4. 财政收入低的由省计划投资
5. 如工程已完善，余下资金可对其他与经济区有关的工程投资
6. 经济区内的企业按税法和财政部现行规定，享受税收优惠政策

注：根据相关资料整理。

2. 土地政策

增加口岸建设及相关加工产业用地指标，节约集约用地，城镇化建设用地应向边境0～20公里倾斜。加快土地流转，以货币形式代替划补多付宅基地的形式，综合利用土地，优化土地利用结构，提高土地利用效率。适当引入商业土地开发，颁布相应的土地优惠政策，鼓励投资者在边境地区办企业，并建设相应的公共基础设施。在此方面也可借鉴越南的一些做法。如高平省对客商投资办企业用地的优惠政策有：在国家规定的价格框架内以最低价格水平租地；如果在口岸经济区投资，投资者还可以在当地口岸土地租金水平的基础上减少交纳，如果对特别鼓励行业领域投资，还可以免除全部土地租金；投资者不必负责征用土地。

3. 人口、人才引进政策

探索改革现行的户籍制度，加快推行新型城乡户籍管理制度，进一步放宽户口入城迁移准入条件，对有意到边境地区生产生活的合法居民应积极支持，提供优质服务，落实市民待遇。

加强“人口信息库”建设，建立“人口安全预警机制”；在边民补贴等方面，0～20公里内市民享有与农村边民一样的政策。

在急需、边境（跨境）经济合作区人才引进方面，参照国家高新区人才引进相关条款，试行人才引进和激励政策；提高边境地区工资福利等政策性待遇，并对进驻目标区域的企业提供就业补贴，对陆地边境地区加大补贴力度，给企业以投融资、工商、税收等方面的政策优惠，吸引人口和产业聚集。

大力培养人才，可开设特色职业学校，让沿边农民拥有一技之长，提高人口素质，构筑边境留人的长堤。

4. 贸易政策

鼓励发展条件成熟的国家一类口岸、国家二类口岸，建立中越跨境经济合作区，进一步完善基础设施，扩大规模，实现由“通道型”口岸到“通道型+加工型”口岸的转变。

依各口岸自身资源与优势，明确功能定位，对满足条件的口岸可指定为特色产品进出口口岸。如支持靖西龙邦（那西）口岸成为东南亚粮食、蔬菜指定进口口岸以及入境铁矿石特色口岸，支持宁明爱店口岸建设成为国家中草药材指定进出口口岸。

给予口岸更多产业转移的优惠政策，具体为从发达地区转移至边境0～20公里的加工企业在出口退税、增值税缴纳等各方面建立优惠条件。

积极争取增加现行的边民互市进口商品免税额度，从目前的每人每天8000元人民币提高到每人每天20 000元人民币，冲抵人工及运输等带来的成本上升问题，对特困地区的免税额度可相应提高。控制边民互市风险，保证边民采购到符合条件的货物，获得收益。此外，扩大互市免税商品种类，大力发展加工业，保证互市产品交易后有相应的加工企业接收。

（四）加强部门间的系统性与协调性

沿边特色城镇带的建设需要多个部门、多种力量的协调配合。以口岸为特色的城镇带的建设为例，要加强口岸与查验及其他部门的系统性与协调性，具体来说，需要海关、边防、检验检疫、口岸管理部门、对外贸易生产、企业以及税务、银行、外汇管理等多个部门的通力合作。因此，只有不断优化组织机构，明确各部门职能职责，把特色口岸的建设当作一项系统工程，才能加快沿边地区的开发开放，为特色城镇的建设奠定坚实的基础。

（五）加强对内对外的开放合作

在加强对内开放的过程中，深入推进沿边地区与国内区域合作，承接东部产业转移，加强与西南中南地区的互动，加强产业合作，盘活相邻区域内的资源，发挥广西作为面向东盟地区大通道的作用；深化拓展国际区域合作，推进与东盟在投资贸易、工程承包、资源开发、金融等方面的深度合作，全方位、多领域拓展合作空间；以口岸为平台，推进一类口岸（龙邦、龙州、爱店）升级为国际型口岸，满足不断增长的外籍人员、货物、物品和交通工具出入境的需要，加快其他口岸整体性升格的工作，形成广西现代化的口岸体系以及区域性的开放格局。

在加紧对外开放的过程中，应加大中越边境口岸基础设施和配套设施互联互通建设的力度；加强中越跨境合作区的建设，允许沿边重点口岸、边境城市、经济合作区在人员往来、加工物流、旅游等方面实施特殊方式和政策；支持符合条件的地区设立综合保税区，满足双边国家旅游、商务、消费等方面的需求。整合中越旅游资源，积极促进跨境旅游项目的建设，促进双边经济发展。

放开第三国（方）产品参与边民互市的限制条款，在目前的双边贸易基础上开展国际性商务，充分调动边民参加互市贸易的积极性。

创新中越交流合作的机制，由自治区层面或地方政府牵头，纳入各级发展规划，加强与越方在经贸、口岸建设、旅游、文化等方面的交流，形成有效的沟通协商机制，定期就边境发展与越方开展会议，相互学习，促成更多的合作项目，达到双方共赢的效果。

组　长：秦红增
成　员：胡美术　曹　晗

广西糖料蔗“双高”基地建设中期评估及对策研究

【引言】2013年7月自治区出台《关于促进我区糖业可持续发展的意见》，提出到2020年全面建成500万亩经营规模化、水利现代化、种植良种化、生产机械化的优质高产高糖糖料蔗基地（简称“双高”基地），实现平均亩产达到8吨、蔗糖分达到14%以上，进一步降低糖料蔗生产成本，提高广西糖业综合竞争力。2014～2015年，自治区统筹整合46.4亿元投入建设130万“双高”基地。为了摸清广西“双高”基地建设的真实情况，课题组通过实地考察、数据分析整理等方式对广西“双高”基地规模化、机械化、水利化、良种化等关键问题进行中期评估，开展效益和需求分析，提出存在的主要问题，研究今后广西糖料蔗“双高”基地的建设方向，对广西今后的“双高”基地建设有着重大意义。

一、广西糖料蔗“双高”基地建设总体情况

2014 年广西开展 50 万亩“双高”基地建设，2015 年再建设 80 万亩“双高”基地，按照经营规模化、水利现代化、种植良种化和生产机械化的要求建设糖料蔗基地，降低生产成本，不断提高单产、糖分和效益，进一步提高我区糖业的国际竞争力。目前，2014 年 50 万亩及 2015 年 80 万亩“双高”基地建设成果显著。

（一）广西糖料蔗“双高”基地目标任务和完成情况

1. 目标任务

根据《国家糖料蔗主产区生产发展规划（2015～2020 年）》和《关于促进我区糖业可持续发展的意见》（桂政发〔2013〕36 号）的要求，提出在全区建设 500 万亩经营规模化、种植良种化、生产机械化、水利现代化的“双高”基地，500 万亩“双高”基地项目分布于崇左、来宾、柳州、南宁、北海、钦州、百色、贵港、防城港、河池 10 个主产糖市的 26 个县（市、区）和自治区农垦系统的多个农场。2014 年建设 50 万亩、2015 年建设 80 万亩、2016～2018 年每年建设 100 万亩，2019 年建设 70 万亩，到 2020 年建成 500 万亩以上、平均单产超 8 吨、蔗糖分超 14% 的“双高”基地，实现“吨糖田”的目标（见表 1）。

表 1　全区 500 万亩“双高”基地建设任务分配方案

市名	全区 500 万亩“双高”基地建设任务分配方案/万亩
全区合计	500
南宁市	70
柳州市	49
北海市	6
防城港市	10
钦州市	8
贵港市	8
百色市	4
河池市	13
来宾市	105
崇左市	201
广西农垦集团	22
广西监狱系统	4

2. 完成情况

截至2015年10月31日，全区130万亩“双高”基地分解为1340个项目片区，开工片区为1000个，占74.63%。

规模化：已实施土地整治面积92.329万亩，占建设任务的71.02%，其中2014年35.18万亩，2015年57.15万亩；通过县级初验的片区247个，面积24.73万亩；通过市级终验的片区18个，面积1.916万亩。

机械化：完成机械深耕深松面积89.05万亩，中耕培土面积83.07万亩。2015年新植蔗在耕作环节全部实现机械化，在种植环节基本实现机械化。

水利化：已开工实施水利化建设项目片区455个，面积60.64万亩，占建设任务的46.65%，其中2014年36.96万亩，2015年23.68万亩；通过县级初验的片区有51个，面积7.63万亩。

良种化：良种种植面积121.08万亩，其中属于良种种植的面积109.22万亩，种植良种率90.20%；按照良种良法标准种植、符合良种补贴条件的73.20万亩。目前，除扶绥、宁明、大新、江州等4个县区外，已基本完成自治区抽验，已完成验收35.46万亩，其中已批复拨款13.77万亩，拨付资金4129.58万元。

（二）推进“双高”基地建设的主要做法

1. 成立强有力的领导机构

自治区高度重视糖料蔗“双高”建设工作，成立了以自治区常务副主席为组长、副主席为副组长、有关厅局分管领导担任各工作组组长的自治区优质高产高糖糖料蔗基地建设工作领导小组。领导小组负责统筹推进全区“双高”基地建设工作，包括组织审定实施方案及各项管理办法、标准、方案，组织筹措财政扶持资金并合理分配，组织开展督促检查和考核验收等。

2. 明确分工，加强部门协调

各有关市、县（市、区）人民政府和自治区有关单位明确分工，各司其职，分别负责做好“双高”基地建设相关工作。市人民政府负责将任务分解落实到辖区的每个糖料蔗生产基地县（市、区），以基地面积、坡度为重点审核把关“双高”基地建设选点，并按照自治区要求督促、指导县（市、区）推进基地建设；县（市、区）人民政府负责统筹推进辖区内“双高”基地建设，负责具体工作；自治区有关单位按照本单位职能分别负责“双高”基地建设有关工作；领导小组下设办公室负责日常工作，组织制订相关方案、综合协调、检查督办、考评验收等，并下设综合组、资金筹措组、项目实施组、考核组，各小组各负其责，负责具体统筹协调各市（县）、自治区各职能部门工作，有效地推进了工作的开展。

3. 多方筹措资金，加大财政支持

通过整合部门现有资金、新增财政预算、试点市县及自治区农垦局配套、建设主体投入等渠道筹措建设资金，并积极争取中央财政支持，确保工作经费，为“双高”基地的建设提供强大的资金支持。一是整合各级财政资金，通过项目申请或以奖代补形式加大对土地整治、水利化、基地主干道、农机具购置、良种良法推广工作的支持；二是确保工作经费，每个自治区财政安排自治区本级工作经费200万元，用于宣传、会议、培训、办公、差旅等工作，确保了工作的有效展开；三是争取中央财政资金支持，自治区发展改革委、财政厅、农业厅、水利厅、国土资源厅、农机局等单位积极与国家对口部门沟通衔接，争取国家专项扶持，为500万亩优质高产高糖糖料蔗示范基地建设争取了更多的资金支持。

4. 市场主体，建设模式多元

以制糖企业、种植合作社等为龙头，以市场为导向，加强政府两个“引导”原则，确定“双高”基地的建设主体为制糖企业、农业企业、专业合作社（种植大户）以及自治区农垦集团公司4类，组织实施主体为各有关市、县（市、区）人民政府、自治区农垦局，负责统筹协调推进基地项目建设各项工作。同时，鼓励创新，采取多样化的建设模式；鼓励制糖企业直接经营，实现制糖与糖料蔗种植一体化发展；鼓励制糖企业与农户合作经营，建立利益共同体；鼓励农业企业、种植大户、农民专业合作社加大投入，积极带动农民参与糖料蔗“双高”基地建设。

5. 试点先行，稳步推进建设

按照“突出重点、兼顾全面，优势先行、示范带动”的原则，开展试点带动，逐步推进糖料蔗“双高”基地建设工作。首先，在自治区初步认定的40个糖料蔗生产核心基地县（市、区）片区范围内，选择50万亩水源充足、地势平缓、基础设施较好、条件较为成熟的区域，开展优质高产高糖糖料蔗示范基地建设试点工作。其次，在2015年再建80万亩“双高”基地工作中，在崇左开展制糖企业蔗区面积增减与“双高”基地建设挂钩试点工作，以崇左市为单位进行，并由市人民政府统筹安排；在来宾市开展制糖企业糖蔗一体化经营试点工作，试点工作为下一步顺利开展“双高”基地建设工作积累了丰富的经验。

6. 制定管理办法，加强项目管理

自治区各级政府、各职能部门按照自治区要求制定“双高”基地项目审批办法、运行管理办法、验收办法等一系列管理办法，为项目的顺利实施提供了制度保证。一是制定和完善了项目建设专项资金使用管理办法，确保财政资金高效使用。二是自治区各职能部门对应负责的项目制定完善了项目建设和管理办法，明确基地项目建设标准、验收内容、申报审批、资金拨付和运行管理等要求。三是逐步完善了适应经营规模化、种植良种化、生产机械化、水利现代化要求的糖料蔗种植农艺标准和糖料蔗生产全程机械化作业规范，制定了水肥一体化技术标准。四是制定了项目完成后水利等基础设施维护办法、项目验收办法。

7. 强化工作督察、绩效考评

自治区优质高产高糖糖料蔗基地建设工作领导小组适时组织督导组到各地区检查、指导工作，加强督查力度，同时将“双高”基地建设工作纳入年度绩效考评，将基地建设纳入对有关市、县（市、区）和自治区农垦局、司法厅、监狱管理局绩效考评范围，将自治区领导小组其他成员单位参与基地建设情况纳入对部门的绩效考评，实行基地建设进度定期通报制度，营造鼓励先进、鞭策后进的氛围。

（三）“双高”基地建设的经验

1. 整合财政资金是支持

整合地方各级财政资金，积极争取中央财政资金，汇成资金池，为糖料蔗“双高”基地建设提供了强大的资金保障。双高基地各项基础设施、良种培育、技术推广都需要雄厚的资金作为支持，且基础设施投资投入大、回收期长，实施主体在实施“双高”基地建设过程中难以在短时间内汇集大量资金进行基础设施建设、良种培育等工作，整合的财政资金在实施主体建设“双高”基地过程中提供了强大的资金支持。

2. 政府高度重视是动力

各级政府及职能部门高度重视“双高”基地建设工作，积极推动项目进展，形成了强大的推动力。特别是部分地方政府，主要领导亲自上阵，担当领导小组的组长，积极推进本地糖料蔗“双高”基地建设工作，为顺利推进双高基地建设提供了强大动力；各职能部门的相关工作被纳入年度绩效考核范围，更促进了对“双高”基地建设的重视程度。

3. 建设模式创新是关键

自治区鼓励实施主体开展基地建设模式创新，积极推进双高基地建设。在实际建设过程中，实施主体自主创新，结合本地实施创新基地建设模式。部分制糖企业通过“制糖企业 + 基地 + 农户”有效带动了农民参与；部分合作社试点通过吸引农户土地入股形式参与“双高”基地建设。基地建设模式以及合作模式的创新，大力促进了基地建设的进展。

4. 农民积极参与是前提

促进农民积极参与“双高”基地建设不仅是目的，也是前提。推进“双高”基地建设不仅仅是为了提高食糖国际竞争力的国际战力，更是为了提高农民收益。但是农民短时间内难以明白国家的政策含义，在土地流转及技术推广过程中参与积极性不高，部分阻碍了“双高”基地建设。因此，应大力开展宣传，促进农民对国家政策的理解，同时保障农民权益，让农民分享到“双高”基地建设带来的收益，让农民参与到“双高”基地建设的热潮中来。

5. 项目科学管理是核心

项目的审批、项目资金的管理、项目运行关系着我区“双高”基地建设战略的成败，只有做到项目科学管理，才能保障项目建设顺利进行。因此，在自治区政府的领导下，各职能部门要对应本部门职责，制定完善项目管理办法，为项目顺利开展提供制度保障；各级地方政府要按照分工做好项目申报以及建设工作的统筹安排。

二、广西糖料蔗“双高”基地规模化实施效果评估

（一）进展情况

2014～2015 年，各“双高”基地通过加快土地整治和土地流转，全区糖料蔗“双高”基地经营规模化程度逐渐加大。按照“依法、自愿、有偿”的原则，通过各级政府的支持和组织，积极稳妥地推进土地流转，流转土地单片面积 300 亩以上，为基地建设提供用地保障；同时开展“小块并大块”土地整治和耕地平整配套建设，实现基地坡度在 10°以下，适合大中型机械作业，单片地块均有排灌水渠，提高土地利用率、投入产出率。截至 2015 年 10 月 31 日，全区 130 万亩“双高”基地分解为 1340 个项目片区，开工片区为 1000 个，占 74.63%；已实施土地整治面积 92.329 万亩，占建设任务的 71.02%，其中 2014 年 35.18 万亩，2015 年 57.15 万亩；通过县级初验的片区 247 个、面积 24.73 万亩，通过市级终验的片区 18 个、面积 1.916 万亩。

（二）效益分析

“双高”基地建设的“四化”中土地规模化是排第一位的，“四化”的实现顺序为首先开展规模化建设，只有土地达到规模化才能开展机械化和水利化建设；最后是良种化，因为许多高产良种对种植和水的要求比较高。规模化建设的效益主要体现在机械化和水利化上，另外土地流转能够解放农村劳动力，实现劳动力增值和土地租金的双重效益。

（三）需求分析

1. 对土地流转的需求

目前广西蔗农平均每户种蔗面积约 4 亩，种植规模在 100～300 亩的农户约有 3000 户，300～500 亩的约有 300 户，500 亩以上的只有几十户，90% 以上的土地都是小规模经营。由于零散种植、田块小、不连片，适宜全程机械作业的面积少，难以开展大型机械种管、砍收、装载等作业。小规模的种植决定糖料蔗生产是传统粗放型农业，使财政投入分散，作用不明显，甚至难以发挥作用，给实现糖料蔗机械生产、甘蔗良种、甘蔗种植技术的推广以及政府惠农便农政策的落实、糖企生产调度的安排都带来了很大的麻烦，这些仍是制约糖业发展的根本问题所在。这就需要通过土地流转来实现土地的规模化。

2. 对土地整理配套条件和资金的需求

在 40 个糖料蔗生产基地县（市、区）片区范围内，土地的规模化建设需要

选择水源相对充足、地势平缓、相对集中连片、基础设施较好、群众积极性较高的区域开展，对配套条件的要求较高。土地整理根据不同地形价格不同，为500~2500元不等，自治区给予的土地整理资金为1500元/亩，如打包项目申请国家土地整理资金则为2200元/亩。仅按自治区标准，500万亩的土地整理资金就将达到75亿元。

3. 对相关政策的需求

开展规范化建设需要在"双高"基地县区推进农村土地流转改革试点，需要在稳定农村土地承包关系不变的前提下赋予农民对承包地的占有、使用、收益、流转及承包经营权抵押、担保权能。同时，培育土地流转市场，建立区、市、县三级农村土地流转服务中心或土地流转有形市场，在土地流转前制定土地流转规划，建立信息储备库，在土地流转中提供规范的流转合同，确保土地流转程序的规范。

(四) 评估结论及存在的问题

截至2015年10月31日，"双高"基地建设中已完成土地流转目标任务130万亩中的92万亩，完成率达到71.02%，总体情况良好，完成度较高。但在调研中也发现，大部分原本已经实现规模化的土地已经纳入统计，所以在今后400万亩的建设中，土地规模化依然存在相当大的困难。目前影响土地规模化建设的主要问题有：

(1) 土地整治项目在组织规划设计以及进场施工等各环节受到天气、施工通道遇阻等各种因素影响，容易造成错过工程建设有利时机、施工周期延长等问题。

(2) "双高"基地"以奖代补"资金申报程序繁杂，土地整治项目工程布局图、实测地形图等需要聘请专业测绘公司参与完成，导致部分基地土地整治推进较慢。

(3) 土地整治方案设计周期较长，设计标准与要求较高，部分设计关于土地整治工程量的问题未说明。

(4) 部分项目区土地整治后面临分地的难题，拖延时间较长，影响到甘蔗种植。少部分土地流转的片区工作进展慢，农民交地慢，影响到后续工作的开展。

(5) 部分市、县（区）、乡（镇）领导对土地整治工作还存在畏难心理，整治工作中办法不够，效果不明显，积极性有待提高。

(五) 推进规模化的建议

1. 完善项目打包工作

将土地综合整治工程与糖料蔗生产基地建设有机结合起来，开展蔗区土地连片整治，有序推进蔗地标准化、专业化整治。将水利建设与水肥一体化项目有机结合起来，提高水利现代化效率，并鼓励农民自发开展耕地平整及配套建设。同时，鼓励企业、农户等实施主体将项目打包集合统一申报，将联席会制度常态化，通过联席会审批，提高项目审批效率。

2. 大力推进土地流转

加大宣传力度，创新土地流转方式，加速土地流转进程。做好土地承包经营权确权等基础性工作，将土地承包经营权确权到农户名下，让农民吃下“定心丸”，并通过组建农村土地产权交易平台促进土地流转；创新土地流转方式，鼓励农民通过土地入股形式与企业、合作社进行合作，参与利润分配，激发农民土地流转热情，有效促进土地流转进程。

土地流转按照“依法、自愿、有偿”的要求，积极稳妥地推进土地流转或整合，流转或整合土地单块长200米以上、宽25米以上（7.5亩以上），单片面积200亩以上，为基地建设提供用地保障。开展“小块并大块”土地整治和耕地平整配套建设，实现基地单幅地块坡度在13°以下，适合大中型机械作业，机耕道路建设满足农机作业地头回转及糖料蔗运输车通行要求，单片地块可配套排水渠，提高土地利用率、投入产出率。

3. 力促专项资金到位

通过完善工作机制，促进专项资金及时到位。对于“以奖代补”资金，实施主体提出申请后，有关责任部门必须在提出申请一周内组织验收，对于验收合格的项目及时将资金下发；对于项目资金，实施主体在按照要求完成项目阶段工程后，有关单位提高工作效率，及时拨付项目资金。对于有配套要求的资金，开展督查，督促各市、县（区）及时下发配套资金。

自治区划拨专项土地流转资金通过两种方式进行补助：一是通过以奖代补方式。按照自治区财政厅《广西壮族自治区高产高糖糖料蔗基地土地整治以奖代补专项资金管理暂行办法》的规定，自治区财政按标准给予补助。对已实施土地整治但不符合“双高”基地要求、需开展改造提升实施“小块并大块”的，给予300～400元/亩的奖补；对新实施土地整治的，给予1300～1500元/亩的奖补。同时，自治区按70元/亩的标准安排技术经费，主要用于项目测绘、工程竣工图绘制、工程复核和耕地质量等级评定等工作。二是通过项目方式。按土地整治项目程序申报，由国土资源厅和财政厅按规定批准立项、按项目初步设计和预算批复（每亩投入财政资金约2000元，具体数额根据项目确定），通过招投标实施。

三、广西糖料蔗“双高”基地机械化实施效果评估

（一）进展情况

2014～2015年“双高”基地建设期间，各地政府鼓励和引导成立农机专业服务组织，通过市场运作方式开展机械化社会服务，重点推进大中型切段式糖料

蔗联合收割机的应用，大力推广普及机械一体化种植、中耕培土、收获、装载等技术，实现糖料蔗生产全程机械化。截至 2015 年 10 月 31 日，完成机械深耕深松面积 89.05 万亩，中耕培土面积 83.07 万亩。2015 年新植蔗在耕作环节全部实现机械化，在种植环节基本实现机械化。

（二）效益分析

在实践中得出“双高”基地使用先进适用、效率高的大型糖料蔗机械后，各环节机械化生产效率比传统机械化生产方式提高 30% 以上，降低糖料蔗生产成本 10% 以上。采用大型糖料蔗机械作业，生产质量高，如机械化深松和种植作业，耕深达 75cm，种植深度 15cm，不仅保水保肥，还提高了糖料蔗抗倒伏能力，提高了糖料蔗宿根性，将降低种植成本 40% 左右。机械作业标准化有利于各种机械提高生产效率，也有利于作物生长和提高糖料蔗产量。几方面结合起来，都将增加蔗农和农机经营者的经济收入，促进蔗糖产业可持续发展。

（三）需求分析

1. 对资金的需求

全区要完成糖料蔗“双高”基地建设工作，糖料蔗生产各环节适合和有利于大中型机械作业的蔗地越来越多，种植、植保、收获等薄弱环节的大中型机械将得到广泛的推广应用，需要购买农机的资金量也很大，必将提高糖料蔗生产全程机械化的水平。以机械化收获为例，按 2015 年 80 万亩“双高”基地糖料蔗进行机械化收割、每台收割机每年作业 100 天、收割 2000 亩计算，需要使用约 400 台糖料蔗联合收割机和配套约 800 台糖料蔗田间运输车辆，按购买凯斯 A4000 收割机 160 万元/台测算，预计新增这些收割机和配套运输车辆需要将近 10 亿元。若“双高”基地全部实施机械化收获计算，则需要投入更多的资金。

2. 对质量和性能的需求

植保飞机、糖料蔗机械配套卫星导航系统实施精准化、标准化作业等高科技和信息化新技术的运用将带动农业机械化向高质、高效转型升级。随着“双高”基地的发展，更多的大中型和高性能机械投入到基地机械化建设，各环节机械化生产方式将从局部、环节、半机械化向全面、全程、高质、高效的现代化方式发展，机械装备结构由小向大、生产效率由低向高发展，并由数量增长为主转到数量质量效益并重发展。如在扶绥县采用 120 马力拖拉机配套 GPS 导航系统实施精准化、标准化种植糖料蔗 1.33 万亩，就打破了传统的糖料蔗种植方法，实现了糖料蔗均匀播种和平行种植，1000 米甘蔗垄行与行之间糖料蔗种植偏差小于 2.5cm，增加了阳光、肥料、水分的利用，可提高土地利用率 5% ~10%，提高糖料蔗产量 5% 以上。同时，还可以把精准化和标准化种植时的作业运行轨迹安装在中耕和收获机械上使用，使糖料蔗中耕培土和收获也实现了精准作业，为实现糖料蔗生产全程高效机械化打下坚实基础。

（四）评估结论及存在的问题

根据2015年农机使用情况可以看出，“双高”基地农机的使用集中在机耕、机种和中耕培土，机械收割还比较少，但在整个种植过程中，收割消耗的人工成本最高，最需要实现机械化。总的来说，广西“双高”基地机械化建设还存在较大缺陷，今后的机械化建设收割是主攻方向。目前影响机械化建设的主要问题有以下几个。

1. 种植农机与农艺不配套的问题

部分基地经过土地整治后，蔗地仍然分散到各家各户经营管理，规模化和集约化程度低，地块大小和糖料蔗种植方向也不一样，收割机仍然难以开展机收作业；部分糖料蔗种植行距小于1.2米，不利于大型机械特别是收割机的作业；多数示范基地仍然采用机械开行、人工摆种的方式种植糖料蔗，没有达到机械化种植50%以上的要求，种植生产效率偏低；多数基地没有采用大中型培土机进行机械化作业，甚至不进行机械中耕培土，难以满足糖料蔗收割机收获作业条件的要求。

2. 收割机械适应性不足的问题

国内收割机及其配套的田间运输车辆受企业研发技术力量、能力、经费、试验场地以及推广成本高等多方面的影响，研发制造进展慢，与国外产品比较，性能、质量和效率存在很大的差距；国外品牌收割机已在国内推广使用，但受蔗地条件、甘蔗种植模式、经营规模、种植行距等多方面的影响，在国内作业时，机械的效率和质量与在国外使用相比存在差异，产品适应性也有待提高；同时，进口以及进口组装的收割机价格太高，推广难度大。

3. 全程机械化率低的问题

种植、中耕培土、植保、收获等生产环节大中型机械数量少，糖料蔗生产机械装备结构不合理现象仍然突出。目前，在“双高”基地机械化建设过程中，只有耕作环节基本实现机械化，其他种、管、收环节由于机械数量少，作业量、生产效率、作业水平等仍然处于较低的水平；机械化收获方面，整秆式收割机的生产效率、收割质量仍然没有达到预期效果，加上收割后需要辅助较多的人工或机械进行收集，劳动强度大，多数机型仍处在试验阶段，推广应用难。

4. 大型糖料蔗机械推广和使用的问题

受蔗糖价格因素的影响，工商企业参与“双高”基地建设的积极性仍然不高，大型糖料蔗机械推广难度大，合作社、互助联营社资金有限，购买能力低，大型糖料蔗机械的推广和使用受到制约。

5. 糖厂需求影响推广机械化收获的问题

调研发现大部分原料蔗入料口未改进，不利于运输车辆卸载机收的糖料蔗；运输车辆调配不够及时，存在机械收割的糖料蔗不能及时运输入厂的现象；没有统一扣杂标准，机械收割扣杂偏高，影响到收割机的推广应用。

（五）推进机械化的建议

1. 加大农机补贴力度

生产机械化投资坚持以受益主体为主、政府补助为辅的原则，加大农机补贴力度，政府补助部分按照中央和自治区农机具购置补贴政策执行，自治区在安排农机具购置补贴资金时向糖料蔗基地项目区域倾斜。加大对购买机械社会化服务的补贴，支持开展切段式大型糖料蔗联合收获机配套服务，基地建设责任主体和实施主体可考虑对切段式大型糖料蔗联合收获机收获的糖料蔗运输给予一定的补助。一是提高大农机购置补贴比例，对购买大型糖料蔗机械实行国家和地方累加补贴政策，按广西500万亩高产高糖糖料蔗机械使用量，增加中央财政补贴资金数量，鼓励市、县级政府和制糖企业根据本地实际发展一大批规模大、资金厚、服务强的多元化服务主体，对购置120马力以上大型拖拉机、联合收割机、植保飞机等重点机械的累加补贴到50%以上；二是实施糖料蔗机械化作业补贴制度，其中深耕深松整地补助50元/亩，种植补助50元/亩，收获补助30元/吨；三是推进农机融资租赁业务，支持企业、农民合作社、蔗农购置大中型糖料蔗机械，并推广配置使用“北斗”卫星导航系统实施糖料蔗精准化和标准化种植、中耕培土和收获，促进糖料蔗生产规模化、集约化、机械化、社会化发展。

2. 加强农机金融扶持

设立糖料蔗产业基金，提供创业和融资平台，采取银行贷款、政府贴息等资金扶持方式，解决土地整治、机械化、水利设施建设中业主资金不足的问题，鼓励企业、合作社、农户等主体通过贷款购买农机，自治区财政安排一定的贴息资金对大型农机购置给予贷款贴息，引进、培育、扶持发展一大批规模大、资金雄厚、服务能力强的企业、农民合作社参与“双高”糖料蔗示范基地建设和购买大中型糖料蔗机械；创新金融支持方式，由自治区农机局牵头成立农机租赁公司，吸引社会资本投入，企业、合作社、农户等主体通过租赁方式购买农机服务，加大现代金融对农机现代化的支持力度。

3. 加快农机适应性研发

加大农机科研投入力度，争取中央资金支持，设立农机专项研发资金，促进科研院所、农业企业在吸收消化引进的国外农机技术的基础上，结合广西地形实际，开展自主研发，加快研发出适合广西本地的农机生产技术，力争在糖料蔗基地实现甘蔗种植、田间管理、采收、运输的全程机械化；加大农机推广力度，对于购买农机或购买农机服务的主体进行资金补助，促进农机研发与推广。一是积极争取国家在广西设立国家级甘蔗机械研发基地，集中人才、资金攻克难关，建立以企业为主体，以市场为导向，产、学、研、推紧密结合的创新体系，探索完善多方协作、良性互动、共同发展的甘蔗机械化科技创新机制。二是自治区每年安排专项技术研发资金、甘蔗机械示范推广资金，用于甘蔗机械研发、技术攻关、基地建设、试验和推广等。三是采取资金扶持、提供场地、试验场所等方式，支持农机生产企业在崇左市研发制造推广适用、效率高、科技含量高的大中型糖料蔗机械。四是探索机械化与农艺相互适应的作业规范和农艺标准。五是组织引导农民采用规范的农艺措施种植适合机械化作业的糖料蔗品种，为机械化作业创造良好条件。

4. 完善田间基础设施

加快田间基础设施建设，为甘蔗生产全程机械化创造良好物质条件。针对我区大多数蔗地地势不平、耕地不规则、土地不连片、田块细碎化，不利于规模耕作，特别是不利于大中型农机具作业，造成机械使用率低等制约甘蔗生产全程机械化有效推进的诸多因素，一是加大农村机耕道、机棚等基础设施建设力度，对农民修建农村机耕道路给予一定的资金补贴；二是加强并规范农机维修网点等配套设施建设，为甘蔗生产全程机械化创造良好的物质条件。

5. 引导农机专业服务公司建设

生产机械化投资以受益主体为主、政府补助为辅，政府补助部分按照中央和自治区农机具购置补贴政策执行，自治区在安排农机具购置补贴资金时向糖料蔗基地项目区域倾斜。支持开展切段式大型糖料蔗联合收获机配套服务，基地建设责任主体和实施主体可考虑对切段式大型糖料蔗联合收获机收获的糖料蔗运输给予一定的补助。

四、广西糖料蔗“双高”基地水利化实施效果评估

（一）进展情况

2014～2015 年在“双高”基地建设中，各片区根据项目区土地条件、水源情况及连片程度，分别采取滴灌、喷灌等工程措施开展蔗区高效节水灌溉基础设施建设。田间水利工程建设要适应农艺和全程机械化需要，达到有关规程、规范要求。截至 2015 年 10 月 31 日，已开工实施的水利化建设项目片区 455 个，面积 60.64 万亩，占建设任务的 46.65%，其中 2014 年 36.96 万亩，2015 年 23.68 万亩；通过县级初验的片区有 51 个，面积 7.63 万亩。

（二）效益分析

1. 灌溉效益提高

有了水的灌溉，提高和保障了甘蔗的单产和品质，按每亩甘蔗年增产两吨，每吨以 500 元计，亩均增收 1000 元，灌溉所占比例系数约为 0.4，则灌溉所产生的效益为 400 元/亩。

2. 实现节水、省肥

高效节水灌溉方式（低压管灌、喷灌、微灌）比传统灌溉方式（渠灌、沟

灌）省水30%～50%，年亩均节水150立方米。由于可以实现水肥一体化，直接把水和肥料输送到甘蔗根部周边，提高利用率，比传统施肥可节省肥料50%以上，大大降低了甘蔗种植成本。

3. 增加间套种效益

有了水的保证，可在甘蔗砍收后至来年甘蔗分蘖（每年的11月至6月）期间发展间套种（如套种西瓜、甜南瓜、玉米、花生、大豆、马铃薯），提高土地利用率，实现多元化增收。以套种西瓜为例，每年每亩可产西瓜2.5吨，按每吨1000元计，每亩可增收2500元。间套种在不影响甘蔗产量的同时还可提高土壤肥力，改良土壤，改善田间生态环境。

4. 节省人力成本

未实施高效节水灌溉前，一个人最多只能管理15亩左右。实施高效节水灌溉后，机械化程度高，降低了灌水劳动强度，一个人可管理500～800亩，工效可提高20～50倍，节省大量的劳动力，为农民外出创收创造有利条件。

5. 提高耕地利用率

由于发展甘蔗高效节水，土地必须整合，可实现规模化经营管理，减少田间内部沟渠、田埂的占地，提高耕地利用率7%～15%。如2014～2015年完成130万亩甘蔗高效节水灌溉工程，按每亩增产2吨计，年均增产260万吨。在糖价、种植及生产成本、政府政策不变的情况下，可增加经济效益约5亿元。工程一次性投入约为30亿元，六年可收回成本。

（三）需求分析

1. 对规划的需求

实施水利化必须对水源到田间灌溉系统及其配套设施等进行全面、科学的规划，合理确定水源工程、灌溉渠系（管道）工程、配套建筑物工程和田间灌溉工程，保障基地灌溉水源。同时，必须规划好实施步骤，在实现土地规模化的地区优先实施。

2. 对资金的需求

甘蔗高效节水灌溉可采用滴灌、喷灌等方式，滴灌造价约为2200元/亩，如果使用喷灌则为1000元/亩左右。申请高效节水灌溉水利资金需要使用滴灌技术，其中中央资金补贴70%，地方配套30%。假设500万亩全部实施节水灌溉，则需要110亿元，其中地方配套达到33亿元。

3. 对管护的需求

目前，广西水利设施重建轻管的现象较为严重。水利化建设中，实施高效节水灌溉的片区须与基地建设实施主体管护能力相适应。要提高水利设施的管护水平，保障管护资金，只有落实和完善灌溉工程运行和管理机制，确保蔗区水利基础设施持久、高效地发挥作用。

（四）评估结论及存在的问题

从目前水利建设进度情况看，水利化建设进度较慢，目前尚未达到50%，其中排除了部分片区雨水丰足、不需要进行大面积的水利改造，或以前的水利设施基本能够满足“双高”生产需要的情况。目前影响机械化建设的主要问题有以下几个。

1. 水利化项目建设及管护主体不明确，难以推进“双高”水利化工作

部分片区由于未落实建设及管护主体，项目以不具备建设项目法人资格条件的合作社、大户、村民小组和乡镇政府作为建设主体，责任未真正落实到位，造成项目前期土地流转整合、设计申报、资金筹措等工作无人负责，工作无法启动。即使有些项目落实了经营主体，大部分也未能实现真正意义上的农民合作社，导致目前很多项目未委托设计，没有及时完成初步设计编制等前期工作。

2. 土地流转整合工作滞后，制约“双高”水利化项目建设进度

实施“双高”水利化项目，土地整合流转是关键。由于农户受传统的经营模式束缚，集约化和产业化经营意识比较淡薄，在推进土地资源整合流转过程中，部分农户产生诸多困扰和疑虑，如担心土地流转后收入减少、土地流转到承包经营者后受柄于人，不能掌握土地的主动权，整合后分到的土地肥力差和地处偏远、不方便田间管理等，对开展土地整合流转采取观望态度，造成土地流转工作滞后，严重制约甘蔗高效节水灌溉项目建设进展。

3. 甘蔗种植意愿下降，影响“双高”水利化效果

随着农药、化肥、人工成本的不断提高，甘蔗种植成本也随之上涨，蔗农人均种蔗收入也相对减少，严重挫伤了蔗农种植的积极性。部分蔗农将土地整合流转及“小块并大块”后，想种植经济效益较高的其他经济作物，不愿意种植甘蔗，给推进“双高”水利化项目建设带来严峻挑战。

4. 资金整合难度大，“双高”水利化建设进展缓慢

目前“双高”基地建设资金主要还是通过整合水利、国土、财政、发改、农业等部门项目捆绑使用，同时鼓励和发动社会资金先投资施工后申请奖补资金投入建设，但项目申报需要材料多、手续繁，造成项目建设资金缺口大、开工难。其中，水利项目建设资金最为短缺。

5. 奖补措施不到位，社会资本投入不足

自治区还未正式出台“双高”基地水利化项目具体奖补办法，之前出的奖补暂行办法申请程序又太繁杂，且资金未到位，审批工作滞后，未能充分调动企业及种植大户参与建设的积极性。再加上糖价低迷，种植糖料蔗收益不明显，导致企业、种植大户甚至蔗农主动种植糖料蔗的热情大大缩减。目前实施的“双高”水利化项目大多数都是各级财政资金为主。由于项目建设资金筹措办法不多，各市县财政资金底子薄，制糖企业又不主动承担其“第一生产车间”的责

任，加剧了项目建设的难度，推进缓慢。

6. 水利工程技术人才匮乏，“双高”水利化技术力量不足

在推进“双高”水利化项目建设过程中遇到的一个很重要的问题就是水利工程技术人员缺乏，尤其是缺乏掌握高效节水灌溉工程技术以及建后管理的人才，在“专业化公司”经营模式中表现尤为突出，其他经营模式中也不同程度地存在。

（五）推进水利化的建议

1. 扩大水利资金投入

整合各级财政资金及社会资金用于“双高”基地水利项目，以各级财政资金主要用于从水源到田间的水利设施建设，实施主体分担资金主要用于滴灌、喷灌等田间灌溉工程和水肥一体化设施建设为原则，加大水利项目资金投入力度。一是通过中央项目补助。主要通过中央财政小型农田水利（含从土地出让收益中计提的水利建设资金）、中央财政现代农业生产发展等项目，对基地水利化建设给予支持，由符合条件的项目县（市、区）按规定程序申报。二是通过自治区补助。项目按 2200 元/亩计算，各级财政和实施主体分担比例为 7∶3，财政资金由自治区财政和市县财政按 8∶2 的比例分担，自治区财政资金通过以奖代补的方式进行补助，可以通过自治区财政资金预发放的形式，对于较成熟的项目可预先发放 50% 的奖补资金；通过政府担保中心向实施者提供贷款；通过政府担保协调设备供应商采取先实施项目后支付设备款的方式。三是通过制糖企业投入。政府应鼓励制糖企业投入“双高”水利建设。（1）奖励有效灌溉面积。蔗区政府对完成“双高”灌溉面积建设指标任务的制糖企业给予一定的奖励。（2）奖励制糖企业负责人。各蔗区县要建立制糖企业“双高”高效节水灌溉示范基地建设风险抵押制度，制糖企业负责人对高效节水灌溉示范基地建设负总责，交纳风险抵押金，奖励经费从政府甘蔗发展资金中支出。

2. 简化项目审批程序

深化水利建设项目审批制度改革，优化政务服务环境，提高投资项目审批效率，把现行的串联审批变为分阶段并联审批，开展水利项目试点工作，通过前期审批攻坚战，组织审批部门、项目业主、中介机构等对进站的重大项目实行“一门受理”、联合审查、信息共享、并联审批、限时办结；同时按照简政放权、便民高效、提速规范的原则，进一步简化审批程序，明确各方职责，强化审批监督，缩短审批时限，优化审批服务，规范审批行为，提高审批效率。

3. 创新运行管理模式

建后管护是水利化项目长期发挥效益和可持续发展的关键。加强工程运行管理机制的探索和创新，建立完整可行的工程长效管理机制。一是“专业化公司”的市场运作管理。土地流转后，交由企业建设和按市场运作进行管理。二是“制

糖企业运作”运行管理。制糖企业直接租赁流转土地，并按市场运作进行管理。三是“制糖企业+协会+农户”运行管理。由制糖企业联合受益村委成立糖料蔗灌溉服务协会，协会与农户签订糖料蔗种植灌溉协议，运行管理费由制糖企业负责，灌溉后糖料蔗增产的利益由制糖企业和农户分成。四是“协会+农户”运行管理。由国家投资建设，受益农户成立糖料蔗灌溉服务协会，具体负责水利灌溉工程的运行管理，与农户签订糖料蔗种植灌溉协议，水利灌溉工程运行管理费用由协会向农户收取。建议进一步健全和完善用水管护模式，积极引入社会资金和社会力量参与工程运行管理，建立健全技术服务网络，确保工程长期运行并发挥效益。

4. 推进水肥一体工程

以政府引导和社会参与为基础，鼓励实施主体推进水肥一体化工程，建设标准化生产基地，进一步提高水利现代程度。通过财政资金引导项目实施主体加大滴灌、喷灌等田间灌溉工程和水肥一体化设施建设资金投入力度，农业、水利等相关部门按照水肥一体化标准加强技术指导，积极引进、加快推广先进成熟的节水灌溉技术和成套装备，提高水资源利用效率和效益。

五、广西糖料蔗“双高”基地良种化实施效果评估

（一）进展情况

2014~2015年，在“双高”基地建设中，各片区大力推广现有高产、高糖、抗逆性强、宿根性好的糖料蔗新品种及脱毒健康种苗，以及农机农艺融合配套技术、深耕深松、地膜覆盖等先进种植技术，并建立糖料蔗病虫害监测预警体系，加强病虫害综合防治，实施绿色植保工程，推进病虫害统防统治、生物技术防治。截至2015年10月31日，种植面积达到121.08万亩，其中属于良种种植面积109.22万亩，种植良种率90.20%，按照良种良法标准种植、符合良种补贴条件的73.20万亩。目前，除扶绥、宁明、大新、江州4个县区外，已基本完成自治区抽验，完成验收35.46万亩，其中已批复拨款13.77万亩，拨付资金4129.58万元。

（二）效益分析

优良新品种的引进推广给广西的甘蔗生产不断注入新的生机和活力，大幅度提高了甘蔗单产水平和甘蔗蔗糖分，降低了吨糖耗蔗量和吨糖生产成本，提高了经济效益，增强了整个产业的市场竞争能力。目前，广西大部分使用的良种为新台糖22号，该品种具有早熟、高产、高糖、耐旱、耐瘠、易剥叶等诸多优点，同时得到蔗农和糖厂的认可。另外，新台糖25号、新台糖26号和台优，桂糖系列的桂糖17号、桂糖21号，粤糖系列的粤糖94/128号、粤糖93/159号、粤糖00/236号和粤糖60号，园林系列的园林3号和园林6号，赣蔗系列的赣蔗18

号，柳城系列的柳城 1 号等多个品种也在推广使用中，这些品种中有的抗性很好，有的高产、高糖。经测算，良种种苗每亩约为 400 元，普通种苗约为 100 元，但良种种苗普遍可增产 1.5 ~2 吨，按照 450 元/吨、宿根 3 年计算，每亩三年约增加产值 1725 元。

（三）需求分析

1. 对优良种苗的需求

广西目前广泛使用的新台糖 22 号是 1998 年由广西农业科学院从台湾引进的，已经经历了近 20 年，品种已明显退化，产量和含糖量已达不到“双高”要求，急需研发新的高产、高糖、抗逆性强、宿根性好的种苗。

2. 对育种的需求

500 万亩“双高”基地良种化建设需要大量的种苗，必须根据全区糖料蔗良种繁育推广体系建设规划布局，建设一批区域性糖料蔗良种繁育基地，以满足良种化的需要。

3. 对种植条件的需求

目前，广西广泛使用的新台糖 22 号对种植的要求较低，抗旱能力较强，但是如果采用其他更高产、高糖的品种，则现有的种植条件明显不足，一是高产、高糖品种需水量大，必须有完善的水利设施，二是对深耕深松、地膜覆盖等技术的要求也更高。

（四）评估结论及存在的问题

根据目前良种播种的情况看，良种化普及率较高，基本全面完成了良种化任务，但目前大部分良种使用的还是 1998 年引进的新台糖 22 号，该品种已明显出现退化迹象，需要找到更适合“双高”基地的新品种。目前影响良种化建设的主要问题有以下几个。

1. 甘蔗新品种的引进和繁育推广体系不够健全

全区甘蔗新品种的引进、筛选和推广工作比较混乱，没有一个统一的甘蔗新品种的引进、试验、鉴定和推广工作制度或机制，各企业、各部门各自为战，没有形成合力，也没有形成体系。由于大多数甘蔗新品种的引进没有走完完整的程序，即进行面上推广工作，引进的新品种不适应崇左各地的生态条件和生产条件而很快遭到淘汰。

2. 种植季节甘蔗新品种价格偏高

好的糖料蔗种苗一般在 1000 ~2000 元/吨，加上种源短缺、存在资金筹措困难等问题，大部分“双高”基地种植的甘蔗品种还是以新台糖 22 号及其脱毒健康种苗为主。

3. 个别甘蔗品种不按规定引进种植

所有的甘蔗品种都是在特定的生态条件下选育成功的，如果种植地方与品种原产地生态条件接近，引进种植品种生长发育就正常；如果生态条件相差较大，品种的生长发育就不正常，就会导致引种失败。如广州甘蔗研究所育出的粤糖系列品种（粤糖00/236等）往往需要大水大肥条件才能够生长旺盛。部分地方引进种植甘蔗新品种仅凭资料介绍或经中介宣传，不经过试种就进行种植。

（五）推进良种化的建议

1. 加快新型良种研发

一是加速新型良种研发。完善优异种质创新、新品种培育和规模化选育三大技术平台，探索建立糖料蔗良种产学研结合、育繁推一体化的糖料蔗现代种业体系。积极开展国际国内糖料蔗良种选（繁）育合作，大力引进境内外专业机构、先进技术、优秀人才和优良品种，充分依托国家甘蔗产业技术研发中心，积极培育引进推广适应我区生产条件和抗逆性、抗风险能力强的糖料蔗新品种，解决品种老化、生产效率低下的问题。

二是加快繁育基地建设。按照《广西壮族自治区人民政府办公厅关于印发广西甘蔗良种繁育推广体系建设实施方案的通知》要求，积极推进良种繁育基地建设，加大财政资金投入力度，以广西农科院、广西大学等科研单位为主体，支持建设一批一、二、三级糖料蔗良种繁育基地，同时引导有条件的制糖企业制定制糖、糖料蔗种植、良种培育一体化战略，鼓励其开展良种繁育基地建设。

三是建设良种推广试点。在来宾、崇左等地建设良种推广试点，根据自治区政府制定的《广西甘蔗良种繁育推广体系建设实施方案》和自治区财政厅、农业厅出台的《广西壮族自治区甘蔗良种繁育推广基地建设专项补助资金管理暂行办法》，建设一、二、三级基地繁育推广的品种。应结合当地实际，从推荐目录中择优选定、繁育、推广，自治区对出圃种苗（茎）将予以一定的资金补贴；对一、二、三级基地繁育推广不在推荐目录范围内的品种，自治区将不予补贴。品种推荐目录包括桂柳系列（桂柳05136）、桂糖系列（桂糖29号、桂糖31号、桂糖32号、桂糖40号、桂糖42号、桂糖98－296号）、福农系列（福农39号）、粤糖系列（粤糖00/236号）、台糖系列（新台糖22号），自治区财政厅对新建基地基础设施建设、在原有基础上改扩建成为基地的基础设施建设、新品种引进补贴和良种出圃等进行补助。

2. 加强良种推广工作

一是加大良种宣传力度。强化制糖企业良种推广作用，建立以制糖企业为主体的糖料蔗良种推广机制，重点推广桂糖、桂柳、粤糖、福农以及新台糖22号健康种苗等系列优良新品种（品系）。

二是加大良种补贴力度。鼓励翻兜新种良种，各级财政应当给予不低于500元/亩的一次性补助，其中自治区财政补助300元/亩，市县财政补助不低于200元/亩。补贴需满足4个限定条件，即达到土地整治要求、翻兜后新种、采用自治区审定的品种、符合种植技术要求。特别是品种问题，按照农业厅良种目录，只要是目录内的品种就能享受补贴。同时，这个补贴要与国家“开口子”给我区的良种补贴结合起来，不能把良种补贴搞成蔗农的收入补贴。

三是推进农业保险。由广西保监局、人保财险广西分公司、自治区农业厅、财政厅共同研究制定符合广西实际的政策性糖料甘蔗保险试点实施方案，推动落实各层级保费补贴资金，启动政策性糖料甘蔗保险试点工作。按照每亩保费 30 元，保险责任主要包括火灾、冻灾、雹灾、风灾、洪水和内涝，种植期间每亩保额 800 元，榨季期间火灾责任每吨过火蔗保额 60 元。保费承担比例为中央财政 40%、自治区财政 25%、试点县（农垦局）5%和种植企业（种植户）30%。

3. *加强良种引进的规范化*

一是强化甘蔗品种引种的技术规范。适应机械化种植的甘蔗品种，要求具有高产高糖、抗倒伏、脱叶性好、宿根性好的特性；“双高”基地种植的甘蔗品种一切从实际出发，一切品种要经过本地的大田多点、多年、多区域的试验，防止盲目地从外地大量调运本地未曾种植过的甘蔗新品种。各县（区）每次多引进各类型的甘蔗新品种，每个品种引进少量蔗种，并在本地不同生态条件及栽培水平的各类蔗区进行布点试验观察，要进行一年新植、两年宿根试验，最终才能够确定此品种是否适合本地生产，如不合适应淘汰处理，由于涉及面积少，即使出现问题也不会对甘蔗生产造成很大的影响。

二是完善甘蔗新品种的评价机制。由“双高办”组织相关的专家、学者，生产第一线的科技工作者，有经验的蔗农等组成相关的品种引种审定委员会，定期召开会议研究，并组织对新品种种植情况进行现场观摩评审鉴定，根据参试单位对引进品种种植管理收集的相关农艺特性，与本地的主要栽培品种进行蔗糖分、亩产蔗量及主要农艺性状进行比较，根据品种种性和效益等标准对品种进行客观的评价，以确定引进品种是否适合在本地相同生态类型及栽培条件相似的蔗区进行推广，这样做可以避免盲目引种，减少资源的浪费，降低引种给蔗糖产业带来的风险。

六、“双高”基地建设总体评级及下一步工作重点

2014 年 2 月，广西启动了 50 万亩“双高”糖料蔗基地建设试点，拉开了 500 万亩“双高”糖料蔗基地建设的序幕。面临糖价已经持续低迷了两年多，制糖企业大面积亏损且日益加重，糖料蔗收购价连续两年下滑的形势，自治区党委、政府经过慎重考虑，投入巨资启动了“双高”糖料蔗基地建设，以此为突破口，全面降低我区食糖生产成本，提高国际竞争力，促进我区蔗糖业持续健康发展。经过全区上下的共同努力，130 万亩的“双高”基地“四化”建设取得了较大进展。“四化”建设虽然完成的程度各不相同，但总体还是得到了一定的突

破。但是“双高”基地建设的推进速度依然偏慢，“四化”发展不够协调，如实施主体落实难、项目推进缓慢、良种种苗退化、收割机适应性差等发展瓶颈问题尚未得到有效解决。在今后的“双高”基地建设中，存在市场走向、国家的政策扶持力度等不确定因素，此外甘蔗良种、机械化、食糖贸易等配套政策落地也要有一个过程，这都需要大家持续不懈的努力。目前，除了开展“四化”建设外，建议加强以下工作，促进“双高”基地增速提质。

（一）强化实施主体

1. 鼓励制糖企业与农户经营

鼓励制糖企业、种植大户以各种方式参与糖料蔗“双高”基地建设，一是鼓励制糖企业开展直接生产经营，通过鼓励制糖企业与农民签订土地租赁合同，租赁农民土地后自主种植糖料蔗，农民按照租赁合同约定定期领取资金，租金实行定期增长机制，保障农民权益，实现制糖与糖料蔗种植一体化发展。二是鼓励制糖企业与蔗农协商合作，建立利益共同体，以制糖企业为龙头，农民通过集体土地承包经营权入股等方式参与基地建设，分享制糖企业生产经营带来的收益。鼓励种植大户、种植能手流转农民土地，发展规模种植。

2. 鼓励专业种植公司投资经营

通过税收优惠、财政资金补助引导社会资本进入糖料蔗种植领域，按照依法、自愿、有偿的原则，农民以出租、转包、入股、互换等形式流转土地承包经营权，交由有资金、懂技术、会管理的农业企业集中种植糖料蔗。一是通过税收优惠减轻专业种植公司负担；二是通过提供担保或者贷款贴息为专业种植公司贷款提供支持，促进专业种植公司的发展；三是地方政府通过加大工作力度，为专业种植公司流转农民土地提供协助。

3. 鼓励种植专业合作社投资经营

通过注册登记优惠，种植专业合作社奖励，大力鼓励农民以集体土地承包经营权入股，建立糖料蔗生产专业合作社，共同经营、按股分红，实行“民办、民营、民管”的经营方式。一是简化种植合作社设立条件，为农民成立糖料蔗种植专业合作社提供便利，同时农业相关部门对农民成立专业合作社提供业务指导；二是对成立一年以上，且带动作用强的合作社提供相关奖励，激励专业合作社的发展；三是对于流转土地面积符合自治区“双高”基地条件的合作社，有限给予资金补助和政策支持。

（二）强化责任主体

1. 加强区直责任主体部门的协调

以自治区优质高产高糖糖料蔗基地建设工作领导小组为龙头、枢纽，加强区直各责任部门的协调。强化综合组办公室的日常领导协调作用，定期将区直各责任部门反馈的问题提交至领导小组讨论协调，及时召开协调会讨论解决重大事项，通过简报、报告形式定期将进度及问题报至领导小组。进一步建立糖业管理联席会议制度，推进糖业管理联席会议常态化。

2. 强化各市县区主体责任的意识

通过制订责任清单，明确主体责任，签订责任书。自治区人民政府与相关市和自治区农垦局、相关市人民政府与县（市、区）人民政府、自治区农垦局与所属制糖企业层层签订责任书。实行基地建设进度定期通报制度，营造鼓励先进、鞭策后进的氛围。定期编印专门简报，分送自治区四家班子领导、各市及自治区有关部门。自治区优质高产高糖糖料蔗示范基地建设试点工作领导小组适时组织督导组到各试点地区检查、指导试点工作。

3. 加强主体责任单位的绩效考评

将基地建设纳入对有试点任务的市、县（市、区）和单位绩效考评范围，将财政厅、国土资源厅、水利厅等有关部门对基地建设的资金扶持纳入对部门的绩效考评，科学、细化考评指标体系，对完成任务较好的单位给予通报表扬，对没有完成任务的通报批评。将责任单位主要领导考核与单位的绩效考评结果紧密联系起来，作为责任单位主要领导人的激励措施，提高责任单位建设“双高”基地的动力。

（三）请求国家支持

1. 争取更多的政策支持

一是支持食糖业发展上升为国家战略。从国家层面对我国食糖产业中的品种繁育推广、水利灌溉设施、机械化栽植采收、加工工艺改造升级、产品精深加工、综合利用、产业保护措施等全过程进行顶层设计。

二是请求启动糖料蔗目标价格补贴试点。2014 年，国家启动了东北和内蒙古大豆、新疆棉花目标价格补贴试点。考虑到这两项试点需要国家财政扶持资金很大，现在启动糖料蔗目标价格补贴试点有一定难度，建议国家研究适时启动糖料蔗目标价格补贴试点。

此外，鉴于目前的关税政策难以对蔗糖业形成有效的保护，建议国家根据有关规定，尽快启动食糖贸易救济措施，请求国家发展改革委帮助呼吁。至于具体形式，考虑到国外主产区食糖生产成本低、政府补贴少，据此可加征附加关税有限的实际，建议采用不针对特定国家的一般保障措施，对进口原糖加征 50% 左右的附加关税，使我国食糖总的关税水平与世界 97% 的平均水平相当。

三是完善国内食糖市场调控机制。国内糖价已连续在低位运行多年，从国际食糖产量和价格走势分析，未来 2 ~ 3 年食糖市场仍将保持低迷状态。世界主要产糖国普遍对食糖采取高关税保护，世界平均关税为 97%，而我国按承诺执行的配额内关税为 15%，配额外也只有 50%。这样的低关税不足以起到进口调控和产业保护的作用。如果国家不及时采取临时贸易保护措施，国内不少糖企将会倒闭。当务之急是争取国家尽快启动贸易救济措施，帮助全国食糖产业走出当前的困境。

（1）加强对食糖进口的宏观调控。建议国家按照80%的食糖自给率科学测算每年需进口的额度，严格控制政策性进口，并采取必要的措施控制食糖一般贸易进口节奏。

（2）对配额内食糖进口进行结构调整。在完成世界贸易组织约定进口量的前提下禁止一般贸易项下进口，适当增加加工贸易进口的比例，支持有能力的企业开展加工贸易，消化配额，减少冲击，逐步压缩食糖在国内的流通总量。同时，非国有贸易配额向食糖主产区制糖企业倾斜。

（3）加强对食糖走私的打击力度。国际食糖价格每吨约比国内便宜上千元，进口利润惊人，导致目前我国食糖走私猖獗。据有关部门统计，我国每年走私食糖占消费食糖总量的7%以上。如果食糖走私无法从根本上遏制，将加速国内糖企的倒闭。

2. 争取更多的资金支持

一是请求恢复并扩大糖料基地中央投资专项。2005年起，国家发展改革委员会通过国家糖料基地专项共向广西安排中央预算内投资1.81亿元，建成高产高糖糖料蔗示范区30万亩、良种繁育基地1.8万亩。通过示范带动，有力地支持了广西糖业的发展。但由于各种原因，从2013年开始，国家发展改革委员会暂停了糖料基地专项资金安排。因此，请求国家发展改革委员会比照支持新疆棉花生产的力度，恢复并扩大糖料基地中央投资专项，每年向广西安排中央资金5亿元，这将有利于提振食糖市场信心，引导更多的民间资本进入蔗糖业。

二是加快“双高”基地土地整治步伐。广西加大500万亩“双高”基地建设的同时，还要完成高标准农田建设任务，每年需投入30亿~40亿元，仅靠广西自筹资金解决土地平整问题，困难非常大。建议中央进一步加大对广西开展土地整治的扶持力度，从2014年起到2018年，每年中央安排专项资金5亿元，支持广西开展“小块并大块”土地整治和耕地平整配套建设，支持广西完善蔗区机耕道路等基础设施建设，确保完成500万亩基地的土地整治任务。

三是加大农机购置补贴额度和范围。请求将中央资金补贴额度提高到机械价格的30%（或参照棉花收获机，单机补贴额最低为40万元），进一步减轻购机农民的负担，有效促进甘蔗联合收割机的推广应用。请求国家进一步扩大甘蔗收获机械补贴范围，将各种从事农机作业的农业生产经营组织（包括农业开发企业）列入国家农机购置资金的补贴对象，吸引社会资金投入发展甘蔗生产机械化，特别是发展甘蔗收获机械化。

四是实施糖料蔗良种补贴。“双高”基地每亩需要良种0.7~1吨，购买糖料蔗良种平均价格在1200元左右。请求中央连续5年对广西500万亩“双高”基地给予良种推广扶持，对新植蔗一次性给予每亩120元的扶持。中央良种补贴在

2014 年已安排 4000 万元用于甘蔗脱毒苗补贴（主要补贴育苗方）的基础上，2015 年再增加 5000 万元，主要用于广西的 500 万亩“双高”糖料蔗基地启动甘蔗良种补贴政策（主要补贴新种良种种植方），同时我区根据实际情况设计好新种良种补贴机制。

五是支持广西提高研发能力。(1) 建议国家在广西设立国家级甘蔗机械研发基地，集中人才、资金攻克难关，建立以企业为主体，以市场为导向，产、学、研、推紧密结合的创新体系，探索完善多方协作、良性互动、共同发展的甘蔗机械化科技创新机制。(2) 建议国家每年安排 1000 万元，设立甘蔗机械研发与示范推广专项资金，用于甘蔗机械研发、技术攻关、基地建设、试验和推广等。(3) 由于广西不具备大型拖拉机（130 马力以上）的鉴定检测能力，请求农业部按照特事特办的原则，协调解决广西研发大型拖拉机的鉴定检测工作，以便早日投入生产。请求国家在广西设立甘蔗生产机械化农机农艺融合示范项目，重点示范推广甘蔗收获机械化技术，以加速实现甘蔗种收机械化。(4) 促进广西与中国农业发展集团建设甘蔗研发中心。

六是加大金融扶持力度。建议国家出台优先扶持购买甘蔗机械的信贷政策规定，创新信贷制度，允许以机械抵押进行贷款，支持企业、合作社和农民购买甘蔗联合收割机、甘蔗种植机、大型甘蔗运输车、甘蔗田间装载转运车、大马力拖拉机等机具。请求国家将广西蔗糖产业纳入农业部与民生银行合作项目实施范围，并在投资上重点支持。支持重点蔗糖加工企业开展糖料基地建设、甘蔗朗姆酒综合利用等，推进蔗糖产业转型升级。

课 题 顾 问：黄　洲　孙大光
课 题 指 导：钟文干　李振唐　李国春
课 题 组 组 长：彭忠平　兰瑞书　麦成柱　朱厚岩
课题组副组长：那　鹏　林忠伟
课 题 组 成 员：彭林魁　刘训瀚　黄宗海　任晓勤
黄德世　陈志鹏　黄宏远　卜国良
黄晶萍　周东群　滕振敏　黄毅强
刘登科　梁子洪　农集勇　阚常庆

深化农村土地流转制度改革，推进农业现代化建设研究

【引言】20 世纪 80 年代我国实行家庭联产承包责任制，将集体的土地承包给各家各户经营，极大地解放了生产力，为促进农村经济的快速发展做出了巨大贡献，被邓小平誉为中国农村改革与发展的“第一次飞跃”。但随着经济社会发展水平的提高，单家独户分散化的经营和细碎化的耕地又日益成为实现农业现代化的阻碍。特别是我区，以丘陵山区为主，耕地分散化、碎片化的特点较其他省份更为明显，严重阻碍了我区现代农业的发展。纵观世界实现农业现代化的国家，农业经营都具有相当大的规模，即使是将农业作为兼业的日本，每户经营规模都在十几亩以上。可见，土地规模经营是农业现代化的基础，我国也不会例外。没有土地相对集中，就没有规模经营，更没有农业现代化；没有农业现代化就没有农业的发展、农村的小康；没有农村的小康就没有全区、全国的全面小康。本课题在充分认识土地流转对推进农业现代化的作用，辩证分析广西农村土地流转和农业现代化发展中的问题和成因，学习借鉴国内外经验的基础上，研究提出加快广西农村土地流转制度改革、推进农业现代化的基本思路和对策措施等，为自治区党委、政府制定有关政策提供科学依据和决策参考。

一、农村土地流转制度改革是推进农业现代化的必然要求

（一）加快农业现代化是广西农业发展的唯一出路

改革开放以来，广西农业快速发展，取得了巨大的成就，农业经济进入了一个新的发展阶段，但也面临着许多问题，如大部分地区仍停留在人力耕作、“靠天吃饭”的传统农业阶段，农村劳动力大量外流造成就业结构巨变，农业生产结构性失衡，农业经济效益和比较收益不断下滑，家庭承包、小户经营的传统模式举步维艰，农业与工业、服务业发展进步的差距逐渐拉大。农业发展的相对滞后，成为广西经济发展的“短板”，影响了广西整体现代化进程。当前我国正处在全面建成小康社会、加快推进社会主义现代化的关键时期，同时经济发展进入新常态、全面改革进入“深水区”，要实现“四化同步”战略目标和国民经济健康发展，农业现代化是重要支撑。因此，必须高度重视农业的基础地位，围绕“高产、优质、高效、生态、安全”的目标，努力走出一条生产技术先进、经营规模适度、市场竞争力强、生态环境可持续的广西特色新型农业现代化道路，为实现广西与全国同步建成全面小康社会提供强力保障。

（二）土地规模经营是实现农业现代化的重要前提

专业化分工、标准化生产、产业化经营、社会化服务以及高科技、高投入是农业现代化的基本特征。国内外经验表明，农村土地的相对集中、实施规模经营，有利于优化土地资源配置，聚集生产要素和管理要素，便于推广应用现代农业科技、装备及机械化作业，降低生产成本，提高劳动生产率；有利于统一规划和布局，进行大规模的基础设施建设，采取统一、规范的科学种养方法，发展标准化农业；有利于建立健全社会化服务体系，建立统一的产前指导、产中服务和产后加工、销售服务，对农业资源进行综合开发利用，延伸产业链条，提高农产品附加值和农业综合效益；有利于提高农业劳动者素质，培育新型职业农民，加快农村富余劳动力转移步伐，推进“四化”同步进程。因此，发展土地规模经营，是解决当前小户经营、耕地细碎、劳动生产率和土地生产率较低、粗放经营、土地撂荒等问题的根本办法，是农业现代化的重要前提。

（三）农村土地流转制度改革是推进土地规模经营的根本保证

农村土地流转是指在土地承包权不变的基础上，农户把土地经营权以一定的条件流转给第三方。要实现农业现代化，发展规模经营，农地资源是关键，通过农村土地流转可以实现土地集中和规模经营。改革开放后，我国确立了以家庭承

包为基础、统分结合的农业生产经营体制，极大地激发了农民生产经营的积极性，实现了农业大发展。然而，随着市场经济的发展和城市化进程的推进，现有的土地制度缺陷逐步显现：一方面，农地均分使土地细碎化，导致经营规模分散、狭小，抗风险能力较弱，土地经济效益偏低，农产品成本较高，农民兼业化严重，与现代化农业的要求极不适应；另一方面，家庭承包责任制对土地使用权的划分加深加重了农民的"恋土"情结，即使从事了非农产业也依然把土地作为应对风险、获取保障的后路，宁愿抛荒也不愿意流转，从而阻碍了土地集中和规模经营。因此，通过农村土地制度改革，进一步完善深化家庭联产承包责任制，赋予农民更多的财产权利，是推动土地合理流转及规模化经营，促进农业现代化的根本保证。

二、广西农村土地流转和农业现代化发展现状

改革开放 30 多年来，广西农业经济水平有了长足进步，粮食、蔬菜、肉类、糖料蔗等主要农产品产量大幅增长，2014 年产量分别高达 1534.41 万吨、2610.08 万吨、266.29 万吨、7952.57 万吨，桑蚕、木薯、食用菌、药材、奶水牛、珍稀养殖等特色产业迅猛发展，糖料蔗、桑蚕、木薯、水果、蔬菜等多个优势产业全国领先。其中，糖料产量占全国总量的 60% 以上，是全国最大的产糖省区；蚕茧产量超过全国蚕茧总产量的 50%，占世界的 1/3，是国际重要的蚕丝生产基地。农业产业结构得到有效调整，农产品供应能力不断提升，农民专业合作社、专业种养大户、农业产业化龙头企业等新型农业经营主体不断发展壮大，农业发展进入了新阶段，在农村土地流转、农业现代化建设方面也取得了长足进步。

（一）基本情况

与国内先进地区相比，广西的土地流转和农业现代化建设水平较低，存在较大差距，但也克服了诸多客观制约因素和不利条件，创造出新的发展模式，呈现出自己的特点，主要有以下几个。

1. 土地流转水平逐步提高

从 20 世纪 90 年代开始，广西农村就开始了土地流转探索，形成了许多适应地方特点的有效模式，如富川县从"白牛模式"提升到"铁耕模式"，崇左市从"龙州模式"提升到"江州模式"，流转方式从转包、出租、互换向入股、租赁、合作、托管等方式升级，流转期限从短期向长期转变，单次土地流转从分散、小规模向集中、大规模转变，流转的重心也从农户间流转加快向合作社、农业企业、产业园区流转转变。据农业部门统计，近年来，我区土地流转速度不断加快。2011 年全区承包土地流转比例为 12.88%，2012 年、2013 年、2014 年分别达到 14.28%、16.17%、18.81%，每年以约 2 个百分点的速度递增。2014 年，

全区农村土地流转规模达628万亩，参与流转农户196万户，占总农户数的20%，比2013年的520万亩、178万户、18%明显提高。截至2014年6月，连片承租50亩以上的企业或大户为11 028家，承租总面积266万亩，占全区流转面积的42.4%。其中，承租50～100亩的有6495家，共47.1万亩；承租101～200亩的有2314家，共32.6万亩；承租201～500亩的有1318家，共45.4万亩；承租501～1000亩的有478家，共35.8万亩；承租1001～1500亩的有200家，共25.6万亩；承租2001～5000亩的有111家，共31.6万亩；承租5000亩以上的有25家，共32.4万亩。

2. 流转方式多样

目前我区土地流转有转包、出租、借用、转让、入股等方式，流转方式呈现出多样化趋势。其中，转包148万亩，占流转总数的23.6%；出租378万亩，占60.2%；入股8.7万亩，占1.4%；转让10.4万亩，占1.7%；其他方式流转82.7万亩，占13.1%。出租的占比最大，是我区土地流转的主要方式。

3. 现代农业科技水平明显提升

广西属于西部欠发达地区，尽管发展基础薄弱，经济水平较落后，但始终保持对农业科技的高度重视，特别是近几年来，以新品种、新技术为代表的农业科技水平明显提升，农业综合生产能力显著增强。2014年，农业科技贡献率达45%，全区玉米、水稻良种覆盖率达到100%，畜牧业新品多，形成了奶水牛、梅花鹿、深水鱼等特色优势产业。加大农业技术的集成与创新力度，广泛推广应用"三免三避"技术、测土配方技术、水肥一体化技术、生物防治技术等，"三品一标"农产品增加较快，初步建立了农产品安全质量控制、追溯制度，农产品产量、质量大幅提高。大力研发、推广使用适用农业机械，加快提升农业装备水平，农业机械总动力达352.92亿瓦，农村用电量达76.21亿千瓦时，农业机耕面积430.55万公顷，综合农业机械化率达50%，其中水稻耕种收综合机械化率接近70.5%，甘蔗耕种收综合机械化水平达到55%左右。

4. 现代农业基础设施有较大改善

持续使用财政引导手段，通过"村村通"、新农村建设、农田水利建设、农业综合开发、土地整理等重大工程，加快农村基础设施建设，有效改善了农业基础设施。截至2014年，农村公路通车里程四级路76 947公里，等外路14 252公里。筹集各种资金投入社会主义新农村建设，建成了一批自治区级示范村。投入各种财政资金，实施农业综合开发、农田水利项目、土地整理项目，建成了一批"田成方、树成荫、路相通、渠相连、旱能灌、涝能排"的社会主义现代农业新农村。

5. 农业产业化持续发展

重视农业产业化在农业结构战略性调整和推动传统农业向现代农业转变中的重要作用，狠抓产业化组织发展，注重培育扶持壮大"龙头"企业、建立农业产业化的良性运行机制，推进农业产业化经营。2014 年全区农业产业化组织达到 4941 个，其中市级以上农业产业化“龙头”企业 1241 家（国家级 31 家、自治区级 210 家、地市级 1000 多家），农民专业合作组织 3700 多家。勇于探索实践，形成了“公司 + 基地 + 农户”“公司 + 合作社 + 农户”等产销一条龙、贸工农一体化经营模式和地租 + 分红 + 工资、订单包销 + 保护价收购等利益联结机制，有效促进了农业的专业化、标准化、规模化生产和农民增收、农业增效，农民人均纯收入从 2013 年的 6791 元增加到 2014 年的 8683 元，增长 27. 86%。

6. 现代农业示范园区建设扎实推进

近几年来，按照“调结构、上规模、优产品、强产业”的发展思路，以特色优势产业发展为重点，广西现代农业发展步伐迅速。糖料蔗、桑蚕、木薯、水果、蔬菜等多个优势产业全国领先。现代特色农业示范园区、农产品工业集中区等农业园区建设进一步加快，设施农业、精品农业崭露头角，打造了一批优质农产品品牌，至 2013 年，获得全国优质品牌 8 个，自治区认定的优质农产品 100 多个。特别是 2014 年，自治区党委、政府明确提出要建设 100 个现代农业示范园区，全区各市、县迅速行动起来，积极开展农业示范园区建设工作，2014 年启动建设 36 个，其中通过自治区考评验收并报自治区人民政府审定的现代农业示范园区 12 个，自治区政府给每个示范区奖励 800 万元，并颁发了牌匾和证书。2015 年，自治区全面启动 105 个现代特色农业（核心）示范区建设，示范园区达到 141 个，其中拟创建自治区级示范区 90 个，占 64%；137 个示范区明确了领导协调机构和办事机构，占 97%；116 个示范区制订了工作方案，占 82%；82 个示范区编制了建设规划，占 58%。141 个示范区引进各类经营主体 865 个，其中农业企业 382 家，合作组织 483 个。

7. 产业融合取得重要进展

全区各市县十分重视农业与二、三产业融合发展，将其作为农业新的增长点给予大力支持。目前，全区各市、县、区设置了专门的农业信息管理和技术支持服务机构，大部分乡、村建起了信息站点，农业信息网络体系逐步建立成形，智慧农业、农业电商正在兴起，农业信息化水平稳步提高。休闲农业更是走在全国前列，2014 年，我区已经拥有 6 个全国休闲农业与乡村旅游示范县、17 个全国休闲农业与乡村旅游示范点。2015 年，全国休闲农业与乡村旅游示范县增至 8 个，全国休闲农业与乡村旅游示范点增至 20 个，休闲农业园达到 500 个，农家乐旅游点发展到 1300 个左右，休闲观光农业景点（区）接待游客 3000 万人次，休闲农业产业总产值超过 100 亿元。

（二）主要问题及原因分析

经过改革开放 30 多年的快速发展，广西农业步入了平稳发展阶段，增长速度逐渐减缓，多年来保持着 3% ~5% 的增长，其中有农业本身发展特点的因素，但更多的是遭遇到了发展瓶颈，其中最大的瓶颈来自于土地问题。土地是农业最基本、最重要的生产资料，土地问题一直都是我国的根本问题，农业、农村的各种问题和产生问题的原因大都与土地相关。一方面，因农村宗族恩怨、社会变革、经济发展等历史原因，国家、集体、企业、农村组织、农民个人等各种主体的各种矛盾冲突和利益纠纷纷繁复杂；另一方面，世界上独一无二的农村家庭承包经营体制导致现实中农用地分散细碎、权属关系不清、基础设施落后，使得广西的土地经营现状、生产条件及各种生产要素很难适应农业现代化发展的需要。

1. 主要问题

（1）土地流转水平低。目前，广西全区流转土地总面积828万亩，占农户承包地面积的20%左右，相当于2011年全国平均水平，低于2014年全国平均水平28.8%约9个百分点。全区土地流转以小规模分散流转为主，承租50亩以下的农户占多数；连片承租50亩以上的企业或大户只有11 028家，总承租面积266万亩，占全区流转总面积的42.4%，户均约240亩。地区发展也不平衡，全区农村承包土地流转面积和流转率最大的是玉林市，流转面积121.8万亩，流转比例为46%，富川县土地流转比例更高达74%，远远高于全区、全国平均水平。流转率最小的是防城港市，仅为9.47%，发展不平衡态势非常明显。

（2）土地流转规范性差。伴随农村经济发展和土地流转进程的不断加快，对土地流转工作的规范性要求越来越高。但广西的现实情况是土地流转仍以农户私下自发流转为主，委托村集体或其他组织统一转租的很少；往往以口头协议为主，签订流转合同的少，合同内容也不够规范。

（3）土地流转的管理、服务不到位。目前土地流转由农业经管部门负责，每一个县经管站只有3~5人，乡镇只有一个人，人员少加上缺乏健全的管理机制，对土地流转管理有心无力，导致流转操作很不规范。大多数地区都缺乏较专业的土地流转服务，近年来，虽然有些县、市、区建立了土地流转中介服务组织，但组织运行体系不健全，服务水平也不高，土地流转渠道不畅通，供需双方得不到有效沟通，形成土地流转期限长短不一、地块零星分散、土地集中连片程度低、纠纷多、稳定性差的不利局面，因流转引起的纠纷也缺乏有效的仲裁机构进行调解。因此，土地流转尤其是大规模流转的成功率较低，不利于推进适度规模经营和农业现代化。

（4）基础设施严重不足。广西地形以丘陵山地为主，六万大山、十万大山、大瑶山全国知名，基础设施建设难度之大可想而知；广西长期以来经济发展滞后，导致财政资金、农村集体资金、农民个人资金都严重不足，缺乏大规模、高水平建设的能力。近年来，虽然国家和广西财政对农业投入不断增加，但由于历史欠账太多，广西的大部分耕地耕作面不平，水、电、路网、农田水利等基本设施仍十分落后，标准农田等高水平设施建设滞后，农机化水平提高缓慢，“靠天吃饭”的局面没有根本改变。土地连片种植、适度规模经营水平很低，难以应用农业机械化、自动化生产，也不能适应规模化、产业化、信息化的要求和现代化农业发展的需要。

（5）农民综合素质普遍较低。广大青壮年农民外出务工，新一代农民无心种田，“空心村”、留守老人、留守妇女现象在农村普遍存在，农业从业人员“老龄化”越来越突出，导致农业生产后备力量薄弱，影响农业产出效率。较高素质的农业经营主体带头人在数量和规模上都严重不足，创新意识不强、经营管理能力较低、市场意识较差等现象较普遍，农业生产经营主要还是依靠传统习惯和自身经验。这种传统小农经营方式，农产品量少质次，难以形成品牌，市场化率低，竞争力差，流通成本高，发展空间小，生产效益低。大量综合素质较低的农民由于缺少科技意识，缺乏经营条件，对现代农业技术缺乏了解，吸纳农业科技的能力十分有限，这就使农户对可替代的新技术内在需求动力明显不足，很难适应农业机械化和农业现代化的需要，这是影响土地流转和农业现代化发展的重要原因之一。

（6）农业生产率提高缓慢。土地规模化、农业机械化、产业化生产水平低，传统生产方式仍占据主导地位，“面朝黄土背朝天”的田间耕作模式没有得到大的改变，农业劳动生产率、土地产出率、经济效益、投资比较效益都不高。比如一户农民种 10 亩水田，如果种水稻，一年两熟，亩产 1000 公斤稻谷，按每公斤 3.5 元算，产值 3500 元/亩，除去各种成本每年一亩 3200 元，种一亩地的纯收入只有 300 元，种 10 亩地的收入只有 3000 元。如果一户有一个人出去打工，每月工资按 2000 元计算，一年的工资收入也有 24 000 元。这是新生代农民不愿种田、千方百计离农而去的主要原因。

（7）规模经营水平低。家庭联产承包经营制实施时，为了使农户公平地分得土地，就按土地肥瘦、远近、灌溉、交通便利等因素进行土地分配，将很多大块的土地分割开来搭配分给农户。经过 30 多年的人口变化、家庭继承再分配，造成了一家有几块或是十几块地的现象，土地过度分散细碎，一块地最大的只有两亩多，小的不足一分。例如，龙州县上龙乡弄农屯，全屯 520 亩土地，共 1324 小块，最小的不到 1 分地，群众形容为“蚂拐一跳三块地，草帽一扔不见地”。在这样的地方，推行大规模的土地流转、实行规模经营、建设现代农业是基本不可能的，农业经营效益的提升也是有限的。

（8）农业社会化服务不足。社会化组织不健全，公益性服务机构定位不清晰，服务队伍不稳定，积极性不高，关键服务项目缺失，服务方式创新不多，服务能力较弱。经营性服务组织数量偏少，扶持政策不到位，发展环境不好，经营效益不高。农业社会化服务组织难以满足不同类型经营主体的差异性需求，制约了经营主体生产效率的提高和发展。

（9）农村金融发展缓慢。金融机构在农村网点少，贷款规模小、条件严；农户小、散、弱，实力有限，存在缺乏抵押物、找不到担保人的问题，而规模化经营主体由于经营规模扩大，对资金的需求远远大于传统经营户，但流转的土地使用权、大棚、机械、圈舍等生产设施设备不能抵押，或者抵押率很低，因此涉农贷款“卡脖子”、经营大户融资难的问题非常突出。目前，农业保险财政补贴少，保险覆盖面窄，保障水平低，尤其是政策性保险、巨灾保险和再保险等远远满足不了农业新型主体发展的需要。它与农业投入大、收益低、不可控等特点不相适应，一旦遭遇天灾人祸，种植大户多年的积累可能一夜之间“血本无归”。因此，农业风险保障机制不健全也极大地影响了各种资金主体的进入。

2. 原因分析

（1）部分干部群众的思想认识不到位。一些基层干部和群众对推进农村土地流转存在“五怕”。一怕难，土地流转是一项较复杂的系统性工作，政策性很强，工作难度很大，一些基层干部出现畏难情绪。二怕烦，土地流转程序复杂，工作量大，一些基层干部怕牵扯过多工作精力，影响其他工作。三怕乱，土地流转过程中或多或少会遇到这样那样的纠纷和矛盾，不少问题是历史形成的，一些基层干部怕捅出“马蜂窝”，造成混乱。四怕失权，一些农民担心土地流转到期或因承租企业、经营户因各种原因中途退出后，流出土地无法耕种或找不到原来的地块；更怕政策有变，租出去的承包地要不回来，影响自己承包土地的权益。五怕失利，中央惠农政策不断加强，依附土地获得的实惠越来越多，征用土地的补偿越来越高，农民怕土地流转出去后得不到补贴、补偿，失去不劳而获的利益。

（2）土地权属不够清晰。农村土地产权主体模糊不清，土地流转利益主体被虚化，从而影响了土地流转的稳定性，影响了经营主体对农业规模化、集约化、产业化等现代化农业的投入动力。从转出的农户看，对土地流转有顾虑，担心流转后失地或收回后不再适合继续耕种。从转入方来看，土地的零散增加了转入方的成本，同时因土地租期较短、不能长期有效承包土地和时常出现的毁约行为，导致其降低投资规模和减少基础设施建设。同时，村与村和村民小组与村民小组之间的交叉地较多，由于历史原因，多年来纸质土地档案保管不善，土地权属资料不全，有些土地权属不清，未登记前大家都默认现状。鼓励农民开垦荒地使用政策让一部分勤劳的农民占有较多的土地，一旦登记发证，没有占得土地的农民就闹意见了，一些隐藏的潜在矛盾就浮现出来。加上近年征地补偿的利益驱动，更加剧了土地纠纷。集体土地与国有土地权属界限划分不是十分明确，林权纠纷较多。省界、市界、县界、乡界、村界矛盾多发。诸多问题和矛盾严重地影响土地确权工作，更影响土地的有效流转，也不利于农业现代化的推进。

（3）财政投入分散，形成不了合力，投资效果不佳。由于实行部门条块管理，各种惠农资金都是分块下拨，多渠道下达，多部门掌握，互相之间交叉重复，因此资金分散，缺乏有效整合，资金浪费较严重；同时，国土、农业、水利、农机、农发办等部门的项目申报及实施时间、标准要求不同，基层无法统一实施，因此项目建设效果难以达到预期目标。

（4）农业吸引资金的能力不强。农村、农业先天不足，存在许多显而易见的缺陷：农业是个“靠天吃饭”的行业，环境因素和气候因素对农产品制约较大，价格波动明显；投资资金体量大，需要全产业链控制，回收周期过长，利润率过低；农业企业管理能力低，农村基层组织薄弱，合作社带动力不够，难以有效组织农民开展土地流转和现代化建设；农民素质不高，市场经济意识和法制意识不强，法律关系较复杂，社会关系难处理，等等，都降低了社会资金投入农业的积极性。

（5）农业经营效益难以提高，制约农业投入水平。新中国成立 60 多年来，我国实行的是城乡二元经济体制，工农业的“剪刀差”长期制约着农村、农业的发展，造成了农业的弱势地位和城乡经济的失衡。党的“十六大”特别是“十八大”以来，国家对农村、农业的支持力度越来越大，我国工农城乡关系向着科学发展的方向加快演进，但不可否认，“新剪刀差”现象仍然存在，表现在中国经济连年的高速增长，劳动力价格、通胀率、工业品价格不断上涨，即使在经济进入新常态、增速有所下降的情况下，农业主要投入品仍然涨势不止，农业生产成本居高不下；在政策支持下，近十年来农产品价格持续上涨，主要大宗农产品价格已全面高于国际市场价格，目前已达到或接近“天花板”，农产品进一步上涨的空间有限，由此造成农产品价格受到两头挤压，农业利润空间窄小。由于农业具有投入大、见效慢的特点，影响了各种经营主体对农业的投入，也影响了其他资本进入农业的积极性。

（6）惠农政策未能与时俱进。首先，具有可操作性的政策少。目前，尽管农业部出台了《农村土地承包经营权流转管理办法》，但实际上从中央到地方，都没有出台系统、完整的土地流转制度，有关文件强调原则性的多，操作性不强，尤其是缺乏有效的调控手段，缺乏政策约束力，无法有效解决实际问题。根据我区农业地形地貌的客观条件和农民承包地的实际情况，从发展适度规模经营、推进农业现代化的要求来看，土地流转以自然村为单位较好，有条件的地方可以村民委员会为单位，至少也应采用富川县创造的以片区为单位，才能更有效地促进规模经营，推进农业现代化。但是在实际操作中，由于缺乏政策指导，强调人人自愿、100% 同意方可开展土地流转，即使一个村 98% 以上的群众同意了，由于有一两户不同意，一个项目或一片地就无法形成连片流转。而对这些极少数不愿流转的“钉子户”，政策仍是盲区，当地村委没有办法处理，村民小组也奈何不了他，当地政府也无能为力，不敢贸然采取强制性措施。这一两户的阻挠往往导致利国利民的土地整治、小农水、农业综合开发、农业企业投入项目无法进行，前功尽弃。其次，补贴政策长时间实施过程中出现了一些与初衷不符的偏差。现在财政补贴资金都是直接补给土地承包者，而承包者有的已经不从事农业生产，有地不种不但不承担责任，还照旧领补贴。以种粮补贴政策为例，种粮补贴仍按原有的计税承包面积发放，在土地流转后，存在“得钱的不种粮，种粮的不得钱”现象，但国家补贴政策没能根据形势变化进行调整，因而逐渐偏离了国家补贴政策的初衷，对做出贡献的农民也是极大的不公平。一些粮食经营大户拿不到补贴，还要支付土地流转费用，导致单位面积的生产成本大大增加，收入、效益甚微。同时，农民从土地得到的实惠越来越多，更强化了农民对土地的依恋，致使完全脱离了农业的农户也不愿将土地流转，这进一步加剧了土地流转的难度。最后，扶持政策不到位。农业补贴政策体系是以家庭承包制度为基础，针对新型经营主体的专项扶持政策还不多。对真正经营农业的生产者，除少数发达地区外，国家和自治区对土地流转及规模经营者没有明确的扶持政策和鼓励措施，有的地方甚至对承包者收取抵押金。一些规模较小的专业合作社和“龙头”企业很难得到项目和资金的扶持，这也打击了想从事农业规模经营的生产者的积极性，既不利于土地流转，也不利于农业现代化的发展。

（7）农村社会保障制度不完善。当前农村社会保障机制尚未健全，而且保障水平低，土地仍具有极强的社会保障和就业保障功能，农民仍然把承包地看成是“活命田”和“保险田”。农民存在流转土地的后顾之忧，决定了农民不愿意轻易流转土地，因而影响了农民土地流转的积极性。受到我国国情和经济发展水平的制约，农村剩余劳动力很难永久转移，相当一部分农民在外出打工、经商后也要留下退路，不敢轻易放弃承包土地，特别是人多田少的地方，出租也得不了多少钱，宁愿将土地交给亲戚朋友耕种或丢荒不种，也不愿意对土地经营权进行流转。

（三）广西土地流转与农业现代化发展典型案例

近年来，广西各地在积极探索实践，涌现出许多适合本地区的农村土地流转、发展现代农业的成功做法，其中不乏一些值得推广的先进经验和有效模式。

1. 富川县：土地流转与农业现代化同步发展

富川瑶族自治县鼓励农民流转土地经营权，探索出多种土地流转新模式，在广西首创了“土地流转共议制”“产业发展片区制”和“公共资源配置集中制”。具体做法：一是成立土地流转“村民理事会”和“在外工作人员理事会”，与村民协调沟通，达成共识；二是重新丈量、确认原承包户的土地；三是整合财政支农资金，进行土地平整和基础设施建设，在此基础上按各户整合前的面积比例重新确定承包地；四是通过引进企业、项目，对整合再分配后的土地进行统一分片、分区安排作物种植。以铁耕村为代表，富川县逐渐形成了以土地整合为基础推动现代农业发展的“富川模式”，目前已建成涵盖 3 个乡镇 7 个村委的 8 万亩现代农业示范区和 3 个万亩生态种养长廊，打造了“田成方、树成荫、路相通、渠相连、旱能灌、涝能排”和“两头工场化、中间机械化”的现代农业新格局。

2. 江州区：服务主体＋土地整合＋现代科技

作为蔗糖主产区之一的崇左江州区，从 2011 年开始试点推进农村土地流转工作。该区在学习借鉴“龙州模式”经验的基础上大胆创新，大力实施“小块并大块”农村土地整治整合，实现土地大流转、大整合、大集中，形成了“服务主体＋土地整合＋现代科技”的“江州模式”。首先，通过与高标准农田建设、土地整理、中低产田改造、农田水利建设等涉农项目挂钩，引导农村土地承包经营权以互换、转包、转让、股份合作等形式进行流转，开展“小块并大块”的土地整合，实现土地连片。其次，成立农业科技开发有限公司，作为服务主体将农户土地流转出来，整体发包给专业种植企业规模经营，每亩每年以两吨原料蔗的价格出租，高于种蔗每亩年均收益，进厂原料蔗款先兑租金后付租种企业，流转土地的农民还能获得劳务、分成及综合收益。最后，以建设30万亩甘蔗高效节水灌溉项目为抓手，大规模实施土地流转整合，引进高科技农业企业入驻，推广良种良法，应用水、肥、药“三位一体”滴灌技术和甘蔗耕种收全程机械化技术，发展蔗糖循环经济，改变了当地甘蔗产业的传统生产方式，走出了现代农业创新发展的新路子。

3. 阳朔县：合作社实施公司化运作

面对外出打工多、土地荒废多、地块不成片的状况，阳朔县福利镇枫林村于2011年成立枫林金山根种养专业合作社，以租赁方式整合撂荒地200多亩，发展大棚蔬菜、名贵苗木和生态养殖等现代农业。合作社提供两个方案与农民合作，由农民自主选择：一是农民将土地租给合作社经营20年，农民每5年收1次租金，租期满后土地及附属设施归农民所有；二是将20年租金折算成股金入股，参与合作社每年1次的分红。此外，农民还可以到合作社上班获得工资，在家门口增收。合作社采用公司化运作模式，由股东选举产生合作社主要负责人，合作社领导班子决定合作社经营项目和市场运作。合作社筹集350万元资金投入基础建设，通水通电通路、搭建大棚，根据市场需求引入新品种、新技术和专业养殖公司投资，推行创新型、生态型、经济型生态种养，取得了较好的经济效益和社会效益，闯出了具有现实指导意义的“阳朔经验”。

三、国内外农村土地流转与农业现代化建设经验及启示

现代化是农业的发展趋势，目前发达国家以及国内各地区都十分重视，在加强土地流转、形成规模经营方面积累了丰富的经验，其做法对广西具有重要的借鉴意义。

（一）法国：以法律政策和中介组织保障土地流转

法国制定完善的法律、法规以及强力有效的政策措施，注重发挥中介组织作用，通过大力推动土地的规模化、标准化，为推广农业机械化、专业化和产业化提供了条件，使法国仅用20多年就走上了农业现代化的道路，成为世界上农业最发达的国家之一。

1. 强化有利于规模经营的政策措施

20 世纪 50 年代，法国改变了平均地权的政策，探索扩大土地规模经营，1960 年、1962 年相继颁布了《农业指导法》《农业指导补充法》，加强农地保护，促进土地有效利用和适当集中。政府规定农地经营制度只有土地所有者直接经营和租佃两种，私有农地只能用于农业，严禁弃耕、劣耕和在耕地上搞建筑。对于不合理利用土地的，国家有权征购其土地。规定土地转让不准分割，农场主的土地只能整体出让或一人继承。设立“非退休金的补助金”，给年龄在 55 岁以上的农民一次性发放“离农终身补贴”，鼓励到退休年龄的农场主退出土地。加大对土地流入方的扶持力度，规定新建农场最小面积为 25 亩，经营面积在 20 ~ 40 亩的农场在土地购买、贷款、税收上给予优惠。

2. 强化土地流转服务监督能力

由 28 个土地管理和农业设施机构组成了土地治理和乡村建设组织（SAFER），是非政府、非营利性质但受政府监督的服务监督机构。其功能主要有：一是严格把关农地交易，审核所有的农地流转交易，并有权裁定流转合同的有效性，避免垄断和投机。二是担任流转中介，向社会提供流转信息，为交易双方提供合理估价、法律保证等流转服务。三是优先购买农民的闲置土地，并把买进的低产田以及小块分散土地集中连片，整治成标准农场后以优惠价出售给有经营能力的农场主，保证土地的高效利用。

（二）新疆生产建设兵团：打造大格局、高水平农业

新疆生产建设兵团实行以职工家庭承包经营为基础，统分结合的团场农业基本经营制度，依托“土地承包经营、产权明晰到户、产品订单收购、农资集中采供”的体制，保证了土地的规模经营，农业现代化取得了令人瞩目的成就。

1. 大力推进产业化经营

兵团根据管理体制和资源禀赋提出了“稳粮、优棉、精果、强牧”的农业结构调整总方针，巩固优势农业产业，形成了种植业、畜牧养殖业、果蔬园艺业“三足鼎立”的格局；探索在团场内部实行政企分开，组建农业公司，再分设专业公司、作业区及专业合作社、家庭农场等新型经营主体，与市场机制全面接轨；实施产业集群发展，规划建设一批跨师、跨行业、跨所有制的大型“龙头”企业集团，实现优势农产品向优势企业集中、优势企业向优势产区集聚，推进主导产业集群集聚发展，打造全产业链。

2. 创新应用实用科技

兵团的大部分团场都处在水资源严重缺乏的沙漠边缘和边境一线，地广人稀。兵团实事求是，因地制宜，以发展节水灌溉和农业机械化为突破口，推进农业现代化。自主开发价格低廉的实用性滴灌带、自压微水头软管技术，大面积推广喷灌、膜下滴灌和水肥一体化技术，研发塑料节水技术，已应用高效节水灌溉

技术面积达1400万亩，成为全国最大的节水灌溉基地。加大农业装备研发投入力度，努力提升主要农作物和关键环节的机械化水平，在全国率先实现棉花生产全程机械化，进而向其他产品生产全程的机械化迈进，种植业综合机械化水平达到85%，接近发达国家的水平。

（三）宁波市：发展高效生态智慧农业

工商业发达的宁波市，以转变农业发展方式为主线，以农业“两区”建设为抓手，创新发展理念，加强政策扶持，因地制宜发展高效、生态农业，走出了一条具有宁波特色的发展农业现代化之路。

1. 用市场机制流转土地

宁波市农村土地流转以委托流转为主要形式，即由农民出具土地流转委托书，自愿把土地经营权委托给村经济合作社流转。为保证流转土地集中高效，宁波实行村经济合作社股份合作制改革，安排农村土地流转专项补助资金，鼓励农户以土地经营权入股组建土地股份合作社，倡导整村连片、长期流转。健全县、镇、村三级土地流转服务组织，将流转土地纳入农村产权交易市场，促进土地流转公平公开。同时，完善土地流出农户的保障机制、土地流转价格指导机制、农村土地承包经营纠纷调解仲裁机制，保障农民利益最大化。

2. 用高新技术发展农业

在土地规模经营的基础上，宁波市以建设标准化粮食生产功能区和现代农业园区为目标，发展高效型精品特色现代农业。通过农作制度创新，推广了10种潜力较大的高效模式。田间作业采取“机器换人”，粮食生产实现全程机械化；推广生态循环农业，推行“企业小循环、产业中循环、区域大循环”的循环模式，突出“清洁化”生产、化肥农药“减量化”投入、生态循环“资源化”利用；致力于打造智慧农业，依托互联网、云计算和物联网技术发展设施种植自动控制、肥水一体化应用等，建设农技推广云服务、农产品信息追溯系统，实现了农业生产管理的信息化和智能化。

（四）国内外推进土地流转、加快农业现代化的主要经验与启示

以上国家、地区的具体措施和经验对于广西推进土地流转、加快农业现代化有很多启示。

1. 农民主体是土地流转和农业现代化的重要前提

无论是农村土地流转还是农业现代化，农民都是最广大的参与者和受益者，只有发挥农民的主体作用，调动其积极性、创造性，才能更好、更快地推进。强调农民主体，核心在于落实农民决策主体、投入主体、实施主体的地位，相信农民、依靠农民、发动农民。尊重农民的意愿，让农民群众自主选择、自主参与；重视农民的首创精神，充分集中群众智慧，发扬提升其创造成果；注重保障农民各项应有权益，激发其参与热情，发挥其积极性、主动性。

2. 政府引导是土地流转和农业现代化的首要保障

农业现代化是一个庞大的系统工程，土地流转也涉及较多广泛复杂的问题，客观上要求政府的引导和扶持。政府应制定完善顶层设计，因地制宜地确定发展路子，加强对土地流转和现代化建设的支持。其重点在于利用行政管理手段，不断充实、完善有利于土地流转和现代化建设的政策体系，创造良好的发展环境；利用行政和市场手段，加大资金投入，并引导社会力量广泛参与土地流转和农业现代化建设；利用政策、财政手段，培育、扶持、完善农业社会化服务体系。

3. 产业化经营是土地流转和农业现代化的重要途径

资源配置的高效率是现代农业发展的关键环节，土地流转、规模经营是土地资源配置的有效手段之一，农业产业化经营是其高级表现形式，因而是农业现代化的重要组成部分，农业产业化发展水平代表了农业现代化水平。发展农业产业化关键在于充分发挥市场作用，合理规划、布局农业生产区域，发展特色农业产业，壮大各类新型农业经营主体尤其是产业化“龙头”企业，并围绕特色产业垂直延伸产业链，横向扩展农业功能，推动一、二、三产业融合发展。

4. 科技创新是土地流转和农业现代化的主要手段

科技是第一生产力，现代农业是技术密集型产业，只有依靠农业科技创新和广泛的应用，才能提高劳动生产率、土地产出率和综合生产能力，提高农业经济效益，因而激发出土地流转和农业现代化的巨大动力。必须高度重视农业科技研发，构建多层次、多功能的农业科技推广服务体系，创新科技服务手段，提升农业科技应用水平和科技贡献率，真正实现科技兴农。

四、推进农村土地流转制度改革，加快农业现代化步伐的基本思路

（一）总体思路

以邓小平关于“两个飞跃”（第一个飞跃是废除人民公社，实行家庭联产承包为主的责任制；第二个飞跃是适应科学种田和生产社会化的需要，发展适度规模经营，发展集体经济）的构想和党的“十八大”关于“促进工业化、信息化、城镇化、农业现代化同步发展”为指导，以明晰所有权、承包权和经营权，维护农民收益权为出发点，坚持土地流转与土地确权相结合，坚持政府引导、农民自主、企业带动相结合，引进农业“龙头”企业、工商企业、社会资本、培育农民合作社和家庭农场，以现代农业示范园区和500万亩甘蔗“双高”基地建设为抓手，以耕地整治、标准农田建设为突破口，多形式多渠道推进农民承包土地流转；着力推进土地规模化集约化经营，加快农业产业的专业化、机械化、信息化、智能化建设步伐，努力提高土地产出率、劳动生产率，不断增加农民收入，确保粮食安全和大宗农产品有效供给，把我区传统农业打造成为具有国际竞争力的现代化农业。

（二）基本原则

1. 体制不变

土地流转要坚持家庭联产承包责任制长期不变，承包土地流转不能与农业根本制度相冲突。

2. 农民自愿

土地流转要按照土地承包法有关政策的要求进行，做到农民自愿、有偿转让，确保农民的利益不受损。

3. 政府引导

对土地流转建设现代农业，当地政府要主动作为，积极创造条件，引导农民开展土地流转，支持企业发展现代农业，及时协调和处理发展过程中的问题，让农民放心，让承包者安心。

4. 优化资源配置

土地流转要有利于农业资源的优化配置，要有利于农业生产的规模经营、专业化生产和农业现代化，有利于提高土地利用率、投入产出率和劳动生产率，有利于农业现代化的推进。

5. 公开公平公正

农地流转方向、经营权承包人、流转程序、承包地面积要向广大承包户公开；既要支持承租者发展，又要切实保护农民的承包权和收益权不受侵害，做到公平公正。

（三）基本路径

深化农民承包土地流转制度改革，加快推进农业现代化，要发挥政府的引领作用，充分调动农民、企业和社会组织的积极性和主动性，多管齐下，多形式推进。只要有利于工作的，就要大胆地试、大胆地闯，努力闯出一条符合当地实际的土地流转、加快推进农业现代化的新路子。

1. 政府建设项目引领农民进行土地置换，形成规模，发展现代农业

利用土地整治、农业综合开发、标准化农田建设、农田水利建设和扶贫开发项目，通过统一规划、统一开发的方式，引导农民通过互换方式实现“小块并大块”，一家一户田种一块、地种一垄，使各家各户的承包地相对集中、形成规模，能够有效地使用农业机械和先进的农业技术，发展现代农业。

2. 企业直接承租农民土地，加快建设现代农业

各类农业“龙头”企业、工商企业利用自己的资本和技术，通过与农民直接签订土地出租协议，按企业运作方式规划、建设、经营农民承包土地，建设高水平的现代农业。这将是未来现代农业发展的主体形式之一。

3. 农民专业合作社员土地入股，联合发展农业现代化

依托农业专业合作社、股份合作社、农机服务合作社、农产品销售合作社等

合作组织，引导社员采用土地入股、承租农民承包土地的方式，推动规模经营，发展现代农业。

4. 农村基层组织带领农民开展土地互换，发展现代农业

在政府项目和“龙头”企业尚未进入的地方，依托精明能干、领导得力的农村党组织、村委会，深入宣传、广泛动员，组织群众以土地互换方式流转土地，实现一家一户“田种一块、地种一垅”，或几家人田合在一起，逐步向规模化发展，推动现代农业建设。

5. 农业种植大户扩大土地承包面积，发展家庭农场建设现代农业

进一步加大对发展基础较好、前景广阔、经营能力强的种植大户的扶持，支持和协调种植大户扩大经营规模，组建家庭农场，应用新技术，对接新市场，建设现代农业。

6. 现代农业示范园区建设引导农民流转承包土地，建设现代农业

自治区党委政府明确提出，要建设100个现代特色农业示范区，并制定了《广西现代特色农业（核心）示范区创建方案》，规定自治区级现代特色农业（核心）示范区的规模一般连片3000亩以上，拓展区5000亩以上，辐射区10 000亩以上。同时，要求每个乡镇根据各地的实际情况，建设一个现代农业示范园。因此，要以政府建设示范区为契机，发动和组织群众有序开展承包地的流转，以出让、出租、股份合作等方式方法，将承包地流转给“龙头”企业、合作社、家庭农场、种养大户，打造“示范区 + 企业 + 合作社 + 农户”利益共同体，建设高标准的现代农业，带动全区农业转型升级。

7. 生态移民整村转让承包土地，发展山区特色生态现代农业

对生态恶劣地区实施整体生态移民，将闲置的承包地转租给企业统一开发，利用先进生产技术、特色品种和信息技术，发展山区特有的精品生态现代农业。

8. 政府先租后流转

地方政府成立土地租赁公司，由公司承包农民的土地，然后通过土地整治，建设成为标准化农田，再由公司转租给其他公司经营，建设现代农业。

五、加快农村土地流转制度改革、推进农业现代化的对策措施

在我国经济步入新常态、农业农村发展进入新阶段的背景下，以“高产、优质、高效、生态、安全”为目标的中国特色的农业现代化迫切需要在发展动力、发展机制上实现新突破。深化农村土地制度改革、培育新型经营主体、强化政府引导作用、吸引社会资本参与、统筹“四化”建设，是中国特色农业现代化的主要驱动力和重要手段，对推进农业现代化具有重大意义。

（一）加快土地制度改革，推动农村土地流转

大量事实表明，土地流转推动农业现代化，农业现代化促进土地流转，农业

现代化发展好的地区，土地流转水平必定较高，反之亦然。农业现代化需要的规模化、集约化经营与农村土地的分散化、细碎化的矛盾越来越成为阻碍农业市场化和农业经济发展的巨大障碍，农村土地制度改革刻不容缓。

农村土地流转制度改革是土地制度改革的核心。在党的十七届三中全会通过的《中共中央关于推进农村改革发展若干重大问题的决定》中，土地流转政策被正式提出，由此拉开了土地流转的序幕。2014 年 11 月 20 日，中共中央办公厅、国务院办公厅印发了《关于引导农村土地经营权有序流转发展农业适度规模经营的意见》，提出了以经营规模适度为目标促进粮食增产与农民增收、以农户家庭经营为基础积极培育新型农业经营主体、以尊重农民意愿为前提引导土地规范有序流转的改革思路。广西应尽快出台“广西农村土地流转条例”，结合广西实际对国家土地流转政策制订操作细则，具体指导土地流转工作。

1. 突出问题导向，解决实际问题

在十多年的土地流转实际进程中，曾出现过各种各样的问题和矛盾，有些在实践中逐步探索得以解决，有些无法很好地解决而暂时搁置、目前仍然存在并影响着土地流转，必须着力尽早解决。

（1）明确政府的角色定位。既要防止自认为是为农民做好事而横加干预，也要防止片面理解农民自主而撒手不管，规范政府在土地流转中的行为，明确政府权力边界，落实政府责任，不能改变农民的流转主体地位，坚决从土地流转市场上退出来，变干预为引导，变撒手为服务。重点抓好土地流转的宣传动员、宏观调控、监督监测和建章立制、平台建设和中介服务，保障土地流转的规范有序和流转后土地的合法有效利用。加强民主和社会监督，规范土地流转的利益分配，保障流转双方的合法权益。建立督察机制，严管政府尤其是基层政府的行政行为。建立考核机制，将土地流转工作纳入各相关部门考核内容。

（2）探索创新土地承包责任制。目前的土地承包法已不能适应经济新常态和农业现代化发展的需要，制约了农业生产效率的进一步提升。必须明确现有土地集体所有制中集体主体的具体实现形式，可根据群众意愿恢复、强化村级集体经济组织，使之作为集体产权代表行使权利，解决“集体产权虚置”问题，不断探索和丰富集体经济的实现形式。明确土地所有权、承包权、经营权的内容、性质、内涵、法律关系及土地承包期等敏感问题，解除土地承包方、流转方的思想顾虑，大胆流转土地和增加土地投入，破解新形势下耕地抛荒、养护不力的问题。积极探索承包责任制新模式，选取有基础、具备相关条件的县、乡镇或村作试点，成立土地股份合作社，组建土地托管组织或市场化信托公司，将“三权分置”改革与农业市场化发展结合起来，给承包责任制注入新活力。

（3）妥善解决历史遗留问题引发的纠纷。家庭联产承包责任制曾为解放农村生产力做出历史性贡献，由于政策掌握执行、农村传统习惯、农民素质意识等各种原因，在家庭联产承包责任制的实施过程中遗留下一些问题，经过 30 多年后，有些问题和矛盾逐步显现出来。对于原集体自留地的分配、原有人口与新增人口的承包权利、家庭或家族内部承包权的继承赠予、农民之间的互换转让等问题，政策中缺少明确规定或执行时有偏差，各市县、各村组可能有不同的做法，使一些地区出现了纠纷。在以往的土地流转过程中，大多是农户之间的协议，不到政府相关部门登记备案，过程、形式、手续都不规范，随着农业效益的逐步提高、打工回乡人口的增多，许多流出农户要撕毁原协议、收回经营权，从而引发农户与农户间的纠纷。对此，应本着尊重历史、尊重农民意愿的原则，既要根据相关法律、法规规定，进一步明晰产权，又要充分考虑历史原因，区别不同情形，与村民充分沟通、协商，有情有理地予以解决，协调好各方利益关系，切实维护农民土地权益。

（4）正视土地分散、细碎带来的问题。广西大部分属于山地丘陵地区，按平面投影计算的卫星遥测土地“四至”不清晰、遥测土地面积与手工测量的承包证土地面积不一致，较易引发矛盾。由于承包土地的平均分配、农村人口变化调整承包地和家庭继承等原因，土地细碎化和分散化日益严重，降低了农业规模经营水平和利润率，已难以适应农业现代化发展的需求。解决这两个矛盾，应在土地承包经营权登记颁证工作中加强对农民的引导，做好其思想工作，大力推行“股田制”，即农民拥有集体经济股权、“确权确股不确地”，一方面减少土地边界不清、面积不符的冲突，充分保护农民相对完整的土地权益，防止出现登记、确权而不敢颁证或颁证后产生纠纷的“后遗症”；另一方面考虑到农村的长远发展，兼顾平等和效率，尽量把土地掌握在农村经济合作组织（或村委会）手中，统一规划和管理，避免土地进一步分散、细碎，减少土地流转的障碍，为土地流转和现代化建设留下空间。

2. 完善服务体系，规范土地流转

按照“政府培育市场、市场引导流转”的基本思路，加强土地流转制度建设，加快建设完善土地流转服务体系。

（1）强化平台建设，提高服务能力。依托农业部门现有的职能机构，建立起自治区、市、县、乡、村五级服务机构，充分保证其机构、人员、场地、设备、经费和服务的正常化、规范化，强化其职能，提高服务能力。建立土地流转档案监管制度，加强对农村土地的“身份”管理。建立网上土地流转信息服务平台，健全土地流转调查统计制度和信息库，准确掌握、发布农村土地流转供需信息，提高流转信息的准确性、及时性、有效性和流转成功率。

（2）规范流转程序，细化流转规程。制定完善土地流转的相关规程，包括主体资格审查、管理机构、流转程序、格式合同、调解仲裁申诉程序、风险保障、法律咨询及援助等相关内容。在全区统一推行《农村土地承包经营权流转合同》格式文本，全面规范流转程序，防止部分机构、人员进行暗箱操作、强制或变相强制（对群众进行不符合实际的误导、引诱）实施土地流转。

（3）促进配套服务，增强市场功能。加快完善流转服务配套体系，发展多种形式的土地流转中介服务组织，发挥其土地供给主体和需求主体之间的媒介和桥梁作用。规范发展产权鉴证、价格评估、合同公证、金融服务机构，为土地流转提供全方位服务。

（4）加强程序管理，确保公平公正。建立土地流转审核制度，监督农地流转的程序、流转合同是否规范、合法，并有权撤销不合规的流转事项。依托县法院和乡镇司法所，建立流转纠纷调处仲裁制度，依法解决流转纠纷。建立和畅通违规举报渠道，鼓励农民举报基层干部在土地流转中的违规行为，杜绝强制流转、关系流转等暗箱操作现象。

3. 创新流转模式，推动土地资本化

目前的土地流转多是农民自发进行，普遍存在规模小、期限短、易反复的问题。要以推动土地资本化为目标，积极推进相关改革，创新土地流转模式。

（1）在各市县建设土地流转示范区，完善土地流转的市场机制、保障机制，积极探索土地流转新模式。只要符合国家法律和政策，符合改革方向，农民群众欢迎，不管什么形式，都要鼓励和支持。以成片上规模、长久稳定流转、有利于农民转移就业和农业现代化发展为方向，深化提高转包、出租、代耕、互换、转让、托管等传统流转模式，学习借鉴先进地区“整村整组流转”“农户流转、政府收储、农业招商”“集中流转、公司开发、农户反租或打工”“政府＋协会＋农户”“政府＋公司＋基地或园区＋农户”“龙头企业＋合作社＋农户”等土地流转模式，尊重和发挥农民的创造力，鼓励市场化、规模化、专业化、产业化的土地流转。通过示范区的典型示范，用实实在在的发展成效帮助农民转变思想观念，加快土地流转。

（2）顺应农民保留承包权、流转经营权、追求土地经营效益最大化、长期化的意愿，鼓励农民开展新型合作化探索，将土地经营权入股农业企业、土地合作社，走“股份＋合作”之路，参与农业市场化运作、产业化经营。合理确定资金股份与土地股份的入股比例、对价关系、盈亏责任、分红方式，重点要建立利益保障机制和风险防范机制，完善“租金＋分红＋劳务收入”的利益分配制度，优先保障土地租金；制定土地入股企业经营亏损甚至破产后对入股土地及土地权利的处理办法，避免农民因此失地、失业，成为社会问题。

（3）强化土地基础设施建设，提升土地利用价值，为土地资本化铺平道路。土地的价值主要在于地理位置和获利能力，农村土地的获利能力主要在于基础设施的完善程度，资本的逐利性决定了价值高的土地才能得到青睐，获得更多的机会。当前必须加快“小块并大块”和土地整治，消除农村土地过于分割细碎的现状。针对目前进行土地整治需村民垫资的状况，灵活运用国家支持政策，对土地整理积极性高而垫支资金有困难的乡村，国土或财政部门可先行支付或分期分批支付扶持资金，保护农民积极性，扩大政策效应，加快土地整治进程。

4. 完善流转政策，激发流转活力

土地流转离不开政策支持，要建立起完善的土地流转系列政策，充分激发农村土地流转活力，全面推动土地流转。

（1）尽快出台土地流转相关奖惩政策。加大财政支持力度，安排农村土地流转专项资金，除用于流转指导、流转服务体系建设外，对参与土地流转的农业经营实体和农户，按流转规模、项目实行奖补政策，特别是对流出农户的奖励。将农业结构调整、农业综合开发、节水灌溉等项目资金向土地流转度高、规模经营好的区域或规模经营主体倾斜。探索鼓励土地集中、防止土地进一步分散的有效办法，农户家庭继承、亲友转送，只要其地块和经营面积扩大，都视同流转，给予奖励，同时采用将部分承包地收归集体、收取继承手续费等办法对分散继承进行适当限制。探索实施耕地撂荒的惩罚机制，根据撂荒耕地的面积、时间、原因等因素，制定耕地撂荒的处罚办法、处罚标准，促使撂荒土地农户自己耕种或实现有效流转。对抵制土地整理、土地流转的少数“钉子户”，在多次教育劝导无效后，除利用乡规民约限制、民间舆论谴责外，还可适当利用行政手段，如建议集体经济组织强制调整承包地，取消“钉子户”评先评优权利、政策扶持资格，提高其金融贷款条件，限制其参选人大代表、村民组织领导的资格等。

（2）加强流转双方权益保护。建立流转土地评估定级制度，合理确定土地的质量、等级、指导价格，为流转双方的公平交易提供合理的参考依据。建立土地流转风险评估制度，对流入主体要制定严格的准入标准，对其资信情况、经营能力、项目效益进行严格审查，确保流入主体有足够的经济实力、经营水平，所经营项目有良好的发展前景，流入主体和农民均能受益。建立土地流转风险控制制度，由政府财政牵头，通过各种渠道筹集资金，建立土地流转风险防范基金，应对因项目失败、经营不善、自然灾害、不可抗拒因素等造成的损失，降低土地流转的风险，确保农村土地流转健康可持续发展。探索组建“农业生产者互助合作保险组织”，实施互保合作的农业保险方式，为促进土地流转和规模经营提供有力保障。明确国家惠农补贴、土地流转收益归原承包土地农户所有，保护农民既得利益，让农民吃上“定心丸”。

（3）建立完善配套政策。推进户籍制度改革，完善农村劳动力转移培训制度、就业帮扶制度、农民退休制度，加快完善相关配套政策。重点是加大农村社会保障制度改革力度，健全完善农村养老、最低生活保障、子女教育、医疗保险、大病救助等一系列保障制度，并逐步提高农村保障水平。在条件成熟的地区，结合新农村建设，进行用土地承包权或经营权换取城镇户籍、住房、社保的改革探索，加快土地集中和城镇化步伐。制定《农村失地农民就业与生活保障制度》，尽最大努力解决土地流转后农民的就业问题，保证农民失地不失经济来源，逐步消除农村土地的社会保障功能，切实解决好土地流转后农民的后顾之忧，减少农民对土地的依赖心理、依赖程度，增强农民离开土地后的安全感，激发农民流转土地的积极性。探索鼓励青年农民到城镇创业制度，允许其在农村集体组织指导帮助下永久性出租、出卖承包地，获得入城创业启动资金。探索老年农民退地退休制度，鼓励老年农民退休，将承包地退还集体或国家，领取退休金和按退出面积计算的退出奖励金。

（二）培育新型经营主体，促进适度规模经营

土地流转集中、发展适度规模经营是发展现代农业的重要抓手。坚持农村集体土地家庭承包经营制度，促进土地有序流转和适度规模经营，是建设中国特色农业现代化的两个面，缺一不可，绝不能顾此失彼。新型农业经营主体是土地流转和规模经营的关键主体，是推进中国特色农业现代化的重要力量，因为它是适应农业劳动力大量转移、大市场竞争、现代农业快速发展的新形势应运而生的，与传统主体相比，它更追求生产效率和经济效益，天然地追求专业化生产、规模化经营，因而与土地流转存在着互为条件、相互促进的关系。要加快土地流转，发展规模经营，就必须大力培育发展新型农业经营主体。

1. 培育现代职业农民，奠定现代农业发展的基础

现代职业农民是以从事农业生产经营作为职业，具有较高的劳动技能、科技素质和经营管理能力的新型农民，是实现农业适度规模经营的关键所在、传统农业向现代农业转变的重要基石。必须营造有利环境，加快培育新型农民。

一是实施新型职业农民培育工程。制定中长期职业农民培育规划，建立专项基金，完善科学化、多样化的新型职业农民培训制度；整合乡镇农广校、农业职业院校、农技推广服务机构、农业企业等各类教育资源、资金，建立完善多元化、多层次的职业农民教育培训培养体系。

二是建立新型职业农民地位提升机制。稳步提高职业农民政治、经济、社会地位，使务农成为一种有效益的、体面的、受尊重的职业，提高职业农民的职业荣誉感，吸引高素质劳动力流入农业、农村，奠定农业现代化发展的坚实基础。

三是营造有利于职业农民健康成长的环境氛围。建立新型职业农民认定管理、政策扶持、后续跟踪服务等系列制度，鼓励老年农民离农、青年农民创业，鼓励大学生下乡和农民工返乡创业。在具有较高生产水平的特色优势产业中选取有基础、有意愿的职业农民重点培养，使他们成为现代农业产业的主力军或带头人，迅速形成示范效应。

2. 发展壮大专业大户和家庭农场，推进适度规模经营

家庭承包制是我国农业的基本经营制度。家庭经营不仅适应以手工劳动为主的传统农业，也能适应采用先进科学技术和生产手段的现代农业。从世界各国农业发展的实践看，家庭经营是最普遍的农业经营形式，现在是、将来也是我国农业最基本的经营形式。现代农业要求规模经营，但在我国目前的生产技术条件下，农业经营的规模并非越大越好。农业适度规模经营是有效地利用土地资源、

提高农业生产效率的内在要求，是拓展农业增值能力、提高农业比较收益、加快农业劳动力转移的有效途径。要把坚持家庭经营基础地位与发展规模经营紧密结合起来，引导土地向专业大户、家庭农场流转，提高农业适度规模经营水平。

一要根据广西地理条件、农业机械化和社会化服务水平以及人多地少的现实状况，充分考虑农业生产效率、务农收益、劳动力转移规模等因素，制定符合广西实际的适度规模经营标准和家庭农场认定标准。以从事粮食生产为例，适度规模以50亩左右为宜，不超过100亩（以种地收入与进城务工收入相当作为适度规模的标准，我国家庭经营粮食的适度规模，北方地区为120亩左右，南方地区则为60亩左右）；家庭农场标准减半，以15~30亩为宜。探索建立并不断完善家庭农场的注册登记制度，使之逐步成为具有法人资格的市场主体。

二要对符合规模经营、家庭农场认定标准的农户，采取有较强针对性的政策予以重点扶持。提高流转补贴标准，鼓励家庭农场流转土地扩大经营规模；新增农业补贴向家庭农场倾斜，政府性建设项目、政策性资金支持优先安排给家庭农场，为家庭农场的商业性贷款提供担保，增强家庭农场经营能力；提高家庭农场政策性保险赔付标准和提供商业性保险补贴，为家庭农场发展保驾护航。

3. 规范提升农民专业合作社，提高经营层次和水平

农民专业合作社是农村土地流转的中坚力量，是推进农业规模经营和农业现代化的重要主体。要按照“积极发展、规范经营、强化管理、提升素质”的思路，大力发展多元化、多类型的农民合作社。

一要进一步强化合作社指导服务，帮助合作社规范内部管理，健全运行机制；开展示范社创建活动，把示范社作为扶持重点，采用政府代购服务、专项资助等形式帮助合作社健全财务管理制度，提升示范社管理水平，引导合作社规范发展。

二要依托优势产业和特色农产品推进合作社发展，支持合作社改善生产经营条件，完善管理、分配机制，提高经营管理能力和水平；鼓励合作社实施品牌战略，拓展销售渠道，发展加工运输，延伸产业链条，拓展发展空间，增强发展能力。

三要鼓励农民组建专业合作、股份合作、信用合作等多元化、多类型的紧密型、股份制新型合作经济组织，提高合作社“统一经营”的层次和水平，提高合作社组织化程度，推进合作社实体化、企业化。

4. 做大做强产业化“龙头”企业，促进农业产业化经营

“龙头”企业是联结工农、城乡的重要纽带，是有效延伸农业产业链、带动其他经营主体推进农业现代化的主要组织者，在吸收利用社会资金、应用转化先进技术、发展现代农业、促进农民增收等方面具有重要作用。要按照“上规模、高水平、多层次、强带动”原则发展龙头企业。

一是在财税、信贷及投资政策等方面加大对“龙头”企业的支持，积极引

进、新建、改造提升“龙头”企业，培养、壮大一批起点高、规模大、带动力强的“龙头”企业。

二是引导、支持“龙头”企业把现代产业组织方式引入农村，实施工、农、商联合，产、加、销一体，建设农产品生产基地，发展农产品精深加工，建立农产品市场流通平台，实行跨行业、跨地区、全产业链经营，向农业输入现代生产要素和经营模式，加快农业现代化进程。

三是鼓励“龙头”企业树立互惠互利、长远发展的利益取向，与合作社、农户采取合同式、合作式、股份式、企业式等联结方式建立稳定合理的利益分配关系，组成紧密的利益共同体，实现“龙头”企业与农民的共赢。

5. 构建社会化服务体系，支撑农业现代化发展

社会化服务体系是农业规模经营的必备条件，是农业现代化的强力支撑。要加强公益性服务机构建设，支持经营性服务主体发展，形成公共性服务、合作型服务、市场化服务有机结合、整体协调、全面发展的新型农业社会化服务体系。

一要加强基层公益性服务机构建设。加大财政投入力度，因地制宜、科学整合、合理设置公益性服务机构，创新基层机构管理体制、运行机制和用人制度，健全经费保障和激励机制，切实提高基层服务机构硬件设施、人员待遇水平，改善工作条件。开发科研教育单位的服务功能，与“龙头”企业、合作社合作建立科研实验基地、教学实习基地，牵头领办产业联盟、技术协会和技术咨询机构，充分发挥院所科技团队在科技研发、教育培训、技术推广中的作用。

二要支持经营性服务主体发展。降低准入门槛，鼓励各类组织、企业和个人，利用自身资本、技术优势，发展生产性专业服务企业和组织。建立公平合理的竞争机制，加强监督和管理，培育成熟、稳定、诚信的服务经营者。加大政策支持力度，采取以奖代补等方式，对经营性服务组织给予支持，并相应减免其从事农业服务的营业税。采取政府采购、定向委托、奖励补助、招投标等方式，引导鼓励经营性组织拓展服务领域，参与农业社会化服务。

三要创新便捷有效的服务模式。以农民需求为出发点，改“自上而下”的产品供给模式为“自下而上”的产品需求模式，以农民乐于接受为目标，尽力提供合作、托管、订单、承包、全程等多样化、差异化、菜单式、保姆式的服务，贴近农民，方便农民，实现经营主体和服务主体的有效结合。

四要加强农科研究和推广工作。强化农业科技创新驱动作用，健全农业科技创新激励机制，加强对企业开展农业科技研发的引导扶持，完善科研院所、高校科研人员与企业人才流动和兼职制度，推进农业科研成果权益分配改革试点，激发科技人员创新创业的积极性。加大农业科技推广力度，加强良种、适用技术、实用机械的研究推广，提升农业技术水平、劳动生产率、土地产出率，使农业向赢利型行业转变，促进土地流转和规模经营。

（三）整合政府支农资源，强化政府引导作用

农业是弱势产业，一直得到政府的支持扶持，但支农政策长期运作的实践表明，政策效应正在逐渐降低。必须进一步强化政府资源、财政资金的引导作用，加快土地流转，推进农业现代化。

1. 整合支农资金，强调使用效率

目前的财政支农资金主要有产业开发、新农村、扶贫、小农水、土地整治等项目，由发改、财政、国土、农林水、农机、扶贫等多个部门管理，每个部门、每个项目的申报程序、建设内容和要求、扶持对象、管理办法各不相同，造成支农资金分散使用，效率不高，一定程度上影响了支农资金政策效应的充分发挥。必须尽快改变支农资金“撒胡椒面”的现状，集中使用支农资金，消除资金使用效率低、引导作用弱等弊端，快速提高农村、农业基础设施建设水平。

一是提高对整合支农资金重要性的认识。加强学习、宣传，使各级领导和部门都充分认识到整合支农资金是合理有效配置财政资源、提高资金使用效率的需要，有利于政府职能转变和农业农村的发展，从而自觉摒弃权力旁落、工作麻烦的心态和自身业务被削弱的担忧，树立起大局观，支持整合工作。

二是从自治区层面开始进行整合工作。成立由区政府主席挂帅，发改、财政、农业、国土等相关部门主要领导参加的支农资金协调管理委员会（或联席会议），协调与国家部委的关系，研究决定支农资金的申报、使用重点。由区政府副秘书长专职承担管委会（或联席会议）下设的办公室工作，主要负责贯彻管委会（或联席会议）决定、协调支农项目的申报、支农资金的管理工作。各市、县成立相应协调机构，承担相应工作。

三是制定完善配套管理措施。把支农资金全盘归口财政专户、纳入财政预算，统一管理、使用，改变管理机制上纵横交织的网状结构。建立以绩效为导向的支农资金分配机制，实现资金分配的科学、合理、透明和规范。修订和完善项目公示、工程招标、物资采购和资金支付等管理措施，保证资金使用的公开、公平。

四是加强政府资金的引导作用。支农资金投放要考虑项目是否符合重大产业、重点地区、关键项目等方面的要求，以及项目的受益面、投入产出比、影响力、基层积极性等诸多条件，坚持田、水、路、山、林、村综合整治，基础设施建、养、管结合，重点建设现代特色农业（核心）示范区等各类科技园区、产业园区，努力提高支农资金使用综合效率，最大限度地提高经济、社会、生态效益。设立农业发展引导基金，引导农民自有资金、社会资金投向，引导和促进农民流转土地，推进高标准农田、标准化生产示范基地建设，加快设施农业、精品农业和创意农业发展。

2. 改革奖补制度，提高政策效能

目前，国家层面上的农业补贴项目有 50 多种，对稳定农业生产、增加农民

收入发挥了巨大作用，但存在着目标导向不太清晰、操作机制不太健全等问题，逐渐出现了惠农增收效应递减现象，政策的导向性和效能不能充分发挥。应调整支农补贴思路，努力形成有利于保障粮食安全、加快科技进步、推进结构调整、促进农业现代化发展的明确政策导向。

一是创新补贴资金管理体制机制，提高惠农补贴的针对性、精准性和实效性。在国家补贴制度改革前，保留四大补贴的“普惠”现状，将新增补贴资金、项目补贴等政策向家庭农场、合作社和其他新型农业经营主体倾斜。建立健全粮食产区利益补偿、耕地保护补偿、生态补偿制度和重大技术措施推广补助、土地流转和规模经营奖补、现代农业示范区奖补政策，探索并完善农产品目标价格补贴制度，提高补贴政策的指向性和长效性，引导农业的可持续发展。

二是完善政策性农业保险制度，建立支农惠农政策的长效机制。扩大农业保险险种和覆盖面，提高补贴比例，逐步实现种植业、养殖业、森林保险全覆盖。开发以农业收入为标的的农业保险产品，探索优势农产品生产保险，开展设施农业保费补贴政策试点。鼓励、引导农业保险机构在农村地区增设服务网点，建立政策性和商业性保险相结合的农业保险体系。

3. 加强督促检查，确保资金安全

目前支农资金管理中重分配、轻管理倾向明显，缺乏有效的监管手段，追踪监管不力，支农资金“跑、冒、滴、漏”现象频发，急需建立科学的支农资金运行管理的长效机制，不断强化财政支农资金规范管理、使用制度和机制，保障支农资金运行安全和合理有效使用。

一是建立支农资金的监督机制。充分发挥财政、审计、监察及群众监督的整体合力，对资金运行的申报、立项、分配、运行的整个流程实行全过程跟踪问效、监督检查。对工程项目建设全部实行招标投标制、合同管理制、工程监理制、竣工验收制，发挥市场监督作用。实行支农资金公开制，将支农资金的项目名称、数量、项目安排等情况通过政务公开栏向群众公开，接受群众监督。

二是建立支农资金绩效考评制度。对项目经济效益与社会效益、近期效益与长期效益采用定量分析与定性分析相结合的综合绩效评价，实行“奖优减劣”，改变过去“重分配轻监督、重争取轻管理、重拨款轻检查”的做法，让有限的资金得到更好的利用，提高支农资金使用的效益。

三是确保资金安全使用。财政和农业主管部门以及农村基层组织和干部都必须按照规定使用和管理财政支农资金，规范资金支出行为，严禁以任何形式用财政资金设置“账外账”和私存私放。严格资金管理程序，推行财政支农资金国库集中支付、县级报账制，坚决解决支农项目中截留、挤占、挪用、骗取惠农资金的问题。

(四) 吸引社会资本参与，拓宽农业融资渠道

随着农村青壮年劳动力持续向外转移，农业劳动力老龄化、农村“空心”

化、农业副业化、农户兼业化日益严重，生产成本难以降低，劳动生产率难以提高，农业投入少、收益低的弱势地位更加明显，依靠农民自身力量实现农业现代化建设目标成为一项不可能完成的任务。必须跳出农业、农村的固有思维，动员全社会力量共同参与农业现代化建设。用市场化手段引导社会资本进入农村、农业，是摆在我们面前的紧迫任务之一。

1. 建立完善产权交易市场

农村产权交易平台是城乡生产要素合理配置和双向流动的有效载体，是吸引城市资本进入农村参与农业现代化建设的快速通道和纽带。要借鉴成都、重庆、武汉、北京等外地经验，努力走出一条农村产权交易市场建设的广西路径。

一是在总结田东县产权交易中心经验的基础上，按照“统一、开放、竞争、有序”的原则，逐步在全区重点市县（分区域）建立非盈利性、综合性的农村产权交易市场，在各市县设立分支机构，出台统一的市场准入、交易规则、信息披露、监督管理系列制度，规范交易行为，打造公开、公平、公正的市场化交易平台，全面激活以土地为主的农村资源的流动性和资本属性，实现城乡资源的有效配置。

二是将分属国土、规划、农业、林业、科技等部门管理的生产要素交易整合到统一的市场平台，把土地、房屋、林地、水面、荒地、滩涂、农业生产设施等农村资源和新良种、新技术等知识产权，以及建设用地指标、涉农项目招投标、抵押融资等竞争性领域纳入农村产权市场交易范围，尽可能实现农村生产要素的全覆盖，提升农村产权交易市场的地位和影响力。

三是采取财政资金引导、减免税费、贴息等多种政策形式，加快交易平台、信息平台、服务体系建设，支持各类金融机构、信用担保机构为农村产权交易提供融资、担保服务，帮助职业农民、种养大户、家庭农场、合作社等新型农业经营主体入市交易，鼓励城市资本投入农村产权交易活动，促进农村产权交易市场发展。

2. 完善社会资本进入政策

农村土地制度改革和土地流转加速为社会资本进入农村农业创造了基础条件，还须进一步完善社会资本进入农村的系列政策，提高社会资本进入的积极性。

一是制订完善鼓励产业目录，引导社会资本参与土地流转和发展现代农业。重点鼓励工商资本承包农村耕地，发展适合企业化经营的现代种养业，参与建设生产基地、示范园区；鼓励社会资本与农民合作、联合，发展休闲观光、创意农业、设施农业、循环农业等农业新型业态和企业化生态化农业；鼓励和支持工商企业从事农业上下游配套产业，进入农产品加工流通和社会化服务流域，采取 PPP 等模式投资建设农业基础设施。

二是制定针对性强的激励措施，鼓励社会资本参与农业现代化建设。加大政府向社会力量购买农村基本公共服务的力度，引导社会资本逐步进入农村；出台农业生产建设用地政策，适当放宽农村土地的农业用途范围，明确生产设施、附属设施和配套设施用地直接用于或服务于农业生产的按农用地管理，同时简化用地、规划、建设办理手续，解决发展现代农业附属设施用地等突出问题。对大规模投资于农田基本建设、高效生态农业、“四荒”地开发的工商企业，按其投资额直接给予财政奖励。对与农民合作社、种养大户合资合作组建农业企业，发展现代农业生产、现代流通平台等农业薄弱环节的经营行为，给予农民合作社等相同的扶持政策。

三是完善用地管理和监督制度，建立完善资本退出机制。对流转后的土地经营项目进行严格监管，保证土地利用符合国家政策和产业规划要求，及时查处、纠正“非农化”违规行为。对资本在农村经营不善、“圈地”造成浪费的，强令其退出并给予严格处罚乃至没收，扼制土地流转中的“圈地冲动”。

3. 增强农村农业融资能力

农业的发展、农村的繁荣离不开金融的支持。针对农村农业缺乏有效抵押品的现状，要从营造良好的农村金融环境入手，加大农村金融服务体系建设力度，迅速增强农村农业的融资能力。

一是支持金融机构创新农村金融服务，拓宽农村金融服务领域。落实县域金融机构涉农贷款增量奖励和农村金融机构定向费用补贴政策，引导金融机构适当放宽特色化、规模化农业产业的抵押条件，加大涉农贷款投放力度。大力发展政府支持的三农融资担保和再担保机构，鼓励开展三农融资担保业务。尝试建立符合农村特色的抵押方式和融资工具，扩大农业抵押品范围，鼓励开展土地经营权抵押业务，探索开展农户宅基地、农村住房产权、农产品期货或期权抵押质押业务。在合理授信的基础上，探索开展“农民合作社+农户”“产业化龙头企业+家庭农场”等产业链式联保贷款业务，推出适应农业长周期、季节性生产特点的简式快速贷款、自助循环贷款等新产品。

二是鼓励和支持有条件的产业化“龙头”企业、农村特色企业、农民合作社和家庭农场组建和参加资金互助合作社，将社员的生产经营设施作为担保抵押物，社员相互担保获得银行贷款。在基层组织能力较强、农民法律意识普遍较好的村、组以及生产稳定、经营规范的合作社试点信用贷款模式，金融机构与基层政府、农村组织及农户共同参与，给试点范围内的农户评出初始信用等级，农户凭信用不需任何抵押物，仅凭基层组织、合作社证明和个人身份证就可申请、获得银行贷款，此后根据其还款信用累积信用积分，逐步提高信用等级和信用贷款额度。

三是参照城市建设投融资平台模式，组建并做实“融资、建设、开发、经营”四位一体的农村基础设施建设投融资公司，构建多元投融资渠道。坚持“市场主导、政府引导”的原则，由政府牵头，引入企业及农村各类市场主体参与组建公司，按照政策导向、市场化运作、企业化管理的发展思路，有效整合农村公有资产资源，承担小城镇和新农村建设、农业基础设施建设的资本运作任务。允许公司运用银团综合授信、公司信用担保、建设项目贷款、特许经营权转让、无形资产担保、土地增值收益权抵押、发行公司债券、农村建设债券、PPP模式等多种方式进行资本运作，筹集建设资金。

（五）坚持“五化”协调发展，全力推进现代化建设

经过30多年的改革开放，我国已进入工业化中期，农业、农村也进入了新的发展阶段。“十八大”报告指出，要促进工业化、信息化、城镇化、农业现代化同步发展。近几年来，生态文明建设也摆到了重要位置。因此，农业现代化建设要与工业化、城镇化、信息化、生态化“五化”同步，共同推进农业农村发展。

1. 以工业化提升农业现代化

工业化为农业现代化发展创造了技术条件，提供了资金与物质支持，是农业现代化的前提和基础。

一要大力发展农产品加工业。坚持改革创新，完善机制，鼓励和支持各类市场主体采取多种形式创办农产品加工企业，发展加工产业集群。加强农产品加工技术研发体系建设，强化协同攻关，促进特色农产品初加工、精深加工和综合利用等重点技术的升级和重大装备技术的突破。探索园区封闭式管理、企业化运作的体制机制，全面提升农产品工业园区建设、管理水平。

二要以工业理念发展农业。把工业集约化经营、规模化生产、市场化运作的基本理念运用到农业生产领域，用企业化方式组织农业生产，并用现代公司治理结构方式发展企业。大力发展特色优势产业，突出主导产品，加快结构调整步伐。积极采用绿色环保生产技术和投入品，提高农产品品质，保障食品安全。努力发展新型农业经营主体，加快土地流转，扶持规模经营，不断提高农业集约化水平。加大营销工作力度，筹谋农产品营销组织，抢占农产品市场。加速提升农业机械化水平，提高劳动生产率、土地产出率，实现农业经济效益的快速增长。

三要推进农村一、二、三产业融合发展。立足资源优势，以市场需求为导向，大力发展特色种养业、农产品加工业、农村服务业，通过发展乡村休闲旅游产业将农业、农产品加工和销售、餐饮、休闲以及其他服务业有机地整合在一起，延长农业产业链，壮大农村经济。

2. 以城镇化促进农业现代化

农业现代化与城镇化是相互促进的。城镇化吸引和容纳农村剩余劳动力，促进农村土地流转、适度规模经营和传统农业向现代农业迈进，提升农业生产效率和农业收益，从而推动农业现代化发展。

一要加快特色城镇建设。按照“一城一特色，一镇一产业”的思路，统筹

推进特色城镇建设，充分突出小城镇自身特点，体现自然特色、产业特色以及历史文化底蕴等，提高城镇人口、产业集聚能力和自我发展能力。

二要持续推进产城互动。坚持以产兴城、以城促产、产城互融、城乡统筹的思路，以发展聚集产业、建设产业园区作为城镇发展的重要引擎，培育产业发展与城镇建设的良性循环，推进新型城镇化与新型工业化的融合，增强城镇吸纳农村富余劳动力的能力。

三要提高城镇管理能力。坚持建管并重，加强公共服务体系建设和公共设施的管理、维护，打造文明生态城镇、宜业宜居城镇。加快城镇户籍制度、社会保障制度改革，减少农村人口入镇定居的困扰，增强对农村人口的吸引力。

3. 以信息化引领农业现代化

信息化是农业现代化的关键内容和必要基础，是农业现代化的方向，更是促进农村经济发展的新引擎。

一要加快农村信息网络建设。发挥政府的主导作用，加大对农村信息化基础设施建设的财政补贴和奖励，加快光纤进村入户。构建区、市、县、乡、村各级信息管理平台，建立农业信息网络体系，为农业经营者提供丰富精确、畅通及时的农业信息，为其制定经营目标、优化产品结构、应用先进技术、改进管理措施、拓展市场空间、提高经营效益等提供可靠依据。加快普及农业信息化基础知识，使广大农户、合作社和农业企业都具备基本的信息搜集、处理、存储、传递、运用能力。

二要大力发展“互联网+农业”。鼓励农户和农业企业加入物联网体系，发展智慧农业，实时远程监控农业生产、经营管理全过程，提高农业的自动化水平，实现农产品安全质量可追溯，提高农产品安全质量信誉和竞争能力。开展电子商务进农村综合示范活动，用“政府购买+企业运营”的方式，支持电商、物流、商贸、金融等企业参与涉农电子商务平台建设，通过线上线下结合的办法，大力发展农产品电子商务营销，有效推介自己的产品，增强市场知名度和影响力。鼓励供销合作社、邮政及其他传统实体企业利用互联网打造农资供应、技术推广、农机服务、交运物流、融资服务、土地流转等智能服务体系，对农产品生产与市场进行灵活快速有效的对接。

4. 以生态化完善农业现代化

生态化是中国特色农业现代化的重要标志和目标之一，是提高农业可持续发展能力的基本要求，只有具备生态功能的农业现代化才是中国特色的新型农业现代化。

一要建立生态农业的宣传、培训、监控、扶持、奖励制度，建立健全标准化评估体系、考核评价体系，实行最严格的源头保护制度、损害赔偿制度、责任追究制度，完善生态补偿制度，为生态农业健康发展提供制度保障。

二要结合生态乡村建设，加强农业面源污染治理，深入开展测土配方施肥，大力推广生物有机肥、低毒低残留农药，发展物理防虫、生物治虫、土壤污染修复、节约型农业等生态环保农业技术，把生态农业作为发展特色优势农业的有力抓手，努力走出一条具有广西特色的农业现代化道路。

三要积极开展循环农业经济模式研究，总结和提升不同经济条件、生态类型的循环农业实用技术和模式，努力打造技术成熟、经济适用的循环农业经济链，建立以农产品、畜禽产品、林产品、水产水禽产品生产加工为主导的循环农业经济体系，推进农村废弃物的减量化、再利用和资源化，提高农业可持续发展能力，实现经济、生态和社会效益的统一。

（六）加强领导，强化宣传，保障各项工作顺利推进

促进土地流转、推进农业现代化是各级政府义不容辞的责任。政府既要克服好大喜功、违背农民意愿进行土地流转和土地整治的“越位”行为，又要克服对农民违规行为放任自流，缺乏宣传、引导、服务、扶持的“缺位”行为，摆正位置，在制度建设上、思想认识上、综合协调上下功夫。

1. 注重顶层设计，规划引导建设

土地流转制度改革和农业现代化建设是一项涉及政府、企业和广大农民，事关农村农业发展大局的系统性工程，要通过政府自上而下的协调指导与农村基层自下而上的大力响应以及“龙头”企业、工商资本等农村各个利益群体的积极推动，三方协同发力，才能又好又快地达成建设目标。

一是制定完善顶层设计。自治区及市县政府要从实际需求出发，运用系统的思维、整体的观念，抓住土地流转和农业现代化发展的主要矛盾，作出从上而下、以难带易的顶层制度设计，明确土地流转制度改革和农业现代化建设的整体思路、战略目标、基本方向、重点任务、实现路径、主要措施等，为土地流转制度改革和农业现代化建设指明道路。

二是发挥规划的引领作用。把规划作为重要的基础工作来抓，高起点、高标准地制定相关规划，从而推动土地流转和农业现代化建设。制定农业现代化建设总体规划及若干分规划，科学合理规划农业现代化方向、进程、重点、措施，明确发展思路，引导农业现代化有序发展。制定农业产业发展规划，确立农业产业发展指导思想和目标、发展任务、主攻方向和区域布局，打破村与村、乡与乡的界限，引导土地向特色优势产业集中，向优势区域集中，促进农业增效、农民增收。制定土地流转规划，控制好土地流转总量、结构和动态平衡，引导农地流向优质高效现代农业项目。制定农业基础设施建设规划，引导建设力度向优势产业、优势区域倾斜，向直接制约土地流转和现代化发展的重点基础工程倾斜，为培优培强产业奠定基础。

2. 强化舆论引导，做好宣传动员

思想是行动的先导。要积极发挥舆论先行和引导作用，树立正确的舆论导

向，全力营造全社会尤其是广大农村干部和农民群众认识、理解和参与土地流转，关心、支持农业现代化建设的良好氛围。

一要加大土地所有权、承包权、经营权“三权”分置宣传教育，采用广播、电视、公益短信、公共微信、开辟专栏以及召开培训动员会、印发宣传资料等方式，抓好农村土地流转政策的宣传、解释、引导、指导等工作，解除农民疑虑，引导广大农民切实转变观念，调动其参与土地流转的自觉性和积极性。

二要加强农村基层组织建设，充分发挥农村“两委”干部和党员的模范带头作用，引导农民增强“依法、自愿、有偿”流转土地的政策法律意识。适应农村发展形势，引导村民修订村规民约，增添新形势下的新内容，使之成为引领农村向现代化迈进的有力武器。积极挖掘、树立土地流转和农业现代化先进典型，召开相关现场会、交流会，总结、推广工作经验。

三要加强典型示范，让农民看到土地流转可以提高农产品质量和农业效益，可以不断增加农民收入，用实实在在的利益帮助农民转变思想观念，加快土地流转。

3. 明确部门职责，加强协调管理

为有效推进土地流转、促进农业现代化建设，明确各级农业部门作为主要责任部门，政府其他各相关职能部门必须把自己准确定位于“服务者”的角色，围绕中心工作，密切协作，齐抓共管，形成工作合力。

一是各职能部门按照上级的要求，对涉及本部门的工作进行细化分解，认真抓好落实。做到每项工作都有具体人负责，有明确要求，有具体措施，有监督考核和责任追究机制，高效推动工作。

二是对涉及多个部门的工作，要明确牵头部门，分清主次责任，建立完善工作协调机制，搭建沟通联动平台。牵头部门要加强与相关部门的沟通协调，积极跟踪工作进展，掌握工作全面情况，发布工作进展通报。其他部门要明确工作重点、主要职责，遇到问题不推诿，本部门难以解决的要及时向牵头部门通报，会同相关部门共同解决。

三是加强农村土地流转和农业现代化问题的研究，对国家政策、发展形势、农民需求、外地经验进行深入分析探讨，适时制定出台支持土地流转和农业现代化发展的政策措施。

4. 争取国家支持，加快建设步伐

广西经济发展相对滞后，政府自有财力、农民经济实力有限，必须争取获得国家的大力支持，才能加速农业现代化建设步伐。

一是请求国家将广西列入农村产权制度全面改革试点。授权广西根据实际对《土地管理法》《农村土地承包法》作适当调整，积极探索集体所有制的有效实现形式、家庭联产承包制的创新形式和农村耕地、集体建设用地的市场机制，大力发展以农村产权为纽带的农民股份合作社等具有法人资格的新型农业经营体系，建立广西特色的集体所有制、家庭承包制度和现代农村产权体系，实现农村土地资源的市场化配置，完善农村市场经济体制，不断增加农民的财产性收入。

二是请求国家加大对广西农业现代化建设的支持力度。进一步提高农业综合开发、土地整理、农田水利建设等专项资金的转移支付水平，降低地方配套资金比例额度；加大对广西农业科技体系建设的支持，重点增加农业技术教育培训、农业科技推广机构建设的专项支持，对广西主要农产品生产、加工技术研究拨付专项科研资金，协调国家科研、教育机构加大技术、人才支持；增加广西农村金融建设支持，鼓励金融机构在农村增设网点，扩大农村信贷资金额度和农业保险覆盖面；将广西产业功能区规划中的生态功能区全部纳入国家重点生态功能区转移支付补助范围，支持广西生态农业、循环农业发展；鼓励和支持发达地区与广西贫困地区结成帮扶对子，从资金、项目、技术、人才等方面进行全面帮扶；从产业项目上给予大力支持，将更多的农业产业项目安排到广西，并组织、引导国有大型企业，尤其是央企进入广西农村开发特色优势农业，帮助广西现代农业发展。

六、主要政策建议

农村土地流转和农业现代化建设是一项长期、艰巨的任务，当前应着力做好以下工作。

1. 制定完善顶层设计

抓住土地流转和农业现代化发展过程中的主要矛盾，作出从上而下、以难带易的顶层制度设计，明确土地流转制度改革和农业现代化建设的整体思路、战略目标、基本方向、重点任务、实现路径、主要措施。明确各级农业部门作为该项工作的主要责任部门，制定农业现代化建设总体规划、农业产业发展规划、土地流转规划，发挥规划的引领作用。制订完善鼓励产业目录，制定针对性强的激励措施，引导社会资本参与土地流转和发展现代农业。加强农村土地流转和农业现代化问题的研究，适时制定出台支持土地流转和农业现代化发展的政策措施。

2. 出台“广西农村土地流转条例”

结合广西实际对国家土地流转政策制定操作细则，具体指导土地流转工作。“条例”要确立农民的主体地位，切实保护农民利益；明确政府的角色定位，强化引导和服务；加强土地流转服务平台、中介组织建设，制定和推行土地流转规范流程、格式合同；支持各市县建设土地流转示范区，鼓励土地承包责任制、土地流转模式的探索创新；建立老年农民退地退休制度、青年农民到城镇创业制度，完善土地流转的市场机制、激励政策和保障机制及耕地撂荒、无理阻碍土地流转、农用土地非农化的惩罚机制等其他配套政策。

3. 建立完善产权交易市场

在总结田东县产权交易中心经验的基础上，逐步在全区重点市县（分区域）

建立非盈利性、综合性的农村产权交易市场，将分属国土、规划、农业、林业、科技等部门管理的生产要素交易整合到统一的市场平台，出台统一的市场准入、交易规则、信息披露、监督管理系列制度，规范交易行为，打造公开、公平、公正的市场化交易平台。

4. 整合政府支农资源

成立由区政府主席挂帅，发改、财政、农业、国土等相关部门参与的支农资金协调管理机构，从自治区层面开始进行财政支农资金整合工作，各市、县成立相应机构，协调支农项目的申报、实施，统一管理使用支农资金，强化支农资金的监督机制，改变支农资金使用分散、效率不高的状况，力求最大限度地发挥引导作用。

5. 组建并做实农村基础设施建设投融资公司

参照城市建设投融资平台模式，由政府牵头、引入工商企业及农村各类市场主体参与组建公司，实行市场化运作、企业化管理，有效整合农村公有资产资源，拓宽融资渠道，承担小城镇和新农村建设、农业基础设施建设的资本运作任务。

6. 争取国家更多支持

请求国家将广西列入农村产权制度全面改革试点，授权广西根据实际对《土地管理法》《农村土地承包法》作适当调整，建立广西特色的集体所有制、家庭承包制度和现代农村产权体系。开展财政补贴资金管理体制机制创新探索，将新增补贴资金、项目补贴等政策向家庭农场、合作社和其他新型农业经营主体倾斜。进一步提高农业综合开发、土地整理、农田水利建设等专项资金的转移支付水平，鼓励和支持发达地区及央企与广西贫困地区结成帮扶对子，进行全面帮扶。

课 题 顾 问：黄　洲
课 题 指 导：邹荣林
课题组组长：张　森　王朝胜
课题组副组长：何万钊　唐东风
课题组成员：凌　静　陈中春　莫海平　王幸福
执　　　笔：邹荣林　张　森　唐东风　凌　静

广西沿海城市功能分工研究

【引言】广西是西南地区唯一的沿海省份，沿海是广西发展的优势资源。根据国内外城市发展的路径，城市和人口向海集聚，形成大型城市群，是沿海城市发展的一般规律。如何做好沿海的文章，打造具有“龙头”作用的城市群，始终是广西开放开发的重要课题。纵观广西多年来的发展路径，围绕“八山一水一分田还有一片海”的区情，历经对资源牌、山水牌、少数民族牌、广东牌的有益探索，但沿海地区很长时期均未发挥龙头作用。近年来，在北部湾经济区开放开发上升为国家战略以来，广西沿海城市群发展迅速，基本上形成了以南宁为核心城市，北海、钦州、防城港为中心城市的发展格局。但是从城市功能分工来看，南北钦防存在生产、服务职能混同，专业分工不足，南宁对周边地市辐射带动能力较弱，北海、钦州、防城港等沿海城市增长能力较弱，临港大工业的规模效益和集聚效益尚未显现等问题。本课题在借鉴发达国家城市群发展经验的基础上，以功能分工为突破口，统筹分析广西沿海各市的区位、要素优势和产业结构，通过合理重组赋予各市的城市分工功能，实现优势互补、错位发展，提升北部湾经济区城市的集聚和一体化水平。

一、广西沿海城市功能分工的历史和现状

（一）广西沿海城市群功能分工的演进

所谓城市功能（又称城市职能），是指城市在一个国家或地区所承担的政治、经济、文化等方面的任务和所起的作用。国际经验表明，世界城市职能并非集中在一个重要城市，而是都有一个支撑其发挥控制职能的高度发达城市区域作为腹地延伸，形成高度整合、一体化的区域体系。广西沿海城市的功能分工也经历了这样一个过程。2005 年，广西“十一五”规划提出“要以南北钦防为重要组成部分，要进一步统筹规划，整合资源，加快基础设施建设，加快产业布局，促其尽快崛起”，第一次将沿海的南北钦防作为一个整体统筹建设。2008 年，由南北钦防组成的北部湾经济区正式上升为国家战略，明确提出建设南宁、钦防、北海、铁山港、东兴（凭祥）五个组团，努力建成中国—东盟开放合作的物流基地、商贸基地、加工制造基地和信息交流中心，成为重要的国际区域经济合作区。2009 年，《广西北部湾经济区城镇群规划纲要》提出，城镇群要构筑“一主、五副、多中心”的中心体系，以南宁为主中心，以北海、钦州、防城港、玉林、崇左 5 市为区域性副中心，以县城和重点镇为地区性中心城市（镇），重点推进南宁大都市区、钦 - 防联合都市区、北海都市区、玉林都市区优先发展。2014 年新修订的《广西北部湾经济区发展规划》提出，加快广西北部湾城市群建设，打造南北防钦玉崇城市群，构筑南宁 + 沿海、南宁—沿海、玉崇“双极、一轴、一走廊”的多层次空间格局，成为中国—东盟合作的重要区域。

经过 10 年的演变，广西沿海发展的空间布局和功能分工更加清晰，城市群的区域功能、经济功能、基础功能不断强化，专业化水平不断提升。在全区层面，广西沿海城市群多项指标领跑全区，经济“龙头”地位突出。2014 年城市群 GDP 比全区高 1 个百分点，比珠江—西江经济带广西 7 市高 1.7 个百分点，对全区 GDP 增长的贡献率为 38.7%，财政收入增幅比全区高 1.5 个百分点，规模以上工业增加值增幅比全区高 3.7 个百分点，对全区贡献率达到 39.8%，进出口总额增幅比全区高 4.4 个百分点，呈现加速态势。在全国层面，广西沿海城市群的总体发展水平虽然仍落后于长三角、珠三角、武汉城市群和长株潭城市群等发达城市群，但是基本与成渝城市群、皖江经济带水平相若（见图 1）。

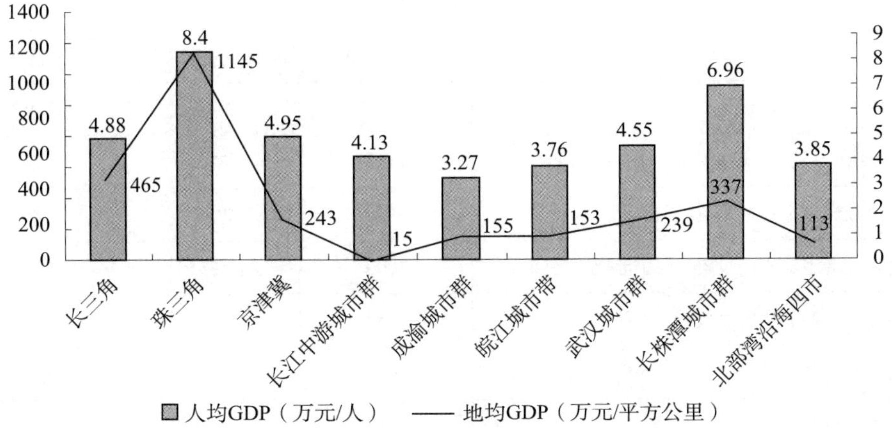

图1　北部湾沿海四市与国内城市群GDP对比

（二）广西沿海城市群功能发挥的情况

1. 区域功能快速提升，城市群处于快速成长阶段，同城效应逐步显现

2013年，广西沿海四市的城镇化率、工业化率分别为51.1%、34.5%，形成了Ⅰ型大城市1个（南宁）、Ⅱ型大城市1个（钦州）、中等城市2个（北海、防城港）。根据综合城市群发展阶段判定标准，目前广西沿海四市处于城市群快速成长阶段（见表1）。随着《广西北部湾经济区同城化发展推进方案》的分步实施，预计2015年南北钦防4市将在通信、交通、产业、城镇体系、旅游服务、金融服务、教育资源、人力资源社会保障、口岸通关一体化九大领域初步实现同城化。

表1　广西沿海城市群发展阶段的具体指标评判标准

指标	雏形开发阶段	快速成长阶段	趋于成熟阶段	成熟发展阶段
城镇化率/%	20～30	30～60	60～80	80以上
工业化率/%	小于40	40～60	60～80	80以上

注：评判标准参照姚士谋、陈振光、朱英明所著《中国城市群》，中国科学技术大学出版社，2006年出版。

2. 经济功能显著增强，城市群经济指标不断攀升，特色产业集群加快形成

广西沿海四市地区生产总值从2008年的2220亿元增加到2014年的5448.2亿元，年均增长16.1%，占全区比重由31%提高到34.8%；财政收入从271.1亿元增加到857.6亿元，占全区比重由32.1%提高到39.7%；工业总产值从2008年1642.9亿元增加到2014年的6900亿元，年均增长26.9%，比全区高16.3个百分点，初步形成了南宁市以现代服务业和高新技术产业为主，钦北防以重化工业和港口物流为主的各具特色又分工合作的产业发展架构。2013年广西城市群经济指标对比见表2。

表 2　2013 年广西城市群经济指标对比

指标	沿海四市	桂西资源富集区	西江经济带
人均 GDP/（万元/人）	3.85	2.13	2.94
地均 GDP/（万元/平方公里）	1132	220	700
人均全社会固定资产投资/（万元/人）	3.40	1.87	2.42
地均全社会固定资产投资/（万元/平方公里）	1000	193	577
人均社会消费品零售总额/（万元/人）	1.57	0.53	1.05
地均社会消费品零售总额/（万元/平方公里）	462	54	251
人均进出口总额/（万美元/人）	0.12	0.13	0.03
地均进出口总额/（万美元/平方公里）	35.12	13.05	6.06

3. 基础功能日臻完善，港口和通道建设加快推进，开放合作初见成效

2014 年，北部湾港完成货物吞吐量超过 2 亿吨，外贸货物吞吐量 1.3 亿吨，集装箱吞吐量 112 万 TEU，与 2008 年相比，分别增长 1.4 倍、1.4 倍、2.3 倍。沿海港口建成泊位 241 个，其中万吨级泊位 66 个，分别比 2008 年增加 29 个和 26 个，初步形成了以首府南宁为中心，以广西北部湾港为龙头，以出海出省出边高速公路、铁路和南宁枢纽机场、北海支线机场为主骨架，市县二级公路为干线，水陆联运、城乡衔接、四通八达的综合交通运输网络，已成为全国交通体系中通往东盟的国际大通道和重要的综合交通枢纽。在开放合作方面，以中马钦州产业园区为代表的国际产业合作加快推进，以“南宁渠道”为代表的大湄公河次区域合作务实推进，以钦州保税港区为龙头的保税物流、港航物流快速发展，以东兴国家重点开发开放试验区为代表的跨境合作持续推进，城市群对外开放开发迈上了新台阶。

4. 社会功能不断完善，公用设施水平稳步提升，医疗教育服务能力明显提高

随着城市群经济总量的上升，城市公用设施、医疗、教育等方面都有了进一步发展，城市综合承载力不断提高。2008～2013 年，广西沿海城市群城镇常住人口从 569.5 万人增加到 639.1 万人，常住人口城镇化率从 45.2% 提升到 51.1%，年均提高 1.1 个百分点；城市建成区面积从 319.8 平方公里增加到 476 平方公里，年均增长 31.2 平方公里；城市道路面积从 3718 万平方米增加到 5999 万平方米，年均增长 456.2 万平方米；公园绿地面积从 2600 公顷增加到 4201 公顷，年均增长 320.2 公顷；人均教育支出从 239.7 元增加到 939.2 元，每万人拥有床位数、医生数从 24.9 张、13.5 人增加到 35.5 张、21.9 人（见表 3）。

表 3　广西沿海各市城市基础设施和服务设施变化情况

年份	指标		南宁	北海	防城港	钦州
2008	公共设施水平	用水普及率/%	100	54.29	98.22	91.79
2013			96.81	99.73	100	97.25
2008		用气普及率/%	98.39	56.64	84.53	82.64
2013			99.96	99.88	92.92	96.66
2008		人均城市道路面积/m^2	12.62	10.42	20.60	19.80
2013			14.28	20.94	38.32	33.62
2008		人均公园绿地面积/m^2	10.29	3.23	4.86	5.47
2013			13.74	10.85	8.12	7.52
2008		人均住宅面积/m^2	32.57	35.26	29.94	35.94
2013			32.20	44.19	56.02	48.9
2008		生活垃圾无害化处理率/%	100	100	30.09	81.67
2013			100	100	95.07	91.21
2008	医疗服务	每万人拥有床位数/张	30.51	23.50	21.40	15.66
2013			43.41	37.98	34.01	20.46
2008		每万人拥有医生数/人	17.95	15.25	9.45	5.27
2013			24.53	18.31	17.44	19.69
2008	教育服务	人均教育支出/元	284.52	184.50	407.03	139.64
2013			970.69	1003.07	1108.24	814.84
2008		普通中小学数/所	651	160	289	413
2013			635	162	214	446

（三）广西沿海四市城市功能定位的对比分析

城市功能定位是根据一个城市的自身条件、外部环境及其动态变化，确定其在一定空间范围内所处的地位、扮演的角色和所起的作用。与2008年《广西北部湾经济区发展规划》相比，广西沿海四市在对区域发展条件、外部环境及其动态变化进行科学分析的基础上，形成了各具特色的城市发展形态，城市分工日趋合理，功能不断完善（见表4）。

表 4　广西沿海四市城市功能定位演化分析

地区	2008 年《广西北部湾经济区发展规划》	2009 年《广西北部湾经济区城镇群规划纲要》	2014 年修订《广西北部湾经济区发展规划》
南宁	发挥首府中心城市作用，重点发展高技术产业、加工制造业、商贸业和金融、会展、物流等现代服务业，建设保税物流中心，成为面向中国与东盟合作的区域性国际城市、综合交通枢纽和信息交流中心	广西壮族自治区首府，是我国面向东盟开放合作的国际性门户城市。要打造成为中国—东盟自贸区中的区域性国际城市，区域性综合交通枢纽，西南现代服务中心与创新基地，北部湾城镇群的旅游服务基地和生态绿城	作为核心城市，充分发挥面向东盟开放合作门户城市的作用，承担打造西南中南地区开放发展新的战略支点的重任，加快建设区域性现代商贸物流基地、先进制造业基地和金融中心、信息交流中心，建成区域性国际城市、区域性综合交通枢纽、西南现代服务中心与创新基地、北部湾城镇群的旅游服务基地、内陆开放型经济战略高地和广西首善之区
北海	按照特大城市规模规划建设，发挥亚热带滨海旅游资源优势，开发滨海旅游和跨国旅游业，重点发展电子信息、生物制药、海洋开发等高技术产业和出口加工业，拓展出口加工区保税物流功能，保护良好的生态环境，成为人居环境优美舒适的海滨城市	要建设成为服务全国、面向东盟国际的亚热带滨海旅游度假胜地；中国—东盟区域经济合作中重要的商贸基地；广西海洋产业基地和高新技术名城；南国宜居城市	要发挥宜居优势，建设成为服务全国、面向国际的亚热带滨海旅游度假胜地；中国—东盟区域经济合作中重要的商贸基地；现代产业集聚地；广西海洋产业基地和高新技术名城；南国宜居城市
钦州	按照大城市规模规划建设，依托港口开发和临港工业发展，建设保税港区，成为利用两个市场、两种资源的加工制造基地和物流基地	依托港口和国家保税港区，发展外向型经济，建设成为中国西南沿海重要的工业基地，北部湾沿海生产性服务中心、商贸服务中心和农产品集散中心	依托港口和保税港区，发展外向型经济，建成北部湾临海核心工业城市，北部湾沿海生产性服务中心、商贸服务中心和农产品集散中心
防城港	按照大城市规模规划建设，依托深水港和企沙重工业基地开发，成为利用两个市场、两种资源的加工制造基地和物流基地	建设成为国际性航运中心，沿海现代化制造业基地，西南沿海重要的新型能源基地，以海洋文化和边境贸易为特色的风景旅游城市	依托深水港、企沙重工业基地和沿边优势，建成北部湾现代化主要港口城市，沿海现代制造业基地，西南沿海重要的新型能源基地，以海洋文化和边境贸易为特色的风景旅游城市

1. 南宁

第一，保留了“区域性国际城市”和“综合交通枢纽”，新增了“内陆开放型经济战略高地”和“广西首善之区”功能。从必要性来看，南宁作为广西首府城市，提升城市首位度，打造成为对全区经济社会发展有影响力、贡献力和辐射力的首善之区是其义不容辞的任务；再者，南宁面向东南亚，背靠大西南，东邻粤港澳琼，西接印度半岛，处于我国华南、西南和东南亚经济圈的结合部，是环北部湾沿岸的重要经济中心，良好的区位优势决定了南宁要在“一带一路”建设中有所作为，就必须统筹海陆优势，建成区域性综合交通枢纽，有效撑起西南、中南和东盟开放合作的战略支点，形成内陆开放型经济战略高地和区域性国际城市。从可行性来看，南宁具备了一定的经济基础、交通和渠道优势。在经济基础上，2008～2014 年南宁的经济总量占全区比重由 18.4% 上升到 20.1%，连续 6 年居全区首位；财政收入占全区比重由 22.7% 上升到 24.4%；全社会固定资产投资额占全区比重由 18.4% 上升到 21.2%；全社会消费品零售额占全区比重由 27% 上升到 28.3%。在交通优势上，形成以南广高速公路和南广高速铁路以及右江、西江黄金水道构成东通道，以兰州至海口高速公路南段、六景至钦州港高速公路和南钦、南防铁路构成南通道，以南百高速公路和南昆铁路干线以及云桂线构成西通道，南友高速和湘桂线南凭段构成西南通道，以柳南高速和柳南客运专线铁路构成东北通道，以兰州至海口高速公路和金南铁路构成北通道以及面向东盟的航空网、石油成品油及天然气管道。在渠道优势上，随着中国—东盟博览会、中国—东盟商务与投资峰会的成功举办，《南宁共识》《南宁联合宣言》《南宁倡议》等多项合作成果的形成，“南宁渠道”已然成为中国与东盟政策沟通、设施联通、贸易畅通、资金融通和民心相通的“黄金渠道”。

第二，删除了“信息交流中心”，新增了“西南现代服务中心与创新基地”功能。这是因为信息交流中心涉及信息基础设施建设和电子政务、商务平台、基础信息库建设，基本可以囊括在现代服务中心与创新基地的范畴，但是“西南现代服务中心与创新基地”的区域功能定位过于狭窄，没有考虑从“一带一路”互联互通的建设出发，满足构建与东盟国家 47 个港口城市合作网络以及打造西南、中南开放发展新的战略支点的需要。

第三，2009 年新增“北部湾城镇群的旅游服务基地和生态绿城”，2014 年删除“生态绿城”功能。南宁是一座“草经冬而不衰，花非春仍绽放”的城市，享有“绿在城中，城在绿中”“半城绿树半城楼”的美誉，因此“旅游服务基地和生态绿城”的定位符合其自身特色。但是随着城镇化建设的推进，南宁不仅是广西的核心城市，而且要成为环北部湾城市群的核心城市，旅游服务应该立足环北部湾城市群，发挥南宁旅游集散优势，整合区内外优质旅游资源，打造环北部湾旅游圈服务基地。而“生态绿城”功能删除是因为经过 2008 年“300 米见绿、500 米见园”的公园绿地建设，2012 年“绿、水、新、旧、通”的城市现代生态文明建设，2013 年年底，南宁建成区绿地率、绿化覆盖率和人均公园绿地面积分别达 36.56%、42.1% 及 13.74 平方米，公园绿地服务半径覆盖率达到

90.61%，“生态绿城”目标基本实现。下一步南宁城市品牌功能应延续“青山为屏、邕江为带、山水相衔、绿羽成脉”的理念，结合“中国水城”“海绵城市”工程建设，以“多彩花城”“秀美水城”为目标，打造南宁城市新形象。

2. 北海

第一，“开发滨海旅游和跨国旅游业，成为人居环境优美舒适的海滨城市”功能调整为“建设成为服务全国、面向国际的亚热带滨海旅游度假胜地，南国宜居城市”。这是因为近年来，北海充分发挥资源优势，滨海旅游业得到了快速发展。与2008年相比，2014年北海接待国内游客增加了1076.03万人次，接待入境过夜游客增加了6.52万人次，实现国内旅游收入增加了135.06亿元，旅游外汇收入增加了3187.06万美元。随着亚热带滨海旅游度假胜地知名度不断提升，面向周边地区的海滨城市不能满足全国、世界旅游市场需求，而南国宜居城市契合了北海服务全国、面向国际旅游的定位。

第二，“重点发展高技术产业和出口加工业，拓展出口加工区保税物流功能”调整为“现代产业集聚地，高新技术名城”。这是因为“十二五”以来，北海坚持“两翼齐飞、各具特色、一重一轻”产业发展格局，电子信息、石油化工、临港新材料三大产业加快发展，2014年完成工业产值1313亿元，合计规模以上工业产值占全市总量的80.2%，产业集聚效应明显增强，现代产业集聚基地基本形成。其中电子信息制造业产值达到721.7亿元，拉动规上工业产值增长15.7个百分点，贡献率达69.3%，是2008年的15.8倍，是广西最大的电子产业集群，高新技术名城效应愈发凸显。

第三，新增“中国—东盟区域经济合作中重要的商贸基地，广西海洋产业基地”功能。北海处于“一城系四南”（东南亚、海南、越南、大西南）的重要枢纽位置上，是广西乃至大西南发展加工贸易的基地和对接中国—东盟自由贸易区的前沿阵地，具备了建设中国—东盟区域经济合作中重要的商贸基地的区位、港口、交通优势。再者，北海海岸线全长500.13公里，已开发利用200多公里，大多未进行开发利用；矿产资源已知的有28种，以石英砂、钛铁矿、石膏、陶瓷黏土占优势地位，储量大；栖息着鱼类500多种，虾类200余种，头足类近50种，蟹类190余种，生长有1500种海洋生物，持续资源量70万吨，最佳可捕量33万~35万吨/年；可开发的潮汐能资源总装机容量13.2万千瓦，波浪能资源5.2万千瓦，海洋能源的总功率高达92万千瓦；海水含溴量50~60ppm，是全国海水溴含量较高的海域，光照条件可全年利用海水提溴，具备开发海洋产业的资源优势。

3. 钦州

第一，2008年“加工制造基地”功能调整为2009年“中国西南沿海重要的工业基地”，再调整为2014年“北部湾临海核心工业城市”。这是因为“十二五”期间，钦州以“建大港、兴产业、造新城”为引擎，实现了经济跨越发展，基本形成石化、装备制造两个千亿产业和造纸、能源、粮油加工等百亿元产业的框架。工业总产值由2005年的179亿元提高到2014年的1366亿元，占全区比重由4.5%提高到6.3%，工业对经济增长贡献率达到47.5%，成为经济增长的主要动力。且随着国家战略的不断调整，钦州由沿海开放末梢转变为“一带一路”、中国—东盟自贸区“升级版”的重要节点，沿边金融综合改革试验区、西南中南地区开放发展新的战略支点“脊梁”、中国—东盟港口城市合作网络基地，城市专业分工的变化也带动了城市功能的调整，故钦州产业定位经历了“加工制造基地”到“中国西南沿海重要的工业基地”再到“北部湾临海核心工业城市”演变。从北部湾城镇群“南宁+沿海”双极发展来看，南宁的核心城市定位更多的是从全区层面统筹城镇群发展，而沿海三市拥有相同的海岸线和重叠的腹地市场，又面临来自湛江、茂名等周边地区的竞争，要避免自身内耗、赢得竞争优势，就必须要有一个沿海核心城市引领发展资源的整合。而钦州不仅是北部湾临海核心工业城市，未来还要打造千万标箱集装箱干线港、北部湾自由贸易港核心地区，从发展趋势来看，具备了构建沿海核心城市的要件，因此下一步钦州的城市定位应以“北部湾沿海核心城市”为主要目标来重点打造。

第二，删除了“物流基地”，新增了“北部湾沿海生产性服务中心”功能。现代大型临港产业集群的形成，必将推动产业分工的进一步形成，衍生为先进制造业生产研发、销售、融资等环节服务的生产性服务业。“十二五”期间，钦州依托港口优势条件，重点打造了港口综合物流园区、黎合江商贸物流园区以及皇马综合物流园区，同时在浦北、灵山、陆屋、那丽、尖山、大寺布局物流中心，在城东、武利、寨圩、张黄布局配送中心，作为物流园区的辅助和支撑，基本形成了现代物流产业基地。下一步除了继续发展现代物流业，还应结合沿边金融综合改革试验区，以国家级园区为平台，健全面向东盟的跨境金融服务体系；依托国家第三批“智慧城市”试点，重点发展互联网+城市、互联网+工业、互联网+园区、互联网+港口、互联网+金融，培育发展服务新业态，打造北部湾沿海生产性服务中心。

第三，新增“商贸服务中心和农产品集散中心”功能。作为东南亚与西南、中南地区的贸易节点，“十二五”期间，钦州依托千百亿临港大工业、钦州保税港区、亿吨大港优势，通过货运枢纽、商贸服务、生产服务、口岸服务和综合服务型物流园区建设，积极搭建现代化贸易流通平台；加快建设酒类、油气、煤炭、矿产品、汽车、国际商品直销、跨境电子商务等专业化商品交易，努力构建中国—东盟农产品大市场、中国—东盟国际商贸城、中国—东盟农产品交易集散中心等大型商品交易展示设施，基本具备了西南、中南地区和东盟国家大宗商品交易集散、商贸展示交易中心的条件。下一步应围绕中国—东盟自贸区“升级版”谈判出台相关优惠政策，全面拓展以东南亚为重点的货物和服务业贸易合作，构建以大宗商品集散为主的区域性商贸物流枢纽，打造北部湾专业服务业中心，成为面向东南亚、服务西南中南的区域性国际贸易中心。

4. 防城港

第一，“加工制造基地和物流基地”功能调整为“沿海现代制造业基地，西南沿海重要的新型能源基地”。“十二五”期间，防城港依托东兴国家重点开发开放试验区、中越跨境经济合作区、沿边金融综合改革试验区“三区”建设机遇，充分发挥沿边、沿海“两沿”优势，形成海陆并举的发展格局，发展形成了钢铁、有色金属、食品、核电、石化、装备制造六大支柱产业，实现沿边开发开放新跨越。2014 年防城港规模以上工业总产值比 2008 年增加了 1105. 19 亿元，首次突破千亿元大关，居全区第二位，实现增加值 288. 54 亿元，增长 18%，居全区第二位；重工业占规模以上工业总产值比重由 46. 4% 上升到 62. 3%，重工业化程度进一步加深。因此，结合区位优势和产业发展水平，定位为“沿海现代制造业基地、西南沿海重要的新型能源基地”是符合防城港发展实际的，但是该定位没有突出“物流基地”作为现代制造业重要补充的作用，下一步应在“两基地”建设的基础上，抓住“一带一路”战略机遇，加快物流基础设施建设，规划以物流园区为核心，以国家物流为重点，以区域物流为补充，以港口物流为主体的多层次、社会化、专业化的现代物流体系，探索建立“沿海现代物流基地”。

第二，2009 年新增“国际性航运中心”功能，2014 年调整为“北部湾现代化主要港口城市”。根据《广西北部湾港总体规划》，防城港域定位是以大宗散货运输为主的多功能、现代化综合性港口，钦州港域的定位是以大宗物资和集装箱运输为主的集装箱干线港。而未来北部湾港口建设重点是围绕“千万标箱”展开，北部湾港务集团已将北部湾港集装箱发展重点布局在钦州港区，2015 年防城港的 8 条外贸航线将逐步集中到钦州。因此，防城港已经不具备打造“国际航运中心”的基础条件，而调整后的“北部湾现代化主要港口城市”定位却过于笼统，没有充分体现防城港沿海沿边特色，资源禀赋优势未能转化为经济优势，且相比北海、钦州，防城港的城市规划起步较晚，城市规模最小，城市功能配套不完善，港口城市竞争力明显不足。因此，防城港应立足北部湾，结合“一带一路”建设，推动“北部湾现代化主要港口城市”向“面向东盟的门户枢纽城市”转变。

第三，新增了“以海洋文化和边境贸易为特色的风景旅游城市”功能定位。防城港拥有京族三岛、北仑河口、竹山、“三岛三湾”等滨海休闲度假旅游资源，近期已开辟百里黄金海岸旅游线、十万大山生态养生旅游线、中越跨境海陆旅游线三条精品旅游线路，形成了白浪滩、西湾、金滩和大东沙景区，远期将依托边境旅游异地办证、口岸落地签证优势，开辟防城港—下龙的海上旅游、中越跨境自驾游，基本形成了“以海洋文化和边境贸易为特色的风景旅游城市”。

（四）广西沿海四市城市功能分工存在问题的综合分析

1. “群而不聚”现象突出

目前，广西沿海城市群正处于成长阶段的初期，经济发展水平较低，城镇体系不完善。2013 年南宁市城市人口 395.2 万人，与城市群中第二大城市钦州（111.7 万人）比较，首位度为 3.5（ >标准值 2），中心城市地位突出，这样可以通过中心城市的发展带动次级城市的发展。但是广西沿海四市中除了南宁外，其他城市明显规模偏小。随着沿海四市的国家铁路、城际铁路与城市轨道交通的标准建设与跨线运营，南宁核心城市地位对资源、人才、资金、信息等各种发展要素具有更强的吸引力，会在短期内吸引走北海、钦州、防城港的高端生产要素，产生要素由中小城市向中心城市单向转移的“虹吸效应”。这种经济结构失衡在一定程度上阻碍了生产要素流动和城市间的经济协作互补，造成区域内城市只是“群而散布”，无法做到“群而内聚”。

2. 政策调整的新动力还未显现

沿海、沿江、沿边，与东盟既有陆地接壤又有海上通道是广西得天独厚的区位优势。面对复杂严峻的世界经济和新常态的国内经济形势，为做足“海”的文章，激发“江”的活力，广西提出“双核驱动”战略，打造北部湾经济区和西江经济带这两大核心增长极。但是从经贸实力来看，广西在中国沿海省份排名倒数，而且与排名前六的广东、江苏、上海、浙江、山东、福建差距较大，两线作战的发展容易摊薄发展资源，政策红利难以在短期激发。从北部湾经济区四市来看，受历史因素影响，四市发展起步晚，发展基础较差，而在此轮政策调整过程中，四市原有的单核战略发展机遇已不复存在，且“双核战略”政策优势尚未显现，使得经济区四市发展内生动力略显不足。

3. 城市间分工体系尚未形成

产业经济研究表明，城市间产业分工水平、经济互补性与产业结构相似性成反比，与产业结构差异性成正比。以南宁市为参照物，广西沿海城市群内产业趋同度呈一致性发展态势。2008～2013 年四市产业趋同度[①]基本超过 0.9（见图 2），表明北部湾城市群内存在产业同质化问题，易导致低层次的竞争和低水平的重复建设，加剧城市间的要素竞争。城市群内部产业结构在分工协作、错位发展上仍有较大的挖潜空间。

① 产业趋同度计算公式为 $S_{ij}=\frac{\sum x_{in}\cdot x_{jn}}{\sqrt{\sum x_{in}^{2}x_{jn}^{2}}}$，$i$ 和 j 表示两个城市，n 表示产业，x_{in} 和 x_{jn} 分别表示产业 n 在城市 i 和城市 j 的产值比重。

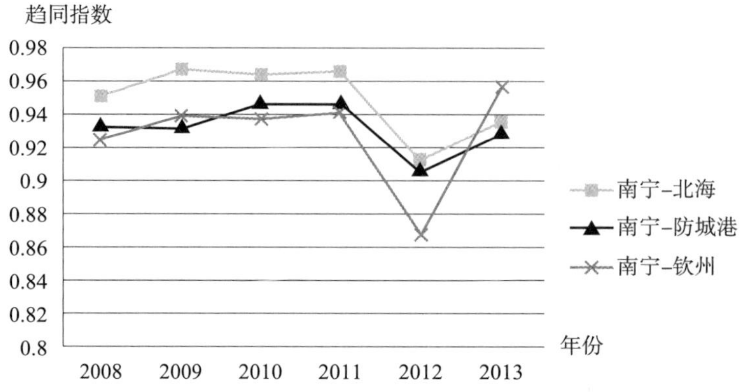

图2　2008～2013年北部湾经济区城市群产业趋同度

4. 城市功能配套亟待完善

城市群连接东盟及西南中南出海出边大通道的关键基础设施尚未完善，区域基础设施建设特别是一些区域性港口、机场、跨境高速公路和城际快速通道建设等发展滞后。沿海港口群总体规模偏小，2014年货物吞吐量仅为宁波－舟山港、上海港的23.4%、27%，集装箱吞吐量仅相当于上海港12天、宁波－舟山港21天的吞吐量；一批大能力泊位和深水航道尚未建成，连接城市群内外的快速交通网络尚未形成，集疏运体系尚未完善，国际航运重要节点地位尚未形成。港口辐射带动潜力亟待充分挖掘。同时，城市群严重缺乏高等院校，港口航运、海洋经济、保税物流、金融、外经贸等领域的专业人才严重不足，人才储备总量偏少，结构层次不合理，创新型、复合型人才少，人才开发、培养和创新载体建设工作有待强化。

5. 体制机制障碍仍然存在

城市群由四个市级行政区组成，当前各级地方政府和行政机构仍是区域经济发展中最主要的组织主体，导致了地方经济利益既是各地区经济发展的根本动力，也成为跨行政区域经济合作的最大障碍。一方面，区际合作利益分化的不合理及造成的利益“流失”导致地方政府参与合作的积极性不高；另一方面，由于行政壁垒和地方保护主义的存在，区域市场被人为分割。城市之间对原材料、资金、技术、人才等经济要素的竞争日趋激烈，导致同一产业项目在城市群不同的区域零散分布，不但造成产业小型化、链条短、特色不突出，而且影响区域产业结构的互补协调发展，致使城市群经济发展低效化。

6. 部分城市功能发挥与经济发展阶段不匹配

（1）南宁：生产性服务业未成为城市的核心产业门类，对相关产业的催化和带动作用有限，经济首位度呈现下降趋势，对全区经济社会发展的辐射力略有不足。从产业功能来看，南宁的生产性服务业能级和强度不高，尚未成为城市中心性的核心门类，相关产业的催化和带动能力较弱。根据世界银行的产业结构数据，目前低收入国家服务业的世界平均水平为42%，中低收入国家为52%，中高收入国家为57%。2014年南宁服务业比重为49%，尚未达到中低收入国家的平均水平，其中交通运输、仓储、邮政、金融保险、房地产等生产性服务业占服务业比重仅为38.9%，大大低于发达国家生产性服务业占服务业比重70%的水平。从区域功能来看，与全区经济排名第二的柳州相比，2014年南宁的经济首位度（1.43）比2008年（1.45）下降了0.02；与周边省份首府城市相比，2014年南宁GDP占全区比重为20%，分别低于长沙（28.9%）、昆明（29%）、成都（35.2%）8.9个、9个、15.2个百分点。从城市辐射力来看，2008年南宁到钦州、防城港的断裂点①74.2公里、111.8公里，而2014年断裂点为73.5公里、111.1公里，均缩小了0.7公里，辐射力呈现下降趋势。

（2）钦州：港口物流发展滞后、产业集群不大不优、城市集聚辐射不强、多元开放平台整合力度不够，掣肘城市职能的发挥。从产业功能来看，钦州以“龙头”为核心延伸的产业链未形成规模，总体上“龙头”项目仍属于“孤岛”，没有形成“龙头+产业链”的产业集群，导致石化、造纸、粮油等产业仍属于简单加工型，产业未能向精深加工方向发展，附加值比较低；港口物流由于集疏运体系不够衔接、口岸通关效率不高、配套航运服务体系不健全、知名港口物流企业、优秀物流人才引进培育力度不足，物流园区经营不到位、标准化程度低、配套建设滞后等问题，物流效率不高、物流成本居高不下，造成腹地的很多货物绕道广州、深圳、湛江进出。从城市社会功能来看，钦州中心城区人口主要集聚在主城区，新区还处于开发阶段，“人气”未真正形成，组团之间缺乏有效的衔接联系。从区域功能来看，与南宁、北海、桂林等周边城市相比，钦州城区规模及影响力相对较弱，对外辐射力有限，随着高铁开通运营、北部湾经济区同城化，南宁、桂林、北海等周边城市对钦州的消费、旅游、看病、上学等“虹吸效应”可能更加明显。从城市品牌功能来看，虽然钦州具有多重国家级合作平台，但这些平台总体上还处于建设发展的起步阶段，平台所包含的很多政策和功能还未能充分利用和整合联动，政策效应没有得到充分发挥，政策优势还没真正转化为经济优势。

（3）北海：与旅游业相匹配的生活性服务业发展滞后，海洋经济发展缓慢。虽然近年来北海市旅游产业发展形势良好，旅游市场的红火理应带动本地住宿餐饮、批发零售等行业的发展，而北海的服务业尤其是住宿餐饮、批发零售行业近年来增加值占比始终处于全区靠后水平。2014年全市服务业占GDP的比重仅为29.2%，与2008年相比下降近10个百分点，与全区和全国同期平均水平相比分

① 断裂点公式为 $D=\dfrac{d}{1+\sqrt{\dfrac{P_b}{P_a}}}$，其中 D 为城市的辐射距离，d 为两个城市之间的距离，P 为人口规模。

别低8.6个和19个百分点，社会消费品零售总额185.8亿元，增长11.2%，增速全区排行倒数第二，其中住宿业、餐饮业、零售业营业额同比上年分别下降7.3%、13.9%、8.5%。从海洋经济来看，目前北海主要着重于海洋捕捞、海产品加工、海水养殖等初级产业，对于海洋生物制药、海洋工程装备制造和高端船舶修造、海洋信息服务和海洋环保等海洋新兴产业发掘力度不够，南方海洋经济名城效应尚未显现。

（4）防城港：产业链短、缺、弱，城市特色不明显，城市综合能力较弱。从产业功能来看，防城港市是国家战略布局的临海重化工业基地，目前主要以钢铁、冶金、化工、能源等生产工业初级产品产业为主，下游汽车产业、电子产业、电器等产业尚未形成；边境口岸主要是进口红木、橡胶、海产品等，出口成品油、磷酸、机电纺织产品，出口与进口产品落地加工的份额很小，口岸优势并没有转化为产业集群优势，没有形成产业支撑。从城市品牌功能来看，虽然防城港市确立了“国际滨海旅游胜地”和“中国海洋文化名城”的旅游发展定位，启动了旅游文化基础设施和景区景点建设大会战，但是缺乏战略管理思维，城市旅游发展定位还不够明确，旅游战略发展体系还没能真正建立起来，旅游资源优势条件还没能充分发挥出来，导致防城港的旅游发展还仅属于“通道”旅游经济，与其所拥有的区位优势和旅游资源优势并不匹配。从城市社会功能来看，防城港无论是道路、口岸、信息等硬件的建设，还是文化、教育、卫生等软件的建设，均处于欠发达的水平。以口岸基础设施建设为例，东兴口岸大桥建成已有半个世纪，虽然战争损毁后得以重修，但长年超负荷运输，存在安全隐患。峒中口岸是国家二类口岸，但只有一座漫水桥与越方相通，严重制约了雨季期间的贸易活动。边境贸易口岸货场规模小，仓储装卸能力低。此外，防城港目前大专类院校仅一所，科研院所奇缺，每年的科研经费仅占财政的千分之一，科技、教育水平与周边城市相去甚远，这种落后的科技、教育水平无力支撑起这座城市的持久活力，进而影响城市功能的发挥。

二、经验与教训

行政区划是一个国家政治意志的重要体现，它的合理与否直接对一个国家的经济社会发展产生巨大的影响。同样的道理，在具体的地方区域，行政区划设置的合理化程度也极大地影响其经济社会发展。

（一）长株潭城市群的成功经验

长株潭城市群在一体化顶层机制初步形成之后，更加注重“两型社会”的建设并取得了巨大成效。目前，北部湾经济区的同城化建设已经取得了一定的进展，长株潭城市群的“两型社会”建设对北部湾经济区下一步的发展具有一定的借鉴意义。

1. “两型社会”建设成效巨大

2007 年 12 月长株潭城市群获批国家“两型社会”建设综合配套改革试验区（以下简称“试验区”）以来，长株潭城市群根据“资源节约”“环境友好”社会建设的总体要求，坚持走新型工业化道路，创新体制机制，结构调整步伐加快，经济持续快速发展，一批千亿产业、千亿集群和千亿园区逐步形成，长株潭城市群成为全国重要的先进装备制造业基地、电子信息产业基地、文化创意产业基地和商品粮生产基地。资源节约、生态补偿等体制机制改革和制度建设取得积极成效，“两型”产业、节能减排等示范引领工作有序进行，长沙高新区、株洲清水塘循环经济工业区获批国家试点，重金属治理列入国家专项，湘江流域综合治理初见成效。社会事业全面发展，科教文卫体事业蓬勃发展，城乡居民收入稳定增长，城乡社会稳定。2014 年长株潭三市实现 GDP 1.154 亿元，占全省的 42.74%，长株潭三市实现地方财政收入 1426 亿元，占全省的 63.12%；2013 年长株潭地区城镇化率达到 64.54%，比全省平均水平 47.96% 高出 16.58 个百分点，比全国平均水平 53.73% 高出 10.81 个百分点。

2. 经济一体化的政府间协调机制已经形成，区域合作走向制度化

首先，长株潭一体化顶层机制初步形成。2009 年 1 月，由长株潭一体化办公室改组升格为长株潭“两型社会”建设改革试验区领导协调委员会办公室（长株潭“两型办”，正厅级），直属省政府。2011 年 7 月，进一步成立了中共湖南省长株潭“两型社会”建设综合配套改革试验区工作委员会（工委）和管理委员会（管委会），作为省委省政府的派出机构，全面协调三市及省政府相关委厅局，统筹长株潭城市群“两型社会”建设。其次，长株潭三市分别成立了各自的“长株潭办公室”，建立了三市党政联席会议和企业协会联席会议机制，使得三市政商之间的对话机制、产业合作机制与利益协调已经初步形成。建立了重大事项协调机制，出台了“长株潭三市规划管理联度审查制度”，一些重要的城市基础建设由三市统一规划与选址。三市还就人事交流与合作、技术交流等签署了合作协议，启动了“长株潭人才一体化”工程，实现人才规划、人才市场和人才政策的一体化，以整体优势吸引和聚集人才。

3. 长株潭城市群区域规划正有效实施，同城化的基础设施等建设成效显著

2005 年 8 月，湖南省政府通过并实施《长株潭城市群区域规划（2003～2020）》及其修订版《长株潭城市群区域规划（2008～2020）》（以下统称为《长株潭城市群区域规划》），三市打破行政区域界限，积极实施一系列一体化的重大基础设施项目，着力推进湘江风光带与生态经济带、长株潭城际铁路、长株潭城际干道、公交同城化、株洲清水塘污染企业绿色搬迁改造、湘潭竹埠港重金属废渣场污染治理与综合利用项目、昭山绿心保护和湘江长沙综合枢纽建设等区域一体化标志性工程的规划与建设，三市城市建设相向发展势头强劲，城区间距离已大为缩短，“交通同环、信息同享、电力同网、金融同城和环境同治”取得重

大进展，"融城"效应日益显著，经济发展的速度进一步加快，质量进一步提高，增强了对湖南全省的带动力。

4. 认识到整体参与经济竞争的重要性，初步形成了各具特色又紧密关联的产业结构体系

长株潭城市群作为一个整体参与国际经济竞争，突破行政区域界限，把推进产业集群化作为长株潭经济一体化的核心，已经确立做大做强交通与机电设备制造、食品医药、IT 设备制造、文化四大产业集群，围绕钢铁、轨道交通、有色冶金、汽车和工程机械五大传统工业，以及新崛起的电子信息、生物技术和新材料三大新兴产业作为核心，共同打造并初步形成了适应"两型社会"建设的各具分工特色又紧密关联的产业结构体系。具体来说，长沙重点发展以计算机终端设备及软件产业为龙头的电子信息产业集群，以超硬材料、粉末材料、精细化工为主体的新材料产业集群，以中央空调、建筑机械为主体的机电一体化产业集群和以两系法杂交水稻、湘云鲫鲤、生物制药为主体的生物技术产业集群；株洲形成交通运输机械产业、物流产业和有色冶金、轨道交通机械、化工、建材等六大支柱产业；湘潭则发展形成了新材料、机电一体化等高新产业，并加快形成冶金、机电、化工三大支柱产业。

（二）潮汕地区的教训

潮汕地区在 1991 年进行区划调整，与钦州地区一样一分为三，原汕头市从广东省第二大城市沦为经济后发展地区。现如今三市合并的呼声越来越高，潮汕地区行政区划分割的教训值得广西沿海三市借鉴。

从行政区划变化的脉络上看，新中国成立后，潮汕地区作为一个行政整体的时间仍然占大多数，自始至终汕头市是整个行政区域的中心城市。早在 1992 年，汕头市就已名列"中国城市综合实力 50 强"第 42 位，是中国"首批投资硬环境 40 优"城市；1997 年，汕头市再次进入"中国城市综合实力 50 强"，名列第 41 位，作为潮汕地区经济发展的"龙头"和对外开放的"窗口"是当之无愧的。但这只是和自己比的情况，与别人比的情况就大不相同了。在 1992 年以前，潮汕地区的经济总量和经济拉动力始终位居全省前列，但从 1992 年行政区划调整后，汕头市作为广东省第二大城市的光荣历史便结束了。而不过五六年的时间，从 1997 年起，失去发展腹地的汕头经济特区开始跌入低谷，而且持续低迷，增长速度全省倒数，被戏称为"特（别贫困）区"，与经济特区的地位大相径庭。与此同时，潮州和揭阳也一同"落难"，经济发展在经历了新设市最初阶段后，也开始出现停步不前甚至于倒退的难堪境地。拥有天时、地利、人和的潮汕地区从一直以来的发达地区迅速演变为不发达地区。把行政区划的历史变迁与潮汕社会经济发展情况相比较，可以得出一个结论：潮汕"合则强，分则弱"。

潮汕地区一分为三，至少有以下四个弊病：第一，资源浪费，重复建设情况严重；第二，加剧有限资源的竞争性，缺少承接大型工程项目的能力，难以形成主导产业；第三，大大增加了行政管理机构和管理成本，加重了纳税人的负担；第四，削弱了汕头作为粤东地区中心城市的功能，多中心则无中心，导致整个粤东地区缺少中心城市。

潮汕地区的行政区划设置带来的经济、社会发展问题不利因素主要表现在以下三方面：

（1）行政壁垒带来空间的割裂和资源的分散，使得当地区位优势、特区优势和侨乡优势无法正常发挥。

潮汕地区地理位置优越，毗邻港澳、面向台湾，拥有超过500公里的绵长海岸线，多优良港湾，自古为中外尤其是中国与东南亚国家之间的重要商贸口岸。海外华人华侨中潮汕籍人士占近1/3，尤其在东南亚国家，分布着80%以上的潮籍海外华人华侨，在香港1/5是潮籍人士，其中包括有着强大实力和影响力的潮商。作为粤东、闽西南、赣南地区进出海口、主要交通枢纽和商品集散地的汕头，曾经是广东经济的第二增长极，是我国最早成立的经济特区之一。

改革开放以来，潮汕三市虽有一定发展，但总体上发展缓慢，经济总量在广东全省严重滞后。2013年，潮汕三市人均地区生产总值约为2.8万元，不足全省人均地区生产总值的一半。而在我国最早设立的四个经济特区中，汕头更是远远落后于其他各地，逐渐沦为中国东南沿海经济带中最为薄弱的环节。

潮汕经济发展的严重滞后，与三市分置的行政格局关系重大。尽管潮汕三市土地面积共计超过一万平方公里，是深圳特区面积的5倍多，在地域面积和经济总量上都具有一定规模，但自20世纪90年代初大汕头市被拆分为汕头、潮阳、揭阳三市以来，行政区划壁垒让原本一体的资源被割裂，各自为政的三市恶性竞争、重复建设，使得整个地区产业布局、规划不合理，且基础设施配套严重落后，难以形成侨乡优势和有效对接外来投资的发展平台。

特别是2013年10月，习近平主席在印度尼西亚国会的演讲中指出，“东南亚地区自古以来就是‘海上丝绸之路’的重要枢纽，中国愿同东盟国家加强海上合作，使用好中国政府设立的中国—东盟海上合作基金，发展好海洋合作伙伴关系，共同建设21世纪‘海上丝绸之路’”。这一伟大战略构想的提出，对于与东南亚国家交往历史悠久，人员和经贸往来频繁，经济互补性强的著名侨乡潮汕地区来说，无疑是新机遇、新挑战和新使命。如果沉寂已久的潮汕还不能苏醒，不能联手发挥好固有的区位优势，将“特牌”“侨牌”重新打好，则将彻底失去扭转逆势以及为自身、为国家、为世界创造应有价值的良机。

（2）几经调整的行政区划设置不但未能实现推动潮汕整体发展的初衷，反而暴露和激化了当地社会矛盾，不利于潮汕三市整合资源健康发展。

潮汕地区曾经在中国的经济格局中发挥着重要作用，从古揭阳郡到潮州府再到汕头行署，均同属一个行政区划。1981年，经国务院批准，汕头与深圳、珠海和厦门成为最早对外开放的四个经济特区。国家关于建立汕头经济特区的考虑，正是希望其能充分发挥侨乡优势。1991 年 11 月，国务院批准潮汕地区进行行政区域调整，原来的大汕头地级市被拆分成现今的汕头、潮州、揭阳三个地级市。此番将汕头一分为三的调整，虽然目的是推动各地共同发展，但是却未能收到预期的效果。事实上，潮汕三市的分割，除可多增加安排两套地市级领导班子干部以外，有百害而无一利。

随着粤东经济的整体发展缓慢，诸多社会问题逐渐暴露和激化：现有行政架构下，管理体制创新不足，投资服务环境发展滞后；三市“各扫门前雪”，重复建设现象加剧，能量内耗、资源浪费现象严重，基础设施建设严重滞后。尤其严重的是，这样一种恶性竞争环境让原本人缘相亲、文缘相通、商缘相连的潮汕地区内部滋生重重矛盾。这一点，在揭阳潮汕机场和厦深高铁潮汕站的问题上就表现得尤为突出。2011 年建成的潮汕机场位于揭阳市区榕城区登岗镇，是汕潮揭三市的地理中心，其建设初衷是停用汕头军民共用机场，新建为三市共用。如果三市合并，则其选址和布局非常合理，可有效服务三市。然而在现有的行政格局中，三市之间却因此而矛盾重重：汕头因此而成为全国唯一一个没有机场的经济特区；贯通厦门、汕头、深圳三个经济特区的厦深高铁在潮汕地区的站点选址于潮州市潮安区沙溪镇，该地为潮州、汕头、揭阳的三角中心。然而如果不打破当前的行政区划格局，为贯通厦、汕、深三个特区建成的高铁，则汕头作为经济特区却没有高铁大站点设置。在其他很多产业布局方面，潮汕地区的尴尬情况也是类此。

（3）行政壁垒将潮汕文化圈人为割裂，造成人心涣散、凝聚力尽失，不利于海内外潮汕籍人士的精诚合作。

自古潮汕地区就是一个有机整体，同根同源的潮汕人有着很强的凝聚力和向心力。在海外、港澳台地区有超千万潮汕籍华人华侨同胞，特别是在东南亚国家，社会上层人士中的绝大多数都为潮汕籍人士，在地区和国家的政治、经济和文化领域中有着举足轻重的地位和影响力。这些根系祖国的海外和港澳台潮汕籍精英无疑是国家和潮汕地区最为重要的一份境外力量。

然而，现行的行政区划设置却对凝侨心、汇侨智、合侨力造成极其不利的影响。对于海外、港澳台地区潮汕籍人士来说，潮汕地区的拆分不仅是空间的割裂，在文化心理上也对他们形成强烈冲击。面对一拆为三的家乡，被誉为“最优秀商帮”“最团结族群”的潮汕籍人士、社团在整合资源和力量时常常遭遇前所未有的困难和尴尬，而当他们回到家乡时则找不到对口的“主心骨”，使得人心分散、凝聚力尽失。关于这一点，遍布海内外的潮籍人士、社团都有同感。

三、新形势下广西沿海城市功能分工优化的总体思路

根据国家和自治区的规划，结合实际，广西沿海四市功能定位建议为：立足

北部湾，依托沿海沿边沿江“三沿”优势，服务中南西南华南“三南”，面向东南亚，建设我国重要的海上物流交通枢纽，沿海新型的工业基地，新能源、高新技术产业、现代服务业基地，成为我国西南地区最便捷的出海通道、重要的经济增长极和对外开放窗口，成为辐射带动能力强的中国—东盟合作发展的“桥头堡”，成为面向东盟的国际大通道、西南中南地区的开放发展新的支点、21 世纪海上丝绸之路与丝绸之路经济带有机衔接的重要门户。具体城市定位如下。

（一）南宁定位

南宁定位为首府经济区，区域性现代商贸物流基地、先进制造业基地和金融中心、信息交流中心，建成区域性国际城市、区域性综合交通枢纽、西南现代服务中心与创新基地、北部湾城镇群的旅游服务基地、内陆开放型经济战略高地和广西首善之区。

《北部湾经济区发展规划（2014 修订）》（以下简称《规划》）中对南宁的定位为：作为核心城市，充分发挥面向东盟开放合作门户城市的作用，承担打造西南中南地区开放发展新的战略支点的重任，加快建设区域性现代商贸物流基地、先进制造业基地和金融中心、信息交流中心，建成区域性国际城市、区域性综合交通枢纽、西南现代服务中心与创新基地、北部湾城镇群的旅游服务基地、内陆开放型经济战略高地和广西首善之区。《规划》中对南宁的定位较为准确，建议增加南宁定位为首府经济区。南宁市作为广西的首府，理应承担起引领整个广西发展的增长极作用，对全区经济社会发展形成全方位的辐射带动。

南宁市应当推进战略性开放平台的建设，特别是中国—东盟博览会、泛北部湾经济合作论坛等，推动与西南、中南、华南以及东盟国家的开放合作；加快区域金融中心建设，争取更多的政策支持，积极推动国家在南宁建设中国—东盟银行；提高自主创新能力，建立健全科研成果转化，加快建设智慧城市；推进产业转型升级，提高产业整体层次，发展高端产业；大力推进生态文明建设，建设美丽南宁。

（二）钦州定位

钦州定位为北部湾沿海核心城市，打造区域性国际产业合作高地、集装箱枢纽港、生产性服务业核心集聚区、商贸服务中心、大宗商品集散基地。

《北部湾经济区发展规划（2014 修订）》中对钦州的定位为依托港口和保税港区，发展外向型经济，建成北部湾临海核心工业城市，北部湾沿海生产性服务中心、商贸服务中心和农产品集散中心。原有定位在新形势下不够符合钦州的发展形势，不利于充分发挥钦州的区位、平台、政策等优势，定位应做适当的调整。

钦州定位为北部湾沿海核心城市。纵观全国多个沿海省份，均有一个沿海发达城市与省会城市相“抗衡”，辽宁大连、河北唐山、山东青岛、浙江宁波、福建厦门和泉州、广东深圳，形成省会城市与沿海发达城市双核心的格局（见图3）。

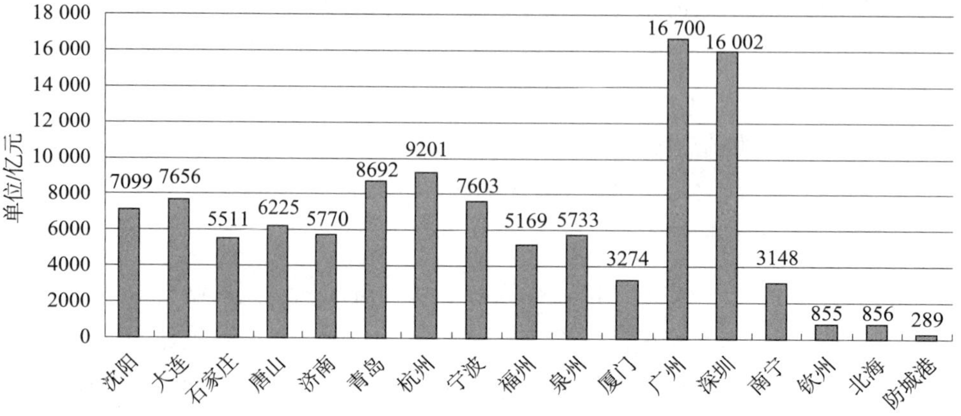

图3　2014年沿海省份省会城市与沿海发达城市经济总量

南宁的经济总量是钦州、北海的3.7倍，是防城港的10.9倍，沿海各市与首府南宁之间的经济差距很大，沿海缺乏具有“龙头”带动作用的城市。省会城市全方位辐射带动全省发展，沿海核心城市特别是在港口物流、临海重工业方面在沿海城市中起到核心引领作用。近年来钦州不仅在临海重工业上发展迅猛，同时在港口发展、新兴产业及现代服务业、对外开放、公共服务等方面同样取得了跨越式发展，所以钦州不应只被定位为工业城市，而应当是全方位发展的综合性城市，钦州有条件发展成为北部湾沿海核心城市。

钦州定位为区域性国际产业合作高地。中马钦州产业园成为继中新苏州工业园区、中新天津生态城之后，中外政府合作建设的第三个国际园区，并且中马钦州产业园与马中关丹产业园开创了“两国双园”的国际产业合作发展的新模式，实现国际产能大合作。

钦州定位为区域性集装箱枢纽港。李克强总理在2013年到钦州港调研时提出钦州要打造成超千万标箱大港。《广西北部湾港总体规划》也提出钦州重点建设集装箱运输体系和石油化工运输体系。钦州港的集装箱吞吐量从2011年的40万标箱到2015年的预计突破100万标箱，五年来一直稳居北部湾各港口之首，到2020年预计达到500万标箱，力争2015年实现千万标箱干线港的目标，钦州港正逐步向着千万标箱集装箱枢纽港迈进。

钦州定位为区域性生产性服务业核心集聚区。钦州市将依托高新区、保税港区、中马钦州产业园等，加快发展高新技术服务业、综合物流基地、进口商品交易中心等，建设北部湾生产性服务中心基地，全力打造现代服务业发展新高地。

钦州定位为区域性商贸服务中心。钦州市目前正在加快科学布局，完善网络，加快提升商贸服务业，主要是加快推进商贸基础设施建设，加快布局现代商贸业集聚区，积极推进商业特色街区建设，加快促进消费活动多渠道开展。

钦州不再定位为农产品集散基地，而应当定位为区域性大宗商品集散基地。钦州市目前不仅建成了中国—东盟农产品大市场，还建设了中国—东盟商贸城、保税港区红酒交易中心、国际汽车城等，钦州正不断加快酒类、油气、煤炭、矿产品、汽车、国际商品直销、跨境电子商务等专业化商品交易，努力构建大型商品交易展示设施，基本具备了西南、中南地区和东盟国家大宗商品交易集散、商贸展示交易中心的条件。

钦州市应当充分发挥五大平台优势，加快与东部沿海发达省份、港澳台地区和东盟为重点的跨区域、跨境、跨国贸易投资合作，打造成为区域性、国际性产业合作的重要基地。加快港口和码头及其配套设施建设，加快实现海铁联运，推进中南、西南腹地无水港建设，加密国际直航航线，建成面向东盟的区域性国际航运中心和北部湾集装箱干线港。加快北部湾大学的建设，不断提升教育、医疗服务水平，打造北部湾沿海服务业资源集聚区。

（三）北海定位

北海定位为服务全国、面向国际的亚热带滨海旅游度假胜地；中国—东盟区域经济合作中重要的商贸基地；广西现代产业集聚地，海洋产业基地和高新技术名城；南国宜居城市。

《北部湾经济区发展规划（2014 修订）》中对北海的定位为：发挥宜居优势，建设成为服务全国、面向国际的亚热带滨海旅游度假胜地；中国—东盟区域经济合作中重要的商贸基地；现代产业集聚地；广西海洋产业基地和高新技术名城；南国宜居城市。原有的定位符合北海的发展方向，定位比较准确。

北海定位为服务全国、面向国际的亚热带滨海旅游度假胜地和南国宜居城市。北海的旅游资源丰富，4A 级旅游景区达到 6 个，其中涠洲岛获评为“最美中国旅游目的地”之一。北海市还曾荣获“中国十佳宜居城市”“中国人居环境范例奖”“国家园林城市”“中国生态名城”等称号。2014 年，北海市接待国内游客 1771 万人次，国内旅游收入增长 26.1%。

北海定位为中国—东盟区域经济合作中重要的商贸基地。北海商贸业发展势头良好，新型流通方式发展迅速，市场经营主体的实力日益壮大，目前已有大润发、和安、好好佳、国美电器、苏宁电器等一批大型商业零售企业落户北海运营。

北海定位为广西现代产业集聚地和高新技术名城。北海的高新技术产业的集聚发展优势正不断凸显。2014 年，电子信息、石油化工、临港新材料三大产业共完成工业产值 1312.95 亿元，其中电子信息产业完成产值 810 亿元，为电子信息产业成为广西第 10 个千亿元产业作出了重大贡献，成为广西最大的电子产业集群。

北海定位为广西海洋产业基地。海洋经济已经成为北海市经济发展新的增长点。2014 年北海市海洋经济生产总值为 345 亿元，位列全区第一，占全市地区生产总值的 40.3%。

北海市应加快打造电子信息、石油化工、临港新材料等千亿元产业，带动北部湾经济区相关产业及配套产业规模、集聚发展。加快发展海洋产业，打造海洋产业基地，引领和带动北部湾经济区海洋经济加快升级发展。充分利用丰富的旅游和文化资源，加强与国际国内海上丝绸之路沿线城市合作，构建面向东盟的区域性国际旅游集散地和目的地，全力打造国际滨海旅游文化名城。全面提高环境优美度、生活便宜度、社会文明度、经济富裕度、资源承载度、公共安全度，打造南国宜居城市。

（四）防城港定位

防城港定位为全国主要港口城市，沿海现代制造业基地，西南沿海重要的新型能源基地，以海洋文化和边境贸易为特色的风景旅游城市。

《北部湾经济区发展规划（2014 修订）》中对防城港的定位为：防城港市依托深水港、企沙重工业基地和沿边优势，建成北部湾现代化主要港口城市，沿海现代制造业基地，西南沿海重要的新型能源基地，以海洋文化和边境贸易为特色的风景旅游城市。除了个别定位不够精确外，原定位基本符合防城港的实际，能够发挥自身优势，达到定位的目标要求。

防城港定位为我国沿海主要的港口城市。原定位为北部湾现代化主要港口城市，不符合战略和长远发展目标，北部湾沿海三市每个市都是北部湾经济区的主要港口城市。2013 年防城港已经迈入亿吨大港行列，港口物流、港航服务等港口功能不断完善。2014 年北部湾港以 2.04 亿吨的吞吐量排名全国所有港口第 17 位，防城港的港口吞吐量达到 1.15 亿吨，贡献了北部湾港一半的货物吞吐量。防城港在全国港口中货物吞吐量排名为第 21 名，防城港应当向着全国重要港口城市的目标迈进（见表 5）。

表 5　全国主要港口 2014 年货物吞吐量

港口	货物吞吐量/亿吨	排名
全国总计	112.00	
宁波－舟山港	8.73	1
上海港	7.55	2
天津港	5.40	3
唐山港	5.01	4
广州港	4.99	5
苏州港	4.79	6
青岛港	4.65	7
大连港	4.28	8
日照港	3.53	9
营口港	3.45	10

续表

港口	货物吞吐量/亿吨	排名
秦皇岛港	2.75	11
烟台港	2.38	12
深圳港	2.23	13
南通港	2.20	14
南京港	2.20	14（并）
连云港港	2.10	15
厦门港	2.05	16
湛江港	2.03	17
黄骅港	1.78	18
丹东港	1.38	19
福州港	1.19	20
防城港港	1.15	21

防城港定位为沿海现代制造业基地。防城港目前拥有精品钢铁基地、投资亿元的核电基地和金川铜镍基地，工业生产总值将位居自治区前列，城市的工业功能日益凸显。

防城港定位为西南沿海重要的新型能源基地。2015 年 10 月防城港核电站 1 号机组并网发电，每年可为北部湾经济区提供 150 亿千瓦时安全、清洁、经济的电力。此外，防城港还大力发展太阳能、风能、潮汐能、生物质能等多种新型能源产业。

防城港定位为以海洋文化和边境贸易为特色的风景旅游城市。防城港的江山半岛旅游度假区、西湾旅游景区、野人谷景区、珍珠湾红树林景区、十万大山、金滩以及东兴边境旅游等景区景点名气越来越大，配套服务设施逐步完善，接待能力也得到大力提升，2014 年接待游客首次突破 1000 万人次大关，正在着力打造“特色风景旅游城市”。

防城港市应当提升港航综合服务能力，完善港口产业链，推进港口产业技术升级，弥补港口功能的短板。充分发挥沿海沿边优势，发展加工贸易、口岸物流等外向型经济，推动海洋经济、口岸经济发展，以钢铁、有色金融产业为依托，加快制定产业链发展规划，延长产业链，发展高附加值产品，实施定点定向招商，推动沿海重工业产业集聚，加快打造形成 6 大千亿元产业集群。加快以核电为核心，生物质发电、风电、光伏发电为重点的绿色新能源产业。

四、优化广西沿海城市分工功能的主要措施

（一）强化城市群规划引导衔接

立足打造国家级城市群，统筹谋划区域内城市功能新的定位，并协调土地利用总体规划和城市总体规划、基础设施总体规划，合理布局居住建设空间、产业发展空间、基础设施空间和公共基础设施配置。推进基础设施体系与城市群空间结构的融合，协调单体城市与大城市及特大城市空间的融合。扩大城市群的开放合作度，加强与西江经济带城市群的对接，积极融入环北部湾城市群。

（二）优化城市空间布局和城市体系

围绕内聚紧凑集约的发展思路，以“点轴发展”的路径，形成“两轴双核四点”的沿海城市群空间新格局。

1. 培育“双核四点”

一是加快将南宁打造成为特大城市。由于南宁的城市规模和经济发展水平都处在相对低的水平，只具备有限的辐射能力，目前还不足以担负起北部湾沿海城市群核心城市的重任。因此，南宁应该遵循特大城市超先增长的世界城市化规律，将促进产业结构的升级与转换放在优先位置，以此提升在城市群中的地位，并且充分发挥物资、信息、人才、科技、资金等方面的集聚和扩散效应，强化综合功能，逐步向高科技、多功能、强辐射的现代化大都市迈进。

二是重点发展钦州为北部湾沿海核心城市。北部湾沿海城市群等级规模分布分散的主要原因是缺乏次级的核心城市进行承接，进而导致了各城市在经济联系上的不协调。按人口规模划分，钦州市处于大城市等级，虽然目前经济实力还比较薄弱，城市化水平较低，但地处北部湾沿海三市中心，区位优势和平台优势明显，发展潜力大，应培育钦州向真正意义上的大城市发展，扩大城市规模，增强辐射力，成为北部湾城市群另外一个次级增长极，最终建设成为综合程度高的沿海大城市。

三是培育和发展北海、防城港为特色大城市。北海和防城港应当充分发挥各自优势，尽快提高城市质量，增强经济实力，加强城市基础设施建设。北海不断扩大招商引资规模，培育高新技术产业集群化发展，不断提升旅游档次，完善旅游配套设施，扩大滨海旅游品牌，改善城市居住环境，培育成为具有高新技术产业特色、滨海旅游特色的滨海宜居城市。防城港延长冶金、钢铁等临港重工业产业链，发展多种形式的新型能源产业，打造沿海重工业和新型能源基地及沿边贸易示范区。

2. 构筑“人”字形的发展主轴

南宁沿南北高速至钦州，一条主轴继续沿南北高速到北海，另一条经钦防高速、钦东高速经由防城港至东兴市，这是北部湾城市群经济和城镇最为发达的轴

线，构成城镇体系的南北向主轴线。在这条主轴上，南宁市为核心城市，北海、钦州、防城港为北部湾城市群的中心城市。重点培育“人”字形轴线上的城镇建设，同时加强两轴周边二级轴的城镇化建设，形成初具规模的城镇发展体系（见图4）。

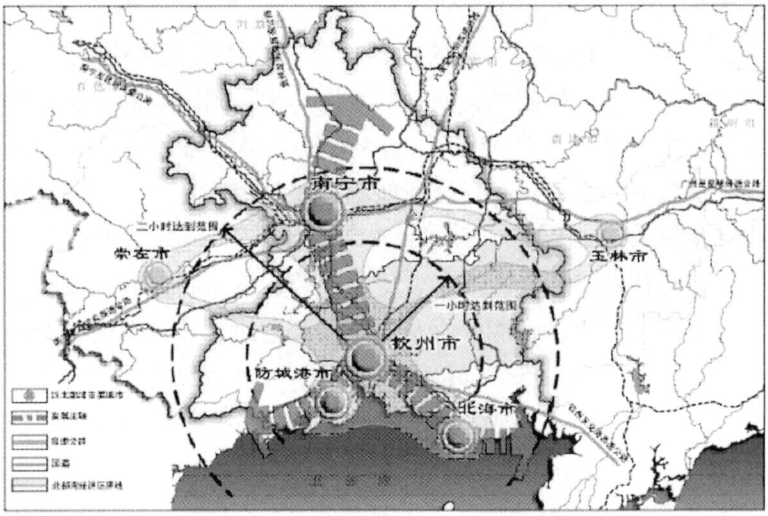

图4　北部湾城镇群“人”字形发展轴

（三）优化构建协同发展的产业体系

北部湾沿海四市要按照新定位和比较优势原则，适度错位、合理选择主导产业，进一步优化产业空间布局，提高北部湾城市群内产业一体化发展水平和协作能力，加快形成面向东盟、辐射大西南的重要产业集群，提升北部湾沿海城市群对外竞争力。

1. 打造分工协作相结合的先进制造业集群

北部湾沿海三市已基本形成了石化、电子、钢铁、冶金、林浆纸、粮油、能源等大型临港产业，南宁则形成了先进装备制造、电子、食品加工为重点、以轻工业为主导的现代产业。由于四市的产业面向的是国内国际大市场，而且北部湾城市先进制造业产业的基础比较薄弱，没必要也不可能进行大规模的区域产业调整，而且城市间已形成了适度产业趋同，可以充分发挥各市的资源、区位优势壮大产业，弥补单个市的不足，一定程度上还可以增强整个北部湾经济区的先进制造业集聚。

下一步关键是产业规模既要可控，又要依托现有产业基础向高附加值、产业链方向发展，并加强跨市的制造业产业配套协作，形成有综合竞争力、既有分工又有合作的北部湾先进制造业集群。南宁应继续发展铝加工、电子、制糖等集聚程度高的传统优势产业，发展轨道交通、工程机械、汽车装备制造等新产业。钦州以石化、装备制造业为核心，促进造纸、能源、粮油食品等产业升级壮大；北海市以电子信息、石化、冶金及新材料产业为重点，适度发展能源、林浆纸等产业；防城港以钢铁、有色金属、粮油加工、核电等沿海现代重工业为重点，控制发展石化、林浆纸等产业。

2. 形成北部湾高新技术产业带

高新技术产业是一个城市的竞争力所在，也是城市人口集聚、商业发展的重要产业源泉，促进城市现代化水平的提高。高新技术产业具有广阔的市场空间，不存在产业雷同、产能过剩问题，而且其发展高度依赖区域的特殊条件。发挥各市的独特优势，重点建设南宁、钦州、北海高新技术产业开发区、中马钦州产业园区，推动先进装备制造、新材料、新能源、生物医药、节能环保、海洋产业等战略新兴产业集聚，形成以南宁为“龙头”的北部湾高新技术产业带。南宁重点发展新一代信息技术、新能源汽车、生物医药、智能制造研究设计等产业，钦州重点发展大型海洋工程、新能源汽车、新能源电池、风力发电、海洋生物医药等产业，北海重点发展新一代信息技术、新材料、风力及海上发电、海洋生物等产业，防城港积极培育配套临港工业、大港口的信息及装备产业，形成一批产业集群，整体提升北部湾经济区的高新技术产业。

3. 构建特色鲜明的北部湾现代服务业体系

现代服务业是完善城市综合功能的重要载体，也是提升城市综合竞争力的支撑产业。与临港工业不同，服务业的发展空间广阔，突出各市的特色优势，不存在产能过剩的问题。南宁发挥首府优势，做大商贸服务业，大力发展金融保险、信息服务、商务服务为重点的高端服务业，成为国际商贸中心、区域性金融中心和信息服务中心；钦州重点发展现代物流、港航服务、商贸服务、滨海旅游等产业，成为北部湾沿海生产性服务中心；北海重点发展国际旅游、科技服务、海洋服务、健康养生等产业，成为国际旅游目的地；防城港重点发展港口物流、边境贸易、边关旅游等具有较强外向型特征的服务业。

4. 推进产业集聚和整合

以优势“龙头”企业为引领，鼓励和支持该区内拥有竞争优势的特色产业与品牌内资企业设立原料储备基地、生产基地、销售网络和研发机构，形成一批有国际竞争力的大型企业、跨国公司和著名品牌。充分发挥各开发平台和园区的带动作用，推动有条件的园区开展产业转移园区合作共建，打造北部湾经济区开放型产业集聚高地。实施“退城进园”战略，将位于城区的工业企业有序搬迁到产业园区，聚集发展。围绕先进制造业发展，配套发展生产性服务业，积极引进各类金融机构、信息服务、会展、咨询等中介机构，为北部湾经济的产业集聚及转型发展提供配套支持。

（四）加快沿海四市基础互联，促进协同一体化发展

2013 年以来，广西沿海四市基本实现了通信、金融服务、户籍和社保的同

城化，交通、旅游、口岸通关、城镇体系、产业和教育资源的同城化也在加快推进。下一步应该着力于更大的互联互通，深度推进各个领域的同城化。

1. 推进交通基础设施网络化

（1）抓好“两路”建设。一是完善高等级公路网络。建设钦州至灵山、灵山至浦北、浦北至合浦的高速路，实现县县通高速，形成北部湾快速环路，形成经济区内相邻一、二级城镇“一小时经济圈”和三、四级城镇到相邻二级城镇“半小时经济圈”，并完善通往云贵、珠三角、湖南、越南方向的高等级公路网络。二是建设大能力铁路通道。推进沿海城际铁路公交化，打造以南宁为中心的“123 城市经济圈”（南宁到北部湾经济区沿海城市 1 小时以内、到我区其他主要中心城市 2 小时左右、到周边省会城市 3 小时左右），形成连接周边省市和东盟国家的高标准、大能力出海出边国际铁路大通道。

（2）建设大密度航空网络。加快枢纽机场建设，完善机场布局。力争南宁成为国家航权开放综合试点城市，开通南宁至所有东盟国家主要城市的航线，将南宁机场打造成为面向东盟的门户枢纽机场。完善北海机场配套设施。规划建设钦州支线机场，建设南宁三塘、钦州、北海涠洲岛、防城港等通用航空基地。规划建设南宁空港经济区。加大航空网络密度，加密经济区通向国内外主要城市的干线航班，加密区内主要城市的支线航班。航空与港口相衔接，打造沿海新的空中运输通道，形成临空经济与临港经济的互动。

2. 整合打造分工合理的港口体系

按照功能互补、协调发展和综合优势明显的现代化大型组合港的总体目标，根据《广西北部湾港总体规划》，优化调整北部湾三港的功能定位，实现错位发展、特色发展，形成“1 +1 +1 >3”的综合效应。钦州重点建设集装箱运输体系和石油化工运输体系；防城港重点建设大宗散货运输体系；北海重点建设国际邮轮旅客运输体系。明确各港口的战略定位与分工，积极探索创新模式，规范、整合北部湾港口资源，形成发展合力，实施差异化、合作化的分工协作。

3. 推进生态环保建设一体化

加强区域污染联防联治，推进清洁生产、水资源保护、流域和海洋污染环境综合整治等合作。强化跨界河流水质达标管理。建立健全信息互通机制，联合对交界河流断面进行监测。建立突发环境事件预警机制，有效处置跨界突发环境事件。建立沿海四市污染物排量统一限额管理机制，四市之间可以进行限额的市场化交易，同时积极探索制定促进资源节约和循环经济发展的区域协调政策，推动四市绿色经济发展。协同打造生态休闲业，既各有特色（南宁突出绿城意象，钦州突出最美内海，北海突出滨海旅游，防城港突出边关风情），又抱团作战，合力宣传推介滨海沿边生态休闲业，擦亮北部湾沿海生态城市群招牌。

（五）整合形成城市特色功能体系

1. **增强南宁的区域核心辐射力**

全面做强做大首府经济，增强经济综合实力。以增强工商实业综合竞争能力和提高经济效益为目标，发展壮大机械装备、食品工业、铝深加工、清洁能源等支柱产业，培育发展电子信息、生物医药等高新技术先导产业；以拓宽服务领域、提高服务水平、增强城市服务功能为目标，大力培育旅游、房地产等新的经济增长点，加快发展第三产业，培育壮大连锁经营、物流配送、电子商务等现代物流服务业。以扩大开放、提高国际化水平为目标，加快金融保险、货币融通拆借、贸易流通等市场建设，继续推进会展经济发展，推进与东盟各国多领域交流与合作，不断铸造品牌，增强南宁作为区域经济中心的聚散和辐射功能。

2. **增强钦州的开放辐射力和服务集聚功能**

依托位于沿海中心位置的区位优势、钦州港深水岸线优势、多个国家级平台的资源集聚优势，建设国际商品直销中心、跨境电子商务、北部湾沿海最大的商贸城、北部湾航运服务集聚区、大型修造船基地，打造面向东盟、服务西南中南的集装箱枢纽港，成为沿海商贸物流核心集聚区。创建北部湾大学，全力打造北部湾大学城和广西第三个职业教育中心，打造北部湾沿海教育医疗中心。高标准建设北部湾自由贸易试验区，推进中马钦州产业园区、钦州保税港区、钦州港经济技术开发区、整车进口口岸等国家级平台的政策整合和功能升级，形成以自贸区为核心的适应沿海新一轮开放开发的高度便利化和自由化的开放平台体系，打造以港口为“龙头”的面向东盟的贸易、产业、港航、物流、金融、信息和人文的重要合作平台，成为中国—东盟自贸区“升级版”的示范区。

3. **增强北海的高新技术产业和滨海旅游的辐射力**

依托现有优势产业，重点引进电子信息、新材料、新能源、生命健康和海洋生物等产业的重大科技攻关项目，不断加快科技创业中心、创意中心、软件园等建设，打造一批高水平的科技合作与技术转移平台，大力发展电子信息、新材料、海洋生物、现代农业等一批高新技术产业。加快构建以银滩和涠洲岛为“双核”、以老城和合浦系列景区景点为“两翼”的北海旅游发展新格局，运营好“北海—东盟海上丝绸之路邮轮航线”，加快发展邮轮经济，建设服务全国、面向国际的亚热带滨海旅游度假胜地。

4. **增强防城港大西南临港工业城市的辐射力**

大力发展铜、镍等深加工产品和新材料等高附加值产业，加快再生资源加工区和再生金属资源综合利用产业，建设一批上下游配套产业，加快形成集中度高、关联度强的有色金属产业集群，带动北部湾区域元器件、新型材料、家电等产业发展。推动钢铁产业向需求更大、附加值更高的精品钢方向发展，带动沿海四市发展钢铁产业下游的机械、汽车、船舶等制造业。

（六）建立突破行政管理分割的城市群协调合作机制

沿海四市在广西北部湾经济区国家发展战略的带动下，协力突破行政区划界限和行政管理分割，探索合作协调发展的新机制、新路径。

1. 推进沿海四市“六个统一”

围绕打破行政区划的藩篱，按照循序渐进的原则，在行政管理层面推进“六个统一”。一是统一规划，生产力布局和经济社会发展规划由国家层面或自治区层面来编制。二是统一产业政策准入门槛和政府政策执行标准。三是统一通信、供（输）电、交通运输等公共服务基础设施建设。四是统一组建行业协会、担保公司、技术政策咨询服务公司等社会中介服务组织。五是统一环境治理和监管。六是统一资源配置。

2. 完善区域协调机制

强化广西北部湾经济区建设管理的综合调控功能，组建广西北部湾经济区开发统筹管理委员会。建立沿海四市市长联席机制，定期和不定期协商解决沿海四市区域内的重大问题，下设若干个委员会作为政策的执行机构。坚持公平和效率、平衡各方利益的原则，建立城市群内的利益补偿机制，整合自治区财政专项、地市财政同比例划出部分资金，设立区域共同发展基金，用于支持、鼓励区域协调发展、一体化发展产业与公共设施项目，特别是区域大型基础设施和流域综合发展与整治项目。

3. 推动城市群共同市场建设

建设形成一体化的要素市场，将有利于打破地区分割和行政垄断对市场的限制。试点推进要素市场改革，完善区域要素市场的价格形成机制，建立人力、资本、技术等要素交易平台，促进北部湾城市群内的自由流动。试点推进耕地占补平衡以及建设土地用地指标跨区域配置改革，统一相邻城市相邻地带土地总体利用开发规划的制订与实施。

4. 建立专业咨询机构

成立北部湾沿海四市发展咨询委员会，以沿海四市及全国知名专家学者为主体，组建北部湾沿海四市城市群发展的专业化咨询机构，对沿海四市在社会、经济、环境等方面的发展提供政策建议。

（七）重组沿海行政管理区划

近年来，多地进行了行政区划调整，其中尤以安徽省巢湖市的调整最具代表性，撤销地级巢湖市，原本所辖的一区四县行政区划进行相应调整，原地级巢湖市的居巢区、庐江县划归合肥市管辖，无为县划归芜湖市管辖，含山县、和县划归马鞍山市管辖。巢湖市的拆分是在不同地级市之间进行的，开启了地级市行政区划调整的大幕。上海、天津、重庆、北京的行政区划调整也属于厅级行政单位之间的合并（见表6）。

表 6　近年全国主要城市行政区划调整情况

序号	地区	区划调整	时间
1	上海	撤销原南汇区，划入浦东新区	2009 年 4 月
2	天津	撤销了塘沽区、汉沽区和大港区，设立滨海新区	2009 年 11 月
3	重庆	设立两江新区，范围涵盖江北区、北碚区、渝北区三个行政区的部分区域	2010 年 5 月
4	北京	撤销原东城区、崇文区，设立新的东城区；撤销原西城区、宣武区，设立新的西城区	2010 年 6 月
5	上海	卢湾区与黄浦区合并，两区共同构成大黄浦区	2011 年 6 月
6	安徽	撤销地级巢湖市及部分行政区划调整，原本所辖的一区四县行政区划进行相应调整，分别划归合肥、芜湖、马鞍山三市管辖	2011 年 7 月
7	南京	南京市原秦淮、白下两区合并，设立新的秦淮区；原鼓楼、下关两区合并，设立新的鼓楼区	2013 年 2 月
8	广州	撤销县级从化市，设立广州市从化区；撤销县级增城市，设立广州市增城区	2014 年 2 月
9	杭州	撤销县级富阳市，设立杭州市富阳区	2015 年 2 月
10	福州	福州新区设立，初期规划范围包括仓山、马尾、福清、长乐、连江和罗源 6 个县（市）区的部分区域	2015 年 7 月

建议在广西北部湾四市中，南宁作为首府，相对独立考虑，保持现有行政区划不变，将钦州、北海和防城港三市合并，并争取成为“国家级新区 + 自贸区”，整合资源、降低行政成本，加快提升北部湾城市群的综合竞争力。

1. 行政区划过多存在的弊端

一是行政成本过高，造成对经济社会发展资源的过高损耗与浪费。地级市介于省和县之间，一般而言，8 个左右的县市区组成一个地级市比较适宜，过多则不宜发挥其管理职能与效应，过少则造成对经济社会发展资源的浪费。广西沿海三市中，钦州下辖钦南、钦北两区和灵山、浦北两县，北海下辖海城区、银海区、铁山港区三区和合浦县一县，而防城港辖港口区、防城区两区和上思县一县，代管一个县级市东兴市。这些地级市与我国所有其他地级市设置同样多的层级与部门，却管辖甚至不到绝大多数其他地级市一半的区县数量，明显浪费了行政资源。广西沿海三市的行政区域面积比临近的湛江市多 0.7 万平方公里，2014 年三市的 GDP 总和为 2300 亿元，湛江市为 2259 亿元，三市的面积和经济总量与湛江一个市相当。2006 年 3 月自治区成立了北部湾（广西）经济区规划建设管理委员会，主要职责是统筹规划经济区的开发建设，协调区域内各方面的关系和重大事项，研究制定区域开放开发的具体政策措施等。管委会的成立理论上可以对广西沿海三市起到协调作用，但事实上协调作用还十分有限，而且对广西沿海地区的管理又增加了一个正厅级的管理机构，从而加大了管理成本，因此对沿海三市进行重新调整也是完全必要的。

二是不利于发挥经济社会发展的聚集效应，不利于区域统一规划和功能区分，特别是容易造成重大项目重复建设与无序竞争等。在我国，地级市最初设立，对所属县市大多仅为代管性质，但是经过几十年的发展，地级市的实际职能作用却在不断强化。不同的地级市囿于自身局部利益观念，往往不顾区域整体布局与协调发展，在资金、产业、项目及资源分配上贪大求全，从而导致屡见不鲜的重复建设与无序竞争。沿海三市资源条件相似，且三市政府之间缺乏沟通与协作，各自规划，对同一个项目，各市都想尽一切办法去争取，竞相压低门槛，人为地造成了内耗，其直接结果是广西沿海地区有限的资源被低价出让，弱化了广西沿海地区的综合竞争实力。

2. 合并沿海三市具有一定的合理性和可行性

一是制度保障。计划经济体制下的政府是高度集权的全能政府，经济与社会事务完全由政府包揽和经营。政府为巩固其高度集权的需要，就必须加强计划，增加管理层次。市场经济体制打破了传统的管理模式，资源配置由政府主导型转向市场主导型，政府把主要职能转向宏观调控。市场经济体制的建立与完善为精简合并地级市提供了制度保障。

二是技术保障。改革开放前虽然交通和信息传递不发达，地级单位比现在要少。改革开放多年后，随着电话、计算机、互联网、远程通信等现代技术手段运用水平的提高，政府间传递信息的时效性和准确性大大增强。火车提速，民航加快发展，高速公路、国道、省道等基础设施大大改善，现代交通工具的发达，使得地域之间的空间距离变得越来越短。这些历史性的变化为政府扁平化管理创造了条件，也为精简合并地级市提供了技术保障。

三是成功案例。精简地级市数量设置，有国内先例可循，例如较早的湖北荆州和沙市合并为荆州市、云南昆明与东川合并为昆明市，最近撤销的地级巢湖市以及京沪津渝等地的行政区合并。精简地级市数量，既是为经济社会发展进行行政减负的需要，更是适应当前区域经济发展自然融合这一社会历史趋势的需要。从政策和规划层面大力推动这一方案，必将有助于进一步释放经济社会发展活力，促进经济社会发展。

四是地理人文因素。北部湾沿海三市地理位置为三市的合并提供了基础。三市形成一个三角形地域，各市之间距离较近，三市之间的直线距离均为 100 公里左右，处于一小时经济圈的范围内。沿海三市人文传统基本相同，是合并的重要原因。行政区划作为一个政治概念与人的关系密不可分，因此在行政区划中最重要的划分标准应是人口及与之紧密联系的文化、经济等人文、社会因素。沿海三市原同属钦州地区，讲相同的方言，风俗习惯也基本相似。

3. 争取成为“国家级新区 + 自贸区”

北部湾自由贸易试验区已经完成了初步方案的编制，并向国务院提交了申请。目前获批自由贸易试验区的上海、天津、福建、广东大都是“国家级新区＋自贸区”的模式。广西北部湾经济区在现已申报自贸区的情况下继续申报国家级新区，争取成为“国家级新区＋自贸区”，加快开放发展，成为引领广西甚至是西南地区发展新的引擎。

国家级新区在推动区域对外开放中具有一定优势，加快国家级新区的设立有助于推动当地经济增长，扩大改革开放。截至目前，国家已设立上海浦东、天津滨海、重庆两江、浙江舟山群岛、甘肃兰州、广州南沙、陕西西咸、贵州贵安、青岛西海岸、大连金普、四川天府、湖南湘江、南京江北新区、福州新区和云南滇中新区 15 个新区。挂牌国家级新区，意味着诸多政策加身。现在国家级新区拿到的实质性政策优惠主要有两个优势，首先是可以作为一个招商引资的新平台，获得集中的财力支持等；其次是可以先行试验一些政策。从产城融合的角度，符合国家级新区建设条件的园区，国家都将根据实际需要进行批复，将其打造成带动区域发展的战略基点。按区域发展的需求，未来每个省份都有可能获批一个国家级新区。目前国家发展改革委员会要求国家级新区要寻求错位发展，加强新区与各类特殊功能区（如自贸区）建设的有机衔接。

天津滨海新区拥有国家级开发区、保税区、高新区、出口加工区、保税物流园区和我国面积最大、开放度最高的保税港区，是全国综合配套改革试验区。2014 年，天津滨海新区全区生产总值 9000 亿元，增长 15.5%，2005 年成为国家重点支持开发开放的国家级新区，2015 年还获批了自贸区，成为“新区＋自贸区”，被誉为中国经济增长的“第三极”（见表 7）。

表 7　天津滨海新区行政管理体制调整

序号	区划管理历史沿革	时间
1	天津市决定开发滨海新区，并设立滨海新区领导小组	1994 年
2	天津市成立了滨海新区领导小组专职办公室	1995 年
3	天津市在领导小组办公室的基础上成立了滨海新区工委和管委会，作为天津市市委、市政府的派出机构	2000 年
4	天津市成立了加快滨海新区开发开放领导小组	2007 年
5	撤销塘沽区、汉沽区、大港区，设立天津市滨海新区，以原三个区的行政区域为滨海新区的行政区域，成立塘沽、汉沽、大港 3 个工委和管委会，主要行使社会管理职能；成立先进制造业产业区、临空产业区、滨海高新技术产业开发区、临港工业区、南港工业区、海港物流区、滨海旅游区、中新天津生态城、中心商务区九个产业功能区党组和管委会，主要行使经济发展职能	2009 年
6	天津滨海新区撤销下辖的塘沽、汉沽、大港工委和管委会，由滨海新区区委区政府统一领导	2013 年

广西沿海三市在考虑合并之前可参照 2009 年以前天津滨海新区的做法，设

立北部湾新区，凡是涉及产业规划、定位、协调的方面都由新区来管理，暂时保留三个城市独立的政治地位，原来的北海、钦州、防城港只有社会管理职能，实现经济管理与社会管理职能的分离。北部湾新区统筹北部湾沿海三市的经济发展，集中精力搞产业开发、抓经济建设，形成整体推进、重点聚焦、相互促进的发展格局，实现经济职能和社会职能各有侧重、互补协同的新型管理模式。

指　导：黄　洲
组　长：邓杨素
副组长：黄云平　洪小龙　杨佰升
成　员：祝沛章　陈豪昌　包　宁　李自荣　冯　娟
　　　　巫祥雯　何　伟　黄志岳　贤海华　周　艳

打造广西高铁经济带研究

——以贵广高铁（广西段）为例

【引言】高铁经济，是依托高铁的综合优势，使资本、人力、技术等生产要素以及消费群体、消费资料等消费要素在高铁沿线城市实现优化配置和集聚发展的一种新型经济形态。高铁经济带以高铁为基础，沿线各省（区）市分工协作、共享资源，利用高铁的通道作用推动开放合作和互动发展，形成一个经济一体化的区域。

贵广高铁开通，对广西经济社会发展产生了深刻的影响，为沿线的桂林、贺州两市带来了巨大的发展机遇。2014 年 12 月 26 日开通的贵广高铁，自贵州省贵阳市起，途经黔南州、黔东南州，广西桂林市、贺州市，广东省肇庆市、佛山市、广州市，全长 857 公里，其中广西境内 410 公里。贵广高铁的开通使桂林至广州、贵阳两地的时间缩短到 2 小时左右，贺州至广州的路程时间从 3 个多小时缩短至不到 2 小时，大大拉近了桂林、贺州两市与珠三角地区的时空距离。贵广高铁开通，加强了粤桂黔沿线城市间的交流合作，促进了区域间的产业转移，加快了居民消费和产业结构升级，拉动了沿线城市和新型城镇带的建设以及经济社会的发展。广西要抓住高铁带来的发展机遇，学习借鉴日本新干线、京津城际、武广高铁等国内外高铁经济的发展经验，从全区发展的大局统筹考虑贵广高铁沿线的功能划分、发展定位、产业布局、重大基础设施和公共服务配套建设。充分发挥高铁的重要战略通道优势，优化组合沿线城市的资源要素，形成强有力的高铁经济带发展支撑体系。着力把贵广高铁（广西段）经济带打造成具有较强竞争力的产业带和城市群，打造成全国内陆开放发展的新“高地”，区域合作发展的引领区，承接东部产业转移的示范基地，泛珠三角区域合作的新平台，广西连接广东的前沿阵地和大西南融入珠三角的“桥头堡”。

2014 年 12 月 26 日，粤桂黔三省区签署了建设贵广高铁经济带合作框架协议，提出加强交通、产业、环保、旅游等重点领域的合作，制定了共同打造贵广高铁经济带的战略目标和行动纲领。广西在打造贵广高铁经济带进程中如何破题，怎样抢抓战略机遇？本课题就贵广高铁开通对广西经济社会发展的影响，尤其是对沿线的桂林、贺州两市发展的影响进行调研，分析了贵广高铁背景下广西特别是桂林、贺州两市面临的机遇和挑战，提出了打造贵广高铁（广西段）经济带的重点内容和对策建议，供自治区党委、政府决策参考。

一、贵广高铁开通给广西沿线城市发展带来的深刻影响

高铁具有高时效、高辐射的特性，能有效提升城市对各种生产要素的集聚和扩散作用，促进沿线城镇的产业分工和资源配置，推动以高铁为引领的交通网络建设，促进区域经济协调发展，促进新型城镇化集聚带形成，加快城市化进程，推进、扩大对外开放与合作发展。但是高铁在带来流动便利、推动经济发展的同时，也会促进资金、人才、信息等存量生产要素向发展环境更优、行政效率更高的区域集聚，产生“虹吸效应”，使集聚力较弱的城市从“同城效应”弱化为“过道效应”。贵广高铁开通为广西尤其为桂林、贺州两市带来发展机遇，产生巨大的“高铁红利”，同时也带来极具挑战的隐忧，需要进行深入分析，积极应对。

（一）贵广高铁开通产生的正效应

1. 旅游业方面的影响

（1）带动旅游市场进一步繁荣。高铁颠覆了旅游时空观，带来巨大的高铁旅游“蛋糕”。贵广高铁开通极大促进了桂林、贺州旅游业的繁荣。桂林旅游人气“爆棚”。据统计，2015 年 1 ~6 月，全市接待游客总人数 1880. 67 万人次，同比增长 12. 74% （见图 1），其中入境游客 103. 26 万人次，同比增长 9. 96%（见图 2、图 3）；全市旅游总收入 206. 64 亿元，同比增长 23. 74% （见图 4），其中入境旅游收入 30. 82 亿元，同比增长 18. 88% 。7 月，暑期旅游的第一个月，桂林市接待旅游总人数达 464. 87 万人次，同比增长 5. 32% ，旅游总收入同比增长 20. 35% ；1 ~7 月动车运送旅客达 401. 7 万人次。临桂五通站、桂林西站、桂林北站、阳朔站和恭城站五个高铁站人气“爆棚”，客流激增。特别是从贵阳、广州、深圳到桂林的动车票销售火爆，每到周末，常是“一票难求”。贺州喜迎旅游大“蛋糕”。贵广高铁开通不仅给贺州带来游客流量的增长，也进一步促进旅游产业的扩量提质。游客数量大增。2015 年上半年，贺州全市接待游客 790 万人次，同比增长 21. 53% ；实现旅游收入 86. 15 亿元，同比增长 25. 89% 。客源结构得到优化。贺州是广州—桂林—贵阳旅游黄金线的重要节点城市，具有迎接珠三角与大西南、大西北客源的优势。贵广高铁开通，贺州与这些地区实现了旅游区位、客源市场的有效对接，客源市场得到拓展，中、远程游客明显增多，为贺州带来巨大的消费群体。

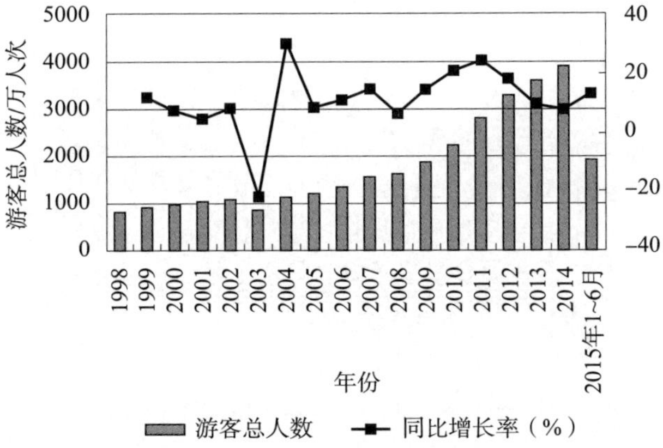

图 1　1998～2015 年 6 月桂林市旅游总人数情况

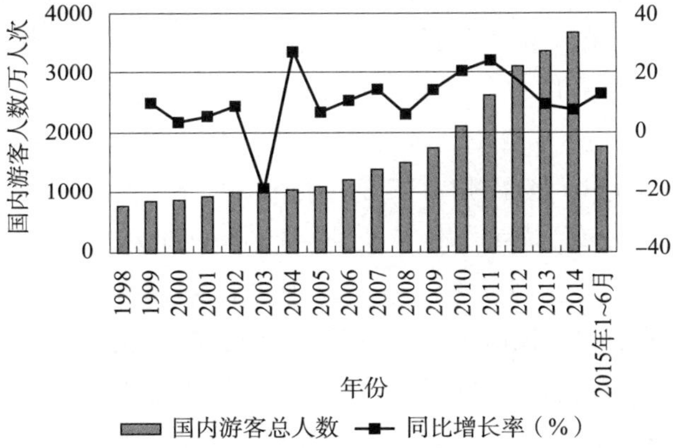

图 2　1998～2015 年 6 月桂林市接待国内游客情况

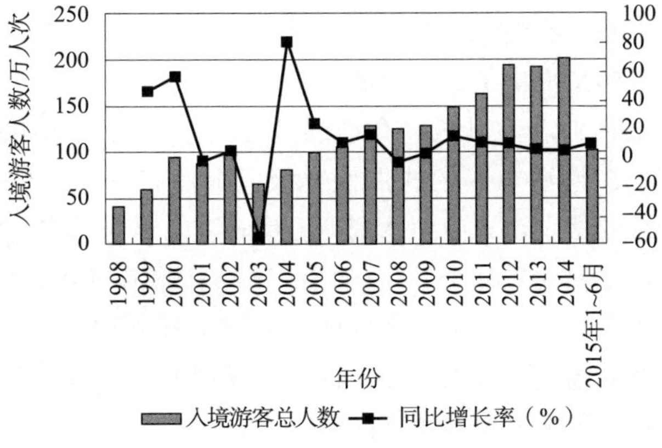

图 3　1998～2015 年 6 月桂林市接待入境游客情况

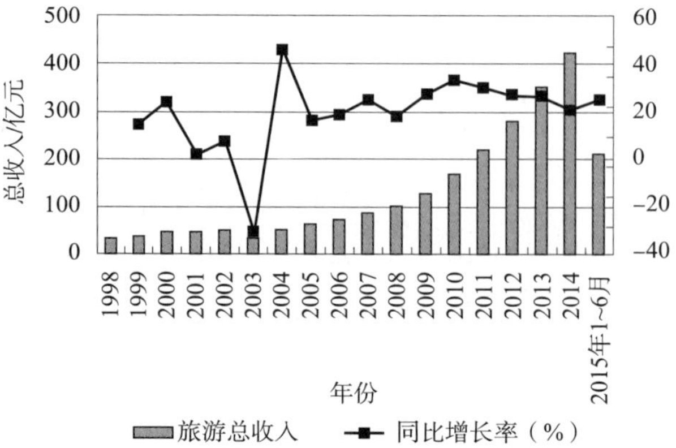

图4　1998～2015年6月桂林市旅游总收入情况

（2）改变了游客出行方式。随着贵广高铁的开通，沿线游客出行方式发生了巨大变化。前往广东、贵阳等地旅游的很多游客放弃乘飞机，改乘高铁抵达，以前乘飞机抵达桂林的广东、贵州游客很多已改乘高铁来桂林旅游。据统计，2015年春节，仅2月18～22日，乘坐动车从广州、深圳及贵阳方向到桂林的旅客达6.9万人次，从桂林到广州、深圳及贵阳方向的旅客达6.3万人次。散客旅游呈现快速增长。高铁旅游的方便、快捷、舒适深受游客喜爱。随着目前旅游市场散客时代的来临，桂林高铁旅游散客化现象日益突出。据统计，2015年春节期间，进入桂林的散客与团队人数比例就达8∶2，散客旅游呈现快速增长态势。

（3）旅游公共服务需求出现新变化。高铁开通带来的游客大幅增长，对旅游接待设施提出了更高要求。贵广高铁开通后，从粤港澳等发达地区过来的高端游客激增，这些游客既要求住宿更舒适，对交通便利、地方特色餐饮、娱乐服务等也提出了更高的要求。贵广高铁带来的大量客流对桂林、贺州两市的交通接驳系统、旅游集散中心、旅游咨询中心、旅游标识系统、自驾游营地、景区服务设施等旅游公共服务体系提出了更高的要求。

（4）助推旅游产业转型升级。高铁的开通要求旅游业从粗放型向质量效益型转变，推动“快旅慢游”新模式加快升级，促使旅游产品呈多元化特征。游客需求已经从传统的山水观光型向休闲度假型转变。越来越多的游客不再满足于传统旅游景点，而是寻找更具个性化的旅游产品和旅游方式。如2015年春节黄金周期间，桂林市传统景区芦笛景区接待游客同比下降30.3%，但是一些旅游新业态、高端旅游产品却供不应求。如桂林阳朔涌现出一些通过农村泥砖房改造而来的民居酒店，卖出了比五星酒店还高的价格，而且大受全球高端旅游爱好者的喜爱。这些新变化要求旅游业必须加快适应高铁发展带来的新要求，加快推进旅游业转型升级。

（5）促进高铁沿线区域旅游合作。高铁的开通使区域旅游一体化得到空前拓展。为适应贵广高铁开通对旅游发展的需求，桂林、贺州两市提早谋划，积极行动，加强与高铁沿线区域的旅游合作。2014 年 9 月，桂林与贺州两市在桂林举行了桂贺旅游一体化合作协议签约暨桂林贺州两市一日游启动仪式。2014 年 11 月，桂林、贵阳两市签署了旅游发展战略合作协议，双方以贵广高铁开通为契机，深入推进两市旅游合作与发展。贵广高铁的开通进一步加快了贺州和肇庆、桂林、贵阳等城市旅游产业的联动开发，加强了与行业协会和旅游企业在客源组织、景区建设等方面全方位的合作。

2. 物流业方面的影响

一是增强了物流业发展的新动力。高铁推动生产要素快速流动，为现代物流业发展注入强劲动力。桂林、贺州两市是广西“北通、南达、东进、西联”高铁路网格局的核心节点，有着明显的区位优势。贵广高铁的开通，提高了物流业的流转规模、流转速度，使两市与周边城市的物流流动速度显著加快，推动了沿线城市物流企业之间的合作与发展，特别是对带动桂林、贺州两市物流业提升市场竞争力作用明显。二是拓宽了高铁物流节点新空间。高铁对沿线设站城市的物流业发展而言带来了巨大的发展机会。目前，贵广高铁站点除了设在地级市外，桂林、贺州县域也设有站点，这为发展县域物流提供了巨大的空间。市、县高铁站点不仅提供了良好的基础设施建设，还提供了许多物流作业的机会，有利于整合各方资源，使得物流业更好、更快地发展。

3. 高新技术产业方面的影响

高新技术产业是知识密集、技术密集、人才密集的产业，具有智力性、创新性、战略性和环境污染少等特点，高铁对高新技术产业创新发展影响深远。桂林、贺州两市都具有借助贵广高铁开通提升发展高新技术产业的条件。一是具有一定的高新技术产业基础。尤其是桂林，依托桂林电子科技大学等高等院校、科研机构，发展了一批具有较强竞争力的高新技术企业。截至 2014 年年底，桂林拥有高新技术企业 89 家，国家“火炬计划”重点高新技术企业 7 家。贺州电子科技生态产业园也引进了一批电子节能和新材料等高科技企业，以电子铝箔为龙头的产业链逐步延伸并不断完善。桂东北高新技术产业发展较快、效益较好、潜力较大、实力较强。桂林电商谷在桂林高新技术产业园正式运营。贵广高铁的开通，把广西沿线地区纳入了“珠三角 2 小时经济圈”，给桂林、贺州的高新技术产业带来了新的发展机遇。二是具有生态环境好和生活成本较低的优势。相对珠三角来说，桂林、贺州的生态环境和生态成本具有相当大的优势，贵广高铁重要的通道作用使桂林、贺州与珠三角城市“同城效应”凸显，如果两市的人才政策更加灵活、更有吸引力，可以从珠三角引进大量的技术人才；出台更加优惠的招商引资政策，可以引进珠三角更多的高新技术产业，推动广西高新技术产业又快又好地发展。

4. 城镇化方面的影响

高铁是新型城镇化的纽带。贵广高铁开通，对广西尤其桂林、贺州两市优化城市和城镇空间布局，加快推进城市化进程产生了积极影响。借助贵广高铁的开通，桂林正以国际旅游胜地建设为契机，积极完善桂林市中心城区设施布局，全力推进城镇化建设，使桂林城镇化进程在高铁带动下得到快速发展。桂林市主城区“北通南畅”工程统筹推进，桂林高铁站（北站）西向通往临桂区及龙胜、永福等地的主干道实现畅通；加快推进县城和重点镇建设，积极实施城乡风貌改造和打造特色名镇名村等村镇规划专项行动，推进新型城镇化建设示范乡镇建设。高铁的开通，推动了贺州火车站的配套设施建设，带动贺州综合开发车站周边的土地资源，着力建设高铁新城，进一步优化城市空间布局，提升城市功能，扩大城市辐射半径，带动高铁沿线城镇集聚发展。

5. 区域合作方面的影响

贵广高铁与湘桂高铁在桂林市交叉，交会点离贺州也仅 1 小时车程，使桂林、贺州两地成为连接中南、华南、西南地区“3 小时”到达“四省会”（长沙、广州、贵阳、南宁）的区域性交通枢纽，极大地提升了桂林、贺州两地在区域合作中的地位。桂林、贺州两市基础设施、工业和服务业相对落后，有效供给不充分，内需相对乏力，特别是在资金相对短缺的状况下，可以借助高铁的便捷性，选择有效的合作方式和合作途径，积极融入多区域合作。桂林可以借助贵广高铁这一东西向高铁大动脉，主动接轨珠三角，为桂东北战略型新兴产业、高新技术产业、现代服务业、文化产业的发展获取资金、技术、管理等优质资源。借助湘桂高铁这一南北向高铁大动脉，加快融入北部湾经济区的步伐，加强与北部湾以及东盟国家的产业对接，与东盟国家建立广泛的经贸合作。贺州毗邻粤港澳，是大西南最便捷的出海通道和承接东部产业转移的前沿阵地，也是广西连接东部和中西部地区的重要门户和枢纽。贵广高铁开通，推动贺州扩大对外开放，加强与沿线城市和周边地区交流合作，全面实施东靠战略，加快粤桂产业合作（信都）试验区建设，主动承接珠三角产业转移，初步形成了先进制造业、电子信息、新型建筑材料等一批规模较大、技术水平较高的产业集群，为粤桂两地不断加强产业对接、提升资源配置效率提供了广阔的发展空间。贵广高铁开通，有利于促进桂林、贺州两市与贵阳、佛山、广州等沿线城市紧密对接，推进互换市场、互换资源、差异发展的区域合作，共同打造东西部优惠政策共享、产业经济衔接、社会管理有效对接的高铁经济带。

（二）贵广高铁开通产生的负效应

1. “虹吸效应”有所隐现

贵广高铁的开通，为贵广高铁广西沿线地区带来“同城效应”的同时，也带来了“虹吸效应”的影响。贵阳市和广州市充分发挥现代大城市的作用，吸引大量的人流、物流、资金流，对桂林、贺州两市的资金、项目引进带来严峻挑战。在调研中我们了解到，桂林、贺州两市承接东部产业转移受贵广高铁开通的负面影响开始隐现。珠三角的一些金属制品、化工塑料、建筑材料等资源型和劳动密集型企业，原来计划梯度移转到桂林、贺州两市，在贵广高铁开通后“跨越”这两个地区，直接到生产成本更低的贵州“落户”。一些原来在贵广高铁广西沿线地区打拼多年的企业因为资源和环境制约，在贵广高铁开通后选择了“离家出走”，或到经营环境更好的广东，或到资源更具优势的贵州。

2. “过道效应”冲击来袭

贵广高铁的开通，使得贵州和广东的联系更加紧密，广西也加强了与广东、贵州的交流合作，沿线的桂林、贺州两市进一步扩大开放，但是“过道效应”逐渐显现。贵州旅游竞争冲击正在迫近。贵州省利用贵广高铁开拓广东旅游市场的力度大，对桂林、贺州旅游市场带来一定冲击。2015 年春节期间，为了让更多的广东游客能到贵州深度旅游，贵州特意申请了两趟贵广高铁旅游专列。2015 年 3 月 18 日，贵州省贵阳市、六盘水市政府分别与广东广州、佛山、江门、肇庆四市签署了《旅游合作框架协议》。广东、贵州两地旅行社签署了《客源互送合作协议》。广东旅行社组织“贵州游”热情高涨。2015 年春节推出“十大贵州高铁旅游精品线路”，产品一经面市，羊城热卖；暑期，广州“广之旅”国际旅行社、广东铁青国际旅行社等纷纷定制高品质路线，组织大规模广东游客搭乘贵广高铁体验多彩贵州清爽夏日之旅。据贵州省旅游局介绍，2014 年年底贵广高铁开通以来，广东、香港与贵州之间互为客源地和目的地的区域市场对接更加紧密，广东、香港民众赴贵州旅游热情高涨，赴贵州旅游人数大幅增长。2015 年 1 ~5月，贵州接待广东游客达 708. 15 万人次，同比增长 43. 9%；6 月，贵州省接待香港游客 2. 2 万人次，同比增长 25%。贺州旅游面临“过境地”危机。贵广高铁的开通拉近了珠三角与贵州等西部地区的时空距离，为贺州旅游业带来发展的机遇，同时也使贺州面临周边市场的激烈竞争与冲击。高铁沿线旅游资源丰富、风景名胜众多，广东有肇庆七星岩、贵州有黄果树瀑布和西江千户苗寨等。贺州虽然也有梦境家园黄姚古镇和天然氧吧姑婆山国家森林公园，但已多年没有推陈出新，缺乏有特色的景点和适合快旅慢游的新业态，与其他沿线城市的旅游景区有同质化的现象，作为旅游核心资源的生态优势不再独有。当前，各地都使出浑身解数抢夺客源，除了不断推出旅游新产品吸引旅客外，有的甚至以降价让利刺激旅游消费。高铁开通后，沿线城市的客源地和目的地在迅速转换，贺州承东启西的区位优势在减弱，在旅游市场竞争中正在失去比较优势。在调研中我们了解到，从广东乘高铁到贺州只用一个多小时，很多外地游客正从“长线游”变为“短线游”。据贺州市姑婆山国家森林公园的管理人员反映，2015 年 1 ~6 月，景区接待游客比 2014 年同期略有增加，但是广东游客呈现减少趋势，一些老熟客跑到贵州看新鲜了。据一些宾馆反映，以前由于交通没有那么快捷，初到贺州的很多旅客要住上一两个晚上，现在到贺州的很多旅客“随到随走”，有的旅行团甚至“过而不入”，旅客变为过客。贺州逐渐由旅游目的地变为旅客歇脚的中转站，如不引起重视，将有可能面临由中转站沦落为旅客匆匆来去的“过境地”的危机。

3. “人才出走”正在上演

贵广高铁广西沿线地区人才出走趋势越来越明显。贵广高铁开通，广西沿线地区融入了“珠三角2小时经济圈”，人们的工作和生活方式发生变化，越来越多的优秀人才选择去珠三角工作和生活，或选择“工作珠三角，生活桂东北”。从目前看，如果贵广高铁广西沿线地区没有更好的发展机会和就业平台，“人才流失”将会进一步加剧。以贺州为例，高铁时代，贺州融入珠三角“2小时经济圈”，市民的消费观念和生活方式发生了变化，打“铁的”去广州、深圳、肇庆购物消费，本地的商贸服务业受到冲击。更为值得关注的是，由于贺州工资福利待遇差，一些工程技术人员和高级管理人才“挥手从兹去”，跑到工作和生活环境更好的珠三角。昭平、富川等贫困地区的中小学教师“一江春水向东流”。贺州学院建筑规划和旅游管理专业的毕业生宁可“背井离乡”也要涌向广州、深圳、佛山等珠三角城市。这两个专业虽然是贺州紧缺急需人才的专业，但是留在本地的不到40%，绝大多数都跑到广东去了。总之，不仅综合环境优越的珠三角可以把贺州的人财物等生产要素吸引过去，欠发达的西部地区也可以利用准入门槛低、优惠条件多等后发优势，把我们的企业“拐跑”。以上因素影响在沿线城市很有代表性，需要引起高度重视。

4. 基础设施跟不上高铁发展需求

高铁开通带来大量的人流物流，对城市基础设施提出更高要求。但是从目前贵广高铁沿线城市看，基础设施“短板”远远跟不上高铁开通后的需求。以桂东北为例：一是桂林旅游基础设施“短板”凸显。桂林旅游借助高铁带来了更多游客，但是目前的发展水平与打造桂林国际旅游胜地的要求相差很大，市区公共服务设施不足。高铁在带来游客大幅飙升的同时，也对桂林旅游公共服务设施带来挑战。桂林市十一“黄金周”期间“高铁快、进城慢、旅游难”的问题较突出。市内旅游交通体系不够完善，高铁站与景区的交通接驳不到位，尤其是通往重要景区的旅游专线没有完全开通，致使“黄金周”期间游客拥堵较严重；市区旅游集散中心综合服务功能不够强；高端旅游接待设施面临较大的饱和压力。2015年春节期间，香格里拉、大公馆、漓江大瀑布、阳朔悦榕庄、河畔度假酒店等高端酒店以及各县区的特色酒店虽然价格比平时高出很多，依然一房难求。县域旅游配套服务设施不足。县域交通工具难以“无缝对接”，阳朔、恭城等县域高铁站的公交车、出租车、非机动车停靠站等公共配套服务远远不能满足游客需求；出行指南、叫车服务等旅游“软”服务也与游客需求存在较大差距。此外，各县酒店餐饮的服务能力及规格普遍偏低，旅游产品不丰富及档次低，这些因素制约了桂林县域旅游的快速发展。二是贺州地方设施与高铁发展不匹配。由于经济发展和社会历史原因等诸多因素，贺州基础设施落后，城市规划布局不合理，高铁站点周边的公共服务和交通设施不配套，城市公交、旅游专线、公路和铁路换乘线路、物流中转站等综合交通网络不健全。贺州站周边没有档次高、有规模的酒店、超市、停车场、金融网点、信息网络等服务设施。站前广场布局不合理，功能不完善，汽车客运与周边县区接驳能力不强，高铁聚集的巨大人流出行和食宿问题需要通过改善交通设施和提高接待能力来解决。同时，需要规划建设旅游产品市场、休闲娱乐场所，完善基础设施，提高配套服务能力。

二、打造贵广高铁（广西段）经济带的重点内容

（一）打造以高铁为引领的综合交通网络

贵广高铁经济带建设，必须基础设施先行。只有尽快建立和完善以贵广高铁为引领的综合交通网络，推动铁路、公路、航空、水运等多种交通方式无缝衔接，形成区域内互联互通的交通大格局，才能促进生产要素的流动和集聚，为高铁大动脉转化为高铁经济带提供支撑。

1. 加快粤桂黔省区结合部的交通衔接

以推动粤桂黔交通互联互通为重点，以尽快完善贵广高铁（广西段）沿线城市出省通边、出海通边、出城通边运输通道为抓手，聚合以贵广高铁为引领的便捷快速综合客货运交通体系效应，提高贵广高铁（广西段）沿线城市对外互联互通水平。一是坚持铁路优先发展。加快黔东南经柳州至韶关铁路、张家界经玉林至湛江铁路和洛湛铁路（永州至玉林）电气化扩能改造项目前期工作，争取纳入国家“十三五”规划并开工建设。与贵州共同推动贵阳至南宁客运专线建设，加快湘桂铁路柳南段电气化改造项目。二是加快公路规划建设。加快推进夏蓉高速桂林至三江（黔桂界）段建设，银百高速罗甸至乐业段前期工作，争取将广东连山至广西贺州高速公路、贵州三都—荔波—广西环江—河池等高速公路纳入国家“十三五”规划。三是提升航空水运能力。积极推进贺州支线机场规划建设，争取纳入国家“十三五”规划。加快推进梧州机场迁建、柳州机场航站楼建设。协调推进珠江—西江黄金水道开发和都柳江通道建设，加快漓江、桂江（桂林段和贺州段）、贺江航道扩能改造和电站通航设施建设，提高运力，连接珠江、西江航道；争取国家支持珠江水系航运规划修编。尽快完成北盘江—红水河航道规划提等级研究工作并上报国家。

2. 推进贵广高铁（广西段）区域内的交通衔接

打造贵广高铁经济带不仅需要完善对外连接通道，而且需要完善贵广高铁（广西段）沿线城市之间以及与广西其他市之间的交通衔接。公路方面，要加强贺州与柳州的对接，加快贺州至来宾高速公路项目前期工作；加强贺州与梧州的对接，加快梧州至信都高速公路项目前期工作；发挥高铁带动辐射周边的作用，加快夏蓉高速富川至钟山段建设。推进阳朔至鹿寨、荔浦至玉林、桂林至柳城等

高速公路建设。铁路方面，加快贺州至梧州城际铁路前期工作，争取纳入自治区和国家“十三五”规划并开工建设。水运方面，依托综合交通网络，加快内陆“无水港”布局和建设，积极支持贺州在梧州西江主航道建设“贺州飞地港口”。

3. 加快构建配套完善的综合运输体系

加强高铁站与枢纽港、枢纽机场、综合客货运枢纽之间的互联互通，将高铁站建设成为铁路、地铁、公交以及公路客运紧密衔接的现代化枢纽中心。推动“铁、公、航、水”多种运输方式有效衔接，确保多式联运无缝对接。完善高铁配套设施建设，支持推进桂林火车（西）站新建、信都火车站改建和贺州火车站扩建工程。建设公共交通、旅游专线、物流中转等配套设施，实现旅客“零距离换乘”“货运无缝对接”。完善区域内公路站场布局，在高铁沿线县区、工业区及经济重镇新建和改建一批公路站场。适当压缩跨省或超长距离公路客运班线和与高铁同方向中长途班线。加强公路对高铁、普铁、航运等运输方式的驳载功能，实现与高铁的有效连接。主动对接“一带一路”，在两江国际机场适时新增通往东盟国家和国内重点城市的航线航班，争取更多东盟航班经停。加强粤桂黔三省（区）港航业和综合保税区、保税港区、自由贸易园区合作建设，全面深化口岸通关改革创新，推广实施“属地申报、运抵验收”等通关模式。强化综合运输体系的信息化建设，整合现有铁路、公路、水路相对分散的管理信息资源，加快构建综合运输管理系统。

（二）打造沿线生态旅游经济带

广西要主动适应高铁时代的新常态，转变旅游发展理念，充分发挥贵广高铁的通道作用，加强旅游基础设施建设，加强区域旅游合作，加快推进旅游产业融合发展，联合广东、贵州共同打造沿线旅游经济带。

1. 加强区域旅游合作发展

一是构建贵广高铁沿线城市旅游战略联盟。加强贵州、广东和广西三省（区）区域旅游合作。依托高铁沿线文化、生态、民俗等旅游资源，建立包括贵阳、都匀、三江、桂林、贺州、肇庆、佛山、广州等沿线城市的“贵广高铁沿线城市旅游合作联盟”，整合优化区域旅游资源，合作开发特色优势旅游项目。加强旅游线路的联动设计，规划开发区域旅游新产品，联合构建无障碍旅游区。积极开展互为目的地和客源地的旅游宣传促销活动，塑造区域旅游整体品牌形象。加快开发“快旅慢游”“一程多站”“一线多游”等深度体验的旅游新业态，提高旅游的品质和效益。打造“政策互惠、客源互送、信息互通、资源共享、品牌互铸”的旅游合作新模式，共建粤桂黔一体化国际旅游目的地。

二是加强与“高铁旅游圈层”城市的旅游合作。高铁的开通，形成了区域内 1、2、3 小时旅游圈层。广西沿线城市要加强与其他地区之间的交流和合作，不断拓展贵广高铁旅游经济带的广度和深度。按照整合资源、优势互补、突出特色、丰富体验的原则，对高铁沿线苗家和侗族风情浓郁、风景秀丽的贵阳、山水甲天下的桂林、生态优美风情浓郁的贺州等特色旅游资源进行优化组合，加快规划建设。广西要与贵州共同规划培育“都匀（布依族、苗族）—三都（水族）—黎从榕（苗族、侗族）—三江（侗族）—恭城（瑶族）—贺州（土瑶族）”少数民族风情文化旅游线路，开发独具民族风情的特色旅游产品；打造“永福—阳朔—钟山—昭平”长寿养生旅游线路，配套开发差异化的长寿养生产品，丰富游客体验。加快推进桂林、贺州旅游一体化，充分利用桂林和贺州的互补性资源，打造两地的特色连线产品，共同建设“桂林—阳朔—平乐—黄姚古镇—贺州（姑婆山、玉石林、大桂山）—钟山十里画廊”“桂林—阳朔漓江—平乐桂江—昭平桂江—黄姚古镇—钟山十里画廊—贺州”旅游线路。加快建设“安顺—贵阳—都匀—三都—荔波—榕江—从江—三江—桂林—阳朔—贺州—肇庆—广州”山水生态旅游，以及“南宁—百色—罗甸—平塘—兴义”右江“红色文化”和生态休闲旅游精品线路。

2. 推进旅游配套设施升级

“散客”大众化、高铁出行普遍化、休闲度假游、旅游产品需求多元化等旅游业的新特征对旅游配套设施提出了更高的要求。广西要结合贵广高铁旅游业呈现的新特点，进一步完善吃、住、行、娱、购等配套设施，提高旅游接待能力和服务水平。进一步完善高铁站场作为旅游集散中心、信息中心、咨询中心的功能，完善旅游交通接驳系统，通过发展旅游包车、城市公交、农村客运、自驾游营地和建立旅游专线等多种形式，促进高铁、公路等交通站点到景区无缝换乘，完善城际、市县（区）和城乡客运网络，解决景区“最后一公里”的瓶颈问题。桂林和贺州主城区规划建设美食街、土特产品一条街、民族工艺产品采购中心等特色街区，打造地域特色鲜明的旅游产品体系。进一步完善旅游通道、旅游集散地、重点景区景点的旅游标识，加快实施旅游厕所改造工程。推进酒店等住宿设施提档升级，引进品牌连锁酒店，大力发展特色农家客栈，提供更多个性化的住宿服务，满足高端商务人士和各个不同层次游客的消费需求。贺州要适应旅游业的发展需要，规划建设市场规模较大、消费环境优越、聚集效应较强、都市魅力彰显的购物广场，提升和改造已有的娱乐设施，增强旅游竞争力。

3. 创新旅游产业发展模式

高铁的高时效和便利性对旅游业产生了深刻的影响，改变了人们的旅游习惯，催生了新的旅游业态。广西要用新思维促进旅游业发展。

一是推进旅游产业融合发展。旅游业与各项产业融合发展，不仅能充分发挥旅游经济的乘数效应、带动城市经济全面发展，也有利于延长旅游产业链条、形成集群优势，促进旅游产业转型升级。加快旅游产业与文化产业融合发展，充分挖掘贵广高铁沿线城市的“红色文化”、古建筑文化、民族文化、佛教文化、史前文化等旅游资源，赋予旅游更多的文化内涵，开发特色旅游文化产品，增加旅游体验深度。加快旅游业与会展业融合发展，充分利用东盟博览会、桂林国际旅游博览会、联合国世界旅游组织亚太旅游协会旅游趋势与展望国际论坛等各种活动，策划举办与旅游相关的重要会展节事，培育有竞争力的会展品牌，每年集中办好一两个在全国有影响又有地方特色的文化旅游节庆活动，构建新的旅游经济增长点和产业支撑。推进旅游产业与农林业融合发展。培育乡村度假旅游、观光农业旅游、农林体验旅游等旅游新产品。构建以“春之花、夏之凉、秋之实、冬之雪”为主要内容的生态休闲旅游精品线路，以资源八角寨国家森林公园、龙胜温泉国家森林公园、姑婆山国家森林公园和大桂山国家森林公园为载体开发保健养生等旅游新业态。

二是加快推进智慧旅游发展。在高铁背景下，随着“大数据”时代的到来，智能化和信息化已成为衡量旅游业综合竞争力的关键因素。广西要夯实贵广高铁智慧旅游的信息化基础，加快搭建集旅游目的地选择、酒店预定、车票预定、门票购买等功能于一体的统一平台，运用大数据，建立智慧旅游营销系统。逐步建立广播、电视、短信、多媒体等传统媒体和互联网、微博、微信等新媒体相结合的全媒体信息传播机制，为游客提供即时化、精确化、互动化的旅游信息服务。

（三）大力发展现代物流产业

贵广高铁的开通为现代物流的发展带来了巨大的发展空间，有利于加快高铁沿线省（区）市的资源配置和货物流转效率。广西要按照建设现代服务业集聚区的要求，充分发挥区位、资源、产业、市场等综合优势，进一步优化物流产业布局，完善物流基础设施，构建以高铁为骨架、以高铁站区为核心的区域性物流中心和物流节点城市。

1. 调整优化物流产业布局

广西要结合高铁沿线城市经济规模、产业结构、市场需求和物流业发展水平等因素，坚持协调发展和重点突破的原则，优化高铁经济带物流产业布局。发挥柳州区域性先进制造业基地和华南西南交通枢纽的作用，重点发展钢铁、汽车、机械、建材、石化、有色金属等行业物流和专业物流，形成以工业物流、商贸物流为主的生产服务型物流集聚区，将柳州打造成为粤桂湘黔区域性物流中心。以桂林国际旅游文化名城为依托，充分利用现有的产业基础和旅游资源、生态资源优势，促进现代物流业与商贸服务业及相关产业联动发展，大力发展支撑汽车制造零部件以及机械、医药、电子信息等支柱产业的物流业，将桂林建设成为服务本地、辐射大西南和连接珠三角的现代物流节点城市。贺州市利用洛湛铁路与贵广铁路交会的通道优势以及地处桂粤湘三省（区）结合部的区位优势，实施“向东靠”发展战略，主动融入珠三角，承接东部产业转移。围绕碳酸钙、新型建筑材料、生态陶瓷、电子信息和特色农林产品等优势产业，大力发展工业物流、商贸物流、旅游物流和农产品物流，将贺州打造成桂粤湘区域性物流中心。

2. 推动区域物流合作发展

一是建立和完善多式联运系统。广西要发挥贵广高铁东西向大通道的优势，通过开展区域物流合作，为贵广高铁沿线城市资源整合和创业创新提供支撑，联合广东、贵州共同打造区域性物流产业带。加强贵广高铁（广西段）物流基础设施建设，构建适应现代产业要求的物流体系，依托贵广高铁沿线城市的港口、机场和铁路、公路、航道等交通运输通道，规划建设一批多式联运中转设施。发挥贺州作为贵广高铁进入大西南第一站的区位优势，规划建设内陆“无水港”，建立多式联运协调机制，与贵阳、都匀、桂林等沿线城市共同构建公铁航江多式联运、互联互通的物流体系，打造贵广高铁经济带区域性物流中心。

二是加强与区域内外物流企业的合作。对贵广高铁沿线物流资源进行整合，培育壮大物流企业。在贵广高铁沿线的贺州、桂林等城市建立面向珠三角、连接大西南的现代物流服务体系。围绕建立西南出海物流通道的战略目标，在柳州、桂林、梧州、贺州搭建与西南地区物流合作的平台，加强在港口物流、国际贸易物流、重点矿产品物流、农产品物流等领域与西南地区物流企业的合作，逐步建立以行业物流为突破点的西南出海通道物流服务体系。

3. 改善物流发展配套设施

一是加快区域性物流信息平台建设，提高物流业信息化水平。广西要联合广东、贵州，整合贵广高铁沿线城市现有的公路、铁路、航空、水运等物流资源，科学分析现有运力与产业发展、人口消费等相适应的情况，按照扩大物流总量、降低物流成本、提高物流效率的原则，以制造业供应链、冷链物流、电子商务物流、城乡配送、金融物流、智慧物流为重点，整合规范完善物流配送体系，加快快递物流网络建设。推广应用现代物流技术和物流标准，应用物联网、云计算、大数据、移动互联网等先进信息技术发展智慧物流。二是建设临站物流，拉动区域物流需求。整合现有的仓储资源、人力资源、信息资源、管理资源、运力资源，规划建设一批以高铁站区为核心的临站物流园区。加快仓储、集货分货、装卸、配送等基础设施建设，完善临站物流的配套服务功能。拓展海关报检、货运金融、货运保险等功能，提高临站物流的贸易便利化水平。三是拓展物流业产业链。以便捷的路网和密集的客运班次为突破口，发展多品种、小批量、高时效的随车快递业务。增设限时专递、当日达、次日达、隔日达等快递业务，实现门到门的高铁快递服务。引导公路客运企业积极转向公路货运行业，发展以公路运输和仓储中转为基础的货运专线、区域物流分拨中转体系。探索在客车后面加挂货物车厢的做法，开展点到点的货运服务。调整运力结构，引导运输企业拓展多种物流服务形式。

（四）打造沿线新型城镇集聚带

贵广高铁把广西的沿线城市纳入“珠三角 2 小时经济圈”，“城镇群（都市区）整合发展效应”和“同城化效应”明显，为高铁沿线城镇发展带来了机遇。广西要按照城乡统筹、产城融合的原则，以高铁为轴线，以站场为核心，优化城镇空间布局，促进高铁沿线城镇集聚发展，形成功能互补、和谐发展的新型城镇体系。

1. 依托高铁优化城镇布局

高铁时代，城镇发展模式从单个城镇的孤立发展走向多个城镇相互联动、相互制衡。因此，广西要充分利用高铁对沿线城镇的集聚与扩散效应、协同和规模效应，与广东、贵州两省共同优化沿线城镇布局，建立和完善跨区域城市发展协调机制，推动大、中、小城市和城镇协调发展。实施城市群战略，培育形成功能互补、共建共享的新型城镇带。按照城市主体功能区划分，结合贵广高铁沿线城市城镇化发展特点和发展水平，做好贵广高铁城镇化发展规划研究及高铁新城起步区域详细规划，以城市群为主体形态，构建以贵广高铁为轴、广州、贵阳两个省会城市为枢纽，肇庆、佛山、桂林、贺州、都匀等区域性中心城市为重点，其他设站点城镇为支点的多层次城镇体系。同时，按照“多规合一”原则，调整交通、土地、产业、旅游等规划，促进城镇、产业和交通可持续发展。梳理现有的扶持政策，进行探索创新，在贵广高铁经济带发展新型城镇化建设试点工作，在财税、金融、土地等方面构建支持城镇发展的政策支撑体系。

2. 利用站区建设高铁新城

广西要利用高铁带来的大量人流、物流、资金流、信息流和技术流等生产要素，依托贵广高铁站区规划建设高铁新城。按照“资源开发、服务配套、产业集聚、人口集中”的思路，有序引导产业和人口的集聚，形成高铁商贸圈，带动周边新兴区域的发展，推进区域城镇化进程与同城化进程。桂林、贺州两市要抓住机遇，加快编制高铁新城发展规划，结合所在城市的功能定位、产业基础和发展方向，科学定位高铁新城功能，打造个性鲜明的高铁新城，避免出现“同质化”竞争和“千城一面”。按照“多规合一”的要求，做好高铁新城规划与城市总体规划、土地规划、旅游规划、产业规划和商业规划的衔接，重点发展商务办公、餐饮住宿、休闲娱乐、游客集散、现代物流、文化创意等业态，形成以高铁站区为核心的现代服务业集聚区，完善新城基础和产业配套，拉大城市框架，完善城市功能，提升城市品质。配套推进户籍制度、土地管理制度改革，加快农村转移人口市民化步伐，加快公共服务基础设施和城市配套功能建设。

3. 错位发展新型特色城镇

广西要突出地域和民族特色，走差异化发展的路子，根据高铁沿线城市的地理位置、资源禀赋、产业基础、人文历史等综合因素，培育发展一批生态良好、风情浓郁、宜居宜业的特色城镇。按照产城融合、城乡一体的原则，统筹协调高铁新城产业布局与城镇发展的空间关系，以产业发展促进城镇扩张，以提升城镇综合承载能力支撑产业发展。坚持因地制宜和分类指导，在高铁沿线打造一批产城融合的样板镇。贺州要依托碳酸钙、新型建筑材料、电子信息三大接续替代支柱产业，把新兴工业基地旺高镇和百年矿都西湾镇打造成为现代物流集聚基地以及工业化和城镇化互动发展样板镇。实施桂贺一体化战略，推进桂林—阳朔—荔浦—平乐—钟山—贺州—信都城镇带建设。依托桂林恭城县丰富的历史文化遗存和乡村旅游资源，以及贺州黄姚古镇优美的生态环境、独特的民族风情和丰富多彩的人文景观，打造最具人气的健康养生和休闲度假旅游名村名镇。充分挖掘潇贺古道深厚的历史文化底蕴，以及沿途多姿多彩的民族风情和优美的自然风光，开发建设贺街—黄洞—大宁—桂岭—开山古代海陆丝绸之路旅游镇集聚带。完善沿线城镇带基础设施和公共服务设施，以城镇聚集带建设推动贵广高铁经济带建设。

三、打造贵广高铁（广西段）经济带的对策建议

（一）科学规划，推动高铁沿线协调发展

按照中央关于加强区域合作发展的总体要求，认真贯彻《关于粤桂黔三省区建设贵广高铁经济带合作框架协议》精神，加强与广东、贵州的沟通协调，围绕服务“一带一路”战略及推动产业结构转型升级、居民消费升级三条主线，联合开展贵广高铁经济带建设前期研究，共同编制《贵广高铁经济带发展规划》，把广西重大政策、重大项目、重大工程列入高铁经济带发展规划，作为泛珠区域合作的重要内容，争取纳入国家“十三五”规划。在《贵广高铁经济带发展规划》框架下，研究制定贵广高铁（广西段）经济带建设实施方案。学习借鉴日本新干线、京津城际、武广高铁的开发经验，从广西发展的大局统筹考虑贵广高铁广西段沿线的功能划分、发展定位、产业布局、基础设施建设、生态环境保护和公共服务配套，依托高铁经济发展轴，优化组合沿线城市的资源要素，做大做强桂林、贺州等节点城市，形成贵广高铁沿线一轴两点的发展格局。按照统筹规划、共同发展的原则，由自治区发改委组织交通、旅游等部门和沿线城市到广东、贵州调研，了解他们对贵广高铁经济带发展的构想和现实需求，共同探讨粤桂黔在整体发展规划、基础设施对接、产业协作分工、经贸商务物流、文化旅游合作、生态环境保护、公共服务配套和社会综合治理等方面的合作事项，开展招商引资、旅游推介等活动，洽谈落实一批合作项目。深入开展珠三角、北部湾、桂东北、黔东南等沿线区域城市间的交流合作。根据高铁沿线城市的功能定位、产业分工、资源特色等综合条件，规划布局一批产业园区。发挥贺州毗邻粤港澳、背靠大西南的区位优势，以及劳动力、土地、水电等基本生产要素供应充足、价格低廉和环境容量大等综合成本低的比较优势，通过改革创新，先行先试，把贺州打造成为贵广高铁经济带先行区。以桂林北站枢纽为核心，以桂林国家高新区为载体，建设桂林高铁经济带合作试验区。加强粤桂黔三省区创新创业

的交流合作，加快双向开放合作和互动发展，把贵广高铁经济带建设成为联通港澳、沟通东盟、衔接“一带一路”的国际大通道。

（二）扩大开放，创新区域合作发展机制

广西要深化改革，解放思想，行政提速、服务提质，以开放、高效、创新的理念，以大视野大融合的姿态，深化与广东、贵州的合作。在建设贵广高铁经济带的过程中，不仅要紧密对接北部湾经济区、珠西经济带，还要主动融入泛珠三角经济圈，拓展对接中南经济圈，与实施“一带一路”战略有机衔接，把高铁经济带打造成为21世纪海上丝绸之路的“桥头堡”，连接粤港澳、面向东南亚的出海通边大通道，贯通我国南北和东盟的新经济走廊。加强与广东、贵州在体制机制创新、政策法规制定和社会治理等领域的合作。建议自治区组织专家、学者和企业家深入贵广高铁沿线城市调查研究，摸清各地的资源、产业、人才、城建等基本情况，梳理出发展高铁经济对财税、金融、土地和管理服务等方面的政策需求，加强沿线城市之间、上下游产业和各地企业间的交流合作，推进基础设施互联互通，产业分工协作、生态联防联建、基本公共服务制度衔接。根据合作框架协议精神，在贵广高铁节点城市轮流举办经贸洽谈、工业博览、农产品展销、旅游推介、文化交流等会展活动。鼓励社会团体和民间协会开展经贸文化交流活动，加强各个领域和各个层次的合作交流。建立利益共享机制，促进生产要素合理配置和优势互补，形成资源共享、信息互通、政策互惠、共同发展的区域合作发展新格局。建立完善常态化交流合作机制，沿线城市政府间定期联系，加强工作对口衔接，加大协调和执行力度，逐项落实有关合作事项的各方责任主体、分工方案、时间进度，保证合作事项有着落、有成效。此外，广西要选择有比较优势的地区或领域先行先试，在高铁经济带发展中作出表率。自治区发改委和有关部门要在资金、技术、用地和项目安排等方面加大对贵广高铁经济带贺州先行区、桂林高铁经济合作试验区的支持，并在体制创新、规划编制、园区管理等方面给予指导和帮助，探索高铁经济带发展的路径、模式和机制，为广西高铁经济带发展作出示范，为全国高铁经济带发展积累经验。

（三）优势互补，促进沿线产业互动发展

广西要按照优势互补、共同发展的原则，进一步深化与广东、贵州的产业合作，有序推动产业转移，推进高铁沿线产业结构调整和优化布局。充分发挥广西资源丰富和沿边沿海的比较优势，利用贵广高铁承东启西、贯通南北、出海通边的便捷通道，加强与广东、贵州的交流合作，加强与珠三角的产业互动发展。根据国家区域发展的总体要求和自治区的产业布局，把贵广高铁经济带发展与珠西经济带先进装备制造产业基地建设有机衔接，在电子信息、节能环保、生物制药、新型材料和汽车制造等领域深度合作，以粤桂黔高铁经济带合作试验区为载体，深化柳州与佛山在汽车制造和零部件产业等方面的合作，形成汽车研发的合力，提升广西汽车工业的竞争力。借助广东的资金、技术、管理经验和开放政策，把以柳州为龙头的桂中地区打造成具有国际竞争力的先进制造业产业带。以高铁沿线节点城市重点产业园区为载体，在陶瓷建筑、有色金属、特色轻工等领域探索共建产业梯度转移示范区、粤桂产业合作试验区，促进跨区域产业有序转移和产业协同发展。以更加开放的姿态和政策叠加的优良环境，吸引广东客商合作建设稀土新材料产业园、铝业资源循环利用示范区，提升矿产资源开发利用效率，促进有色金属工业向绿色、低碳、可持续的方向发展，加快建设桂西和桂东北新兴工业基地。在高铁沿线布局一批产业片区，把广东一些劳动密集型、生产成本高的工业引进来，完善广西的工业体系。推进现代山地高效农业发展，共建粤桂现代农业合作试验区，加快农业现代化。加强经贸合作交流，推动广西与广东、贵州在金融服务、商贸物流、文化旅游等方面展开合作，搞好政策衔接，突破体制障碍，消除地方保护和市场壁垒，促进生产要素流通，加快形成区域统一市场，共同提升现代服务业发展水平。

（四）改革创新，创造经济带发展新优势

广西要进一步深化改革，解放思想，创新体制机制，整合政策资源，制定配套措施，改善投资环境。充分发挥民族区域自治政策、西部大开发政策、北部湾开放政策、珠西经济带政策的叠加优势，从金融、财政、税收、土地等方面全力支持贵广高铁经济带建设。建立政府和社会资本合作机制，发挥财政资金的引导和杠杆作用，引进战略投资者和社会资本参与高铁经济带建设。自治区设立由广西金融投资集团发起，吸纳社会资本的高铁经济带产业发展投资基金，主要投资基础设施建设和符合国家、自治区政策导向的产业，重点支持贵广高铁节点城市高铁站基础设施建设、高铁沿线产业园区整体开发、公共服务配套建设。探索市场化、跨区域运作高铁经济带发展基金，联合广东、贵州的民营机构，申请成立粤桂黔高铁经济带发展银行，重点为高铁沿线经济片区开发、特色产业发展、中小微企业成长服务。探索创新银行信贷服务，充分发挥政策性金融机构的作用，争取国家更多的信贷资金投放，支持高铁经济带重点园区、重大项目和基础配套设施建设。按照“多规合一”的原则，做好高铁经济带发展规划与土地利用总体规划、城市建设规划的衔接。对列入高铁经济带发展规划的重点园区和重大项目，各地根据分级保障的原则优先安排土地指标，并优先在城乡规划中落实建设用地。属自治区统筹推进的重大项目，基础设施建设占用耕地（不含基本农田）的开垦费按下限收取。高铁经济带的公共服务配套设施建设用地，参照《划拨用地目录》，可按划拨方式提供。通过回收、解除合同等方式盘活闲置土地，优先安排高铁经济带建设用地。创新人才引进模式，变“刚性”引进为“柔性”聚集，建立完善人才、智力、项目相结合的柔性引进机制。制定各种优惠政策措施，吸引珠三角中高层人才来兼职讲学和开展科研工作、技术投资，为广西经济社会发展提供短期服务。围绕地区支柱产业、战略性新兴产业和现代服务业，鼓励高铁沿线城市尤其是毗邻广东的贺州、桂林等城市的企事业单位采取多种方式柔性引进各种紧缺人才和高科技人才，为高铁经济带建设提供智力支持和人才支撑。

总指导：黄　洲
指　导：李芳源
组　长：李世泽　王朝胜　梅　佳
成　员：程文豪　甘日栋　古杏全
严宗光　涂灵燕　莫燕乾
罗海兰　张业兵

粤桂合作特别试验区改革创新研究

【引言】为深化区域合作，推进区域协同发展，广东、广西两省（区）积极探索跨省（区）合作发展新途径，突破行政区划限制，在两省（区）交界区域建立了“粤桂合作特别试验区”（以下简称“试验区”）。试验区位于广东肇庆和广西梧州沿西江两岸交界处，由主体区和拓展区组成。主体区以广东肇庆市和广西梧州市交界为中轴，沿西江两岸各划50平方公里，共100平方公里组成；拓展区40平方公里，由双方各划20平方公里，位于梧州市龙圩区社学片和肇庆市封开县平凤片。作为两广一体化发展的先行区、新平台，试验区是珠江—西江经济带建设的旗舰项目和示范工程，不仅肩负着探索跨省区产业合作新模式的职责，而且承担着创新跨区域“一体化、同城化、特区化”机制的使命。试验区2014年10月正式启动建设以来，在基础设施、招商引资、开发运营等方面取得了积极成效。但是由于体制机制束缚、高端人才奇缺、资金匮乏等因素的制约，试验区改革创新、先行先试被捆住了手脚。如何打破桎梏、拆除藩篱，为试验区赋权、“松绑”，解开束缚手脚的“镣铐”，卸掉阻碍起航的“枷锁”，为进一步发展打下基础，为深化区域合作乃至全区改革创新探新路、开新篇，意义重大。

一、粤桂合作特别试验区改革创新的重要举措

试验区启动建设一年来，紧紧围绕招商引资、开发建设、金融投资、环境优化等方面进行大胆探索、积极创新，取得了明显成效。截至2015年8月，试验区入园企业达到161家，其中新注册企业40家。“四上”企业共49家，其中规模以上工业企业40家。2015年1~8月，完成工业总产值119.59亿元，同比增长24.89%；完成投资35.09亿元，同比增长52.04%，其中基础设施建设投资19.59亿元，工业项目投资15.5亿元，招商引资实际到位资金38.17亿元，同比增长52%。北斗高科技产业基地等一批大项目和国际知名企业已在试验区落户，高新技术、高端制造和节能环保等新兴产业开始布局。

（一）两省区共建共享，东西部政策叠加

试验区在全国开创了两省区共建共享园区模式的先河，即两省区按照“一体化、同城化、特区化”的思路，采取合作共建、独立运营、利益共享、责任共担的方式，统一规划，统一政策和标准，统一招商，统一管理，统一运营，打破行政区划的桎梏。试验区管委会由肇庆、梧州双方人员共同组成，管委会主任轮流担任，共同决策；双方共同设立投资开发公司，各出资一半，以后无论增资还是扩股，双方都保持均等比例。这样的共建方式，既能发挥整体合力，又能激发创造热情。目前，两市管委会已实现合署办公，共同全力推进试验区招商引资、产业布局、道路桥梁等基础设施互联互通建设等各项工作。

东西部政策、两广政策在此叠加。两省区在权限范围内给试验区共同赋予权限，使试验区“1+1>2”的“政策洼地”声名鹊起。在试验区投资和生产经营可享受更多“政策红利”。例如，在试验区广西（梧州）片区的企业，可享受广东省《关于优先扶持产业转移重点区域重点园区重点产业发展的意见》等粤方优惠政策。在试验区广东（肇庆）片区的企业，可享受《关于建设沿边金融综合改革试验区的实施意见》的有利政策，企业可以在境外机构开立人民币银行结算账户，方便与东盟、南亚国家在跨境贸易、投资、统计、核算中使用人民币计价结算。又如，在广东的企业所得税率为25%，试验区内的企业则可以按梧州注册地享受西部大开发15%的优惠税率。

政策叠加的利好，是试验区与其他产业园区的最大区别，也是试验区发展壮大的最有利条件。一些知名企业已瞄准试验区商机率先行动，纷纷“抢滩登陆”，以期在这个“政策洼地”喝到“头啖汤”、分得“一杯羹”。目前，已有

10 家企业在试验区建立总部或区域性总部，丰歌公司决定将广东总部和研发团队整体迁至试验区，从战略定位上由粤至桂。部分企业的生产基地还在珠三角，在试验区的工厂还没有建立起来，订单交易就已经在注册地试验区进行，其中丰歌、粤创电子等 4 家企业的贸易、销售收入和利税留在了广西，创汇高达 2200 多万美元。

（二）优化开发模式，打造高端发展平台

1. 因地制宜开发建设

坚持构建合理的用地规划，探索“定量控制、工居平衡、集约用地、用地兼容、弹性规划、分期推进”的土地利用方式，合理、节约、高效地利用试验区有限、宝贵的土地资源。试验区范围内山地居多，地形复杂，同时又具有十里江滩等资源禀赋，充分借鉴法国尼斯、戛纳，美国旧金山，武汉江滩及香港半山等开发经验，依据实际，量身定制，采用“山下高强度、山上低密度”优化空间，针对山地不同空间层次选择平坡式、台地式与混合式建设开发模式，同时强调“显山露水、幢幢见江”，形成“城在山水间、山水在城中”的景观系统形态，打造既是园区、又是城区、更是景区的产城融合发展示范区。

2. 坚持绿色生态发展

以保护西江水质为首要原则，严守生态底线，突出“高起点、新理念”和“绿色、低碳、智慧”的规划理念，出台“十大禁投”清单，禁止和限制高能耗、高污染和产能过剩项目进入试验区，注重引入税源型、研发型、生产性服务等项目以及高科技项目。不是被动承接产业，而是严格把好项目入园关口，坚决对高污染、高耗能的项目“说不”。一年多时间，试验区已婉拒 20 多个不符合产业发展定位的项目，涉及投资 30 多亿元。在“摇旗呐喊”招商引资的同时，又毫不犹豫地抬高准入“门槛”，看似矛盾的做法却显示出了试验区的“大智慧”。

3. 打造高端发展平台

瞄准构建区域产业链，着力打造“三区三基地”产业发展平台，即梧州综合保税区（加工贸易园区）、东西部金融合作试验区、生产性服务业发展示范区，中国—东盟环保技术和产业合作交流示范基地（广西梧州生态产业园）、粤桂企业总部基地、中小企业创业创新基地。目前，已有 105 家国家级高新技术企业因试验区落户梧州，包括西门子、微软、中兴通讯、大华等知名品牌。

（三）整合优势资源，创新管理模式

1. 实行“四统四分”管理

在联合管委会运行过渡期间实行“统一领导、分园区落实，统一招商、分产业落户，统一统计、分口径使用，统一政策、分园区管理”运转机制。

2. 实行联席会议统筹管理

建立“两区一城”建设联席会议制度、“三年一工程”试验区项目统筹指挥部会议制度，在市层面统筹推进试验区项目建设。

3. 实行信息化管理

建立办公自动化系统，快速、灵活处理信息报送、文件审批等工作；建立微信工作群，定时发布工作计划、工作总结，汇报项目最新进展，及时上报存在的问题。

4. 实行协同管理

与梧州市国土、住建、招商等部门协同办公，共同推进项目建设工作，创新实行预选承包商、预核准、预审批等“绿色通道”。

5. 实行扁平化管理

建立主要领导、分管领导直接面对各局（办）和基层骨干人员，建立“一对多”的管理架构，加快信息流转速度，提高决策效率。

6. 实行交叉考评管理

建立局（办）间工作、纪律等的交叉监督考评制度，互相监督，共同促进建设工作顺利开展，共同遵守规章制度。

（四）携手多方，创新开放合作新机制

1. 推出“经停挂靠”合作机制

试验区梧州港携手广州港开展“港港联运”，开通定期班轮穿梭巴士，共同争取启运港退税政策。以试验区内梧州港为载体与广州港（南沙海港）建立新型“港港联运”机制，推动广东、广西相关港口支持试验区港口实现以南沙保税港区为出口港的启运港退税、内销选择性征税政策试点工作。大力推行珠江—西江沿江港口开展海上“穿梭巴士”、内外贸同船业务，扶持外贸航运合作，实现内河运输与海上运输的有效衔接。目前，“港港联运”全面推进，“穿梭巴士”成功试航，每周四、周六在广州港南沙码头开船，每周三、周五在梧州港李家庄码头开船。

2. 创新“园中园”开发合作机制

打破传统的园区开发建设方式，与国光集团、孕婴童全球产业基地、西门子健康医疗产业园等，通过市场化运作机制，探索建设“园中园”开发建设模式，借助外力谋发展。例如，作为中国音响行业领军企业的国光集团，将位于广州市花都区 1100 亩的产业制造基地整体转移至试验区，总占地面积 3600 亩，企业本身项目用地 1200 亩，其余 2400 亩提供给其上下游产业链的企业，这些企业主动依靠国光集团和基金支持进来，国光集团和基金成为它们的供主。这种“园中园”开发经营模式是市场机制发挥作用的体现，有利于实现资源优化配置，既是招商引资的新招数，也是快速推进试验开发建设的好办法。

3. 探索“前店后厂”合作模式

与前海现代服务业合作区进行产业协作，试验区作为前海服务区产业后方延伸生产基地，与前海高效分工、利益共享。

4. 创新“前台后台”合作模式

与广东股权交易中心、北京环境交易所分别合作建立试验区股权交易中心、试验区环境交易所，利用广东股权交易中心、北京环境交易所处理相关业务。

（五）金融改革新招迭出，努力破解融资难题

试验区不断探索金融改革创新，意欲吸引粤港澳丰裕资本入桂兴桂，试图打通其“任督二脉”。

1. 推出“草船借箭”

试验区股权交易中心好比是“草”，广东高新区以及前海股权交易中心就是“船”，大量粤港澳资本则是“箭”。通过试验区股权交易中心与广东高新区以及前海股权交易中心的合作，梧州茂圣茶厂为第一家在广东高新区股权交易中心挂牌成功交易的试验区企业，获得广州满荃贸易公司等3050万元战略投资；另一试验区企业——梧州奥卡光学在前海股权交易中心挂牌成功，得益于前海的CEPA人民币回流政策，获得直通广东、延伸至港澳的多层次金融市场渠道。

2. 打造“金融前海”

试验区推动中国建设银行广西分行与广东分行达成协议，实行异地同行监管创新模式。试验区的广西企业用在桂资产作担保可以向广东分行申请贷款，建行两广分行互相委托对方银行提供异地监管，银行贷款打破行政藩篱，更为市场化，为试验区企业从粤港澳融资提供创新通道。如同深圳前海吸引港澳资本兴粤，试验区成为粤港澳资金入桂“桥头堡”，可谓广西“金融前海”。

3. 创新出口退税方式

一方面，积极谋求广州海关、南宁海关全力推动通关一体化，使试验区有关企业实现“一地注册，多地报关”，推动实现以南沙保税港区为出口港的启运港退税、内销选择性征税政策试点开展；另一方面，积极开展具体业务支撑，协调中国农业银行试验区分行创新出口退税垫付业务，审验企业出口单据完备，即可为其垫付出口退税资金，退税周期缩短至3个月以内，极大地释放了企业的现金流约束。自入园企业粤创成功享受此便捷服务，众多珠三角企业纷纷向试验区抛来橄榄枝，表达了入园投资的强烈愿望。

此外，试验区先后与中国葛洲坝集团、中冶集团、中铁建设集团等十多家单位洽谈，计划采用PPP建设模式投资约63亿元；拟设立超百亿规模粤桂产业发展基金，兴业银行、浦发银行、国家开发银行均拟注资超过20亿元，借此提升试验区自身的“造血”功能，缓解开发建设资金压力。

（六）引外强内优化环境，打造新的开放“高地”

为打造成为开放“高地”、投资“热土”、创业“福地”，试验区在抓好硬件设施建设的同时，着力抓好投资“软环境”建设，积极创造良好的营商环境。

1. 借力高端“外脑”谋发展

由中国社会科学院、中国国际工程咨询公司等研究机构的专家学者组成试验区专家咨询委员会，为试验区政策创新、产业发展、技术研发等献计出力，这是试验区柔性引智引才助发展走出的一步好棋。此外，自治区司法厅、广西律师协会等单位为试验区组建了法律服务团，为试验区企业提供优质法律服务。

2. 提高信息化、智能化水平

在强化环保产业咨询服务、检测认证等服务平台建设的同时，深化互联网、物联网、云计算、大数据等在研发、生产、设计、管理、服务中的应用，打造微软创新中心、中兴云数据信息中心、智慧城市等信息处理分析中心和智能化基础设施，提高园区决策科学化、生产管理信息化和公共服务智能化水平，为产业集聚、企业发展提供便利化、高效率的服务支撑体系。

3. 强化创新创业链服务

搭建以国光、中兴、航天北斗、粤创等大型科技企业为依托的试验区高端技术合作研发平台，建设大华安防信息技术研究中心、清华大学－试验区环境保护技术研究中心、粤桂林产科技城等一批研发（技术）中心和实验室，在提升企业科研能力和创新力的同时满足不同发展阶段企业的科技需求，建立创业—孵化—加速—成熟—集群的产业孵化链条，形成科技型“龙头”企业、高新技术企业、中小微创新企业协同发展的新格局。

二、粤桂合作特别试验区改革创新面临的主要问题

如上所述，试验区虽在开发、管理、合作等模式机制及环境优化、金融创新、人才使用等各方面进行了改革探索，但由于权限等基本要素未能解决，粤桂试验区改革创新任重道远。

（一）缺乏行政主体资格，“巧妇难为无米之炊”

目前，试验区管委会是非法定行政机构，作为梧州市政府的派出机构，缺乏行政主体资格和独立的管理职权。由于置于市政府部门的管理之下，试验区在行政审批、土地开发、财政税收等方面不能自主配置和统一管理，协调部门关系、落实相关政策、推进项目实施、推动机制创新等面临诸多掣肘，不利于试验区的开发建设和运营。而广东肇庆方面试验区管委会早已确立为法定行政机构。如此，造成了双方机构性质不对等，不利于合署办公和日后统一的联合管委会的成立。

（二）审批效率较低，项目落地缓慢

由于缺乏行政主体资格，没有独立的管理和审批职权，在项目建设、工程招标、土地储备开发等方面试验区事无巨细都要按部就班，一级一级、一环一环地上报，在市级有关部门中“打圈圈”。报建报批手续繁琐冗长，影响了项目的推

进和产业的发展。以试验区食品药品检测中心基础设施项目为例，从立项到开工的申请，经过了立项可研、规划设计、施工报批三个阶段，其中立项可研涉及5个部门、经历8个环节，规划设计涉及9个部门、经历37个环节，施工报批涉及5个部门、经历9个环节。按照明确办结时间要求，经过以上层层审批、审查和公示，这一项目报建办结时间直接累计共需381天。审批环节多、程序多、耗时长、效率低，不仅影响了项目的推进，而且影响了企业投资的信心，成为制约试验区加快发展的“绊脚石”。

（三）无一级财政管理权，资金拨付调配效率低

目前，粤桂合作特别试验区还未建立起一级财政，缺乏相对独立的财政管理权限，难以在管理和服务中发挥财政功能与作用，同时也降低了财政服务效率。

1. 资金拨付慢

试验区内公共基础设施投资及扶持企业发展资金等都需要经过论证、报预算、层层审批、资金划拨等程序，制约了试验区开发建设和招商引资的自主性、灵活性、实效性，降低了资金调拨和支付效率。

2. 税收征管乱

因缺乏一级财政管理，目前试验区内企业税收分别由万秀区、龙圩区等地税局负责征收管理，税款分别划入各级金库，缺乏统一的征管机制，无法真实反映试验区企业经营发展的实际情形。

3. 政策兑现难

由于没有一级财政管理权，对于企业的税费减免政策也难以操作、难以落实，无法兑现对入区企业的政策承诺。如此，影响的不仅仅是企业的生产经营，对试验区的营商环境亦有较大的破坏。《粤桂合作特别试验区建设实施方案》规定的政策十分明确，然而在实际操作中却难以兑现，使已出台的好政策悬在半空、无法落地。

（四）资金需求缺口较大，亟待拓展融资渠道

目前，试验区建设资金主要用于征地拆迁、土地平整、棚户区改造、基础设施建设等，资金来源以银行贷款等市场化运作为主，国家和自治区政策性资金支持为辅。由于土地等资产配备力度不够，银行融资贷款十分困难。

此前，试验区通过股权交易中心运作，“异地抵押贷款+异地金融监管”方式创新，探索设立超百亿规模粤桂产业发展基金等，吸引粤港澳资金流入，为试验区发展“造血”，并采用“PPP”模式、“园中园”模式等缓解试验区建设资金压力。虽有招数、有创新，但没有系统的顶层设计来指导，金融创新举步维艰。目前，试验区金融服务体系尚不够健全，资金仍然严重短缺。截至2015年7月，试验区累计到位资金8.6亿元，账户结余约3.32亿元，项目资金缺口达4.45亿元（见表1）；经测算试验区基础设施投入将达到400亿~500亿元（不

含广东区域），存在严重的“投资饥饿症”现象。

表 1　试验区 2015 年年底前资金缺口情况

单位：亿元

<table>
<tr><th rowspan="2">项目</th><th colspan="2">资金来源项目</th><th colspan="4">2015 年年底前资金需求</th></tr>
<tr><th>中央和自治区政策性资金</th><th>贷款及市场运作资金</th><th>土地平整</th><th>基础设施</th><th>征地拆迁</th><th>其他项目</th></tr>
<tr><td>数额</td><td>0.35</td><td>8.25</td><td>2.4</td><td>1.33</td><td>1.1</td><td>2.94</td></tr>
<tr><td>合计</td><td colspan="2">8.6</td><td colspan="4" rowspan="2">7.77</td></tr>
<tr><td>8 月底结余（需求）</td><td colspan="2">3.22</td></tr>
<tr><td>缺口</td><td colspan="6">4.45</td></tr>
</table>

（五）集聚人才机制缺失，创业创新活力不足

试验区享受东西部政策叠加选用，这对高新技术产业和科技型企业极具吸引力，但因为人才激励机制和配套政策缺失，又造成高科技型企业“爱恨交加”，试验区发展活力不足。

1. *人才引进力度不够*

由于薪酬体系改革尚未推行，人才吸引政策未能落实，导致试验区对优秀人才、高级人才吸引力有限。《粤桂合作特别试验区建设实施方案》从土地、金融等方面给予了 23 条政策，两省（区）联合召开的有关会议也予以落实了部分政策，这些政策对高科技型企业形成极大的吸引力。但是这些政策均未对引才、用才、留才有所突破，直接导致粤桂试验区对高层次、高水平人才吸引力不够，造成科技型企业在选择落户试验区时因人才问题而犹豫不决。以禅信 3D 数码打印材料项目和车联网工程项目为例，前者为广东陶瓷喷墨墨水、陶瓷色釉料、进出口贸易行业产品最丰富、配套最完善的企业之一，欲在粤桂试验区打造低碳数字材料生产基地、展示中心和总部基地，后者欲在试验区设立广西汽车数据中心、蓝匣子制造及软件研发基地。一方面，粤桂试验区广阔的前景和优质的服务令他们艳羡；另一方面，整个区域内可用的人才极其有限，设备材料进场后恐无人可用的尴尬境地最终迫使他们无奈地留守佛山或转战长沙。

2. *人才创新激励不够*

试验区人员主要来自两个途径：一是从党政机关、事业单位调入、兼任、抽（借）调，二是通过投资公司招聘。“体制内”人员沿袭机关事业单位的身份管理模式，工作考核与岗位发展途径缺乏公司化管理的灵活和创新力；同时，与绩效挂钩的有效激励机制尚未健全，干部人事制度改革力度不够，尤其是干部正常退出机制尚不健全，导致“出口”不畅，难以实现优胜劣汰。

3. *薪酬待遇相对偏低*

试验区人员薪酬相对偏低，聘用人员待遇每月从 2000 元到 3800 元不等，绝

大部分员工工资为2200～2400元，平均工资2400元（见表2）。此外，由于薪酬体系设置不合理，未按能力水平、工作经验、岗位性质等加以区分，标准过于笼统。例如，土木工程本科毕业六年工作经验的工程现场指挥部某主管月薪2800元，而大专毕业3年工作经验的后勤普通人员月薪同样为2800元。这样的待遇既难以吸引人才，也无法激发改革创新的活力。

表2 粤桂试验区投资公司员工薪酬

职务	级别	月工资合计/元
普通员工	8级	2000
	7级	2200
	6级	2400
	5级	2800
	4级	3200
	3级	3400
	2级（暂无人享受）	3600
	1级（仅两人享受）	3800
部门领导	副职（人员暂未到位）	4500
	正职（人员暂未到位）	5000
公司领导	副职（2人）	7000
	正职（人员暂未到位）	8000
备注：公司现招聘人数84人，人均工资2400元/月		

（六）制度体系不完善，政策措施难落实

一方面，试验区作为跨地区、跨省区、跨流域合作的示范工程，需要自治区乃至国家层面的"顶层设计"，赋予更多先行先试政策的支持；另一方面，由于受各种因素的制约，两省区政府已明确赋予的政策措施未形成一种制度安排，尚停留在文本层面，许多推动作用明显的好政策没有真正落到实处。例如，粤桂两省（区）政府正式签署的《粤桂合作特别试验区建设实施方案》中明确给予了粤桂试验区23条政策，其中"财税政策"第一条规定，"从2015年起，省（区）5年内将试验区产生的省级税收收入增量部分，专项用于试验区基础设施建设。"按照该项政策，试验区2014年产生税收的企业基本上是原有存量部分的企业，税收收入基数较大，而2015年由于这些企业进入试验区后开展生产厂房扩建、搬迁、技术改造以及整体经济下行等原因，这部分企业税收收入总量增长不大或负增长。如试验区内梧州神冠集团公司2014年实现税收收入25 973万元，2015年上半年仅实现税收收入7692万元，同比下降明显；新华电池公司2014年实现税收收入263万元，2015年上半年实现税收收入146.5万元，同比仅略有增长。而新入园的企业近两年正在厂房建设时期，产生的税收收入很少或基本上没有税收产生，这也就造成了这一政策很难落到实处。

三、他山之石：区内外园区建设的经验借鉴

（一）前海蛇口自贸片区的经验做法

（1）承接省市下放管理权限。省政府向广东自贸试验区各片区下放或委托实施60项省级管理事项，包括“省管权限的企业投资项目备案”“注册在广东自贸试验区的资产评估机构设立审批”“仲裁委员会设立登记”“融资租赁公司审批权限”和“中外合资、合作医疗机构设置审批”等。目前，深圳前海蛇口自贸片区管委会正抓紧梳理分类，积极承接。

（2）实施“三证合一”“一照一码”登记制度改革。广东自贸试验区从挂牌时的“一照三号”到在较短时间内实现了向“三证合一”“一照一码”过渡，企业从申请到拿到“三证合一”营业执照的时间由原来的1个月左右缩短到3个工作日。

（3）推动外商投资“一口受理，六证联办”。按照准入前国民待遇和负面清单管理模式管理外商投资企业，推行“一口受理”工作机制，外资企业准入和经营许可的办理时限由原来超20个工作日优化为3个工作日。

（4）建立“放、管、治”三位一体的跨境电商监管制度。在前海蛇口自贸片区成立跨境电商检测联盟，制定跨境电商质量标准，实现互认与第三方采信，打造高效、便捷的检测平台。

（5）建立原产地签证清单管理模式。设定敏感产品清单，优化签证流程，实现“清单外产品即报即签，清单内产品快审快签”的便利化原产地签证模式。

（6）建立入境维修“1+2+3”监管模式。创新入境维修企业“能力评估”制度；完善“风险管理”和“信息化管理”；落实企业、行业协会和监管部门质量共治责任，落实企业质量主体责任。

（7）建立“前店后仓”运作模式。对“店”在香港“仓”在前海湾保税港区的企业货物，实行入区货物直接由区内检验检疫机构受理报检、出区货物“集检分出”检验检疫监管模式，确保货物便捷通关。

（8）建立港资港企港货交易中心。目前已正式开工建设，除港货外，该中心还将对全球各地的商品进行保税展示交易，目前已经备案的跨境电商企业有上百家，备案商品数万种。

（9）建立粤港检测结果互认合作机制。率先试点相关产品实现“一张证书深港直通”。

（10）创新深港国际海员管理与服务。将国际海员外派范围由香港籍船舶扩大至其管理的所有船舶，该政策的正式落地在全国尚属首例。

（11）开展跨境人民币贷款业务试点。在全国率先开展跨境人民币创新业

务。截至2015年9月末，前海跨境人民币贷款累计提款金额314.7亿元。

(12) 推动自贸区内企业境外发行人民币债券。2015年4月，深圳前海金融控股有限公司成功赴港发行人民币债券10亿元。

(13) 扩大跨国公司资金集中运营改革范围。目前，第三批试点工作已启动，25家跨国公司获得试点资格，自贸区内企业集团申请办理，取消了一年内跨境收支10亿美元的门槛。

(14) 稳妥开展外商投资股权投资试点（QFLP）。截至9月末，前海已设立59家外资QFLP管理企业和12家外资QFLP基金，基金设立规模达19.76亿美元。

(15) 落地实施合格境内投资者境外投资试点（QDLP）。目前，8家注册在前海的企业获批试点资格后，第一批10亿美元试点额度已用罄。在总结前期试点经验的基础上，总局已批复增加15亿美元试点额度，现有38家注册在前海的机构申请第二批试点资格。

(16) 创新跨境电商结算模式。推动深圳市跨境贸易电子商务通关服务平台建设，引导跨境电商通过“阳光通道”结算跨境资金。

(17) 推进自贸区综合行政执法改革。科学设置综合执法机构、执法权限和运作方式，建立各层次、各有关部门执法联动协作机制，加强属地监管。加快“云计算”“大数据”等信息化技术在监管方面的运用，实现各部门监管信息的统一归集、全面共享和互联互通，强化事前的规范、提醒和指引，加强事中、事后的严密监管，依法授权或委托社会组织或企业行使日常行政执法事项。

(18) 完善社会信用体系建设。制订《社会信用体系建设试点方案》，推动征信机构以及有关金融机构与信用系统开展平台对接，形成政府主导、市场运作、公共与商业有机结合的信用服务市场体系。

(19) 完善地税事中事后监管。在前海蛇口自贸片区探索减免税取消审批备案、事后管理模式，实行“清单式管理”，推行“自行申报”。

(二) 中马产业园区的经验做法

(1) 推进园区立法，实行法定机构管理。园区拟会同法制部门研究制定《中国—马来西亚钦州产业园区管理条例》，报自治区人大常委会审议通过，以立法的方式明确园区实行法定机构管理，明确行政管理法律授权，建立科学、高效的管理体制，切实转变政府职能。

(2) 加强组织领导，深化园区行政审批改革。为确保实施，拟成立中国—马来西亚钦州产业园区深化行政审批制度改革工作领导小组，领导小组下设办公室，具体负责统筹协调推进改革工作。组织实施中马钦州产业园区“审管分离”，行政审批“三到位”（审批职能、审批机构和人员调整到位）工作，完成行政审批局机构挂牌。

（3）推进园区管理法制化，公布实施园区行政审批目录。按照“法无授权不可为，法定职责必须为”的总体要求，待自治区明确管委会行政管理职权及行政审批项目目录（权力清单）后，园区将把实施的行政审批事项以目录的形式进行公布，划定园区行政审批范围。

（4）积极探索投资便利化，试行园区外商投资准入国民待遇。一是对园区的外商投资准入试行国民待遇。符合产业政策的项目充分开放，企业只要按法定条件和法定程序注册登记、核准或备案即可开展投资经营的有关活动。二是创新企业设立注册登记制度。探索工商营业执照、组织代码证、税务登记证和刻章许可证“四证合一”登记制度。三是建设企业注册多部门电子信息交换平台，实现工商、国税、地税、质监和公安等部门信息共享。四是园区设立无偿帮办窗口，为申请人提供全程咨询指导服务，无偿全程帮办。

（5）深化金融国际化，建设区域性跨境金融服务中心。一是争取开展外债宏观审慎管理试点。积极争取在园区开展外债宏观审慎管理试点。二是推动境外股权投资企业的设立。园区积极推动《中国—马来西亚钦州产业园区设立外商投资股权投资类企业工作指引》出台。三是谋划建设跨境金融服务中心。研究出台《中马钦州产业园区建设跨境金融服务中心工作方案（2015～2017年）》。

（6）探索贸易自由化，开展贸易监管制度改革试点。一是建立中马两国口岸部门通关合作机制。积极推动中马两国政府批准，以“两国双园”机制为平台，推进两国口岸部门信息互换、监管互认、执法互助，实行“两国一检”通关模式。二是依托国家燕窝及营养保健食品检测重点实验室，综合采用密封监管、批次检验、产地溯源等方式，积极争取设立进口毛燕指定加工基地，开展进口试点工作。三是依托园区燕窝产业的发展，促进燕窝等东盟进口特色商品期、现货交易及网上交易平台在广西的建设和发展。

四、粤桂合作特别试验区改革创新的对策建议

试验区并不是传统的普通工业园区，它作为两广一体化发展、东西部合作发展、流域可持续发展的先行示范平台，不仅肩负着探索跨省区产业合作新模式的职责，而且承担着创新跨区域“一体化、同城化、特区化”机制的使命。试验区开发建设已经有了很好的开头，发展势头也相当令人艳羡。正所谓“逆水行舟用力撑，一篙松劲退千寻”。欲使试验区顺势加速腾飞，为我区在新常态下实现加快发展探新路、开新篇，就要跳出旧有的框架，为试验区赋权、“松绑”，解开束缚手脚的“镣铐”，卸掉阻碍起航的“枷锁”，形成政策、制度、改革、创新和环境的叠加优势，推动试验区快速发展。为此，提出以下建议。

（一）给试验区充分放权、“松绑”，加快行政管理体制改革

1. 实行法定机构管理

尽快出台《粤桂合作特别试验区建设改革创新先行总体方案》和《粤桂合

作特别试验区管理办法》，确立试验区管委会的法定机构性质和行政主体资格，明确试验区管委会作为实行企业化管理并履行相应行政管理和逐步有序接管区域内公共服务职责的法定机构，赋予其在发展规划制定、开发建设运营、市场运行监管、财政自主管理、人事选用聘用、公共服务提供等方面自主管理的权利。

2. 完善管理运营机构

进一步探索试验区管委会编制构成，合理有序增加管委会副处、正科级别编制名额，尽快落实试验区管委会内辖机构管理人员。尊重市场经济，充分探索试验区投资公司运营方式，合理构建公司管理层级，通过市场化运作方式聘用公司董事、总经理以及中层管理人员，确保试验区运营管理有序进行、开发建设任务目标如期完成。

3. 实现充分的行政审批授权

进一步创新审批方式，在试验区建立行政综合审批和执法机构。加大简政放权力度，尽快赋予试验区地市一级经济管理职权，部分省级经济管理权限也可通过直接授权或委托的方式下放至试验区。下放权限以权力清单、准许清单和监管清单方式进行“裁判式”“监理式”管理。加快建立对接珠三角投资和贸易规则体系的行政管理体系。

4. 创新投资审批方式

鼓励和支持试验区大胆探索，改革创新，突破障碍，拆掉藩篱，打通影响投资审批效率的“中梗阻”。对不涉及政府资金和《政府核准的投资项目目录》外的企业投资项目，除国家另有规定外，一律实行备案制。实施项目备案“一表申报、一口受理”工作机制。充分授予试验区相应权限，实施行政许可事项“一站式”受理及审批，实现“试验区事试验区办”，进一步压缩项目审批环节，缩短审批时限，提高审批效率，加快优惠政策落地、金融服务创新、高新科技引入、人才特区打造等，助力企业发展。

5. 实行市场准入负面清单管理

以负面清单方式列出园区内禁止和限制企业投资经营的行业、领域、项目等，负面清单以外则充分开放。除政府审批项目外，对其他负面清单以外项目一律改为备案管理。加强备案和审批后的市场管理。建立负面清单动态修订机制。

6. 建立行政许可权力清单

依法公开行政许可事项及运行流程，在清单范围内的审批事项，企业和公众依法申请，不在清单范围之列的审批事项不得要求企业和公众履行审批手续，切实做到让政府部门“法无授权不可为”、让市场主体“法无禁止即可为”。

（二）多层面助力，支持重点产业园区发展机制创新

1. 支持“智慧园区”建设

严格实行重大产业布局负面清单管理模式，禁止和限制高能耗、高污染和产

能过剩项目进入试验区，将试验区打造成为西江流域生态共建区以及珠江—西江经济带科学发展、绿色发展的“排头兵”。培育、壮大试验区电子信息、节能环保、食品医药、新材料、新能源等特色主导产业，延伸产业链，打造产业集群。构建科技创新服务平台，为试验区提供企业孵化、技术咨询、成果转化等专业服务。探索知识产权质押、高新技术企业股权交易、科技保险等，建立多元化科技创新投融资体系。推动“智慧园区”建设，提升试验区信息化水平。

2. 支持产城融合发展

推动试验区国民经济社会发展规划、城市总体规划、土地利用总体规划“三规合一”，引导试验区建设与城市联动发展。科学规划试验区用地分类，引导生产生活性设施用地，推进产城融合。

（三）推进金融改革，创新金融服务

1. 完善金融顶层设计

试验区是两广资金流通的“桥头堡”、金融创新“洼地”，更好地打造金融安全区以及创新开放高地，挂牌“两广金融改革创新综合试验区”名副其实，出台金融顶层设计亦迫在眉睫。建议尽快落实《粤桂合作特别试验区建设实施方案》有关财税金融的 12 条政策，确保自治区连续 5 年给予试验区发展专项资金支持。

2. 建立特殊管理一级财政

赋予试验区相对独立的一级财政权限，在试验区设立一级财政和一级金库，实行“属地征管、地方财政收入全留”的财政管理体制。试验区年度预、决算方案分别在梧州市本级单列。2020 年以前，自治区财政每年通过与梧州市财政年终结算划转经核定的园区管委会部门预算支出基数。中央和自治区专项用于园区建设的转移支付、补助资金和其他各项资金要及时拨付园区。

3. 支持探索人民币回流机制

探索以中国（广东）自由贸易区、东盟自由贸易区、北部湾自由贸易区（筹建）为“跳板”的境外人民币以贷款方式投资试验区重要产业项目和基础设施项目。鼓励东盟国家、香港、澳门财团或法人以人民币购买园区企业股权。在风险可控的前提下，可在试验区内对人民币资本项目可兑换、人民币跨境使用等方面创造条件先行先试。

4. 创新外汇管理模式

探索面向国际的外汇管理改革试点，建立符合试验区涉外经济发展的外汇管理模式，在政策允许、市场成熟的情况下稳步推进以下外汇管理模式创新：简化外商投资企业外汇资本金结汇程序，促进贸易投资便利化；对已到位的试验区内外商投资企业资本金，允许其试行“意愿结汇制”结汇；争取跨国公司外汇资金集中运营管理、支付机构跨境电子商务外汇支付业务等政策试点；简化园区外债登记程序，扩大园区短期外债指标规模等。支持在 CEPA 框架下适当降低香港金融企业在试验区设立机构和开展金融业务的准入条件。支持香港金融机构和其他境内外金融机构在试验区设立国际性或全国性管理总部、业务运营总部，积极探索外资股权投资企业在资本金结汇、投资、基金管理等方面的新模式，加快提高金融国际化水平，促进试验区金融业和总部经济集聚发展。

5. 协助打造金融平台、完善金融体系

支持广东商业银行、保险、证券、期货、信托公司在试验区设立分支机构、管理总部和后援服务中心。尽快帮助试验区筹建粤桂投资银行、基金公司、融资担保公司和小额贷款公司。尽快完善筹建粤桂投资银行可行性分析方案，遴选银行设立的主发起人；完善基金公司、担保公司、小贷公司成立实施方案，力争带来其注册资本 5 ~ 10 倍的融资“杠杆效应”。

6. 支持试验区“绿色金融”创新

支持试验区环境交易所作为广西碳交易先行示范平台开展低碳项目投融资、碳资产开发和管理、园区循环化改造等项目服务。充分利用试验区“桥头堡”作用，将广西生态环保自然禀赋以碳交易的金融方式助力广东节能减排，把广西生态优势提升为经济金融优势，夯实试验区广西“金融前海”的基础。支持试验区以低碳开发模式建设广西生态产业园。加大对绿色经济、低碳经济、循环经济的支持，自治区帮助环境行为信用良好的企业争取授信规模、优惠政策等，引领环保产业发展，打造“绿色金融”示范区。

（四）创新人才引进模式，完善人才管理制度

1. 支持创新人才引进模式

制定粤桂试验区人才需求表、人才引进计划、人才优待政策，建立粤桂试验区人才交流使用平台，为高层次、稀缺性人才落户粤桂试验区创造可能性。创新人才引进模式，尽一切可能吸引人才落户试验区发展。制定人才总部基地政策，积极创造条件吸引科研领军人才带研发团队到试验区发展，鼓励企业从外地引进人才组建科研团队，引导应用型高层次人才向重点产业集聚。建立人才成长基金，降低中高层次人才个人所得税率，为创新领军人才、优秀创业人才提供安家安置费用、创业启动资金、科研启动经费等政策支持。培养人才，爱惜人才，营造热情引进、细心服务的良好氛围。

2. 创新职位管理和人员选用制度

实行按需设岗、按岗定职、分类管理的职位管理制度和竞争上岗、双向选择、合同管理的全员聘用制度。除自治区党委管理干部外，试验区公务员、事业编制人员劳动合同聘用人员和在试验区专职工作的挂职借调人员，在原有身份不变的前提下，打破身份界限，全部参加竞争上岗。试验区内公务员、事业编制人员在聘用期间，其身份、职务、级别、工资福利、专业技术职称等全部实施档案

封存管理，并按规定条件正常晋升调整、记录进档，对提拔、退休、调出人员按其人事档案记载办理手续。公务员档案管理仍按照公务员管理权限及相关制度执行，事业编制人员档案管理仍按事业单位人事管理制度执行；劳动合同聘用人员按劳动合同法管理，双方自主选择，真正建立起量才录用、能进能出的任用制度。

3. 建立按责取酬、按绩提升的绩效考核制度

建立人才待遇与岗位职责、工作绩效、实际贡献及成果转化效益直接挂钩的收入分配制度和激励机制。实行“以岗定薪、按岗取酬、岗变薪变、职变薪变”的岗位绩效工资制，薪酬由岗位基本工资、岗位津贴、绩效工资组成，其中岗位基本工资参照机关公务员和事业单位工资人员现行国家工资政策规定的标准执行，岗位津贴、绩效工资由试验区管委会自行制定，将项目建设、招商引资、企业服务等职责量化细化，向业绩倾斜，拉开收入等次；对重点岗位、高层次人才、紧缺人才实行协议工资制度，体现对人才和劳动的充分尊重。同时，建立量化考核机制和能上能下、能进能出、有为有位、有效激励的动态用人制度，体现“能者上、平者让、庸者下”的实绩导向。

4. 支持试验区投资公司市场化运作

实现试验区融资的可持续发展和良性循环，把试验区投资公司打造成有资产、有现金流、有利润、有自我“造血”功能的经营性资本运作企业，并以投资公司市场化运作的盈利解决管理人员高额薪资，最终实现“公司优质运行—高薪聘请人才—公司优质运行”的“取于人才，用于人才”良性循环。

5. 强化产学研合作

支持发展试验区产学研交易中心、高新技术成果转化中心和技术交易服务中心，提供科研成果转化和产业发展需求双向配对服务。推动建立多种形式的产学研战略联盟，实施优秀人才创新项目择优资助计划，完善重大项目与重点人才对接机制。

（五）协调下放政策，打造两广政策“高地”

（1）推动《粤桂合作特别试验区建设实施方案》23 条具体政策落实到位，在合作开放、生态环保及财政、土地、金融等方面助力试验区开发建设。

（2）推动 CEPA 金融政策、深圳前海金融政策、自治区沿边金融综合改革试验区政策、北部湾经济区金融政策延伸至试验区，指导试验区内已挂牌成立的“两广金融改革创新综合试验区”实质运营。

（3）积极为试验区争取国家“十三五”发展规划重大政策、重大工程、重大项目支持，协助打造中国—东盟环保技术与产业合作交流示范基地、生产性服务业示范区、梧州综合保税区等一批重大发展平台。

（4）支持将试验区列入筹建中的北部湾自贸区范围。试验区是珠江—西江

经济带建设的重要载体，也是向外开放合作的重要平台。支持将试验区列入筹备中的北部湾自贸区覆盖范围，享受自贸区各种优惠政策，助推试验区建设发展。

（六）完善协调推进机制，加大保障力度

1. 加强统筹协调

建议成立以自治区政府分管领导为组长的试验区体制机制改革创新工作小组，指导和推进试验区改革创新重大事项，及时总结研究、解决遇到的突出问题。自治区有关部门要大力支持，积极做好协调配合、业务指导等工作，切实推动相关政策措施的落实，确保试验区改革有进展、创新有成效。

2. 创新考评体系

建立差异化的考核评价指标，引导试验区差异化、特色化发展。坚持以效能为导向的绩效评估和奖惩考核办法，积极引入社会评价和第三方考核机制。

3. 加大财政扶持力度

2016～2020年，自治区每年统筹安排支持试验区建设发展的配套和补助资金不少于1亿元，用于支持试验区基础设施建设；2016～2020年，对落户试验区的总部经济企业高管、核心研发人员，除给予享受个人所得税优惠政策外，自治区每年安排500万元用于试验区高层次人才引资。

4. 加强用地保障

按时、足额落实自治区单列下达的试验区用地指标。定期评估、适时修编试验区土地利用总体规划。支持试验区在标准厂房建设、低丘缓坡试点范围内土地前置处置方式、工业用地先建后出让的形式、工业用地租赁方式供地等全方位的试点探索工作。

总指导：黄　洲
指　导：李芳源　徐文伟
组　长：李世泽
成　员：程文豪　甘日栋　莫东钊
　　　　黄立华　唐　宇